U0145580

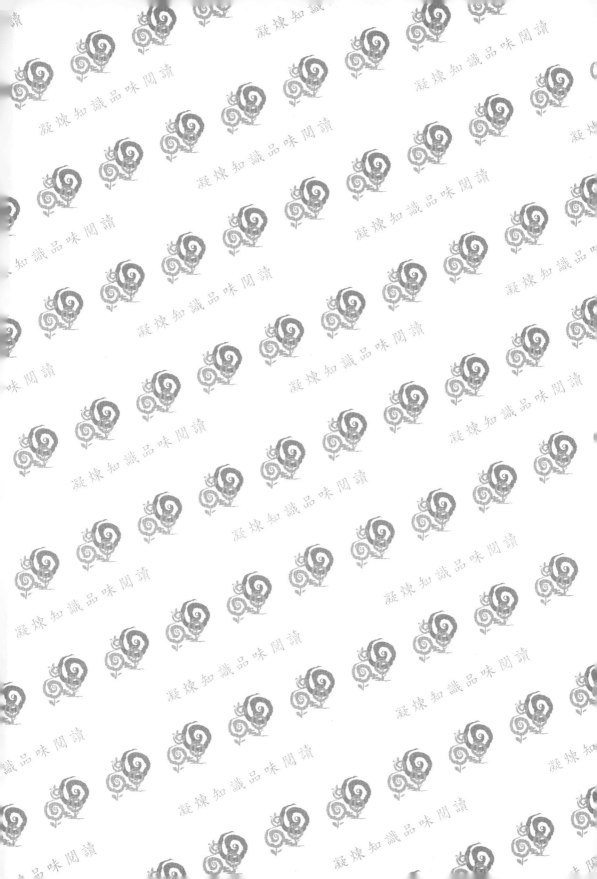

胡塞爾現象學
概念通釋

倪梁康

五南圖書出版公司 印行

這裡所關涉的不可能是某些可以從定義上一勞永逸地確定下來的術語，而只是一些用來描述和對比的手段，它們的意義必須根據具體的分析狀況，從每一個個別情況中得到原初的、新的吸取。

——胡塞爾

初版前言

　　《胡塞爾現象學概念通釋》的最後一稿總算完成了！屈指算來，前後撰寫的時間緊緊湊湊共有 24 個月，前後準備的時間斷斷續續可達 15 年。縱然如此，在完成之後仍覺得腳下發虛。每讀一遍必會發現有可改動之處，每改一次必會有牽一髮而動全身之感受；常常想樂此不疲地永遠改下去。然而天下文章總有截稿之日，況且如今的課題研究也不可能無止境地延續。奈何！苟且的辦法只好是在截稿之後不再去讀它；然後隱祕地希望有一天還能將它增改再版。

　　寫這部《通釋》的念頭的確早已有之，雖然不見得在 15 年前就如此明確。這個念頭在相當程度上是由胡塞爾的哲學風格所規定的，研究其他哲學家的同行們恐怕難得會有同感。

　　胡塞爾始終是一個描述性的哲學家，這已經是一個公認的事實。即使在他思想發展的後期，當胡塞爾偏重於發生現象學的研究，並因此而或多或少地進行解釋性的操作時，他的整體研究風格也仍然只能用描述來概括。而描述——尤其是現象學的描述——具有兩方面的依賴性：一方面是它對直觀的依賴性，它僅僅描述在直觀中呈現出來的東西，而不試圖對非直觀的背景因素做因果的解釋或思辨的揣測；另一方面，描述必須依賴於語詞概念，在直觀中所看到圖像的越是豐富，對它們的描述所需要的詞彙也就越是繁多。胡塞爾因此在他一生的哲學研究中使用了大量的現有哲學術語，並且自己同時還生造了眾多的專用詞彙供作描述用。很可能在哲學史上沒有另一個哲學家會像胡塞爾那樣需要訴諸於如此之多的概念表述。今天與胡塞爾做同思的研究者，能夠放棄這些概念術語而另闢蹊徑的人也是絕無僅有。

　　除此之外，在胡塞爾現象術語方面還有兩個特徵引人注意：其一，胡塞爾是一個極為嚴肅的、視哲學事業為生命的哲學家。他在其一生的思想發展中不斷地修改和糾正自己的思想，而作為這些思想長河之水滴的概念範疇自然也就處在不斷的變化流動之中。「意向活動」、「意向相關項」、「意義」、「對象」、「明見性」、「絕然性」、「相應性」等等概念便是例證。其二，撇開他自己

生造的哲學術語不論，胡塞爾還常常有意無意地在他的描述中有區別地使用一些日常生活中的同義詞，這些區別雖然細微，但清晰可見，而且往往具有本質差異；像「原本」（original）、「本原」（originär）、「原一」（Ur-）、「原初」（ursprünglich）、「原始」（primitiv）、「原生」（urwüchsig）、「原眞」（primordial）、「第一性」（primär）……以及如此等等概念，它們所表明的只是胡塞爾術語使用中諸多事例中的一個通常情況而已。

所有這一切最終都會導致一個問題的產生，而這個問題是每一個研究胡塞爾現象學的華文學者或遲或早總會遭遇到的：我們沒有可能找到如此之多的中文概念來與胡塞爾的術語相對應。要想在對胡塞爾思想的闡釋和翻譯中進行概念的匹配，我們唯有進行生造。

所謂概念的生造在漢語中（當然也在所有其他的隔離性語言中）無非意味著對至少兩個以上的已有單字進行新的組合。以胡塞爾的「original」和「originär」這兩個詞的翻譯爲例，在英文中只要用對應的「original」和「originary」便可從容地解決，而中文翻譯則有無處著力之感；我們雖然可以用已有的表述「原本」來對應「original」，卻可能會對「originär」束手無策。然而這兩個概念在胡塞爾那裡，又不像在日常用語中那樣具有相同含義，因而又必須區別翻譯。——我在此譯作「本原」。同樣的情況也出現在例如對「意向活動」（Noesis）、「意向相關項」（Noema）、「體現」（Präsentation）、「再現」（Repräsentation）、「共現」（Appräsentation）等等概念的翻譯上。

從經驗上看，在翻譯中生造新的哲學概念總會與一個問題發生聯繫，這就是翻譯的統一性問題；具體地說，是不同譯者在同一個概念上翻譯的統一性問題。在胡塞爾文字的中譯上，這個問題尤爲明顯：大陸、臺灣、香港的現象學研究界已經初步形成各自的語言習慣和規則，對現象學概念的中文譯名各有偏好。而且即使在同一地區的現象學研究者那裡，譯名的不統一也是眾所周知的事實。同行間的學術討論往往要藉助於外文原文；閱讀中文的研究著述往往比閱讀外文原著更爲困難，如此等等，已非天方夜譚。

撰寫《通釋》的一個主要意圖或奢望便在於用一種積極的態度來面對並克服這裡所陳列的問題。近年來大陸和臺、港現象學研究日趨增強，有關的著述與翻譯不斷問世，《通釋》試圖在某種程度上對胡塞爾概念的概念術語做出初步的確定，以便能爲盡早形成在這些術語之中文翻譯上的統一創造條件。《通釋》顯然

無法也無意對胡塞爾術語的中譯進行某種最終的規定。但它的確帶有一定的「證義」意圖[①]：只有透過相互間的討論，而非各行其是，才有可能達到在概念理解和翻譯上的互識與共識，從而使得學術的交流和推廣成為可能。願《通釋》能為胡塞爾概念中譯的討論提供一個開端性的基礎！

另一方面，《通釋》不僅想面對閱讀、研究和翻譯胡塞爾原文的專業研究者，而且也想服務於更為廣泛的讀者群，即服務於那些無法接觸胡塞爾原文、只能閱讀和訴諸其中譯文的讀者。《通釋》的一個重要意圖就在於，為這些讀者進入胡塞爾的巨大思維視域提供一條可能的通道；一個哲學讀者，即使他在胡塞爾現象學方面無所準備，也應當可以藉助於《通釋》而獲得對胡塞爾思想的初步理解，甚至可以具體地透過在《通釋》中對胡塞爾現象學一、二手資料的介紹，而獲得對胡塞爾文字風格以及對由一些中心概念所標識的現象學基本問題的初步認識。

《通釋》包含約610個條目。每一個條目在結構上可以劃分為以下幾個部分：

1. 原文概念與中文譯名[*]

《通釋》中的每一個條目都以德文原文和中文譯文的對置開始。在《通釋》中所建議的中文譯名奠基於兩方面的根據之上：一方面，這些譯名是依據筆者對胡塞爾哲學概念之內容含義的理論認識而提出的。這些理論認識源自筆者對胡塞爾現象學多年的研究，並且在撰寫過程中透過與德國烏珀塔大學黑爾德教授（Prof. Dr. Klaus Held）與瑞士伯恩大學耿寧教授（Prof. Dr. Iso Kern）的合作而得到相當程度的充實與糾正。因此筆者有理由深信，這些譯名在原則性內涵上不會偏離胡塞爾的原概念。另一方面，這些譯名的提出也依據筆者多年來在胡塞爾文

[①] 唐代翻譯佛經，為了翻譯的謹嚴，譯場設有專職的「證義」，以審查譯文的可信與通達。筆者在這裡所說的「證義」，當然不是指用自己的規矩來審核、規定他人的譯文；而毋寧說是一種「理論的證義」，即：探究、理解和解釋本來的意義，共同審核、選擇並確定盡可能妥適的中譯。

[*] 編按：「想像」一詞在胡塞爾現象學概念中，與一般含義有所不同。為區別胡塞爾使用不同詞語表達意義基本相同的概念，本書作者將「Imagination」、「Phantasie」（含相關詞）分別譯作「想像」與「想象」（詳見本書頁237、352）。尊重作者原則，保持原著風貌，本書分別使用「想像」與「想象」。

字中譯方面所積累的實踐經驗，它們爲這些概念在中文翻譯中的可操作性提供了
一定的保證。

2. 各個概念所具有的重要性程度之標識

隨各個概念在胡塞爾現象學中所具有的重要性程度不同，它們被賦予零至三
個小星不等。這些標記主要用來說明讀者對各個概念的重要性做出估測。

3. 在其他語言中對相關概念的翻譯

在中文譯名後還緊隨列出在其他語言中的相關譯名，主要是英譯名、法譯名
和日譯名②。列出這些譯名的目的是爲了提供更多的理解可能，同時它們也被看
作是對中譯名的一定支持。對一些本身具有希臘語源，並且也爲胡塞爾以希臘原
文使用的概念，如「hylé」、「epoché」、「dies-da」等等，則同時列出希臘文
「υλη」、「εποχη」、「τοδετι」。

4. 主題文字

《通釋》的主題文字由約 600 個胡塞爾現象學概念的闡釋構成。對這 600 個
概念的選擇主要是根據黑爾德教授的一個建議，依照以下的標準進行：

A. 納入到《通釋》中的術語首先應當具有胡塞爾概念的特徵，或者說，它們
必須能夠表現出胡塞爾的思想痕跡，例如：「映射」（Abschattung）、「擱置」
（epoché）、「埃多斯」（Eidos）、「加括號」（Einklammerung）、「流入」
（Einströmen）、「總命題」（Generalthesis）、「意向活動」（noesis）、「意
向相關項」（noema）、「現象學的還原」（phänomenologische Reduktion），
「本質直觀」（Wesensschau）等等；即使這些概念原初並不一定起源於胡塞爾
本人，它們也透過胡塞爾而在其核心內容方面獲得新的含義。

B. 其次，在《通釋》中還包含著這樣一些哲學概念，它們雖然不是胡塞爾
首創，但卻附帶了特定的胡塞爾色彩，例如：「統攝」（Apperzeption）、「立

---

② 分別參照：Dorion Cairn, *Guide for Translating Husserl*, The Hague 1973, Paul
Ricoeur, "Glossaire", in: *Idées directrices pour une phénoménologie*, Paris 1950
(pp. 519-530) 以及木田元等（主編），《現象學事典》，東京，1994年（由東京
大學哲學系神原哲也教授提供，在此致謝！）

義」（Auffassung）、「同感」（Einfühlung）、「明見性」（Evidenz）、「內在」（Immanenz）、「超越」（Transzendenz）、「意向性」（Intentionalität）、「交互主體性」（Intersubjektivität）等等。

C. 在《通釋》中還可以包含這樣一些概念，它們或者是一些為胡塞爾在其意向分析中常常使用的術語，或者是標識著某些一再出現的課題的表述。這些概念雖不一定屬於胡塞爾現象學的基本概念，但也絕不是「一日蜉蝣」。這類概念包括：「顯象」（Apparenz）、「排斥」（Ausschaltung）、「當下擁有」（Gegenwärtigung）、「變異」（Modifikation）、「當下化」（Vergegenwärtigung）、「感知」（Wahrnehmung）等等。

除此之外，在對胡塞爾哲學概念的選擇上，還有另一個尤為重要的標準，即這裡的選擇必須顧及到那些對於胡塞爾文字的中文閱讀和翻譯來說具有特殊含義的概念。例如：「對他人的感知」（Wahrnehmung des Anderen）、「陌生感知」（Fremderfahrung）、「本原」（originär）、「原本」（original）、「絕然的」（apodiktisch）、「斷然的」（assertorisch）、「本體論」（Ontologie）、「形上學」（Metaphysik）、「自我」（Ich）、「本我」（Ego）、「感性內涵」（Sinnesgehalt）、「意義內涵」（Sinngehalt）、「符號性的」（signitiv）、「符號性的」（signifikativ）等等。

《通釋》的一個重要基礎和核心部分是由 71 個條目所構成的。這 71 個條目原初是為 12 卷本的《哲學的歷史辭典》所撰寫的。其撰寫者分別為 Prof. Dr. Klaus Held（烏珀塔）、Prof. Dr. Paul Janssen（科隆）、Prof. Dr. Ulrich Claesges（科隆）和 Prof. Dr. Ernst Wolfgang Orth（特里爾）[3]。這 71 個條目由筆者翻譯或根據意義改寫成中文，納入到《通釋》之中。如果加上由 Prof. Dr. Ludwig Landgrebe（科隆）為《哲學的歷史辭典》所撰寫的「現象學」條目，那麼源自這部辭典的條目總共應當是 72 個。除此之外，在《通釋》中還翻譯和收錄了與胡塞爾交互主體性理論有關的五個條目，它們是 Prof. Dr. Iso Kern（伯恩）為即將出版的《現象學百科全書》所撰寫的[4]。在《通釋》中翻譯的胡塞爾現象學條目占全部條目

---

[3] *Historisches Wörterbuch der Philosophie* Bd. 1-12, hrsg. von Joachim Ritter, Darmstadt seit 1971. 至筆者撰寫此〈前言〉時止共出版9卷，尚未出版的條目文字由各個撰寫者本人分別提供，在此順致謝意！

[4] *Encyclopedia of Phenomenology*, ed. by Lester Embree, Dordrecht 1997.

的十分之一。

對其餘的十分之九條目之選擇，參考了 Dorion Cairn 的《胡塞爾翻譯指南》。但由於《指南》只是對 3,000 個左右「胡塞爾概念」——確切地看只是一般哲學概念——的簡單的、不加解釋的語詞翻譯，而《通釋》則試圖集中於胡塞爾現象學中具有基礎性、特徵性的概念之上，因此《通釋》首先必須對這3,000 個概念進行篩選。這個篩選的結果是將 80% 的概念排除在考慮之外。此外，另有一些十分重要，但卻未被列入到《指南》中的胡塞爾概念則必須被補充進來，例如：「匿名的」（anonym）、「統握」（Apprehension）、「同感」（Einfühlung）、「交互主體性」（Intersubjektivität）、「樣式」（Modalität）、「原眞的」（primordial）、「前攝」（Protention）、「滯留」（Retention）等等。

這裡所進行的概念選擇需要建立在對胡塞爾現象學的全面了解之基礎上。烏珀塔大學 Prof. Dr. Klaus Held 與科隆大學胡塞爾文庫 Prof. Dr. Dieter Lohmar 爲筆者提供了學術內行的建議，從而可以有效地避免選擇時做片面的決定。

5. 注釋

《通釋》中的「注釋」一方面被用來指明主題文字中的引文來源，另一方面則可以引導讀者直接進入在胡塞爾著述中以及在有關文獻中所展現的問題領域。

6. 補充

在《通釋》中出現的「補充」文字只是對 77 個翻譯或改寫之條目的可能補充。由於這些條目並非專門爲華文讀者而寫，因此在某些情況下需要在中文閱讀和翻譯上進行一定的附加說明。

7. 文獻

《通釋》中的一部分條目帶有文獻參考的指示，原則上所有文獻都以原文字標題列出。

8. 相關概念及其翻譯

作爲描述性的哲學家，胡塞爾在其意向分析中創造並使用了眾多的複合詞。這些複合詞的意義大都與各個核心概念或基本詞根密切相關。《通釋》盡可

能在這一欄中列出關鍵性的相關複合詞。它們都在胡塞爾的意向分析中受到過運用。

9. 索引

《通釋》帶有一個文獻索引，其中盡可能詳細地列出現有的胡塞爾原著和相關研究文獻。

這裡列出的格局當然只是理論上的概括而已，在其實施的過程中難免會出現一定的偏差。最爲棘手的問題包括各個概念相互的影響，典型的例子有：「奠基」（Fundierung）、「被動性」（Passivtät）、「類型」（Typus）等等，在對這些概念的解釋，同時必須涉及一系列的其他重要概念；此外，基本同義概念也是困難中的困難，例如：同一個「感知」概念必須在多個條目（「體現」、「知覺」、「當下擁有」等等）中以不同的方式出現。同樣的情況也表現在「共現」（「一同意識到」、「一同當下擁有」、「一同被給予」等等）、「立義」（「統攝」、「啟用」、「賦予靈魂」等等）中。這裡爲解決這些問題所做的嘗試是否成功，還有待讀者自己評定。

《通釋》在經費上先後受到中國國家教委和德國洪堡基金會兩方面的支持。在此衷心地致謝！

作爲洪堡基金會的研究課題，《通釋》從 Prof. Dr. Klaus Held 和 Prof. Dr. Iso Kern 兩位指導學者那裡獲得了學術上的充分支持與指導。藉此深表謝意！

最後還要特別感謝比利時魯汶胡塞爾文庫主任 Prof. Dr. Rudolf Bernet 准許我在此書中引用尚未發表的胡塞爾手稿！

倪梁康

1996 年 6 月 23 日

於 Wuppertal（烏珀塔）

第二版前言

　　1999 年發表《胡塞爾現象學概念通釋》初版以來，已有七年過去。在此期間，本書得到了國際學術界一定程度的認可。看起來它不僅成為胡塞爾研究的一部參考書，而且也受到了現象學界外學者的關注。

　　還在初版前言中，作者便曾「希望有一天還能將它增改再版」。如今這個希望成為現實，作者深感欣慰，同時在此向讀者，也向出版者深表謝意！

　　目前的這個版本是第一版的增補版。七年間在閱讀胡塞爾的過程中，對第一版的內容做了零零星星、陸陸續續的修改和補充：增補了一些新的條目，修訂了一些原有條目。從篇幅上看，增加的內容超過了五分之一。

　　此外，我的博士研究生張偉編撰了本書的「中德英文概念索引」，彌補了第一版的一個不足；任軍博士等提出了具體的修改建議。在此特致謝意！

倪梁康

2006 年 10 月 6 日

於廣州中山大學園西區

第三版前言

　　這本《通釋》於 2007 年出版了第二版。偶有讀者朋友來函詢問再版的可能性，於是今年暑假偷得浮生半月閒，撇開手中其他事務，對《通釋》再做一次增補和整理，計劃再版。

　　與前一版的情況相同，增補的工作在此近十年的時間裡，一直在斷斷續續的進行之中。期間讀到的胡塞爾的相關概念定義，有的被我隨手直接納入《通釋》的條目中，有的則是先記下來，放到計畫中的第三版的文檔中，此次才被重新整理納入《通釋》的條目。與前一版相比，此次增補內容不多，加入的篇幅約有兩萬字。事實上，這樣的增補只能做到點到為止。這是由《通釋》的工具書性質先天決定了的。

　　此外，對有些概念的譯名做了統一改動，例如：「transzendental」不再譯作「先驗的」，一律改作「超越論的」，「fremd」不再譯作「陌生的」，而是一律改作「異己的」。

　　在韓國首爾大學哲學系隨李南麟教授讀博士班的臺灣留學生陳慶德對《通釋》饒有興趣，多年前便致函於我，希望能在新版《通釋》的概念索引中加入韓文的譯名。他為此付出不小的努力，最終提供了一個帶有韓文譯名的「概念索引」。他希望《通釋》再版時能夠加入，並且也藉此感謝幫助他完成此項工作的學長和老師。我在這裡將他的來函原文照錄如下：「還要麻煩倪老師，在更新版添加韓文條目時，請幫慶德感謝國立首爾大學哲學系西洋哲學組專攻現象學的學長姊，此外還要特別感謝首爾國立大學이남인（李南麟）老師以及김태희（Taehee Kim）學長，他們兩人在慶德翻譯時，給予了很多意見以及修改。」

　　我也藉此機會特別感謝陳慶德的熱心！他的參與，使得這本《通釋》更多地帶有了東亞現象學的意涵。如今東亞已經成為現象學在歐美之外的另一家園。

倪梁康

2015 年 8 月 16 日

於杭州武林門

目　録

A

Abbildung[*] 映像：（英）depiction（法）dépeindre（日）模写

通常意義上的「Abbildung」一般被譯作「反映」，而所謂「反映論」則意味著這樣一種認識論，它堅持有一個獨立於意識的客觀現實存在，並認爲人類意識有能力反映這個現實。但在胡塞爾現象學中，這個概念具有特殊的含義：它不再是一個認識論的標題，而是一個意向分析的術語。具體地說，它被用來描述當下化（想像）行爲的特徵，從而與作爲當下擁有（感知）的「自身展示」（Selbstdarstellung）相對應^①，據此而可以被譯作「映像」。胡塞爾在《邏輯研究》（1900/01年）以及《純粹現象學與現象學哲學的觀念》第一卷（1913年）時期主張，所有想像行爲都是對只能在感知中自身展示的原本之「映像」或「反映」（Spiegeln）^②，因而在某種程度上都只是對原本的「摹寫」或關於原本的「圖像」，而非原本本身。這個意義上的「映像論」（Abbildungstheorie）也被胡塞爾稱作「圖像論」（Bildtheorie）。但胡塞爾在後期（自1920年以後）放棄了這種說法，不再將「映像」概念運用於整個當下化的行爲，而是僅僅運用在「圖像意識」上^③。

此外還須注意的是，胡塞爾認爲，不僅這些提供「摹寫」的想像行爲，而且那些提供原本的感知行爲，它們都不能被看作是對外在現實的「反映」或「映像」：「認識當然不是通常意義上的摹畫（Abmalen）或映射」^④。

【注釋】① E. Husserl: *LU* II/2, A551/B₂79.　② *Ideen* I, Hua III (Den Haag ³1976) § 124.　③ 例如可以參閱：*Analysen* Hua XI (Den Haag 1966) 305.　④ *Aufs. u. Vort. (1911-1921)*, Hua XXV (Dordrecht u. a. 1987) 176. 對此也可以進一步參閱：*LU* II/1, A98ff. /B₁421ff.

【文獻】E. Marbach: "Einleitung des Herausgebers"，載於：E. Husserl: *Ph. B. Er.* Hua XXIII (Den Haag 1980) XXV-LXXXII.

【相關詞】Abbild 映像，abbilden 映像，abbildlich 映像的，Abbildungsbewußtsein 映像意識，Abbildungsfunktion 映射功能，Abbildungstheorie 映像論。

Abhebung* 凸現：（英）standing out

「凸現」作爲胡塞爾現象學的術語意味著：在自我轉向某個對象之前，這個對象（更確切地說，這個尚未對象化的某物）以一定的方式突出於它所處的內容背景，從而有可能導致對自我目光的吸引。「凸現」構成「觸發」（Affektion）的首要前提：如果某物不具有「凸現自身」的能力，那麼它對自我的「刺激作用」也就無法形成[1]。「凸現」概念主要屬於發生現象學分析的範疇，被用來描述意識發生的過程。

【注釋】①參閱：E. Husserl: *Analysen* Hua XI (Den Haag 1966) 149.

【相關詞】abgehoben 被凸現的，Abgehobenes 被凸現之物，Abgehobenheit 被凸現性，Abgehobensein 被凸現狀態，abheben sich 自身凸現，abhebend 凸現著的，Abhebung 凸現。

Abschattung** 映射、射映：（英）adumbration、shadowing（法）esquisse（日）射映

在胡塞爾的現象學中，「映射」是一門首先在世間觀點中得以堅持下來的感知理論的中心概念。它意味著物理事物（現實一般）在單面的顯現變化中的被給予方式[1]。在這裡，映射作爲體驗區別於被映射之物本身，即區別於作爲感知對象的同一事物[2]。顯現變化涉及到感知對象與觀察者所能獲得的變動不居的取向。這種取向的變化既可能由事物的運動而喚起，也可能透過感知的主動性（動覺）而產生。映射的概念首先被用來區分現實的被給予方式與體驗（意識）的被給予方式。體驗作爲內在感知的對象不會映射出來[3]。在現象學的觀點中，顯現變化獲得了一種意向相關項的多樣性的特徵，這種意向相關項方面的多樣性在其綜合中構造出被意指的感知對象本身[4]。

【注釋】① E. Husserl: *Ideen* I, Hua III (Den Haag 1950) 14, 93.　②同上書，94f.　③同上。　④ U. Claesges: *Edmund Husserls Theorie der Raumkonstitution* (Den Haag 1964) 64ff.

【文獻】H. U. Asemissen: *Strukturanalytische Probleme der Wahrnehmung in der Phänom-enologie Husserls* (1957). U. Claesges：參見：注釋④。

【相關詞】Abgeschattetes 被映射者，abschatten sich 映射，Abschatten 映射，Abschat-tungsfülle 映射充盈，Abschattungsmannigfaltigkeit 映射雜多性，Abschattung-sreihe映射序列，Abschattungssystem映射系統，Abschattungsweise映射方式。

補充　「映射」概念在胡塞爾現象學的感知理論中具有中心意義。「對感知現象學問題的任何闡釋都必須以這個概念為出發點」①。胡塞爾的現象學意向分析表明，傳統意義上的「心理現象」與「物理現象」的區別在於：前者是透過「反思」的方式，後者則是透過「映射」的方式而被給予我們的②。一個被感官所感知到的對象在「映射」中被給予我們，這也就是說，只有當這個對象在角度中顯現給我們時，它才能為我們所意識到：例如我永遠無法一下子看到我的書桌的整體，它始終只是在這個瞬間對我展現出它的正面，而在下一個瞬間，當我繞著它走時，它才又對我展現出它的背面。儘管在每一個這樣的角度中顯現給我的都始終是「這一張」桌子，但它的顯現卻只能藉助於它的角度性映射：「每一個規定性都具有其映射系統」③。在「映射」分析的基礎上，胡塞爾得出一個有利於笛卡兒主義的著名結論：「外感知是一種不斷的偽稱，即偽稱自己做了一些按其本質來說無法做到的事情。因而，在某種程度上，在外感知的本質中包含著一個矛盾。……任何一個空間對象都必定是在一個角度上、在一個角度性的映射中顯現出來，這種角度和角度性映射始終只是單方面地使這個對象得以顯現。無論我們如何完整地感知一個事物，它永遠也不會在感知中全面地展現出它所擁有的，以及感性事物性地構成它自身的那些特徵。這裡不可避免地要談到對象所具有的、被現實地感知到的這些和那些面。每一個角度、每一個持續進行著的、個別的映射的連續性都只提供了各個面。我們堅信，這不僅只是一個單純的事實：一個竭盡無遺地包含了被感知之物所具有的所有感官事物性內涵的外感知是不可想像的，一個可以在最嚴格意義上的封閉感知中全面地、從它感性直觀特徵的所有方面被給予的感知對象也是不可想像的。因此，在外感知和物體『對象』的相互關係中，包含著本真被感知之物與本真未被感知之物的區別」④。這種對本真的體現與非本真的共現的劃分在胡

塞爾後期的「視域」和「構造」分析中起著關鍵性的作用。如果我們繼續以書桌爲例，那麼被看到的正面是本眞的被體現者，未被看到的，但卻一同被給予的背面則是非本眞的被共現者；當我看到這張桌子的正面時，它的背面也會非課題性地一同被給予我。在各個瞬間中進行的映射不斷地向我指明著進一步的可能映射，胡塞爾將這種對其他可能映射的「一同意識到」看作是一種原模式或典範，它所表明的就是關於指明聯繫（Verweisungszusammenhang）的意識，這就是說，關於一個被理解爲視域的世界的意識⑤。

此外還要注意兩點：(1) 胡塞爾在其意識分析中還區分對象的「感知映射」與「想像映射」⑥。它們分別是指空間對象在感知中和想像中的顯現方式；(2) 胡塞爾的「映射」學說不僅僅侷限在視覺感知上：在聽覺感知中同樣也可以發現「映射」現象⑦。同時，在時間意識分析中，胡塞爾也在術語上將時間性的「滯留」（Retention）或「前攝」（Protention）稱作「映射」⑧。

【注釋】① A. Gurwitsch: "Beitrag zur phänomenologischen Theorie der Wahrnehmung"，載於：*Zeitschrift für philosophische Forschung* 13 (1959) 419.　② E. Husserl: *Ideen* I, Hua III (Den Haag ³1976) § 42.　③同上書，85.　④ *Analysen* Hua XI (Den Haag 1966) 3f.　⑤參閱：K. Held: "Abschied vom Cartesianismus. Die Phänomenologie Edmund Husserls"，載於：*Neue Zürcher Zeitung* 30/31, März 1996, Nr. 76；對此還可以進一步參閱「視域」和「構造」條目。　⑥例如參閱：Husserl: *LU* II/2, § 14, a.　⑦ A. Gurwitsch: "Beitrag zur phänomenologischen Theorie der Wahrnehmung"，載於：同上書，419.　⑧ Husserl: *Zeitb*. Hua X (Den Haag 1966) 29 u. 47.

【文獻】A. Gurwitsch: 參見：注釋①。　K. Held: 參見：注釋③。　M. Sommer: " 'Abschattung' "，載於：*Zeitschrift für philosophische Forschung* 50 (1996) 271-285.

Absolutes* 絕對者、絕對之物：

通常意義上的「絕對者」，例如上帝，在胡塞爾的超越論現象學中是一個應當透過超越論還原而被排斥的課題①。胡塞爾所運用的「絕對者」概念是指「絕

對意識」或「意識絕對者」②。在這個意義上，「絕對存在」是「內在於意識之物」，並且最終是「超越論的絕對者」、「超越論本我」：「透過現象學的還原，超越論意識的領域對我們產生出來，它在某種意義上是『絕對』存在的領域。這是所有存在的原範疇（或者用我們的話來說：是原區域），所有其他的存在區域都植根於這個原範疇，在本質上都與它相關，因而在本質上都依賴於它」③。在胡塞爾思想發展的後期，「絕對者」概念又成爲一個問題焦點。他一再意識到在「絕對者」概念中所包含的矛盾：一方面，「絕對者」意味著人類歷史的「絕對事實」、「絕對的、『人類的』單子大全」④。它是一個「不能被標識爲『必然』的絕對者」⑤，因爲人類理性只是超越論主體性之純粹理性的一個現實化而已，因而帶有「偶然性」的特徵。但「絕對者」在胡塞爾那裡同時也意味著「絕然的本質」、「絕對的超越論者」⑥，它必定具有「本質必然性」的特徵。這也就是說：「所有屬於一個個體之本質的東西，同樣也可以屬於另一個個體」⑦。因此，作爲「事實」（Faktum）、作爲「個別者」的「絕對者」與作爲「本質」（Eidos）、作爲「共同者」的「絕對者」在這裡形成對立。胡塞爾將這種矛盾意義上的「絕對者」稱之爲「絕對的時間化」（Zeitigung）⑧。

【注釋】 ① E. Husserl: *Ideen* I, Hua III (Den Haag ³1976) § 58.　②同上。　③同上書，§ 75.　④ *Inters*. III, Hua XV (Den Haag 1973) 386, 670；也可以參閱「事實」（Faktum）條目。　⑤同上書，386.　⑥參閱：*Ideen* I... 同上書，§ 81；胡塞爾在這裡區分與描述現象學有關的「超越論的絕對者」以及與發生現象學有關的「最終的、眞正的絕對者」（超越論的原自我及其構造功能）。前者涉及到超越論的有效性（Geltung），後者則與超越論的發生（Genesis）有關。這兩者都具有「本質特性」和「必然的形式」。　⑦同上書，§ 2.　⑧ *Inters*. III... 同上書，670；但在整體趨向上，胡塞爾過分強調絕對的本質性而不強調絕對的事實性，這也被一些後來的批評家看作是他的思想的一個重要缺陷，例如可以參閱：R. Sokolowski: *The Formation of Husserl's Concept of Konstitution* (The Hague 1964) 218.

【文獻】 R. Boehm: "Zum Begriff des 'Absoluten' bei Husserl"，載於：*Zeitschrift für philosophische Forschung* 13 (1959) 214-242.　T. de Boer: "Die Begriffe 'absolut' und 'relativ' bei Husserl"，載於：*Zeitschrift für philosophische Forschung* 27 (1973) 514-533.

【相關詞】 absolut 絕對的，Absolutes 絕對之物，Absolutheit 絕對性，Absolutismus 絕對主義。

Abstraktion * 抽象：（英）abstraction（法）abstraction（日）抽象

相對於經驗主義的「抽象理論」而言，胡塞爾的現象學體現了一種「現代抽象理論」[1]。他在「本質直觀」的標題下，對現象學意義上的「抽象」概念做了新的規定：「抽象」不再是通常意義上「對一個感性客體的某個不獨立因素的突出」，而是標誌著「這個客體的觀念、客體的普遍之物成為現時的被給予性」的過程[2]。「抽象」在這裡是一種「在直觀的基礎上直接把握種類統一的意識」[3]。因此，胡塞爾的「抽象」概念可以被等同於「觀念化的抽象」（ideierende Abstraktion），即：排斥非本質之物（變項），關注於本質之物（常項）[4]。此外，在涉及傳統意義上的「抽象」時，胡塞爾也在通常的意義上使用此概念。

【注釋】① E. Husserl: *LU* II/1, 2. Unters. ② *LU* II/2, A634/B$_2$162. ③ *LU* II/1, A156/B$_1$156, *Idee d. Phän.* Hua II (Den Haag ^{2}1958) 8. ④對此還可以進一步參閱「觀念直觀」和「本質直觀」條目。

【相關詞】Abstrahieren 抽象，abstrakt 抽象的，Abstraktionsakt 抽象行為，Abstraktionsbewußtsein 抽象意識，Abstraktionslehre 抽象學說，Abstraktionsprozeß 抽象過程，Abstraktionsrichtung 抽象方向，Abstraktionstheorie 抽象理論，Abstraktionsverfahren 抽象操作過程，Abstraktionsvorgang 抽象進程，Abstraktum 抽象、抽象物。

Absurdität 背理性、悖謬性：（英）absurdity（法）absurdité（日）不條理性

在胡塞爾的現象學中，「背理性」是一個與「明見性」相對立的概念。他在《邏輯研究》中曾提到，「就具體的爭執情況而言，與明見性相應的是背理性，它是一種對意向和擬充實之間的完全爭執的體驗」[1]。「明見性」在這裡是指一個意向在直觀中得到完全充實，而「背理性」則是指一個意向在直觀中完全得不到充實。正如理性與非理性相互對應一樣，「明見性」也與「背理性」相互對應[2]。

此外，胡塞爾在《純粹現象學與現象學哲學的觀念》第一卷中還談到「背理性現象學」的觀念：它以背理性現象作為研究課題，構成「明見性現象學的對應

面」③。「明見性現象學」作爲關於明見性的一般本質學說，連同其對最普遍本質區別的分析，僅構成「理性現象學」的一小部分，儘管是基礎性的部分④；包含在理性現象學中的還有「背理性現象學」。

【注釋】① E. Husserl: *LU* II/2, A598/B₂126.　②對此也可以參閱「明見性」與「理性」條目。　③ *Ideen* I, Hua III (Den Haag ³1976) § 145.　④參閱：同上。
【相關詞】absurd 背理的、悖謬的。

Abwandlung 變化：（英）variation（法）mutation（日）變動態、變遷

「變化」概念雖然不是胡塞爾現象學的專門術語，但卻爲胡塞爾經常用來描述意識的流動性、發生性、奠基性和其他等等變動性特徵。相對於「變異」（Modifizierung）、「變式」（Modalisierung）等等這些專門被用來規定具體意識變動的概念而言，「變化」概念可以說是對意識之變動性最爲一般和寬泛的概括①。

【注釋】①對此可以進一步參閱「變異」、「變式」條目。
【相關詞】abwendelbar 可變化的，abwandelnsich 變化，Abwandeln 變化，kategoriale Abwandlung 範疇變化，logische Abwandlung 邏輯變化，modale Abwandlung 樣態變化，retentionale Abwandlung 滯留性變化，Abwandlungsbegriff 變化概念，Abwandlungsgestalt 變化形態，Abwandlungsmodus 變化樣式。

Abzielen 瞄向：（英）aiming

在胡塞爾的靜態現象學分析中，意識的「意向」（亦即廣義上的意識行爲）主要是由兩個成分所組成：「瞄向」（Abzielen）和「射中」（Erzielen）①。所謂「瞄向」是指「意向」對某物的指向狀態，而「射中」則意味著這個意向在直觀得到「充實」（Erfüllen）。在發生現象學中，「單純的瞄向」概念也被胡塞爾

用來規定在特定感知形成之前「自我趨向」的特徵②。

【注釋】 ①參閱：E. Husserl: *LU* II/1, A358/B₁379, Ms. M III 3 IV 1 II, 4. ②參閱：*EU* (Hamburg ⁴1972) 87 以及「自我趨向」條目。

Achten* 關注：（英）to heed（法）observer（日）注意する

「關注」在胡塞爾那裡基本上是「注意力」概念的同義詞，它同時也被胡塞爾等同於「把握」概念①。

胡塞爾認為，在每一個我思（cogito）中，都包含著一個內在於純粹自我的目光朝向。這種「自我的目光指向」可以是感知的、回憶的、評價的、意願的等等。這種屬於「我思」本質的「精神目光」不能混同於對事物的廣義上的感知。前者只是對意向客體的意識到，後者則是對這個客體的「關注」。例如，在愛中對所愛之物的朝向，在評價中對價值的朝向，並不必定帶有對這些客體的「關注」，它們毋寧說是在一種特殊的「**對象化的轉向**」中才成為被關注的對象。評價地朝向一個實事（Sache）和將這個實事的價值作為對象，這是不同的兩件事。因此「關注」所涉及的不是「一般我思」的樣式、一般的對意向客體的朝向，而是一種特殊的「行為樣式」，它是指對這個意向客體本身的對象性把握或對象性注意②。

【注釋】 ①參閱：E. Husserl: *Ideen* I, Hua III (Den Haag ³1976) § 37：「在最寬泛的意義上，『把握』是與『關注某物』、『注意某物』相一致的，無論這是一種特殊的注意，還是一種順帶的關注」；對此還可以進一步參閱「注意力」、「把握」條目。 ②參閱：同上。

【文獻】 U. Melle: "Objektivierende und nicht-objektivierende Akte"，載於：S. IJsseling (Hrsg.): *Husserl-Ausgabe und Husserl-Forschung* (Dordrecht u. a. 1990) 35-50.

【相關詞】 Achten auf 關注，achtend 關注著的，achtsam 關注的，Achtsamkeitauf 關注性，Achtung 關注，beachten 關注，Beachten 關注，Beachtung 關注。

Adäquation ＊＊ **相即性、相應性：**（英）adequation（法）adéquation
（日）十全性

「相即性」概念涉及到傳統認識論中「事物與思想之相即性」（adaequatio
rei et intellectus）的問題。它在湯瑪斯 · 阿奎那對眞理的著名定義中得到體現：
「眞理就是事物與思想的相即。」「事物與思想」的相即性如何可能，這也是胡
塞爾的認識現象學所要解決的一個中心問題。「事物與思想之相即」也可以說就
是完滿的眞理，它在胡塞爾那裡具有雙重的含義：一方面，一個完滿的相即就意
味著，「思想所意指的東西完全就是充實的直觀所表象出來的東西，即那些被表
象爲從屬於這個思想的東西」①，也就是說，思想與事物在直觀中完全相合。另
一方面，完滿的相即性同時還意味著一種在完整的直觀本身之中的完滿性：「直
觀並不是再以一個還需要充實的意向的方式來充實在它之中的意向本身，而是建
立起這個意向的**最終充實**」②。因此，胡塞爾區分兩種意義上的完滿相即性：其
一是「**與直觀的相即**的完滿性（在自然的和寬泛的意義上的相即）」；其二是
「這種完滿性所預設的**最終充實**的完滿性（與「**實事本身**」的相即）」③。

據此，在胡塞爾的現象學術語中，「相即性」或「相即」概念也具有雙重意
義。首先，狹義上，亦即眞正意義上的「相即」，基本上是與「絕對被給予性」
概念同義的④：它意味著「充實的統一」⑤或「相合的統一」，或者說，**一個意向
在直觀中得到完全的、最終的充實**；被意指之物完全就是被給予之物。這個意義
上的「相即」，在胡塞爾那裡通常也與「明見」的概念一同使用：當一個明見性
是「相即的明見性」時，這就意味著，它原則上不能再被加強或削弱，它是絕對
被給予的。而「非相即的」情況則相反，一個所謂「非相即的明見性」就意味著：
它具有分量上的檔次，它可以被抬高或貶低⑥。因此，在某種意義上，「相即
性」與「明見性」是同義的，它們最終都植根於直觀之中，或植根於感性直觀之
中，或植根於超感性直觀（本質直觀）之中。其次，廣義上的「相即」則可以是
泛指**思想與事物在一定程度上的一致，或者說，一個意向在一定程度上的充實**。

此外，胡塞爾在後期，主要是在《笛卡兒的沉思》中賦予「相即性」以一
種新的含義。他在這裡區分在自身經驗中「絕然性」與「相即性」的不同，自
我的存在是「絕然的」，但自我的被給予方式是「相即的」⑦。這裡的「**絕然**」
是指自我的恆定性、本質性、不變性，「相即」則意味著自我的流動性、變動

性、事實性⑧。這個意義上的「相即性」，實際上已經可以等同於「經驗的不相即性」。從自我整體來看，自我只能在其活的當下中相即地（原本地、體現地）被給予，而永遠無法相即地意識到它的已時間化了的過去和將時間化的未來。因此，《笛卡兒的沉思》中的「絕然自我」可以定義爲作爲整體的「體現—共現著的自我」，而「相即自我」只能定義爲作爲部分的「體現著的自我」。

最後還要說明，胡塞爾至少在《邏輯研究》期間，在術語上區分「相即的」和「一致的」（korrespondierend）：他將「一致性」理解爲意向相關項方面的相符合狀態，將「相即性」理解爲意向活動的相符合狀態⑨。

也許與此相關，他至少在一處將「內感知」的「內」等同於「相即感知」的「相即」，並對這個意義上的「相即性」解釋說：「無論這種相即被感知之物是在那種含糊的陳述中得到了表達，還是始終得不到表達，它都已經構成了一個在認識論上第一性的、絕對可靠的領域，這是一個由還原在相關瞬間中所給出的東西的領域，這個還原是指將現象的經驗自我還原爲它的純粹現象學地可把握的內涵」⑩。這裡的所謂「由還原在相關瞬間中所給出的東西」，很容易讓人聯想到王龍溪所說的在「一念自反」中所把握到的東西，即意識在進行過程中非反思地對自身之進行的意識到：**自身意識的相即性**。它有別於相即性的主要用意：內在感知（反思）的相即性。

【注釋】 ① E. Husserl: *LU* II/2, A590/B₂118.　②同上。　③同上。　④ *Ding u. Raum* Hua XVI (Den Haag 1973) 338.　⑤ *LU* II/2, A507/B₂35.　⑥參閱：*Ideen* I, 321.　⑦ *CM* Hua I (Den Haag ²1963) 62.　⑧參閱：K. Held: *Lebendige Gebenwart. Die Frage nach der Seinsweise des transzendentalen Ich bei Edmund Husserl, entwickelt am Leitfaden der Zeitproblematik* (Den Haag 1966) 71f.　⑨參閱：*LU* II/2, A507/B₂35, A591f./B₂118f., A/B₂122.　⑩ *LU* II/1, A336/B₁357.

【文獻】 E. Tugendhat: *Der Wahrheitsbegriff bei Husserl und Heidegger* (Berlin 1967). K. Held: 參見：注釋⑧。

【相關詞】 adäquat 相即的，Adäquatheit 相即性、全符性，Adäquation 相即，Inadäquatheit 非相即性。

Adiaphora 道德中值：

「道德中值」是一個源自古希臘斯多葛學派的哲學概念，它被用來標識所有在倫理學上既非善也非惡的價值。胡塞爾在其倫理學研究中，運用這一概念來描述在倫理學與邏輯學之間的一個根本區別：倫理學與邏輯學雖然處在結構的平行性和相似性之中[①]，但在倫理學或價值論的領域中不存在與排中律直接相似的定律，因爲這裡除了道德正值和道德副值以外還有「道德中值」[②]。據此，在邏輯學中有效的是排中律（排三律），而在倫理學中有效的是排四律，它體現出在理論眞理與價值論眞理之間的本質差異[③]。

【注釋】①參閱：E. Husserl: *Ethik* Hua XXVIII (Dordrecht u. a. 1988) 29；對此還可以進一步參閱「倫理學」條目。　②參閱：*Ethik*...同上書，A, § 11.　③參閱：同上。

【文獻】U. Melle: "Einleitung des Herausgebers"，載於：*Ethik* Hua XXVIII (Dordrecht u. a. 1988) XIII-XLIX.

Affektion* 觸發：（英）affecting（日）觸発

「觸發」屬於胡塞爾發生現象學分析的一個概念，它被胡塞爾用來描述「我思（Cogito）前的趨向」[①]，即「對自我的刺激作用」。它意味著自我在指向對象之前發生的並導致自我發出這種指向的「刺激」（Reiz）：「觸發性刺激」[②]。「觸發者」之所以能將自我的目光吸引過去，是因爲它具有從其他事物中、從意向背景中「凸現」（sichabheben）出自身的能力，因而「觸發」以「凸現」爲必要前提[③]。「觸發」本身具有程度上的差異，這種差異取決於「觸發」是處在活的當下之中，還是處在滯留的過程中[④]。

「觸發」概念屬於純粹被動性的領域[⑤]。當自我開始轉向「觸發者」時，它也就從被動性轉向接受性，亦即轉向最低階段的主動性[⑥]。

【注釋】①參閱：E. Husserl: *EU* (Hamburg ⁴1972) 81.　②同上書，83.　③ *Analysen* Hua XI (Den Haag 1966) 149；對此還可以參閱「凸現」條目。　④同上書，§ 35.　⑤ *EU*...同上書，81.　⑥同上書，83；對此也可以參閱「被動性」、「接受性」、「主動性」條目。

【相關詞】Affektion 觸發，affektiv 觸發性的，Affektivität 觸發性，affiziert 被觸發，Affiziertsein 被觸發狀態。

Ahnen/Ahnung 預感：

「預感」行爲在胡塞爾早期的靜態現象學研究中雖然出現[1]，但卻只是在日常的意義上，它沒有作爲一類特殊的行爲而成爲意識分析的對象。只是在其後期，當胡塞爾在其發生現象學中對本欲意向性（Triebintentionalität）進行考察時，他才開始涉及「預感」行爲。胡塞爾區分兩種意義上的「空泛意識」（Leerbewußtsein），一種是指「對空泛表象的充實」，另一種是指「對空泛本能預感的揭示」[2]。與「空泛表象」（單純「想法」）相反，在「預感」中不存在已知性和回憶的可能性；前者可以被標識爲一種習得的、形成的本欲意向性，而後者則意味著一種從未被揭示過的、天生的本欲意向性。在這個意義上的「預感」，已經有別於通常的「預感」概念，它儘管也處在時間化的過程之中，也具有時間性的前攝（Protention），但它原則上在原初的統覺形成之前便起作用了；它屬於原綜合或原被動性的領域。

【注釋】① E. Husserl: *LU* II/1, A224/B₁228.　② *Inters*. II, Hua XIV (Den Haag 1973) 333f., 184.
【文獻】I. Yamaguchi: *Passive Synthesis und Intersubjektivität bei Husserl* (Dordrecht u. a. 1982).

Ähnlichkeit 相似性：（英）sinilarity（日）類似性

「相似性」現象在胡塞爾現象學中受到多方面的考察。首先，在被意指者（思想）與被給予者（事物）之間有可能存在著某種「相似性」，但它必須以本質的統一性爲前設[1]。這種「相似性」當然有別於這兩者之間的「相應性」（Adäquation）。其次，在兩個事物之間也可能存在著「相似性」，這也是休謨意義上的相似性，它是「相似性聯想」得以成立的前提。類型化或類型學便建立

在「相似性聯想」的基礎上②。此外，胡塞爾還進一步確定「相似性」在程度上的差異，最高階段的「相似性」是「最完善的相近性」（Verwandtschaft）、「無間距的相同性」（Gleichheit）③。

【注釋】①參閱：E. Husserl: *Ideen* I, Hua III (Den Haag ³1976) § 81. ②參閱：*EU* (Hamburg ⁴1972) 31ff. ③參閱：同上書，77.

【相關詞】ähnlich 相似的，Ähnliches 相似者，Ähnlichkeitsassoziation 相似性聯想，Ähnlichkeitsüberschiebung 相似性遞推。

Ähnlichkeitsassoziation * 相似性聯想：

「相似性聯想」是聯想的一種類型。胡塞爾將它看作是「普遍的意識樣式」①。他認爲，在聯想的結合中包含著「兩種不同的基本本質」，它們各自的結果分別是「同質性」（Homogeneität）和「異質性」（Heterogeneität）。這是「相似性聯想」與「對應性聯想」各自得以可能的條件。聯想結合的另一個基本類型是「相鄰性聯想」。但胡塞爾的分析表明，「所有直接的聯想都是根據相似性而產生的聯想」②。

【注釋】① E. Husserl: Ms. C 13 I, 1-5. ② *EU* (Hamburg ⁴1972) 79.

【文獻】E. Holenstein: *Phänomenologie der Assoziation. Zur Struktur und Funktion eines Grundprinzips der passiven Genesis bei E. Husserl* (Den Haag 1972).

【相關詞】Ähnlichkeitsüberschiebung 相似性遞推，Bekanntheit 已知性。

Akt * * （意識）行爲：（英）act（法）acte（日）作用

在胡塞爾的現象學意向分析中，「行爲」概念是最常出現的基本概念之一。它在胡塞爾這裡不再是指通常意義上的行動、活動，「人們在這裡不應聯想到原初的詞義「actus」（行動），關於活動的想法必須始終被排斥」①；「行爲」在胡塞爾現象學中所標識的始終是「意識行爲」，或者說，「意識體驗」：「對

『體驗』應當從前面所確定的現象學的意義上加以理解。規定性的定語『意向的』則表明受規定的體驗組所具有的本質特徵，表明『意向』的特性，這個定語以表象的方式，或以某種與表象相類似的方式，涉及到一個對象之物。爲了迎合外來的和固有的語言習慣，我們可以用『行爲』這個較簡練的表達（來代替『意向的體驗』）」②。據此可以說：「行爲」這個術語在胡塞爾的現象學分析中就是指在精確規定了的意義上的「意向體驗」③。

胡塞爾的意向分析表明，一個行爲的性質是由「行爲特徵」（行爲質性）和「行爲內容」（行爲質料）來決定的。行爲質性「隨情況的不同而將行爲標識爲單純表象的或判斷的、感受的、欲求的等等行爲」，行爲質料則「將行爲標識爲對這個被表象之物的表象，對這個被判斷之物的判斷等等」④。

此外還要注意的是：胡塞爾現象學的行爲概念在某個角度上是與「心理現象」同義的⑤；確切地說，現象學的行爲概念在心理學中被理解爲「心理現象」。

【注釋】① E. Husserl: *LU* II/1, A358/B₁379. ②同上書，A357/B₁378. ③參閱：同上書，A385/B₁409；對此還可以進一步參閱「意向體驗」條目。 ④同上書，A386/B₁411. ⑤同上書，A357/B₁378；參閱：同上書，A359/B₁379.

【文獻】 A. De Waelhens: «L'idée phénomenoloque d'intentionalité»，載於：H. L. Van Breda/J. Taminiaux (Hrsg.): *Husserl et la Pensée Moderne/Husserl und das Denken der Neuzeit* (Den Haag 1959) 115-129.

【相關詞】Aktanalyse 行爲分析，Aktart 行爲種類，Aktbegriff 行爲概念，Aktbewußtsein 行爲意識，Aktcharakter 行爲特徵，Akteinheit 行爲統一，Akterlebnis 行爲體驗，Aktform 行爲形式，Aktgattung 行爲屬，Aktgebilde 行爲構成物，Aktgeltung 行爲有效性，Aktimpression 行爲印象，Aktinhalt 行爲內容，Aktintention 行爲意向，Aktkomplex 行爲複合，Aktkomplexion 行爲複合，Aktkorrelat 行爲相關項，Aktleben 行爲生活，Aktleistung 行爲成就，Aktmaterie 行爲質料，Aktmodus 行爲樣式，Aktmoment 行爲因素，Aktnoema 行爲的意向相關項，Aktobjekt 行爲客體，Aktperson 行爲個人，Aktpol 行爲極，Aktqualität 行爲質性，Aktregung 行爲引動，Aktschicht 行爲層次，Aktsinn 行爲意義，Aktsphäre 行爲領域，Aktsubjekt 行爲主體，Aktsynthesis 行爲綜合，Aktus 行爲，Aktverknüpfung 行爲連結，Aktvollzug 行爲進行，Aktzusammenhang 行爲聯繫。

-(qualitativ) einförmiger und (qualitativ) mehrförmiger Akt（質性方面）單形的行爲和（質性方面）多形的行爲：

　　胡塞爾所說的「單形行爲」是指那些僅僅具有單一質性的行爲，從這些行爲中無法再分離出自身獨立的行爲。例如，對一張桌子的感知是一個單形的行爲；而對這張桌子的喜愛則不是單形的，它至少包含兩個行爲：對桌子的感知或回憶＋對桌子的喜愛。在這個意義上，胡塞爾認爲，「所有單形行爲都是客體化的行爲，並且我們甚至可以反過來說，所有客體化行爲都是單形的」①。而「多形行爲」則與此相反，它在胡塞爾那裡意味著一種「含有不同質性屬的各個質性的行爲；更確切地說，從這個行爲中隨時都可以（即單方面地）分離出一個完整的客體化行爲，這個客體化行爲也將整體行爲的整體質料作爲它自己的整體質料來擁有」②。

【注釋】① E. Husserl: *LU* II/1, A460/B₁496.　②同上書，A460/B₁496.

-intendierender und erfüllender Akt* 意指行爲與充實行爲：

　　「意指行爲」與「充實行爲」是對「意向」（Intention）與「充實」（Erfüllung）的全稱。它們之間的相合性關係是胡塞爾《邏輯研究》第六研究的主要課題。所謂「意指行爲」和「充實行爲」並不是指兩個相互獨立的行爲，而是同一個行爲的兩個相互包容的方面①。

【注釋】①較爲詳細的說明可以參閱「意向」、「充實」條目。

-intuitiver und signitiver Akt* 直觀行爲與符號行爲：

　　胡塞爾將所有客體化的行爲，即所有那些能夠使對象得以產生的行爲之總屬劃分爲兩種類型：「直觀行爲」與「符號行爲」。這種劃分是由客體化行爲的「立義形式」所決定的：「直觀行爲」的立義形式是直觀性的，而這種直觀性的

立義形式本身又可以分為「感知的」和「想像的」立義形式。「符號行為」是指藉助符號而進行的立義，胡塞爾也將它稱作「表達的意指」①。除了「符號行為」與「直觀行為」的對應之外，胡塞爾還談到「混合性立義」或「混合行為」，但嚴格地說，所有「符號行為」都是混合行為，不可能存在著所謂「純粹符號行為」②，因為所有符號都必須藉助於直觀才能被傳訴、被接受，例如透過被說出的音符 A，或者透過被寫出的字母以及其他等等。胡塞爾認為，「直觀行為」與「符號行為」的不同特徵在於③：在直觀行為中，行為質料與被展示的內容（感覺材料或想象材料）具有內在的必然聯繫，也就是說，例如當我們將一堆感覺材料立義為「一棵樹」時，我們一定具有一個必然的理由。與此相反，符號行為的質料只需要一個支撐的內容，但在它的種類特性和它本己的種類組成之間不存在某種必然性的聯繫，例如我們看到的字母 A 可以是指某個被感知的事物，同樣也可以是指一個被想像的事態，這裡的聯繫毋寧說是隨意的。

【注釋】① E. Husserl: *LU* II/2, A525/B$_2$53.　②參閱：同上書，A562/B$_2$90.　③參閱：同上書，A564/B$_2$92.

-modifizierter und unmodifizierter Akt * 變異了的行為與未變異的行為：

「未變異的行為」意味著具有基本行為樣式的、原本的行為，而「變異的行為」則是指在某些原本行為發生變化後產生出的「衍生行為」。胡塞爾在《邏輯研究》中大致區分兩種最基本的「變異了的」行為：(1)「質性變異了的（qualitativ modifiziert）行為」是對存在不做設定的行為，亦即對存在不執態的行為。相對於帶有存在設定的行為而言，不設定的行為是被奠基的，它必須建立在原本的設定性行為基礎上①。因此，不設定的行為是由設定性行為所產生的變異而來，是一種「變異了的行為」。這種變異代表著一種最典型的變異，因此胡塞爾也將「質性變異了的行為」直接簡稱為「變異的行為」；(2) 相對於想像行為而言，感知行為是根本的、奠基性的行為；從感知到想像的變異，被胡塞爾稱作「想像變異的行為」（imaginativ modifiziert）②。

除了奠基關係之外，在「未變異的行爲」與「變異了的行爲」之間還存在著一個本質聯繫：每一個「變異了的行爲」都有一個「基本樣式的行爲」與之相對應，例如，每一個帶有存在設定的行爲都有一個不帶存在設定的行爲與之相對應③。

【注釋】　① E. Husserl: *LU* II/1, A448/B₁480.　②同上書，A454ff./B₁489ff.　③同上書，A452/B₁485.

-nominaler und propositionaler Akt ** 稱謂行爲與論題行爲：

在胡塞爾的意識分析中，「稱謂行爲」與「論題行爲」這兩個行爲種類在另一個角度上①共同構成「客體化的行爲」這個意向體驗的總屬。它們在胡塞爾那裡基本上是與「表象」和「判斷」這對概念同義的。

胡塞爾在《邏輯研究》中所理解的「稱謂行爲」就是指「表象」或「命名」，即以實事（Sache）爲客體的行爲②，而陳述行爲所標識的則是「判斷」、「論題」，亦即以事態（Sachverhalt）爲客體的行爲③。

「稱謂」與名稱或稱呼有關，「論題」則與陳述或表達有關。因此，胡塞爾也將那些具有這兩種性質的意識行爲標誌爲「命名」（Nennen）和「陳述」（Aussagen）。這兩者之間的關係表現爲：一方面，每一個可能的陳述都與一個名稱相對應，或者說，每一個可能的表語都與一個定語相對應。這個關係反過來也同樣成立，即：每一個可能的名稱都與一個陳述相對應④。每一個名稱都可以轉變爲一個陳述，並且每一個陳述都可以轉變爲一個名稱，同時卻不必改變它的質性（Qualität），至少不必改變它的屬質性（Qualitätsgattung）⑤。例如，「藍天」這個稱謂可以轉變爲「天是藍色的」這樣一個陳述；反之亦然。因此，就質性而言，在「稱謂行爲」與「論題行爲」之間存在著一種「類的共同性」。但另一方面，稱謂行爲和論題行爲在胡塞爾那裡又具有「本質區別」⑥。他認爲：「在不改變其本質天性並因此而不改變其意義本身的情況下，一個陳述永遠不能作爲名稱起作用，一個名稱也永遠不能作爲陳述起作用」⑦。這也就是說，名稱永遠只能起名稱的作用，陳述也永遠只能起陳述的作用。

【注釋】①胡塞爾在《邏輯研究》中也將「客體化行爲」劃分爲「感知行爲」、「想像
行爲」和「符號行爲」，這個劃分與這裡對客體化行爲的「表象」（稱謂）與「判
斷」（論題）之劃分相互交迭。　②參閱：E. Husserl: *LU* II/1, A445/B₁477.
③同上。　④同上書，A439/B₁470.　⑤同上書，A445/B₁477.　⑥同上。　⑦同
上。

-objektivierender und nicht-objektivierender Akt * * 客體化行爲與非客體化行爲：（日）客觀化作用、非客觀化作用

　　胡塞爾的現象學意向分析表明，所有的意識行爲種類都可以劃分爲「客體
化行爲」與「非客體化行爲」。「客體化行爲」在胡塞爾的意向分析中是指包括
表象、判斷在內的邏輯—認識的智性行爲，它們是使客體或對象得以被構造出來
的行爲；而「非客體化行爲」則意味著情感、評價、意願等等價值論、實踐論的
行爲活動，它們不具有構造客體對象的能力。胡塞爾強調，在這兩種行爲之間存
在著奠基關係：「非客體化行爲」奠基於「客體化行爲」之中：「**任何一個意向
體驗要麼本身就是一個客體化的行爲，要麼就以一個客體化的體驗爲其『基
礎』**」①。這個對客體化行爲之奠基性的確定論證了意識的最普遍本質，亦即意
識的意向性，它意味著：意識必定是關於某物的意識。

　　在對「客體化行爲」與「非客體化行爲」的區分問題上，胡塞爾批判地接受
了布倫塔諾對「表象」的理解：表象是所有意識行爲的基礎。胡塞爾本人對這兩
種行爲的討論首先是在《邏輯研究》的第五研究中進行的。具體地說，「客體化
行爲」意味著「一個全面的意向體驗屬」。在胡塞爾看來，「這個意向體驗屬將
所有被考察的這些行爲按照其『質性』本質都包容在一起，並且規定了『表象』
這個術語在這個意向體驗的整體種類中所能意謂的『最爲寬泛的』概念。我們自
己則想把這個質性統一的、在其自然的廣度中被理解的屬標識爲『客體化行爲』
的屬」②。胡塞爾在這裡所說的「表象」，是指在布倫塔諾意義上的「表象」。
在對布倫塔諾的觀點進行改造之後，胡塞爾本人的表象概念更接近於他的「直
觀」概念，而「客體化行爲」在胡塞爾看來不是單獨由「表象」所組成，而是由
「表象」與「判斷」共同組成的，它們也叫做「稱謂行爲」與「論題行爲」：表

象（稱謂行爲）構造出作爲實事（Sache）的客體，而判斷（陳述行爲）則構造出作爲事態（Sachverhalt）的客體。正是這兩種行爲，並且也唯有這兩種行爲才使意識具有意向性的特徵，即指向對象並構造對象的功能，從而使意識有可能成爲「關於某物的意識」。

但在「客體化行爲」之內對「表象」與「判斷」的劃分只是一個方面，即在行爲質料方面的劃分而得出的區別。另一方面，胡塞爾還在「客體化行爲」之內，「透過質性區分而得出對設定性行爲與不設定行爲……的劃分」③。前者是指對客體的存在或不存在執態的行爲，後者則是對此不執態的、中立的行爲。「非客體化的行爲」在對象或客體的構造上無所貢獻。但由於任何意識行爲都必須朝向對象，都必須是關於某物的意識，因此，「非客體化行爲」原則上必須依賴於那些透過「客體化行爲」而被構造出來的對象才能成立。在這個意義上，「非客體化行爲」必須以「客體化行爲」爲基礎。

此後在 1908／09 年的倫理學講座中，胡塞爾又再次將「客體化行爲」與「非客體化行爲」（評價行爲）之間的關係作爲「倫理學的基本問題」④來討論。他透過分析而確定在「客體化行爲」與「非客體化行爲」之間存在著「一條深深的鴻溝」、「一個根本本質的區別」⑤。這個鴻溝或區別甚至威脅著現象學的「行爲」概念和「意向性」概念的統一性。因爲「客體化行爲」的意向性並不從屬於一個個別的行爲；一個個別的「客體化行爲」自身並不能意向地指向客體，它必須與其他「客體化行爲」一起，才能對一個客體進行認同（Identifizierung），從而使一個同一的客體得以構成。而「非客體化行爲」則相反，由於它透過在一個「客體化行爲」之中的奠基而意識到客體的存在，因此它本身已經帶有對此客體的指向。「客體化行爲」中的「意向性」與「非客體化行爲」中的「意向性」因而具有不同的含義⑥。胡塞爾在這裡已經意識到，僅僅談論奠基並不能完全標識出「客體化行爲」與「非客體化行爲」之間的複雜關係⑦。

胡塞爾試圖在智性主義的理性理論與情感主義的理性理論之間找到一條可行的中間道路。對於這個嘗試來說，胡塞爾在「客體化行爲」與「非客體化行爲」之間所存在的區別與關係上的規定具有根本性的意義。

【注釋】 ① E. Husserl: *LU* II/1, A459/B₁494. ②同上書，A449/B₁481. ③同上。 ④參閱：*Ethik* Hua XXVIII (Dordrecht u. a. 1988) B, § 12. ⑤同上書，337. ⑥參閱：同上書，338. ⑦同上書，337.

【文獻】U. Melle: "Objektivierende und nichtobjektivierende Akte"，載於：S. IJsseling (Hrsg.): *Husserl-Ausgabe und Husserl-Forschung* (Dordrecht u. a. 1990) 35-50.

【相關詞】Objekt 客體，objektiv 客體的、客觀的，Objektivation 客體化，Objektivierung 客體化。

-setzender und nichtsetzender Akt * 設定性行爲與不設定的行爲：

「設定性行爲」在胡塞爾那裡是指帶有存在信仰的行爲，或者說，對存在問題執態的行爲；與它相對應的是「不設定的行爲」；這種行爲對行爲對象的存在與否不感興趣或不做表態[1]。這兩種行爲分別代表了意識行爲的兩種不同質性。較之於不設定的行爲質性而言，設定性的行爲質性是奠基的[2]。因此，胡塞爾在《邏輯研究》中也將「不設定的行爲」稱之爲「質性變異」（qualitative Modifikation）[3]。胡塞爾認爲，**「任何現時的認同與區分都是一個設定性的行爲，無論這種認同或區分本身是否奠基於設定之中」**[4]。

【注釋】①詳細說明可以參閱「設定」與「不設定」條目。 ②參閱：E. Husserl: *EU* (Hamburg ⁴1972) § 21，也可以參閱 E. Tugendhat: *Wahrheitsbegriff bei Husserl und Heidegger* (Berlin 1967) 41. ③參閱：*LU* II/1, A454ff./B₁489ff. ④ *LU* II/2, A593/B₂121.

【文獻】L. Ni: *Seinsglaube in der Phänomenologie Edmund Husserls* (Dordrecht u. a. 1999).

-sozialer Akte * 社會行爲：

「社會行爲」在胡塞爾那裡並不與「同感行爲」（同感、領會、異己理解）同義。根據他的看法，社會行爲是指那些朝向他人的行爲，它們是交往的行爲，但並不必然是在語言概念層次上進行的交往行爲。姿態，例如用手指點，就是一種社會行爲。社會行爲的基礎在於對同伴的被意識狀態的意向喚起，使他意識到，我有意圖向他傳達（與他交往）某些事情。這種傳達（交往）也可能僅僅是

一種資訊的傳達（如果我的意圖僅僅在於使其他人注意某事），但它也可能表達出我希望或我想要其他人做得更多，例如，如果我向其他人發出請求或命令的話。在這個意義上，胡塞爾談及社會意識或個人的自身意識：我意識到我本己的意向行為是可以被理解的，並且也正在被他人所理解[①]。

【注釋】①關於胡塞爾的社會行為與交往行為的理論，進一步還可以參閱 E. Husserl: *Inters*. II, Hua XIV, Nr. 9, 10.

【文獻】A. Schütz: "The problem of transcendental intersubjectivity in Husserl"，載於：*Collected Papers* III (Den Haag 1966) 51-91. M. Theunissen: *Der Andere. Studien zur Sozialontologie der Gegenwart* (Berlin 1965). G. Römpp: *Husserls Phänomenologie der Intersubjektivität* (Dordrecht u. a. 1991). J. G. Hart: *The Person and the common life. Studies in a Husserlian Social Ethics* (Dordrecht u. a. 1992). (I. Kern)

Aktcharakter ** 行為特徵：（英）act-charactristic（日）作用性格

在胡塞爾意識的本質因素及其結構的描述分析中，「行為特徵」這一術語本身具有描述性質，它在胡塞爾那裡主要被用來標識特定意義上的意識行為之特點，亦即一種類型的意識行為所特別具有的、使它區別於其他類型意識行為的特徵。例如，感知作為一類意識行為具有不同於其他非感知的意識行為之特性。但如「行為特徵」的名稱所示，它的包容範圍可以是相當寬泛的。

在《邏輯研究》中，尤其是在第五研究中，胡塞爾在對「意向體驗及其內容」的描述分析中認為：「以往人們曾對感知表象和想象表象的關係發生爭執，對這個爭執也有過許多探討，但這些探討缺乏應有的現象學的準備性基礎，從而也缺乏明晰的概念和提問，所以它們不可能得出正確的結果。同樣的狀況也表現在關於簡單感知與映射意識、符號意識的關係問題上。我相信可以無疑地證明，這些行為的行為特徵是不同的，例如，隨著圖像性的出現，一個全新的意向方式便成為體驗」[①]。

與「行為特徵」相對應的概念是「行為內容」。這一對概念與胡塞爾所使用的另一對概念「質性」和「質料」的含義是基本相合的：「有一個極為重要的、

並且起初是完全自明的區別，即在行為特徵（這個特徵根據不同的情況而把行為標識為單純表象的行為，或者標識為判斷的行為、感受的、欲求的行為等等）和行為『內容』（這個內容將行為標識為對這個被表象物的表象、對這個被判斷物的判斷等等）之間的區別。例如有這樣兩個論斷：『2×2＝4』和『易卜生是戲劇藝術中現代現實主義的主要創始人』，這兩個論斷是同一類的，都符合論斷的標準。我們將它們之間的共同點稱為『判斷質性』。但一個論斷是具有這些『內容』的判斷，另一個論斷則是具有那些『內容』的判斷；為了和另一種內容概念區別開來，我們將這裡的『內容』稱之為『判斷質性』。我們對所有行為都進行這種『質性』和『質料』的區分」[2]。

根據胡塞爾的分析，一個意識行為的「意向本質」是由「質性」和「質料」構成[3]，所以，與此等義的表達便是：「行為特徵」與「行為內容」統一構成了一個意識行為的意向本質。

由於意識行為的最基本特徵在於意向性，即意識指向對象的活動、功能，因此，「行為特徵」在一個意識行為中顯然與「意向活動」的基本特徵有關。胡塞爾因而也將「行為特徵」等同於「意識方式」[4]，或者等同於「立義」、「賦予意義」、「統攝」、「啟用」、「認同」、「統覺」等等[5]。在這個意義上，「行為特徵可以說是那種將感覺材料啟用並根據其本質造出對象的東西，以至於我們能感知這個或那個對象之物，例如，能看到這棵樹，能聽到那聲鈴響，能嗅到這種花香，如此等等」[6]。胡塞爾在術語使用上，甚至還將「行為特徵」等義於「意向」概念：「『行為特徵』這個（與意向概念）相平行的表達，也可以幫助我們避免誤解」[7]。

【注釋】① E. Husserl: *LU* II/1, A363/B$_1$385，注釋 1。　②參閱：同上書，A386/B$_1$411，對此也可以參閱「質性」和「質料」條目。　③同上書，A391f. /B$_1$417，也可以參閱「意向本質」條目。　④同上書，A180/B$_1$182、A364/B$_1$386. ⑤參閱：同上書，A361/B$_1$383ff.　⑥同上書，A363/B$_1$385. ⑦同上書，A385/B$_1$379.

Aktivität ＊＊ 主動性：（英）active（日）能動性

「主動性」概念從詞源學上看本身已具有兩層含義：一方面，根據它的詞根，「主動性」所指的首先是意識行爲的活動性或能動性（Akt, aktiv），這個含義在胡塞爾的術語使用中也可以找到，亦即「我做」（Ichtue），無論這種「做」是被動發生的，還是主動發生的。另一方面，眞正意義上的「主動性」則是與「（第二性）被動性」相對應的概念①。在胡塞爾的發生現象學分析中，這一對概念被用來標識意識綜合、構造或發生的能力，因而他也經常使用與此相應的概念，諸如「主動綜合」、「主動構造」或「主動發生」等等。

胡塞爾本人並沒有對「主動性」的特徵和範圍做出「精確的」描述和規定，他的分析總的看來是「類型化的」，並且我們常常可以看到他將這兩種含義混合使用。但從原則上說，在這兩個「主動性」概念之間的區別已經相對明顯：廣義上的「主動性」已經將「被動性」包含在自身之中，因而胡塞爾常常談及「主動性中的被動性」②。這個意義上的「主動性」並不包含「原被動性」（Urpassivität）意義上的「被動性」，因爲「原被動性」是在確切意義上的「我不做」（ohne Tun des Ich），或者「我思之前」（vordem Cogito），甚至「無自我」（Ichlos）的情況下發生的時間化（Zeitigung），它屬於主體性所具有的「天生能力」或「成就」（Leistung）③。而在《經驗與判斷》中，胡塞爾對「主動性」的描述則主要與狹義的「主動性」有關。他首先將「觸發」和「自我朝向」看作是「接受性」（Rezeptivität）而納入自我「主動性」的最低階段④，在這個階段上，自我從被動的「被觸發」過渡到主動的「朝向」，或者說，「觸發者」轉變爲對象客體。隨後，胡塞爾又將「素樸把握和觀察」視爲「較低的客體化主動性的最低階段」⑤。接下來則是「展顯」或「展顯的觀察」階段和「相關性」或「關係把握」階段。在前一個階段上，有關對象的「內規定性」或「內視域」得到展開；而在後一個階段上，這個對象的「外視域」或「相關客體」也被納入到考察的範圍之中。「主動性」的這些發生階段從另一個角度上看，也包含在廣義上的「被動性」的發生之中，這是因爲，自我總是帶有朝向某個事物的「趨向」，它貫穿在被動發生的過程始終。對這個「趨向」（期待意向）的滿足，也可以說就是最寬泛意義上的自我被動性⑥。

而從整體上看，胡塞爾認爲，「無論如何，主動性的任何構建作爲最低階

段，都必然以一個在先給予的被動性爲前設」[7]，即「原被動性」。換言之，「主動性」的構成物，亦即「在最寬泛意義上的實踐理性的所有成就，例如相加、計數、相除、陳述、推理行爲的構造性產物」，它們全都奠基於「被動發生的構成物」、「被動的在先被給予性」之中，「主動性」須以「原被動性」爲前設[8]。

對此尤其還需要注意的是，胡塞爾本人曾強調：「對主動性和被動性的區分不是僵硬的，這裡所關涉的不可能是某些可以從定義上一勞永逸地確定下來的術語，而只是一些用來進行描述和對比的手段，它們的意義必須根據具體的分析狀況，而從每一個個別情況中得到原初的、新的吸取」[9]。

【注釋】①參閱「被動性」條目，尤其是其中對「原被動性」和「第二性被動性」的劃分。②參閱：E. Husserl: *EU* (Hamburg ⁴1972) 119. ③ Ms. C 17 IV, 1f.:「被動在這裡是指不帶有我的做，即使自我是清醒的，也就是說，即使它是在做著的自我。流動並不是從自我的做中發出的流動，自我並沒有意向要實現這個做，自我並沒有從這個做中實現自身。」── 對此還可以進一步參閱：E III 9, 4a, *EU*... 同上書，81f. ④ *EU*... 同上書，§ 17. ⑤同上。 ⑥同上書，§ 17、93. ⑦ *CM* Hua I (Den Haag ²1963) 112；對此也可以參閱：*EU*... 同上書，74f. ⑧ *CM*... 同上書，111. ⑨ *EU*... 同上書，119.

【文獻】H. Fein: *Genesis und Geltung in E. Husserls Phänomenologie* (Frankfurt a. M. 1970).

【相關詞】aktiv 主動的，aktive Genesis 主動發生，aktive Konstitution 主動構造，aktive Konstitution 主動成就，aktive Synthesis 主動綜合。

Aktmaterie 行爲質料：（英）act-material（日）作用質料

「行爲質料」在胡塞爾那裡是「質料」（Materie）概念的全稱[1]。它與「質性」（「行爲質性」）一同構成意識行爲的「意向本質」[2]。此外，胡塞爾在《邏輯研究》中對「行爲質料」概念還持有另一種規定：「行爲在排除行爲質性後所剩餘的一切都被算作是行爲質料；即，不但立義意義，而且全部『代現』都是行爲質料」[3]。也就是說，一個意識行爲的「行爲質料」（立義）可以既包括立義意義，即立義活動賦予感覺材料的意義，也包括立義活動本身，即賦予意義的活動本身，還包括被賦予意義的感覺材料。

【注釋】①較爲詳細的說明可以參閱「質料」條目。 ②參閱：E. Husserl: *LU* II/1, A444/B₁476. ③ *LU* II/1, Hua XIX/1, 476, "Zusätze und Verbesserungen" zu A.

Aktpsychologie 行爲心理學：（日）作用心理学

「行爲心理學」的概念根據其意義內涵可以追溯到布倫塔諾對心理現象與物理現象的劃分上。按照這個劃分，心理現象就是行爲，它們自身含有與作爲其對象的某物的關係，也就是說，具有意向特徵①。所有那些在十九世紀末、二十世紀初的心理學理論，即隨布倫塔諾一起主張心理之物的本質是由行爲（功能）和內容（對象、現象）的因素所構成的心理學理論，從一定的角度來看都可以被描述爲行爲心理學②。在《邏輯研究》第二卷中，胡塞爾也將他自己的學說理解爲「意向行爲的描述心理學」③。

【注釋】① F. Brentano, *Psychologie vom empirischen Standpunkt* 1 (1874), hrsg. v. O. Krauss (1955) 109ff., 124ff., 142. ②參閱：A. Höffler: *Psychologie* (Wien/Prag 1879); C. Stumpf: *Erscheinungen und psychische Funktionen*. Abh. könl. -preuss. Akad. Wiss. philo. -hist. Kl. IV (1906); *Empfindung und Vorstellung*. Einzel-A. aus den Abh. könl. -preuss. Akad. Wiss. philo. -hist. Kl. I (1918); A. Meinong: *Über emotionale Präsentation*. Sber. kaiserl. Akad. Wiss. philo. -hist. Kl. 183/2. Abh. (Wien 1917); *Über Annahmen* (³1928) 338ff.; S. Witasek: *Grundlinien der Psychologie* (1908); M. Palagyi: *Naturphilosophische Vorlesungen über die Grund-propleme des Bewußtseins und des Lebens* (1907); J. K. Kreibig: *Die intellektuellen Funktionen. Untersuchungen über Grundfragen der Logik, Psychologie und Erken-ntnistheorie* (1909). ③ E. Husserl, *LU* II/1, (⁵1968) 343ff.; 對此概念的使用還可參閱 N. Bishof: "Erkenntnistheoretische Grundlagenprobleme der Wahrnehmung-spsychol.", in: W. Metzger (Hrsg.): *Handbuch Psychologie* 1 (1966) 1. (P. Janssen)

Aktqualität* 行爲質性：（英）act-quality（日）作用性質

「行爲質性」是胡塞爾對「質性」概念的全稱。它是意識行爲的「意向本質」

中與「質料」（「行爲質料」）相並列的另一個要素①。

【注釋】①較爲詳細的說明可以參閱「質性」條目。

Aktregung/Aktvollzug* 行爲引動 / 行爲進行：（英）act-impulse/performing of an act

「行爲引動」與「行爲進行」是指一個意識行爲的「被引動」與行爲的「被進行」。胡塞爾在《純粹現象學與現象學哲學的觀念》第一卷中，從時間發生的角度①探討這兩者之間的關係。他的分析表明，信仰、好感設定或惡感設定、欲望，包括決定等等行爲，往往是在我們進行它們之前就已經活躍起來，就像我們在知道某事之前就相信某事一樣。在這個意義上，「行爲引動」在發生上要比「行爲進行」更原初②。在以後的《經驗與判斷》中，胡塞爾也在感知領域區分通常意義上的「感知」和比它更爲原初的「感知趨向」③，後者是由「興趣」、「感受」所觸發的④。

對「行爲引動」與「行爲進行」的劃分與分析，實際上提供了一個不同於「客體化行爲」與「非客體化行爲」分析的觀察角度。

【注釋】①胡塞爾在此期間雖然尚未提出「發生現象學」的觀念，但他的分析已經常常帶有發生分析的因素，這裡的研究便是一個例子。　②參閱：*Ideen* I，Hua III (Den Haag ³1976) § 115.　③對此也可以參閱「感知趨向」條目。　④參閱：*EU* (Hamburg ⁴1972) § 17.

【文獻】D. Welton: "Husserl's genetic phenomenology of perception"，載於：*Research in phenomenology* 12 (1982) 59-83.

Aktualität** 現時性：（英）actuality、presentness、actionality （法）actualité（日）顯在性

「現時性」概念曾經是湯瑪斯・阿奎那存在學說的核心概念。它最初起源

於亞里斯多德哲學對「顯在」（energeia）與「潛能」（dynamis）的劃分。在湯瑪斯的哲學中，「現時性」原則上是一個與「現實性」（Wirklichkeit）同義，並優先於「潛能性」的概念，它也被理解為「存在一般」。

在胡塞爾的意向分析中，「現時性」概念占有中心位置。它仍然處在與「潛能性」的對立之中。胡塞爾認為：「意向分析就是對現時性和潛能性的揭示，對象正是在這些現時性和潛能性中作為意義統一而構造起自身」[1]。但必須注意，「現時性」概念在胡塞爾這裡包容了更多的內涵，它被賦予了多重的特殊意義。

首先，「現時性」概念是一個與感知行為具有本質聯繫的表達。由於「感知」具有「原本意識」和「存在意識」的雙重特徵[2]，因而「現時性」概念在這個含義上也相應地具有雙重性：一方面，「現時性」意味著意識方式的「原本性」[3]，意味著事物直接的、自身的被給予方式。在這個意義上，「現時性」與「印象」（Impression）是同義的。它是「當下的」，而非「被當下化的」。以感知和回憶為例，「儘管對於感知和回憶來說，『現象』在本質上是同一個，但一個是印象性的現象，另一個是變異了的現象。更清楚地說：一個是現時性（這裡是指印象），另一個是非現時性」[4]。另一方面，「現時性」又是與一個「設定」同義的概念：「**任何一個現時的認同，或者說，任何一個現時的區分都是一種設定的行為**」[5]。「現時性」在這裡意味著對意識對象之存在的執態，即相信有關對象的存在與否[6]。在這個意義上，與「現時性」概念相對應的是「非現時性」或「不設定」[7]。如果我們在這裡繼續以感知和回憶為例，那麼它們兩者從這個意義來看又都屬於「現時性意識」的範疇。在以上兩種意義上都「不現時的」意識只能是「單純想象」，它既意味著對「原本性」的變異，也意味著對「設定性」的變異，因此胡塞爾說，「現時性不是某種能與單純想象連結在一起的東西，單純想象是完完全全的變異」[8]。

其次，「現時性」概念還處在與「潛能性」概念的對應之中。「現時性」在這裡意味著意識方式的明確性、彰顯性，而不是可能性、潛隱性[9]。例如，在對一所房屋的感知中，現時被給予的是這所房屋的正面，而其他的方面則只是被共現出來，但這個共現的部分始終是潛能的，它隨時可以被現時化。在這個意義上，「現時性」是「潛能性」或「非現時性」的對應概念[10]，並且在相同的意義上也是「習常性」（Habitualität）的對應概念[11]。

【注釋】① E. Husserl: *CM* Hua I (Den Haag ²1963) 19. ②較爲詳細的說明可以參閱「感知」條目。 ③ *Ph. B. Er.* Hua XXIII (Den Haag 1980) 364. ④同上書，287. ⑤ *LU* II/2, A593/B₂121. ⑥ *Ph. B. Er* ... 同上書，322. ⑦胡塞爾在《內時間意識現象學講座》中便明確地說：「這裡的『現時性』（Aktualität）和『非現時性』（Inaktualität），與《觀念》意義上的『設定性』（Positionalität）和『中立性』（Neutralität）是同一個意思。」——胡塞爾：*Zeitb*. Hua X (Den Haag 1966) 102, Anm. 1. ⑧ *Ph. B. Er* ... 同上書，253. ⑨參閱：*Ideen* I, Hua III (Den Haag ³1976) § 35. ⑩參閱「潛能性」和「非現時性」條目。 ⑪參閱：*F. u. tr. Logik* Hua XVII (Den Haag 1974) 39.

【相關詞】Aktualisierung 現時化，Aktualitätsmodifikation 現時性變異，Aktualitätsmodus 現時性樣式，aktuell 現時的。

Aktverbindung 行爲連結：

「行爲連結」區別於例如機械性聯想的連結，它意味著將一個人格的個別生活行爲綜合成爲一個統一的、有意義的聯繫。個別的行爲本身只有作爲意義聯繫的人爲孤立了的因素才能被理解①。

【注釋】①參閱：W. Stern: *Person und Sache. System der philosophischen Weltanschauung* 2: *Die menschliche Persönlichkeit* (1918); E. Spranger: *Lebensformen. Geisteswissenschaftliche Psychologie und Ethik der Persönlichkeit* (⁵1925). (P. Janssen)

補充 「行爲連結」是二十世紀初心理學中極爲流行的概念。胡塞爾在其著述中幾乎沒有使用「Aktverbindung」一詞，而是使用了「Aktverknüpfung」的概念①。但這兩個術語的含義是基本相同的。

【注釋】①參閱：E. Husserl: *LU* II/2, A632/B₂160.

All 大全：（英）All、universe

胡塞爾通常用「大全」概念來表述自然觀點中的實在整體，如「實在大全」、「存在者大全」、「存在大全」等等①。它類似於在康德哲學的「量」的範疇中的「大全性」（Allheit）概念，亦即意味著一個被看作是「一」的「多」②。

【注釋】①參閱：E. Husserl: *Ideen* I, Hua III (Den Haag ³1976) 120, *Erste Philos*. II, Hua VIII (Den Haag 1959) 69, *Krisis* Hua VI (Den Haag ²1962) 20 等等． ② *Krisis*... 同上書，45.

【相關詞】Allbewußtsein 大全意識，Alleinheit 大全統一，Allgültigkeit 大全有效性，Allheit 大全性，allheitlich 大全的，Allheitsform 大全形式，Allmenschheit 大全人類，Allnatur 大全自然，Allsubjektivität 大全主體性，Allzeitlichkeit 全時性，Ich-all 自我大全，Seinsall 存在大全，Weltall 世界大全（宇宙）。

Allbewußtsein 大全意識：

「大全意識」在胡塞爾的現象學中是他所設想的「上帝」的代名詞①。它可以說是「一個包容所有自我的自我」，這個自我「將所有一切都包容在一個生活之中」②。

【注釋】①參閱：E. Husserl: *Inters*. I, Hua XIII (Den Haag 1973) 9, 19, Ms. A V 22, 43, B II 2, 26f. ② *Inters*. II, Hua XIV (Den Haag 1973) 302.

Allgemeines * * 普遍、一般：（英）something universal、the universal （法）généralité（日）普遍性

「普遍」或「一般」在胡塞爾的術語中是與「邏各斯」、「概念之物」相平行的概念①。它的對應概念是「個體」（Individuelles）。胡塞爾在《邏輯研究》中首次提出：「普遍對象」是在「普遍直觀」中被構造起來的②。換言之，「本質」是在「本質直觀」中被構造、被把握的。但胡塞爾將這種「本質普遍性」明

確區別於「經驗的普遍性」，唯有前者才是透過明察而獲得的純粹普遍性，即不侷限在經驗的範圍內；而後者則只是透過歸納方法而獲得的自然規律的普遍性③。

【注釋】①參閱：E. Husserl: *Ideen* I, Hua III (Den Haag ³1976) 257. ②參閱：*LU* II/2, § 52. ③ *Ideen* I... 同上書，§ 6.

【相關詞】allgemein 普遍（一般）的，Allgemeinbegriff 普遍（一般）概念，Allgemeingültigkeit 普遍（一般）有效性，Allgemeinheit 普遍（一般）性，Allgemeinheitsbewußtsein 普遍（一般）性意識，Allgemeinheitsbeziehung 普遍（一般）聯繫，Allgemeinheitsstufe 普遍（一般）階段，Allgemeinvorstellung 普遍（一般）表象。

Allgemeinschaft* 大全共同體：（英）universal community

胡塞爾用「大全共同體」概念來標識自然觀點中人類主體的總和，亦即在最寬泛意義上的「我們」①或「人類」。

【注釋】①參閱：E. Husserl: *Krisis* Hua VI (Den Haag ²1962) 188.

Allzeitlichkeit** 全時性：（英）all-temporality

在胡塞爾現象學的後期，「全時性」這個時間形式標識出早期被他稱作觀念對象的對象存在方式①。這個概念表明：胡塞爾已經將這些觀念對象的被誤認的超時間性——《邏輯研究》因而被指責爲柏拉圖主義——理解爲一種特殊的時間性②。胡塞爾之所以得出這一明察，乃是因爲他堅信，「存在之物以任何方式和在任何階段上進行的所有構造都是一種時間化，這種時間化在構造系統中賦予存在者的任何特殊意義以其時間形式……」③，因爲意向生活的所有構造性綜合都建基於內時間意識的被動原綜合之上，或者說，建基於活的當下之上④。

「全時性」意味著，這種時間形式的對象在某種程度上既「處處」存在，又「無處」⑤存在；這就是說，它們隨時可以作爲在雜多的時間性個體行爲中同一持續

的東西而被造出和被再造出（「處處」；這些對象的觀念性）；同時它們本身卻無須透過一種在實在的客觀時間連同其聯繫視域中的境況或綿延而被個體化（「無處」；這些對象的非實性）。

【注釋】① E. Husserl: *EU* (Hamburg ^{3}1964) 309-314. ② *CM* Hua I (Den Haag ^{3}1963) 155. ③ *Krisis*, Hua VI (Den Haag ^{2}1962) 172. ④ *CM* ... 同上書，79；*EU*... 同上書，303ff. ⑤同上書，313. (K. Held)

als-ob＊ 似、如似：

「似」在胡塞爾的術語中，通常作為前綴而被用來標識主題的「準」性質，亦即非原本性，但同時與原本的相似性和相應性。例如，每一個原本體驗都有其「似─變異」，每一個課題都有其「似課題」①等等。「似」的前綴原則上與「擬」（quasi-）的前綴等義。

【注釋】①參閱：E. Husserl: *Ph. B. Er.* Hua XXIII (Den Haag 1980) 591.
【相關詞】Als-ob-Modifikation 似─變異，Als-ob-Thema 似─課題。

Alteration 變異：

「Alteration」源於拉丁文「alter」（其他），其基本含義為「其他化」。胡塞爾將「變異」概念作為專用名詞引入，即「作為對『他我』（alter ego）之當下化的術語」來使用①。因此，「變異」是指在「異己經驗」領域中從「對他人的感知」向「對他人的想像」的「樣式變化」。它不同於「變異」（Modifikation），後者意味著在「對空間事物經驗」的領域中，從「事物感知」向「事物想像」的「樣式變化」②。

【注釋】① E. Husserl: Ms. C 16 VII, 14f. ②對此還可以進一步參閱「變異」條目。

alter ego (Alterego)** 他我：（英）other ego（日）他我

「他我」是胡塞爾交互主體性現象學中的中心概念之一。它意味著對於本我而言的他人，對於本己的個體單子而言的其他異己單子①，因而是一個與「自我」（Ich）或「本我」（ego）相對應，與「異己自我」（Fremd-Ich）相平行的概念。對「他我」的經驗或「同感」也被胡塞爾稱作「對他人的感知」或「異己經驗」。

【注釋】①參閱：E. Husserl: *Krisis* Hua VI (Den Haag ²1962) 262.

【文獻】D. Sinn: *Die transzendentale Intersubjektivität mit ihren Seinshorizonten bei E. Husserl* (Heidelberg 1958).

Analogie* 類比：（英）analogue

「類比」概念與胡塞爾的聯想現象學分析有關，它意味著相似性聯想的進行。在經驗的最初階段上，在相似物之間進行的類比是形式的存在構造之前提①，或者說，是經驗「類型」（Typus）形成的前提②。在經驗的較高階段，如在異己經驗領域中，對自我身體與他我身體的「類比」，導致對異己感知的形成和他人的構造③。

此外，胡塞爾在《邏輯研究》中也將「想像」行爲的特徵描述爲「類比的」④，他認爲所有想像對象都在某種程度上是對原本的「摹寫」或關於原本的「圖像」，而非原本本身，在想像對象與感知對象之間因而存在著一種「摹本」與「原本」的類比關係：「類比的映射」⑤。

【注釋】①參閱：E. Husserl: *Ideen* I, Hua III (Den Haag ³1976) 101, *Ideen* II, Hua IV (Den Haag 1953) 121. ②*EU* (Hamburg ⁴1972) § 8. ③參閱：*Inters.* I, Hua XIII (Den Haag 1973) 21ff., 481, 510 等等；*CM* Hua I (Den Haag ²1963) § 44. ④參閱：*LU* II/2, A551/B₂79. ⑤同上。

【文獻】A. Diemer: *E. Husserl. Versuch einer systematischen Darstellung seiner Phänomenologie* (Meisenheim a. G. ²1965) 167-171. K. Hedwig: "Husserl und die Analogie"，載於：*Zeitschrift für philosophische Forschung* 36 (1982) 77-86. J.

-F. Courtine: "Intersubjektivität und Analogie"，載於：*Phänomenologische Forsc-hungen* 24/25 (1991) 232-264.

【相關詞】analog 類似的，analogisieren 類比，Analogon 類似者。

Analyse (Analysis) * * 分析：（英）analyse（法）analyse、analytique（日）分析

　　自亞里斯多德以來，哲學的「分析」方法已經獲得了各種不同的形式。但它原則上始終意味著一種將整體分解爲部分內容，或將被給予之物還原爲各個組成部分的操作方法。胡塞爾在前現象學時期主要是針對數的概念進行邏輯學的和心理學的分析[1]。以《邏輯研究》爲始，他透過描述分析的方法來把握純粹意識行爲的本質要素和這些要素之間的本質聯繫，因而也將這種分析稱作「意向分析」[2]。這種意向分析具有兩個最重要的特徵：一方面，它是在反思中進行的分析，它意味著一種「朝向主體結構的邏輯工作」[3]，另一方面，它是一種純粹直觀的分析或本質分析[4]。胡塞爾的現象學分析在《邏輯研究》時期偏重於意識活動的「靜態分析」和「動態分析」。自《純粹現象學與現象學哲學的觀念》第一卷發表之後，現象學分析則更多地是指「構造分析」[5]，其中包括中期的作爲意向活動分析的「實項分析」和作爲意向相關項分析的「非實項分析」（狹義上的「意向分析」）[6]，以及後期的「發生分析」，包括在《歐洲科學的危機與超越論現象學》中對主體意識的目的論發展的「歷史分析」[7]。

【注釋】①參閱：E. Husserl: *Philos. Arithm.* Hua XII (Den Haag 1970) 32.　② *CM* Hua I (Den Haag ²1963) 50, 52 等等。　③ *F. u. tr. Logik* Hua XVII (Den Haag 1974) 190.　④參閱：*Ideen* I, Hua III (Den Haag ³1976) § 78.　⑤ *F. u. tr. Logik...* 同上書，189，252.　⑥ *Ideen* I... 同上書，§ 88.　⑦參閱：*Krisis* Hua VI (Den Haag ²1962) 58, 101.

【文獻】D. Hemmendinger: *Husserl's phenomenological program. A study of evidence and analysis* (London 1979).

【相關詞】analysieren 分析，Analytik 分析學，analytisch 分析的，analytisch-formal 分析—形式的，analytisch-logisch 分析—邏輯的，Analytisches 分析之物。

Anaxiotisch 非評價的：

「非評價」是胡塞爾用來標識對意識行為之「質性變異」的諸多術語之一。「非評價」是指對意識對象之存在與否的「不設定」、「不執態」[1]；亦即一種中立的態度。

【注釋】①參閱：E. Husserl: *Ph. B. Er.* Hua XXIII (Den Haag 1980) 356, 359.

Anderer (der Andere)** 他人：（英）someone others（日）他者

「他人」在胡塞爾的交互主體性現象學分析中被賦予特殊含義，它意味著「在其他自我形式上的非我」，因而有別於作為「非我」（Nicht-Ich）的異己者[1]。

【注釋】①參閱：E. Husserl: *CM* Hua I (Den Haag [2]1963) 136.
【文獻】 H. Zeltner: "Das Ich und die Anderen. Husserls Beitrag zur Grundlegung der Sozialphilosophie"，載於：*Zeitschrift für philosophische Forschung* 13 (1959) 288-315. M. Theunissen: *Der Andere. Studien zur Sozialontologie der Gegenwart* (Berlin 1965). Th. Seebohm: "The Other in the Field of Consciousniss"，載於：L. Embree (ed.): *Essays in Memory of Aron Gurwitsch* (Washington 1984) 283-303. G. Römpp: "Der Andere als Zukunft und Gegenwart: Zur Interpretation der Erfahrung fremder Personalität in temporalen Begriffen bei Levinas und Husserl"，載於：*Husserl Studies* 6(1989) 129-154.

Anderssein 其他存在：（日）他存在

在胡塞爾的現象學術語中，「其他存在」是一個與「意識」（Bewußtsein，也可稱之為「被意識的存在」）相對應的概念[1]，它意味著所有相對於自我的「本己意識」而言的「異己之物」，意味著「相對於所有意識及其本己本質性」而言的物質世界[2]。

【注釋】① E. Husserl: *Ideen* I, Hua III (Den Haag ³1976) § 39.　②同上。
【文獻】 B. Rang: *Husserls Phänomenologie der materiellen Natur* (Frankfurt a. M. 1990).

Angst 恐懼：（日）不安

「恐懼」不是胡塞爾超越論現象學所要探討的主要範疇。它屬於人類學的研究課題。只是在其研究手稿中，胡塞爾才零星地涉及到人類的「恐懼」問題，它與「正常的生存與『生存』的喪失、生活目標的喪失」有關①。

【注釋】① E. Husserl: Ms. E III 61.

Anmutung* 猜測：（英）deeeming possible（法）supputation、supputer（日）推察

「猜測」在胡塞爾的感知分析中，與感知的信仰樣式（Glaubensmodalität）和感知對象的存在樣式（Seinsmodalität）有關，它奠基於信仰和存在的「基本樣式」（Grundmodus）或「原樣式」①之中。所謂原樣式，是指原初的、通常的感知具有對對象的絕然信仰，在這種樣式中被感知的對象一般處在無爭議的被設定狀態之中。但感知，尤其是外感知，常常伴隨著空泛意識，換言之，對一個對象的意指往往不能在感知中得到充分的充實。於是無爭議之物會指明可能的爭議，甚至可能的決裂。從意向活動角度來看，對感知對象的存在信仰隨之會發生變式（modalisieren），從確然的信仰樣式轉變爲信仰猜測（Glaubensanmutung）②。而從意向相關項方面來看，被感知的對象獲得「存在猜測」（Seinsanmutung）的樣式，亦即猜測的可能性（anmutlich）的樣式③。④

【注釋】①參閱：E. Husserl: *Ideen* I, Hua III (Den Haag ³1976) § 103, *Analysen* Hua XI (Den Haag 1966) 39ff.; *EU* (Hamburg ⁴1972) 101.　② *EU*... 同上書，103.　③同上書，108.　④對此還可以進一步參閱「變式」、「信仰樣式」與「確然性樣式」條目。

【文獻】 F. Belussi: *Die modaltheoretischen Grundlagen der Husserlschen Phänomenologie* (Freiburg/München 1990).

anonym (Anonymität) * * 隱匿的（隱匿性）：（日）匿名態

在胡塞爾的現象學中，超越論主體性所具有的構造世界之功能是「隱匿的」，因爲它在前哲學的經驗中雖然未被認知，但卻在其中起著作用，這種作用就在於：被經驗的世界正是由超越論主體性構造起來的①。儘管這種隱匿性首先會透過那種在超越論還原和懸擱中進行的自身沉思而被揚棄②，但它卻以新的和澈底的方式作爲一個在「活的當下的理論」中的問題而提出來③：最終起作用的活的當下自我（原一自我）就是現象學反思者自身，他之所以邁出反思的步驟，其目的就在於建立自我－存在的絕然明見性，以此來確保超越論現象學的最終基地④。反思的自我試圖在應有的明見性的意義上，在一種體現性的自身經驗中直觀到本己的體現性，亦即在其現時的功能中將它自身對象化；但是它在這個嘗試的過程中經驗到，成爲反思對象的自我，始終已經是一個過去的自我，並且永遠不會是本眞體現性的（「原體現性的」）自我，因爲在反思著的自我與被反思的自我之間的斷裂，表明了一個第一性的時間間距⑤。反思著的自我雖然可以在一個追加的第二階段反思行爲中，確定第一階段上反思著的自我和被反思的自我的同一性，但它在這時又無法在其現時的反思中以其自身爲對象，爲此而再次需要一個追加的反思，如此等等。反思在這個意義上始終是「後覺知」（Nach-Gewahren）⑥，並且必定具有一個可無限重複的形式⑦。由此而產生出一個最終起作用的、自我的不可揚棄的隱匿性之假象。但在胡塞爾關於活的當下之理論的遺稿中，有許多重要的地方表明，胡塞爾認爲可以消除這種假象⑧：在自我的無窮時間性自身反思重複中，它的隱匿性恰恰由此而可以被揚棄，因爲這種重複作爲自我的自身認同與時間性延展的同一表明，活的當下的本質是一種恆定的同一性與流動的自身客體化的統一⑨。

【注釋】 ① E. Husserl: *CM* Hua I (Den Haag ²1963) 179; *Krisis*. Hua VI (Den Haag ²1963) 114ff.; *Erste Philos*. II, Hua VIII (Den Haag 1959) 408ff. ② *CM*... 同上書，84f.

③ G. Brand: *Welt, Ich und Zeit. Nach unveröffentlichten Manuskripten Edmund Husserls* (Den Haag 1955) 24, 62, 64; K. Held: *Lebendige Gegenwart. Die Frage nach der Seinsweise des transzendentalen Ich bei Edmund Husserl, entwickelt am Leitfaden der Zeitproblematik* (Den Haag 1966) 118ff. ④參閱：Husserl: *CM...* 同上書，62，*Erste Philos.* II... 同上書，80. ⑤同上書，86f., 175f. ⑥同上書，89. ⑦參閱：同上書，439ff. u. *CM...* 同上書，81. ⑧參閱：同上。 ⑨參閱：Th. Seebohm: *Die Bedingung der Möglichkeit der Transzendentalphilosophie* (1962) 105ff., 127ff., 138, 161ff. (K. Held)

Anormalität* 不正常性：

「不正常性」是與「正常性」（Normalität）相對應的概念①，它們同屬於胡塞爾後期在第二哲學、即「超越論事實科學」領域中所探討的一個重要問題。胡塞爾將人類的「正常性」理解爲「正常生活的統一性」和「一致性」②，而「不正常性」是「正常性」的「變異」（Modifikation）③，它意味著擴展了的「統一性」或「一致性」，是對「正常性的偏離」，並且會回溯到原本的「正常性」之上④。與「正常性」一樣，「不正常性」也至少具有兩種樣式（階段、類型）：相對於單個主體（Einzelsubjekt）的正常狀態而言的「不正常性」（例如睡眠、疾病），與相對於其他主體（Mitsubjekte）的正常性而言的「不正常性」（例如癡病、未成年）⑤。從另一個角度來看，「不正常性」還可以分爲「部分的不正常性」（例如色盲）和「整體的不正常性」（例如狂人）⑥。

【注釋】①參閱：E. Husserl: *Inters.* III, Hua XV (Den Haag 1973) Texte Nr. 11，尤其是 155-160 以及 Ms. A VII 21 12；參閱「正常性」條目。 ② *Inters.* III... 同上書，154. ③同上書，154、157. ④同上書，157. ⑤同上書，154. ⑥同上書，159.

【文獻】G. Brand: "Die Normalität des und der Anderen und die Anormalität einer Erfahrungsgemeinschaft bei E. Husserl"，載於：W. M. Sprondel/R. Grathoff: *Schütz und die Idee des Alltags in den Sozialwissenschaften* (Stuttgart 1979) 108-124.

Anschauung * * * **直觀：**（英）intuition（法）intuition（日）直觀

「直觀」概念在胡塞爾現象學中具有中心意義。從研究方法的角度來看，「直觀」作爲認識的源泉是現象學反思和研究所應依據的最終基礎；從研究對象的角度來看，「直觀」作爲意識行爲本身也是現象學研究的重要課題。

胡塞爾現象學的方法要求將所有抽象的哲學概念都回溯到它們在直觀之中的原初源泉上。他堅信，「直觀」對於人的認識來說是最後的根據，或者說是「最終的教益」[①]。當胡塞爾在傳統的笛卡兒眞理意義上提出眞理就是明見性時，他所指的就是「直觀的明見」或「明的直觀」，即一種能夠直接原本把握到實事本身的明見性；也就是說，這種明見性的最主要特徵應當是直觀，即一種「直接地把握到」；而在「直接地把握到」這個表述中，顯然包含著「無前設性」、「無成見性」、「面對實事本身」（亦即無間隔性）等等意義。因此，胡塞爾所提出的著名現象學口號，亦即現象學所應遵循的「**一切原則之原則**」或「**第一方法原則**」就在於：「**每一個原本給予的直觀都是一個合法的認識源泉，將所有那些在直觀中原本地**（可以說是在其切身的眞實性中）**展示給我們的東西，就當作它們自身所給予的那樣來加以接受，但也僅只是在其自身給予的範圍內加以接受**」[②]。在這個意義上，現象學首先是一門直觀的、並在直觀的基礎上進行**描述**分析的現象學。

「直觀的現象學」本身在胡塞爾那裡還包含有兩種意義上的「直觀」：感性直觀與本質直觀。一個本質直觀必須以感性直觀爲出發點，因此本質直觀奠基於感性直觀之中[③]；但本質直觀可以超越出感性領域而提供本質性的認識。從整體上說，本質直觀的可能性是作爲本質科學的現象學得以成立的前提。

當然，胡塞爾並沒有明確地規定和劃定「直觀」在現象學中的作用與範圍。他在後期對發生現象學、本能現象學等等的規定與設想表明，現象學也可以是非直觀的、解釋性的[④]。

無論是感性直觀，還是本質直觀，無論是個體直觀，還是普遍直觀，它們的共同之處都在於，或者說，它們能夠被稱作直觀的理由都在於，它們是一種能夠把握原本的意識行爲：「直觀」首先意味著一種對事物的直接把握方式。胡塞爾將「直觀」的具體特徵歸納爲：「直觀」是一種「需要得到充實的意向」[⑤]，並且原則上也具有「達到眞正的充實成就的能力」[⑥]。

胡塞爾的意向分析進一步表明，寬泛意義上的「直觀」是一種由「感知」與「想像」共同構成的意識行為，因而在自身中包含著「想像行為」與「感知行為」的區分⑦。與「直觀行為」相對應的是「符號行為」；後者奠基於前者之中。它們兩者一同構成「表象」或「客體化行為」的總屬⑧。但胡塞爾有時也在狹窄的意義上使用「直觀」概念，這時它便僅僅意味著**「相應的感知」**⑨。

在術語的運用上，「直觀」一方面作為與「表象」（Vorstellung）相平行的概念，通常與「概念」、「思維」相對立⑩，另一方面則與「Intuition」（直覺）的概念完全同義。

【注釋】① E. Husserl: *LU* II/2, A140/B₁141.　② *Ideen* I, Hua III (Den Haag ³1976) § 24.　③對此可以參閱「本質直觀」、「本質還原」等條目。　④ I. Kern: *Husserl und Kant. Eine Untersuchung über Husserls Verhältnis zu Kant und zum Neukantianismus* (Den Haag 1964) 370.　⑤ *LU* II/2, A511/B₂39.　⑥同上書，A520/B₂48.　⑦同上書，A635/B₂163.　⑧參閱：*LU* II/2, A566/B₂94.　⑨參閱：同上書，A711/B₂239.　⑩ *LU* II/1, A465/B₁500.

【文獻】 St. Strasser: "Intuition und Dialektik in der Philosophie Edmund Husserls"，載於：H. L. Van Breda/J. Taminiaux (Hrsg.): *Edmund Husserl 1859-1959* (Den Haag 1959) 148-153.　H. -J. Pieper: *Anschauung als operativer Begriff: eine Untersuchung zur Grundlage der transendentalen Phänomenologie E. Husserls* (Hamburg 1993).

【相關詞】 Angeschautes 被直觀之物，anschaubar 可直觀的，anschauen 直觀，Anschaulichkeit 直觀性，Anschauungserlebnis 直觀體驗，Anschauungsfeld 直觀領域，Anschauungsgrundlage 直觀基礎，Anschauungskontinuum 直觀連續，anschauungsleer 無直觀的、空直觀的，Anschauungsmannigfaltigkeit 直觀雜多性，Anschauungsrichtung 直觀方向，Anschauungssinn 直觀意義，Anschauungssphäre 直觀領域，Anschauungstyp 直觀類型，Anschauungsunterlage 直觀底基，Anschauungsweise 直觀方式，Einzelanschauung 個別直觀，Intuition 直覺（直觀），Partialanschauung 部分直觀，Raumanschauung 空間直觀，Sonderanschauung 特殊直觀，Totalanschauung 整體直觀，Weltanschauung 世界（直）觀，Zeitanschauung 時間直觀。

-äußere und innere Anschauung＊＊ 外直觀與內直觀：

「內直觀」與「外直觀」這對概念不是胡塞爾現象學的專門術語。它們更多地是在傳統的意義上被使用，尤其是在「內」（內在於意識）、「外」（外在於意識）的傳統意義上被使用[1]。

「內直觀」是作為「內在直觀」的本質直觀的基礎，但並不等於這種本質直觀。胡塞爾強調，「本質直觀以內直觀為其實例性的出發點，一方面，這種內直觀並不必須是現時的內感知和其他的內經驗（回憶），毋寧說，它同樣也可以利用任何一個在最自由的臆構中形成的內想象，只要這個內想象具有足夠的直觀清晰性；而且這種內想象在使用上更具長處。另一方面，我們已經多次強調，……現象學的本質直觀就是作為在內直觀基礎上的觀念直觀，它使觀念化的目光唯獨朝向被直觀的、體驗的本己實項的或意向的組成，並且使這些分散在單個體驗中的種類體驗本質以及它們所包含的（即『先天的』、『觀念的』）本質狀態被相應地直觀到」[2]。

而「外直觀」則是通常意義上的事物直觀或感性直觀。它包括一般所說的「外感知」和「外想象」。

【注釋】①對此可以進一步參閱「內感知與外感知」條目。　② E. Husserl: *LU* II/1, B₁440.

-individuelle und allgemeine Anschauung＊＊ 個體直觀與普遍直觀：
（英）intution of individuals and universal intuition

「個體直觀」是通常意義上的直觀。而「普遍直觀」則是與「本質直觀」相平行的概念。它也是現象學運動得以形成的方法基礎。胡塞爾認為，「普遍直觀」也是一種直觀，「並且更進一步說，它是對普遍之物的感知」[1]。

「個體直觀」與「普遍直觀」的關係，是胡塞爾探討的重要課題之一。在《邏輯研究》時期，胡塞爾已經對近代哲學的傳統做了突破。這裡所說的近代哲學傳統，是指在認識論中的這樣一種看法，即認為直觀只能將個體之物作為自己的對象，而觀念之物或普遍之物則要透過抽象才能被我們所獲得。胡塞爾與之相反地

提出「觀念直觀的抽象」這一概念，並對直觀行爲進行重新解釋。胡塞爾將「直觀」劃分成兩種基本類型：個體直觀和普遍直觀。在個體直觀中，個體對象被構造出來，它們爲我們發現普遍對象提供了基礎。但這並不是說普遍的對象以某種方式「隱藏在」個體對象之中。胡塞爾以紅紙爲例，紙張的大小、顏色等等是個體的，從它們之中無法獲得普遍之物，因爲普遍之物並不「藏在」它們之中。但是，我們能夠以對個體對象的直觀爲出發點，轉變自己的目光，使它朝向觀念對象。「我們對紅的因素進行觀察，但同時進行著一種特殊的意識行爲，這種意識行爲的意向是指向觀念、指向『普遍之物』的」②。這就是說，這個目光是指向感性感知或感性直觀的被給予之物的，但它並不指向紙的紅色，也不指向這種紅的程度，而是指向紅本身。在進行這種目光轉向的時候，紅本身原本地、直接地被給予我們。「於是我們便直接把握了紅本身的特殊統一；這種把握是建立在一個對某個紅的事物的個別直觀的基礎上的」③。一方面，我們不是在被給予之物，即感性材料中「發現」這個普遍之物，因而不同於實在論；另一方面，我們也不是在這種特殊的意識活動中「創造」這個普遍之物，而是「發現」它，發現這個被普通人容易理解爲虛無的非時空的觀念，因而又不同於唯名論。所以，胡塞爾所說的抽象，「不是指在對一個感性客體的某個非獨立因素進行突出提取這種意義上的抽象，而是一種觀念直觀的抽象，在這種抽象中，不是一個非獨立的因素，而是它的『觀念』，它的普遍之物被意識到，它成爲現時的被給予」④。

在關於「現象學觀念」的五次講座中，胡塞爾同樣也描述了本質直觀或普遍直觀的進程：「我具有關於紅的一個或幾個個別直觀，我抓住純粹的內在，我關注現象學的還原。我截斷紅在被超越地統攝時所意味著的一切，如意味著我桌上的一張吸墨紙的紅等等，現在我純粹直觀地完成普遍的紅或特殊的紅的思想的意義，即從這個紅或那個紅中直觀出的同一的普遍之物；現在個別性本身不再被意指，被意指的不再是這個紅或那個紅，而是普遍的紅」⑤。這裡的描述表明：胡塞爾仍然堅持他在《邏輯研究》中所提出的主張，即認爲原則上可以透過唯一的一次直觀而把握住本質或普遍之物。

在《純粹現象學和現象學哲學的觀念》第一卷中，胡塞爾也沒有改變他的這一主張。他認爲本質直觀的特徵在於：「它以個體直觀的一個主要部分，即以一個個體的顯現，一個個體的可見存在爲其基礎」⑥。除此之外，胡塞爾在個體直觀和普遍直觀之間便只存在著相似性，甚至存在著「澈底的相同性」，因爲「本

質直觀也是直觀，正如觀念對象也是對象一樣」[7]。透過目光的轉向，人們可以從一種直觀過渡到另一種直觀[8]。因此，胡塞爾直到《純粹現象學和現象學哲學的觀念》第一卷爲止，仍然堅持這樣一個見解，本質直觀必須以一個或幾個經驗、一個或幾個個體直觀爲基礎。例如他在《邏輯研究》中常常談到「普遍性意識在個體直觀上的建立」[9]，在《純粹現象學和現象學哲學的觀念》第一卷的分析中，也經常涉及「作爲本質把握之基礎的個別直觀」[10]。

在此之後，尤其是在 1927 年夏所做的「現象學的心理學」的講座中，胡塞爾又對本質直觀或普遍直觀做出了詳細論述。他在這個講座中，把本質直觀稱之爲「把握先天的天然方法」[11]。由此，普遍直觀的理論經歷了一個重要的變化：「變更」（Variation）在這裡被看作是「透過想像來擺脫事實之物的關鍵步驟」[12]。胡塞爾在這裡所運用的「變更」、「變項」（Variant）、「常項」（Invariables）等等概念本身就表明，他已經放棄了原先的觀點，即認爲可以透過目光的轉向而從一個個體的直觀過渡到一個普遍直觀上；取代這個觀點的是胡塞爾的一個新主張：爲了進行普遍直觀，僅僅依據一個個體直觀是不夠的，因爲既然要進行變更，我們就必須要有幾個個體直觀，否則「變更」就無從談起。這種新的本質直觀理論又被稱之爲「本質直觀的變更法」[13]。

【注釋】① E. Husserl: *LU* II/2, A634/B$_2$162.　② *LU* II/1, A221/B$_1$223.　③同上。　④ *LU* II/2, A634/B$_2$162.　⑤ *Idee d. Phän.* Hua II (Den Haag ^{2}1958) 56f.　⑥ *Ideen* I, Hua III (Den Haag ^{3}1976) § 3：「本質直觀與個體直觀」。　⑦同上。　⑧同上：「經驗的和個體的直觀可以轉變爲本質直觀（觀念直觀）」。　⑨參閱：*LU* II/2, § 82.　⑩ *Ideen* I... 同上書，§ 66.　⑪ *Phän. Psych.* Hua IX (Den Haag 1962) § 9.　⑫同上書，72.　⑬對此還可以進一步參閱「變更」條目。

-kategoriale Anschauung＊＊ 範疇直觀：

胡塞爾在《邏輯研究》中對直觀概念做了新的擴展[1]。根據這種擴展，可以在一個充實的直觀中成爲自身被給予性的不僅有「感性對象」，而且還有對感性材料進行構形的「範疇形式」[2]。儘管範疇直觀與感性直觀共同具有「充實功能的同類性」[3]，但它與後者的不同之處在於，它所「感知」的不是感性對象，而

是那些根據範疇含義因素而在綜合性的行為進行中構造出自身的「事態」④。這種表象的範疇形式，例如：存在、一、這、和、或、如果、如此、所有、沒有、某物、無物、量的形式和數的規定⑤。範疇形式在其中得到充實直觀的那些行為奠基於素樸感性直觀之中。它們是多層次的，並且提供相對於奠基性感性直觀而言的「新型客體性」。

【注釋】 ① E. Husserl: *LU* II/2 (⁴1968) 142ff.; 參閱：W. Szilasi: *Einführung in die Phän-omenologie Ed. Husserls* (1959) 27f. ② Husserl: 同上書，142f.、185ff. ③同上書，142. ④同上書，165ff. ⑤同上書，139. (P. Janssen)

補充 胡塞爾在《邏輯研究》中，將「範疇直觀」看作是「知性的明察，在最高意義上的思維」①。這種類型的直觀，普遍地被看作是現象學哲學的方法基礎。例如海德格在早期的馬堡講座中便相信，可以揭示出顯現對象的先天以及這些對象的存在，並且透過一種現象學的方法來把握它們：範疇對象在這裡被理解為實在對象的存在（本體）先天②。

胡塞爾本人在《邏輯研究》所說的「範疇直觀」，實際上包含兩種類型：狹義上的範疇直觀是對範疇形式③的直觀，它可以是與經驗相混合的直觀，也可以是純粹範疇的（分析的）直觀；而廣義上的範疇直觀則是指「抽象」直觀④、「普遍直觀」⑤，它不僅包括對**形式範疇**，也包括對**質料範疇**的直觀。在《純粹現象學和現象學哲學的觀念》第一卷中，胡塞爾也將廣義上的「範疇直觀」稱作「本質直觀」⑥。在胡塞爾以後的現象學研究中，「範疇直觀」不再是專門的論題；取而代之的是更為寬泛的「本質直觀」概念。胡塞爾本人強調，對他「本質直觀」學說的理解，只有透過向《邏輯研究》（第六研究，第二篇，第六章：「感性直觀與範疇直觀」）的回溯才能成立⑦。因此，對「本質直觀」（廣義的範疇直觀）之理解的關鍵，在於它與「形式範疇直觀」（狹義的範疇直觀）的親緣性；這兩種「範疇直觀」的共同之處，在於它們所共有的綜合特徵⑧。

【注釋】 ① E. Husserl: *LU* II/2, A655/B₂183. ② M. Heidegger: *Prolegomena zur Ge-schichte des Zeitbegriffs, GA* 20 (Frankfurt a. M. ²1988) §§ 6-7. ③對此也可以參閱「範疇形式」條目。 ④ Husserl: *LU* II/2, A642/B₂170. ⑤同上書，

A633f./B$_2$161f.　⑥ *Ideen* I, Hua III (Den Haag ^{3}1976) § 3.　⑦ *LU* II/2, B$_2$IV. ⑧參閱：E. Tugendhat: *Der Wahrheitsbegriff bei Husserl und Heidegger* (Berlin 1967) 108f.

Anthropologie 人類學：（英）anthropology（日）人間学

在胡塞爾的哲學體系中，「人類學」屬於第二哲學的問題範圍。相對於作爲第一哲學的超越論現象學之探討課題而言，「人類學」的研究對象僅僅涉及到「特殊的世界問題」①，因而它是與人類現實有關的世間科學，它是一門與心理學一樣的，並且將心理學也包含在自身之中的「實證的世界科學」②，包括「心理人類學和物理人類學」或「心理物理人類學」③。它們在某種程度甚至上是一門與「超越論現象學」相對立的學科④。但這並不意味著胡塞爾反對進行人類學的研究，相反地，他本人在後期對生活世界和人類歷史的關注，恰恰與人類學的研究方向有關。這些研究也被他標識爲「哲學人類學」或「現象學的人類學」。但胡塞爾一再強調這種人類學研究必須以超越論的哲學爲前提。任何顚倒第一哲學與第二哲學之奠基關係的嘗試，都會導致向「人類主義」，亦即「種類相對主義」的回落⑤。此外，胡塞爾認爲，作爲一門具體學科的「人類學」本身，同樣可以分爲本質的和經驗的人類學，而「本質人類學是一門精神科學的前提」⑥。

【注釋】① E. Husserl: Ms. A V 7, 52.　② *F. u. tr. Logik* Hua XVII (Den Haag 1974) 259f. ③ *Erste Philos*. I, Hua VII (Den Haag 1956) 55, 63.　④亦即在「人類主義」與「超越論主義」相對立的意義上。對此可以參閱：*Aufs. u. Vort. (1922-1937)*, Hua XXVII (Dordrecht u. a. 1989) 164f.　⑤參閱：*Ideen* III, Hua V (Den Haag 1952) 138, 140.　⑥ Ms. A V 7, 6.

【文獻】 E. Husserl: "Phänomenologie und Anthropologie" (Vortrag in den Kantgesell-schaften von Frankfurt, Berlin u. Halle)，載於：*Aufs. u. Vort. (1922-1937)*, Hua XXVII (Dordrecht u. a. 1989) 164-181.　L. Landgrebe: "Philosophische Anthropologie-eine empirische Wissenschaft?"，載於：*Faktizität und Individuation. Studien zu den Grundfragen der Phänomenologie* (Hamburg 1982) 1-20.　J. Allen: "Husserls philosophical anthropology"，載於：*Philosophy today* 21 (1977) 347-355.

【相關詞】Ariorische Anthropologie 先天人類學，Phänomenologische Anthropologie 現象學的人類學，Psychische Anthropologie 心理學的人類學，Psychophysische Anthropologie 心理物理的人類學。

Anthropologismus * 人類主義、人類學主義：（英）anthropologism（日）人類主義

「人類主義」是胡塞爾所要批判的相對主義類型之一，即：「種類的相對主義」。「人類主義」的最終論斷在胡塞爾看來就在於主張，「所有眞理的唯一源泉是在一般人類的構造之中」，而「如果沒有這種構造，眞理便也不存在」[①]。胡塞爾在《邏輯研究》第一卷中便用一節的篇幅來分析和批判這種相對主義[②]。這在當時是針對流行的心理主義偏見而言。此後，在爲英文版《純粹現象學與現象學哲學的觀念》第一卷所寫的〈後記〉中，胡塞爾也將狄爾泰的生命哲學、舍勒的人類學以及海德格的生存哲學標誌爲「人類主義」[③]。他認爲現象學運動的其他成員「沒有理解『現象學還原』的原則上的新義，因而也沒有理解從世間的主體性（人）向『超越論主體性』的上升；所以人們還是停滯在一種人類學中，無論它是經驗的還是先天的人類學。按照我的學說，這種人類學根本沒有達到特別的哲學基礎，並且對於哲學來說，這是一種向『超越論人類主義』或『心理主義』的墮落」[④]。

【注釋】① E. Husserl: *LU* I, A119/B119.　②參閱：同上書，§ 36.　③ *Ideen* III, Hua V (Den Haag 1952) 138.　④同上書，140.

【文獻】H. -G. Gadamer: "Die phänomenologische Bewegung"，載於：*Philosophische Rundschau* 11 (1963) 1-45.　O. Becker: "Von der Hinfälligkeit des Schönen und der Abenteuerlichkeit des Künstlers. Eine ontologische Untersuchung im ästhetischen Phänomenbereich"，載於：*Festschrift. Edmund Husserl zum 70. Geburtstag gewidmet. Ergänzungsband zum Jahrbuch für Philosophie und phänomenologische Forschung* (Halle a. d. S. 1929) 27-52.

Anzeichen 指號：（英）indicative sign（日）指示

　　胡塞爾用「指號」概念來標識通常的、非本眞意義上的「符號」（Zeichen），它包括「標號」（Kennzeichen）、「記號」（Merkzeichen）等等。「指號」或通常意義上的「符號」一般具有兩種功能，一是指示的功能，二是意指的功能。只有當「指號」具有含義，行使意指的功能時，它才進行表達；換言之，只有當「指號」具有含義時，它才可以被稱作「表達」[①]。

【注釋】①參閱：E. Husserl: *LU* II/1, A23f. /B$_1$23f.；對此也可以參閱「表達」、「符號」
　　　　　等條目。
【相關詞】Bezeichenen 標識，Kennzeichen 標號，Merkzeichen 記號，Schriftzeichen 文字
　　　　　符號，Zeichen 符號。

Anzeige 指示：（英）indication（日）指標

　　胡塞爾在《邏輯研究》中區分通常意義上的「符號」，亦即「指號」（Anzeichen）所具有的雙重功能：「指示」的功能和「意指」的功能[①]。「指示」在這裡與「動機引發」有關；更具體地說，對一個事物之存在的信念，引發起對另一個事物之存在的信念[②]。

【注釋】① E. Husserl: *LU* II/1, A23f./B$_1$23f.　②同上書，A25/B$_1$25.

apodiktisch＊＊ 絕然的（本質可靠的）：（英）apodictic（法）apodictique、apodicité

　　在胡塞爾的現象學術語中，「絕然的」一詞特別被用來標識與本質有關的意識行爲或意識對象。從意向活動方面看，本質直觀意味著一種**「對本質或本質狀態的絕然的看或明察」**[①]；從意向對象方面來看，透過觀念直觀或明察而獲得的**本質的可靠性**是絕然的，透過本質直觀而獲取的對本質的認識具有「絕然的明見

性」②。胡塞爾本人對「絕然」的定義是：「一個絕然的意識是指對一個必然性的意識，進一步說，一個判斷意識，在這個意識中有一個事態作爲一個本質普遍性的特殊化而被意識到，而這個判斷本身、這個定理則是它所涉及的普遍之物的絕然性（也可以說是絕然—「必然的」）結果」③。在這個意義上，建立在直接明察上基礎的「每一個間接論證的步驟」，也被胡塞爾納入「絕然性」的範疇④。

相反地，經驗認識與「絕然性」無關，「任何時間性的存在都無法在絕然性中被認識」⑤。對一個個體對象的感性直觀只可能是一種「**斷然的**（assertorisch）看」；透過經驗歸納等等方法而獲得的對事實的認識，僅僅是**事實的可靠性**，因而只具有「斷然的明見性」⑥。就此而論，「絕然性」與「斷然性」是彼此相互對應的概念。⑦

在通常意義上的「絕然明察」之中，胡塞爾還劃分程度不同的各種「絕然性」：較爲寬泛意義上的「絕然性」是指「本原的明見性」，亦即「絕然的直觀性」⑧。較爲狹窄意義上的「絕然性」，則是指「相應的明見性」。它作爲無疑的、清晰的本質認識具有最高的權威，排斥任何「其他存在」的可能性，不爲任何懷疑提供場地⑨。

此外，在後期的《笛卡兒的沉思》中，胡塞爾賦予「絕然」概念以一種修正了的含義。他用它來標識自我的絕對明見無疑性。而「非絕然」的是世界此在的明見性⑩。「絕然」與「不絕然」的對立所強調的不再單純是本質與事實的對立，而更多的是內在的「自身經驗」與外在的「事物經驗」的對立。

【注釋】 ① E. Husserl: *Ideen* I, Hua III (Den Haag ³1976) § 137. ②同上。 ③同上書，19. ④同上書，21. ⑤ *Erste Philos.* II, Hua VIII (Den Haag 1959) 398. ⑥ *Ideen* I... 同上書，317f. ⑦這個對應在康德那裡已經可以發現：他在《邏輯學》講座中區分理性的確然性與經驗的確然性，前者伴隨必然性意識，叫做絕然的確然性，後者則只是斷然的確然性。參見 I. Kant, *Kant-Werke* (Darmstadt 1983) Bd. 5, 500. 後來西格瓦特也使用過這對概念來標示兩種不同的判斷：絕然判斷和斷然判斷。參見：Chr. Sigwart, *Logik*, I. Band (Freiburg i. Br. 1889) § 33, 230ff；胡塞爾：*LU* I, A 134/B134. ⑧同上書，14f. ⑨同上書，317. ⑩參閱：*CM* Hua I (Den Haag ²1963) 56f.

【文獻】 Th. Seebohm: *Die Bedingungen der Möglichkeit der Transzendentalphilosophie. Edmund Husserls transzendental-phänomenologischer Ansatz, dargestellt im Anschluß an seiner Kant-Kritik* (Bonn 1962). K. Held: *Lebendige Gegenwart. Die*

Frage nach der Seinsweise des transzendentalen Ich bei E. Husserl, entwickelt am Leitfaden der Zeitproblematik (Den Haag 1966).   L. Eley: *Die Krise des Apriori in der transzendentalen Phänomenologie Edmund Husserls* (Den Haag 1962).   Th. Seebohm: "Apodikzität. Recht und Grenze", 載於：*Husserl-Symposium Mainz 1988. Akademie der Wissenschaften und der Literatur* (Stuttgart 1989) 65-99.

【相關詞】apodiktische Evidenz 絕然明見性，Apodiktizität 絕然性。

Apophantik* 命題學（判斷學）：（英）apophantics（法）apophantique（日）命題論（希）απφανσιζ

「命題學」在胡塞爾那裡是指這樣一門形式邏輯學科，它從亞里斯多德出發，將自身理解爲述謂判斷的理論[1]。胡塞爾區分出「命題學」的兩個層次：(1) 作爲形式語法的形式判斷理論。它研究作爲判斷的判斷之純粹可能性[2]。(2) 一致性邏輯學或無矛盾的邏輯學。它所研究的是這樣一些先天條件，即：在這些條件下，任何階段上的判斷與複合判斷都滿足純粹分析的明晰性（無矛盾性）要求[3]。如果將課題興趣從句法的操作轉向句法的對象形式，那麼人們就可以從命題學過渡到形式本體論[4]。在形式本體論中，所有句法的對象形式（範疇對象性）都可以表現爲是最高形式——本體論範疇「某物一般」的變種[5]。

【注釋】① Husserl: *F. u. tr. Logik* (1929) 63.   ②同上書，44.   ③同上書，56.   ④同上書，102.   ⑤同上書，101. (U. Claesges)

【文獻】G. Heffernan: *Isagoge in die phänomenologische Apophantik. Eine Einführung in die phänomenologische Urteilslogik durch die Auslegung des Textes der "Formalen und transzendentalen Logik" von Edmund Husserl* (Dordrecht u. a. 1989).

【相關詞】Apophansis 命題，apophantisch 命題的，apophantisch-logisch 命題邏輯的。

Apparenz 顯象：（英）apparency

「顯象」源自法語的「apparence」，亦即「顯現」或「現象」。在胡塞爾的當下化現象學中，「顯象」這個技術性的術語特別被用來標識在當下化行爲中的

這樣一種顯現者，這種顯現者的質性樣式（存在設定特徵）或是還不能得到充分確定，或是被確定爲與它所在的整個當下化行爲相悖，例如，在回憶中出現虛構的對象，在想像中摻雜有回憶的成分等等。如果在對一個過程的回憶中包含有想像的成分，胡塞爾便把這個想像成分稱作「想像—顯象」：反之，如果在想像中包含有回憶的因素，這個因素便可叫做「回憶—顯象」①。「顯象」在術語不同於「顯現」或「現象」，因爲它不被用來指稱獨立的行爲，而只是複合行爲中作爲其一個部分的被給予之物的標題。

【注釋】　①參閱：E. Husserl: *Ph. B. Er.* Hua XXIII (Den Haag 1980) Text. Nr. 5, 229ff. 以及 *Zeitb*. Hua X (Den Haag 1966) 89.

Apperzeption * * **統覺：**（英）apperception（法）aperception（日）統覚

「統覺」作爲哲學概念最初由萊布尼茲引入，它是一個與「知覺」（Perzeption）相對應的概念，意味著對「知覺」的伴隨性認識，即單子在進行知覺的同時，也意識到知覺自身。後來康德也用「統覺」來標識人類認識能力的特殊性，但康德進一步區分「經驗統覺」與「超越論統覺」，後者構成知性使用的最高原則，它意味著在「我思」過程中所貫穿的一種包容，並伴隨所有表象的意識。在這兩種傳統意義上的「統覺」概念，都與主體意識的統一性有關。

胡塞爾在其意向分析中經常使用「統覺」概念。他在《邏輯研究》中曾試圖在術語上與傳統的「統覺」概念劃清界限，因爲他認爲，「統覺這個表達儘管歷史地存在著，但由於它在術語上錯誤地與知覺（Perzeption）相對應，因而是不合適的；相反地，『統握』（Apprehension）則是可以使用的」①。但他並未將這個在術語使用方面的想法堅持予以實施。除此之外，胡塞爾在其操作中還明顯偏重使用與「統覺」基本同義的「立義」（Auffassung）概念②。

胡塞爾的意識描述分析表明，「統覺」是在原本構造領域中展示出的意識之本質結構：

(1) 在事物感知中，「統覺」被用來標識意識對其實項的感覺材料的把握、整理，並從中製作出感知對象。它與「賦予活力」（Beleben）、「賦予靈魂」

（Beseelen）、「解釋」（Deuten）、「賦義」（Sinngeben）等概念是相平行的[③]，它是意識自身所具有的一種客體化或對象化功能。在這個意義上，「統覺對我們來說就是在體驗本身之中，在它的描述內容之中相對於感覺的粗糙此在而多出的那個部分；它是這樣一個行爲特徵，這個行爲特徵可以說是賦予感覺以靈魂，並且是根據其本質來賦予靈魂，從而使我們可以感知到這個或那個對象之物，例如看到這棵樹，聽到這個鈴響，聞到這個花香等等」[④]。在事物感知中的「統覺」之特徵因而在於，它能夠將單方面被給予的、透過「映射」而顯現的對象理解爲一個對象整體。這種「統覺」也被胡塞爾稱作「**超越的統覺**」[⑤]。

(2) 在異己感知中，「統覺」意味著透過「結對聯想」而對他人、他我（alterego）的意識到。「統覺」在這裡是指「將意識與身體結合成爲一個中性的、經驗—直觀的統一的行爲」[⑥]。它仍然是一種「共現性的（appräsentativ）感知」[⑦]，但在這裡與事物感知不同之處在於，被體現的部分是異己的軀體，被共現的部分是在此軀體中的他人的心靈。這種「統覺」在胡塞爾術語中也叫做「**類比的統覺**」[⑧]。

(3) 在自我感知中，統覺也在起作用。在人格自我的構造中，眞正自身給予的是以直觀形式而在意識流中當下在場的自我部分，但過去自我和將來自我仍然會以一種「統覺」的方式一同被給予。在這裡，被體現的部分是當下自我，被共現的部分是過去自我和將來自我。[⑨]

胡塞爾對統覺在現象學分析中的重要地位曾做過如下表達：「對於意識理論來說基礎性的，乃是對超出自身（超出它自己）的意識（它在這裡叫做統覺）與聯想之關係的普全的透徹研究」[⑩]。

【注釋】 ① E. Husserl: *LU* II/2, A563/B₂91；對此也可以參閱：E. Holenstein: *Phänomenologie der Assoziation. Zur Struktur und Funktion eines Grundprinzips der passiven Genesis bei E. Husserl* (Den Haag 1972) Anm. 48. 此外，對統覺的一個較爲集中的定義出現在胡塞爾 1921 年的一份研究手稿中：「統覺是這樣一些意向體驗，它們將某個在它們之中並非自身被給予的（並非完善地被給予的）東西意識爲是在自身中被感知的，而且只要它們具有這種特性，它們便叫做統覺，即使它們也把在它們之中眞正自身被給予的東西意識爲自身被給予的。統覺超越出它們的內在內涵，……因此，在這個一般定義上的統覺是一個包容了所有自身給予的意識、所有直觀意識的概念。原本的統覺是感知，而統覺的每一個想像性

變化都會在這種變化形態中自身帶有統覺。」*Analysen* Hua XI (Den Haag 1966) 337-338. ②參閱：*LU* II/1, A363/B₁385；對此還可以參閱「立義」條目。 ③可以參閱這些條目。 ④ *LU* II/1, A363/B₁385. ⑤ *Analysen* Hua XI (Den Haag 1966) 17. ⑥ *Ideen* I, Hua III (Den Haag ³1976) 103. ⑦ *Inters*. I, Hua XIII (Den Haag 1973) 378. ⑧參閱：*CM* Hua I (Den Haag ²1963) § 50. ⑨對此可以 參閱：倪梁康：《自識與反思──近現代西方哲學的基本問題》，北京：商務印 書館，2006 年，〈第二十講：胡塞爾 (1)：意識的共現結構與自我的可疑性〉， 368-386，尤其是其中關於「自身感知中的共現」的第 3 節。 ⑩ Husserl, *Krisis*, Hua VI (Den Haag ²1962), 337.

【相關詞】apperzeptieren 統攝，Apperzeptionslehre 統覺論，apperzeptiv 統攝的。

Appräsentation＊＊＊ 共現：（日）付帶現前化、間接現前化

「共現」在胡塞爾現象學中意味著特定的、對於意向生活來說根本性的當下化方式，它們始終與一個體現相連結地出現。在第一性的和較爲一般的意義上，「共現」是與每一個感性感知，更寬泛地說，與每一個明見性一般聯繫在一起的。在這種情況下，「共現」所標識的是一種關於意向對象因素的一同意識到（Mitbewußtsein），這些對象因素儘管包含在一個被意指的相關感知對象的內視域之中，但它們並沒有現時地（原印象地）被感知到①。在第二性的和較爲狹窄的意義上，「共現」還表現爲一種對於異己經驗的意向構建來說本質性的組成②。異己經驗的第一構造階段是對一個在我的原眞性（primordial）周圍世界中作爲另一個自我之身體而出現的軀體的統覺。狹義上的「共現」便屬於這種統覺，它標識著一種透過對其他軀體的原眞性體現而引發的對另一個自我之內在性的間接意識。在廣義上的「共現」中包含著原本性（original）驗證的權能性，即包含著這樣一種意識：我能夠證明那些至此爲止僅僅是間接的被給予之物③，而這種驗證對於異己經驗的共現來說，則在原則上是不可能的，因爲只有異己意識生活的被共現的內在內涵的不可及性，才保證了本我與他我的可區分性。

【注釋】① E. Husserl: *CM* Hua I (Den Haag ²1963) 139, 150ff. ②對此可以參閱：同上書，138-149. ③參閱：*Ideen* II, Hua 4 (Den Haag 1952) 162ff. (K. Held)

補充 在關於交互主體性的研究手稿中，胡塞爾將上述第一種意義上的，即廣義上的「共現」定義為「一種對原初無法當下擁有之物的當下化」[1]；而第二種意義上的，即狹義上的「共現」則被他明確地運用於「異己主體連同其具體的主體領域」[2]。

需要強調的是：「共現」並不是一個獨立的行為，它是獨立行為的有關成分並且只能與「體現」一同出現。「共現」與體現作為部分意向一同「融合為」一個具體的綜合行為[3]，這個行為作為整體可以在回憶中，或以變化了的方式在圖像表象中被再現出來。

【注釋】 [1] E. Husserl: *Inters*. II, Hua XIV (Den Haag 1973) 513. [2] *Inters*. I, Hua XIII (Den Haag 1973) 375. [3] *LU* II/1, § 47, 149；對此也可以參閱：E. Holenstein: *Phänomenologie der Assoziation. Zur Struktur und Funktion eines Grundprinzips der passiven Genesis bei E. Husserl* (Den Haag 1972) 156, Anm. 91.

Apprehension* 統握：（英）apprehension

「統握」的原義是指對某物的攝取和占有。它在中世紀，尤其是在湯瑪斯·阿奎那哲學中獲得認識論的含義。阿奎那區分兩種「統握」：神的統握和人的統握。後者意味著人在理性活動中獲取知識的過程。在胡塞爾的術語中，「統握」原則上是與「統覺」（Apperzeption）概念同義的，胡塞爾在實際的操作中偏重於使用「統覺」的概念，但在理論上則偏好「統握」這個概念，其理由在於：「統覺（Apperzeption）這個表達儘管歷史地存在著，但由於它在術語上錯誤地與知覺（Perzeption）相對應，因而是不合適的；相反地，統握則是一個可以使用的表達」[1]。

【注釋】 [1] E. Husserl: *LU* II/2, A 563/B₂91；對此也可以參閱：E. Holenstein: *Phänomenologie der Assoziation. Zur Struktur und Funktion eines Grundprinzips der passiven Genesis bei E. Husserl* (Den Haag 1972) 145, Anm. 48.

a priori (Apriori) ＊＊ **先天：**（英）a priori、Apriori（日）アフソオソ

　　「先天」概念在胡塞爾現象學中具有中心意義，「這個概念不是對某些意識形態之浮誇的遮掩，而是意味著與數學分析或幾何學的『純粹性』完全一樣的東西」①。所謂「純粹性」在這裡是指獨立於實在現實的「純粹本質」（Wesen, Eidos）。

　　因此，「先天」概念在胡塞爾那裡是與「本質」基本同義的，傳統的「先天」表達只是因爲具有多義性，才被胡塞爾以「本質」所取代。據此，「凡在我的著述中談到『先天』的地方，我所指的都僅僅是本質（Eidos）」②。

　　「先天」的眞正意義在胡塞爾看來就在於，它是一種可以透過本質直觀的明見性而被把握到的「本質眞理」③，即本質以及在各個本質之間的本質性聯繫。先天認識可以具有兩種形式：一是指對普遍本質的判斷，二是指對作爲普遍本質之個別事例的**可能**個體的判斷④。從這兩個方面來看，「先天」觀念在胡塞爾那裡都意味著「可能性」，而非「現實性」。

【注釋】① E. Husserl: *Aufs. u. Vort. (1911-1921)*, Hua XXV (Dordrecht u. a. 1987) 80.
　　　　② *Logik* Hua XVII (Den Haag 1974) 219, Anm.；除此之外，「本質」這個概念在胡塞爾的術語中基本上與「觀念」（Idee）同義。也可以參閱「觀念」條目。
　　　　③參閱：Ms. F I 28, 298/99.　　④參閱：I. Kern: *Husserl und Kant. Eine Untersuchung über Husserls Verhältnis zu Kant und zum Neukantianismus* (Den Haag 1964) 55f.

【文獻】H. -U. Hoche: *Nichtempirische Erkenntnis. Analytische und synthetische Urteile apriori bei Kant und Husserl* (Meisenheim a. Glan 1964).　 L. Eley: *Die Krise des Apriori in der transzendentalen Phänomenologie Edmund Husserls* (Den Haag 1962).　 I. Kern: 參見：注釋④。　 J. N. Mohanty: " 'Life-World' and 'A Priori' in Husserl's later Thought"，載於：*Analecta Husserliana* III (1974) 46-65.

【相關詞】apriorisch 先天的，Apriorismus 先天論，Apriorität 先天性。

Arbeitsphilosophie ＊ **工作哲學：**（英）philosophy of work（日）作業哲学

　　胡塞爾將自己的現象學定義爲一門「方法的工作哲學」①，即一種「冷靜的、

在最澈底的科學精神中進行的工作」②。這個定義與胡塞爾對哲學作爲嚴格的科學之理解密切相關，並且從整體上再現了現象學的研究風格。這個風格一方面意味著，現象學要求面對實事本身，放棄哲學史上各種命題和理論的「大紙票」，用細緻的概念分析和實事描述的「小零錢」來取而代之③；另一方面，現象學的工作風格還在於，現象學研究是科學合作精神的體現。「現象學要求現象學家們自己放棄建立一個哲學體系的理想，作爲一個謙遜的研究者與其他人一起共同地爲一門永恆的哲學而生活」④。

【注釋】① E. Husserl: *Krisis* Hua VI (Den Haag ²1962) 104.　② *Ideen* III, Hua V (Den Haag 1952) 138.　③參閱：*Idee d. Phän.* Hua II (Den Haag ²1958) 62 以及 *Brief* Bd. V, 56.　④ *Phän. Psych.* Hua IX (Den Haag 1962) 301.

【文獻】E. Husserl: "Vorwort zum *Jahrbuch für Philosophie und phänomenologische Forschung*"，載於：*Aufs. u. Vort. (1911-1921)*, Hua XXV (Dordrecht u. a. 1987) 63f.　H. Spiegelberg: *The phenomenological Movement. A historical Introduction.* 1. 2 (Den Haag 1969, ³1982).　H. -G. Gadamer: "Die phänomenologische Bewegung"，載於：*Philosophische Rundschau* 11 (1963) 1-45.　E. Avé-Lallemant: "Die Phänomenologische Bewegung-Ursprung, Anfänge und Ausblick"，載於：H. R. Sepp (Hrsg.): *Husserl und die Phänomenologische Bewegung-Zeugnisse in Text und Bild* (Freiburg 1988) 61-75.　倪梁康：〈代序：何謂現象學精神〉，載於：《中國現象學與哲學評論》第一輯：《現象學的基本問題》，上海，1995 年，第 1-6 頁。

Archäologie 考古學：（英）archaeology

　　胡塞爾在兩種意義上將現象學標識爲「考古學」：一方面，現象學需要發掘和揭示**超越論發生**的最終要素和最終起源，需要從我們面前的經驗世界回溯到它的最初意義構造上去。這是與發生奠基（意向活動奠基）有關的問題①；另一方面，現象學還要尋找和探討所有**超越論有效性**的最終起源，回問所有存在和眞理的最初起源，亦即解決有效性奠基（意向相關項奠基）的問題②。

【注釋】①參閱：E. Husserl: Ms. C 16 VI, 1.　②參閱：*Erste Philos.* II, Hua VIII (Den Haag 1959) 29f.

【文獻】 A. Diemer: *Edmund Husserl. Versuch einer systematischen Darstellung seiner Phänomenologie* (²1965) 11. G. Funke: *Phänomenologie-Metaphysik oder Methode?* (Bonn 1972). L. Landgrebe: "Die Phänomenologie als transzendentale Theorie der Geschichte",載於：*Phänomenologische Forschungen* 3 (1976) 17-48. A. A. Bello: "Phenomenological Archaeology as a Tool for Analyzing the Human World",載於：H. Kojima (Hrsg.): *Phänomenologie der Praxis im Dialog zwischen Japan und dem Westen* (Würzburg 1989) 105-117. N. Lee: *Edmund Husserls Phänomenologie der Instinkte* (Dordrecht u. a. 1993) 77f.

【相關詞】 phänomenologische Archäologie 現象學的考古學，transzendentale Archäologie 超越論的考古學。

Archon 執政官：(希) ἄρχω

「執政官」一詞起源於古希臘，它被雅典人用來稱呼每隔九年新選舉出的最高官員。胡塞爾在其社會本體論思想中受柏拉圖的影響，用「執政官」這一概念來標識現象學家在大全主體性自身發展的最高階段上所應具有的「執政」功能。這個自身發展是沿著從個別單子到大全單子的目的論發展順序進行的：「個別的理性承載者和『領袖』——『執政的單子』和單子體系——科學家、哲學家——現象學的共同體」[1]。現象學共同體的執政構成了這個發展的終極。胡塞爾認為，在現象學的本質中最終也包含著領導的任務，這個任務在於，使意識主體「轉變為這樣一種人類，它有意接受作為現象學的哲學之引導」[2]。

【注釋】 [1] E. Husserl: *Inters.* III, Hua XV (Den Haag 1973) 669. [2] *Krisis* Hua VI (Den Haag ²1962) 503.

【文獻】 K. Schuhmann: *Husserls Staatsphilosophie* (Freiburg/München 1988).

【相關詞】 Beamte 官員，Führer 領袖，Funktionär 執政者，Staatsbeamte 國家官員。

Art 種：(英) sort (法) espèce

胡塞爾在談及本質的整體領域時，從範疇上區分本質的屬（Gattung）、種

（Art）、差（Differenz）：「每一個本質，無論是實事性的，還是空泛的（亦即純粹邏輯的）本質，都可以被納入到本質的層次序列中，納入到整體性和特種性的層次序列中」①。「種」本質是處在「最低的種差」本質和「最高的屬」本質之間的層次。這個意義上的「種」與「屬」起源於亞里斯多德的「種」、「屬」概念②。

【注釋】①參閱：E. Husserl: *Ideen* I, Hua III (Den Haag ³1976) § 12. ②參閱：*LU* II/2, A698/B₂226.

assertorisch** 斷然的（事實可靠的）：

在胡塞爾的現象學術語中，「斷然的」不同於「絕然的」（apodiktisch）。前者特別被用來標識與事實或個體有關的意識行為或意識對象。從意向活動方面看，個體的或感性的直觀僅僅意味著一種「對一個個體的『**斷然的**』看，它在其理性特徵上根本有別於『**絕然的**』看，即對一個本質或本質 apodik 狀態的明察」①；從意向對象方面來看，透過個體直觀或明察而獲得的**事實的可靠性**只是斷然的可靠性，透過個體直觀而獲取的對個體的認識只具有「**斷然的**明見性」②。

與此相反，本質的直觀則是一種「絕然的看」；透過本質直觀方法而獲得的對本質的認識意味著**本質的可靠性**，它具有「**絕然的**明見性」③。在這個意義上，「斷然性」與「絕然性」在胡塞爾現象學中是一對彼此相互對應的概念。④

【注釋】① E. Husserl: *Ideen* I, Hua III (Den Haag 31976) § 137. ②同上。 ③同上。
④這個概念的對應在康德那裡已經可以發現：他在《邏輯學》講座中區分理性的確然性與經驗的確然性，前者伴隨必然性意識，叫做絕然的確然性，後者則只是斷然的確然性。參見 I. Kant, *Kant-Werke* (Darmstadt 1983) Bd. 5, 500。後來西格瓦特也使用過這對概念來標示兩種不同的判斷：絕然判斷和斷然判斷。參見：Chr. Sigwart, Logik, I. Band (Freiburg i. Br. 1889) § 33, 230ff；胡塞爾：*LU* I, A134/B 134。

Assoziation * * 聯想：（英）association（日）連合、連合作用

「聯想」問題在胡塞爾的早期著作中並沒有得到過深入的探討。直到在後期的發生現象學研究中，胡塞爾才越來越關注「聯想」問題。在《笛卡兒的沉思》中[1]，胡塞爾第一次公開地強調：「聯想」既是超越論現象學的基本概念，也與此相平行地是一門純粹意向心理學的基本概念。舊的聯想概念自休謨以來便與純粹心靈生活的聯繫有關，但它是對相應的意向聯想概念的「自然主義歪曲」[2]。而在現象學這裡，聯想概念經歷了全新的改造，它不再是指心靈材料組合的經驗規律，而是意味著「純粹本我構造的意向性本質規律」[3]。

「聯想」概念在胡塞爾那裡具有狹義和廣義之區分：狹義的「聯想」是指「關於再造及其構成物的學說」[4]，亦即「再造性的聯想」。廣義上的「聯想」則還包括所謂「原聯想」（Urassoziation），即在「活的當下」中進行的聯想，它使所有類型的原初綜合得以可能[5]。因而，廣義上的「聯想」已經超越出了「當下化」領域而延伸到意識發生的原初起源上，亦即被動的原綜合（Ursynthese）能力上。

胡塞爾的現象學聯想分析表明，「聯想」不是一個在物理時間中透過習慣來進行的生物過程，而是一種起源於活的意向性的意識成就。這種成就並不是「知性」的成就，而是「想像力」的成就。作爲這樣一種成就，「聯想」意味著一種「超越論的基本原則」、「被動發生的普全原則」[6]。聯想規律不是因果規律，而是動機規律。在這裡，決定性的因素是相似性、對應性和相鄰性，但它們不是客觀存在的關係，而是現象的被給予性：相似的東西引起對相似之物的聯想，對應的東西構成意向的聯繫，相鄰的東西在視域上相互指明[7]。

因此，「聯想」的基本功能，亦即聯想的超越論功能在於構造，確切地說，在於對統一和聯繫的創造。每一個意識被給予性，都是在一個指明關係中顯現出來的，首先是在時間性的指明關係中，而後是在聯想性的指明關係中。每一個意識活動都在意向上指明著與自己有別的不同之物以及與自己相合的相同之物。隨著意識活動的發生，一個指明關係也就展示出自身。世界之構造的超越論基地也就隨之而得到揭示[8]。

【注釋】①參閱：E. Husserl: *CM* Hua I (Den Haag ²1963) 114.　②同上。　③同上。
④ *Analysen* Hua XI (Den Haag 1966) 149.　⑤同上書，180.　⑥ *CM*... 同上書，

113. ⑦參閱：*EU* (Hamburg ⁴1972) 78f. ⑧ E. Holenstein: *Phänomenologie der Assoziation. Zur Struktur und Funktion eines Grundprinzips der passiven Genesis bei E. Husserl* (Den Haag 1972) 348f.

【文獻】E. Holenstein: 參見：注釋⑧。

【相關詞】Assoziationspsychologie 聯想心理學，Assoziationsverflechtung 聯想交織，assoziativ 聯想的，assoziativ-apperzeptiv 聯想—統攝的。

Aufdrängen 逼迫：（英）to thrust

「逼迫」是在胡塞爾的被動綜合分析中經常出現的概念。它典型地表達出意識活動的被動性特徵。在意識的被動綜合過程中，一個從其背景中「凸現」出來的東西會對自我產生「觸發性的力量」，它對自我發出或大或小的「刺激」。在這個意義上，自我受到「逼迫」，從而「不由自主地朝向逼迫者」①。胡塞爾的分析表明，在對自我的「逼迫」與對自我的「刺激」之間存在著「從現象學上可指明的」區別。同樣地，在「逼迫」本身之中也存在著程度上的不同，「逼迫者」可能遠離自我，也可能切近自我②。

【注釋】① E. Husserl: *EU* (Hamburg ⁴1972) 80；對此還可以參閱相關的「凸現」、「觸發」、「刺激」、「朝向」、「被動性」等條目。② *EU...* 同上書，80f.

【相關詞】Aufdrängendes 逼迫者，aufdringlich 逼迫的，Aufdringlichkeit 逼迫性。

Auffassung＊＊ 立義：（英）apprehension、construing（法）appréhension（日）統握

胡塞爾在早期的意向分析中通常使用的一個模式是「立義內容—立義」。所謂「立義內容」（Auffassungsinhalt），是指我們原初具有的感覺材料，它是我們意識體驗的實項內容；而「立義」則是指我們意識活動的功能，胡塞爾將它稱之爲意識體驗的意向內容。意識活動之所以能夠構造出意識對象，是因爲意識活動具有賦予一堆雜多的感覺材料（立義內容）以一個意義，從而把它們統

攝成爲一個意識對象的功能。因此，意識，首先是感知性的意識的最基本意向結構就在於：將某物立義爲某物（Auffassen von etwas als etwas）。前一個某物是指尚未被立義的感覺材料，如各種對顏色、長度、硬度等等的感覺；後一個某物是指被立義後的對象，如這個東西、這張桌子等等。「立義」可以說是統覺（Apperzeption）這個拉丁文外來詞的德語同義詞：「我們在這個意義上把『立義』稱之爲超越的統覺，它標誌著意識的功效，這個功效賦予感性素材的純內在內涵，即所謂感覺素材或原素素材（hyletische Daten）的純內在內涵，以展示客觀的『超越之物』的功能」①。

在「立義」這個詞中隱含著兩層含義，它的前綴「auf-」是「向上」的意思，而詞幹「fassen」則具有「把握」、「理解」的意思；它們的複合所給人的感覺是：雜亂的感覺材料透過意義的給予而被統一，從而一個統一的對象得以成立並對我顯現出來。胡塞爾在這個意義上，也把這種立義的過程稱之爲「賦予靈魂」（beseelen）或「啟用」（beleben）的過程②。

「立義」是透過意義的給予而使一個以前不曾有的東西立起來、顯現給我，因而這是原初、原本的活動。據此，我們可以說，「立義」這個概念所要表明的是透過反思所把握到的一種意識功能的絕對的「原初性」和「無前設性」。

胡塞爾的意向性分析表明，意識原初是如何在自身中構造出意識對象，然後又把這個對象看作是外在於意識的、自在的客體。在客觀對象被構造之後，隨著感知、想像、回憶等體驗活動的不斷進行，自我的視域得到擴大，以致有一個總的客觀世界以及有一些以這個客觀世界爲研究課題的客觀科學最終得以產生，或者說，最終在意識中被構造出來。

因此，「立義」概念在胡塞爾現象學中是一個意向分析的中心概念，它基本上是一個與「賦義」、「意指」、「給予意義」等等表達相平行的術語③。「它是行爲特徵」，是「意識方式」、「情緒方式」④。它意味著意識行爲將一堆雜亂的感覺材料聚合爲一個統一的對象的能力，因而從屬於意向活動（Noesis）的範疇。這也就是說，一個立義與另一個立義之間的區別首先是實項的（reell）、描述性的（deskriptiv）區別⑤。

此外，胡塞爾還將「立義」定義爲「透過立義形式而形成的質料與被代現內容的統一」⑥，這個定義涉及到對「立義」本身所含有的因素之分析；進一步說，「在每一個立義那裡，我們都應當從現象學上區分：立義質料或立義意義、立義

形式和被立義的內容」⑦。

最後，「立義」本身在胡塞爾那裡還被分爲「第一立義」（對象化的立義、客體化的立義）和「第二立義」（理解的立義）⑧。「立義」首先並且一般是指「對象化的立義」，「理解的立義」奠基於「對象性的立義」之中。

【注釋】① E. Husserl: *Analysen* Hua XI (Den Haag 1966) 17.　② *Ideen* I, Hua III (Den Haag ³1976) § 41, § 85, § 97 等等。　③胡塞爾在《邏輯研究》的第一版中所使用的還是「賦義」（Deutung）概念，在第二版中才改爲「立義」（參閱：*LU* II/1, A37l/B₁393, A362/B₁383 等等）。　④ *LU* II/1, A361/B₁381.　⑤參閱：*LU* II/1, A363/B₁384.　⑥ *LU* II/2, A4/B₂4.　⑦同上書，A566/B₂94; 對此可以參閱「（立義）質料」（「意義」）、「立義形式」、「材料」（「被立義的內容」）等條目。　⑧對此可以參閱「對象化立義」和「理解的立義」條目。

【文獻】 A. Gurwitsch: *Bewußtseinsfeld* (Berlin 1975).　U. Melle: *Das Wahrnehmungsproblem und seine Verwandlung in phänomenologischer Einstellung. Untersuchungen zu den phänomenologischen Wahrnehmungstheorien von Husserl, Gurwitsch und Merleau-Ponty* (Den Haag 1983).　L. Ni: *Seinsglaube in der Phänomenologie Edmund Husserls* (Dordrecht u. a. 1999).

【相關詞】 auffassen 立義，auffassend 立義的，Auffassungsänderung 立義變化，Auffassungsart 立義種類，Auffassungscharakter 立義特徵，Auffassungsdatum 立義素材，Auffassungseinheit 立義統一，Auffassungsform 立義形式，Auffassungsgehalt 立義內涵，Auffassungsgrundlage 立義基礎，Auffassungs-Imagination 立義想像，Auffassungs-Impression 立義印象，Auffassungsinhalt 立義內容，Auffassungsintention 立義意向，Auffassungskategorie 立義範疇，Auffassungskontinuität 立義連續性，Auffassungsmaterie 立義質料，Auffassungsmodus 立義樣式，Auffassungsqualität 立義質性，Auffassungssinn 立義意義，Auffassungsstoff 立義材料，Auffassungsweise 立義方式。

-gegenständliche und verstehende Auffassung* 對象性立義與理解的立義：

「對象性立義」是「第一性立義」。通常也被稱作「客體化立義」（objektivierende Auffassung），或被簡稱作「立義」。「對象性立義」意味著對

感覺材料的加工和統攝，並在此基礎上使對象在直觀中得以產生。胡塞爾認為，「感知表象之所以得以形成，是因為被體驗到的感覺複合是由某個行為特徵、某個立義、意指所啟用的；正因為感覺複合被啟用，被感知的對象才顯現出來，而這個感覺複合本身卻顯現得極少，就像這個被感知的對象本身構造於其中的行為也顯現得極少一樣。現象學的分析還表明，感覺內容可以說是為這個透過感覺而被表象的對象的內容提交了一個類似的建築材料：因而我們一方面談到被感覺的顏色、廣延、強度等等，另一方面談到被感知（或者說，被表象）的顏色、廣延、強度等等。這兩方面相應的東西並不是一個同一之物，而只是一個在種類上很接近的東西，人們可以透過下面這個例子來輕易地證明這一點：我們所看到的（感知到的、表象到的等等）這個球的均勻色彩，並沒有被我們感覺到」①。

　　「理解的立義」是與「對象性立義」或「客體化立義」相對應的概念，它也被胡塞爾稱作「第二立義」。胡塞爾認為，「在這種理解的立義中進行著對一個符號的意指，因為每一個立義在某種意義上都是一個理解或意指，這種理解的立義與那些（以各種形式進行的）客體化的立義是很接近的，在這些客體化立義中，對一個對象（例如『一個外部』事物）的直觀表象（感知、虛構、反映）藉助於一個被體驗到的感覺複合而產生給我們」②。

　　在這兩種立義的現象學結構之間的區別可以歸納為，「對象性的立義」是在直觀行為中進行的立義，而「理解立義」則屬於符號行為的範疇；「對象性立義」與一個感性客體在直觀中的被構造有關，而「理解立義」則意味著一個抽象的符號在符號意識中的被理解、被把握。

【注釋】　① E. Husserl: *LU* II/1, A75f./B₂75f.　②同上書，A74f./B174f.

Auffassungsform* 立義形式：（英）form of apprehension

　　在胡塞爾現象學的意向分析中，「立義形式」是指「**代現的形式**」①，它是意識行為中除立義資料和立義質性以外的另一個本質因素。它在行為中決定著，「對象是單純符號性地，還是直觀地，還是以混合的方式被表象出來」②；也就是說，胡塞爾認為，「立義形式」一共有三類：符號性的、直觀性的和混合性。

由於直觀性的「立義形式」本身又可分成為兩種：感知性的和想像性的，因此，所有客體化的行為更確切地說可以劃分成四種類型，即：符號意識、想像、感知和混合表象。

【注釋】① E. Husserl: *LU* II/2, A563/B$_2$91. ②同上書，A566/B$_2$94.

Auffassungsinhalt * 立義內容：（英）apprehensional content

「立義內容」在胡塞爾那裡意味著「立義內容—立義」模式中的另一個環節。狹義上的（即直觀行為中的）「立義內容」，無非是指「感性材料」或「充盈」。廣義上的「立義內容」則包括被判斷、被理解的內容等等。「立義內容」通常也被胡塞爾稱作「被立義的內容」、「須立義的內容」或「立義內涵」[①]等等。它與「立義材料」（Auffassungsstoff）基本上是同義詞。「立義內容」是行為中一個本質因素，它決定著，「對象是單純符號性地，或直觀地，或以混合的方式被表象」[②]，也就是說，一個對象是「藉助於這個展示內容還是那個展示內容被表象」[③]。

【注釋】①參閱：E. Husserl: *LU* II/1, A352/B$_1$330 u. *LU* II/2, A566/B$_2$94. ② *LU* II/2, A652/B$_2$180. ③同上。

Auffassungsinhalt-Auffassung (Schema) * 立義內容—立義（模式）：

一般認為，胡塞爾在直觀領域對「立義內容」（感覺材料＋想象材料）和「立義」（統攝）的劃分，在一定程度上帶有笛卡兒二元論和感覺主義的痕跡。

儘管胡塞爾有時也對這一觀點進行自我批判，例如在 1905 年的《內時間意識現象學講座》中，胡塞爾已經指出：「並非每一個（意識）構造都具有『立義內容—立義』的模式」[①]。在 1909 年，胡塞爾甚至明確指出這個模式不適用於「當下化行為」[②]。但可以證明，胡塞爾在此時和此後並沒有對這個模式本身做

出否定，而只是對它的有效性範圍做了限定③。換言之，胡塞爾始終保留著這個模式：例如，在《純粹現象學與現象學哲學的觀念》第一卷（1913 年）中，胡塞爾仍然談及作爲「意識的意向活動之組成部分」的「立義」方面以及作爲「意識的材料組成部分」的「素材」或「材料」的另一方面④。在 1920 年代，胡塞爾在涉及直觀領域時，也還在使用和探討「統攝」、「意義」、「內容」、「材料素材」等等⑤。在一份約寫於 1918 年的研究手稿中，胡塞爾寫道：「最狹窄意義上的立義是一種原初給予的意識，一種感知性的意識……顯然，一個自身（就其本己意向本質而言）……變異了的意識不再是一個立義意識」⑥。最後，在 1929年的《形式的與超越論的邏輯學》中，胡塞爾一方面嚴厲批評「素材—感覺主義」，另一方面則在「材料素材與意向功能」的標題下指出：「並不是要完全否定對感性材料與作爲另一種材料的意向體驗的區分」，而是在已經被構造的內在時間意識領域中，「**材料素材與意向體驗**之間的區別才必然作爲極端的差異而顯現出來」⑦。因此，從整體上看，很難說胡塞爾放棄了「立義內容—立義」的模式。⑧

【注釋】①參閱：E. Husserl: *Zeitb.* Hua X (Den Haag 1966) 7. ②同上書，318f. ③但 R. Boehm 認爲，胡塞爾以後放棄了這個模式。參閱：R. Boehm: *Vom Gesichtspunkt der Phänomenologie E. Husserl-Studien* (Den Haag 1968) 106ff. ④參閱：*Ideen I*, Hua III (Den Haag ³1976) §§ 85f. ⑤參閱：*Ph. B. Er.* Hua XXIII (Den Haag 1980) 511f., 547ff., u. 561. ⑥ Ms. L I 19, 9b. ⑦ *F. u. tr. Logik* Hua XVII (Den Haag 1974) 282. ⑧ A. Aguirre 也認爲，胡塞爾不可能解除這個模式，因爲這將同時意味著他對超越論觀念的放棄。參閱：A. Aguirre: *Genetische Phänom-enologie und Reduktion. Zur Letztbegründung der Wiss. aus der radikalen Skepsis im Denken E. Husserls* (Den Haag 1970) XXII, Anm. 30.

【文獻】R. Boehm: 參見：注釋③以及他的 "Einleitung des Herausgebers", in: Husserl: *Zeitb.* Hua X (Den Haag 1966) XIII-XLIII. E. Marbach: "Einleitung des Heraus-gebers", in: Husserl: *Ph. B. Er.* Hua XXIII (Den Haag 1980) XXV-LXXXII. A. Aguirre: 參見：注釋⑦。

Auffassungsmaterie * 立義質料：（英）material of apprehension、matter of apprehension

　　「立義質料」與「立義意義」（Auffassungssinn）基本同義，它在胡塞爾那裡也被簡稱爲「質料」或「意義」[①]。「立義質料」是行爲中一個本質因素，它決定著，「對象是在這個『意義』中，還是在那個『意義』中被表象」[②]；換言之，它決定著，對象是被賦予這個意義，還是被賦予那個意義。

【注釋】①較爲詳細的說明可以參閱「質料」、「意義」條目。　② E. Husserl: *LU* II/1, A566/B₂94.

Auffassungsqualität * 立義質性：（英）quality of apprehension

　　「立義質性」屬於在意識行爲中包含著的另一個本質因素，它意味著「信仰、單純擱置、願望、懷疑等等方式」[①]，也就是說，在立義過程中自我對對象之存在問題的一種態度，胡塞爾也將它簡稱爲「質性」[②]。

【注釋】① E. Husserl: *LU* II/2, A566/B₂94.　②較爲詳細的說明可以參閱「質性」、「設定」等條目。

Auffassungssinn * 立義意義：（英）apprehensional sense

　　「立義意義」概念在胡塞爾的術語中與「立義質料」基本同義，正如「意義」與「質料」概念在他那裡基本同義一樣。他在《邏輯研究》中明確地強調，「由於質料可以說是給出了意義，代現的內容根據此意義而被立義，因此我們也可以說『**立義意義**』；如果我們要想堅持回憶老的術語，並且暗示與形式的對立，我們也可以說『**立義質料**』」[①]。

【注釋】① E. Husserl: *LU* II/2, A563/B₂91.

Aufmerken* 注意

「注意」不是「留意」（Bemerken）的同義詞。胡塞爾曾對此解釋說：「在通常情況下，被凝視的點，即嚴格詞義上的視點，同時也是原生地被留意的點，而且常常也是，但並不總是一個注意的對象。我們考慮一下，哪些變化與留意和注意聯繫在一起。我在這兩者之間做一個由馬蒂—斯圖姆夫提出的區分。並非每個留意都與注意聯繫在一起。注意是一種對內容的期待狀態（Gespanntsein），在此內容上附著著某個急於得到滿足的意向。留意是在本真詞義上的表象；是對一個內容的單一接納（Aufnehmen），是單一地轉向它。如果一個內容對我們來說是現前的，那麼我們就會留意它。」

【注釋】① E. Husserl: *Zeitb*. Hua X (Den Haag 1966) 146.

Aufmerksamkeit* 注意力：（英）attention（法）attention（日）注意深いこと

「注意力」是指意識對對象（包括個體、觀念、過程）的集中朝向。它是胡塞爾意向分析的重要研究課題之一。胡塞爾曾設想過建立一門「注意力的現象學」①，並在諸多著作和手稿中對「注意力」進行過多方面的定義：

(1)「注意力」首先是指意識行為所具有的一種功能：「無論人們怎樣來描述注意力的特徵，它都是一種功能，這種功能以特殊的描述性方式偏好意識的對象，並且（撇開某些程度上的差異不論）在各種情況中也只是透過那些它所偏好的對象而使自身有所區別」②。在這個意義上，「注意力」是一種「屬於行為的突出性功能」③或一種「行為特徵的突出性要素」④。

(2)「注意力」是指「特殊意義上的意指」⑤。「它不單是指在自我在場意義上的思維，而且還意味著一種『緊張』，即：自我在思維中指向時所伴隨的那種緊張。它是行為的一個樣式，這個樣式或是偏好某些因素，或是給予整個行為連同其因素以一個不同的樣式，而這個行為便規定了能夠作為『充實』而出現的東西」⑥。

(3)「一般說來，**注意力是自我的一種對意向對象的趨向**，它屬於自我的一種特殊行爲的本質結構」[7]。

【注釋】①參閱：E. Husserl: "Persönliche Aufzeichnungen", hrsg. von W. Biemel，載於：*Philosophy and Phenomenological Research* XVI, No. 3 (1956) 298.　② *LU* II/1, A152/B₁154.　③同上書，A385/B₁409.　④ *LU* II/1, A386/B₁411.　⑤ *Ph. B. Er.* Hua XXIII (Den Haag 1980) 320.　⑥ Ms. M III 3 III 1 II, 44.　⑦ *EU* (Hamburg ⁴1972) 84ff.

【相關詞】achtenauf 關注，beachten 關注，bemerken 留意，gewahren 覺知，merken 留意，Aufgemerktes 被注意者、被注意之物，aufmerken 注意，Achtsamkeit 注意力，Unaufmerksamkeit 不注意。

Ausdehnung 廣延：（法）extention（日）延長

胡塞爾將「廣延」看作是「事物性」（Dinglichkeit）的「本質核心」[1]；這裡的事物性也就是指空間事物。因此，胡塞爾也在同一個意義上將「廣延」標識爲「軀體性」（Körperlichkeit）的「本質核心」[2]。

【注釋】① E. Husserl: *Ideen* I, Hua III (Den Haag ³1976) § 40, § 150.　②同上書，16.

Ausdruck* 表達、表述：（英）expression（法）expression（日）表現、表情

「表達」以及它與「含義」的關係是胡塞爾在《邏輯研究》的第一研究中所探討的中心問題。對「表達」的探討不僅涉及到「含義」，而且還關係到與「符號」、「被表達的對象」以及其他等等。

形式邏輯中的「表達」通常是指一門語言的基本符號序列，諸如被說出的語音符號，被寫下的語詞符號等等。但胡塞爾首先確定，在「表達」與通常意義上的「符號」之間有以下差異：「每個符號都是某種東西的符號，然而並不是每個

符號都具有一個『含義』、一個藉助於符號而『表達』出來的『意義』」①。就這方面來看，「表達」是一個比「符號」更狹窄的概念，它僅僅意味著一些特定的「符號」，即「有含義的符號」②；而一些「符號」則完全有可能不具有任何含義。但從另一方面來看，「表達」概念的範圍又可以比「符號」更寬泛；因為胡塞爾的分析表明，並不是所有「表達」都與「符號」有關。只有在告知的話語中，在「傳訴」中，「表達」才與「符號」交織在一起，而在孤獨的心靈生活中，「表達」則可以在獨立於「符號」的情況下發揮含義的作用③。「表達」與通常意義上的「符號」關係因而在胡塞爾看來並不是一種本質性的關係，它們只是相互交切的兩個範圍④。

與此相反，「表達」與「含義」的關係則具有本質性的意義。胡塞爾在《邏輯研究》中認為，「在表達這個概念中含有這樣的意思，即：它具有一個含義。如前所述，正是這一點才將它與其他的符號區分開來。因此，確切地說，一個無含義的表達根本就不是表達」⑤。在《純粹現象學與現象學哲學的觀念》第一卷中，胡塞爾進一步強調，「邏輯含義是一個表達。語音之所以被稱作表達，乃是因為語音表達出屬於它的含義。表達原初是在含義之中。『表達』是一種奇特的形式，它可以適用於所有『意義』（意向相關項的『核』），並且將意義提升到『邏各斯』的王國之中，即提升到概念之物的王國之中，因而也提升到『普遍之物』的王國之中」⑥。據此也可以說，含義是「表達」得以成立的前提。

胡塞爾從對「表達」與「符號」以及「含義」之關係的考察中得出結論：在「表達」的關係上應當注意兩個方面：「(1) 表達的物理方面（感性符號、被發出的一組聲音、紙張上的文字符號以及其他等等）；(2) 某些與表達相連結的心理體驗，它們使表達成為關於某物的表達。這些心理體驗大都被人們稱之為表達的意義或表達的含義」⑦。這兩個方面也被胡塞爾標識為「表達顯現」與「含義意向」（連同「含義充實」）⑧，前者與真正意義上的「符號」有關，後者則與「含義」有關。「符號」與「含義」的關係因而也可以說是「標識」（「符號」，Zeichen）與「被標識者」（「符號所標誌之物」，Bezeichnetes）的關係，而「表達」則意味著一個「在符號和符號所標誌之物之間的體驗統一中的描述性因素」⑨。所謂「體驗統一」，在這裡無非是指「符號意識」行為的統一⑩。以一個文字符號 A 為例。我們看到這個符號 A，也就是說，我們具有對這個符號的外感知，它與其他的外感知並無兩樣。如果 A 作為「表達」、作為真正意義上的

「符號」在起作用，那麼對它的外感知的性質便會發生根本性的改變。這個改變在於，符號 A 對我們來說還是直觀當下的，它還在顯現給我們；但我們並不朝向它，並不朝向這個或是用墨水寫出，或是用油墨印刷出來的文字符號本身。這個符號 A 本身雖然沒有變化，但卻已經不再是我們的意識活動的對象；我們的意向僅僅朝向在意義給予行為中被意指的實事，亦即透過這個符號 A 而被標示出來的東西。「純粹現象學地說，這無非意味著：如果物理語詞現象構造於其中的直觀表象的對象願意作為一個表達而有效，那麼這個直觀表象便經歷了一次本質的、現象的變異。構成這個直觀表象中對象現象的東西不發生變化，而體驗的意向性質卻改變了。意指的行為不需要藉助於任何一個充實性的或說明性的直觀的出現就可以構造起自身，這個意指的行為是在語詞表象的直觀內涵中找到其依據的，但它與朝向語詞本身的直觀意向有著本質的差異」[11]。

在這個意義上，「表達」是一個處在「符號」與「含義」之間的因素，這是從意向相關項的角度來看；同時，「表達」也是一個使外感知行為向符號行為過渡得以可能的因素，這是從意向活動的角度來看。

【注釋】① E. Husserl: *LU* II/1, A23/B₁23.　②同上書，1. Unters. § 5.　③同上書，A24/B₁24; 1. Unter. § §7, 8.　④參閱「符號」條目。胡塞爾將通常意義上的「符號」也稱作「指號」（參閱「指號」條目）。而真正意義上的「符號」，如胡塞爾在下面所說的那樣，則應當是指「表達」所具有的「物理方面」。　⑤ *LU* II/1, A54/B₁54.　⑥ *Ideen* I, Hua III (Den Haag ³1976) 257.　⑦ *LU* II/1, A46/B₁46.　⑧同上書，A39/B₁39.　⑨同上書，A40/B₁40.　⑩對此也可以參閱「符號行為」條目。　⑪ *LU* II/1, A40f. /B₁40f.

【文獻】H. Hülsmann: *Zur Theorie der Sprache bei Edmund Husserl* (München 1964). -D. Welton: "Intentionality and language in Husserl's phenomenology"，載於：*Review of metaphysics* 27 (1973/74) 260-279.　J. Klein: *"Denken" und "Sprechen" nach Aspekten der theoretischen Semiotik unter besonderer Berücksichtigung der Phänomenologie E. Husserls* (Diss. Stuttgart 1983).　K. -O. Apel: "Ist Intentionalität fundamentaler als sprachliche Bedeutung? Transzendentalpragmatische Argumente gegen die Rückkehr zum semantischen Intentionalismus der Bewußtseinsphilosophie"，載於：*Intentionalität und Verstehen* (Frankfurt a. M. 1990) 13-54.

【相關詞】Ausdrücken 表達、表述，Ausdrucksbewegung 表達活動，Ausdrucksein 表達狀態，Ausdruckserscheinung 表達顯現，Ausdrucksfunktion 表達功能。

Aussage 陳述：（英）statement（法）énoncé（日）言表

「陳述」是與「名稱」（Name）相對應的概念。在胡塞爾的含義學說中，它們分別構成「稱謂行爲」（命名）和「論題行爲」（陳述）的對象[①]。「名稱」與被表達的某個實事有關，「陳述」則涉及到被表達的事態，即實事的狀態或實事間的聯繫[②]。而在胡塞爾的意向行爲分析中，這兩個概念又分別與「表象內容」和「判斷內容」的概念相平行。胡塞爾認爲，每一個可能「陳述」都與一個「名稱」相對應，並且每一個陳述都可以轉變爲一個名稱，同時卻不必改變它的質性[③]。但「陳述」在本質上區別於「名稱」，它們永遠不能替代各自的作用[④]。

【注釋】①較爲詳細的說明可以參閱「稱謂行爲」和「論題行爲」條目。 ②參閱：E. Husserl: *LU* II/1, A445/B₁477. ③參閱：同上。 ④參閱：同上。

【相關詞】Aussagebedeutung 陳述含義，Aussageform 陳述形式，Aussagegebilde 陳述構成物，aussagen 陳述，Aussagen 陳述，Aussagesatz 陳述句，Aussageurteil 陳述判斷。

ausschalten* 排斥：（英）to suspend、to disconnect、to exclude（法）mettre hors circuit（日）排去、遮斷

「排斥」是胡塞爾還原學說中的一個操作性概念，它與其他一些諸如「排除」、「終止判斷」、「懸擱」、「置於局外」、「判爲無效」、「還原」、「加括號」等等概念相平行並一同構成現象學的還原方法的一個重要因素：它們都表明現象學研究者的目光在還原過程中對某個方向的不關注、不朝向。這個方向在本質還原中是指事實，在超越論還原中則是指自然觀點，它們都是現象學的還原所要排斥的東西[①]。

【注釋】①參閱：E. Husserl: *Ideen* I, Hua III (Den Haag ³1976) I. Abschnitt, 1. Kapitel: "Die Thesis der natürlichen Einstellung und ihre Ausschaltung".

ausschliessen * 排除：（英）to shut out

「排除」與「排斥」在胡塞爾那裡是同義概念。它們作爲現象學還原理論的操作性術語與「終止判斷」、「懸擱」、「置於局外」、「判爲無效」、「還原」、「加括號」等概念相平行[1]。

【注釋】①較爲詳細的說明可以參閱「還原」條目。

Außenhorizont (Außen-Horizont) * 外視域：（英）outside horizon（日）外的地平

「外視域」在胡塞爾那裡也被寫作「äußerer Horizont」，它是與「內視域」相對應的概念，被用來標識「視域的結構」或「視域的類型」[1]。

【注釋】①參閱：E. Husserl: *Analysen* Hua XI (Den Haag 1966) § 1, 6f., *EU* (Hamburg [4]1972) § 8, 26ff.；詳細說明可以參閱「視域」條目下的「內視域與外視域」條目。
【文獻】G. Brand: "Horizont, Welt, Geschichte"，載於：*Phänomenologische Forschungen* 5 (1977) 14-89.　T. E. Klein: *The World as horizon. Husserl's constituional theory of the objective world* (London 1977).

Außer-Aktion-Setzen * 置於局外：

在胡塞爾的超越論現象學中，「置於局外」與「排除」、「加括號」、「懸擱」、「終止判斷」、「判爲無效」等等概念含義相平行，它們表明「一種完全特殊的東西。我們並不放棄我們所持有的命題，我們並不改變我們的信念，只要我們尚未引入新的判斷動機，它們就仍然是它們自身所是，而我們現在恰恰沒有引入新的判斷動機。但我們的這些信念的確經歷著一個變異——在它們仍然是其自身所是的同時，我們彷彿是將它們『置於局外』，我們將它們『排除出去』，我們給它們『加上括號』。它們繼續在此，就像被加括號之物在括號之中，被排

除之物在排除的聯繫之外。我們也可以說，這個命題就是體驗，但我們『不運用』它，這當然不能被理解爲是一種缺失；這些表達就像所有其他平行的表達一樣，它們所涉及的毋寧是對一種確定的特殊意識方式的暗示性表達，這種意識方式附加到原初素樸的課題上，並且以一種同樣特殊的方式對這個命題進行重新評價」[1]。

此外，在術語的運用上，胡塞爾認爲，「確切地看，『加括號』的形象化表達從一開始就更適合於對象領域，正如關於『置於局外』的說法，更適合於行爲領域或意識領域一樣」[2]。

【注釋】 ① E. Husserl: *Ideen* I, Hua III (Den Haag [3]1976) 54.　②同上書，56.
【相關詞】 Ausschaltung 排除，ausschliessen 排斥，Außer-Aktion-setzen 置於局外，Ein-klammerung 加括號，Epoché 懸擱，Urteilsenthaltung 中止判斷。

Außergeltungsetzung* 判爲無效：（英）depriving of acceptance

「判爲無效」是胡塞爾還原學說中的另一個操作性術語。它與「置於局外」、「終止判斷」、「懸擱」、「判爲無效」、「還原」、「加括號」等等相平行的概念，它們都被胡塞爾用來描述現象學還原的特徵[1]。

【注釋】 ①較爲詳細的說明可以參閱「還原」條目。
【相關詞】 Ausschaltung 排除，ausschliessen 排斥，Außer-Aktion-setzen 置於局外，Ein-klammerung 加括號，Epoché 懸擱，Urteilsenthaltung 中止判斷。

Axiologie* 價值論：（法）axiologie（日）價值論

從術語上看，胡塞爾在其倫理學的研究中完全等義地使用源於希臘文「價值」（ἄξιος）的「價值論」（Axiologie）概念和德文的「價值學」（Wertlehre）概念。他在倫理學講座中所探討的基本問題是關於評價、意願、行爲中的理性問

題。因此，「價值論」的問題包含在最寬泛意義上的倫理學領域中。形式的價值論與形式的實踐論一同構成一門科學倫理學的第一階段和基礎[1]。胡塞爾的倫理學觀點建立在他的一個堅定信念的基礎上，即：在邏輯學、倫理學之間存在著結構上的相似性和平行性。這種相似性不僅是指形式與質料的區分既適用於理論理性，而且也適用於倫理學領域（質料倫理學和形式倫理學）；而且這種平行性還表現在：「形式價值論」是形式邏輯學的相似物或平行學科[2]。

【注釋】 ①對此還可以參閱「倫理學」條目。　②參閱：E. Husserl: *Ethik* Hua XXVIII (Dordrecht u. a. 1988) A. § 5, § 7 等等。

【文獻】 A. Roth: *Edmund Husserls Ethische Untersuchungen. Dargestellt anhand seiner Vorlesungsmanuskripte* (Den Haag 1960).　U. Melle: "Objektivierende und nichtobjektivierende Akte"，載於：S. IJsseling (Hrsg.): *Husserl-Ausgabe und Husserl-Forschung* (Dordrecht u. a. 1990) 35-50.　G. Funke: "Kritik der Vernunft und ethisches Phänomen"，載於：*Phänomenologische Forschungen* 9 (1980) 33-89.

Axiose * 價值：（希）ἄξιος

　　源於希臘文的「價值」（ἄξιος）與德文的「價值」（Wert）概念，在胡塞爾現象學術語中是同義概念。它們本身在胡塞爾那裡都帶有多種含義。廣義上的「價值」也包括「存在信仰」。「我們必須把信仰標誌爲價值，這是一種原初價值，所有其他的價值作爲阻礙、作爲價值變化、作爲變化，都與這個原初的價值有關」[1]。而狹義上的價值則是指一種建基於存在信仰之上的實事特徵或事態特徵，即有關的存在對象的有用與否。

【注釋】 ① E. Husserl: *Ph. B. Er*. Hua XXIII (Den Haag 1980) 403.

axiotisch * 評價的：

　　「評價的」概念與「價值」（Axiose）概念相關。它一般是指「執態的」[1]，

既是指對某個事物或事態的存在與否執態，也是指對某個事物或事態的**有效、有用與否**執態。它的對應概念是「非評價的」（anaxiotisch, Anaxiose）。

【注釋】 ① E. Husserl: *Ph. B. Er.* Hua XXIII (Den Haag 1980) 356.

B

Beachten 關注：（英）to heed

　　「關注」是「注意力」（Aufmerksamkeit）的同義詞[1]。它也被胡塞爾等同於「把握」：在最爲寬泛的意義上，「把握與對某物的關注、注意是一致的，無論這是一種特殊的注意，還是僅只爲一種順帶的關注」[2]。

【注釋】 [1]對此還可以參閱「注意力」條目。　[2]參閱：E. Husserl: *Ideen* I, Hua III (Den Haag [3]1976) § 37.

bedeuten (Bedeuten) * * **意指：**（英）to signify、signifying（法）signifier

　　「意指」（動名詞、動詞）概念在胡塞爾意向分析中是指意識的意向行爲或意向活動（Noesis），它「是一個被染上了這樣或那樣色彩的行爲特徵，它將一個直觀表象的行爲預設爲必然的基礎」[1]。「意指」概念與胡塞爾所使用的其他概念，如「meinen、vermeinen、intendieren」等等，是基本同義的。「意指」意味著對某些凸現出來的感性材料的朝向、統攝並賦予意義。嚴格地說，它僅僅意味著對某物的指向，而不包括這個指向的充實。胡塞爾在這個意義上談及「含義意向」與「含義充實」，前者是與「意指」同義的，它與後者一同構成一個完整的認識行爲。而意指本身還不是確切意義上的認識。它可以是在直觀中被充實的，也可以只是空泛的[2]。

【注釋】 [1] E. Husserl: *LU* II/1, A76/B₁76.　[2]參閱：*LU* II/2, 1. Kapitel.

Bedeutsam 有含義的：（英）significant（日）有意義

「bedeutsam」這個形容詞在日常德語中意味著「重要的」、「有意義的」。但作爲胡塞爾的特定術語，它已經偏離它的日常意義。胡塞爾用它來規定帶有含義的東西，即：「Bedeutungtragend」①。因此，相應的中譯應當爲「有含義的」。

【注釋】 ① E. Husserl: 參閱：E. Husserl: *LU* II/1, A32/B₁52.

Bedeutung＊＊ 含義：（英）signification（法）signification（日）意味、意義

「含義」概念在胡塞爾現象學中與「意義」概念基本同義。當然，胡塞爾在對這兩個概念的使用上仍各有偏重：「含義」概念更適用於語言邏輯分析，而「意義」概念則更適用於意識行爲分析①。

與此相關，胡塞爾也區分作爲形式本體論的含義論（Bedeutungslehre）和作爲質料本體論的意義論（Sinneslehre）：「如果將對象一般的形式觀念（按照我的《純粹現象學與現象學哲學的觀念》）與質料對象區域相對置，那麼與『分析的』或『**形式的**』**本體論與含義論**相對應的便是一系列**質料的本體論或意義論**，它們合乎那些因爲引入可能對象性的『質料』而形成，並曾被我稱作『區域的』基本劃界」②。

此外，「含義」一詞的動名詞結構已經決定了它必然要比「意義」概念更爲複雜多義。胡塞爾在其現象學分析中，也有意或無意地利用了這個動名詞結構：含義在他那裡首先並且主要是指意向的統一；其次，含義也可以意味著意指的行爲（Bedeuten），這種行爲本身又可分爲符號意指的行爲與充實的行爲③；胡塞爾同時也強調，這兩種意指行爲的「現象學統一」是在第一個意義上的含義之中④。

如果撇開它的第二個、次要的意義不論，那麼「含義」的主要特徵就在於，它是意指行爲所意指的「種類之物」，或者說，「種類的概念和命題」⑤。含義因此是與表達有關的東西：「觀念含義」或「邏輯含義」就是表達⑥，它作爲「意向的同一之物對於表達本身來說是本質性的」⑦。更確切地說，含義「無非就是

我們用表達所意指的東西，或者說，就是我們對表達的理解」[8]。

　　一方面，含義區別於對象。含義是對象，但並非所有對象都是含義。確切地說，含義是一種「不同於被意指的絕然對象的對象」（Gegenständlichkeit schlechthin）[9]，或者說，是「如此被規定的對象」（Gegenstand im Wie seiner Bestimmtheit）[10]。

　　另一方面，含義也區別於意向相關項（Noema）。這種區別在於，意向相關項是一個更爲寬泛的概念，它標識著各種被意指之物，也包括非表達性的被意指之物以及非語言性的被意指之物。而含義則在特殊的意義上，首先包含著語言性的意指和述謂判斷的意指，因而含義概念在邏輯學方面更爲重要[11]。簡而言之，胡塞爾區分兩種意向相關項，即：邏輯的意向相關項和廣義上的意向相關項[12]；前者就是指含義，而後者則意味著絕然的意向相關項意義（noematischer Sinn schlechthin）。

　　最後還要注意，胡塞爾有時也將含義概念看作是「與『客體化行爲一般的意向本質』相等值的」[13]。

【注釋】 ①與此相互對應的介紹可以參閱「意義」條目。此外還可以參閱：E. Husserl: *LU* II/2, A53/B$_2$52; *Ideen* I (1913) 256; *Bedeutungl.* Hua XXVI (Dordrecht u. a. 1988) 178; E. Tugendhat: *Der Wahrheitsbegriff bei Husserl und Heidegger* (1970) 36, Anm. 44; E. W. Orth: *Bedeutung, Sinn, Gegenstand. Studien zur Sprachphiloso-phie E. Husserls und R. Hönigswalds* (Bonn 1967) 207. ② Hua XX/1 (Den Haag 2002), 289. ③參閱：*LU* II/1, 51. ④同上書，§ 10、39. ⑤ *LU* II/1, 103; *Bedeutungl.* Hua XXVI (Dordrecht u. a. 1988) 31. ⑥參閱：*Ideen* I, Hua III (Den Haag ^{3}1976) 258. ⑦ *LU* II/1, 52. ⑧ *LU* II/1 A143/B$_1$144. ⑨ *Bedeutungl...* 同上書，35. ⑩ *Ideen* I, § 131；此外還可參閱「對象」條目。 ⑪「含義」和「意向相關物」的區別，類似於「含義」和「意義」的區別，這是因爲在「意義」概念與「意向相關項」概念之間存在著密切的聯繫。參閱「意義」和「意向相關項」條目。 ⑫ *Ideen* I, § 124. ⑬ *LU* II/1, A286/B$_1$294.

【文獻】 K. H. Volmann-Schluck: "Husserls Lehre von der Idealität der Bedeutung als metaphysisches Problem"，載於：H. L. Van Breda/J. Taminiaux (Hrsg.): *Husserl et la Pensée Moderne/Husserl und das Denken der Neuzeit* (Den Haag 1959) 230-241. E. W. Orth：參見：注釋①。 R. Bernet: "Bedeutung und intentionales Bewußtsein, Husserls Begriff des Bedeutungsphänomens"，載於：*Phänomenologische Forschungen* 8 (1979) 31-64.

Bedeutungserfüllung * * **含義充實**：（英）signification-fulfilling
（日）意味充実

胡塞爾在《邏輯研究》中指明，每一個表達本質上都意指一個含義。因此，每一個表達都與一個對象之物發生關係①。在「直觀」中，表達所意指的與對象之物的關係得以現時化和現實化②。直觀對於表達本身來說是非本質的，但直觀卻「與表達處於一種在邏輯上基本性的關係之中」，即直觀使表達的意向得到充實③。胡塞爾將那些在此情況下與含義賦予的行為融為一體的行為稱作「含義充實的行為」④。如果含義意向得到充實，那麼被意指的對象便「作為被給予的對象」而構造出自身⑤。

【注釋】 ① Husserl: *LU* II/1 (⁵1968) 37.　②同上。　③同上書，38.　④同上。　⑤同上書，50f. (P. Janssen)

Bedeutungsintention * * **含義意向**：（英）signification-intention
（日）意味志向

胡塞爾在《邏輯研究》中區分「指示性的」符號和「有含義的」符號①。有含義符號的特徵在於，它們「意指」一個含義②，它們是「表達」。在每一個表達那裡，都可以區分它的物理─感性顯現以及在這種單純聲音接合中進行的含義賦予（含義意指）。只有含義意向才會使感性的語音成為在意義上被啟動的語音③。兩個「行為系列」從而構成為一個現象學的統一體④。

【注釋】 ① E. Husserl: *LU* II/1 (⁵1968) 23f., 30f.　②同上書，52ff.　③同上書，37f.　④同上書，39f. (P. Janssen)

補充 胡塞爾在《邏輯研究》中，也將「含義意向」與「含義充實」這一對概念看作是「概念或思想與一致性直觀」的對應①。

【注釋】 ① E. Husserl: *LU* II/1, A38/B₁38 u. *LU* II/2, A475/B₂3.

-verträgliche und unverträgliche Bedeutungsintention 相容的含義意向與不相容的含義意向：

胡塞爾在《邏輯研究》中，將「相容的含義意向」理解爲「可能的、實在的意向」[1]，而「不相容的含義意向」則意味著「不可能的、想像的意向」[2]。

【注釋】 [1] E. Husserl: *LU* II/1, A102/B₁102. [2] 同上。

Bedeutungslehre * * **含義學說、含義論：**

「含義學說」在胡塞爾現象學中是一門具有特殊意義的學科，他在後期也將這門學科稱之爲「含義現象學」[1]。在 1986 年發表的《胡塞爾全集》第二十六卷《關於含義學說的講座・1908 年夏季學期》中，胡塞爾在某種意義上將現象學的含義學說平行於現象學的認識論[2]。他的分析表明，對「意向相關項」的對象關係既可以做認識論—邏輯學方面的考察，也可以對它做含義學說方面的考察。而且，這兩種考察之間的差異，並不意味著一種不可克服的對立。相反地，在這兩種考察之間還存在著一種奠基關係：現象學認識理論方面的考察是一種更高階段的現象學考察，它以現象學含義學說方面的考察爲前提，並且透過研究「被言說之物」與現實事態的相符性來補充這門含義學說。

對「含義學說」與眞理邏輯或認識理論之區分的持久意義在於，它表明人們完全有可能在不考慮眞理問題的情況下來分析有意義的陳述。在胡塞爾的這種現象學觀點中，陳述的意義獨立於這樣一個問題，即：是否有一個語言外的現實與這個意義相符合。人們所陳述的對象屬於被言說之物的領域，而且它的統一性和同一性便取決於所有那些正在被言說和已經被言說的東西的語境。因此，與這些對象的關係不僅是透過它們所包含的「述謂規定」而形成的，而且也是透過陳述者的共同體以及透過他們語言的文化傳統而形成的。所以，胡塞爾所設想的「含義學說」可以被看作是對日常語言之解釋學理解的一個有益起點[3]。

此外還須注意一點：由於「含義」在胡塞爾那裡在通常情況下是「意義」（Sinn）的同義詞，但在特定情況下又有別於「意義」，因而「含義學說」也會

與「意義學說」有所區別：「如果將對象一般的形式觀念（按照我的《純粹現象學與現象學哲學的觀念》）與質料對象區域相對置，那麼與『分析的』或『形式的』本體論與含義論（Bedeutungslehre）相對應的，便是一系列**質料的本體論或意義論**（Sinneslehre），它們合乎那些因爲引入可能對象性的『質料』而形成並曾被我稱作『區域的』基本劃界」[4]。

【注釋】①參閱：E. Husserl: "Persönliche Aufzeichnungen", hrsg. von W. Biemel，載於：*Philosophy and Phenomenological Research* XVI, No. 3 (1956) 298. ②參閱：*Bedeutungl.* Hua XXVI (Dordrecht u. a. 1986). ③參閱：R. Bernet: "Husserls Begriff des Noema"，載於：S. IJsseling (Hrsg.): *Husserl-Ausgabe und Husserl-Forschung* (Dordrecht u. a. 1990) 79. ④ Hua XX/1 (DenHaag 2002), 289.

【文獻】E. Husserl: *Bedeutungl.* Hua XXVI (Dordrecht u. a. 1986). R. Bernet: 參見：注釋③。

Bedeutungslos 無含義的：（英）without (a) signification

與「有含義的」（bedeutsam）概念相同，「bedeutungslos」這個形容詞在胡塞爾的術語中也常常偏離開它的日常意義，即：「不重要的」、「無意義的」。它被胡塞爾用來規定不帶含義的東西，即：「keine Bedeutungtragend」[1]。因此，相應的中譯爲「無含義的」。

【注釋】①參閱：E. Husserl: *LU* II/1, A32/$B_1$52.
【相關詞】bedeutungsleer 空含義的，Bedeutungslosigkeit 無含義性。

Bedeutungsmäßiges 合含義之物：（英）significational

「合含義之物」在胡塞爾現象學中是指這樣一種東西，「它在行爲中構成觀念含義的實項的和現象學的相關物，它與行爲的意向本質相疊合」[1]；「觀念地說，它就是含義」[2]。

【注釋】① E. Husserl: *LU* II/1, A395/B₁421. ②同上書，A410/B₁436.

【相關詞】bedeutungsmäßig 合含義的，Bedeutungsmäßigkeit 合含義性。

bedeutungsverleihend (bedeutungsgebend)* 含義給予的（含義賦予的）：

「含義給予的」一詞在胡塞爾術語中是一個說明性的概念，更進一步說，它是對「意指的」（bedeutend, meinend, intendierend）或「立義的」（auffassend）、「統攝的」等等概念的概括說明。「含義給予的」行為也就意味著「意指的」行為或「立義」①，它所表明的無非是：意識朝向一堆感覺材料並賦予它們以一個統一的意義，從而使一個對象能夠對意識成立。

【注釋】①對此還可以進一步參閱「立義」、「統攝」等條目。

Begriff** 概念：（英）concept（法）concept（日）概念

胡塞爾在《邏輯研究》中區分「概念」的三個含義：「(1) 普遍的語詞構成；(2) 本真普遍表象的種類；(3) 普遍對象」①。

在最後一個意義上的「概念」也被胡塞爾等同於「實質」②或「種類」③，它包括「純粹感性概念」（如顏色、房屋、判斷、意願等等）、「純粹範疇概念」（如一、多、關係、概念）以及「範疇混合概念」（如色彩性、德行、平行公理等等）④。但胡塞爾同時區分在種類意義上的「概念」和在種類意義上的「含義」⑤：「每個種類都以一個含義為前提，它在這個含義中被表象出來，而這個含義本身又是一個種類。但一個種類在其中被思考的那個含義，以及這個含義的對象，即這個種類本身，這兩者不是同一個東西。」後者是指「概念」，即我們所思考的種類；而前者只是「含義」，它是我們對此種類之意指本身的普遍性⑥。換言之，「概念」是在意向相關項方面的種類，含義是在意向活動方面的種類。

【注釋】① E. Husserl: *LU* II/2, A675/B₂203. ②同上書，A573/B₂101. ③同上書，A656/B₂184. ④同上書，A656/B₂184. ⑤參閱 *LU* II/1, 1. Unters. § 33. ⑥參閱 *LU* II/1, A102f./B₁102f.

Begründen (Begründung)** 論證：（英）to ground（法）fondation（日）基礎づけ

「論證」在自古希臘以來的西方哲學中特別意味著「給出根據」（Grundangeben）—— 德文的「論證」（begründen）一詞恰恰帶有「根據」（Grund）的詞根 —— 亦即蘇格拉底所宣導的「論理」或「給出邏各斯」：首先要爲一種生活主張提供根據，然後才能過一種可以在理性上得到合理說明的生活；它體現著在「邏各斯」意義上的西方理性主義傳統。胡塞爾的基本哲學追求也建立在這個傳統的哲學信念之上①。他反對當時的各種形式的非理性主義，相信理性的生活（一種得到理性論證的生活）是發端於古希臘的歐洲哲學與文化的最高理想，甚至是全人類的最高理想。他因而將超越論現象學的任務規定爲「對哲學的眞正澈底論證」②。具體地說，這個任務意味著「認識者對其自身及其認識生活的自身反思」③。

【注釋】①對此也可以參閱「哲學」條目。 ② E. Husserl: *Krisis* Hua VI (Den Haag ²1962) 101. ③同上書，102.
【文獻】K. Mertens: *Zwischen Letztbegründung und Skepsis. Kritische Untersuchungen zum Selbstverständnis der transzendentalen Phänomenologie Edmund Husserls* (Freiburg/München 1996).

bekannt (Bekanntheit)* 已知的（已知性）：（英）acquainted

在胡塞爾的術語使用中，與「已知性」相平行的概念是「熟悉性」（Vertrautheit）以及「確定性」（Bestimmtheit）①；與它相對應的概念則是「未知性」（Unbekanntheit）②或「新奇性」（Neuheit）③—— 在較爲寬泛的意義上還包

括「異己性」（Fremdheit）。

胡塞爾將「已知性」與「未知性」的「始終混合」看作是「任何一個（事物）感知」的特徵④，並且進一步看作是「世界意識的基本結構」⑤。換言之，「已知性」概念與自然觀點中的世界以及世界信仰有關。它首先意味著：世界作爲已知的、存在著的世界構成了我們所有認識行爲的最普全的被動在先被給予性；在這種世界信仰的基礎上，任何一個對個別事物的把握以及任何一個認識活動的進行，都依賴於某些在被動確然性領域中在先被給予的東西⑥；在這個意義上，任何未知的事物都在一定程度上是已知的、任何不確定的事物都在一定程度上是確定的；並且，「未知性」同時也是「已知性」的一個樣式⑦。

另一方面，「已知性」還可以意味著「相似性」（Ähnlichkeit），意味著「相似性聯想」的可能進行⑧。

【注釋】①參閱：E. Husserl: *EU* (Hamburg ⁴1972) § 8.　②同上並參閱：Ms. C 13 I, 1.　③參閱：*EU...* 同上書，34ff.　④ *Analysen* Hua XI (Den Haag 1966) 11.　⑤ *EU...* 同上書，26.　⑥同上書，34.　⑦同上。　⑧參閱：Ms. C 13 I, 1.

Belauf 歷程：（英）flow

在如今的日常德語中，「歷程」已經是一個不再被使用的語詞。它當時在胡塞爾術語中，也並不具有特殊的含義。所謂「一個歷程的心理體驗」①，無非也就是指一組相互連結的心理行爲。

【注釋】①參閱：E. Husserl: *LU* II/1, A32/B₁32.

Beleben (Belebung)＊啟用：

「啟用概念」與胡塞爾早期的「立義內容—立義」之典範有關。「立義內容」所指的是原素（Hyle）；而「立義」指的是對材料的「構形」、「啟用」①或「賦

予靈魂」（beseelen），從而使一個對象得以構造出來並對意識成立。胡塞爾在《純粹現象學和現象學哲學的觀念》第一卷中，也用意向活動（Noesis）這個術語來標識這個過程，它也意味著意義給予的過程。

「啟用」觀念也適用於胡塞爾後期在交互主體性領域對「異己感知」的分析。「啟用」在這裡仍然意味著：一堆死的感覺材料透過統攝而被構造成一個意向對象，這個意向對象由此而作爲我的對立面站立起來。但與「事物感知」不同的是，在「異己感知」中被啟用的對象是「他人」而非「他物」。實際上，「啟用」概念的形象說明更適合於對作爲「他人」，而不是作爲「他物」的意向對象的立義：一個軀體（Körper）透過立義而被賦予靈魂、被啟用，從而成爲一個對立於我的、具有同樣靈魂本質或自我本質的他人之「身體」（Leib des Anderen）。

【注釋】①參閱：E. Husserl: *LU* II/1, A465/B₁501.

belief* *（存在）信仰：

胡塞爾在其意識分析中經常使用英文的「存在信仰」概念。這一方面是因爲胡塞爾意向分析在相當程度上受到休謨以及彌爾（J. S. Mill）等近現代英國思想家的影響，因而在術語上也或多或少地流露出這方面的痕跡；另一方面，德文中的「信仰」（Glauben）概念較爲籠統，不能表明「存在信仰」（belief）與「宗教信仰」（faith）的差異，而英文的「belief」則可以避免這個缺陷。胡塞爾用它來標識「存在信仰的朝向」①，換言之，「對存在的執態」②。它的對立面是「無態」（Stellungnahmelosigkeit），即對存在與不存在問題的不決定、不執態③。

【注釋】① E. Husserl: *Ph. B. Er.* Hua XXIII (Den Haag 1980) 462. ②參閱：*LU* II/2, 5. Unters. § 23. ③較爲詳細的說明可以參閱「信仰」條目。

【文獻】 L. Ni: *Seinsglaube in der Phänomenologie Edmund Husserls* (Dordrecht u. a. 1999).

Bemerken* 留意：

「留意」在胡塞爾這裡不是「注意」（Aufmerken）的同義詞。「在通常情況下，被凝視的點，即嚴格詞義上的視點，同時也是原生地被留意的點，而且常常也是，但並不總是一個注意的對象。我們考慮一下，哪些變化與留意和注意聯繫在一起。我在這兩者之間做一個由馬蒂－斯圖姆夫提出的區分。並非每個留意都與注意聯繫在一起。注意是一種對內容的期待狀態（Gespanntsein），在此內容上附著著某個急於得到滿足的意向。留意是在本真詞義上的表象；是對一個內容的單一接納（Aufnehmen），是單一地轉向它。如果一個內容對我們來說是現前的，那麼我們就會留意它。」

【注釋】① E. Husserl: *Zeitb*. Hua X (Den Haag 1966) 146.

Beschreiben (Beschreibung)** 描述：（英）description（法）description（日）記述

「描述」意味著一種用思想語言手段來系統有序地展示實事狀態的方法。它是胡塞爾本人早期對其現象學分析方法的特徵標識①。這個標識一方面與當時流行的「描述心理學」的稱號有關：馬赫（E. Mach）、狄爾泰（W. Dilthey）等人都屬於「描述心理學的奠基人」。另一方面，在「描述」的標識上，對胡塞爾的直接影響顯然來自胡塞爾的老師布倫塔諾。他也是在前胡塞爾時期使用這個概念的最主要人物。在布倫塔諾那裡，描述心理學的任務是分析的，它是指對我們的現象的分析描述，它有別於發生心理學。後者與前者一同構成整體心理學，但後者需以前者為基礎。由於布倫塔諾理解的「描述的心理學」，主要是「出自經驗立場的心理學」②。因此，在《邏輯研究》第一版中，「純粹描述的」常常就被胡塞爾等同於「經驗的」③，而且，如胡塞爾自己所承認的那樣，「在內在經驗中進行的心理學描述，顯得與外在進行的對外部自然的描述相等同」④。可以說，早期的「描述」概念在胡塞爾那裡意味著一種「經驗的分析描述」，這也是一般意義上的「描述」概念。在這個意義上，「純粹描述性的陳述」相對於先天

的精確陳述只是一種「不準確的接近」⑤。所以胡塞爾說：「純粹的描述只是理論的前階段，但還不是理論本身」⑥。

　　但胡塞爾很快便與經驗方法劃清了界限。他仍然接受和使用「描述」概念，因爲他看到這個概念或方法中的積極因素：「描述」的方法對他來說首先意味著，僅僅運用那些產生於被直觀之物本身之中的概念來表達被直觀之物⑦。因此，雖然「描述」是在概念中進行，但卻始終不離開直觀的基礎，直觀性是「描述」方法的第一特徵；其次，「描述」的方法還意味著對被直觀之物做盡可能深入的分析，對它的各個因素做直觀性的展顯⑧。在這個意義上，「描述」自身還包含著「分析」的成分。

　　除了以上的因素之外，胡塞爾還對「描述」的內涵做了擴充：「描述」不僅僅是經驗科學的操作方式，而且也是本質科學的方法程式。但心理學的描述與現象學的描述的區別在於，「現象學的描述排除任何對內在被給予性的超越解釋，也排除那種作爲實體自我的『心理行爲和狀態』的超越解釋」⑨。在純粹現象學中，「描述」是一種「本質直觀的描述分析」、一種「本質描述」（Wesensbeschreibung）⑩，是對意識的本質要素以及它們之間本質關係的把握，它是現象學本質科學，亦即「第一哲學」的最重要方法依據。

　　與「描述」方法相對立的是「說明」（Erklären）方法。狄爾泰曾主張，自然科學以對自然被給予性的因果「說明」爲本己方法特徵，精神科學以對精神生活的歷史被給予性之「描述」爲本己方法特徵。與之相反，胡塞爾則是用「描述性的」和「說明性的」來標識他前期的靜態現象學研究和後期的發生現象學研究。在胡塞爾看來，它們之間的一個重要區別在於：「描述」必須限制在直觀領域之內。因此，「描述性領域」也就意味著一個「可以透過經驗直觀而得以實現的領域」⑪。而「說明」則可以超越出直觀、描述的範圍之外，而帶有構造性的成分⑫。但是，胡塞爾強調，「這種超越是在描述性認識的基礎上發生的，並且是作爲科學的方法，在一個明晰的、最終在描述的被給予性中，證實著自身的操作中進行的」⑬。

【注釋】①對此還可以參閱「描述的」（deskriptiv）條目。　② F. Brentano: *Deskriptive Psychologie* (1887-1889), Hamburg 1982, S. 129 ff., *Psychologie vom empirischen Standpunkt* (Hamburg ^{3}1955).　③ E. Husserl: *LU* II/1, A205/B$_1$207.　④ Husserl:

LU I, BXIII. ⑤ *LU* II/2, A205/B₁207. ⑥ *LU* II/2, A18，胡塞爾在《邏輯研究》的第二版中刪去了這段話。 ⑦ *Phän. Psych.* Hua IX (Den Haag 1962) 29. ⑧同上。 ⑨ *LU* I, BXIII. ⑩ *Ideen* I, Hua III (Den Haag ³1976) § 79. ⑪ *Krisis* Hua VI (Den Haag ²1962) 226f. ⑫同上。對此還可以參閱胡塞爾在《邏輯研究》第一版（1900/01 年）中，對這個問題的最初關注（*LU* II/2, A708）。也可以參閱「解釋」條目。 ⑬ *Krisis*…同上書，226.

【文獻】 F. Brentano: *Deskriptive Psychologie* (Hamburg 1982). E. Mach: *Populärwissenschaftliche Vorlesung* (Leipzig 1896, ⁴1910). W. Dilthey: "Ideen über eine beschreibende und zergliedernde Psychologie"，載於 *Gesammelte Schriften* Bd. 5 (Stuttgart 1957) 139-240. E. W. Orth: "Beschreibung in der Phänomenologie Edmund Husserls"，載於：*Phänomenologische Forschungen* 24/25 (1991) 8-45. K. K. Cho: "Anonymes Subjekt und phänomenologische Beschreibung"，載於：*Phänomenologische Forschungen* 12 (1982) 21-56.

【相關詞】 beschreibend 描述性的，deskriptiv 描述性的，Deskription 描述。

Beseelen (beseelen) * 賦予靈魂、賦靈：（法）animer（日）生化する

「賦予靈魂」的概念與「啟用」（Beleben）的概念在胡塞爾的現象學術語中是同義詞，而且兩者都具有形象說明的功能①。它們都意味著意識統攝的過程：一堆「死的」感覺材料透過統攝而被構造成一個意向對象，這個意向對象由此而作爲我的對立面站立起來（Gegenstand）②。「賦予靈魂」的概念原則上更適用於「異己感知」的領域，即更適合於對作爲「他人」，而不是作爲「他物」的意向對象的立義：一個軀體（Körper）透過立義而被賦予靈魂，成爲一個相對於我的、具有同樣靈魂本質的他人之「身體」（Leib）。

除此之外，胡塞爾還在寬泛的、非技術的意義上，將「動物自然」稱作「被賦予靈魂的、在眞正意義上活的自然」③。

【注釋】 ①較爲詳細的說明可以參閱「啟用」條目。 ②參閱：E. Husserl: *LU* II/1, A465/B₁501, A12/B₁ 12, *Ideen* I, Hua III (Den Haag ³1976) 192, 227 以及 *Analysen* Hua XI (Den Haag 1966) 17. ③參閱：*Ideen* II, Hua IV (Den Haag 1952) 27.

Besinnung* 思義：（英）sense-investication

由於「思義」概念帶有「意義」（Sinn）的詞根，因而胡塞爾在後期對人類歷史發展的思考中，經常用它來特別標識一種對「意義」的沉思。這種思義可以是指對自然科學，尤其是近代科學的「起源意義」[1]的揭示，也可以是指對「整個人類此在的意義與無意義」的「回返思義」（Rückbesinnung）或「自身思義」（Selbstbesinnung）[2]。

【注釋】①參閱：E. Husserl: *Krisis* Hua VI (Den Haag ²1962) 50, 59. ②參閱：同上書，4.

Bewußtsein** 意識：（英）consciousness（法）conscience（日）意識

「意識」概念是一個起源於德語哲學的哲學範疇。它作為哲學術語最初出現在沃爾夫（Ch. Wolff）哲學中，並被定義為關於對象的表象。在萊布尼茲哲學中，「意識」作為體驗的總和，被劃分為「知覺」和「統覺」。而在康德哲學中，「意識」概念又獲得了在「經驗意識」和「超越論意識」方面的區分。

胡塞爾的現象學將「意識」視為最中心的課題和最中心的概念，胡塞爾的現象學因此也自稱和被稱為「意識現象學」[1]。貫穿於胡塞爾哲學始終的一個主要特徵就在於：意識生活應當作為哲學的必然出發點，它是所有現實的意義構造之基礎。

「意識」的最根本本質在胡塞爾看來是意向性，它表明「意識的方式」就是與對象之物的意向關係[2]。在這個意義上，「意識」始終是關於某物的意識，或者說，所有現實的時空存在都與一個對它們進行經驗、感知、回憶等等的意識有關。世界被看作是意識成就的相關項之總體，所有客觀的意義構造和存在有效性都以作為超越論主體性的意識為原本的源泉。對世界的理解因而必須以對這個主體性的反思、回溯，對意識構造成就的分析、把握為前提，而超越論現象學作為認識批判，便以此為其使命。在這個意義上，超越論現象學所探討的不僅是「意識一般」，而且還有作為它的意向相關項的「世界」。

在胡塞爾的術語中，「意識」概念首先具有兩個最基本的含義：「作為自我之現象學組成的意識」與「作為內感知的意識」[3]。

　　與第一個、也是最重要的「意識」概念同義的表達是「意向體驗」或「體驗」，更確切地說，這個「意識」概念意味著，「意識本身是體驗的組合」④，而且是意向體驗的組合。胡塞爾的這個「意識」概念，本身包含著三個層次：(1) 意向活動（noesis）是最狹窄意義上的「意識」。它意味著意識行為的統攝能力或統攝過程；(2) 感覺材料（hylé）也屬於意識的範疇，它構成意識的實項組成部分，也是意識的最內在部分。它與意向活動一同構成較為寬泛意義上的「意識」概念；(3) 意向相關物（noema）的加入，最終構成最寬泛意義上的「意識」概念⑤。在這個意義上可以說，任何存在或者是進行著體驗的意識（意向活動）本身，或者是被體驗的意識內容（意向活動的結果）。在這個「意識」的總標題下，還可以劃分出眾多的意識種類，如「時間意識」、「本原給予的意識」、「符號意識」、「圖像意識」、「中立性意識」、「超越論意識」、「純粹意識」以及如此等等。

　　與第二個「意識」概念同義的是「內意識」或「自身意識」，它意味著一種伴隨著第一種意識而進行的意識活動，是意識在活動的同時，對自身活動的感知到⑥。它與第一種意識的區別首先在於，它是「內向的」，而「非意向的」。換言之，「內意識」不具有構造對象的功能，但它卻構成意識體驗之統一的前提。

【注釋】①參閱：E. Husserl: *Ideen* I, Hua III (Den Haag ³1976) § 33.　② *LU* II/1 A365/B₁386.　③參閱：同上書，5. Unters. I, Kapitel, *LU* II/1。在這個基礎上，胡塞爾在《邏輯研究》中所著重討論的是以下三個不同的「意識」概念：「(1) 意識作為經驗自我所具有的整個實項的現象學組成，作為在體驗流的統一之中的心理體驗，(2) 意識作為對本己心理體驗的內在覺知，(3) 意識作為任何一種『心理行為』或『意向體驗』的總稱」（*LU* II/1, A324/B₁346）。但胡塞爾還有對「意識」概念的不同定義。例如在 1906 / 07 年的「邏輯學與認識論」講座中，胡塞爾歸納出三個逐步擴展的「意識」概念：「意識作為體驗」；「意識作為意向意識」；「意識作為執態、作為行為和作為意向意識」〔*Logik u. Erkennt.* Hua XXIV (Dordrecht u. a. 1984) § 42〕。在這個劃分中，「作為體驗的意識」基本上是可以等同於「作為內感知的意識」。　④ *LU* II/1, A365/B₁386.　⑤對此還可以參閱：R. Ingarden: "Über den transzendentalen Idealismus bei E. Husserl"，載於：H. L. Van Breda/J. Taminiaux (Hrsg.): *Husserl et la Pensée Moderne/Husserl und das Denken der Neuzeit* (Den Haag 1959) 203.　⑥較為詳細的說明還可以參閱「內感知」條目。

【文獻】A. Gurwitsch: "Der Begriff des Bewußtsein bei Kant und Husserl",載於:*Kant-Studien* 55 (1964) 410-427. R. Ingarden:參見:注釋④。 A. Gurwitsch: "Husserl's theory of intentionality of consciousness in historical perspective",載於:*Gurwitsch, Phenomenology and the theory of science* (Evanston 1974) 210-240.

【相關詞】bewußtseinsabsolut 意識絕對的,Bewußtseinsakt 意識行為,Bewußtseinsaktualjtät 意識現時性,Bewußtseinsanalyse 意識分析,Bewußtseinsart 意識種類,Bewußtseinsbereich 意識領域,Bewußtseinscharakter 意識特徵,Bewußtseinsdeskription 意識描述,Bewußtseinsdifferenz 意識差異,Bewußtseinseinheit 意識統一,Bewußtseinseinstellung 意識觀點,Bewußtseinserlebnis 意識體驗,Bewußtseinsfeld 意識領域,Bewußtseinsfluß 意識流,Bewußtseinsforschung 意識研究,Bewußtseinsgebilde 意識構成物,Bewußtseinsgegebenheit 意識被給予性,Bewußtseinsgegenständlichkeit 意識對象性,Bewußtseinsgegenwart 意識當下,Bewußtseinsgehalt 意識內涵,Bewußtseinsgenesis 意識發生,Bewußtseinsgesetzmäßigkeit 意識規律性,Bewußtseinsgestaltung 意識構形,Bewußtseinshintergrund 意識背景,Bewußtseinshof 意識暈,Bewußtseinshorizont 意識視域,Bewußtseins-Ich 意識自我,Bewußtseinsinhalt 意識內容,Bewußtseinsintention 意識意向,Bewußtseinsintentionalität 意識意向性,Bewußtseinskomplexion 意識複合,Bewußtseinskontinuum 意識連續,Bewußtseinskorrelat 意識相關物,Bewußtseinskritik 意識批判,Bewußtseinslauf 意識流程,Bewußtseinsleben 意識生活,Bewußtseinslehre 意識學說,Bewußtseinsleistung 意識成就,Bewußtseinsmannigfaltigkeit 意識雜多性,bewußtseinsmäßig 合意識的,Bewußtseinsmodi 意識樣式,Bewußtseinsobjekt 意識客體,Bewußtseinsphänomen 意識現象,Bewußtseinsphänomenologie 意識現象學,Bewußtseinspräsenz 意識在場,Bewußtseinspsychologie 意識心理學,Bewußtseinsreflexion 意識反思,Bewußtseinsschicht 意識層次,Bewußtseinssphäre 意識領域,Bewußtseinsstrom 意識流,Bewußtseinsstruktur 意識結構,Bewußtseinssubjekt 意識主體,Bewußtseinssubjektivität 意識主體性,Bewußtseinssynthese/Bewußtseinssynthesis 意識綜合,Bewußtseinstätigkeit 意識活動,Bewußtseinstypus 意識類型,Bewußtseinsunterschied 意識區別,Bewußtseinsverlauf 意識過程,Bewußtseinsvorkommnis 意識事件,Bewußtseinswandlung 意識變化,Bewußtseinsweise 意識方式,Bewußtseinswelt 意識世界,Bewußtseinszusammenhang 意識聯繫,Bewußtseinszustand 意識狀態,Bewußtseinszuständlichkeit 意識狀態性。

-inneres Bewußtsein * 內意識：

胡塞爾在《邏輯研究》中所說的「內意識」，主要是指「伴隨著現時的、在場的體驗，並且將這些體驗作為它的對象而與體驗發生聯繫的『內感知』」[1]。這個意義上的「內意識」類似於萊布尼茲意義上的「統覺」：它伴隨著意識的進行，是對意識自身活動的自身意識到；意識本身成為「內意識」的對象。但在此後對內時間意識的現象學研究中，胡塞爾很快改變了原初的看法，並賦予「內意識」概念以新的含義。「內意識」本身在他看來不再是對象性的意識，它並不以它所伴隨的意識為對象，因而有別於對象意識，有別於「意識反思」或反思性的意識：「每一個行為都是關於某物的意識，但每一個行為也被意識到。每一個體驗都是內在地『被感知到』（被內意識到）……內感知並不是一個在同樣意義上的體驗。它本身並不重又被內感知到」[2]。這個意義上的「內意識」，也被胡塞爾稱作「原意識」（Urbewußtsein）或「自身意識」（Selbstbewußtsein）[3]。

【注釋】 [1]參閱：E. Husserl: *LU* II/2, A699/B₂ 227. [2] *Zeitb.* Hua X (Den Haag 1966) 126f. [3]同上書，119 以及 *Ph. B. Er.* Hua XXIII (Den Haag 1980) 352。對此也可以參閱「原意識」和「自身意識」條目。

【文獻】 I. Kern: "Selbstbewußtsein und Ich bei Husserl"，載於：G. Funke (Hrsg.): *Husserl-Symposium Mainz 27. 6/4. 7. 1988* (Stuttgart 1989) 51-63.

-positionales Bewußtsein * 立場性意識：

「立場性意識」在胡塞爾那裡意味著所有帶有現實設定的（命題性的、在最寬泛意義上執態的）意識[1]。「命題」這個概念在這裡涵蓋了所有行為領域（感知、「述謂判斷」、評價、意願等等）[2]。

所有立場性體驗的奠基性原形式是由原世間的—原樣式化了的信念命題或信仰命題所構成的，它們是帶有存在設定的行為，在意向相關項方面，包含著單純的現實存在或確定存在的存在特徵（被動的原信念、外感知的素樸信仰確定性）[3]。更高領域中的所有立場性體驗，本質上都可以透過一種隨時可能的操作而轉變為在信仰（doxisch）意義上的立場性體驗，因為所有非信仰的設定始

終也在設定著存在、也在原本地構造著對象，亦即進行著客體化的活動——即使它們不是現時地進行④。例如，在每一個評價中始終也進行著一種信仰性的（doxisch）價值—存在設定⑤。與那些在素樸的信仰命題中構造起來的單純「實事世界」不同，在這種價值存在設定中所構造起來的是一個新區域的存在者⑥。所有非信仰性的命題都可以透過信仰性的轉變而被納入到「對象」的領域、「存在著的某物一般」的領域之中，並且因而作爲某物一般的特殊化而服從於形式存在論（Onto-Logik）的統治⑦。因此，邏輯之物的普全性就建立在信仰之物對整個立場性領域而言所具有的普全特徵基礎上⑧。這種設定既與意向相關項的特徵相關，也與意向活動的特徵相關⑨。所有立場性設定的意識，都屬於立場性意識的範圍⑩。信仰確然性的原信仰（Urdoxa）可以變式（modalisieren）〔變式爲推測—存在、懷疑—存在、不—存在（Nicht-Sein）等等〕⑪。但所有信仰樣式和存在樣式按其本己意義都可以回溯到未變式的原形式之上，並且根據這種回溯而部分地具有設定特徵⑫。這也對那些能夠出現在非信仰行爲領域中的變式有效⑬。

【注釋】① E. Husserl: *Ideen* I. Hua III (Den Haag 1950) 256, 277. ②同上書，287f. ③同上書，257ff. ④同上書，282f.、289ff.、360；也可以參閱：*Logik* (1929) 120f. ⑤ *Ideen* I... 同上書，285f. ⑥同上書，290. ⑦同上書，363. ⑧同上書，290. ⑨同上書，256f. ⑩同上書，275f. ⑪同上書，259. ⑫同上書，288. ⑬同上書，289. (P. Janssen)

Beziehung 關係：（英）relation（法）relation（日）関係
-gegenständliche Beziehung * 對象性關係：

「對象性關係」是指意識在其活動過程中與對象所建立的各種關係，它基本上就是指意識的意向性種類。胡塞爾區分**對象關係方式**的雙重意義：意識一方面在**質性**上與對象發生關係，另一方面是在**質料**上①。根據這個意義，「對象關係」也就是「意識的意向本質」的代名詞②。胡塞爾認爲，「所有在對象關係中的差異，都是與此相關的意向體驗的描述性差異」③。

【注釋】①參閱：E. Husserl: *LU* II/2, A416/B₂ 391. ②參閱「意向本質」條目。 ③ *LU* II/1, A388/B₁ 413.

Beziehungserfassung * 關係把握：

在胡塞爾的術語中，「關係把握」可以說是一個與「展顯」（Explikation）概念相對應的範疇，它構成「主動性」發生或構造的較高階段①。「關係」在這裡是指一個客體與相關客體的關係。而「關係把握」則意味著對客體以及它與相關客體之關係的把握，亦即對這個客體的「外視域」（Außenhorizont）的拓展：在這個階段上被把握的不僅是客體本身，而且還有與此客體相關的東西，它的周圍世界或環境，最終還有作為普全視域的世界整體②。

【注釋】①參閱：E. Husserl: *EU* (Hamburg ⁴1972) 114. ②對此可以進一步參閱「外視域」、「周圍世界」等條目。
【文獻】 I. Yamaguchi: *Passive Synthesis und Intersubjektivität bei Husserl* (Dordrecht u. a. 1982).

Bildbewußtsein * * 圖像意識：（英）image-consciousness（日）写像意識

在對「圖像意識」的長期分析研究過程中，胡塞爾對「圖像意識」的描述和規定經歷了不同的變化。但從整體上看，「圖像意識」的概念在胡塞爾那裡，基本上沒有偏離它的日常含義，它意味著與圖像（Bild）有關的意識，例如，以照片、圖畫等等為對象的意識行為。從「圖像意識」的立義形式之特徵來看，它屬於「當下化現象學」的研究範圍①。儘管胡塞爾有時也在最寬泛的意義上使用「圖像意識」概念，將「圖像意識」等同於「想象」或「當下化」行為，將「圖像內容」等同於「想像內容」等等，想像在這裡被理解為「內圖像」②，但他的整體做法仍然是將「圖像意識」隸屬於廣義上的「想象」（當下化）。這也是胡塞爾在早期的《邏輯研究》中的基本觀點。此後，胡塞爾在對「當下化」行為的研究中一

方面認爲，「當下化」行爲的本質在於，它是「感知立義的變異」③，而「圖像意識」仍然作爲一種特殊的「當下化」，即**透過圖像中介而進行的「當下化」**從屬於「當下化」行爲的總屬。就此而論，在「圖像意識」與「符號意識」之間存在著一個本質區別：前者仍處在直觀的領域之中，而後者已經屬於非直觀行爲、符號行爲的範疇。但另一方面，胡塞爾在 1904 / 05 年的研究手稿以及在《純粹現象學與現象學哲學的觀念》第一卷中，又對「符號行爲」以及「直觀行爲」提出另一種新的規定方法，即把所有表象（客體化行爲）劃分爲「本眞的表象」與「非本眞的表象」：前者包括「體現」（感知）和「再現」（想象）；後者則包括「圖像表象」和「符號立義」④。根據這個劃分，「圖像意識」與「符號意識」（符號行爲）的本質相似性，恰恰在於它們的「非本眞性」（Uneigentlichkeit）或「象徵性」。正是在這個意義上，胡塞爾將「圖像意識」也稱作「圖像象徵的表象」，將「符號行爲」稱作「符號象徵的表象」⑤。

「圖像意識」也被胡塞爾稱之爲「圖像表象」（Bildvorstellung）。較之於「感知表象」，它已經不是素樸的意識行爲，因爲在它的本質結構中包含著多個對象和多種立義。這些對象和立義相互交織，它們隨注意力的變化而得以相互替代地出現⑥。在胡塞爾對「圖像意識」的分析中，可以區分出它自身包含的三種客體：(1)「圖像事物」，例如，出現在相紙或印刷紙上帶有各種質地和色彩的圖形。胡塞爾也將它稱作「物理圖像」（das physische Bild）或「物理事物」⑦；(2)「圖像客體」，即透過「物理客體」而被體現或被映射的那個對象。它也被胡塞爾標識爲「顯象客體」、「顯象」等等，或簡稱爲「圖像」⑧，與「圖像事物」意義上的「物理圖像」相比，它是一種「精神圖像」（das geistige Bild）⑨；(3)「圖像主體」，它僅僅在圖像客體中被意指，但本身不在圖像之中。在這個意義上，胡塞爾也將「圖像主體」定義爲「實事」或「實在」⑩。這三個客體構成「圖像意識」的「圖像本質」⑪。「物理圖像喚起精神圖像，而精神圖像又表象另一個圖像：圖像主體」⑫。簡言之，「圖像意識」的本質就在於，在「圖像事物」中，「圖像主體」藉助於「圖像客體」而被意識到。與三個客體相對應的是包含在「圖像意識」中的三種立義：(1) 對「圖像事物」的感知立義，如：「這是一張油畫」。這種立義基本上是一種正常的感知立義⑬；(2) 對「圖像客體」的立義。這種立義的特點在於，一方面它是感知性立義，但卻不像其他感知立義那樣帶有存在意識，另一方面「圖像客體」在這個感知性立義中不是被立義爲感知對象，

而是被立義爲一個「精神圖像」。因此，胡塞爾認爲，這種立義不是正常的立義，而是一種「感知性的當下化」（perzeptive Vergegenwärtigung）⑭：(3) 對「圖像主體」的立義。這種立義是想像性的立義，但卻不是正常的想像性立義，因爲在這個立義中「圖像主體」並不顯現出來。在這個意義上，對「圖像主體」的立義是一個非顯現的立義⑮。這三種立義分別代表著「圖像意識」中的「圖像事物意識」、「圖像客體意識」和「圖像主體意識」，並且構成「圖像意識」的整體組成。

【注釋】 ①所以，E. Marbach 主編的《胡塞爾全集》第 23 卷《想象、圖像意識、回憶》（*Ph. B. Er.* Hua XXIII, Den Haag 1980）的副標題也叫做「直觀當下化的現象學」。　②參閱：E. Husserl: *LU* II/2, § 23 以及 *Ph. B. Er...* 同上書，17.　③參閱：*Zeitb.* Hua X (Den Haag 1966) 276f.　④ *Ph. B. Er...* 同上書，139f.　⑤ *Ideen* I, Hua III (Den Haag ³1976) 78f. u. 210.　⑥ *Ph. B. Er...* 同上書，27.　⑦同上書，44、53、120f.　⑧同上書，120f.　⑨同上書，21。此外，值得注意的是，梅洛—龐蒂也在同樣的意義上將繪畫中的形象稱之爲「精神圖像」（l'image mentale，參閱：L'*Œil et l'Esprit*, 23f.）。　⑩ Husserl: *Ph. B. Er...* 同上書，138.　⑪同上書，489.　⑫同上書，29.　⑬ *Ideen* I... 同上書，226.　⑭ *Ph. B. Er...* 同上書，490、476.　⑮同上書，489、25.

【文獻】 E. Marbach: "Einleitung des Herausgebers"，載於：Husserl: *Ph. B. Er.* Hua XXIII (Den Haag 1980) XXV-LXXXII.　L. Wiesing: "Phänomenologie des Bildes nach Husserl und Sartre"，載於：*Phänomenologische Forschungen* 30 (1996) pp. 255-281.　H. R. Sepp: "Bildbewußtsein und Seinsglaube"，載於：*Recherches Husserliennes*, 6 (1996) 117-137.

【相關詞】 Bild 圖像，Bildauffassung 圖像立義，Bildbetrachtung 圖像觀察，Bildding 圖像事物，Bildertheorie 圖像論，Bildfiktum 圖像臆想，Bildgegenstand 圖像對象，Bildinhalt 圖像內容，bildlich 圖像的，Bildlichkeit 圖像性，Bildlichkeitsauffassung 圖像性立義，Bildlichkeitsbewußtsein 圖像性意識，Bildobjekt 圖像客體，Bildsujet 圖像主體，Bildvorstellung 圖像表象。

Bildding* 圖像事物：（日）写像事物

胡塞爾在他對「圖像意識」的意向分析中，區分出三種客體：「圖像事

物」、「圖像客體」和「圖像主體」①。它們構成「圖像意識」的本質。缺少這三個客體中的任何一個，「圖像意識」便不能成立②。「圖像事物」在邏輯上和時間上都是「圖像意識」中的第一個客體。胡塞爾也將它稱作「物理圖像」或「物理事物」③。它無非意味著例如被印刷出來的紙張、照片或油畫的質地、色彩、圖形等等物理性質。

【注釋】①參閱：E. Husserl: *Ph. B. Er.* Hua XXIII (Den Haag 1980) 489. 對此較爲詳細的說明還可以進一步參閱「圖像意識」條目。　②同上書，20.　③同上書，44、53.

Bildobjekt* 圖像客體：（英）picture-object（日）写像客体、像客体

在胡塞爾所確定的「圖像意識」的三個本質客體中①，「圖像客體」在邏輯上和時間發生上是第二個客體。胡塞爾也將它標識爲「顯象客體」或簡稱爲「圖像」②。「圖像客體」具有代表性或顯象性的功能。在圖畫或照片上微小但「立體的」③人物或事物，是對「圖像主體」的代表或映像。展示性的「圖像客體」因而有別於被展示的「圖像主體」。

【注釋】①參閱：E. Husserl: *Ph. B. Er.* Hua XXIII (Den Haag 1980) 21, 32 等等。　②較爲詳細的說明可以參閱「圖像意識」條目。　③胡塞爾常常用「立體的」一詞來形容「圖像意識」中的「圖像客體」（例如，可以參閱：*Ph. B. Er...* 同上書，39、44、51、143、488 以及其他等等）。它表明「圖像客體」要比單純的一維圖像所意指的更多。

Bildsujet* 圖像主體：（日）像主体

「Sujet」一詞源於法語，而法語的「sujet」一詞又源於拉丁語中的「subiectum」，亦即「主體」、「基質」或「主題」。這一概念通常被用來泛指藝術作品中的「主題」或「題材」，而「Bildsujet」則相應地意味著視覺藝術作品中的「主題」或「題材」。胡塞爾在他對圖像意識的分析中，經常使用

「Bildsujet」這一術語，但同時賦予它附加的含義，因而可以將之譯作「圖像主體」。「圖像主體」在胡塞爾那裡是「圖像意識」之三個本質客體中的第三個客體[1]，它意味著「被再現的或被映射的客體」[2]，例如，透過一幅人物畫而表現出來的某一個人物本身。因而胡塞爾也將「圖像主體」稱作「實事」或「實在」[3]。「圖像主體」的特別之處在於，它本身並不在「圖像意識」中顯現出來，它只是被「圖像」所代表、所映像。但如果沒有「圖像主體」，「圖像意識」也就不能成立。

【注釋】①較爲詳細的說明可以參閱「圖像意識」條目。　② E. Husserl: *Ph. B. Er.* Hua XXIII (Den Haag 1980) 19；也可以參閱：*LU* II/1, A396/B$_1$422.　③ *Ph. B. Er...* 同上書，120、138.

【相關詞】Sujet（像）主體，Sujetbewußtsein（像）主體意識，Sujetvorstellung（像）主體表象。

Bildvorstellung 圖像表象：（英）image-objectication（日）写像表象

「圖像表象」在胡塞爾的術語使用中與「圖像意識」（Bildbewußtsein）基本同義[1]。「圖像表象」屬於當下化的一種，即透過圖像中介而進行的當下化[2]。

【注釋】①較爲詳細的說明可以參閱「圖像意識」條目。　②參閱 E. Marbach: "Einleitung des Herausgebers"，載於：Husserl: *Ph. B. Er*. Hua XXIII (Den Haag 1980) XXX.

Blick＊＊ 目光：（英）regard（法）regard

胡塞爾所說的「目光」是指意識的目光（也被胡塞爾稱作「精神的目光」）[1]，亦即意向的指向。嚴格地說，「目光」不是指一般意義上的「在視域之中」或「在目光之中」，而是意味著「注意力」的現時指向，即「目光」所指的對象已經形成、已經處在目光的「把握」之中[2]。在這個意義上，胡塞爾將「純粹自我的目光朝向」視爲意識的「意向活動因素」[3]。

【注釋】 ① E. Husserl: *Ideen* I, Hua III (Den Haag ³1976) § 92 等等。　②同上。　③同上書，§ 88.

【相關詞】 Blickeinstellung 目光指定，Blickfeld 目光域，Blickpunkt 目光點，Blickrich-tung 目光朝向，Blickstrahl 目光束，Blickwendung 目光轉向。

Bloß 單純的：（英）mere（法）simple

除了「單純的」一詞所具有的日常含義以外，胡塞爾還常常賦予它以特殊的含義，即用它來標識意識行為的非設定性質性，即意識行為對意識對象之存在與否的不設定狀態。例如，「單純想象」是指不設定的當下化行為①，它有別於「回憶」、「期待」等設定性的當下化行為①；「單純理解」、「單純表象」、「單純思維」等等也是如此。胡塞爾此外也時而將「單純」等同於通常意義上的「純」（pure）②。

【注釋】 ① E. Husserl: *LU* II/2, *LU* II/1, A386/B₁411, 5. Unter. § 23.　②參閱：*Ph. B. Er.* Hua XXIII (Den Haag 1980) 224, *LU* II/2, A1/B₂1.

Boden 基地：（英）basis（日）地盤

「基地」概念在胡塞爾這裡通常是指自然觀點中對世界存在的普全信仰，即「自然世界的基地」、「世界有效性的基地」①。「基地」一詞在這裡表明，「世界」對於自然觀點中的人來說，具有「絕對基質」的特徵②。它雖然是自然觀點中所有前設的最終的，但對於自然觀點中的人來說，卻始終是非課題性的、隱匿的。因此，這個意義上的「基地」也被胡塞爾標識為「自然的」或「素樸─客觀的基地」③。除此之外，胡塞爾還談到另一種意義上的「基地」，即「現象學的基地」或「超越論的基地」④：它與現象學透過反思而在內向觀點或哲學觀點中獲得的立足基點有關。這個意義上的「基地」也被胡塞爾稱作「超越論主體性的基地」⑤。

【注釋】 ①參閱：E. Husserl: *Krisis* Hua VI (Den Haag ²1962) 151, 173. ② *EU* (Hamburg ⁴1972) 157f. ③ *Krisis...* 同上書，81、176、204、208. ④ *Ideen* I, Hua III (Den Haag ³1976) 162, 297 以及 *F. u. tr. Logik* Hua XVII (Den Haag 1974) 263f. ⑤ *Ideen* III, Hua V (Den Haag 1952) 150.

C

Cogito＊＊ 思、我思：（法）Cogito（日）コギト

「我思」概念源自笛卡兒的「我思故我在」（cogito, ergo sum）。「我思」在這裡不僅是指狹義上的「思維」或「思考」，而且意味著最寬泛意義上的意識活動。胡塞爾也在這個意義上使用「我思」概念，即把「我思」等同於「意識行為」，它將所有體驗都包含在自身之中[①]。但另一方面，胡塞爾還在較為狹窄和專門的意義上將「我思」理解為「現時性」[②]或「現時的意向」：「它的內涵：(1) 描向；(2) 射中」[③]。

【注釋】①參閱：E. Husserl: *Ideen* I, Hua III (Den Haag ³1976) §§ 28, 34.　②*Ideen* I... 同上書，§ 35.　③ Ms. M III 3 IV 1 II, 4；對此也可以參閱「意向」條目。

【文獻】F. -W. v. Herrmann: *Husserl und die Meditationen des Descartes* (Frankfurt a. M. 1971).　T. W. Attig: *Cartesianism, certainty an the "Cogito" in Husserl's "Cartesian meditations"* (London 1981).

D

Dahingestellthaben* 擱置：

　　「擱置」是指在意識行爲中對對象存在的信仰中止判斷，它的對立面是對存在的「信仰」或「設定」①。在胡塞爾那裡，與「擱置」相平行的表達還有「單純的理解」②或「中立性變異」③。

【注釋】① E. Husserl: *LU* II/1, A426/B₁456.　②同上。　③ *Ideen* I, Hua III (Den Haag ³1976) § 109.

【文獻】 E. Fink: "Reflexion zu Husserls phänomenologischer Reduktion"，載於：*Tijdschrift voor Filosofie* 33 (1971) 540-558.

【相關詞】 dahingestellt 被擱置，dahingestellt-sein-lassen 使其被擱置，Dahinstehendhaben 擱置，dahinstehend 擱置的，dahinstellend 擱置的。

Dahinleben* 素樸生活：（英）living along

　　「素樸生活」是指日常的平凡的生活，也可以被譯作「單純的度日」。胡塞爾將自然的、直向的「素樸生活」看作是反思的「哲學生活」的前階段①。

【注釋】①參閱：E. Husserl: *Krisis* Hua VI (Den Haag ²1962) 147, 153.

Darstellung* 展示：（英）presentation（法）figuration

　　除了一般的含義之外，胡塞爾也在特別的意義上使用「展示」概念。在對意識的「立義」過程的闡述中，胡塞爾將「感覺材料」的被給予也稱作「展示」①：「感覺材料」作爲「展示性內容」②具有「展示的功能」③。而作爲立義、

展示之結果的意向相關項則被胡塞爾稱之爲「被展示之物」（Dargestelltes）④。「感性的」感覺材料之特徵在於「自身展示」（Selbstdarstellung），它在胡塞爾那裡也相當於「自身被給予」⑤。在這個意義上，「展示」與「直觀的代現」（Repräsentation）基本上是同義詞⑥。

【注釋】① E. Husserl: *LU* II/2, A551/B₂79.　②同上。　③ *Ideen* I, Hua III (Den Haag ³1976) 229.　④ *LU* II/2, A550/B₂78.　⑤同上書，A551/B₂79.　⑥同上。

【相關詞】Dargestelltes 被展示之物，Darstellungsfunktion 展示功能，Darstellungsinhalt 展示內容，Darstellungsmodus 展示樣式，Darstellungsweise 展示方式。

Dasein 此在：（英）factually existing（法）existence（日）現存在

　　與海德格不同，胡塞爾所使用的「此在」概念不單純是指人類的生活現實①，而是更爲寬泛地意味著所有具體個別的事實。與「此在」概念相對應的是「如在」（Sosein）②，後者所標識的是純粹的本質或可能性。在這個意義上，「此在」和「如在」在胡塞爾那裡是一對與「生存」（Existenz）和「實存」（Essenz）相平行的概念。

【注釋】①當然也包括人類的（整體人類的）此在〔參閱：E. Husserl: *Krisis* Hua VI (Den Haag ²1962) 3f. 11 等等〕。　②參閱：*Ideen* I, Hua III (Den Haag ³1976) 586.

【相關詞】Daseinsfeststellung 此在確定，Daseinssetzung 此在設定，Daseinssphäre 此在領域，Daseinsthesis 此在命題。

Datum** 素材：（英）datum（法）data

　　「素材」是胡塞爾對「感覺材料」（Empfindungsdaten）的簡稱，它與「感覺」或「原素」（Hyle）是基本同義的①。「素材」在胡塞爾早期所運用的意向分析模式「立義─立義內容」中，是構成「立義內容」的基本因素。胡塞爾認爲，「素材」是意識中的「絕對內在」、「絕對意義上的自身被給予性」②。但「素材」

本身還不能構成完整意義上的意識對象，它必須在一定的立義形式（質性）中被賦予一定的意義（質料），才能被對象化或客體化爲一個具體的對象。在這個意義上，胡塞爾將素材稱作「意向性的載者，但不是關於某物的意識」[3]。

【注釋】①較爲詳細的說明可以參閱「感覺」條目。　② E. Husserl: *Idee d. Phän*. Hua II (Den Haag [2]1958) 59, 35.　③參閱：*Ideen* I, Hua III (Den Haag [3]1976) 75.

【文獻】 A. Lingis: "Hyletic Data"，載於：*Analecta Husserliana* II (1972) 96-101.　*M. Sommer: Evidenz im Augenblick. Eine Phänomenologie der reinen Empfindung* (Frankfurt a. M. [2]1996).

Deckung * 相合：（英）coincidence（法）coincidence（日）合致

胡塞爾在許多場合運用「相合」概念，它無非意味著兩個實事或事態之間的可能一致性或相應性。「凡在談及『相合』的地方，都會從自身中顯示出相關的可能性，即相斥、相容、相切的可能性」[1]。例如，在含義意向與含義充實之間的「相合」[2]，在原初的感知與以後的回憶之間的「相合」[3]，在自我與他我之間的「相合」[4]，以及其他等等。

【注釋】① E. Husserl: *LU* II/2, A516/B$_2$44.　②參閱：*LU* II/1, A45/B$_1$45, A51/B$_1$51.　③ Ms. C17 I, 35f.　④ Ms. C17 I, 34f.

【相關詞】Deckungsbeziehung 相合關係，Deckungseinheit 相合統一，Deckungsprozeß 相合過程，Deckungssynthesis 相合綜合。

Denkeinstellung * 思維觀點：（英）attitude in thinking（日）思考態度

「思維觀點」在胡塞爾那裡是「思維態度」（Denkhaltung）的同義詞。胡塞爾大都將它簡稱爲「觀點」（Einstellung）。他區分「自然的」和「哲學的」（也叫做「現象學的」或「超越論的」）思維觀點：前者是直向的，後者是反思的[1]。

【注釋】①對此較爲詳細的說明可以參閱在「觀點」（Einstellung）條目下的「自然的、自然主義的、人格主義的和現象學的觀點」子目。

Denken * (denken) 思、思維：（英）thinking、to think（法）penser （日）思考

「思、思維」與笛卡兒意義上的「思、我思」（cogito）概念基本同義①。胡塞爾將最寬泛意義上的「思維」定義爲「構造著意義的思維」②。這個意義上的「思維」與胡塞爾的「意向體驗」概念是同義的③。而狹義上的「思維」則是與康德意義上的、透過邏輯概念而進行的「理解」相同，它與「直觀」相對應④。

【注釋】①對此可以參閱「思、我思」條目。 ② E. Husserl: *F. u. tr. Logik* Hua XVII (Den Haag 1974) 26. ③也可以參閱「意向」、「意向體驗」概念。 ④參閱：*LU* II/2, A478/B$_2$6, A673ff. /B$_2$201ff.

【相關詞】Denkakt 思維行爲，Denkbesitimmung 思維規定，Denkeinheit 思維統一，Denkeinstellung 思維觀點，Denkerlebnis 思維體驗，Denkfunktion 思維功能，Denkgegenständlichkeit 思維對象性，Denkgesetz 思維規律，Denkhaltung 思維態度，Denkhandlung 思維行動，Denkleben 思維生活，Denknotwendigkeit 思維必然性，Denkpraxis 思維實踐，Denkverfahren 思維進程。

deskriptiv * * 描述的：（英）descriptive、descriptional（日）記述的

胡塞爾在大多數情況下將「deskriptiv」與「beschreibend」這兩個表達同義使用，它們都意味著「描述的」①。在《邏輯研究》中，「描述的」也相當於「實項的」（reell）②，它與意識行爲中的感性部分之特徵以及對它們的立義有關；在《邏輯研究》的第一版中，這個意義上的「描述的」也被常常稱作「現象學的」③。但在第二版中，胡塞爾注意到第一版「未能充分顧及到『意識活動』與『意向相關項』之間的區別和相應關係」，「只是片面地強調了意識活動的含義概念，而實際上在某些重要的地方應當對意識對象的含義概念做優先的考察」④。據此，

胡塞爾不再將「描述的」（以及「現象學的」）概念侷限在「實項的」概念上，而是擴展到整個意識行爲：它既可以是指對「意向活動」（實項內容以及對它的統攝）的「描述」，也可以意味著對其結果的「意向相關物」的「描述」[5]。

【注釋】①較爲詳細的說明可以參閱「描述」（Beschreiben）條目。 ② E. Husserl: *LU* II/1, A373/B₁397. ③同上書，A375/B₁398f. ④ *LU* I, BXIII. ⑤ *LU* II/1, B₁398 u. *Ideen* I, Hua III (Den Haag ³1976) Dritter Abschnitt, 3. u. 4. Kapitel.

【文獻】E. W. Orth: "Beschreibung in der Phänomenologie Edmund Husserl"，載於：*Phänomenologische Forschungen* 24/25 (1991) 8-45.

Deuten (deuten) 釋義：（英）to interpret、to construe

「釋義」概念在《邏輯研究》第一版中常常出現，但在第二版中又被胡塞爾刪除或修改爲「立義」[1]。與「立義」一樣，「釋義」也是對意識活動的說明：雜亂的感覺材料被統攝，被賦予一個相應的意義，從而使一個對象得以產生，成爲意向相關項[2]。

【注釋】① E. Husserl: *LU* II/1, A362/B₁383, A371/B₁393 等等。 ②較爲詳細的說明還可以進一步參閱「立義」條目。

【文獻】U. Panzer: "Einleitung der Herausgeberin"，載於：Husserl: *LU* II/1, Hua XIX/1 (The Hague u. a. 1984) LVIIIf.

Deutlichkeit** 清楚性：（英）distinct、distinctness（法）distinction（日）判然性、判明性

除了日常的意義之外，胡塞爾常常也在笛卡兒的意義上使用「清楚性」和「明白性」（Klarheit）概念：它們意味著衡量眞理的標準。這個意義上的「明白性」對於胡塞爾來說，無非是指「明見性」（Evidenz）[1]或「直觀性」（Anschaulichkeit）[2]。在《形式的與超越論的邏輯學》中，胡塞爾在術語上區分

「清楚性」和「明白性」，它們分別代表兩種明見性：第一種明見性是指**判斷本身作為判斷**而自身被給予──判斷內容本身的明見性；另一種明見性則意味著**判斷者想「貫穿在」他的判斷之始終的**東西自身被給予──判斷行為本身的明見性③。

【注釋】①參閱：E. Husserl: *Idee d. Phän.* Hua II (Den Haag ²1958) 8.　②*Ph. B. Er.* Hua XXIII (Den Haag 1980) 324.　③參閱：*Logik* Hua XVII (Den Haag 1974) 65f.

Dies (-) da 此物、這個：（英）this (-) there（法）ceci-là、eccéité（希）τοδετι

胡塞爾從亞里斯多德那裡接受了「此物」或「這個」的概念。它在胡塞爾的術語中意味著「純粹的、在句法上無形式的個體個別性」①。作為意向相關項，「此物」是最終不可分的實事性基質範疇②。對「此物」的感知或直觀因而也意味著最素樸的感知③。這個意義上的「此物」與「個體」（Individuum）是同義的。但由於「個體」概念不能表明最終的不可分性，因而被胡塞爾看作是不合適的④。

【注釋】① E. Husserl: *Ideen* I, Hua III (Den Haag ³1976) 34f.　②同上。　③參閱：*Idee d. Phän.* Hua II (Den Haag ²1958) 50.　④ *Ideen* I... 同上書，34.
【相關詞】Diesheit 此性。

Differenz 差異、差：（英）differentia（法）différence（日）差異、差異物

在現象學所探討的整體本質領域中，胡塞爾區分各種本質的「屬」、「種」、「差」等等①。現象學的「最高概念」或最高「屬」被規定為「思維」或「意識」，它所體現的是最普遍的本質；而現象學的最終的「差」則被規定為「例如各個感知現象」，它們是本質的單數②。「差」在這裡是指最低的種差。

它本身不能再被分割，所有在它們之上的本質普遍性都被包含在最低的種差單數之中③。

【注釋】①參閱：E. Husserl: *Ideen* I, Hua III (Den Haag ³1976) § 12.　②參閱：同上書，並且參閱：Ms. B II 19, 89.　③ *Ideen* I... 同上書，§ 12.

Ding＊＊ **事物：**（英）thing（法）chose（日）事物、物

　　「事物」概念在胡塞爾的著述和講座中通常被用來指稱空間對象，它既屬於外感知對象的範疇，也屬於感性感知對象的範疇。

　　現象學對「事物」的研究有別於自然觀點中、自然科學中的事物研究。現象學要求把握在事物中包含的本質必然性，這一方面涉及到對「事物的意向相關項」（Dingnoema）的分析，另一方面涉及到對給予事物的意識，亦即對構造事物的意向活動的分析①。胡塞爾認為，對「事物」的研究可以在三個方面進行：(1)「事物」處在必然的時間形式之中（即作為「res temporalis」），它具有必然的持續性；(2)「事物」處在空間之中（即作為「res extensa」），它可以在空間方面發生運動、變化；(3)「事物」是實體的統一（即作為「res materialis」），是因果性的統一②。

　　胡塞爾對「事物」的現象學分析表明，儘管在一個對事物的視覺感知中只有某些「方面」或「角度」被看到，而這個事物的其他方面則完全不在視線之內，但我們仍然會將這些「方面」看作是這個事物所具有的部分，而不是將它們單純地理解為「面」③。現象學的「事物感知」分析或「事物構造」分析的任務就在於，在現象學還原的範圍內揭示和描述在「事物」的整體性與它的被給予方式的部分性之間的差異，這個差異在實際的事物感知過程中，就意味著從視覺的事物幻象到物理事物、事物自身（物自體）的過渡。胡塞爾在其意向分析中還區分「在本原經驗意識範圍內事物之完整構造」的兩個階段④：第一階段是素樸知覺的事物構造，它的相關項是相對於一個經驗主體而言的「可見事物」；第二階段是對交互主體同一事物的構造，這個同一事物已經具有「客觀性」，即對不同主體的有效性。

【注釋】①參閱：E. Husserl: *Ideen* I, Hua III (Den Haag ³1976) 348. ②同上書，347f.
③ *Ding u. Raum* Hua XVI (Den Haag, 1973) § 40. ④參閱：*Ideen* I... 同上書，
§ 151.

【文獻】Th. W. Adorno: *Die Transzendenz des Dinglichen und Noematischen in Husserls
Phänomenologie* (Frankfurt a. M. 1973).

【相關詞】Dinganschauung 事物直觀，Ding an sich 事物自身（物自體），Dingapper-
zeption 事物統覺，Dingauffassung 事物立義，Dingbestimmung 事物規定，
Dingbewußtsein 事物意識，Dingeinheit 事物統一，Dingerfahrung 事物經驗，
Dingerscheinung 事物顯現，Dingfeld 事物領域，Ding-Gegebenheit 事物一被
給予性，Dingkonstitution 事物構造，dinglich 事物的，Dinglichkeit 事物性，
Dingnoema 事物的意向相關項，Dingphantom 事物幻象，dinglich-real 事物
的一實在的，Dingrealität 事物的實在，Dingschema 事物典範，Dingsetzung
事物設定，Dingsinn 事物意義，Dingwahrnehmung 事物感知，Dingwelt 事物
世界，Erfahrungsding 經驗事物，Raumding 空間事物，Sehding 可見事物，
Tastding 可觸事物，Naturding 自然事物。

Disposition 心境、境遇：

「心境」或「境遇」概念如今大都被用來標識某個個體或一個事物在特定
狀況下所具有的反應能力或特性。簡言之，它是一個個人的心態或一個事物的狀
態。與「心理」概念一樣，它不屬於超越論現象學的術語，但可以用在現象學的
心理學中，即作爲「權能」（Vermöglichkeit）[1]。

【注釋】① E. Husserl: *F. u. tr. Logik* Hua XVII (Den Haag 1974) 260.

Doxa＊＊ 意見、信念：（英）doxa（法）doxa（日）臆見（希）δόξα

「意見」的希臘文原義有兩個：一是相對於實在而言的假象，二是相對於
知識而言的意見。柏拉圖將「知識」與「無知」之間的層次稱作「意見」，它們
各自朝向不同的客體[1]。在胡塞爾的術語使用上，「意見」概念主要受柏拉圖影
響，但它還帶有其他的特殊含義。胡塞爾早期賦予「意見」的首要的含義是「信

念」，亦即在日常生活中對事物以及世界之存在的素樸信仰[2]。在這個意義上，「意見」與「信仰」（Glaube）是同義的，故中譯爲「信念」；它同時也與現象學反思的「中立性」（Neutralität）相對立。其次，胡塞爾在後期思想中還將「意見」理解爲「前述謂判斷經驗所具有的最深的和最終起源的層次」[3]，它標誌著「生活世界」的基本特徵。這兩個意義上的「信仰」並不相互衝突，生活世界的經驗也被胡塞爾稱作「信仰經驗」（doxische Erfahrungen），它們是最爲原本的經驗，因爲它們同時也意味著「給出存在者本身的經驗」[4]。最後，與此相關，胡塞爾也始終還在傳統的意義上使用「Doxa」，即在柏拉圖的意義上將它看作是「認識」的對立面[5]。在這個意義上，「Doxa」的中譯爲「意見」[6]。

【注釋】①參閱：Platon: Staat, 479 d 4.　②E. Husserl: *Ideen* I, Hua III (Den Haag ³1976) § 103, § 104, § 109, § 127, *EU* (Hamburg ⁴1972) 86.　③同上書，44.　④同上書，86.　⑤參閱：*Krisis* Hua VI (Den Haag ²1962) 10, *EU*... 同上書，22、44 以及 Ms. A VII31, 1.　⑥對此還可以進一步參閱「知識」（Episteme）條目。

【文獻】W. Biemel: "Zur Bedeutung von Doxa und Episteme im Umkreis der Krisis-Thematik"，載於：E. Ströker (Hrsg.): *Lebenswelt und Wissenschaft in der Philosophie Edmund Husserls* (Frankfurt a. M. 1979) 10-22.

【相關詞】doxisch 信仰的、意見的，doxothetisch 信仰命題的，Urdoxa 原信仰。

Du 你：

胡塞爾時而用名詞的「你」（即大寫的「Du」）來指稱「其他自我」或「他人」[1]。

【注釋】①參閱：E. Husserl: *Krisis* Hua VI (Den Haag ²1962) 188.

dynamisch 動態的：

胡塞爾在《邏輯研究》中從兩個角度來探討意識的意向結構[1]，亦即「含義」

與「直觀」的相合關係問題：在第五研究中，胡塞爾主要是從「靜態」（statisch）的方面探討「充盈」與「質料」的相合關係，它也可以被看作是在「被給予者」與「被意指者」之間的相合關係。在第六研究中，胡塞爾又在整體上轉向對「意指」與「充實」之間的「動態」相合關係的研究，這個關係也就意味著「意義給予」與「直觀充實」之間的關係。胡塞爾認為，「我們可以輕易地證明在靜態的和動態的充實或認識之間的無可置疑的現象學區別。在動態關係中，各個關係環節與那個將它們聯繫在一起的認識行為是在時間上相互分離的。在作為這個時間過程之持恆結果的靜態關係中，它們處在時間的和實事的相合性中」②。

【注釋】 ①參閱：E. Husserl: *LU* II/2, A504/B$_2$32.　②同上書，A506/B$_2$34.

E

Ego＊＊ 本我：（英）ego（日）自我

「本我」作爲哲學概念是對與自我有關的認識主體或行動主體的一般指稱。在胡塞爾的現象學中，「本我」概念在一般情況下是與「自我」（Ich）概念同義的。但胡塞爾也在特殊的意義上分離「本我」與「自我」：「我們將作爲同一極和作爲諸習性之基質的自我區別於在完整的具體化中被理解的本我」[1]。「自我」在這裡被理解爲意識體驗的「自我極」（Ichpol），亦即構成「各種恆久特性」、「各種習性的同一基質」[2]；而「在完整的具體化中被理解的本我」，則意味著萊布尼茲意義上的「單子」主體，即「自我」連同其全部的具體意向體驗[3]。

【注釋】①參閱：E. Husserl: *CM* Hua I (Den Haag ²1963) § 33.　②參閱：同上書，§ 31f.　③§ 33.

【文獻】E. Marbach: *Das Problem des Ich in der Phänomenologie Edmund Husserls* (Den Haag 1974).

-transzendentales Ego＊ 超越論本我：

「超越論本我」在胡塞爾那裡基本與「超越論自我」（Ich）同義[1]。它意味著一個作爲所有單個意識行爲之基礎的自我。這個自我在意向體驗中指向世界和世界中的對象，但它本身卻不能在對象的意義上被理解，它始終處在隱匿的、非課題的狀態。胡塞爾也將「超越論本我」稱作「純粹的」、「非世間的」自我[2]。

【注釋】①較爲詳細的說明可以參閱「超越論自我」條目。　②參閱：E. Husserl: *CM* Hua I (Den Haag ²1963) 86, *Krisis* Hua VI (Den Haag ²1962) 84.

Egologie ** 本我論：（英）egology（日）自我論

在胡塞爾現象學中，「本我論」是對我的作爲世界構造之主體性（本我）的個體意識所進行的科學的自身闡釋，它作爲靜態現象學的第一學科要先行於關於交互主體構造的理論①。「本我論」的課題是在其本眞的或原眞的領域之中的超越論自我連同這個領域。這個領域是透過對我的經驗世界中的所有對象以及對象規定性的抽象而獲得的。我的經驗世界又指向其他自我的構造成就。在較爲寬泛的意義上，現象學就是一門「本我論」②，因爲所有意向分析都只能以我的本我的意向相關項—意向活動的組成爲對象，而且那些對自我來說異己的、超越的間接經驗，也是以我的原眞世界的這些組成爲其動機引發的基礎。

【注釋】① E. Husserl: *CM* Hua I (Den Haag ²1963) 124-126；參閱：*Erste Philos.* II, Hua VIII (Den Haag 1959) 176. ② *F. u. tr. Logik* Hua XVII (Den Haag 1974) 241ff.; *CM*... 同上書，102、118、135、175. (K. Held)

【補充】「本我論」，更確切地說，胡塞爾的「超越論本我論」在術語上不同於「唯我論」（Solipsismus），儘管胡塞爾本人在論述中也時常使用「超越論唯我論」的概念來表達自己的學說①。從原則上說，「本我論」是一種以超越論本我（ego）爲研究對象以及研究出發點的學科或科學（logie），而「唯我論」則更多帶有論戰性的含義，它在術語上表明本身是一種關於**唯有**（solus）各個經驗著的自我**自己**（ipse）才存在的既定主張（ismus）；而經驗自我在胡塞爾的現象學本我論中，卻恰恰是被超越論還原所排斥的對象。

【注釋】① E. Husserl: *CM* Hua I (Den Haag ²1963) 32, 91 以及其他各處。
【文獻】J. M. Broekman: *Phänomenologie und Egologie. Faktisches und transzendentales Ego bei Edmund Husserl* (Den Haag 1963). P. Hutcheson: "Solipsistic and Inter-subjective Phenomenology"，載於：*Human Stidies* 4 (1981) 165-178.
【相關詞】phänomenologische Egologie 現象學的本我論，psychologische Egologie 心理學的本我論，reine Egologie 純粹本我論，transzendentale Egologie 超越論本我論，transzendental-deskriptive Egologie 超越論—描述本我論。

Eidetik * * **本質學：**（英）eidetics（法）éidétique（日）形相学

「本質論」也可譯作「埃多斯論」，它在胡塞爾的現象學術語中，被用來指稱一門關於「埃多斯」（Eidos, Eide）的學說，即關於「本質」的學說①。「本質論」因而與胡塞爾同樣也使用的「本質科學」（Wesenswissenschaft）或「本體論」（Ontologie）是同義的概念②。

【注釋】 ①參閱：*Ideen* I, Hua III (Den Haag ³1976) 67, 131, 149 等等。 ②對此還可以參閱「本質科學」和「本體論」（形式本體論和質料本體論）的條目。

Eidos * * **埃多斯：**（英）eidos（法）eidos（日）形相（希）εἶδος

「埃多斯」概念在胡塞爾那裡是「本質」概念的同義語。它意味著那些可以透過觀念直觀而被把握到的普遍本質。它是「對我們在哲學上所承認的多義的『先天』表達所具有的諸多概念中的一個單一概念的定義。凡在我的著述中談到『先天』的地方，我所指的都僅僅是本質（Eidos）」①。

胡塞爾將「埃多斯」理解爲透過觀念直觀而被把握到的普遍本質②。

【注釋】 ① E. Husserl: *Logik* Hua XVII (Den Haag 1974) 219, Anm. ②參閱「本質」、「觀念」、「先天」等條目。

eigen * * **本己的：**（英）own（法）propre（日）本来的、固有的

在胡塞爾後期的交互主體性現象學中，「本己的」與「異己的」一同構成「異己感知」分析的中心概念。「本己的」被用來指稱所有那些包含在本我論範圍之中的、從屬於作爲單子的超越論自我的東西①。這些本己事物的總和被胡塞爾稱作「本己領域」，它是「原眞領域」的同義詞②。所有超出這個領域之外的他人和他物，都被胡塞爾稱作「異己的」或「非本己的」。

【注釋】①較爲詳細的說明還可以參閱「本我論」、「超越論自我」條目。　②對此還
可以參閱「原眞領域」條目。

【相關詞】Eigenart（本己）特性，eigenartig 特別的，Eigenberechtigung 本己合法性，
Eigenbestimmtheit 本己規定性，Eigenes 本己之物，Eigengehalt 本己內涵，
Eigengeltung 本己有效性，Eigenheit 本己性，eigenheitlich 本己特性的，Ei-
genheitliches 本己特性之物，Eigenheitlichkeit 本己特性，Eigenheitsreduktion
本己性還原，Eigenheitssphäre 本己性領域，Eigenrecht 本己權利，Eigenschaft
特性，eigenschaftlich 特性方面的，Eigenschaftlichkeit 特性，Eigensein 本己
存在，Eigensphäre 本己領域。

Eigenheitsreduktion* 本己還原：（英）reduction to what is included in my ownness

「本己還原」是胡塞爾後期在交互主體性現象學中提出的一種還原方式①、
「一種特殊的課題懸擱」，即：「不去考慮所有那些與異己主體有直接或間接
關係的意向性的構造成就，而是將範圍限制在這樣一些現時的和可能的意向性
的整體聯繫上，在這些意向性中，自我是在它的本己性之中構造出自身，構造出
與它不可分割的、即屬於它的本己性的綜合統一」②。這個概念與「原眞還原」
（primordiale Reduktion）是同義的表達③。

【注釋】① E. Husserl: *CM* Hua I (Den Haag ²1963) 135.　②同上書，124.　③較爲詳細
的說明也可以參閱「原眞還原」條目。

Einfühlung** 同感：（英）empathy（法）intropathie（日）感情移入、自己移入

「同感」是指對他人的經驗。「同感」的第一性動機基礎是在原眞領域內
（在第一種意義上的原眞領域內①），在我的本己軀體與一個外部被感知到的軀
體之間的感知相似性。這種相似性不是一種在兩個外部空間形式之間的相似性，

而毋寧說是一個在兩種運動之間直接可感覺到的對應性：一方面是動覺地被感知
的本己軀體之意向運動，另一方面是在外界被感知到的外部軀體的運動和位置。
這種相似性會引發起一種統攝性的轉渡，在這種轉渡中，外部軀體在一種與本己
軀體的類比中被統握為一個感覺著的和感知著的軀體。這種統攝性的轉渡不是一
種推理性的思維行為或邏輯推斷，而是一種只需看一眼便可以發生的活動，無須
追憶和對照，我們將那些在我們以往經驗中已經為相似的客體所獲得的意義轉渡
到這些我們普通感知的客體之上。但在這種本原的統攝性轉渡和從我本己軀體向
相似的外部軀體的統攝性意義轉渡之間存在著兩個重要的差異。首先，在後一
種轉渡中，原本的客體——例如我的軀體，意義便是從這裡轉渡而來——始終是
感知性地現前的。所以，本己軀體與相似的外部軀體以感知的方式顯現為一個對
子，並且，意義轉渡是以一種「結對聯想」的特殊形式進行的。其次，在這種意
義轉渡中，另一個感覺著的和感知著的軀體並不是簡單地被統握為我的現時軀體
本身的複製品，而是被統攝為一個不同的「視點」，亦即這樣一個視點：假如我
現在不處在我現時所在的這裡，而是處在那裡，即處在這個外部軀體的環境中的
話，我便會具有這個視點。換言之，這種聯想性的意義轉渡不是直接的，而是間
接地透過我對一個我現時不具有的「視點」的當下化而進行的。進一步的問題還
在於，被轉渡的意義，亦即外部軀體的心理方面的共現，它如何可能在經驗中得
到證實，並且它為什麼不會因為這樣一個事實而被看作無效，這個事實在於：我
永遠不會直接地感知到這個意義。這種證實基本上是可能的，因為，實際上這個
直接被感知的外部軀體及其被共現的心理方面是處在由相互引發的動機所構成的
一個時間連續聯繫之中。這個現在被感知到的外部軀體透過它的可感知的形式和
舉止而引發了（指明了、表達了）一個心理的方面，而這個不可感知的心理方面
又引發了（要求作為對它的表達）我對這個外部軀體的可感知舉止之連續進行的
期待。如果這些進一步的舉止確實被我感知到，那麼它便證實了我以往被引發的
對心理方面的共現，並且它可能會再次引發（指明）這個被共現的心理方面的某
些其他內容，這些內容本身又轉而引發出（要求）我對這些可被感知的舉止之某
些進一步方式的期待，如此等等。因此，它們是對同感之證實的其他方式。在這
方面的進一步問題涉及到對交互主體客體性（在我的和其他的意識中的所有意向
客體）的認識，並且最終還涉及到一個共有的世界[2]。[3]

【注釋】①參閱「原眞領域」（Primordialsphäre）條目。 ② *Inters*. I, Hua XIII (Den Haag 1973) Nr. 14; *CM* Hua I (Den Haag ²1963) § 55. ③關於「同感」的概念還可以參閱「交互主體性」條目。

【文獻】A. Schütz: "The Proulem of Transcendental Intersubjectivity in Husserl"，載於：*Collected Papers* III (Den Haag 1966) 51-91. M. Theunissen: *Der Andere. Studien zur Sozialontologie der Gegenwart* (Berlin 1965). G. Römpp: *Husserls Phänomenol. der Intersubjektivität* (Dordrechw u. a. 1991). J. G. Hart: *The Person and the Common Life. Studies in a Husserlian Social Ethics* (Dordrecht u. a. 1992). (I. Kern)

【補充】「同感」概念帶有強烈的西奧多・利普斯的烙印，首先被他運用在審美學與心理學的領域。這個詞的德文原文是：「Einfühlung」，本意是「感受到……之中」，或「設身處地地感受到」、「爲他人的感受」，等等。在心理學的漢譯中，大都被譯作「移情」。與此對應的英譯應當是：「feeling into」；但今天越來越多的心理學家用「empathy」一詞來表達與「Einfühlung」相同的意思。這個詞源自馮特的學生、心理學家鐵欽納（Edward Bradford Titchener, 1867-1927）在將西奧多・利普斯的「Einfühlung」概念譯成英文時選擇的一個古希臘詞「ἐμπάθεια」①。後來在將它譯回德文時，它又被譯作「Empathie」②。

胡塞爾主要用「同感」來標識對他人的感知，亦即異己感知或異己經驗。本己自我之所以能夠將一個外部軀體「統攝爲」③另一個與本我相似的他我的身體，乃是因爲自我具有「同感」的能力④。因而胡塞爾也將「同感」定義爲「建基於心靈本身之中的涉及（Angehen）原樣式」，「一種我的現在與他人的現在相合（Deckung）的方式」⑤。除此之外，胡塞爾也在更爲寬泛的意義上使用「同感」概念。他認爲，「同感是人的基本可能性」，「透過同感可以將周圍世界連接起來，直至無限」⑥。在這個意義上，胡塞爾談及「對一個判斷的同感」⑦，乃至「對異己文化的同感」⑧。據此，胡塞爾的「同感」概念不僅是指一種「由他人引起的被觸發」⑨，而且同時也意味著「一個一致的經驗世界的構造因素」⑩。

【注釋】①參見：E. B. Titchener, *Lectures on the Experimental Psychology of Thought*

Processes, New York: The Macmillan Co., 1909, pp. 21-22. ②筆者在利普斯、胡塞爾、舍勒等哲學家相關理論的翻譯中沒有採用心理學的漢譯「移情」，而是使用了「同感」。一方面是因為這個詞的含義在他們那裡要遠大於它後來為心理學所理解和接受的範圍，也遠超出「情」的範圍；另一方面則是基於它與「同情」（Sympathie）概念之間存在一種若即若離的關係。〔對這兩個概念的討論可以參見：N. Eisenberg, "Empathy and Sympathy," in M. Lewis and J. M. Haviland-Jones (eds.), *Handbook of Emotions*, New York/London: Guilford Press, 2000, pp. 677-691. —— 利普斯自己也將同情納入同感的範疇：「同情（Sympathie）是同感，是一同體驗（Miterleben）。」參見利普斯：《美與藝術的心理學》，漢堡，萊比錫，1903年，第564頁。〕再次，中文的「同感」（如「深有同感」）一詞超出道德情感的語境，帶有認知理解方面的含義，而且也與舍勒後來的自造詞「同一感」（Einsfühlen）相呼應。最後，「同感」與「移情」的譯名都不能與德文的原文完全對應，尤其是在遭遇「einfühlen」的被動態「eingefühlt」時，「被同感的」和「被移情的」都不能說是恰當的翻譯。這也是筆者選擇此譯名的理由之一。　③ E. Husserl: *Inters.* I, Hua XIII (Den Haag 1973) 378. ④同上書，84. ⑤ Ms. C 17 I, 34f. ⑥ Ms. C 11 III, 15ff. ⑦ *Ph. B. Er.* Hua XXIII (Den Haag 1980) 431. ⑧ *CM* Hua I (Den Haag ²1963) 162. ⑨ Ms. C 16 VI, 13. ⑩ Ms. C 16 V, 27ff.

【文獻】 E. Stein: *Zum Problem der Einfühlung* (Halle 1917, München 1980). F. A. Elliston: "Husserl's Phenomenology of Empathy"，載於：F. Elliston and P. McCormick (ed.): *Husserl: Expisitions and Appraisalis* (Notre Dame/London 1977) 213-231.

【相關詞】 Einfühlungserfahrung 同感經驗，Einfühlungsgemeinschaft 同感共同體，Einfühlungshorizont 同感視域。

-eigentliche und uneigentliche Einfühlung * 本眞的與非本眞的同感：（英）authentic and inauthentic empathy

胡塞爾區分這兩種同感的目的主要是為了區分對人的自然主義研究和人格主義研究。在我們對他人的非本眞理解中，只有那些與可被外感知到的軀體有關的東西才是在直觀中當下的，而這個軀體的意識（心理）則是透過聯繫的歸納或同感性的指明，而以同感的方式（非直觀性的方式）被共現的。換言之，在這種同感的理解中，我只是從外部出發來直觀地看待他人，而不是從他人的本己視點出

發（「從內部出發」），將他的境況直觀地當下化。這種非本眞的他人經驗表明了一種特殊的對待他人的態度，並且是那種從自然科學立場出發對人以及對其他有意識的存在之思考的基礎。從這種立場出發，心理的東西就會被錯誤地解釋爲僅僅是一個生理學的附加物（自然主義的謬誤）。而我們對他人的本眞經驗則被胡塞爾稱作「絕對同感的認知」，在這種同感中，我就像是生活在他人的內心之中一樣，因爲我將我自己移置到了他人境域的動機引發之中（直觀的共現）。這種本眞的理解表明了對待他人的人格主義態度，並且是人文科學（精神科學）的基礎[1]。

【注釋】 ①參閱：E. Husserl: *Inters*. I, Hua XIII (Den Haag 1973) Nr. 16; *Inters*. II, Hua XIV, Beil. LVIII; *Inters*. III, Hua XIV (Den Haag 1973), die zweite "Abhandlung"；關於「本眞與非本眞同感」的概念還可以進一步參閱「交互主體性」條目。

【文獻】 A. Schütz: "The problem of transcendental intersubjectivity in Husserl"，載於：*Collected Papers* III (Den Haag 1966) 51-91. M. Theunissen: *Der Andere. Studien zur Sozialontologie der Gegenwart.* (Berlin 1965). G. Römpp: *Husserls Phänomenol. der Intersubjektivität* (Dordrecht u. a. 1991). J. G. Hart: *The Person and the common life. Studies in a Husserlian Social Ethics* (Dordrecht u. a. 1992). (I. Kern)

Einklammerung (einklammern) * 加括號：（英）parenthesizing（法）mise entre、mettre entre parenthèses（日）括弧入れ

在胡塞爾現象學中，「加括號」是被用來表達「現象學還原」的眾多術語之一，但這些術語在使用上仍有一定區別。胡塞爾認爲，「確切地看，『加括號』的形象化表達從一開始就更適合於對象領域，正如關於『置於局外』的說法更適合於行爲領域或意識領域那樣」[1]。

【注釋】 ① E. Husserl: *Ideen* I, Hua III (Den Haag ³1976) 57.

【相關詞】 Ausschaltung 排除，ausschliessen 排斥，Außer-Aktion-setzen 置於局外，Einklammerung 加括號，Epoché 懸擱，Urteilsenthaltung 中止判斷。

Einordnung in... 編排到……之中：

「編排」是一個胡塞爾在時間意識分析中常常使用的術語。它意味著在回憶與期待這些再造行爲中含有的對被再造者的時間存在聯繫的設定。具體地說，「這種叫做回憶和期待的再造之本質，就在於它將被再造的顯現編排到內時間的存在聯繫之中，編排到我的體驗流逝著的、系列的存在聯繫之中」①。也就是說，意識在構造一個對象的同時，也將被構造者納入一個統一的時間序列之中，就像意識在構造外部空間對象時，也將它編排到統一的空間序列之中一樣。所謂時間意識，是與這種編排的能力密切相關的。

【注釋】① E. Husserl: *Zeitb.* Hua X (Den Haag 1966) [416].

Einsicht (einsehen)＊＊ 明察：（英）insight（法）vue intellectuelle、évidence intellectuelle（日）洞察

確切意義上的「明察」在胡塞爾現象學中意味著「絕然的明見性」①，它不是一種關於實在事實的經驗認識，而是一種對純粹先天的本質認識和把握：「對一個個體之物的『斷然的』看，例如對一個事物或一個個體事態『覺知』，在其理性特徵上根本性地區別於一種『絕然的』看，區別於對一個本質或一個本質狀況的『明察』」②。胡塞爾在這個意義上，將「明察」與「明見性」等同使用：「明見性與『明察』在通常的、確切的意義上被理解爲同義的：作爲絕然的明察（Einsehen）」③。

【注釋】① E. Husserl: *LU* I, A91/B91，也可以參閱：*LU* II/1, A307/B₁317. ② *Ideen* I, Hua III (Den Haag ³1976) 317f. ③同上。

【相關詞】einsichtig 明晰的，einsehen 明察到，Einsehen 明察到，Einsichtigkeit 明晰性，Einsichttypus 明察類型。

Einstellung＊＊ **觀點、態度：**（英）attitude（法）attitude（日）態度
-natürliche、naturalistische、personalistische und phänomenolo-
gische Einstellung＊＊ **自然的、自然主義的、人格主義的和現象學的**
觀點：

　　胡塞爾將現象學的觀點區別於自然的、自然主義的和人格主義的觀點，現象
學的觀點始終系統地涉及到後面這幾種觀點。

　　自然的觀點在胡塞爾那裡意味著人所具有的這樣一種觀點，即在他從理論
和實踐上，對在先被給予他的世界進行任何哲學反思之前所具有的觀點。自然的
觀點透過現象學的懸擱而被棄置；由此而可以看到這種觀點的本質：這種觀點的
標誌在於，它是一種普全的、在現象學懸擱之前原則上隱匿的設定（自然觀點的
總命題），這種設定論證著一個時空現實的始終現存性以及人在這個現實中的處
身①。在這個總命題的範圍之中。意識直向地進行所有的行為，透過這種行為，
對於意識來說，世界始終是作為所有種類自在存在的實在之普全體而在此存在著
的②。自然觀點總命題的最終源泉和合理性是在感性經驗之中，這種感性經驗被
規定為是「一個感性客體的切身的自身當下」③。自然觀點不會透過對個別對象
或對象領域的懷疑和棄置而被摧毀④；只有現象學的懸擱才能從整體上揚棄自然
觀點，然後將其轉入現象學的觀點之中。

　　自然主義的（自然科學的）觀點對於胡塞爾來說是近代客觀科學的基礎，
在此基礎上，近代客觀科學一方面從單純廣延的抽象角度出發，將世界視為「實
在的宇宙」⑤，另一方面又假設，這個軀體存在者的宇宙具有一個客觀的「自在
存在」，這個「自在存在」只是主觀—相對地展現在生活世界的被給予性之中；
但藉助於客觀化的、數學化的思維方法，它可以——在一個無止境的研究過程
中——作為世界的「真實存在」而被把握到⑥。作為靈魂的精神和活的事物在這
種觀點中被自然化，成為「在此在的軀體上的附件，它們與這個軀體一起共存，
在歸納上與這個軀體相一致——它們成為心理物理的」⑦。

　　這種觀點具有一種抽象的、方法—人為的特徵，並且在自然的—前科學的世
界觀中未曾得到建設性的在先勾畫（vorzeichnen）⑧。但它在歷史進程中，從這
種世界觀中產生出來，並且為那些生活在自然生活世界中的研究者們所推行。但
是，作為以此方式生活的各代研究者的行為方式，自然科學的觀點——以及它們

的產物：客觀科學——也包含在自然經驗世界之中，即作爲「文化組成」、作爲一個從這個世界中發出，並在這個世界中演繹的歷史事件[9]。

相對於現象學的觀點，胡塞爾將自然的觀點描述爲世間的觀點，但相對於自然主義的觀點，胡塞爾又強調自然觀點的特性是「**人格主義的**」。「當我們共同生活時，我們隨時都處在這個觀點之中」。這種人格主義觀點完全是一種無須透過特殊的輔助手段便可獲得和覺知的自然觀點[10]。

在這裡，自我是所有經驗的出發點，它在其所有體驗中都意向地與它的世界發生關係[11]；這個自我始終已經處在一個主體的共同體之中，而這個共同體只是在其他共同體之內以及在世代連鎖的歷史開放視域中才是主體共同體[12]。在這種觀點中，世界是「周圍世界」，是「爲我們的世界」[13]。在這個世界中不僅包含著「感覺質料」和自然事物，而且也包含著所有實踐類型和文化類型的存在者[14]。從經驗—歸納的角度來看，在人格主義觀點中可經驗到的東西，構成了精神科學家的對象領域。精神科學家與前理論—實踐地生活於世界之中的人不同，他將所有在人格主義觀點中經驗到的東西作爲一種理論興趣的對象。也就是說，精神科學根據這個將它構造起來的人格主義觀點，而始終將最寬泛意義上的歷史之物一同作爲自己的課題[15]。

現象學的觀點作爲相關概念在胡塞爾那裡則意味著哲學家的觀點，它透過在習性上貫徹始終的現象學懸擱而得以標識[16]。現象學的觀點是一種反思的觀點，在這裡，主體成爲它自己意識體驗的「旁觀者」。在自然觀點內進行的反思中，反思的主體還一同進行著始終隱匿的自然觀點總命題[17]，相反地，在現象學觀點中的反思主體，則中止任何何在意識被給予性的此在或非存在方面的執態。現象學的觀點因此是一個「普全的、與普全的懸擱相連結的反思」[18]。反思的主體由此而成爲其意識體驗的「無興趣的旁觀者」[19]，並且獲得它的意識生活及其相關者：世界，它們就是現象[20]，即普全描述的對象。

現象學的觀點這個概念也爲 M. 舍勒以及哥廷根和慕尼黑的「現象學學派」所運用。但他們一致將這種觀點標識爲本質直觀和本質認識的觀點[21]。

【注釋】① E. Husserl: *Ideen* I, Hua III (Den Haag 1950) 63. ②同上書，119. ③同上書，88. ④同上書，63. ⑤ *Krisis* Hua VI (Den Haag ²1962) 230. ⑥同上書，358f. ⑦ 同上書，302. ⑧同上書，294. ⑨同上書，132f. ⑩ *Ideen* II, Hua

IV (Den Haag 1952) 183.　⑪同上書，215.　⑫同上書，190ff.　⑬ *Ideen* II... 同上書，300.　⑭同上書，186f.　⑮ *Krisis*... 同上書，300；也可以參閱：L. Landgrebe: "Welt als phänomenol. Problem"，載於：*Der Weg der Phänomenologie* (Gütersloh ²1967) 56.　⑯ Husserl: *Erste Philos.* II, Hua VIII (Den Haag 1959) 143.　⑰同上書，91.　⑱同上書，155.　⑲同上書，92.　⑳ *Krisis*... 同上書，259；參閱：*Phän. Psych.* Hua IX (Den Haag 1962) 341.　㉑ M. Scheler: *Schriften aus dem Nachlaß* 1: *Zur Ethik und Erkenntnislehre* (²1957) 380ff. (U. Claesges/P. Janssen)

【相關詞】Einstellungsänderung 觀點變化，Denkeinstellung 思維觀點，Denkhaltung 思維態度。

einstrahlig/mehrstrahlig 單束的／多束的：（日）單一光線的、多光線的

　　「單束」和「多束」與胡塞爾說的意識之意向「目光」相應合。意識活動與目光的指向相似，它可以專注地、「單束地」指向一個對象，也可以分散地、「多束地」指向多個對象。「單束的」和「多束的」被用來描述意向活動的「簡單」與「複合」①。這種意向指向的「單束性」和「多束性」，也涉及到意識行爲中的其他因素，例如，在「多束的」行爲意向中，行爲質性即對相關對象的存在信仰也可以是多束的②。

【注釋】①參閱：E. Husserl: *LU* II/1, A442/B₁473.　②參閱：Ms. MIII 3 III 1 II, 104.

einströmen＊＊ 流入：

　　胡塞爾是在對超越論自我和心理—世間自我之間關係的分析中獲得「流入」概念的①。超越論還原證明，我作爲「世界中的人」、作爲「靈魂」是構造著的超越論功能的產物、是超越論本我的「自身客體化」。如果我從超越論觀點回到自然觀點中——在這種自然觀點中，我作爲世界中的人是心理學的對象——我會在心理學的分析中再次發現作爲客觀—世間被給予性的超越論成就之產物——然

而這些產物已不再帶有它們超越論起源的視域了②。但是，我在這種情況下永遠不可能再重新獲得那種在進行超越論還原之前，產生主導作用的老「素樸性」。儘管我的超越論明察在我回到自然生活之後不再是現時的，但它們絕沒有喪失。毋寧說，這些明察流入到我的自身構造之中，並且始終使我意識到這個構造本身③。

【注釋】① E. Husserl: *Krisis* Hua VI (Den Haag ²1962) 207ff.；參閱：*CM* Hua I (Den Haag ²1963) 70f. ② *Krisis*... 同上書，209ff. ③同上書，214. (P. Janssen)

【文獻】 E. Husserl: *Krisis* (E) Hua XXIX (Dordrecht 1993) Text Nr. 7: "Einströmen (Sommer 1935)", 77-83.

einzeln* 個別的、單個的：（英）single（法）individuell

在胡塞爾的術語使用中，「個別的」與「普遍的」或「普全的」相對應①。在一定的情況下，「個別的」也可以與「經驗的」、「具體的」同義。

【注釋】①參閱：E. Husserl: *Ideen* I, Hua III (Den Haag ³1976) 144 以及 *Krisis* Hua VI (Den Haag ²1962) 249f.

【相關詞】Einzelanschauung 個別直觀，Einzelfall 個別情況，Einzelheit 個別性，Einzel-Ich 個別自我，Einzelleben 個別生活，Einzelidee 個別觀念，Einzelpersonal 個別人的，Einzelpraxis 個別實踐，Einzelreduktion 個別還原，Einzelreflexion 個別反思，Einzelseele 個別心靈，einzelsubjektiv 個別主體的，Einzelsubjektivität 個別主體性，Einzelvorstellung 個別表象，Einzelwissenschaft 個別科學。

Empfindnis* 感覺態：（英）feeling、sentiment（日）感覚態

在胡塞爾現象學中，「感覺態」的概念起源於觸摸的感覺這個概念的雙重含義。觸摸感知（觸摸動覺）除了包含透過被觸摸的事物而被給予的通常意義上的感覺之外，還必然帶有使觸摸的身體成爲被給予性的感覺①。胡塞爾將身體在觸摸過程中的這種自身感覺稱作「感覺態」，這個概念在身體構造理論中起著中心作用。

【注釋】 ① E. Husserl: *Ideen* II, Hua IV (Den Haag 1952) 146；也可以參閱：*Ideen* III, Hua V (Den Haag 1952) 118.

【文獻】 L. Landgrebe: "Prinzipien einer Lehre vom Empfinden", in *Zeitschrift für philosophische Forschungen* 8 (1954) 193-209.　U. Claesges: *Edmund Husserls Theorie der Raumkonstitution* (Den Haag 1964). (U. Claesges)

Empfindung＊＊ 感覺：（英）sensation（法）sensation（日）感覚

胡塞爾所運用的「感覺」術語，並沒有偏離開傳統哲學意義上的「感覺」概念。他將通常的、狹窄意義上的「感覺」定義爲「外感知的展示性內容」①。這個意義上的「感覺」與「感性材料」（或簡稱爲「材料」）、「感覺內容」是同義的②。也就是說，感覺與被感覺到的東西是對一件事的兩個不同說法：它意味著意識的原始狀態，在這裡還不存在主客體的分裂③。雖然胡塞爾有時也將「感覺」描述爲「印象」④，或「最原始的感知」⑤，或「未被意識到的體驗」⑥，或對「感覺內容」的一種「內意識」⑦等等。但是，嚴格地說，「感覺」本身並不是一個完整的意識行爲，它只是某些意識行爲所具有的一定內容⑧。因此，作爲內容的「感覺」與作爲意識行爲的「感知」（Wahrnehmung）之間的本質區別在於：前者只能被體驗到，後者只能被反思到⑨。此外，雖然對象是在「感覺」的基礎上透過「統攝」（或者說，「立義」）而被構造出來，但「感覺」本身還不是對象，它僅只爲對象提供材料⑩；這是「感覺」與對象的本質區別所在。正是在上述這兩層意義上，胡塞爾強調：「感覺」不是「顯現」（Erscheinung），既不是行爲意義上的「顯現活動」（Erscheinen），也不是對象意義上的「顯現出來的東西」（Erscheinendes）⑪。

胡塞爾在對「感覺」分析中還進一步指出：「感覺」是「對一個感性內容的純粹內在意識」；「在感覺中並不含有任何空間的當下，但卻本質地含有時間的當下（雖然不是點狀的時間當下），因爲感覺無非就是原初的內在時間意識」⑫。

此外，在寬泛的意義上，胡塞爾也將「感覺材料」（狹義上的感覺）和「想象材料」，即「想像行爲中的感性材料」，都稱作「感覺」；前者是「印象性的感覺」，後者是「再造性的感覺」⑬。

【注釋】① E. Husserl: *LU* II/2, A551/B₂79. ②參閱：*Ph. B. Er.* Hua XXIII (Den Haag 1980) 309：「我在《邏輯研究》中能夠將感覺與感覺內容等同起來」。③參閱：H. U. Asemissen: *Strukturanalytische Probleme der Wahrnehmung in der Phänomenologie Husserls* (Köln 1957) 29ff. ④參閱：*Ph. B. Er.* Hua XXIII (Den Haag 1980) 81. ⑤參閱：Ms. D5, 16. ⑥ *LU* II/1, A370/B₁392. ⑦ *Zeitb*. Hua X (Den Haag 1966) 127. ⑧ *Ph. B. Er...* 同上書，83. ⑨參閱：*Ideen* I, Hua III (Den Haag ³1976) § 45. ⑩參閱：*LU* II/2, A707f. ⑪同上。 ⑫ *Ph. B. Er...* 同上書，251. ⑬ *LU* II/1, A364/B₁385, A468/B₁504 等等。對這兩者的進一步區分還可以參閱「想象材料」條目。

【文獻】 M. Sommer: *Evidenz im Augenblick. Eine Phänomenologie der reinen Empfindung* (Frankfurt a. M. ²1996).

【相關詞】 Empfinden 感覺，empfinden 感覺，Empfindungsabschattung 感覺映射，Empfindungsdatum 感覺材料，Empfindungserlebnis 感覺體驗，Empfindungsfarbe 感覺顏色，Empfindungsfeld 感覺領域，Empfindungsgegebenheit 感覺被給予性，Empfindungsgehalt 感覺內涵，Empfindungsinhalt 感覺內容，Empfindungskomplex 感覺複合體，Empfindungskomplexion 感覺複合，Empfindungslehre 感覺學說，Empfindungssmaterie 感覺質料，Empfindungsmoment 感覺因素，Empfindungsqualität 感覺質性，Empfindungsreflexion 感覺反思，empfunden 感覺到。

-impressionale und reproduktive Empfindung* 印象性感覺與再造性感覺：

在胡塞爾的術語中，「印象性的感覺」是真正意義上的，亦即狹義上的「感覺」；而「再造性的感覺」則無非是指「想象材料」（Phantasma）①。前者屬於感知行爲的展示性內容，後者則屬於想像行爲的展示性內容②。

【注釋】① E. Husserl: *LU* II/1, A468/B₁504; 也可以參閱「感覺」與「想象材料」條目。②參閱 *LU* II/1, A364.

Empirismus 經驗主義：(英) empiricism

作爲「觀念主義」或「本質主義」的倡導者，胡塞爾始終堅持反對「經驗主義」的立場，既反對在「極端經驗主義」意義上，也反對在「溫和經驗主義」意義上的「經驗主義」。他在《邏輯研究》中對「心理主義」的批判已經包含著對「經驗主義」的反駁，他認爲，在心理主義與經驗主義之間存在著親緣關係，經驗主義的基本錯誤與懷疑主義的錯誤是一樣的荒謬：「它取消對直接認識進行合理證實的可能性，從而它也取消了它自己是一門受到科學論證的理論的可能性」①。胡塞爾在其畢生的純粹現象學的探討中力求證實：爲證實間接認識所須依賴的最終原則是一種直接的明察，即絕對眞理的被給予。胡塞爾認爲，如果這種本質明察（或本原直觀）也可以稱作「經驗」的話，那麼「經驗主義」就只能透過這種本質直觀意義上的、普全的和最澈底的「經驗主義」來克服②。這個意義上的「經驗主義」，也被稱作「超越論的經驗主義」。

【注釋】① E. Husserl: *LU* I, A84/B84. ②參閱：*Phän. Psych.* Hua IX (Den Haag 1962) 300.

Endstiftung 終極創造：

胡塞爾所說的「終極創造」，與歐洲精神乃至眞正人類精神之目的論發展的「原創造」（Urstiftung）相對應①：「在每一個原創造中都合乎本質地包含著一個作爲歷史過程之任務的終極創造」②。胡塞爾認爲，如果哲學透過對人類精神的目的論起源的反思，而達到對這個目的論發展任務的明察，並且能夠發展出一種絕然的、在每一個步驟上都具有絕對明見性的方法，那麼這個「終極創造」便被達到。但這個「終極創造」點並不意味著終點，而是指一個絕然的開端，在這裡，不僅以往所有哲學和哲學家的統一意向都得到展示和昭示，而且哲學作爲無限任務的進一步發展也會成爲內在的明見性③。

【注釋】①參閱「原創造」條目。 ② E. Husserl: *Krisis* Hua VI (Den Haag ²1962) 73. ③同上書，73f.

Entelechie 隱德來希：（希）ἐντελέχεια

「隱德來希」的希臘文原義是：「擁有自身的完善」。在亞里斯多德那裡，「隱德來希」一方面是指一種目的原則，即在存在者中隱含的可能性或權能性之最終實現；另一方面，它也意味著這種可能性之實現的活動和力量本身，即質料中的形式。胡塞爾也在這兩個趨向上使用「隱德來希」概念：一方面，「隱德來希」被理解爲一種透過哲學或科學所體現的、「普全的、對於人類本身來說『天生具有的』理性歷史啟示活動」[1]；另一方面，胡塞爾也將理性認識運動所要達到的終極完善稱之爲「隱德來希」[2]。因此，「隱德來希」在胡塞爾那裡既是指理性自身實現的目的論過程，也是指這個目的論發展的終極目標。

【注釋】① E. Husserl: *Krisis* Hua VI (Den Haag ^{2}1962) 13f., 271.　②參閱：*EU* (Hamburg ^{4}1972) 24.

Ent-Fremdung 去異己化：

「Entfremdung」在黑格爾哲學中是指「絕對理念」在自身展開過程中，自身在自然與歷史中的「外化」或「對象化」[1]。此後它在馬克思那裡成爲中心概念，意味著人類行爲活動（勞動）的「異化」：勞動的結果不是爲勞動者所支配，而是反過來奴役勞動者[2]。但胡塞爾在其著述中所使用的「Ent-Fremdung」則僅僅與交互主體性研究中的「異己感知」有關：「去異己化」意味著透過結對的類比而將自己置入作爲異己者的「他人」之中，同感「他人」，從而在某種意義上將「異己」轉變爲「本己」：「去異己化」[3]。由於這種「去異己化」並非在嚴格的意義上的「感知」（當下擁有），而是「想象」（當下化），因而胡塞爾也將它定義爲一種「較高階段的脫一當下化」[4]。

【注釋】①參閱：G. W. F. Hegel: *Phänomenologie des Geistes* (Hamburg 1952) 22. u. *Logik* I (Hamburg 1975) 370.　②參閱：K. Marx: *Marx-Engels Werke*, Bd. 3, 33.　③ E. Husserl: *Krisis* Hua VI (Den Haag ^{2}1962) 189.　④同上；也可以參閱「脫一當下化」條目。

Ent-Gegenwärtigung 脫一當下化：（日）脫一現在化

德文中的前綴「ent-」帶有兩個基本含義：一是脫離，二是去除。在「Ent-Gegenwärtigung」一詞上，「Ent-」的含義是「脫離」：「脫一當下化」意味著，自我脫離開我的「現前」或「當下」，進入到「僅只被當下化的原現前」之中[1]。因此，「脫一當下化」可以被看作是「當下化」的同義詞。它們都意味著「非當下」，即意識不處在現前（當下）的狀態，而沉淪於想像（廣義上的）的世界。「脫一當下化」從意向活動的角度表達自我主體對「當下」的脫離，「當下化」則從意向相關項的角度表明「非當下」客體的被展現。在這個意義上。「脫一當下化」既可以是指「回憶」，也可以是指對他人的「同感」[2]。

【注釋】①參閱：E. Husserl: *Krisis* Hua VI (Den Haag [2]1962) 189. ②參閱：同上。

Enttäuschung* 失實（失望）：（英）undeceiving（日）幻滅

「失實」（Enttäuschung）在日常用語中是指「失望」，即一個期待、一個願望的未被滿足。在胡塞爾的意向分析術語中，「失實」概念也具有這一含義，在這個意義上，它是指與作為「當下化」行為之一種，即作為「前當下化」（Vorvergegenwärtigung）[1]行為的「期待」（Erwartung）行為有關的「失實」：一個對將來之物的想像沒有成為對相應的當下之物的感知，例如，我期待明天下雨，但實際上並沒有下雨。

但在胡塞爾的意向分析中，最重要意義上的「失實」被用來專門指稱與「期待意向」（Erwartungsintention）有關的「失實」。這種意義上的「失實」不同於前一種對整個「期待」行為的「失望」，它是感知行為之中部分意向的「不充實」，它構成「期待意向」之「充實」（Erfüllung）的對立面，它所表明的是一個指向對象的意向在直觀過程中未得到充實，未被證明為是正確的，而是恰恰相反，意向與直觀不能一致，從而與直觀發生爭執[2]。例如，在初步的直觀中，一個物體被意指為是樹，但進一步的直觀未能證實，而是證偽了這個意向：這個物體是一個人。據此，胡塞爾認為，失實「代表著一種現象學上特殊的方式：在一個含義整體中矛盾地連結在一起的含義，如何在直觀澄清和明晰化的過程中把握

到它的明見的『不相容性』，而被意指的統一則在直觀的不統一性中達到『失實』」③。

這後一種意義上的「失實」，也是導致感知中的「否定」（Negation）之形成的前提條件。但必須注意到，在胡塞爾那裡，「失實不僅僅意味著充實的缺乏，而是表明一個新的描述性事實，一個像充實一樣特殊的綜合形式」④，確切地說，「充實」是一種認同的綜合，「失實」則是一種區別的綜合。每一個「失實」不僅是對一個意向的否定，而且還必然同時伴隨著一個新的「充實」；例如，對樹的意指的「失實」，同時也伴隨著對人的意指的「充實」⑤。

【注釋】 ①參閱：E. Husserl: *Ph. B. Er.* Hua XXIII (Den Haag 1980) 290. ② *LU* II/2, § 11: "Enttäuschung und Widerstreit. Synthese der Unterscheidung". ③ *LU* II/1, A305/B₁315, Anm. ④ *LU* II/2, A513/B₂41. ⑤對此還可以參閱「期待」與「期待意向」條目。

【文獻】 R. Bernet/I. Kern/E. Maruach: *Edmund Husserl: Darstellung seines Denkens* (Hamburg 1989).

【相關詞】 enttäuschen sich 失實，enttäuschend 失實著的，enttäuscht 失實了的。

Episteme＊＊ 知識：（希）ἐπιστήμη

柏拉圖和亞里斯多德在其著述中都對「知識」有過專門的論述①。胡塞爾對「知識」概念的運用主要受柏拉圖影響，即將它看作是「意見」和「無知」的對立面②。「知識」在胡塞爾那裡基本上與「理性」、「哲學」同義③。在後期的《歐洲科學的危機與超越論現象學》與《經驗與判斷》中，胡塞爾從生活世界的背景出發，對「知識」與「意見」之間的內在關係進行探討。他認為，「哲學在其古代起源中就想成為『知識』（科學），成為關於普全存在的普全認識，它不想成為模糊的和相對的日常認識——意見（Doxa），而想成為合理的認識，亦即知識（Episteme）」④。作為普全性與合理性的理想，胡塞爾也將他的超越論現象學的追求目標規定為真正的「知識」⑤。超越論現象學處在哲學的觀點，亦即「知識」（科學）的觀點之中，因而有別於處在自然觀點中的「意見」。但是，自然觀點、日常意見同時又具有「科學基礎的尊嚴」，具有普遍「基地」的

功能⑥，它們形成於生活世界的經驗之中，並且構成哲學、知識之形成的必然前提⑦。超越論現象學的「知識」觀點產生於生活世界的「意見」觀點之中，並且它的基本課題和「知識」特徵就在於，在現象學的「普全懸擱」中對生活世界的「意見」進行澈底的反思⑧。

【注釋】① Platon: *Staat*, 477b 5ff., Aristoteles: *Metaphysik*，1025 b 22ff.　②參閱：E. Husserl: *Krisis* Hua VI (Den Haag ²1962) 10, *EU...* 同上書，22、44 以及 Ms. A VII 31, 1.　③ *Krisis...* 同上書，70.　④同上書，66.　⑤同上書，70f.　⑥同上書，158.　⑦同上。　⑧參閱：同上書，§ 44.

【文獻】 R. Biemel: "Zur Bedeutung von Doxa und Episteme im Umkreis der Krisis-Thematik"，載於：E. Ströker (Hrsg.): *Lebenswelt und Wissenschaft in der Philosophie Edmund Husserls* (Frankfurt a. M. 1979) 10-22.

Epoché ＊＊＊ 懸擱：（日）エホケー（希）ἐποχή

在胡塞爾的現象學中，「現象學的懸擱」或「超越論的懸擱」是一種從自然觀點向現象學觀點的過渡。在這個意義上，懸擱首先與「現象學還原」同義①。它意味著使那個規定著自然觀點本身的普全存在信仰（自然觀點的總命題）失去效用。與此同時，所有那些在課題對象方面的理論成見也受到排除②。「現象學的懸擱」不同於「懷疑的懸擱」，後者將所有被給予之物都貼上可疑的標籤，而前者只是對被給予之物的存在與非存在不做任何執態③。

「懸擱」從那些在心理學中便可指明的意識的意向基本結構開始。根據由意向性概念所標識的意識（作爲最廣義的思的意指）與對象（作爲被思者的被意指之物）之相互關係，「懸擱」以雙重形態出現。在意識本身方面，「懸擱」是對與對象有關的存在設定的「排除」④，而在對象方面，「懸擱」是對對象本身之存在特徵的「加括號」⑤。這樣，它便阻止了所有對象意識的超越有效性，透過這種方式，它同時又使自身封閉的（內在的）純粹意識區域成爲課題⑥。在它之中，世界和自然意識的整個組成都作爲現象而保留下來⑦，在此同時，所有自然意識的存在設定也一同包含在現象之中。這個意義上的現象不僅是指最廣義的意指（Noesis），而且還有作爲其意向相關項（Noema）的被意指之物⑧。對於那

個已經在懸擱中成爲它自己純粹意識的「無興趣旁觀者」⑨的自我來說，在單一的和本質的描述中，這個現象領域是可及的。但胡塞爾後來又認識到，由於這種方式的現象學懸擱仍然在讓自我所具有的那種包含在自然觀點總命題中的世界化（世間）自身統覺發揮作用⑩，並因而使世界的基地效用仍然有效⑪，所以它還不是通向超越論主體性的通道。儘管懸擱作爲通向純粹意識的通道，使一門純粹現象學的心理學得以可能，並且因此也被稱作「現象學—心理學的還原」⑫；但它還必須有別於嚴格意義上的「超越論還原」⑬。

【注釋】①參閱：E. Husserl: *Ideen* III, Hua V (Den Haag 1952) 141, 145. ② *Ideen* I, Hua III (Den Haag 1950) 63ff. 參閱：*Ideen* III... 同上書，145. ③ *Krisis* Hua VI (Den Haag ²1962) 243. ④ *Ideen* I... 同上書，66. ⑤ *Erste Philos*. II, Hua VIII (Den Haag 1959) 65, 111. ⑥ *Ideen* I... 同上書，174. ⑦同上書，174；參閱：*Phän. Psych*. Hua IX (Den Haag 1962) 341. ⑧ *Zeitb*. Hua X (Den Haag 1966) 336. ⑨ *CM* Hua I (Den Haag ²1963) 15. ⑩同上書，130. ⑪ *Krisis*... 同上書，265. ⑫同上書，239；參閱：*Erste Philos*. II... 同上書，276. ⑬ *Krisis*... 同上書，154.

【文獻】 E. Ströker: *Das Problem der epoché in der Philos. Edmund Husserls* (Dordrecht 1970). (U. Claesges)

補充 「懸擱」（ἐποχή）的希臘文原義是「中止判斷」，因而在根本上是一種「中立性」（Neutralität）①或「無執態」（Stellungnahmefreiheit）。但胡塞爾用這個術語來專門指稱現象學的中止判斷，即對存在設定的有意識的、方法性的排斥，它構成「現象學的還原」的第一步②。

【注釋】①參閱：E. Husserl: *Ph. B. Er*. Hua XXIII (Den Haag 1980) 573. ② L. Landgrebe: "Phänomenologische Bewußtseinsanalyse und Metaphysik"，載於：*Der Weg der Phänomenologie* (Gütersloh ²1967) 43, 83；對此還可以進一步參閱「現象學還原」條目。

【文獻】 E. Fink: "Reflexion zu Husserls phänomenologischer Reduktion"，載於：*Tijdschrift voor Filosofie* 33 (1971) 540-558. L. Landgrebe: 參見：注釋②. K. Held: "Husserls Rückgang auf das phainómenon und die geschichtliche Stellung der Phänomenologie"，載於：*Phänomenologische Forschungen* 10 (1980) 89-145.

【相關詞】 Ausschaltung 排除，ausschliessen 排斥，Außer-Aktion-setzen 置於局外，Einklammerung 加括號，Epoché 懸擱，Urteilsenthaltung 中止判斷。

Erfahrung＊＊ **經驗：**（英）experiencing（法）expérience（日）経験

「經驗」概念在胡塞爾現象學中雖然已經偏離開它的日常含義，但並不遠離它的傳統哲學意義。它始終是指對具體實事，即對個體對象自然的、感性的經驗：「個體對象的明見性構成了最寬泛意義上的經驗概念。因此，第一性意義上和最確切意義上的經驗被定義爲與個體之物的關係」[1]。更具體地說，通常的經驗概念在胡塞爾那裡是指「感知」、「回憶」、「期待」等等這樣一些感性的、具有存在設定的直觀[2]。如果經驗是「本原的」（originär），那麼它便等同於「感知」或「直觀」[3]。

但「經驗」在胡塞爾現象學的分析中並不是一個像「感知」、「直觀」那樣得到精確描述和明確定義的表達，而是一個類似於「表象」的相對模糊術語[4]。

胡塞爾早期在《邏輯研究》中，很少將「經驗」作爲其現象學的特定術語來使用。但他對現象學描述方法的強調，已經隱含著對經驗基礎的設定。在其思想發展的中期，胡塞爾則或是將「經驗」概念等同於「感知」概念，在這個意義上，經驗也是「原本意識」[5]或「本原給予的行爲」[6]；或是將「經驗」的外延擴展到「設定性直觀」的領域，在這個意義上，胡塞爾將「經驗」概念定義爲「一種直觀的和進行現實評價的意識」，這種意識將有關的自然客體看作是原本性、切身此在的客體[7]。

此後，在胡塞爾對其後期發生現象學以及生活世界現象學的闡述中，他賦予「經驗」概念以越來越多的基礎性意義[8]。這一方面與胡塞爾後期對「生活世界」的強調密切相關。「經驗」在這時是指「個體對象的明見性」，「因此，第一性的和最確切意義上的『經驗』被定義爲一種與個體之物的直接聯繫」[9]。每一個「經驗」都以世界的存在爲普全的信念基地，在這個意義上，「經驗」是一種「意見」（Doxa），它不同於作爲「認識」（Episteme）的「判斷」，但另一方面，「經驗」本身又作爲前述謂陳述的經驗，而構成述謂陳述的判斷基礎，換言之，「判斷」發生地奠基於「經驗」之中，對任何一個「判斷」的分析，最終都必須回溯到「經驗」的明見性之上。從這方面來看，具有視域結構的經驗世界在一定的意義上就是指「生活世界」[10]。

但對「經驗」概念的強調並不意味著滯留在「經驗」之中，這是「自然認識」的特點[11]；「哲學的認識」要求超越出「經驗」、「意見」，達到「本質的

認識」。「經驗」作爲「斷然的明見性」在胡塞爾的現象學中只是一個不可或缺的出發點，但並不是其目的所在。現象學的目的在於透過本質直觀而達到「絕然的明見性」：本質認識。這個原則即適用於「內經驗」，也適用於「外經驗」。

除此之外，對不同於「自然經驗」的「超越論經驗」的強調，也展示出胡塞爾後期在構建「第二哲學」（現象學哲學、超越論的事實科學）方面的努力趨向[12]。

【注釋】① E. Husserl: *Ideen* I, Hua III (Den Haag ³1976) § 1；也可以參閱：*EU* (Hamburg ⁴1972) 21 以及 *F. u. tr. Logik* Hua XVII (Den Haag 1974) 213. ②同上書，84. ③參閱：*EU...* 同上書，54. ④胡塞爾本人也意識到這個問題，參閱：*Aufs. u. Vort. (1911-1921)*, Hua XXV (Dordrecht u. a. 1987) 161-162，以及 Beil. III: "Zum Begriff der Erfahrung" (1917), 209f. ⑤ *Ideen* II, Hua IV (Den Haag 1952) 139. ⑥參閱：*Ideen* I, Hua III (Den Haag ³1976) § 1. ⑦參閱：*Aufs. u. Vort.,* 同上書，70. ⑧從 L. Landgrebe 編輯的胡塞爾後期著作《經驗與判斷》（*Erfahrung und Urteil*, 1936）的標題上，已經可以看出這一點。 ⑨ *EU...* 同上書，21. ⑩ Landgrebe 在《經驗與判斷》的〈引論〉（該書的第 1-14 節主要由 L. Landgrebe 執筆撰寫）中，將經驗世界完全等同於生活世界，這與胡塞爾本人在《歐洲科學的危機與超越論現象學》中對生活世界的闡述不完全相同；胡塞爾並不認爲生活世界是前述謂經驗的，因爲在生活世界中也進行著判斷，亦即進行著自然、素樸的判斷。 ⑪ Husserl: *Ideen* I... 同上書，§ 1. ⑫對此也可以參閱「超越論經驗」條目。

【文獻】 E. Husserl: *Krisis* (E) Hua XXIX (Dordrecht u. a. 1993) Beil. III: "Zum Begriff Erfahrung". U. Claesges: *Edmund Husserls Theorie der Raumkonstitution* (Den Haag 1964). L. Landgrebe: "Der phänomenologische Begriff der Erfahrung"，載於：*Faktizität und Individuation. Studien zu den Grundfragen der Phänomenologie* (Hamburg 1982) 58-70. G. Prauss: "Zum Verhältnis innerer und äußerer Erfahrung bei Husserl"，載於：*Zeitschrift für philosophische Forschung* 31 (1977) 79-84.

【相關詞】 Empirie 經驗，Erfahrbarkeit 可經驗性，erfahren 經驗到，Erfahren 經驗，Erfahrender 經驗者，Erfahrungsaktualität 經驗現實性，Erfahrungsarbeit 經驗工作，Erfahrungsart 經驗類型，Erfahrungsbegriff 經驗概念，Erfahrungsbegründung 經驗論證，Erfahrungsbewährung 經驗證實，Erfahrungsbewußtsein 經驗意識，Erfahrungsboden 經驗基地，Erfahrungseinheit 經驗統一，Erfahrungseinstellung 經驗觀點，Erfahrungseinstimmigkeit 經驗一致性，Erfahrungserkenntnis 經驗認識，Erfahrungserlebnis 經驗體驗，Erfahrungserwerb 經驗獲取，Erfahrungsevidenz 經驗明見性，Erfahrungsfeld 經驗領域，Erfahrungsgegenstand

經驗對象，Erfahrungsgegenständlichkeit 經驗對象性，Erfahrungsgegebenheit 經驗被給予性，Erfahrungsgeltung 經驗有效性，Erfahrungsgesetzlichkeit 經驗規律性，Erfahrungsgestalt 經驗構形，Erfahrungsglaube 經驗信仰，Erfahrungshintergrund 經驗背景，Erfahrungshorizont 經驗視域，Erfahrungsinhalt 經驗內容，Erfahrungskraft 經驗力量，Erfahrungskritik 經驗批判，erfahrungslogisch 經驗邏輯的，erfahrungsmäßig 合經驗的，Erfahrungsmannigfaltigkeit 經驗雜多性，Erfahrungsmodalität 經驗樣式，Erfahrungsmotivation 經驗動機引發，Erfahrungsphänomen 經驗現象，Erfahrungsschluß 經驗結論，Erfahrungssphäre 經驗領域，Erfahrungstatsache 經驗事實，Erfahrungsurteil 經驗判斷，Erfahrungsvoraussicht 經驗預見，Erfahrungsweise 經驗方式，Erfahrungswelt 經驗世界，Erfahrungswissenschaft 經驗科學，Erfahrungszusammenhang 經驗聯繫。

-absolute Erfahrung* 絕對經驗：

「絕對經驗」是指自我透過現象學反思而獲得的對其本己自身的「自身經驗」（Selbsterfahrung）。在這種絕對經驗中包含著其他自我以及它們所共有的世界。「絕對經驗」在這個意義上意味著「我的經驗」，它是「我們的經驗」（「交互主體經驗」）的前提。我之所以能夠透過與我的比較而獲得他人，乃是因為我已經在我的「自身經驗」中「承載著」他人[1]。

【注釋】[1]參閱：E. Husserl: *Krisis* Hua VI (Den Haag ^{2}1962) 146f., 188f.

-intersubjektive Erfahrung* 交互主體的經驗：

「交互主體的經驗」在胡塞爾現象學中不是指主體之間的相互經驗，而是指透過「同感」而得以形成的對某個事物的經驗，這個事物對於各個經驗主體來說都是同一的。交互主體的經驗因此意味著一個比單個主體經驗更高的構造性統一[1]。

【注釋】[1]參閱：E. Husserl: *Ideen* I, Hua III (Den Haag ^{3}1976) § 151.

-transzendentale Erfahrung* 超越論經驗：

在胡塞爾現象學中，「超越論經驗」是指透過超越論懸擱和超越論還原而得以可能的超越論主體性的自身認識、它的「科學的自身沉思」[1]。超越論經驗的一個前階段是在對純粹意識的描述中被給予的[2]，它也被解釋爲現象學—心理學的自身經驗[3]。它所研究的是在現象學懸擱和現象學還原中成爲課題的純粹意識「領域」[4]。這個領域作爲個體存在的一個區域，「原初可以透過一種它所從屬的經驗方式而被達到」[5]。以這樣一種經驗方式，世界和對世界的自然經驗對於置身於懸擱之中的「無興趣的旁觀者」[6]的反思來說，是作爲「現象」而被給予的[7]。

在嚴格意義上的超越論經驗是透過超越論還原才成爲可能的[8]。它爲現象學—心理學的自身經驗去除了承載著它的世界基地[9]，並且因此而將它轉變成爲超越論的自身經驗[10]。在這種超越論的自身經驗中，所有現時的和潛能的意向性進行方式，以及超越論主體性的整個世界構造和自身構造，都應當成爲自身被給予性（明見性）[11]：它們是「可能經驗的對象」。這種以意向分析爲其方法的超越論經驗之可能性連同本質還原一起，爲作爲超越論經驗科學的超越論現象學之可能性提供了基礎[12]。這樣一門首先在某種素樸性中進行的經驗科學，最終需要一種「對超越論經驗的絕然批判」[13]。

【注釋】 [1] E. Husserl: *F. u. tr. Logik* (1929) 242；參閱：*Ideen* III, Hua V (Den Haag 1952) 153. [2] *Ideen* I, Hua III (Den Haag 1950) 141. [3] *Krisis* Hua VI (Den Haag ²1962) 267；參閱：*Phän. Psych.* Hua IX (Den Haag 1962) 294. [4] *Ideen* I... 同上書，119. 參閱：*Ideen* III... 同上書，141、152. [5] *Ideen* I... 同上書，70. [6] *Erste Philos.* II, Hua VIII (Den Haag 1959) 91. [7] *Krisis*... 同上書，156. [8] *Erste Philos.* II... 同上書，163. [9] *Krisis*... 同上書，261. [10] *CM* Hua I (Den Haag ²1963) 68. [11]同上書，92；參閱：*F. u. tr. Logik* (1929) 141. [12] *CM*... 同上書，11. [13] *Erste Philos.* II... 同上書，169；參閱：*F. u. tr. Logik*... 同上書，225. (u. Claesges)

補充 「超越論經驗」與經驗科學意義上的「經驗」在胡塞爾現象學中的主要區別就在於：經驗科學意義上的「經驗」始終帶有「對實在此在的一同設定」[1]。而「超越論經驗」擺脫了這個習性。在這個意義上，「超越論經

驗無非就是指超越論還原了的客觀世界，或者，與此相等值地說，就是超越論還原了的純粹心理學經驗」[2]。

【注釋】① E. Husserl: *LU* II/1, A375/B₁399. ② *Phän. Psych*. Hua IX (Den Haag 1962) 275.

Erfassen＊＊ **把握：**（英）to grasp（法）saisie（日）把握、把捉

「把握」是一個在胡塞爾哲學論述中經常被使用的概念。它基本上可以等同於「直接的具有」。「感知性的把握」就意味著直接地「在掌握之中」[1]，它在某種程度上與「直觀」、「當下擁有」（Gegenwärtighaben）是同義的。而對本質的「把握」也就是對本質的直觀到[2]。此外，在最為寬泛的意義上，「把握與對某物的關注、注意是一致的，無論這是一種特殊的注意，還是僅止為一種順帶的關注」[3]。

【注釋】① E. Husserl: *Ideen* I, Hua III (Den Haag ³1976) § 122. ②同上書，§ 67. ③同上書，§ 37.
【相關詞】erfassen 把握，Erfaßtes 被把握之物，Erfassung 把握，Selbsterfassen 自身把握，Wesenserfassen 本質把握。

Erfüllung＊＊ **充實：**（英）fullfilling（法）remplissement（日）充实、充实化

「充實」在日常用語中，大都與一個願望或期待的實現有關。但在胡塞爾的意向分析中，「充實」概念已經獲得特殊的含義。在這個特殊的含義中，本質上還包含著一個在廣義的「充實」與狹義的「充實」之間的區別：一方面，狹義上的「充實」與「失實」（Enttäuschung）相對立[1]。一個意向得到充實，這就是說，它在充實的過程中，與直觀達到了「一致」或「相合」（Deckung）。被展示的內容（質料）與展示性的內容（充盈）相符合。最理想的充實，或者說，一個得

到最完滿充實的意向應當是這樣的：「不僅所有被展示的東西都已被意指，而且所有被意指的東西都得到了展示」②。與「充實」情況相反的是「充盈」與「質料」不相一致的狀況，或者說，「失實」的情況。一個意向的「失實」是以反駁或爭執的方式進行的：「直觀與含義意指『不一致』，前者與後者『發生爭執』」③。如果「充實」意味著認同，那樣「失實」便意味著分歧。展示性的內容（充盈）與被展示的內容（質料）發生分歧。另一方面，廣義上的「充實」則與「意向」（Intention）相對立④。它既包括狹義上的「充實」，也包括「失實」。「意向」在這裡意味著意義給予（賦義），「充實」則是指在越來越豐富的「充盈」（感覺材料）中，透過直觀而對此意向的證實（Bestätigung）。因此廣義上的「充實」與一種證實有關：一個意向是透過直觀得到證實的，它可以被證實為現實、合理的，也可以被證實為不現實、不合理的。前一種情況所涉及的是狹義上的「證實」，後一種情況所涉及的則是「失實」。

胡塞爾認為，廣義上的意向充實過程（廣義上的）也就意味著狹義上的認識發生過程⑤：「對象的認識和含義意向的充實，這兩種說法所表達的是同一個事態，區別僅僅在於立足點的不同而已。前者立足於被意指的對象，而後者則只是要把握行為的雙方面關係」⑥。這就是說，意向本身還不構成認識，例如：「在對單純象徵性語詞的理解中，一個意指得到進行（這個語詞意指某物），但這裡並沒有什麼東西得到認識」⑦。只有當一個意向透過直觀而得到充實時，或者說，只有當一個意向在足夠的充盈中被直觀所證實時，真正的認識才成為可能。胡塞爾還將這個意義上的「充實」或「認識」進一步劃分為「靜態充實」和「動態充實」⑧。

【注釋】① E. Husserl: *LU* II/2, A509/B$_2$37.　②同上書，A553/B$_2$81.　③同上書，A515/B$_2$42.　④同上書，A509/B$_2$37.　⑤同上書，A537/B$_2$65.　⑥同上書，A505/B$_2$33.　⑦同上。　⑧參閱：同上書，A506/B$_2$34.

【相關詞】Erfüllen 充實，Erfülltheit 被充實性，Erfüllungsbewußtsein 充實意識，Erfüllungseinheit 充實統一，Erfüllungserlebnis 充實體驗，Erfüllungsfunktion 充實功能，Erfüllungskette 充實鏈，Erfüllungskorrelat 充實相關項，Erfüllungsleistung 充實成就，Erfüllungsmöglichkeit 充實可能性，Erfüllungsreihe 充實序列，Erfüllungsrelation 充實相關性，Erfüllungssteigerung 充實增長，Erfüllungssynthese 充實綜合，Erfüllungsverhältnis 經驗關係，Erfüllungsweise 經驗方式，Erfüllungszusammrnhang 經驗聯繫。

-modifizierte Erfüllung 變異了的充實：

「變異的充實」在胡塞爾的意向分析中被專門用來標識「在想像中進行的充實」[1]。在對一個事物或事態的想像中也包含著充實和未充實的區別，前者是在想像中空泛的意指，後者則意味著被想像之物在直觀中得到或肯定或否定的證實。

【注釋】① E. Husserl: *Ph. B. Er.* Hua XXIII (Den Haag 1980) 214.

Erinnerung** 回憶：（英）memory（法）souvenir（日）想起

在胡塞爾的意向分析中，「回憶」作為一種意識行為，首先被理解為一種類型的**當下化行為**，即「再當下化」（Wiedervergegenwärtigung）[1]；其次，這種當下化行為帶有對其對象的存在設定：在「回憶」中出現的回憶對象都會被回憶的自我設定為存在的，因而「回憶」是一種**設定性的當下化行為**，或者說，「設定性的想像」[2]；最後，在嚴格的意義上，胡塞爾將「回憶」進一步定義為這樣一種意識行為：它雖然帶有「存在信仰」（belief）的特徵，但這種存在信仰一方面有別於感知信仰，另一方面又不同於其他的當下化信仰。第一個區別涉及到在「原設定」（Ursetzung）與「信仰變異」（Glaubensmodifikation）之間的差異，而第二個區別則只意味著與當下化行為有關的「信仰變異」自身內部的區別，例如在「回憶」與「期待」之間的區別。這兩種使「回憶」有別於其他意識行為，從而成為一個獨立的意識類型的區別必須在與時間的聯繫中受到探討。在這個意義上，回憶「不僅僅是關於過去的對象的意識，而且是關於這樣一種過去對象的意識，以至於我可以說，關於曾經被感知過的、並且是被我感知過的、在我的過去的此地此時曾經被給予過的對象的意識」[3]。據此，胡塞爾認為，對「回憶」分析研究一方面必須與對「存在意識」（Seinsbewußtsein），包括感知中的「原信仰」的探討結合在一起，因為整個「回憶」在一定的意義上都是「感知」的變異[4]，另一方面，他強調對「回憶」的研究也應當與對「時間意識」的分析密切相關，「回憶」的對象也被胡塞爾稱作「時間客體」[5]。

【注釋】① E. Husserl: *Ph. B. Er.* Hua XXIII (Den Haag 1980) 290. ②同上書，221. ③同上書，286。除此之外，胡塞爾在寬泛的、不甚嚴格的術語使用中也常常把所有設定性的當下化，即使是與過去無關的當下化，都統統標誌爲「回憶」〔參閱：Husserl: *Ideen* I, Hua III (Den Haag ³1976) 268 等等，對此也可以參閱：E. Tugendhat: *Der Wahrheitsbegriff bei Husserl und Heidegger* (Berlin 1967) 67, Anm. 77〕。 ④ Husserl: *Ph. B. Er...* 同上書，235. ⑤ *Zeitb.* Hua X (Den Haag 1966) 35.

【文獻】J. B. Brough: "Husserl on Memory"，載於：*The Monist* 59 (1975) 40-62. E. Marbach: "Einleitung des Herausgebers"，載於：Husserl: *Ph. B. Er.* Hua XXIII (Den Haag 1980) XXV-LXXXII. S. -H. Hong: *Phänomenotogie der Erinnerung* (Würzburg 1993).

【相關詞】Erinnerungsbewußtsein 回憶意識，Erinnerungsbild 回憶圖像，Erinnerungsein-fall 回憶念頭，Erinnerungsfeld 回憶領域，erinnerungsmäßig 合回憶的，Erin-nerungssinn 回憶意義，Erinnerungsreihe 回憶序列，Erinnerungsvergegenwär-tigung 回憶當下化，Erinnerungsvorstellung 回憶表象，Erinnerungswelt 回憶世界。

-primäre und sekundäre Ernnerung* 第一性回憶與第二性回憶：

「第一性回憶」是胡塞爾時間意識現象學中的專門術語，它指的不是眞正意義上的「回憶」，而是意味著「滯留」（Retention）①。「第二性回憶」是眞正意義上的「回憶」；胡塞爾也將它稱作「重新回憶」或「再造」②。

【注釋】①參閱：E. Husserl: *Zeitb.* Hua X (Den Haag 1966) 34f.；較爲詳細的說明可以參閱「滯留」條目。 ②同上書，也可以進一步參閱「回憶」與「再造」條目。

Erkenntnis** 認識：（英）cognition（法）connaissance（日）認識

胡塞爾一生的現象學研究，尤其是在其生前發表的著述中所闡述的研究，都與對「認識」的探討有關。在現象學的突破時期，整個《邏輯研究》的第二卷都被標識爲「對現象學和認識論的研究」，尤其是在第六研究中，胡塞爾將全部精

力放在對「認識的現象學澄清之要素」的把握上。認識行為作為一種奠基性的意識行為構成現象學研究的中心課題。它首先涉及到對意識的奠基性行為，即客體化行為的把握。從靜態現象學的角度看，「關於認識的說法涉及到思維行為與充實的直觀之間的關係」①。而從動態現象學的意義上說，一個意向在直觀中得到充實，這也就意味著一個對象得到認識②。在這個意義上，胡塞爾將最狹窄意義上的「認識」定義為「認同的行為」或「充實」③。關於「認識」問題研究的這個出發點，此後也被胡塞爾帶入構造現象學和發生現象學的構想之中：所有認識構造和認識發生都以最原初的認識，即客體化認識，更確切地說，以直觀認識為基礎，從這裡出發，最深層的認識問題，包括對所謂超越意識之物的認識之本質和可能性問題，都可以有步驟地得到解決④。透過在超越論純化意識中向直觀源泉、向「在所有認識中的最終者」⑤的回溯，現象學還可以進一步澄清作為認識相關項的現實、判斷、真理等等範疇，因為這些意向相關項本身的結構規定著相應的認識類型⑥。

　　除了對各種認識類型的探討之外，現象學本身的研究也是認識類型的一種。胡塞爾將「現象學的認識」標識為「絕然的看」（Sehen），它是一種對本質和本質狀態的明察和把握，一種反思性的「本質認識」⑦。

【注釋】① E. Husserl: *LU* II/2, A676/B$_2$204.　②參閱：同上書，A505/B$_2$33.　③同上書，A507/B$_2$35 u. A537/B$_2$65.　④ *Ideen* I, Hua III (Den Haag ³1976) 228.　⑤同上書，176.　⑥同上書，341.　⑦參閱：同上書，318.

【相關詞】Erkenntnisakt 認識行為，Erkenntnisart 認識種類，Erkenntnisbegründung 認識論證，Erkenntnisbeziehung 認識關係，Erkenntnisboden 認識基地，Erkenntniseinheit 認識統一性，Erkenntniseinteilung 認識劃分，Erkenntniserlebnis 認識體驗，Erkenntniserwerb 認識獲取，Erkenntnisform 認識形式，Erkenntnisforschung 認識研究，Erkenntnisfunktion 認識功能，Erkenntnisgebiet 認識領域，Erkenntnisgegenstand 認識對象，Erkenntnisgemeinschaft 認識共同體，Erkenntnisgewissen 認識良知，Erkenntnisglaube 認識信仰，Erkenntnisintention 認識意向，Erkenntnisinteresse 認識興趣，Erkenntnisklärung 認識澄清，Erkenntniskorrelation 認識相關性，Erkenntniskritik 認識批判，Erkenntnisleben 認識生活，Erkenntnislehre 認識論，Erkenntnisleistung 認識成就，erkenntnismäßig 合認識的，Erkenntnismaterie 認識質料，Erkenntnismodus 認識樣式，Erkenntnisobjekt 認識客體，erkenntnispraktisch 認識─實踐的，

Erkenntnisprätention 認識要求，Erkenntnispsychologie 認識心理學，Erkenntnisreflexion 認識反思，Erkenntnisstrebung 認識追求，Erkenntnissubjektivität 認識主體性，Erkenntnissubstrat 認識基質，Erkenntnisstufe 認識階段，Erkenntnistheorie 認識論，Erkenntnistypus 認識類型，Erkenntnisurteil 認識判斷，Erkenntnisverantwortung 認識責任，Erkenntnisvoraussetzung 認識前提，Erkenntnisweise 認識方式，Erkenntnisziel 認識目的，Erkenntniszusammenhang 認識聯繫，Erkennung 認識。

Erkenntnistheorie＊＊ 認識論：

胡塞爾的現象學設想始終與認識論問題密切相關。他的哲學初始出發點是依據心理學來解釋邏輯學的可能性，即相信「演繹科學的邏輯學和一般邏輯學一樣，對它們的哲學闡明必須寄希望於心理學」[1]。因此，「很自然地要提出關於這門學科的理論基礎的問題，尤其是它與心理學的關係問題。從根本上看，這個問題與認識論的主要問題，即與認識的客觀性有關的問題即使不完全相合，也可說是在主要部分上相合」[2]。

後來胡塞爾放棄了心理主義的立場，並將其第一部現象學著述《邏輯研究》稱作「對純粹邏輯學與認識論的新論證」[3]；這部書的第二卷便是以「現象學研究與認識論」為標題。在現象學的觀點中，胡塞爾在現象學與認識論的關係問題上始終堅持，現象學的研究是第一性的，它是對形式本體與質料本體的分析描述，因而屬於第一哲學，亦即本體論的範疇。在它之中當然也包括作為形式本體論的純粹邏輯學。而認識論則是對這些具有客觀性的本體如何被主體認識和把握的說明。在這個意義上，胡塞爾認為，「沒有一門認識論不帶有現象學。但現象學卻可以不依賴認識論而具有自己的意義」[4]。

【注釋】 [1] E. Husserl: *LU* I, AVI/BVI.　[2] *LU* I, A8/B8.　[3] *LU* I, AVII/BVII.　[4] *Logik u. Erkennt.* Hua XXIV (Dordrecht u. a. 1984) 217.

Erklären * 說明：（英）explanation

「說明」在胡塞爾現象學中是一個與「描述」（Beschreiben）相對立的概念①。「描述」主要是針對可直觀之物而言；「說明」則在根本上超越出可直觀之物的領域②。胡塞爾本人一方面將他早期的「靜態現象學」稱作「描述性科學」；而後期的「發生現象學」則被他標識爲「說明性科學」，它是對意識的發生說明，帶有非直觀的構造性因素③。另一方面，胡塞爾也將現象學的本質科學（「第一哲學」）看作是描述性科學，現象學的事實科學（「第二哲學」）則被理解爲說明性科學④。

胡塞爾後期曾對「說明」與「描述」之間的關係做過如下概括：「作爲較高層次的功能成就（Leistung），說明無非意味著一種超越出描述性領域，即超越出一個可以透過經驗直觀而得以實現的領域以外的方法。這種超越是在描述性認識的基礎上發生的，並且是作爲科學的方法在一個明晰的、最終在描述的被給予性中證實著自身的操作中進行的。」⑤

【注釋】①對此較爲詳細的說明可以參閱「描述」條目。　②參閱：E. Husserl: *Krisis* Hua VI (Den Haag ²1962) 226f.　③ *Analysen* Hua XI (Den Haag 1966) 340.　④ *Erste Philos*. I, Hua VII (Den Haag 1956) 13f.　⑤ *Krisis*... 同上書，226.

【相關詞】erklärend 說明性的，Erklären 說明，Erklärungsprinzip 說明原則，Erklärungswissenschaft 說明科學。

Erleben/Erscheinen * * * 體驗／顯現：（英）to live/to appear（法）vivre/apparaître（日）体験／現出

在最寬泛的意義上，「體驗」與「現象」是同義的。現象學作爲關於「現象」的學說，同時也就是關於「意識體驗」的學說。但胡塞爾在具體的意向分析中，有時也強調作爲動詞的「體驗」與作爲動詞的「現象」（顯現）之間的區別①：感覺材料以及對它們進行立義、統攝、賦義的行爲被我們**體驗**到，但這些感覺材料和立義行爲並不對象性地**顯現**出來，並沒有被看到或感知。相反地，**顯現**出來的、被看到或被聽到的是對象，而對象並不能被**體驗**到。在這裡所陳

述的意義上可以說，對象的被給予方式是「顯現」，行為的被給予方式是「體驗」。當然，在現象學的反思中，行為本身作為對象顯現在反思性的內在感知中，「體驗」與「顯現」的區別因而也就不復存在②。

【注釋】 ①參閱：E. Husserl: *LU* II/1, A363/B1388.　②參閱：同上。

Erlebnis** 體驗：（英）mental process（法）le vécu（日）体験

通常意義上的「體驗」概念或是與日常的經歷有關，或是與心理行為的領域有關①。在胡塞爾的超越論現象學中，「體驗」概念基本上是「意向體驗」或「意識體驗」的簡稱②；它區別於前兩種意義上的「體驗」。所謂在超越論現象學意義上的「體驗」概念，也就是指在排斥所有與經驗—實在此在（與人或自然動物）關係的情況下所把握的「體驗」概念。可以說，經驗—心理學意義上的「體驗」概念在經歷了超越論現象學還原之後，便成為純粹現象學意義上的「體驗」概念③。與「體驗」基本同義的概念在胡塞爾那裡還有：「意識內容」、「我思」，「意識活動」、「意識行為」等等。

隨著胡塞爾思想的發展變化，「體驗」概念在他那裡被賦予不同的內涵。在《邏輯研究》時期，胡塞爾對體驗的確切定義是：「在這個意義上，感知、想像意識和圖像意識、概念思維的行為、猜測與懷疑、快樂與痛苦、希望與憂慮、願望與要求，如此等等，只要它們在我們的意識中發生，便都是『體驗』或『意識內容』」④。因而胡塞爾一再強調：體驗一般構成現象學研究對象的「最高的屬」，現象學的研究課題就是「在特別廣泛的意義上的意識，或者更清楚地說，意識體驗一般」，「現象學就是純粹體驗的描述性本質論」⑤。而在 1913 年完成向超越論現象學的突破，並提出構造現象學的思想以後，胡塞爾已開始關注原先被忽略了的作為體驗之結果的體驗對象極，即意向相關項，所以他在《純粹現象學和現象學哲學的觀念》第一卷中也說：「我們幾乎可以這樣說：在體驗中被給予的是意向連同意向的客體，意向客體本身不可分割地屬於意向性，因而也就實項地寓居於意向本身之中」⑥。

此外，胡塞爾還透過其意向分析而把握出「體驗」的最一般存在特徵：「事

物」或「物理現象」的存在方式在於，它只能透過「映射」的方式而被感知到；與此相反，「體驗」或「心理現象」的存在方式則在於，「它原則上可以透過反思的方式而被感知到」[7]。

【注釋】 ① E. Husserl: *LU* II/1, A345/B₁365. ②對此可以進一步參閱「意識」和「意向體驗」條目。 ③ *LU* II/1, A326/B₁348. ④ *LU* II/1, A326/B₁347. ⑤ *Ideen* I, Hua III (Den Haag ³1976) §§ 12, 34, 75. ⑥ *Ideen* I... 同上書，§ 90. ⑦同上書，§ 45.

【文獻】 R. Ingarden: "Über den transzendentalen Idealismus bei E. Husserl"，載於：H. L. Van Breda/J. Taminiaux (Hrsg.): *Husserl et la Pensée Moderne / Husserl und das Denken der Neuzeit* (Den Haag 1959) 190-204.

【相關詞】 Erleben 體驗，Erlebnisaktualität 體驗現時性，Erlebnisart 體驗種類，Erlebnisbestand 體驗組成，Erlebnischarakter 體驗特徵，Erlebnisdatum 體驗材料，Erlebnisdauer 體驗持續，Erlebniseinheit 體驗統一，Erlebnisfaktum 統一事實，Erlebnisfluß 體驗流，Erlebnisgegenwart 統一當下，Erlebnishintergrund 體驗背景，Erlebnishorizont 體驗視域，Erlebnis-Jetzt 體驗一現在，Erlebniskomplexion 體驗複合，Erlebniskonkretion 體驗具體化，Erlebniskorrelat 體驗相關項，erlebnismäßig 合體驗的，Erlebnismodifikation 體驗變異，Erlebnismodus 體驗樣式，Erlebnismoment 體驗因素，Erlebnissphäre 體驗領域，Erlebnisstrecke 體驗段，Erlebnisstrom 體驗流，Erlebnisvergangenheit 體驗過去，Erlebnisvorgang 體驗過程，Erlebniswahrnehmung 體驗感知，Erlebnisweise 體驗方式，Erlebniswesen 體驗本質，Erlebniszeitlichkeit 體驗時間性，Erlebniszuständigkeit 體驗狀態性，erlebt 被體驗到的。

-intentionales Erlebnis*** 意向體驗：（日）志向的体験

在胡塞爾現象學中，所有體驗作為體驗流的成員的本質標誌，都在於它們與對象之物的意向關係。它們是關於某物的意識，也就是說，它們作為「思維」自身也包含著「被思之物」[1]。每一個體驗都具有其本己的體驗時間性。如其本身所是，它始終處在一條由前攝和滯留所組成的河流之中，這些前攝和滯留透過一種自身流動的原本性時區而得以中介。在這個原本性時區中，相對於其「先前」和「隨後」而言，體驗的活的現在被意識到[2]。

每一個意向體驗的特徵都可以透過這樣兩個因素而得到描述：(1) 現時性朝向樣式中的意識作爲關於一個對象的明確意識[3]，(2) 非現時性和潛能性樣式中的意識。在後一種意識中，精神的目光尙未現時地和明確地指向一個對象之物。但意向體驗本質上可以這樣做，因爲它也始終隱含地是關於那些以一種在視域中一同被給予的方式而從屬於它的東西的意識。所有意向性都是視域意向性[4]。在《純粹現象學與現象學哲學的觀念》第一卷中，胡塞爾引入嚴格意義上的行爲（我思）這個術語來標識在第一個因素中所體現的關於某物的意識，而意向體驗的概念則始終被運用於由第一因素和第二因素共同構成的整體上[5]。胡塞爾在笛卡兒的意義上如此寬泛地理解意向體驗這個標題，以至於它也一同包含著任何一個「我感知，我回憶，我想像，我判斷、感受、欲望、意願」[6]。每個體驗本質上都含有作爲體驗之觀念可能變化的再造性變異（回憶、想像變化等等）[7]。胡塞爾有時也將意向體驗在材料方面與立義方面的實項（reell）組成稱作「體驗」[8]。

【注釋】① E. Husserl: *LU* II/1 (⁵1968) 343ff.; *CM* Hua I (Den Haag ²1963) 71f. ；也可以參閱：*Ideen* I, Hua III (Den Haag 1950) 76f. ② *Ideen* I... 同上書，182; *CM*... 同上書，79ff. ③ *Ideen* I... 同上書，178. ④同上書，76ff.; *CM*... 同上書，83ff. ⑤ *Ideen* I... 同上書，79f.；在第五邏輯研究中，胡塞爾還將「意向體驗」的概念等同於在那裡從術語上已被確定爲「行爲」的概念；參閱：*LU* II/1... 同上書，363ff. ⑥ *Ideen* I... 同上書，75. ⑦同上書，183. ⑧同上書，80f. (P. Janssen)

Erlebnisstrom＊＊ 體驗流：（英）stream of mental process（日）体験流

在胡塞爾的現象學中，「體驗流」是指我的超越論自我所具有的所有意向體驗的整體聯繫，這個聯繫是透過在內時間意識中，或者說，在活的當下中構造起來的內在時間意識形式而產生的[1]。透過隨時可能的反思可以證明，我的每一個體驗都透過它本質所屬的時間視域而被納入到我的體驗流的連續性之中，並且可以在它現時的當下中，相應明見地被把握到[2]。整個體驗流的統一性本身不是相應地被給予，而是確然地「以一種在康德意義上的理念的方式」[3]被給予。

【注釋】① E. Husserl: *Ideen* I, Hua III (Den Haag 1950) 198ff., 291ff. ②同上書，106ff.、181ff.、396ff. ③同上書，202. (K. Held)

Erneuerung* 改造（革新）：（日）改造

「改造」是胡塞爾於 1923／24 年爲日本《改造》雜誌所撰寫的一篇著名文章之標題。胡塞爾將「改造」看作是一個個體倫理學的問題。具體地說，個體的生活形式可以分爲兩種①：一種是「自身管理」的生活形式②，它屬於前倫理學的生活形式；另一種更高的生活形式是「自身立法」的生活形式，是「眞正人性的生活形式」③和倫理學的生活形式。「改造」是指從前一種生活形式到後一種更高生活形式的改造，也可以說，是一種生活習性到更高的生活習性的改造④。「改造」這個概念在一定程度上體現了胡塞爾的倫理觀、歷史觀、文化觀和宗教觀。

【注釋】①對此可以參閱「生活形式」條目以及 E. Husserl: *Aufs. u. Vort.* (*1922-1937*), Hua XXVII (Dordrecht u. a. 1989) 20ff. ② *Aufs. u. Vort.*, 同上書，26f. ③同上書，33. ④也可以參閱「習性」條目。
【文獻】E. Husserl: "Fünf Aufsätze über Erneuerung"，載於：*Aufs. u. Vort.* (*1922-1937*), Hua XXVII (Dordrecht u. a. 1989) 3-94. H. R. Sepp: "Husserl über Erneuerung. Ethik im Schnittfeld von Wissenschaft und Sozialität"，載於：H. -M. Gerlach/ H. R. Sepp (Hrsg.): *Husserl in Halle. Spurensuche im Anfang der Phänomenologie* (Franskfurt a. M. u. a. 1994) 109-130. E. W. Orth: "Interkulturalität und Inter- Intentionalitä. Zu Husserls Ethos der Erneuerung in seinen japanischen Kaizo- Artikeln"，載於：*Zeitschrift für philosophische Forshung* 47 (1993) 334-351.

Erschauen (Erschauung) 觀視：（英）to see

「觀視」在胡塞爾那裡意味著「把握」（Erfassen）①，更確切地說，它是指「直接相應的把握」②，因而與「直觀」基本同義③。但與「直觀」相比，「觀視」的含義較爲含糊④，也更爲寬泛，它甚至可以超出直觀的範圍⑤。

【注釋】①參閱：E. Husserl: *LU* II/2, A635/B₂163. ② E. Husserl: *LU* II/1, B₁386. ③較為詳細的說明還可以參閱「直觀」（Anschauung）和「本質觀視」（Wesenserschauung）條目。 ④參閱：*LU* II/2, A635/B₂163. ⑤例如可以參閱胡塞爾對「本質觀視」（Wesenserschauung）的說明：*Ideen* I, Hua III (Den Haag ³1976) 15, Anm.，也可以參閱「本質觀視」條目。

Erscheinung** 顯現、顯現者：（英）apparance（法）apparence（日）現出

「顯現」這個德文詞在作爲名詞使用時，它與來自希臘文的「現象」（φαινόμενον）是完全同義的，它意味著「顯現出來的東西」，即「被直觀的對象」。但當它作爲動名詞出現時，它又帶有另一個含義，即「顯現的活動」，亦即「具體的直觀行爲」。此外，人們通常還把具體顯現活動中的實項組成部分——感覺也稱作「顯現」。

胡塞爾本人看到了傳統「顯現」概念所具有的這個三重含義①。他在其現象學的意向分析中放棄了第三層含義，但仍然保留了前兩層含義：「顯現」在他這裡現在**既可以是指顯現物的顯現，也可以是指顯現著的顯現物，也可以是同時意味著**這兩者。在最後這點上，「顯現」這個概念與源於希臘文的「現象」概念完全同義。自《純粹現象學與現象學哲學的觀念》第一卷（1913 年）之後，雙重意義的顯現概念基本上爲技術性較強的「意向活動」與「意向相關項」這對概念所取代。

此外，在內時間意識的分析中，胡塞爾也在概念使用上區分「現象」（Phänomen）與「顯現」（Erscheinung）：「對於那些構造內在時間客體的現象，我們現在寧可避免使用『顯現』的說法；因爲這些現象本身就是內在的客體，並且是在完全另一種意義上的『顯現』。」②

【注釋】① E. Husserl: *LU* II/2, A705ff. /B₂233ff. ② *Zeitb.* Hua X (Den Haag 1966) 27.
【文獻】K. Held: "Husserls Rückgang auf das phainómenon und die geschichtliche Stellung der Phänomenologie"，載於：*Phänomenologische Forshungen* 10 (1980) 89-145.
【相關詞】Erscheinen 顯現，Erscheinendes 顯現者，Erscheinungsabhängigkeit 顯現依

賴性，Erscheinungserlebnis 顯現體驗，Erscheinungsmannigfaltigkeit 顯現雜多性，Erscheinungsmodus 顯現樣式，Erscheinungsreihe 顯現序列，Erscheinungssystem 顯現體系，Erscheinungsweise 顯現方式，Erscheinungswelt 顯現世界，Erscheinungszusammenhang 顯現聯繫。

-egentliche und uneigentliche Erscheinung 本眞顯現與非本眞顯現：

在對空間事物的感知中，例如：在對一個對象的看中，對象的某一「面」突出地顯示出來，直觀地被給予我們。胡塞爾將這個突出的被給予性，即這個被看到的「面」，標識爲「本眞的顯現」，並且將它區別於「非本眞的顯現」，後者也被稱作「空泛的共現」或「統覺的多餘」，例如：這個對象未被直接感知到的「背面」[1]。在本眞的顯現中，一個事物的角度直觀地自身被給予，或者說，生動地、原本地被給予。在非本眞的顯現中，這個事物的其他可能角度並未本眞地顯現出來，而只是隨本眞的顯現而一同被意指。「本眞顯現」和「非本眞顯現」都是一個整體感知行爲的各個部分。但對於感知來說，它的特徵則是由本眞的顯現來體現的。

我們可以在大多數情況下，將本眞的顯現與非本眞顯現這對概念看作是與「體現」和「共現」同義的表達。

除了與非本眞顯現的區別之外，本眞的顯現作爲確切意義上的原本、直觀顯現還有別於另外兩種在直觀基礎上的被給予方式。第一種行爲是圖像意識，在這種行爲中，對象不是自身被給予，而是藉助於一個直觀圖像的中介才間接地被給予；第二種行爲是符號意識，在這種行爲中，對象根本不是直觀地被給予，而是僅僅藉助於一個代表著它的、直觀地顯現的符號而間接地被給予。這兩種對象的顯現因而都不是本眞的顯現。

【注釋】 ① E. Husserl: *Ding u. Raum* Hua XVI (Den Haag 1973) § 16.

Erwartung＊＊ **期待：**（英）expectation（日）予期

在胡塞爾的意向分析中，「期待」是與「回憶」相對應的行爲：前者是指對未來之物的當下化①，後者是指對過去之物的當下化。因此，「期待」從屬於「當下化行爲」或廣義上的「想像」行爲，並與「想像」行爲一同從屬於「直觀性」的客體化行爲。確切地說，「期待」行爲是一種「前當下化」（Vorvergegenwärtigung）②，並因此在本質上有別於另一種當下化行爲，即作爲「再當下化」（Wiedervergegenwärtigung）的「回憶」。但與「回憶」一樣，「期待」作爲一種前意指也是帶有存在設定的行爲，因爲「我不會期待我所自由臆想出來的東西出現；但我會期待將『從自身』而來的東西」③。在這個意義上，「期待」有別於不具有存在設定的「自由想像」或「單純想象」，它是對將要被感知之物的期待，它是一種「前回憶性的注意力」④。從整體上看，胡塞爾對「期待」行爲的研究並不像他對「單純想象」行爲和「回憶」行爲的研究那樣系統深入。他幾乎沒有在當下化行爲的範圍內給「期待」行爲以特別的關注⑤。因而，除了在「被動綜合判斷」的一章⑥以外，他在這方面的研究手稿其餘都只是零星地夾雜在以「想象、圖像意識、回憶」爲題的「當下化現象學」研究中得到發表⑦。

【注釋】①參閱：E. Husserl: Ms. M III 3 III 1 II, 62.　② *Ph. B. Er.* Hua XXIII (Den Haag 1980) 290.　③ Ms. M III 3 III 1 II, 62.　④ Ms. M III 3 III 1 II, 48.　⑤參閱：E. Marbach: "Einleitung des Herausgebers"，載於：Husserl: *Ph. B. Er.*... 同上書，XXX.　⑥ *Analysen* Hua XI (Den Haag 1966) 3. Abschnitt, 4. Kapitel.　⑦參閱：*Ph. B. Er.*.. 同上書，Nr. 5, Beil. XXV, Nr. 12 等等。

【相關詞】Erwarten 期待，Erwartungsbewußtsein 期待意識，Erwartungshorizont 期待視域，Vorerinnerung 前回憶，Vorerwartung 前期待，Vormeinung 前意指。

-protentionale Erwartung 前攝的期待：

在胡塞爾的現象學術語中相當於「期待意向」（Erwartungsintention）或「前期待」（Vorerwartung）。它們都意味著在感知行爲中「趨向性的持續追求」，

例如：在對一所房屋的感知中所包含的對沒有顯露出來的房屋背面的「期待」。它不同於作為當下化行為而與感知相對立的「期待」（Erwartung）行為本身①。

【注釋】 ① E. Husserl: *EU* (Hamburg ⁴1972) § 21.

【文獻】 W. Bröcker: "Husserls Lehre von der Zeit"，載於：*Phit. nat.* 4 (1957) 374-379. Gui Hyun Shin: *Die Struktur des inneren Zeitbewußtseins. Eine Studie über den Begriff der Protention in den veröffenttihten Schriften Husserls* (Bern/Frankfurt 1978).

Erwartungsintention * 期待意向：

「期待意向」是胡塞爾在發生現象學分析中經常使用的概念，它也被稱作「前攝性期待」（protentionalen Erwartung）或「前期待」①。但實際上「期待意向」既不同於「前攝」，也不同於「期待」。因為，一方面，就它與「前攝」的區別而言，「前攝」是某種結構性的、意向活動方面的東西，而「期待意向」則與內容性的、意向對象方面的東西有關。「前攝」不會經歷失實（Enttäuschung），而「期待意向」則完全有可能。另一方面，就它與「期待」的區別而言，「期待」是一個完整的意向行為，甚至可以是一個包含「期待意向」的行為，而「期待意向」則不獨立，它從屬於相關的感知，構成感知的一部分。「期待意向」可以說是對感知中的「興趣」、「趨向」的具體體現②，它是一種「一再切近對象，一再完善地占據對象自身的追求」③。

【注釋】 ①參閱：E. Husserl: *EU* (Hamburg ⁴1972) 93, 95. ②對此還可以參閱「興趣」、「趨向」條目。 ③ *EU*... 同上書，92.

Erzeugung 製作：（英）to produce（法）production（日）產出：

胡塞爾用「製作」概念來泛指意識活動對意向相關項的原初構造或「原造」（Produktion）①。它既可以意味著在直觀行為中對意向相關項的「本原製作」②，

因而有別於在當下化行爲意義上的「再造」（Reproduktion）；也可以是指在判斷行爲中對思維對象的「自身製作」③，因而不同於對這些思維對象的「第二性變異」。

【注釋】 ① E. Husserl: *Ideen* I, Hua III (Den Haag ³1976) 281, 289 等等。　②同上書，284.　③參閱：*F. u. tr. Logik* Hua XVII (Den Haag 1974) 314.

【相關詞】 erzeugend 製作著的，Erzeugnis 製作品，Selbsterzeugung 自身製作。

Erzielen 射中：（英）attainment

作爲胡塞爾的現象學術語中，「Erzielen」已不再意味著「獲取」、「得到」，而是專門被用來指稱「意向」的一個部分，即「充實」（Erfüllen）的部分。胡塞爾在其靜態現象學分析中將意識的「意向」，即廣義上的意識行爲，劃分爲兩個主要成分：「瞄向」（Abzielen）和「射中」①。所謂「瞄向」是指「意向」對某物的指向狀態，而「射中」則意味著這個「意向」在直觀中得到「充實」（Erfüllen）。

【注釋】 ①參閱：E. Husserl: *LU* II/1, A358/B₁379 u. Ms. M III 3 IV 1 II, 4.

Essenz* 實質：（法）essence（日）本質、本質存在

胡塞爾在兩種意義上使用「實質」概念：一方面，「實質」被等同於同一的「質料」或「意義」①。他認爲，「如果兩個直觀行爲具有同一個質料，我們便說，它們具有同一個實質」，「所有客觀完整的對同一個質料的直觀，都具有同一個實質」②。一個合適的實質也就意味著，被賦義的內容與賦予的意義完全相合，意味著「對相應的複合內容的完整直觀化」③。另一方面，胡塞爾同時強調，「實質」也具有其「本原概念」：「**實質**的本原概念可以透過下列命題而得到表達：每一個有效的種類都是一個實質」④。在這個意義上，「實質」構成「實存」

（Existenz）的對應項，並且是「本質」或「觀念本質」的同義詞⑤。例如胡塞爾認爲，「現象學作爲純粹實質的科學，不對實在的實存做出任何確定」⑥。

【注釋】① E. Husserl: *LU* II/2, A575/B₂103.　②同上書，A573/B₂101.　③同上書，A578/B₂106.　④同上書，A579/B₂107.　⑤同上書，A671/B₂198.　⑥ *Ideen* I, Hua III (Den Haag ³1976) 172.

Ethik** 倫理學：（英）ethic（法）ethique（日）倫理学

胡塞爾的現象學哲學構想雖然以對理論理性的批判爲首要目的，但並不侷限在這個目的之上。胡塞爾早在哈勒時期（1887-1901 年）便開始進行實踐理性方面的研究，並定期地開設倫理學和價值論講座。尤其是在 1908 年至 1914 年期間，胡塞爾特別偏重於情感和意願（非客體化行爲）的現象學研究，企圖以此來爲價值論理性與實踐理性的批判奠定基礎①。從整體上看，胡塞爾的倫理學觀點在開始時受布倫塔諾、休謨和康德影響較多，後期則與費希特的思想有諸多聯繫。他的倫理學構想建立在他的一個堅定的信念之上，即：在邏輯學與倫理學之間存在著本質上的平行性或相似性②。對形式與質料的劃分不僅可以適用於理論理性，而且可以適用於理性一般。在這個意義上，胡塞爾談及形式的倫理學和質料的倫理學③。此外，這種平行性和相似性還表現在，在形式邏輯學與形式價值論（作爲評價行爲的原則性學說）和形式實踐論（作爲意願行爲的原則性學說）之間也存在著「澈底的和貫穿的相似性」，只有將分析—形式的價值論和實踐論區別於質料的價值論和實踐論，人們才能討論評價的和意願的理性④。這種形式的價值論和實踐論構成一門科學倫理學的第一階段和基礎⑤。從這個基本立場出發，胡塞爾以形式邏輯爲主線提出形式價值論和實踐論的構想⑥。他同時也討論邏輯理性與評價、實踐理性如何在邏輯理性占主導地位的情況下達成一致；在理論眞理與價值論眞理之間的本質區別等等問題⑦。

【注釋】①參閱：U. Melle: "Einleitung des Herausgebers"，載於：Husserl: *Ethik* Hua XXVIII (Dordrecht u. a. 1988) XIII-XLIX.　②參閱：E. Husserl: *Ethik* Hua XXVIII (Dordrecht u. a. 1988) 3.　③同上書，A, § 5、27.　④同上書，44f.　⑤同上

書，A, §9.　⑥同上書，A, II. u. IV. Abschnitt.　⑦同上書，A, §§10f.

【文獻】 A. Roth: *Edmund Husserls Ethische Untersuchungen. Dargestellt anhand seiner Vorlesungsmanuskripte* (Den Haag 1960).　U. Melle: "Objektivierende und nicht-objektivierende Akte"，載於：S. IJsseling (Hrsg.): *Husserl-Ausgabe und Husserl-Forschung* (Dordrecht u. a. 1990) 35-50.　G. Funke: "Kritik der Vernunft und ethisches Phänomen"，載於：*Phänomenologische Forschungen* 9 (1980) 33-89. St. Strasser: *Welt in Widerspruch. Gedanken zu einer Phänomenologie als ethische Fundamentalphilosophie* (Dordrecht u. a. 1992).　Ch. Spahn: *Phänomenologische Handlungstheorie. Edmund Husserls Untersuchungen zur Ethik* (Würzburg 1996).

Europäisierung 歐洲化：

　　胡塞爾在《歐洲科學的危機與超越論現象學》中談到「歐洲化」問題①。這個問題涉及到他對超越論主體之目的論發展的歷史哲學構想。胡塞爾在這個構想中，將歐洲哲學的古希臘起源看作是理性目的之誕生，將歐洲哲學的發展看作是「天生的理性」對普全人類之啟示的歷史運動，將歐洲近代哲學的歷史看作是為人類的這個理性意義所做的鬥爭②。而現象學將自身理解為「整個近代（歐洲）哲學的隱祕嚮往」③。如果在歐洲哲學精神的引導下，人類的歷史有可能符合目的論發展的軌跡，那麼就可以證明，歐洲人屬自身載有一個絕對的理念，因而不同於「中國」或「印度」這樣的單純人類學類型；其他異己人屬或非歐洲人屬的「歐洲化」就將會是有意義的④。胡塞爾的歷史哲學構想在涉及到具體程序時，常常帶有非現象學的、意識形態的特徵，「歐洲化」的想法是其中一個例子。他本人也看到這一點，並將他自己這方面的構想稱作「小說」（臆想）。這種構想的產生一方面與胡塞爾的哲學信念有關，他堅信理性的生活（一種得到理性論證的生活）是以希臘為開端的歐洲哲學與文化的最高理想，甚至是全人類的最高理想；另一方面，這種構想也與胡塞爾的有限世界哲學史視域有關。

【注釋】 ① E. Husserl: *Krisis* Hua VI (Den Haag ²1962) 14.　②同上。　③ *Ideen* I, Hua III (Den Haag ³1976) 133.　④ *Krisis...* 同上書，14.

【文獻】 K. Held: "Husserls These von der Europäisierung der Menschheit"，載於：C. Jamme/O. Pöggeler (Hrsg.): *Phänomenologie in Widerstreit* (Frankfurt a. M. 1989) 13-39.

Evidenz * * * **明見性、明證性：**（英）evidence（法）évidence（日）
明証、明証性

「明見性」概念以雙重的方式成爲胡塞爾現象學的主導動機。在多種變化不定的表達方式中（例如：自身給予、自身具有），它的基本含義是指當下擁有、體現性①，也就是說，一個意向地被意指之物對於一個直接把握性的（「直觀性的」、在最寬泛意義上「感知性的」、「原初經驗性的」、「原本給予性的」）意識而言的當下（自身被給予性）②。作爲這樣一種「當下」：

(1) 根據「面對實事本身！」的口號，「明見性」就是現象學研究在方法上所要求的那種認識方式，它意味著，對於現象學研究來說，在原則上不可能有任何其他科學論證可以作爲向現象的回溯（「指明」、「描述」）。所有理性問題都是「明見性」問題③。

(2)「明見性」是那個在現象學研究中成爲課題的意向性所具有的「普遍凸現的形態」④，只要意向性是以雙重的方式被理解爲意識對自身給予的指明性：一方面(a)，意向性是以一種與其豐富的意向相關項內涵相符的多重方式，作爲「證實」或「充實」的趨向（將遠離實事的意識引渡到切近實事的意識中），而在先地指明了「明見性」⑤，並且在這個意義上是目的論的⑥，另一方面(b)，意向性又回返地指明了「明見性」，因爲它在其所有變化形式中都預設了與這些形式相符的當下擁有的種類⑦。意向分析透過這樣一種指明而證明了目的論的在先指明性(a)，即：自身給予所具有的各種持續或消失的方式（「刪除」、「失實」、「否定」）只是「明見性」的各種複雜樣式而已⑧，正如空泛意指永遠不可能完全無對象一樣，因爲所有被期待之物都順從於一個以某種方式在先已知的經驗風格⑨。靜態的和發生的構造分析的課題就在於探討，所有經驗以何種方式回溯到當下擁有之上，亦即回溯到作爲第一奠基性的，但本身不再被奠基的經驗種類之上(b)，並且，哪些意向狀態才會具有這種當下擁有⑩。

在其多重的自身給予方式方面，「明見性」對胡塞爾來說，已成爲一個開放性問題的標題，因此，在現象學構建的過程中，這個概念普遍地經歷了多重的、並不始終一致的劃分。對「述謂判斷明見性」與「前述謂判斷明見性」的區分(A)以及對「相應明見性」和「絕然明見性」的區分(B)，可以被標識爲根本性的區分，這兩個區分直到胡塞爾的後期才從術語上得以最終澄清。(A) 意味著對明見

性層次的區分，而 (B) 則意味著對明見性形式的區分。對述謂判斷明見性與前述謂判斷明見性的區分 (A) 是現象學判斷理論的本質組成[11]，並且意味著，始終是一個主動的普遍化成就或觀念化成就之結果的判斷明晰性（述謂判斷明見性）必然是發生地奠基於對個體對象的被動經驗（前述謂的或生活世界的明見性）之中[12]。這種區分同時也將「明見性」的意向狀態——它是現象學研究的方法導向 (I)——回返地建基到作為明見性的意向性——它是現象學研究的對象 (II)——之中[13]。對相應明見性和絕然明見性的區分，只是在由胡塞爾本人發表的綱領性著作中的相關之處[14]才得到完全明晰的表露；而在其他各處和在其他文字中，胡塞爾在這個術語上則動搖不定。在「明見性」的兩種形式上，意向地被意指之物都是無疑地作為它自身而被給予。相應性意味著，這個被意指之物「完全」作為它自身是現前的，亦即在它的何物（Was）的全部範圍中是體現性的[15]。絕然性是指，這種無疑性具有必然性的特徵，也就是說，它帶有這樣一種意識：這個被意指之物的存在有效性在進一步時間性經驗進程中不可能被揚棄[16]。據此，相應的明見性並不必須是絕然的（例如：外感知的原體現性），反之亦然。胡塞爾一方面將絕然的明見性歸諸於對本質事態的明察[17]，另一方面將它又歸諸於透過超越論還原而得以可能的對我的絕對「我在」的經驗[18]。在其哲學發展的過程中，胡塞爾在從未完全放棄本質論的同時，將其興趣越來越多地從第一種絕然明見性轉向「我在」的絕然明見性。本質直觀的絕然明見性同時也是相應明見性[19]，而「我在」的絕然明見性的相應內涵則是有限制的，並且必須在一種對現象學的（活的當下之理論的）批判性終極反思中[20]才能得到規定[21]。

【注釋】 ① M. Heidegger: *Sein und Zeit* (⁹1960) 363.　② E. Husserl: *F. u. tr. Logik* (1929) 140ff.; *CM* Hua I (Den Haag ²1963) 55ff.　③ *Ideen* I, Hua III (Den Haag 1950) 333-357.　④ *F. u. tr. Logik...* 同上書，141；*CM...* 同上書，92f.　⑤同上書，以及參閱：*Analysen* Hua XI (Den Haag 1966) 65ff.　⑥ *F. u. tr. Logik...* 同上書，143.　⑦同上書，276ff.；*Ideen* I... 同上書，88.　⑧ *Analysen...* 同上書，25ff.　⑨ *EU* (Hamburg ³1964) 26ff.　⑩ *F. u. tr. Logik...* 同上書，276ff.　⑪同上書，179ff.；參閱：*EU...* 同上書，11ff.　⑫ *F. u. tr. Logik* (1929) 182, 186.　⑬同上書，245ff.　⑭ *Ideen* I... 同上書，336-341；*CM...* 同上書，55-57.　⑮同上。　⑯同上；此外，例如可以參閱：*Erste Philos.* II, Hua VIII (Den Haag 1959) 380, 398.　⑰例如參閱：*Ideen* I... 同上書，19、337、413.　⑱例如參閱：

Erste Philos. II... 同上書，88ff.、410ff.　⑲ *Ideen* I... 同上書，19f.；*Erste Philos.* II... 同上書，35.　⑳同上書，80，也被稱作「絕然還原」。　㉑同上；此外還可以參閱：*CM...* 同上書，56、62、133；*F. u. tr. Logik* (1929) 255; *Zeitb.* Hua X (Den Haag 1966) 339ff.; *Analysen...* 同上書，368ff. (K. Held)

補充　「明見性」是胡塞爾現象學的中心概念。這個中心位置是由兩個方面規定的。一方面，現象學首先要求回答，作為對眞理之把握的「明見性認識」究竟是如何得以可能的[①]；另一方面，現象學的整個自身理解問題也可以在現象學「明見性」的標題下被提出來：現象學是否成為或能否成為一門如胡塞爾一再要求的在「明見性原則」（「一切原則之原則」）下進行操作的「明見性的現象學」[②]。

「明見性」一詞來源於拉丁文「evidentia」，它在修辭術語學上與「直觀性」同義，在後期拉丁文中又等同於「清晰性」和「可見性」。自笛卡兒以後，「明見性」概念被理解為「明白清楚的感知」（clara et distincta perceptio），成為「眞理」的相關項。在現象學著作的日文譯本中，「Evidenz」基本上被譯作「明見（性）」[③]。此後這個譯名被沿用到中譯文中，成為或多或少公認的定譯。但必須指出：(1)「明見性」概念不再是心理主義感覺論所說的感覺上的清楚、明白，而是指明晰、直接的感知本身[④]，指對眞實事態的「明察」（Einsicht）；(2)「明見性」或「明證性」這個概念並不包含證明、論證的意思，因為「直觀是不能論證的」[⑤]。從整體上看，胡塞爾對「明見性」概念的使用不很嚴格。

在確切的、本眞的意義上，「明見性」是指確定無疑地擁有眞理，它意味著眞理的相關項：「『明見性』就是對眞理的體驗，而這個命題還可以不無添加地被解釋成這樣的命題：明見性（如果我們足夠廣泛地把握感知這個概念）就是感知，嚴格的明見性就是對眞理的相應感知」[⑥]。「明見性」在這裡，「實際上就是直觀的、直接和相應地自身把握的意識，它無非意味著相應的自身被給予性」[⑦]，或者說，「絕對被給予性」[⑧]、「鮮明的確定性」[⑨]、「最完善的一致性綜合」[⑩]，以及如此等等。

在較為寬泛的意義上，「明見性」指一個意向得到充實的狀況，或者說，意向與充實的統一。因此，胡塞爾認為，「只要一個設定的意向（尤其

是一個斷言）透過一個與之相符的、完全合適的感知而得到證實，哪怕這種感知只是一種對相互有關的個別感知的適當綜合，我們也可以在較含糊的意義上談及明見性。在這裡，我們便有理由談論明見性的程度和層次」[11]。例如：胡塞爾在關於交互主體性的研究中確定，對於本我來說，他人的心靈生活永遠不可能「自身在此」地被給予[12]，但他仍然將對他人的感知或同感納入到「明見性的基本種類」之中[13]。在這個意義上，與「明見性」相對立的是「背理性」（Absurdität）概念，「背理性」是指一個意向得不到充實的狀況：「與明見性相應的是背理性，它是一種對意向和擬一充實之間的所發生的完全爭執的狀況體驗」[14]。

除此之外，胡塞爾在《純粹現象學與現象學哲學的觀念》第一卷中，還進一步區分出在「明見性」概念中所包含的「意向相關項方面的明見性」與「意向活動方面的明見性」的雙重含義[15]。

最後還可以留意胡塞爾 1936 年在〈幾何學的起源〉一文中對「明見性」的最後定義：「明見性並不意味著任何其他的東西，而是意味著在對一個存在者的原本的自身在此意識中對這個存在者的把握。對於行動主體來說，一個打算的成功實現就是被實現者原本地作為它自己而在此存在的明見性」[16]。

【注釋】①參閱：E. Husserl: *LU* II/1, A3ff. /B_1 1ff.　②*Ideen* I, Hua III (Den Haag ^{3}1976) 333.　③例如可以參閱：立松宏孝（譯），《論理學研究》第二卷，みすず書房，1976 年，第 13、15、22 頁等等。渡邊二郎（譯），《純粹現象學と現象學の哲學のための諸構想》第一卷，みすず書房，1979 年，第 284、289 頁等等。④參閱：*Idee d. Phän.* Hua II (Den Haag ^{2}1958) 51f.　⑤同上書，37.　⑥ *LU* II/2, A594/$B_2$122.　⑦ *Idee d. Phän.* Hua II (Den Haag ^{2}1958) 51.　⑧同上書，14.　⑨ *LU* I, A110f./B110f.　⑩ *LU* II/2, A594/$B_2$122.　⑪ *LU* I, A111/B111.　⑫ *Ideen* I, Hua III (Den Haag ^{3}1976) § 1.　⑬同上書，§ 140.　⑭ *LU* II/2, A598/$B_2$1126.　⑮ *Ideen* I... 同上書，316f.　⑯ E. Husserl: *Krisis* Hua VI (Den Haag ^{2}1962) 367.

【文獻】 G. Funke: "Bewußtseinswissenschaft. Evidenz und Reflexion als Implikate der Verifikation"，載於：*Kant-Studien* 61 (1970) 433-466.　G. Patzig: "Kritische Bemerkungen zu Husserls Thesen über das Verhältnis von Wahrheit und Evidenz"，載於：*Neue Hefte für Philosophie* 1 (1971) 12-32.　F. -W. v. Herrmann: *Husserl und die Meditationen des Descartes* (Frankfurt a. M. 1971).　K. Rosen: *Evidenz in Husserls deskritischer Transzendentalphilosophie* (Meisenheim a. G. 1977).

【相關詞】evident 明見的，Evidenzart 明見性種類，Evidenzaufweisung 明見性指明，Evidenzbegriff 明見性概念，Evidenzbewußtsein 明見性意識，Evidenzcharakter 明見性特徵，Evidenzerlebnis 明見性體驗，Evidenzfunktion 明見性功能，Evidenzgefühl 明見性感受，Evidenzleistung 明見性成就，Evidenzquelle 明見性源泉，Evidenzsphäre 明見性領域，Evidenzstufe 明見性階段，Evidenztheorie 明見性理論，Evidenzverhältnis 明見性關係。

-adäquate und inadäquate Evidenz* 相應明見性與非相應明見性：

胡塞爾在《純粹現象學與現象學哲學的觀念》第一卷中區分在擴展了的意義上的各種「明見性」[1]。「相應明見性」與「非相應明見性」是其中的一對。所謂「相應明見性」是指，這種明見性「原則上不能再被『加強』或『削弱』，它不具有分量上的檔次」；而「非相應明見性」則意味著，這種明見性「可以被抬高或貶低」[2]。由於「相應」和「非相應」這對概念可以運用在經驗事實的領域，也可以運用在觀念本質的領域，因此。「相應明見性」不一定就是真正意義上的「絕然明見性」，即真正意義上的本質明察[3]。在這個意義上，胡塞爾認為，所有那些即使是在「相應明見性」中得到保證的東西也可以受到普全的懷疑[4]。

【注釋】① E. Husserl: *Ideen* I, Hua III (Den Haag ³1976) 321.　②同上。　③參閱「絕然明見性與斷然明見性」條目。　④ *Ideen* I... 同上書，62.

-assertorische und apodiktische Evidenz** 斷然明見性與絕然明見性：

在擴展了的意義上，對經驗事物的把握也可以被看作是具有明見性的，即具有「斷然明見性」。這種明見性意味著「對一個個體之物的『斷然的』看，例如：對一個事物或一個個體事態的『覺知』」[1]。它「在其理性特徵上根本性地區別於一種『絕然的』看，區別於對一個本質或一個本質狀況的明察」[2]，即區

別於「絕然明見性」。「絕然明見性」是最確切意義上的「明見性」或「明察」。在這個意義上，胡塞爾要求哲學在其「基地、目的與方法」方面具有「絕然明見性」[3]。

【注釋】① E. Husserl: *Ideen* I, Hua III (Den Haag ³1976) 317f.　②同上。　③ *Krisis* Hua VI (Den Haag ²1962) 195.

【文獻】Th. Seebohm: "Apodiktizität. Recht und Grenze"，載於：*Husserl-Symposium Mainz 1988. Akademie der Wissenschaften und der Literatur* (Stuttgart 1989) 65-99.

exakt (Exaktheit) * 精確的（精確性）（英）exactitude（日）精密性

在《邏輯研究》中，胡塞爾並沒有明確區分數學與哲學在方法上的不同特徵。但自《純粹現象學與現象學哲學的觀念》第一卷起，那些以數學為代表的先天、本質的自然科學被胡塞爾稱作「精確的理想科學」（Idealwissenschaft），它們的方法標誌是「精確性」和「理想化」。「精確性」在這裡意味著「經驗的測量，這種測量是在不斷提高準確率的情況下進行的，並且是在一個事先已透過理想化和構造而得以客體化的理想性世界的指導下進行的，或者說，一個可以歸屬於各個量度標準的特殊理想構成物的世界」[1]。

與此完全不同的是超越論現象學，它同樣是本質科學，但其特徵在於「嚴格性」和「描述性」[2]。胡塞爾甚至認為這兩種本質科學是不可類比的[3]。

【注釋】① E. Husserl: *Krisis* Hua VI (Den Haag ²1962) 32f.　②參閱：*Ideen* I, Hua III (Den Haag ³1976) §§73ff.　③參閱：同上。也可以參閱「嚴格」。——在這點上，海德格也持相同的態度。參閱：M. Heidegger: *Beiträge zur Philosophie. (Vom Ereignis)*, GW 65 (Frankfurt a. M. ²1988) 150：「相反，『精神科學』為了**嚴格**，必須是**不精確的**。這不是它的缺陷，而是它的特長。」

Existenz 實存：（英）existence（法）existence（日）実存、事実存在

　　雖然胡塞爾有時在寬泛的意義上使用「實存」概念（即把它等同於「存在」概念），並且談及「數學的實存」、「本質的實存」等等[1]，但這個概念原則上被胡塞爾用來指稱「具有時空形式」的實在存在[2]。與「實存」相對應的是「實質」或「本質」。胡塞爾強調，現象學作爲本質科學或實質科學與幾何學一樣，它們不對實在的實存做出任何確定，而只進行本質直觀和本質研究[3]。

【注釋】①參閱：E. Husserl: *Krisis* Hua VI (Den Haag [2]1962) 65 以及 *Ideen* I, Hua III (Den Haag [3]1976) 311.　②參閱：*Krisis* Hua VI (Den Haag [2]1962) 56.　③參閱：*Ideen* I... 同上書，172.

【相關詞】existential 實存的，Existentialgesetz 實存性規律，Existenzialsatz 實存性定理，Existenzurteil 實存判斷。

Explikation* 展顯：（英）explication（法）explicitation（日）說明開陳

　　在胡塞爾的現象學術語中，「Explikation」一詞已經偏離它的日常含義「闡述」，成爲一個發生現象學描述的專用術語，中譯作「展顯」。從意向活動的角度來看，「展顯」意味著一種對對象的考察方式，即「一種展開的（entfalten）考察，一種分層次統一的考察」[1]；從意向相關項的角度來看，「展顯」是指一個對象在它本身的各種規定性中的展開[2]。與「關係把握」（Beziehungserfassung）不同，「展顯」是指在對象本身的「內規定性」方面的「展顯」，或者說，是對象的「內視域」的拓展[3]。

　　胡塞爾的分析表明，對一個對象的感知興趣具有這樣一種特徵，它不是停留在對對象的素樸感知上，而是趨向於進入到對象的內視域之中。以對象 S 爲例，在對它的感知中會形成各種特殊的觸發（Sonderaffektion）和特殊的朝向（Sonderzuwendung）α、β 等等，在追隨這些特殊興趣的同時，已知的對象 S 始終處在視域之內，成爲整個感知過程的「基質」（Substrat）[4]。對 α、β 等等的把握最終表現爲對 S 的意義的豐富，或者說，對 S 的進一步規定。在這個意義上，

對 α、β 等等的把握，同時也就是 S 的「展顯」過程。在這個過程中，以原本方式被給予的對象 S 透過一種雙重的「意義構成」（S 的意義構成與 α 或 β 等等的意義構成）而得到精確的直觀[5]。這種對「展顯」現象的分析，為胡塞爾提供了對從前述謂判斷向述謂判斷之過渡的描述可能性。

【注釋】①參閱：E. Husserl: *EU* (Hamburg ⁴1972) 126. ②同上書，127. ③參閱：同上書，114. ④參閱：126；它也被胡塞爾稱作「基質對象」（參閱：同上書，127）。 ⑤同上。

【相關詞】Explikat 展顯者，explikativ 展顯性的，explizieren 展顯，Explizierung 展顯。

F

Faktum * 事實：（英）fact（法）fait（日）事実

「Faktum」在胡塞爾術語中通常與「Tatsache」是同義詞，它們都意味著相對於「本質」而言的「事實」[①]。只是在後期的《歐洲科學的危機與超越論現象學》以及其他一些研究手稿中，胡塞爾才較多地使用「絕對事實」（absolutes Faktum）概念[②]，用它來表述他在後期所思考的一個問題：「**沒有作為事實（faktisch）自我的超越論自我，超越論自我的本質（Eidos）是無法想像的**」[③]。超越論自我的「本質」是指作為純粹可能性的超越論主體性本身，而超越論自我的「事實」則意味著這個純粹可能性在人類歷史中的一種現實化：人類意識與人類歷史的現實。在這個意義上，胡塞爾也將人類歷史定義為「絕對存在的巨大事實」[④]。胡塞爾的這個「事實」概念在很大程度上與海德格的「事實」（「此在的事實」）[⑤]概念相互呼應。胡塞爾本人也看到在「絕對事實」概念中所包含的矛盾：人類的歷史的事實性是「絕對的」，卻不是「必然的」；因此，它只能是一種「絕對的時間化」[⑥]。

【注釋】 ①參閱「事實」（Tatsache）條目。 ②參閱：*Inters.* III, Hua XV (Den Haag 1973) 386, 670 等等；但即使在這裡，胡塞爾也經常將「Faktum」與「Tatsache」不加區分地使用；參閱：同上書，403. ③同上書，385. ④ *Erste Philos.* II, Hua VIII (Den Haag 1959) 497ff. ⑤參閱：M. Heidegger: *Sein und Zeit* (Tübingen 1979) 56. ⑥參閱：*Inters.* III... 同上書，386、670；也可以參閱「絕對者」條目。

【文獻】 L. Landgrebe: *Faktizität und Individuation. Studien zu den Grundfragen der Phänomenologie* (Hamburg 1982). F. Kuster: *Wege der Verantwortung. Husserls Phänomenologie als Gang durch die Faktizität* (Dordrecht u. a. 1996).

【相關詞】 faktisch 事實的，Faktizität 事實性。

Feld 領域：（英）field

-intersubjektives transzendentales Feld 交互主體的超越論領域：

透過向交互主體性的還原（「雙重還原」），關於其他主體的意識被歸入到超越論現象學的課題領域中。它們透過我本己的同感和社會行為而意向地蘊含在這個領域之中。但是，這些其他的主體超越出了我的本己意識領域，因為它們在我的同感行為和社會行為中是作為被意識到的存在而被當下化的，也就是說，它們是作為**自為的存在**而被當下化的，並且這種「自為的存在」不是被我自己原本地（原真地）經驗到的。在這時，這些其他主體都作為共同－主體或共同－構造主體而被當下化，它們在其意向行為中與我一起構造起一個共有的世界，並且，它們透過它們的同感行為和社會行為也意向地蘊含著我本身①。

【注釋】①參閱：E. Husserl: *Inters*. II, Hua XIV (Den Haag 1973), Nr. 1; *Inters*. III, Hua XV (Den Haag 1973), Nr. 13, 33；關於「交互主體的超越論領域」概念以及與此有關的文獻還可以參閱「交互主體性」條目。(I. Kern)

Form＊＊ 形式：（英）form（法）forme（日）形式

「形式」概念在自亞里斯多德以來的傳統哲學中，基本上是一個本體論的範疇。這個含義在胡塞爾哲學術語中也得到保留：現象學的研究領域被區分為「質料的」和「形式的」區域或範疇①，現象學的本體論或本質論也被區分為「形式的」和「質料的」本體論②，因而在這裡可以合理地談論「形式本質」和「質料本質」。但必須注意，在構造現象學的大前提下，胡塞爾對「形式」與「質料」的區分也貫穿在他的意向分析之中。在這個意義上，「形式」不僅像在傳統哲學中那樣意味著意向相關項的「形式」，而且同時、甚至首先是指構造這些意向相關項的意識活動之「形式」③。就意向活動而言，一方面，「材料」透過意向活動而被立義、被構形（Formung）④或被賦予一定的意義，「形式」在這裡處在與「材料」的對立之中：「一個感性的材料只能在一定的形式中被把握，並且只能根據一定的形式而得到連結，這些形式的可能變化服從於純粹的規律，在這些規律中，材料是可以自由變化的因素」⑤；另一方面，對材料的「構形」活動本身還具有「立義形式」（Auffassungsform）和「立義質料」（Auffassungsmaterie）

的區別⑥。「形式」本身在胡塞爾那裡所具有的多重含義，使它處在多重的對立之中。胡塞爾因此強調：「我們在這裡要明確指明，通常所說的與範疇形式相對立的質料，根本不是與行為質性相對立的質料；例如：我們在含義中將質料區分於設定的質性或單純擱置的質性，這裡的質料告訴我們，在含義中對象性被意指為何物，被意指為如何被規定和被把握的東西。為了便於區分，我們在範疇對立中不說質料，而說材料；另一方面，在談及至此為止的意義上的質料時，我們則著重強調意向質料或立義意義」⑦。

【注釋】①參閱：E. Husserl: *Ideen* I, Hua III (Den Haag ³1976) § 10.　②同上書，359.　③ *LU* II/2, A263/B₂181.　④ *Ideen* I... 同上書，199.　⑤ *LU* II/2, A668/B₂196，也可以參閱：*Ideen* I... 同上書，193.　⑥參閱：*F. u. tr. Logik* Hua XVII (Den Haag 1974) 301f.　⑦ *LU* II/2, A609/B₂137.

【相關詞】formal 形式的，formal-allgemein 形式普遍的，formal-apriorisch 形式先天的，formal-inkonsequent 形式上前後不一的，formal-logisch 形式邏輯的，formal-mathematisch 形式數學的，formal-ontologisch 形式本體論的，Formales 形式、形式之物，Formbedeutung 形式含義，Formbegriff 形式概念，Formbildung 構形，Formenabwandlung 變形，Formenlehre 形式論，Formerkenntnis 形式認識，Formgesetz 形式規律，Formgleichheit 形式相同性，Formidee 形式觀念，Formspezies 形式種類，Formstruktur 形式結構，Formtypik 形式類型論，Formtypus 形式類型，Formunterschied 形式區別，Formenverknüpfung 形式連結，Formenverwandlung 變形，Formung 造形、構形、成形，Formwort 形式詞。

-kategoriale Form* 範疇形式：

「範疇形式」也可以被簡稱為「範疇」或「形式」。胡塞爾認為，「範疇形式」具有雙重含義：它一方面是指那些被奠基的行為特徵，亦即範疇直觀行為的特徵，另一方面則意味著透過這些行為特徵而被構造出來的已變異的對象性①。這個劃分並沒有改變「範疇形式」的傳統含義，而只是將它的運用範圍做了描述性的劃分。胡塞爾現象學的特別之處並不在於對「範疇形式」的新理解，而是在於對「範疇形式」的新型把握方式：「範疇直觀」②。

【注釋】①參閱：E. Husserl: *LU* II/2, A657/B2185.　②對此可以參閱「範疇直觀」條目。

-signifikative Form 符號形式：

胡塞爾將「符號形式」看作是「範疇形式」的一種，更確切地說，是「非本眞意義上的範疇形式」[1]。因爲對「符號形式」的把握是透過「符號行爲」，而對「範疇形式」的把握則是透過「範疇直觀」[2]。

【注釋】①參閱：E. Husserl: *LU* II/2, A657/B₂185. ②較爲詳細的說明可以參閱「符號行爲」與「範疇直觀」條目。

Formalisierung＊＊ 形式化：（日）形式化

在胡塞爾現象學中，「形式化」這個術語標誌著從含有實事的本質到純粹邏輯—形式本質的普遍化過渡[1]。這種普遍化過渡與整體化（Generalisierung）的區別在於，它的進行不是透過對本質還原的反覆運用，而是透過抽象。這些形式本質不是最高的屬，而是最高的形式—邏輯範疇「某物一般」的特殊化[2]。

【注釋】① E. Husserl: *Ideen* I, Hua III (Den Haag 1950) 32. ② *F. u. tr. Logik* (1929) 76. (U. Claesges)

Formung＊ 構形、立形：

「構形」屬於「功能現象學」的中心課題。它基本上被用來指稱「意向活動」（noesis）或「意義給予」的特徵，即對可能的「材料」進行意向統攝的過程[1]。「構形」概念在早期胡塞爾那裡主要被用來強調「材料」與「形式」的對立，亦即「立義內容」與「立義」的對立[2]。與「構形」概念基本同義的還有「立義」（Auffassung）、「賦義」（Sinngebung）等等。胡塞爾在後期試圖限制或部分地放棄「立義內容—立義」的模式。他認爲，「構形當然不是一種對在先被給予的材料所進行以及可以對它進行的活動——這將會預設一個悖謬，就好像人們可以事先具有自爲的材料，就好像這些材料不是抽象的意指因素，而是具體的對象一樣」[3]。

【注釋】①參閱：E. Husserl: *Ideen* I, Hua III (Den Haag 31976) 193, 199. ②對此可以進一步參閱「立義」與「立義內容」條目。 ③ *F. u. tr. Logik* Hua XVII (Den Haag 1974) 302；也可以參閱「立義內容－立義（模式）」條目。

Frage* 問題：（英）question（日）疑問

除了通常的含義之外，「問題」一詞在胡塞爾現象學中還具有專門的術語含義：它被用來專門指稱「信仰樣式」（Glaubensmodus, Glaubensmodi）[1]的一種類型，即：對相同感覺材料的感知立義有兩種不同的可能性相互發生衝突[2]。胡塞爾通常將「問題」與「懷疑」放在同一個樣式中探討[3]。

【注釋】①參閱「信仰樣式」與「確然性樣式」條目。 ②參閱：E. Husserl: *Ideen* I, Hua III (Den Haag ³1976) § 104, *Analysen* Hua XI (Den Haag 1966) 33ff. 以及 *EU* (Hamburg ⁴1972) 99f. ③同上。對此還可以進一步參閱「變式」條目。

【相關詞】Fragliches 有問題之物，Fraglichkeit 問題性，Fraglich-Sein 問題－存在，Fraglichkeitsbewußtsein 問題性意識，Fraglichkeitsthese 問題命題。

Fremderfahrung** 異己經驗：（英）experience of some one else、experience of something other（日）他我經驗、他者經驗

「異己經驗」（異己感知[1]）在胡塞爾現象學中是對其他自我的經驗的標題，它被用來替代胡塞爾最初使用過的[2]、並在同時代的現象學和哲學中仍然常見的「同感」概念[3]。「異己經驗」這個新名稱並沒有將同感的舊概念完全排擠掉，它應當表明，在現象學聯繫中，對他人的經驗的問題不是一個心理學的特殊問題，而是一個超越論構造的基本問題[4]。在胡塞爾看來，這個對我來說異己的、客觀的世界的客體性就意味著交互主體性，即對每一個人而言的此在[5]，因此，對這個世界的構造預設了對一個其他自我的構造，以及接下來對許多其他自我的構造，這些其他自我本身是第一性的自我異己者[6]，這個構造便叫做「異己經驗」。對「異己經驗」的意向分析闡釋以一種抽象性排斥為開端，這種抽象性

排除是指將所有預設了異己自我之構造成就的對象和對象關係都從我的經驗領域中排除出去[7]。在此之後存留下來的是一個對我來說本眞的或原眞的經驗層次，它包含著一個內在超越的世界[8]。當一個在此世界中出現的軀體根據某種動機引發（「共現」）而被統攝爲一個異己身體時[9]，這個世界便被跨越了。以此方式便導致兩個自我以及接下來多個自我的共體化；一同得以共體化的還有這些自我所具有的原眞世界，它們由此而顯現爲對所有人而言的同一個世界[10]。在這個客觀世界之中，構造著它的交互主體性的每一個自我現在都在心理—物理的人的標題下作爲客體而出現[11]。

【注釋】① E. Husserl: *Krisis* Hua VI (Den Haag ²1962) 181.　②例如參閱：*Ideen* II, Hua IV (Den Haag 1952) 162-172.　③參閱：M. Theunissen: *Der Andere. Studien zur Sozialontologie der Gegenwart* (1965) 69f.　④ Husserl: *CM* Hua I (Den Haag ²1963) 173.　⑤同上書，123f.；*F. u. tr. Logik* (1929) 209.　⑥同上書，213；*CM.*. 124、173、175.　⑦同上書，124-136.　⑧同上書，134f.　⑨同上書，138-149.　⑩同上書，149ff.　⑪同上書，157ff.

【文獻】 M. Theunissen：參見：注釋③。(K. Held)

Fremdes** 異己者、異己之物：（英）others

　　「異己者」是胡塞爾交互主體性現象學中的專門術語，它與「他人」（der Andere）以及「他我」（alter ego）一樣，是一個與「自我」（Ich）、「本我」（ego）、「本己自我」（das eigene Ich）或「原眞之物」（das Primordiale）相對應的概念。但從整體上看，「異己者」的概念在胡塞爾的術語使用中要比「他人」概念更爲寬泛：在「異己者」概念中不僅包含著「他人」的異己性，即「異己身體」和「異己意識」的異己性[1]，而且也包含著「異己世界」、「異己文化」等等異己性[2]。在這個意義上，胡塞爾也將「異己者」標識爲「非我」（Nicht-Ich），而「他人」只是「非我」所具有的諸多形式中的一個形式，即：「他我」（anderes Ich）[3]。

【注釋】①參閱：E. Husserl: *Inters*. I, Hua XIII (Den Haag 1973) 84.　②參閱：*CM* Hua I

(Den Haag ²1963) 162.　③同上書，136；許多英譯本將「fremd」與「ander」同譯作「other」，從以上理由來看，這是一種不甚嚴格的做法。

【文獻】 M. Theunissen: *Der Andere. Studien zur Sozialontologie der Gegenwart* (Berlin 1965).

【相關詞】 Fremdapperzeption 統覺，Fremdbewußtsein 異己意識，Fremdes 異己之物，Fremderfahrung 異己經驗，Fremdgeistiges 異己精神，Fremdheit 異己性，Fremdkultur 異己文化，Fremdleib 異己身體，Fremdseelisches 異己心靈之物，Fremdsubjekt 異己主體，Fremdwahrnehmung 異己感知，Fremdwelt 異己世界。

Fremdich (fremdes Ich) * * 異己自我：

「異己自我」在胡塞爾現象學中是指相對於我的本己自我而言他人的自我。他人是間接地透過類比推理或同感而被給予的。對作爲異己自我的他人之闡釋，原初以本己自我爲出發點，類比推理或同感的操作，必須將本己自我的自我性轉渡到異己自我之上，因爲除了本己自我之外，只有軀體事物才被看作是直接被給予的。因而異己自我首先是在那些作爲軀體事物的異己身體中表達出來，並根據本己身體與本己自我的聯繫標準而得到解釋的各種體驗的主體極。胡塞爾認爲，同感作爲一種對異己自我的特殊推論方式，建基於對異己身體的類比統覺之上。胡塞爾對異己自我的思考是一種超越論的思考，即把異己自我看作是由本己自我構造出來的客觀世界構造物①。後來舍勒（M. Scheler）在異己自我問題上的思考則是以「你」的被給予性爲對象，因而不同於胡塞爾的超越論本我論②。

【注釋】 ① E. Husserl: *CM* Hua I (Den Haag ²1963) V. Meditation.　② M. Scheler: *Wesen und Form der Sympathie* (⁵1968) Abschn. C: "Vom fremden Ich".

【文獻】 E. Stein: *Zum Problem der Einfühlung* (Halle 1917, München 1980).　M. Theunissen: *Der Andere. Studien zur Sozialontologie der Gegenwart* (Berlin 1965).

Fremdwahrnehmung * * 異己感知：

「異己感知」是「異己經驗」的同義詞①。它們都意味著「本我」對「他

我」、一個單子對另一個單子的同感（Einfühlung）。在「異己感知」中與在「事物感知」中一樣，他人的軀體不僅被體現（präsentiert）出來（例如這個軀體的正面），而且同時也被共現（appräsentiert）出來（例如這個軀體的背面）。但在「異己感知」之中，還有一種不同於這兩種展現方式的「共現」，正是這種「共現」才使我有可能將這個軀體（Körper）感知爲一個他人的身體（Leib）[②]。換言之，在「異己感知」中以感知方式被感知到的只是「他人」軀體的物理方面，「他人」的心理方面始終只能被共現出來。這個共現本質上不同於「事物感知」中的共現，因爲在「事物感知」中，被共現的東西，例如一張桌子的背面，原則上隨時有可能被體現出來，而在「異己感知」中，對他人心靈方面的共現原則上「永遠不能現實地成爲體現」[③]。因此，在「異己感知」中的共現，無非只是一種「對原初不能當下擁有之物的當下化」[④]。胡塞爾有時甚至將整個「異己感知」都標誌爲一種「較高階段的脫—當下化」，即「脫離開我的原現前而進入到一個單純被當下化的原現前之中」[⑤]，或者說，進入到他人的原現前之中。從這個角度來看，「異己經驗」的概念比「異己感知」更爲確切表達出對「他人」之統攝的特徵。

【注釋】①較爲詳細的說明可以參閱「異己經驗」條目。　②參閱「軀體」、「身體」條目。　③ E. Husserl. *CM* Hua I (Den Haag [2]1963) 142.　④ *Inters*. II, Hua XIV (Den Haag 1973) 513.　⑤ *Krisis* Hua VI (Den Haag [2]1962) 189.

【文獻】A. Lingis: "The Perception of Others"，載於：*Philosophical Forum* 5 (1974) 460-474.

Fremdwelt＊＊ 異己世界：（日）異鄉世界

在胡塞爾那裡，「異己世界」是指未認知之物和未確定之物的領域，這個領域對於在人格主義觀點中的人來說，是與熟悉的—已知的周圍世界相毗鄰的[①]。「異己世界」的結構和經驗可能性已經在家鄉世界的類型論中得到在先的標示，以至於根據異己世界與家鄉世界的連續—視域連結性，前者可以從後者出發而得到理解[②]。在抽象的「自然」觀點中，異己世界只是遙遠的世界而已[③]。

【注釋】①參閱：L. Landgrebe: "Welt als phänomenologisches Problem"，載於：*Der Weg der Phänomenologie* (Gütersloh ²1967) 50f. ② E. Husserl: *Phän. Psych.* Hua IX (Den Haag 1962) 89f. ③ Landgrebe, "Welt als phänomenologi-sches Problem"，同上書，50f。(P. Janssen)

【補充】「異己世界」在胡塞爾後期對「生活世界」分析中是一個與「家鄉世界」相對立的概念。可以說，所有處在家鄉世界之外的未知視域都屬於異己世界的範圍。在異己世界中，幾乎沒有什麼東西像在家鄉世界中那樣得到在先的標識。異己世界的基本結構是不確定性和未知性，不熟悉的環境、風景，不熟悉的人連同其未知的風俗習慣和觀點，不熟悉的國家連同其未知的法律和秩序。我們的期待不斷失望，這是因爲當我們進入異己世界時，我們必定從一開始就帶著整個家鄉世界的已知性，而這些已知性在異己世界中受到限定。但是，我們所經歷的並不是絕對的失望。在我們所帶有的家鄉世界的已知性中仍有一些繼續有效，它們是指最終確然性的持續有效，即世界存在的持續性。世界作爲已知的、存在著的世界，構成了我們所有認識行爲的最普全的被動在先被給予性；在這種世界信仰的基礎上，任何一個對個別事物的把握以及任何一個認識活動的進行，都依賴於某些在被動確然性領域中在先被給予的東西；在這個意義上，任何未知的事物都在一定程度上是已知的、任何不確定的事物都在一定程度上是確定的；「異己世界」不可能是一個完全空泛的某物、一個無任何意義的材料、一個絕對未知的東西。因此，在這個意義上也可以說，「未知性」同時也是「已知性」的一個樣式[1]，而「異己世界」同時也是「家鄉世界」的一個樣式[2]。

【注釋】①參閱：E. Husserl: *EU* (Hamburg ⁴1972) § 8. ②參閱：K. Held: "Heimwelt, Fremdwelt, die eine Welt"，載於：*Phänomenologische Forschungen* 24/25 (1991) 305-337.

【文獻】L. Landgrebe: "Welt als phänomenologisches Problem"，載於：*Der Weg der Phänomenol.* (Gütersloh ²1967) 8-45. K. Schuhmann: *Die Fundamentalbetrachtung der Phänomenologie. Zum Weltproblem in der Philosophie E. Husserls* (Den Haag 1971). K. Held: 參見：注釋②。

【相關詞】fremdweltlich 異己世界的，Fremdweltliches 異己世界的事物。

Fülle＊＊ 充盈：（英）fullness（法）le plein（日）充実

「充盈」在胡塞爾的意向分析中是一個與「質性」、「質料」相平行的重要概念。它意味著意識行爲，更確切地說，直觀的意識行爲所具有的感性材料。「充盈」作爲感性材料（Sinnesdaten）還可以進一步劃分爲感覺材料（Empfindung）和想象材料（Phantasma）。前者是感知行爲的內容，後者是想像行爲的內容，這兩種行爲在一起構成更高層次的直觀行爲屬。在胡塞爾的術語中，與「充盈」相對立的是「空泛」（Leere）；一個不具有充盈的意識行爲，也就等於「空泛的意向」。

相對於「質性」和「質料」而言，「充盈」是「直觀行爲所具有的一個新的、以補充的方式特別從屬於質料的因素」[1]。胡塞爾的意向分析表明，由質性與質料所組成的意識行爲之「意向本質」，並不意味著一個具體、完整的行爲，至少它不能構成一個具體、完整的客體化行爲。只有當質性、質料與「充盈」結合在一起時，一個客體化行爲才能成立，因此，「每一個具體、完整的客體化行爲都有三個組成部分：質性、質料和代現性內容」[2]。「代現性內容」（repräsentierender Inhalt）在這裡就是指「充盈」[3]。

「充盈」作爲「代現性的內容」，在意識行爲中是與作爲「被代現的內容」的「質料」相對立的。前者是在直觀中的被給予之物，它們是諸如「紅」、「長、寬、高」以及「冷」、「硬」一類的感覺材料；後者是在意向中的被意指之物，如：「桌子」或「椅子」等等。一旦「充盈」被賦予「質料」（被給予意義、被立義、被統攝），意識對象便產生出來。因此，客體化行爲或對象化行爲的形成必須以感性材料的被給予爲必要的前提。「充盈」越是豐富，它與被賦予它的「質料」便越可能相符。在這個意義上，「充盈」決定了一個意識行爲是否具有直觀性。胡塞爾的分析還進一步表明，一個行爲的「充盈」程度取決於以下三個方面：「充盈」的範圍、活力與實在內涵。「充盈」的完滿也就意味著相關行爲的相應性（Adäquatheit）[4]。

胡塞爾對「充盈」（立義內容）和「質料賦予」（立義）的劃分，在很大程度上受到笛卡兒的二元論和感覺主義影響。儘管胡塞爾有時也對此一觀點進行自我批判，但可以證明，他仍然將這個觀點一直保留到他的後期，至少是在感知行爲的範圍內[5]。

【注釋】 ① E. Husserl: *LU* II/2, A/541B₂69. ②同上書，A562/B₂90. ③此外，與「充盈」同義的概念還有「直觀內涵」（intuitiver Gehalt）、「立義內容」（Auffassungsinhalt）、「被代現者」（Repräsentant）、「感性原素材料」（Hyle, Sinnesdaten），以及其他等等。 ④同上書，A562/B285. ⑤較爲詳細的說明可以參閱「立義內容—立義（模式）」條目。

【文獻】 M. Merleau-Ponty: *Phénoménologie de la perception* (Paris 1945). U. Melle: *Das Wahrnehmungsproblem und seine Verwandlung in phänomenologischer Einstellung. Untersuchungen zu den phänomenologischen Wahrnehmungstheorien von Husserl, Gurwitsch und Merleau-Ponty* (Den Haag 1983). L. Ni: *Seinsglaube in der Phänomenologie Edmund Husserls* (Dordrecht u. a. 1999).

【相關詞】 Ausfüllung 充滿，Erfüllung 充實，Füllung 充盈化。

Fundamentalbetrachtung ** 基本考察：（英）fundamental considerations

與胡塞爾現象學相關的「基本考察」，在現象學研究中始終是一個帶有雙重含義的重要概念。它在雙重意義上意味著現象學研究的課題和任務。

首先，「基本考察」可以是指「**現象學的基本考察**」（phänomenologische Fundamentalbetrachtung）。它是胡塞爾 1913 年的代表作《純粹現象學與現象學哲學的觀念》第一卷第二篇的標題。該篇共包含四章：〈自然觀點的命題以及對它的排斥〉、〈意識與自然現實〉、〈純粹意識區域〉、〈現象學的還原〉。胡塞爾超越論現象學的核心部分、他的關鍵性哲學立場，在這一篇中得到了明確的表述①。

其次，「基本考察」也可以是指「**對現象學的基本考察**」（Fundamentalbetrachtung der Phänomenologie）。它意味著胡塞爾現象學的一個終身任務，即對它自己本身進行的基本哲學反思：「它（現象學）的本己本質就在於，完善地澄清它的本己本質，從而也完善地澄清它的方法原則」②。

第一種基本考察是在現象學的工作中進行的，它要求「最完善的無前提性」；而第二種基本考察是在現象學的自身反思中進行的，它要求對其自身有「絕對反思的明察」③。這兩種基本考察並不相互脫離，而是密切相關，並且它們各自的結論會在一定程度上構成一個「佯謬」：現象學作爲「純粹現象學」

本身不是哲學，它是一門不帶有任何前設，因此也「不帶有眞正的哲學要求」，
「先於所有哲學興趣和所有哲學本身的」④科學；但另一方面，正是藉助於這種
操作上的無前提性和自明性，現象學作爲「純粹現象學」又帶著它的「一切原則
之原則」而構成一種「特殊的哲學思維態度和特殊的哲學方法」⑤，從而要求成
爲哲學的基礎科學或哲學的根。在具體的分析中，這種「佯謬」不僅表現在對胡
塞爾現象學至關重要的「還原」學說中，而且也表現在其同樣至關重要的「構造」
理論中。

但是，如果單方面地強調和堅持現象學「基本考察」的某一面，這將是一個
原則性的錯誤。胡塞爾本人曾強調，如果現象學的歷史命運就是「不斷進入到新
的佯謬之中」，那麼「人們以後將會理解，這是一個必然的佯謬」；現象學的本
質就在於，它是「一個有意義地可溶解的、甚至是必然的佯謬」⑥。

因此，胡塞爾現象學意義上的「基本考察」任務應當在於：既思考現象學所
具有的統一的「基本意義」，也思考它的基本狀況⑦。只有當解釋者們清楚而全
面地將現象學看作是這樣一種雙重意義上的活動，才有可能將這兩者有機地結合
爲一體，並使它們產生出活的效應⑧。

【注釋】 ①參閱：E. Husserl: *Ideen* I, Hua III (Den Haag ³1976) 2. Abschnitt, § 27-§ 62.
②同上書，121. ③同上。 ④ *Erste Philos.* II, Hua VIII (Den Haag 1959) 172.
⑤ *Idee d. Phän.* Hua II (Den Haag ²1958) 23. ⑥ *Krisis* Hua VI (Den Haag ²1962)
185, 183. ⑦ K. Schuhmann: *Die Fundamentalbetrachtung der Phänomenologie.*
Zum Weltproblem in der Philosophie Edmund Husserls (Den Haag 1971) XXI.
⑧參閱：K. Held: "Nachwort"，載於：L. Robberechts, *Edmund Husserl. Eine*
Einführung in seine Phänomenologie. Aus dem Französischen von Klaus u. Margret
Held. Mit einem Nachwort von Klaus Held (Hamburg 1967) 158.

【文獻】 E. Husserl: *Aufs. u. Vort.* (1911-1921), Hua XXV (Dordrecht u. a. 1987), Beil. I. K.
Schuhmann: 參見：注釋⑦。 K. Held: 參見：注釋⑧。

Fundierung/Fundierungsverhältnis** 奠基／奠基關係：（英）founding、relationships of founding、foundation（日）基づけ

　　在《邏輯研究》中，胡塞爾從形式上對奠基概念做了如下的定義：如果一個 α 根據本質規律在其存在上需要一個 μ，以至於 α 只有在一種全面的統一性中與 μ 一起才能存在，那麼 α 便是透過 μ 而被奠基[1]。奠基可以是相互性的，也可以是單方面的。在單方面的奠基情況中，被奠基者若沒有奠基者便不能存在，但反之則可以[2]。——在胡塞爾**後期**思想中，單方面奠基的概念得到了更為廣泛的運用[3]。其一，這個概念涉及到構造階段的秩序[4]，其二，它涉及到各種不同意向行為與它們的意向相關項之間的相互關係[5]。所有高層次的和複雜的行為與對象性都奠基於原初的和簡單的基本行為與對象之中，例如：範疇直觀奠基於素樸感性直觀之中[6]，邏輯—述謂判斷奠基於前述謂的經驗明見性之中，所有評價和意願行為最終都奠基於對素樸感性實體的經驗（原信仰）之中[7]。

【注釋】　① E. Husserl: *LU* II/1 ([5]1968) 261ff.　②同上書，264f.　③參閱：A. Diemer: *Edmund Husserl. Versuch einer systematischen Darstellung seiner Phänomenologie* (Meisenheim a. G. [2]1965) 90ff.　④ Husserl: *LU* II/2 ([4]1968) 147ff., 152ff.　⑤ A. Diemer, 同上書，90ff.　⑥ 144ff., 152ff.　⑦ *EU* (Hamburg [3]1964) 21f., 53f.
(P. Janssen)

補充　「奠基」或「奠基關係」的概念在胡塞爾的意識分析中無疑占有極為重要的位置。現象學意向分析的諸多結果最終都可回歸為在意向體驗的「奠基關係」方面所獲得的本質認識。「奠基關係」就意味著意向體驗的本質結構。胡塞爾強調：「所有真實的統一體都是奠基關係」[1]。
　　但是，胡塞爾同時也強調，「一個行為的被奠基並不是指這個行為——無論在哪種意義上——建立在另一些行為之上，而是意味著，就其本質，即就其種類而言，被奠基的行為只有建立在奠基性種類的行為上，它們才是可能的」[2]。就此而言，奠基並不意味著論證。它僅僅意味著，被奠基的構成物如果不回溯到奠基性的構成物上，就無法自身被給予[3]。在奠基關係中，奠基性的環節也被稱之為「起源」。
　　胡塞爾的意向分析至少揭示了以下幾種奠基關係：(1) 非客體化行為在客

體化行為中的奠基（例如：喜悅奠基於表象之中）[4]；(2) 一種客體化行為在另一種客體化行為中的奠基（例如：述謂陳述的行為奠基於稱謂行為之中）[5]；(3) 符號行為在直觀行為中的奠基[6]；(4) 想像在感知中的奠基[7]；(5) 非信仰行為在信仰行為中的奠基[8]；(6) 範疇直觀行為在感性直觀行為中的奠基[9]；(7) 被奠基的行為的質料在奠基性行為的質料中的奠基[10]；(8) 行為質性在行為質料中的奠基[11]；(9) 行為特徵在外感性內容中的奠基[12]；(10) 述謂判斷的明見性在前述謂判斷明見性中的奠基[13]；(11) 意識的主動綜合及其構成物在被動綜合及其構成物中的奠基[14]，以及其他等等。所有這些奠基關係又可以從「靜態現象學」方面和「發生現象學」方面得到劃分，並且最終歸結為「有效性的奠基」和「發生性的奠基」這樣兩個基本範疇，前者是超時間的，後者則與時間有關[15]。

【注釋】① E. Husserl: *LU* II/1, A272/B$_1$279. ② *LU* II/2, A650/B$_2$178. ③ E. Tugendhat: *Wahrheitsbegriff bei Husserl und Heidegger* (Berlin 1967) 182. ④參閱：*LU* II/1, A459/B$_1$494. ⑤同上書，A463/B$_1$498. ⑥ *LU* II/2, A568/B$_2$96. ⑦同上書，A549/B$_2$77. ⑧參閱：*EU* (Hamburg ^{4}1972) § 21，也可以參閱 E. Tugendhat: *Wahrheitsbegriff bei Husserl und Heidegger*... 同上書，41. ⑨ Husserl: *LU* II/2, A649/B$_2$177. ⑩同上書，A647/B$_2$175. ⑪ *LU* II/1, A391/B$_1$416. ⑫ *LU* II/2, A706f. /B$_2$234f. ⑬ *EU*... 同上書，37. ⑭ *CM* Hua I (Den Haag ^{2}1963) 112. ⑮參閱：L. Landgrebe: "Die Phänomenologie als transzendentale Theorie der Geschichte"，載於：*Phänomenologische Forschungen* 3 (1976) 32.

【文獻】W. Szilasi: *Einführung in die Phänomenologie Edmund Husserls* (Tübingen 1959). E. Tugendhat: 參閱：注釋⑧。

【相關詞】fundieren 奠基，fundierend 奠基性的，fundiert 被奠基的，Fundiertsein 被奠基狀態，Fundierungseinheit 奠基統一，Fundierungsganzes 奠基整體，Fundierungsordnung 奠基次序。

Funktion (fungieren)** 功能（起作用）：（英）function（日）機能

胡塞爾將超越論主體性在進行其意向體驗過程中的活力稱作「起作用」，它表明這種意向體驗的進行具有超越論構造的「作用（功能）」[1]。

【注釋】① E. Husserl: *Ideen* I, Hua III (Den Haag 1950) 212ff.；參閱：E. Fink: *Studien zur Phänomenologie* (Den Haag 1966). (K. Held)

【相關詞】Funktion 功能、作用，Funktionseinheit 功能統一，Funktionsform 作用形式，Funktionsgemeinschaft 功能共同體，Funktionswandel 功能變化。

Für-wahr-halten 認之爲眞：

「認之爲眞」在胡塞爾這裡是指對對象之存在的設定，意味著存在的「確然性」①；同時，在語詞構成上，它還暗示「感知」，亦即「感之爲眞」（Wahr-Nehmen）②。與「認之爲眞」相關的概念在胡塞爾那裡還有：「認之爲或然」（Für-wahrscheinlich-halten）、「認之爲可能」（Für-möglich-halten）以及「認之爲否」（Für-nichtig-halten）等等③。它們是「認之爲眞」的「變式」（Modalität）。

【注釋】①參閱：E. Husserl: *Analysen* Hua XI (Den Haag 1966) 39. ②對此還可以進一步參閱「感知」（Wahrnehmen, Perzeption）條目。 ③ *Ideen* I, Hua III (Den Haag ³1976) § 94.

G

Gattung* 屬：（英）genus（法）genre（日）類

在本質的整體領域中，胡塞爾在範疇上區分本質的「屬」（Gattung）、「種」（Art）和「差」（Differenz）[1]。胡塞爾認為，每一個本質，無論它是質料本質，還是形式本質，都從屬於一定的本質層次序列，即從屬於一定的「種」或「屬」[2]。例如：在純粹邏輯學的含義領域中，「含義一般」是最高的本質屬[3]。這個意義上的「種」與「屬」起源於亞里斯多德的「種」、「屬」概念[4]。

【注釋】① E. Husserl: *Ideen* I, Hua III (Den Haag ³1976) § 12. ②同上。 ③參閱：同上。 ④參閱：*LU* II/2, A698/B₂226.

【相關詞】Gattungsallgemeinheit 屬的普遍性，Gattungsbegriff 屬概念，Gattungseinheit 屬統一，Gattungsgemeinschaft 屬共同體，Gattungswesen 屬本質，Gattungszahlwort 屬數詞。

Gefühl* 感受：（英）feeling（法）sentiment（日）感情

「感受」在胡塞爾現象學中是一個較為含糊的術語。一方面，「感受」本身作為一種具有寬泛領域的意識現象受到探討：它在整體上從屬於「非客體化行為」的領域，因此也奠基於「客體化行為」之中[1]。在這個意義上，「感受」是與「情感」（Gemüt）相平行的概念，它自身包括「好感」、「惡感」等等喜怒哀樂的感受[2]。另一方面，「感受」在胡塞爾那裡也可以意味著一種感受感覺（Gefühlsempfindung），這種「感受感覺」雖然屬於「客體化行為」，但它有別於外感知中的「感覺材料」，因為「感受體驗不以映射的方式顯現自身」[3]。這個意義上的「感受」應當是指「內感知」感覺材料。它包括「痛感」、「熱感」以及其他感性感受。最後，胡塞爾還在另一種意義上談及「感受」。在發生現象

學的分析中，胡塞爾區分「行爲進行」和「行爲引發」④。在行爲進行之前存在著引發行爲的因素，它導致自我有興趣轉向觸發者，從而有可能使觸發者成爲對象。這裡的興趣也被胡塞爾標識爲「感受」⑤。胡塞爾在研究手稿中，將這個意義上的「感受」定義爲「在自我與自我異己的素材（觸發內容）之間的中介」，但它「仍然是自我性的，是自我的狀態性」⑥。

【注釋】①參閱：E. Husserl: *Ideen* I, Hua III (Den Haag ³1976) 74.　②同上書，266.　③同上書，92.　④ *Ideen* I... 同上書，§ 115.　⑤ *EU* (Hamburg ⁴1972) 91.　⑥ Ms. C16 V, 15ff.

【文獻】Q. P. Smith: "Husserl and the inner structure of feeling-acts"，載於：*Research in phenomenology* 6 (1976) 84-104.

【相關詞】Fühlen 感受，Gefühlsakt 感受行爲，Gefühlsdatum 感受材料，Gefühlsemp-findung 感受感覺，Gefühlserlebnis 感受體驗，Gefühlsintention 感受意向，Gefühlsphänomen 感受現象。

Gegebenheit** 被給予性：（英）givenniss（日）所與、所與性

「被給予性」是指事物（感覺材料、對象等等）的顯現。前者（被給予性）是從意識活動的角度而言，後者（顯現）是從意向相關項的角度而言。「被給予性」概念強調顯現者對自我的相對性，或者說，「被給予」是指被給予自我。眞正被給予自我的對象，也就意味著自我可以經驗到的東西。例如：「實項的被給予性」就意味著自我意識行爲的「實項內容」，而「意向的被給予性」也就是指自我意識行爲的「意向內容」①。同樣的情況也適用於「本原的被給予性」、「直接的被給予性」②，它們都意味著相對於自我而言的顯現方式。胡塞爾的超越論現象學試圖透過對自我意識的反思，包括對被給予性的反思來把握絕對主體性的結構。從這個角度出發，胡塞爾強調，所謂對象，並不是一個像藏在口袋裡一樣藏在認識中的事物，認識也不是一個始終相同的空口袋，這次可以放入此物，另一次可以放入他物等等。相反地，「我們是在被給予性中看到，對象在認識中構造起自身」③。

【注釋】①參閱：E. Husserl: *LU* II/2, B$_2$236.　② *Ideen* I, Hua III (Den Haag ^{3}1976) 11, 16 以及 *Erste Philos*. I, Hua VII (Den Haag 1956) 102.　③ *Idee d. Phän*. Hua II (Den Haag ^{2}1958) 75.

【文獻】E. Husserl: *Aufs. u. Vort. (1911-1921)*, Hua XXV (Dordrecht u. a. 1987), Beil. IV. S. Müller: *System und Erfahrung. Metaphysische Aspekte am Problem des Gegebenen bei E. Husserl* (Diss. München 1971).　W. Höres: *Rationalität und Gegebenheit in Husserls Phänomenologie* (Diss. Frankfurt a. M. 1951).

【相關詞】geben 給予，gegeben 被給予，Gegebenes 被給予之物，Gegebenheitsart 被給予性種類，Gegebenheitsbewußtsein 被給予性意識，Gegebenheitsfülle 被給予性充盈，Gegebenheitsmodus 被給予性樣式，Gegebenheitsweise 被給予方式，Gegebensein 被給予狀態。

Gegenstand * * 對象：（英）object（法）objet（日）對象

「對象」概念是胡塞爾在其現象學分析中使用最多的術語之一。但是，一方面由於這個概念帶有各種傳統哲學的淵源，另一方面還因爲它在胡塞爾的思想發展中經歷了不同的變化，因此「對象」概念在胡塞爾哲學中具有極爲複雜的含義。

從意識現象學的角度來看，「對象」概念可以在這裡獲得它最確切的含義，即相對於意識而立的東西（Gegen-Stand）。「對象」在這個意義上始終是指「意向對象」或「意識對象」，它意味著，一個東西被意識到並且面對意識而立。胡塞爾本人曾經強調：「我並沒有發明普遍的對象概念，而只是恢復了那個爲所有純粹邏輯定理所要求的對象概念，並且同時指明，它原則上是一個不可或缺的概念，因此它也是一個規定著普遍科學話語的概念。在這個意義上……許多觀念之物也是一個『對象』」①。在另一處，胡塞爾還指出，「對於意識來說，被給予之物是一個本質上相同的東西，無論被表象的對象是實在存在的，還是被臆想出來的，甚或可能是悖謬的。我對『丘比特』的表象不會不同於我對『俾斯麥』的表象，對『巴比倫塔』的表象不會不同於對『科隆大教堂』的表象，對一個『等千角形』的表象不會不同於對一個『等千方形』的表象」②。就此而論，「對象」是指被意識到的東西，無論這個東西是實在的還是觀念的，是現實的還是臆想的，是可能的還是不可能的，是有意義的還是悖謬的或無意義的③。在這個意義上，胡塞爾在《邏輯研究》中也將「對象」稱作意識的「意向

對象」或「內容」：「對象是一個意向對象，這意味著，在此有一個行為，它帶有一個具有確定特徵的意向，這個意向在這種確定性中構成了我們稱之為朝向此對象之意向的東西」④。「對象」作為以各種可能的方式被意指的東西，原則上不同於意識中實項地被給予的東西（感覺材料），除非是在完全相應的內在感知中⑤。此後在《純粹現象學與現象學哲學的觀念》第一卷中，「對象」概念又在相當程度上被胡塞爾等同於「意向相關項」⑥。在意向相關項方面，有兩個對象概念需要區分：第一個對象概念是指「如此被規定的對象」（Gegenstand im Wie seiner Bestimmtheiten）⑦；第二個對象概念則是指「絕然對象」（Gegenstand schlechthin）⑧。這個劃分與《邏輯研究》中對「如其被意指的對象（Gegenstand, so wie er intendiert ist）」與「被意指的絕然對象」（schlechthin der Gegenstand, welcher intendiert ist）⑨是平行的：它們都可以在一定程度上被看作上與「意向對象」和「含義」相等義的概念。

此外，在胡塞爾後期的發生現象學分析中，「對象」概念還具有相對於「課題」概念而言的特殊含義。在這裡，「自我朝向」（Ichzuwendung）的對象僅僅意味著自我朝向的一個不確定客體，一個含糊的或空泛的被意指之物，而「課題」則表明一種被把握、被關注的客體，一種「深入到對象之中的追求以及在對象自身的充實上得到的滿足」⑩。因此，**「在確切意義上的課題與自我朝向的對象並不始終一致」**⑪。

「對象」的對應概念始終是「意識」。它們在確切的意義上體現出「意識對象」與「意識行為」的對立。但這個對立並不是固定不變的。「意識」也可以使自身成為「對象」，只要它透過反思而目光轉回到自身，並將自身對象化。澈底的意識反思是胡塞爾所宣導的哲學觀點⑫。正是透過這種反思，現象學發現所有奇蹟中的奇蹟：意識可以使某個不包含在它自身之組成部分中的東西成為意向對象——意識具有構造的能力。意識既不是裝載著事物本身的盒子，也不是裝載著關於事物圖像的盒子。在這個意義上，「對象」概念在胡塞爾的術語中本質上有別於「事物」概念⑬。

【注釋】① E. Husserl: *Ideen* I, Hua III (Den Haag ³1976) 47.　② *LU* II/1, A353/B₁374.
③關於對象的「有意義」和「無意義」還可以參閱：*LU* II/1, 1. *Unters.* § 14 以
及 *LU* II/2, 4. Kapitel.　④ *LU* II/1, A388，也可以參閱：*LU* II/1, A197/B₁199,

A52/B₁52. ⑤同上書，A197/B₁199. ⑥對此較爲具體的說明可以參閱「意向相關項」條目。 ⑦ *Ideen* I... 同上書，§ 131. ⑧參閱：同上以及：*Bedeutungl.* Hua XXVI (Dordrecht u. a. 1988) 35. ⑨參閱：*LU* II/1, A376/B₁400. ⑩ *EU* (Hamburg ⁴1972) 92. ⑪同上。 ⑫ *Ideen* I... 同上書，78. ⑬參閱：Th. Celms: *Der phänomenologische Idealismus Husserls und andere Schriften 1928-1943* (Frankfurta. M. u. a.) 63f.

【文獻】 I. S. Cha: *Eine Untersuchung über den Gegenstandsbegriff in der Phänomenologie Edmund Husserls* (Diss. Freiburg i. Br. 1968). R. Bernet: "Husserls Begriff des Noema"，載於：S. IJsseling (Hrsg.): *Husserl-Ausgabe und Husserl-Forschung* (Dordrecht u. a. 1990) 61-80.

【相關詞】 Gegenständliches 對象之物，Gegenständlichkeit 對象性，Gegenstandsbegriff 對象概念，Gegenstandsbewußtsein 對象意識，Gegenstandsfeld 對象領域，Gegenstandsform 對象形式，Gegenstandsgebiet 對象領域，Gegenstandskategorie 對象範疇，Gegenstandskonstitution 對象構造，Gegenstandslehre 對象學說，gegenstandslos 無對象的，Gegenstandslosigkeit 無對象性，Gegenstandsmaterie 對象質料，Gegenstandspol 對象極，Gegenstandsregion 對象區域，Gegenstandssinn 對象意義，Gegenstandssphäre 對象領域，Gegenstandstypus 對象類型，Gegenstandswahrheit 對象眞理，Gegenstandswelt 對象世界。

Gegenständlichkeit 對象性：（英）objectivity（法）objectif（日）對象性

「對象性」概念在原則上有別於「對象」概念，雖然胡塞爾常常將它們等義使用。胡塞爾本人在《邏輯研究》中從兩個方面強調「對象性」與「對象」這兩個術語之間的區別。一方面，「我常常選用『對象性』這個比較不確定的表達，因爲在這裡所涉及到的都不僅僅是狹義上的對象，而且也涉及到事態、特徵，涉及到非獨立的實在形式或範疇形式等等」①。從這個角度上說，「對象性」意味著最寬泛意義上的「對象」，即在意識中被構造的東西，無論它是抽象的，還是具體的，是簡單的還是複合的。另一方面，「對象性」與「對象」的區別還在於，「前者受到一個完整的行爲的朝向，後者則受到各種不同的、構成這個行爲的部分行爲的朝向。每一個行爲都意向地關係到一個從屬於它的對象性。這一點既對簡單行爲有效，也對複合行爲有效。即使一個行爲是由部分行爲複合而成

的，只要它是一個行爲，那麼它就會在一個對象性中具有其相關物。正是關於這個對象性，我們在完整的和第一性的意義上陳述說，這個行爲與此對象性有關。部分行爲（如果它們的確不僅僅是行爲的部分，而且是作爲部分寓居於複合行爲之中的行爲）也與對象有關；這些對象一般不等同於整個行爲的對象，儘管它們有時可以等同」②。從這個角度上看，「對象性」是指一個整體意識行爲所構造的整體對象。

【注釋】① E. Husserl: *LU* II/1, A39/B₁39. ②同上書，A377/B₁401.

Gegenstandspol 對象極：（日）對象極

在胡塞爾的意向分析中，「對象極」意味著與自我極①相對應的另一極：「一方面是自我極，另一方面是作爲對立極的客體」②。「對象極」可以是指具體的、作爲某物或某個對象性之物、作爲一個在其顯現中具有統一性並貫穿在自我極之中的東西③。在這個意義上，相對於一個「自我極」可以有諸多的「對象極」。另一方面，「對象極」也可以意味著在意識體驗流中與「自我極」（Ichpol）相對應的、在抽象意義上的另一極。它也就是在自然觀點被看作是素樸存在，並且在存在確然性中始終得到預設的東西，它也是所謂「客觀存在」和「客觀真理」形成的原初源泉④。

【注釋】①參閱「自我極」條目。 ② E. Husserl: *Ideen* II, Hua IV (Den Haag 1952) 105. ③參閱：*Krisis* Hua VI (Den Haag ²1962) 174f. ④參閱：同上書，179.

Gegenwart* 當下：（英）present（法）présence（日）現在

「當下」概念主要被運用在胡塞爾現象學的時間意識分析中，「當下」不同於過去和未來，它無法透過回憶和期待，而只能透過感知才能被把握到。「感知是一種可以說是抓住了當下本身之要害的意識，是原本當下擁有的意識」①。當

前意識的統一被胡塞爾稱作「活的當下」[2]。除此之外，胡塞爾有時也在空間的意義上談及「當下」[3]。

【注釋】 ① E. Husserl: *Analysen* Hua XI (Den Haag 1966) 304；關於「當下」與「當下擁有」、「當下化」的關係，可以參閱後面這兩個條目；此外還可以參閱：*Zeitb.* Hua X (Den Haag 1966) 38f. ② L. Landgrebe: "Der phänomenologische Begriff der Erfahrung"，載於：*Faktizität und Individuation. Studien zu den Grundfragen der Phänomenologie* (Hamburg 1982) 66；對此還可以進一步參閱「活的當下」條目。 ③ *Ph. B. Er...* 同上書，251.

【文獻】 L. Landgrebe: 參見：注釋②。

【相關詞】 gegenwärtig 當下的，gegenwärtigen 當下具有，gegenwärtighaben 當下擁有，Gegenwärtigkeit 當下性，Gegenwärtigung 當下具有，Gegenwartslage 當下狀況，Gegenwartssituation 當下狀態，vergegenwärtigen 當下化，Vergegenwärtigung 當下化。

-lebendige Gegenwart * * 活的當下：（英）living present（日）生き生きレた現在

在胡塞爾現象學的後期，「活的當下」這個時間形式[1]（也被稱作「原本的、原現象的、原樣式的、流動的當下」以及「活的現在」或其他等等[2]）標誌著最終起作用的超越論自我（原一自我）的存在方式，亦即絕對主體性在其內在構造著的、不再是被構造的狀態中的存在方式[3]。由於意識流或體驗流連同其內在的（實項的）內涵本身還是一個在內在時間中構造起來的構成物[4]，所以通向最終構造性的自我的通道只能透過對內在時間視域的加括號，即透過對超越論現象學懸擱和還原的深化而獲得[5]。超越論的自身經驗因而在其可能的、相應的和絕然的內涵方面受到最終的批判[6]。這個批判的結果是，最終構造性自我的時間形式是在絕然明見性中被給予的[7]。最終起作用的自我就是對此自我進行現象學反思的反思者本身。反思具有自身認同的特徵，這個自身認同超越出在被反思的和反思著的自我之間的第一時間間距[8]。只有透過一個追加的反思行為（即「後覺知」）[9]才能確定，這「兩個」自我是同一的。為了確定在這個反思行為中起作

用的自我與被反思的過去自我的同一性，需要一個進一步追加的反思，如此等等⑩。最終起作用的反思因而必然具有一個無窮時間重複的形式⑪。由於這個必然的重複意味著超越論自我的自身認同與其時間延展的同一，因而在這個重複中絕然明見地示明，超越論自我的存在方式必須被理解爲恆定的同一性與流動的自身客體化的原統一⑫，亦即被理解爲活的當下⑬。胡塞爾遺留下的關於這個問題的研究手稿⑭表明，這個活的當下的結構，就是那些從現象學時間分析中所得知的內時間意識原樣式：原印象、滯留與前攝⑮。根據其流動的自身客體化或「時間化」，活的當下的超越論自我永遠不會僅作爲構造著的東西出現，而是始終作爲也已經在內在時間中被構造的東西出現。依據活的當下所具有的這種流動─恆定雙重特徵⑯，超越論自我一方面作爲在意識生活的各個當下中進行著個別行爲的自我構造自身，另一方面則是作爲穩固的同一自我極⑰，這個自我極在意向生活流中是作爲其全時的中心而當下的。由於每一個當下的自我與穩固的自我極這兩者只是同一個活的當下的自身客體化⑱，並且因此而是同一的，所以，自我在其各個個別的行爲進行中所獲得的恆久的自我規定便作爲習性⑲和權能性而在穩固的自我極中凝聚下來⑳。因此，在超越論自我的每個意識當下之中，都意向地包含著自身經驗和世界經驗的所有現時性和潛能性（權能性）㉑。以此方式透過必然的時間化而得到完整具體化的超越論自我被胡塞爾稱之爲單子㉒。

【注釋】①這個概念在胡塞爾的《內時間意識現象學（1893-1917）》（Hua X, Den Haag 1966）頁 54 上已經出現，同樣也以「活的內在當下」的表達形式出現在《純粹現象學與現象學哲學的觀念》第一卷（Hua III, Den Haag 1950），頁 108 上。②參見：注釋⑤、⑦、⑬；《現象學的心理學》（Hua IX, Den Haag 1962）一書的頁 475 及以後各頁提供了胡塞爾關於活的當下的一篇後期文字的例子。③這也就是胡塞爾在《內時間意識現象學》的頁 75 上所談到的東西，這時他還說，「我們缺乏指稱所有這些東西的名稱」。 ④ *Ideen* I... 同上書，198；*Ideen* II, Hua IV (Den Haag 1952) 102; *Analysen* Hua XI (Den Haag 1966) 204f. ⑤ K. Held: *Lebendige Gegenwart. Die Frage nach der Seinsweise des transzendentalen Ich bei E. Husserl, entwickelt am Leitfaden der Zeitproblematik* (Den Haag 1966) 66f.；參閱：Husserl: *Erste Philos.* II, Hua VIII (Den Haag 1959) 411ff.⑥ *CM* Hua I (Den Haag ²1963) 62; *Erste Philos.* II... 同上書，80；*Zeitb*... 同上書，339ff. ⑦ *CM*... 同上書，133；此處和後面可以閱參 Th. Seebohm: *Die Bedingung der Möglichkeit der Transzendentalphilosopie* (1962) 105ff. ⑧ Husserl:

Erste Philos. II... 同上書，80ff. ⑨同上書，89. ⑩ *Ideen* II... 同上書，101ff.⑪
CM... 同上書，81；*Erste Philos*. II... 同上書，442；參閱：schon *Zeitb*... 同上書，
119. ⑫同上書，83；*Erste Philos*... 同上書，412. ⑬ K. Held: 同上書，74；
G. Brand: *Welt, Ich und Zeit. Nach unveröffentlichten Ms. Edmund Husserls* (Den
Haag 1955) 75. ⑭這些手稿現存於（比利時）魯汶胡塞爾文庫中，並準備在
《胡塞爾全集》中發表。在注釋⑤、⑦、⑬所列出的文獻中，這些手稿已經在
較大範圍內得到運用。 ⑮ Husserl: *Erste Philos*. II... 同上書，175. ⑯ *Krisis*
Hua VI (Den Haag ²1962) 171. ⑰ *Ideen* II... 同上書，97ff. ⑱同上書，102f.
⑲ *CM*... 同上書，100ff. ⑳ *Analysen* Hua XI (Den Haag 1966) 360f. ㉑ *Erste
Philos*. II... 同上書，86、161、470；*Phän. Psych*... 同上書，475ff. ㉒同上書，
216f.；*Ideen* II... 同上書，111；*CM*... 同上書，102.

【文獻】 G. Brand: 參見：注釋⑬。 　Th. Seebohm: 參見：注釋⑦。 　K. Held: 參見：注
釋⑤。(K. Held)

Gegenwärtigung (Gegenwärtighaben)** 當下具有：（英）making present、presentation（法）présentation（日）現在化

「當下具有」在胡塞爾術語中被用來表達「感知的意向特徵」①，或者說，
「感知的意向功能」：「客體作爲『在此的』、原本在此並且在現前（Präsenz）
中在此的給予自身」②。「當下具有」與「當下化」（Vergegenwärtigung）一起構
成一個概念對，這個概念對與「感知」和「想象」、「體現」（Präsentieren）和
「再現」（Re-präsentieren）的概念對是基本同義的③。

【注釋】 ① E. Husserl: *LU* II/2, A588/B₂116. ② *Krisis* Hua VI (Den Haag ²1962) 163.
③對此還可以進一步參閱「當下化」、「共當下化」（Mitgegenwärtigung）條
目。

Geist* 精神：（英）mind（法）esprit（日）精神

笛卡兒對「自然」與「精神」的劃分以及狄爾泰對「自然科學」與「精神

科學」的劃分在修改後的意義上，也體現在胡塞爾現象學的構造分析之中①。但「精神」在胡塞爾這裡是指一種作爲意向相關項之種屬的精神活動，換言之，「精神」意味著透過意識活動而被構造的意向相關項：「精神世界」。胡塞爾在這個標題下將「精神」看作是一個「質料本體論」的領域，即「精神世界的區域本體論」②。他認爲，在「精神生活」中起作用的最基本規律是「動機引發」（Motivation）③。

【注釋】① E. Husserl: *Krisis* Hua VI (Den Haag ²1962) 63.　② *Ideen* III, Hua V (Den Haag 1952) 3. Abschnitt.　③同上書，220ff.

【相關詞】Geisteserfahrung 精神經驗，Geistesgestalt 精神構形，Geisteshaltung 精神態度，Geistesleben 精神生活，Geisteswelt 精神世界，Geisteswissenschaft 精神科學，geistig 精神的，Geistigkeit 精神性。

Geltung (Gültigkeit)＊＊ 有效性：（英）acceptance、acceptedness（法）validité（日）妥當／妥當性

「有效性」，亦即規律或眞理的有效性，是《邏輯研究》所探討的主要問題。胡塞爾竭力將實在規律的有效性區別於邏輯規律的有效性：前者是假言的和變化的，後者是「永恆的」、「超時的」和「絕對的」①。他認爲，純粹邏輯學的定理是從「直接明晰的公理」中推演出來，並且涉及到形式的含義概念和對象概念。它們意味著先天的眞理，因而具有絕對的「有效性」，即：獨立於認識者以及認識的時空狀況的有效性。「每一個眞理都是……存在於觀念的非時間王國中的有效性統一」②。

後來在超越論現象學領域中，胡塞爾採取與康德相似的立場，他將「有效性」問題看作是「超越論的合法性問題」：「不在於提問『是否有效』，而在於提問這種有效性可以具有何種意義，以及可以具有何種範圍」③。

在胡塞爾思想發展的後期，「有效性」在一定程度上與「發生性」（Genese）概念④形成對立，這個對立主要表現在時間意識的形式與內容上：本質規律，當然也包括超越論主體性的自身構造和世界構造的本質規律，具有超時的或全時的有效性，但超時性或全時性本身也是時間形式的一種。而時間形式本

身又是否與時間內容一樣具有發生性，胡塞爾在這個問題上沒有給出最終確定的
答案。

【注釋】 ①參閱：E. Husserl: *LU* I, A128/B128, A147/B147 等等。 ② *LU* II/1, A128/
B128, A147/B₁47. ③ *Phän. Psych*. Hua IX (Den Haag 1962) 265. ④參閱「發
生性」條目。

【文獻】 H. Fein: *Genesis und Geltung in Husserls Phänomenologie* (Frankfurt a. M. 1970).
N. Lee: *Edmund Husserls Phänomenologie der Instinkte* (Dordrecht u. a. 1993).

【相關詞】 gelten 起效用，Gelten 有效，geltend 有效的，Geltungsaufbau 有效性建造，
Geltungsbewußtsein 有效性意識，Geltungsboden 有效性基地，Geltungschara-
kter 有效性特徵，Geltungseinheit 有效性統一，Geltungsepoché 有效性懸擱，
Geltungserlebnis 有效性體驗，Geltungsfrage 有效性問題，Geltungsfundierung
有效性奠基，Geltungsgebilde 有效性構成物，Geltungsgesetz 有效性規律，
Geltungsgrund 有效性基礎，Geltungshabitualität 有效性習性，Geltungsho-
rizont 有效性視域，Geltungsimplikation 有效性蘊含，Geltungskorrelat 有效
性相關項，Geltungsleben 有效性生活，Geltungslehre 有效性學說，Geltung-
sleistung 有效性成就，Geltungsmodalität 有效性變式，Geltungsmodifikation
有效性變異，Geltungsmodus 有效性樣式，Geltungsphanomen 有效性現象，
Geltungsquelle 有效性源泉，Geltungssinn 有效性意義，Geltungssphäre 有效
性領域，Geltungssynthese 有效性綜合，Geltungsvollzug 有效性進行，Gel-
tungsvorgegebenheit 有效性的在先被給予性，Geltungswandel 有效性變化，
Geltungszusammenhang 有效性聯繫。

Gemeinschaft * 共同體：（英）community（日）共同体

胡塞爾對「共同體」所做的最簡單定義就是：「我們：世界意義的共同承
載者」①。確切地說，「共同體」是一個與交互主體性密切相關的探討課題：一
方面，「共同體」意味著交互主體的共同構造形式。在共同體中，複數的經驗
主體構造著交互主體有效的生活習性、生活世界、文化、宗教以及其他等等。
在這個意義上，胡塞爾也談及「共生的共同體」、「宗教的共同體」以及「現
象學的共同體」、「超越論主體的共同體」等等共同體形式②。而「共同體化」
（Vergemeinschaftung）的終極形式，亦即最高意義上的共同體，在胡塞爾看來是

「愛的共同體」（Liebesgemeinschaft）[3]。另一方面，「共同體」本身也是主體意向構造的結果，人類社會的「交互主體的共同體」[4]是各個經驗主體，最後是交互主體的構造物。這個意義上的「共同體」是「意向共同體」[5]。

【注釋】① E. Husserl: Ms. C 11 I.　②參閱：*Erste Philos*. I, Hua VII (Den Haag 1956) 188A, *CM* Hua I (Den Haag [2]1963) 149 以及 *Krisis* Hua VI (Den Haag [2]1962) 266. ③參閱：*Inters*. II, Hua XIV (Den Haag 1973) 172f., 175; *Inters*. III, Hua XV (Den Haag 1973) 512.　④ *Ideen* I, Hua III (Den Haag [3]1976) 354.　⑤ *CM* Hua I (Den Haag [2]1963) 132.

【文獻】A. Schütz: "Husserl's importance for the social sciences"，載於：H. L. Van Breda/J. Taminiaux (Hrsg.), *Edmund Husserl 1859-1959* (Den Haag 1959) 86-98.　N. Uygur: "Die Phänomenologie Husserls und die 'Gemeinschaft'"，載於：*Kant-Studien* 50 (1958/59) 439-460.　R. Boehm: "Zur Phänomenologie der Gemeinschaft. E. Husserls Grundgedanken"，載於：T. Würtenberger (Hrsg.): *Phänomenologie, Rechtsphilosophie, Jurispondenz. Festschrift für G. Husserl zum 75. Geburtstag* (Frankfurt a. M. 1969) 1-26.　J. G. Hart: *The Person and the Common Life. Studies in a Husserlian Social Ethics* (Dordrecht u. a. 1992).

【相關詞】Gemeinschaftsbewußtsein 共同體意識，Gemeinschaftserfahrung 共同體經驗，Gemeinschaftsform 共同體形式，Gemeinschaftsindividuum 共同體個體，Gemeinschaftsleben 共同體生活，Gemeinschaftswille 共同體意願。

Gemüt * 情感：（英）emotion（法）affectivité（日）心情

「情感」行為在胡塞爾現象學的意向分析中，被歸入到「非客體化行為」的種屬之中。它與「評價」和「意願」行為一樣，由於自身不具有構造客體對象的能力，因而必須奠基於「客體化」行為之中[1]。在「情感」行為中涉及到實踐理性的活動以及價值論的真理[2]。

【注釋】①參閱「行為」條目中的「客體化行為與非客體化行為」的子條目。　②參閱：E. Husserl: *Ideen* I, Hua III (Den Haag [3]1976) 323.

【相關詞】Gemütsakt 情感行為，Gemütsbewegung 情感活動，Gemütsbewußtsein 情感意識，Gemütsgegenständlichkeit 情感對象性，Gemütsintentionalität 情感意向

性，Gemütsinteresse 情感興趣，Gemütssphäre 情感領域，Gemütstätigkeit 情感活動，Gemütsthese 情感命題。

Generalisierung＊＊ 整體化：（英）generalization（法）généralisation（日）一般化、類的普遍化

在胡塞爾現象學中，「整體化」這個表達不同於「形式化」，它是指一種本質普遍化的過程[1]。這種本質普遍化就在於反覆地對較低普遍性階段上的本質進行本質還原；它在最高的實事普遍性中，即在「區域本質」[2]中達到極限。這種區域本質無法透過本質還原而相互轉渡，它們不能再被整體化，而只能被形式化。

【注釋】① E. Husserl: *Ideen* I, Hua III (Den Haag 1950) 32.　② *Phän. Psych.* Hua IX (Den Haag 1962) 81ff. (U. Claesges)

【文獻】E. W. Orth: "Das Problem der Generalisierung bei Dilthey und Husserl als Frage nach Gegenwart und Zeitlichkeit"，載於：*Dilthey-Jahrbuch für Philosophie und Geschichte der Geisteswissenschaften* 6 (1989) 327-350.

Generalthesis＊＊ 總命題：（英）general positing（日）一般定立

在胡塞爾的（超越論）現象學中，總命題（以自然觀點總命題的術語形式出現）主要是一個認識論上的方法概念。在《純粹現象學與現象學哲學的觀念》第一卷（1913 年）中，這個概念包含在「現象學的基本考察」[1]中，並且只是在那裡才獲得一個明確的術語上的穩定性；此後它在概念上常常動搖不定[2]。「總命題」從屬於（在上述著作中已經展開的）語詞領域：「自然觀點[3]、自然的世界概念、自然經驗、視域、世界視域、周圍世界、信仰確然性、信念、原信念」等等。對總命題的課題化此後導致了後期的「生活世界」概念[4]，上述各個術語在這個概念中得到了集中[5]。「總命題」和「生活世界」描述出胡塞爾現象學基本考察之問題的術語上的兩極。這個基本考察首先必須被看作是與詳盡的還原方

法相聯繫的,而還原方法本身又起著某種(雙重)作用。「總命題」、「自然觀點」、「意識到一個實在世界」所表述的是同一個事態。[⑥]

首先可以在總命題上區分出兩個——起源相同的——因素:(1) 對一個**世界視域**的設定,藉助於這個視域,一個普遍性特徵作爲可能性視域而顯示出來(不是「現實地」,但卻是「始終地」),這個可能性視域是指從一個現時被給予的「事物」出發,具體地指明其他的「事物」;(2) 對(世界視域中的)**時空事物**的設定,藉助於這個時空事物,一個現時性特徵和現實性特徵作爲對個別事物的信念性擁有而顯示出來(「現實地」,但不是「始終地」)。然而,這種典範性的區分在分析中,從理論上分離了在事實上無法分離的東西。「可以刪除的」個別事物以及(這個事物的)視域本身都不是現實的[⑦]:現實的毋寧是事物的總概念,即作爲大全實在的「世界」[⑧]。——除了這種典範化之外,根據胡塞爾的意向分析方法,總命題還區分爲我思與被思維之物:總命題可以(重新是抽象地,而非事實地)劃分爲一個客觀方面(世界、周圍世界、世界視域)和一個作爲行爲進行的主觀方面(信仰、蘊含、潛能)。誠然,進行著這個總命題的機構(Instanz)本身是世界視域的因素,反過來,這個世界視域也是進行這個總命題的自我的視域:「在自然的素樸(直向)生活中,我始終生活在這個**所有『現時』生活的基本形式之中**」[⑨]。

這個總命題並不是一個確定的個別行爲,毋寧說,它與個別行爲相對置;總命題是「潛在的」,不是「明確的」[⑩]。與總命題相對置的是那種帶有對各個不同的、附屬的現時性種類之區分的「個別……命題」[⑪]。總命題的普遍性不是(本體論)觀念之物的普遍性或觀念的、邏輯之物的普遍性[⑫]。在自然觀點的自然中包含著並且可以區分出兩種觀點的可能性:「自然的觀點」和「人格—文化的觀點」;前者朝向實在存在者的量化空間和時間,後者朝向主觀的活的主動性[⑬]。由此也就產生出「自然觀點」和「生活世界」概念的本體論內涵與人類學內涵。

自然觀點的總命題首先在現象學的超越論論證嘗試方面具有方法上的功能,並且因此在基本考察以及隨後的還原性普全懸擱過程中作爲方法概念而得到闡釋。與總命題的普全性(整體性)相符合的是懸擱的普全性(整體性)[⑭]。自然觀點總命題是擁有世界的一種形式,對此形式可以做出以下的確定:(1) 進行著論證的哲學家已經發現這種形式在先地發生著效用,(2) 這個形式必須作爲超越論哲學考察的基地而被利用,(3) 這個形式必須作爲「素樸」的觀點而被克服,

並且，(4) 這個形式的可能性可以透過超越論現象學的研究而得到理解和透視。就此而言，總命題的概念宣示了一個從傳統超越論哲學觀點的轉向（參閱第 1 點和第 2 點），同時也宣示了一個向此傳統哲學觀點的朝向（參閱第 3 點和第 4 點）。胡塞爾想運用「總命題」這個醒目的標題而把自然觀點和自然的對世界之擁有理解爲超越論哲學的事實性起點，以此來避免那種在傳統超越論哲學的「眞空」中進行的無中介的和無根基的理論化。誠然，這種從超越論「理性主義」和「形式主義」的各種形式的轉向，會導致一種對合理性和形式性的新要求，因爲胡塞爾認定，在超越論研究結束之後，有可能對自然觀點進行一種完整的和可信的描述，而這種自然觀點恰恰會被傳統超越論哲學標示爲是非理性的；甚至在完全獲得超越論之物之前，僅僅根據「超越論的觀點」，自然的對世界之擁有便可以按照一種特有的本質論而在結構上得到規定。在論證的進行過程中，必須克服「自然觀點」，然後才能在本質的還原，而後是超越論現象學的還原中進入到作爲超越論規則結構總和的絕對超越論意識的純粹區域之中。

【注釋】① E. Husserl: *Ideen* I, Hua III (Den Haag 1950) Abschn. 2, Kap. 1, §§ 27-32; § 30: "Die Generalthesis der natürlichen Einstellung", 57-69.　② *Phän. Psych.* Hua IX (Den Haag 1962) 464: Unterabschn.: "Sinn der Generalthesis und generalen Epoché".　③已載於：Husserl: *LU* II/1 (²1913) 7；參閱：*Idee d. Phän.* Hua II (Den Haag ²1958) 17ff.　④ *Krisis* Hua VI (Den Haag ²1962)，尤其是 102-193, §§ 28-55: 3. T1. "A. Der Weg in die phänomenologische Transzendentalphiloso-phie in der Rückfrage von der vorgegebenen Lebenswelt"；參閱：*EU* (Hamburg 1948) 38ff.，已載於：*Ideen* II, Hua IV (Den Haag 1952) 373ff.；參閱：*Erste Philos.* I, Hua VII (Den Haag 1956) 232, 293f.; *Erste Philos.* II, Hua VIII (Den Haag 1959) 292f.；參閱：*Phän. Psych...* 同上書，496、499f.、463、469；參閱：*CM* Hua I (Den Haag 1950) 60, 159f., 162.　⑤參閱：H. -G. Gadamer: "Die phänomenologische Bewegung"，載於：*Philosophische Rundschau* 11 (1963) 19-34; W. H. Müller: *Die Philosophie E. Husserls* (1956) 80; E. W. Orth: *Bedeutung, Sinn, Gegenstand. Studien zur Sprachphilosophie E. Husserls und R. Hönigswalds* (Bonn 1967)，尤其是 165ff., 249ff; P. Janssen: *Geschichte und Lebenswelt* (Den Haag 1970) 29; A. Aguirre: *Genetische Phänomenologie und Reduktion* (1970) 3-30; L. Landgrebe: *Der Weg der Phänomenologie* (Meisen-heim a. G. 1963) 41-52, 163-206.　⑥ K. Schuhmann: *Die Fundamentalbetrach-tung der Phänomenologie. Zum Weltproblem in der Philosophie E. Husserls*

(Den Haag 1971) 26. ⑦參閱：Husserl: *Phän. Psych*... 同上書，56ff.、62. ⑧ Schuhmann: 同上書，27. ⑨ Husserl: *Ideen* I... 同上書，60. ⑩同上書，63f.、256、286ff.；參閱：Schuhmann: 同上書，29. ⑪ Husserl: *Phän. Psych*... 同上書，466f. ⑫參閱：*Ideen* I... 同上書58f.、170f.；*Phän. Psych*... 同上書，89ff.；*EU*... 同上書，25、31. ⑬參閱：*Ideen* II... 同上書，332ff.、359-372、372ff.；*Phän. Psych*... 同上書381f.、487. ⑭ *Ideen* I... 同上書63ff.、69ff.、88; *Phän. Psych*... 同上書，464ff.; *Krisis*... 同上書，151、176f.

【文獻】 A. Schütz: *Der sinnhafte Aufbau der sozialen Welt* (1932 ²1960) § 19. H. -G. Gadamer: 參見：注釋⑤。 L. Langrebe: 參見：注釋⑤。 E. W. Orth: 參見：注釋⑤。 P. Janssen: 參見：注釋⑤。 A. Aguirre: 參見：注釋⑤。 K. Schuhmann: 參見：注釋⑥。(E. W. Orth)

Generativität * 世代性：（英） generality

「世代性」是胡塞爾在其後期思想發展中經常關注的一個問題，它屬於胡塞爾意義上的第二哲學，即超越論事實科學、超越論交互主體性現象學的研究對象。屬於「世代性」的人類現象在胡塞爾那裡不僅包括出生、衰老、疾病、死亡等等自然「事件」（Vorkommnis）①，而且也包括語言等等文化傳統②。

一方面，「世代性」在胡塞爾那裡與「在自然的歷史性中的民族和民族生活」③有關。它「意味著一種超越出進化性之外的認識結果，這裡的進化是指從原初活的傳統中由年長的教師向年輕的學生傳遞的進化」④。這個意義上的「世代性」，也就是指人類歷史的延續性和人類文化的傳統性。

另一方面，胡塞爾也將順從超越論主體性目的論發展的「世代性」看作是在世界之中的人類所共有的特徵，它在一種開放的無限性中、在一條世代的無限鏈環中將人類聯繫在一起⑤。各個有限的人類統一體透過這種「世代性」而延展為一個「**大全人類經驗**」以及「**傳統**」的統一⑥。「世代性」在這裡意味著人類統一的「權能性」。它的最高形式是「特別的、內心精神的、自身封閉的世代性」，亦即「精神工作的勞作世代以及與之相關的一種自身封閉的哲學理論意義的精神文化」⑦。這種「世代性」與胡塞爾所說的更高的哲學文化、更高的哲學傳統性、歷史性有關，是他所設想的哲學理性人類的世代延續⑧。

【注釋】①參閱：E. Husserl: *Inters*. III, Hua XV (Den Haag 1973) 168.　②參閱：*Krisis* (E) Hua XXIX (Dordrecht u. a. 1993) 13.　③ *Inters*. III... 同上書，37.　④ *Krisis* (E)... 同上書，14.　⑤ *Inters*. III... 同上書，168f.　⑥同上。　⑦ *Krisis* (E)... 同上書，17.　⑧對此還可以參閱「國家」、「歷史性」、「傳統性」等條目。

【文獻】K. Held: "Intercultural Understanding and the Role of Europe"，載於：*The Monist* 78 (1995) 5-17，以及〈世代生成的時間經驗〉（Genarative Zeiterfahrung），載於：《中國現象學與哲學評論》第一輯《現象學的基本問題》（上海，1994年）頁 457-470。

【相關詞】generativ 世代的，Generation 世代，das Generative 世代性的東西。

generell* 整體的：（英）universal、universally

「整體的」概念在胡塞爾那裡基本上與「種類的」（speziell）概念相平行①，與「個體的」（individuell）概念相對應②。

【注釋】①參閱：E. Husserl: *LU* II/1, A103/B₁103.　②參閱：*LU* I, A232/B232.

Genesis/Genese** 發生、發生性：（英）genesis（日）発生

「發生」的概念與問題在胡塞爾的現象學中具有多重含義，而最重要的含義與他後期的發生現象學密切相關。「發生」主要意味著：「在被動的動機引發中，意識從意識中產生出來的方式，以及過去的體驗活動在當下的體驗活動中的再造、聯想、積澱的必然規律」①。

胡塞爾在《邏輯研究》（1900／01 年）中並沒有討論「發生問題」，他認為，「發生問題不屬於我們的任務範圍」②。他甚至在很大程度上將他所追求的「純粹邏輯學」看作是「發生心理學」的對立面③。

在《純粹現象學與現象學哲學的觀念》第一卷（1913 年）期間，胡塞爾雖然也使用「發生性」的概念，但此時的「發生性」概念尚未超出靜態構造分析的範圍。靜態的構造分析之特徵在於：第一，它以固定的對象、固定的本體論為主

導線索；第二，它探討各種體驗。胡塞爾用「發生」的概念來描述後者（體驗現象學）相對於前者（本體論現象學）所具有的特殊性：本體論現象學將對象的統一看作是固定的同一，而「（體驗）現象學則考察流動中的統一，即一個構造流的統一……。這種考察是運動的或『發生的』……」④。但胡塞爾本人後期認為，這種對對象的原初被給予性的分析還不是在真正意義上的發生研究，而只是對意識雜多性的時間過程規則的分析。這種時間過程只是一個同一性的主觀相關物。真正的發生現象學所探討的不是這種固定的相關物，而是它們的發生⑤。

此外，在1913年期間，胡塞爾還在另一種非真正的意義上談及「發生性」，即作為各種意識行為之奠基的「發生性」⑥。所謂各個行為的奠基是指：某些對象性的構造必須以另一些對象性的構造為前提，例如：範疇事態的構造必須以感性感知對象的構造為前提等等。在這裡，「發生性」的概念只是對「奠基的層次順序」的形象說明而已，因為它並沒有解釋「上層的」構造是如何從「底層的」構造中產生出來的⑦。

最後，胡塞爾還在第三種情況下談及「發生性」，亦即在時間構造的問題上。這個意義上的發生已經出現在胡塞爾早期的現象學中。時間性不僅是普全的發生形式，而且這種形式本身就是在一種「始終被動的和完全普全的發生」中建造起來的⑧。在《笛卡兒的沉思》中，內時間意識的構造被看作是「第一層次的和最基本層次的發生性問題」⑨。實際上，早在1904／05年的時間意識講座中⑩，胡塞爾便已經探討過這個意義上的構造問題，因此，胡塞爾在1918年給納托普（P. Natorp）的信中可以說，他自十多年以來便已克服了靜態的柏拉圖主義階段，並將「超越論發生」的觀念看作是現象學的主要課題⑪。此時胡塞爾已經建構了一門發生現象學，因此，這裡所說的發生概念似乎是真正意義上的發生概念。但事態並非如此明確，因為胡塞爾並沒有前後一致地堅持將原初時間構造稱作發生。所以，在1920年代初，胡塞爾又說，如果我們「在描述中從原本的印象……過渡到所有那些在滯留、再回憶、期待等等中的意識變化上，並因而遵循統覺的形態順序原則」，那麼在這裡所談的還不是發生問題⑫。在《笛卡兒的沉思》中的一段文字似乎也表明，發生現象學是一個超越時間構成以外的問題⑬。從發生的角度來理解原初時間意識之所以困難，其原因似乎在於，儘管時間意識作為從原印象到滯留的不斷變動不僅必然具有一個發生的形式，而且時間意識作為形式也是一條「河流」，但時間意識仍然是持恆的、不變的東西。只要時間意

識僅僅在其形式上受到考察，它就絕不會像它的各種內容（它的統覺）那樣是一種生成（Werden）。如果時間意識的現象學只探討單純的時間形式，那麼它就不是胡塞爾在通常意義上所說的發生現象學，而是發生現象學的基礎，因爲它所確定的是發生的基礎。但從另一方面來看，時間意識現象學又可以是發生現象學，只要時間意識現象學不將自己侷限在時間形式上，而是同時也去探討時間內容。然而胡塞爾並不這樣理解時間意識現象學的分析。在胡塞爾看來，能夠對這些內容關係做出澄清的概念是聯想概念，它意味著「被動發生的普全原則」[14]。

【注釋】① E. Husserl: *Inters*. II, Hua XIV (Den Haag 1973) 53. ② E. Husserl: *LU* II/1, A191/B₁192. ③ "Selbstanzeige" zu *LU*, I. u. II. Teil，分別載於：*LU* I, Hua XVIII (Den Haag 1975) 262 u. *LU* II/2, Hua XIX/2 (The Hague u. a. 1984) 779. ④ *Ideen* III, Hua V (Den Haag 1953) 129. ⑤ *Inters* II... 41. ⑥ *Ideen* III... 同上書，125. ⑦ *Inters*. XIV... 同上書，41. ⑧ *CM* Hua I (Den Haag ²1963) 114；參閱：*Inters* II... 同上書，39、41. ⑨ *CM* Hua I…同上書，§ 37. ⑩參閱：*Zeitb*. Hua X (Den Haag 1966) § 34ff. ⑪ Brief vom 29, 6. 1918，載於：*Briefe*, Bd. V (Dordrecht u. a. 1994) 137. ⑫ *Analysen* Hua XI (Den Haag 1966) 340. ⑬參閱：*CM* Hua I... 同上書，110：「普全發生的問題以及超出時間構成的本我之普全發生結構的問題始終還未被提出來，實際上它們也的確是更高層次的問題。」⑭ *CM* Hua I... 同上書，113.

【文獻】 R. Bernet/I. Kern/E. Marbach: *Edmund Husserl: Darstellung seines Denkens* (Hamburg 1989) 7. Kap., "Statische und genetische Konstitution". H. Fein: *Genesis und Geltung in Husserls Phänomenologie* (Frankfurt a. M. 1970).

Geometrie 幾何學：（英）geometry（日）幾何學

胡塞爾將「幾何學」看作純粹本質科學的基本類型之一：關於「空間」和「空間構形」的數學，它是近代自然科學在方法上對經驗自然「理想化」的結果，換言之，是「純粹思維的產物」[①]。而在現象學的意義上，幾何學又是一門「本質科學」，屬於「區域本質論」的領域[②]。

【注釋】①參閱：E. Husserl: *Krisis* Hua VI (Den Haag 21962) 21ff. ②參閱：*Ideen* I... 同上書，24f.

【文獻】 E. Husserl: E. Husserl: *Krisis* Hua VI (Den Haag ²1962) § 9, a) "Reine Geometrie", 21-25 u. Beil. III, 365-386.　J. Derrida: *Edmund Husserl's origin of geometry. An introduction* (N. Y. 1978).

Gerichtetsein auf...** 指向（狀態）：（英）directedness to（法）être dirigé sur

「指向」是指意識的意向性現時性，即對一個某物的意指狀態。無論這種「指向」是感知性的還是想像性的，無論它是直向的還是反思的，它都意味著精神目光的指向。因此，「指向」在胡塞爾那裡與「目光」、廣義上的「朝向」（Zuwendung）、「趨向」（Tendenz）等等是同義的①。

【注釋】 ①參閱：E. Husserl: *Ideen* I, Hua III (Den Haag ³1976) § 37.

Geschichte* 歷史：（英）story、history（日）歷史

胡塞爾本人從未系統地論述過一門本己的歷史認識的現象學理論。歷史問題作爲人類學的事實問題，也被排斥在胡塞爾早期的純粹現象學之外。但在 1921 年的研究手稿中，胡塞爾已經明確將歷史定義爲「絕對存在的巨大事實」，並將它作爲重要課題來探討①。他的後期著作《歐洲科學的危機與超越論現象學》，又對這個歷史觀做了進一步的論述。

胡塞爾對歷史的理解可以概括爲：「歷史從一開始就無非只是原初意義構成和意義積澱之相互並存和相互包容的活的運動」②。根據這個理解，歷史是在傳統中得到論證的，而傳統又是在理性中得到論證的。歷史的觀念性在胡塞爾這裡，與在黑格爾那裡一樣，這個觀念性連續地啟用歷史的事實性，論證著傳統，並且，歷史自身的發展在目的論上是可預測的。因此，歷史學理論或歷史哲學所要探討的眞正課題並不是歷史的事實性，它們的首要任務在於把握寓居於歷史發生之中，或者說，隱藏在「歷史事實」之後的「內在結構」③或「本質常項」。

胡塞爾認為，透過這種「目的論的歷史考察」所把握的真理，永遠不可能透過對以往哲學家的文獻「自身證明」的引注或透過歷史事實的經驗證明而被反駁，因為它是在一種批判性的整體直觀之明見性中展示自身的，這種批判性的整體直觀可以使人明察到隱藏在歷史的相鄰和相背之發展表層下面的「有意義的—終極的」和諧性[④]。

【注釋】① E. Husserl: *Erste Philos*. II, Hua VIII (Den Haag 1959) 497ff. ② *Krisis* Hua VI (Den Haag [2]1962) 380f. ③同上。 ④同上書，74.

【文獻】P. Ricoeur: "Husserl und der Sinn der Geschichte"，載於：H. Noack (Hrsg.): *Husserl* (Darmstadt 1973) 231-276. G. Funke: "Geschichte als Phänomen", in *Zeitschrift für philosophische Forschung* 11 (1957) 188-234. E. Fink: "Welt und Geschichte"，載於：H. L. Van Breda/J. Taminiaux (Hrsg.): *Husserl et la Pensée Moderne/Husserl und das Denken der Neuzeit* (Den Haag 1959) 143-159. L. Landgrebe: "Meditation über Husserls Wort 'Die Geschichte ist das große Faktum des absoluten Seins"，載於：*Faktizität und Individuation. Studien zu den Grundfragen der Phänomenologie* (Hamburg 1982) 38-57. K. -H. Lembeck: *Gegenstand Geschichte. Geschichtswissenschaftstheorie in Husserls Phänomenologie* (Dordrecht u. a. 1988). D. Carr: "Husserl's *Crisis* and the problem of history"，載於：*Southwestern Journal of Philosophy* 5 (1974) 127-148. G. van Kerckhoven: "Geschichte als geschichtete Sinnbildung und als Phänomen des Versinnbildlichens"，載於：*Dilthey-Jahrbuch für Philosophie und Geschichte der Geisteswissenschaften* 6 (1989) 351-365.

【相關詞】Geschichtsbewußtsein 歷史意識，Geschichtsphilosophie 歷史哲學。

Geschichtlichkeit* 歷史性：(日) 歷史性

德文的「Geschichtlichkeit」與拉丁文的「Historizität」同義，它們所指稱的都是「單子主體性的歷史性」[①]。但在主體性的目的論發展中還可以區分「第一歷史性」與「第二歷史性」[②]，前者是「自然的歷史性」，後者是「超越論的歷史性」[③]。

【注釋】①參閱：E. Husserl: Ms. A VII 11, 10；較為詳細的說明可以進一步參閱「歷史性」條目。 ②參閱：*Krisis* (E) Hua XXIX (Dordrecht u. a. 1993) 340. ③參閱：*Krisis* Hua VI (Den Haag ²1962) 91, 191.

Gesetzgrund 規律根據：

「規律根據」概念是胡塞爾「奠基」思想在哲學體系方面的具體體現①。「奠基」在這裡是指用「一個系統完善了的理論統一」為經驗的、事實的科學提供最終的依據，這個理論統一在胡塞爾看來是一些在觀念上封閉的、本身以一組「根據規律」（Grundgesetz）②為最終「規律根據」（Gesetzgrund）的各種規律之系統統一。這個理論體系在《邏輯研究》時期（1900 / 01 年）是一門以意識活動和意識對象之本質結構為課題的純粹邏輯學的領域③，自《純粹現象學和現象學哲學的觀念》第一卷（1913 年）之後，便是一門既超越論又本質的現象學的領域④。在這個意義上的哲學透過它對本質結構的分析和把握，而為其他所有科學提供了最終的基礎。在這個思想中隱含著胡塞爾對哲學的兩個基本規定：(1) 狹義上的哲學，即第一哲學或超越論現象學應當是一門與人類生活此在無關的、探討超越論意識的本質結構學說；胡塞爾確信，超越論現象學所提供的認識不是相對於人類而言的現實知識，而是關於純粹可能性的絕對知識。(2) 但這門超越論現象學對於所有科學來說又是必不可少的，因為它提供了最根本的、奠基性的本質分析和本質結構分析，這是所有此在科學（或者說世間科學）和事實科學的最終依據。

【注釋】①關於「奠基」的較為詳細說明，可以參閱「奠基」（Fundierung）條目。 ②參閱：E. Husserl: *LU* I, A232/B232. ③參閱「根據規律」條目。 ④參閱：*Ideen* I, Hua III (Den Haag ³1976) 128.

【文獻】B. Waldenfels: *Im Netz der Lebenswelt* (Frankfurt a. M. 1985) 17ff. K. Mertens: *Zwischen Letztbegründung und Skepsis. Kritische Untersuchungen zum Selbstverständnis der transzendentalen Phänomenologie Edmund Husserls* (Freiburg/München 1996).

Gewissen 良知：

根據現有的胡塞爾研究文獻，「良知」概念在他的意識分析中並未成爲一個特別的論題。只是在涉及「情感反思」時，他才對良知有如下定義：「**良知**是這樣一種反思的回溯性的名稱，它是自我的事關自身的情感執態，而後它們常常會轉化爲一個關於自身的判斷，轉化爲一個對本己價值的判斷」[①]。

【注釋】 ① E. Husserl, *Erster Philos.* II, Hua VIII, 105.

Gewißheit＊＊ 確然性：（英）certainty（法）certitude（日）確信、確實性

作爲專門術語使用的「確然性」在胡塞爾那裡具有多層次的含義，一方面，在自然觀點中的「確然性」有狹義和廣義之分：廣義上的「確然性」基本上與「存在信仰」或「信念」概念同義，它被用來指稱自我對意向相關項之存在的設定[①]。狹義上的「確然性」是指存在信仰所具有的各種信仰樣式中的一種，亦即「信仰確然性」，在大多數情況下是指「原確然性」（Urgewißheit）或「原信仰」（Urdoxa）樣式[②]。這種「確然性」首先與存在信仰的各種「變式」（Modalisierungen）相對應，如「懷疑」、「猜測」、「否定」等等；其次，這種確然性作爲信仰的「原形式」，又與「回憶」、「期待」等等在當下化行爲中已變異的（modifiziert）信仰相對應。因此，所謂「原確然性」，是指相對於「已變式的」或「已變異的」信仰而言的原本信仰形式。另一方面，相對於這種自然觀點中的「確然性」，胡塞爾還區分「純粹的（完善的）確然性」和「不純粹的（不完善的）確然性」[③]。前者意味著唯一的可能性，沒有其他的相對動機；後者則表明相反的狀況。對「確然性」類型的這個劃分，最終可以歸結爲「絕然的確然性」（本質的確然性）與「經驗的確然性」以及「內在的確然性」與「超越的確然性」之間的差異[④]。自然觀點中的「確然性」代表了後一種「確然性」，即：「不純粹的、經驗的、超越的確然性」。

【注釋】 ① E. Husserl: *Ideen* I, Hua III (Den Haag ³1976) 219.　②同上書，241；對此還

可以進一步參閱「信仰確然性」條目。　③參閱：*Analysen* Hua XI (Den Haag 1966) 47.　④同上書，48f.

【文獻】 L. Kolakowski: *Husserl and the search for certitude* (London 1975).　T. W. Attig: *Cartesianism, certainty an the "Cogito" in Husserl's "Cartesian meditations"* (London 1981).

Gewißheitsmodus 確然性樣式：

　　「確然性樣式」也被胡塞爾稱作「存在信仰的樣式」。它們不同於「確然性」或「信仰」本身，而只是「不純粹的（或不完善的）確然性」[1]。「確然性樣式」主要被用來指稱「存在信仰」的各種變式，例如：「懷疑」、「問題」、「否定」等等。當然，在較爲寬泛的意義上，「確然性」本身也是「存在信仰」的一種樣式，也屬於「確然性樣式」的一種，即「基本樣式」（Grundmodus）。

【注釋】 ① E. Husserl: *Analysen* Hua XI (Den Haag 1966) 45.

Gewohnheit** 習慣：

　　「習慣」與「習性」（Habitus）在胡塞爾的現象學術語中是同義詞[1]，它們都被用來指稱自我在體驗流中作爲一個同一的穩固的極（自我極），在不斷的體驗生活中所習得的持續規定性。這種規定性在作爲的目的論發展中，可以獲得本質的變更，即從「自然觀點」的習慣轉變爲「超越論的」習慣[2]。

【注釋】 ①較爲詳細的說明可以參閱「習性」條目。　②參閱：E. Husserl: *Ideen* I/2, Hua III/2 (Den Haag 1976) 642, 649.

Glaube＊＊ **信仰：**（英）belief（日）信念

胡塞爾現象學中的「信仰」概念不是指宗教、倫理方面的信念（faith），而主要是指存在信念（belief），即對意識對象之存在與否的信仰（Seinsglaube）。對意識行爲中存在信仰因素的研究，屬於胡塞爾現象學分析的中心課題之一。胡塞爾始終認爲，「信仰」問題與「時間意識」、「感知」、「想像」等課題有本質聯繫[①]，他在實際操作中也將這些問題結合在一起研究。

早在《邏輯研究》第一版中，胡塞爾就將「信仰」問題作爲行爲的「質性」（Qualität）問題來探討[②]。在這裡，具有「信仰」的意識行爲是**奠基性的**行爲，與它相對應的是不具有存在設定的行爲，它們**奠基於**前者之中，因而相對於前者而被稱作是一種「質性變異」（qualitative Modifikation）[③]。所有意識行爲都可以據此而劃分爲具有存在信仰的行爲，和不具有存在信仰的行爲[④]。

在進入到超越論現象學的領域之後，「信仰」問題對於胡塞爾來說顯得更爲重要。超越論構造的理論促使他進一步反思這樣一個超越論問題：意識如何能夠在自身之中將一個對象（視域）連同其周圍世界（整體視域）**構造**出來，然後又**相信**它（個體對象以及整體世界）是客觀自在的存在[⑤]。在進行這種反思時，自然觀點中的「存在信仰」必須首先被加括號，被判爲無效，然後才能作爲一個如其本身所是的課題，而成爲超越論現象學意識分析的對象[⑥]。在這個意義上，「信仰」問題既與超越論的構造問題密切相關，也與超越論的還原問題有本質聯繫。

在胡塞爾所做的與「信仰」有關的具體意向分析中，「信仰」概念具有以下幾種基本含義：首先，胡塞爾認爲，無論是相對於各種「信仰變式」（Glaubensmodalitäten）（例如：「疑問」、「懷疑」、「猜測」、「否定」、「中立」等等）而言，還是相對於各種「信仰變異」（Glaubensmodifikation）（例如：在回憶中「被再造的信仰」）而言，「信仰」都意味著一種「原立義樣式和基本樣式」（Urauffassungs-und Grundmodus）[⑦]。它是一種對存在的「評價」或「判斷」（在布倫塔諾的意義上），所有其他的信仰變式和信仰變異都奠基於這個「原信仰式」之中，並且因而可以最終回溯到它之上[⑧]。但這種「評價」或「判斷」本身並不是一個獨立的因素，不是一個建立在相關行爲之上的「新」行爲[⑨]，而只是行爲的一個樣式，一種對存在執態的樣式，並且這種樣式隨時可以發生變

化，例如：從對存在的信仰過渡爲對存在的懷疑以至於否定。——這是狹義上的
「信仰」概念。與此相對應的廣義上的「信仰」概念則不僅包含「信仰」的**基本
樣式**，而且也包含它的**各種變式**。這個意義上的「信仰」也被胡塞爾稱作「全然
信仰」（Glaube schlechthin）⑩。其次，「信仰」在胡塞爾的術語中還具有另一種
更爲寬泛的含義：這個意義上的「信仰」意味著「一致性的對象意識的形式」⑪。
它也被胡塞爾等同於「印象性的（或現時的）客體化」、「客體化的確然性」或
「原客體化」（Urobjektivation）⑫。這並不意味著，「信仰」就是客體化行爲本
身，而是指：「信仰」是客體化行爲的基本特徵，對象意識或課題意識的形成總
是與這個意義上的「信仰」相伴隨，在客體化進行過程中對一個對象的認同和再
造都以對這個客體的「信仰」爲基本前提。——這個意義上的「信仰」概念不僅
意味著「存在意識」，而且也是指「對象意識」。最後，胡塞爾在中、後期還經
常論及「世界信仰」（Weltglaube）問題，並將它簡稱爲「信仰」或「信仰確然
性」⑬。這個意義上的「信仰」是指世界存在的「原確然性」（Urgewißheit），
它涉及到胡塞爾現象學的中心命題：世界。「世界意識是在信仰確然性樣式中的
意識」⑭。根據超越論現象學的觀點，「世界信仰」作爲自然觀點的總命題需要
受到超越論現象學還原的排斥，然後才能在超越論現象學的反思中成爲哲學研究
的一個眞正的「全然課題」⑮。

　　除此之外，胡塞爾還在柏拉圖的「知識」與「意見」、康德的「知識」與「信
仰」之對立的意義上使用「信仰」概念。他把超越論現象學所追求目標理解爲透
過「中止信仰」、「取消信仰」而獲得的絕對知識⑯。

　　在這個意義上，「信仰」與「意見」（Doxa）是同義的。

【注釋】①參閱：E. Husserl: Ms. D5, 15f.　②參閱「質性」條目。　③參閱「質性變
異」條目。　④參閱：*LU* II/1, A452/B1487；這個命題在《純粹現象學與現象學
哲學的觀念》第一卷中再次得到強調〔參閱：*Ideen* I, Hua III (Den Haag ³1976)
479f.〕。　⑤ *Ideen* I... 同上書，§ 97.　⑥ *Ideen* I... 同上書，§ 31.　⑦ *Ph. B.
Er.* Hua XXIII (Den Haag 1980) 222.　⑧同上書，403 以及 *Ideen* I... 同上書，
241.　⑨ *Ph. B. Er.*... 同上書，420.　⑩參閱：*Analysen* Hua XI (Den Haag 1966)
48, *Ideen* I... 同上書，241.　⑪ *Analysen*... 同上書，364.　⑫參閱：*Ph. B. Er.*...
同上書，227f., 220.　⑬ *EU* (Hamburg ⁴1972) § 7.　⑭同上書，25.　⑮ *Ideen* I...
同上書，§ 30.　⑯參閱：*Ph. B. Er.* Hua XXIII (Den Haag 1980) 240.

【文獻】 L. Landgrebe: "Faktizität als Grenze der Reflektion und die Frage des Glaubens"，載於：*Faktizität und Individuation. Studien zu den Grundfragen der Phänomenologie* (Hamburg 1982) 116-136. L. Ni: *Seinsglaube in der Phänomenologie Edmund Husserls* (Dordrecht 1999).

【相關詞】 Glaubensbewußtsein 信仰意識，Glaubenscharakter 信仰特徵，Glaubensgewißheit 信仰確然性，Glaubensinhalt 信仰內容，Glaubensintention 信仰意向，Glaubensmodalisierung 信仰變式，Glaubensmodalität 信仰樣式，Glaubensmodifikation 信仰變異，Glaubensmodus 信仰樣式，Glaubensqualität 信仰質性，Glaubenssetzung 信仰設定，Glaubenssynthese 信仰綜合，Glaubenstendenz 信仰趨向，Glaubensthese 信仰命題。

Glaubenscharakter * 信仰特徵：（英）belief-characteristic

「信仰特徵」是指存在信仰在不同的意識行為中表現出的不同樣式特徵。胡塞爾在其意向分析中至少指明，「信仰特徵」具有以下兩個維度：第一維度上的「信仰特徵」包含著在「原本的信仰」和「再造的信仰」之間的區別，這兩種信仰更確切地說是在原本行為（感知）中的存在信仰和在再造行為（如回憶）中的信仰[1]；而第二維度上的「信仰特徵」則涉及到在各種意識行為中作為猜測、推測、疑問、懷疑出現的信仰，乃至作為否定出現的信仰[2]。

【注釋】 [1] E. Husserl: *Ideen* II, Hua IV (Den Haag 1952) 233. [2] 同上書，239.

Glaubensgewißheit ** 信仰確然性：（英）certainty of believing

在胡塞爾的現象學術語中，「信仰確然性」意味著「確切意義上的絕對信仰」[1]。根據胡塞爾的意向分析，「信仰確然性」在雜多的意識行為中具有一個極為奇特的特殊位置[2]。首先，「信仰確然性」是各種具體的存在信仰之開端和起源，是「信仰方式的未變異的原形式」或「所有存在變式的原形式」[3]，各種信仰樣式，如「懷疑」、「猜測」、「否定」等等，最終都起源於「信仰確然性」[4]；其次，「信仰確然性」在意識進程中雖然會經歷懷疑、否定或揚棄，但

它永遠不會喪失殆盡。這個意義上的「信仰確然性」是指自然觀點的總命題，或者說，「**世界意識就是在信仰確然性樣式中的意識**」⑤。

【注釋】 ① E. Husserl: *Ideen* I, Hua III (Den Haag ³1976) 241. ②同上。 ③同上書，240. ④同上書，241. ⑤ *EU* (Hamburg ⁴1972) 25.

Glaubensinhalt 信仰內容：

胡塞爾在對信仰的分析中，區分「信仰內容」與「信仰質性」。「信仰內容」又可以被稱作「信仰質料」，但它只是一個「抽象的本質」①。

【注釋】 ① E. Husserl: *Ph. B. Er.* Hua XXIII (Den Haag 1980) 220.

Glaubensintention 信仰意向：

胡塞爾對「信仰意向」概念的規定和運用並不準確。他將「信仰意向」定義爲「在感知中的意向」或「未變異的意向」，區別於已變異的、在單純想象中的意向①；但由於「存在信仰」本身並不是意向或意識行爲②，而且「存在信仰」並不僅僅出現在感知行爲中，因此，對胡塞爾「信仰意向」概念的較爲妥切定義應當是「帶有存在信仰的意向」。

【注釋】 ① E. Husserl: *Ph. B. Er.* Hua XXIII (Den Haag 1980) 214. ②參閱：同上書，420.

Glaubensmodalität (Glaubensmodus)＊ 信仰樣式：（英）doxic modality（法）modalité de la croyance

胡塞爾用「信仰樣式」來標識存在信仰的各種不同形態，如「可能性」、「問題性」、「或然性」等等①。它「無非就是被理解爲現時性的客體化樣

式」[2]。「信仰樣式」與「確然性樣式」（Gewißheitmodi）基本同義，它們都屬於意向活動方面的變異；「信仰樣式」同時與「存在樣式」（Seinsmodalität）相對應，後者是意向相關項方面的變異。此外，與「信仰樣式」同義的還有「設定樣式」（Setzungsmodi）[3]，它們都意味著「信仰趨向」、「信仰確然性」等等與存在信仰有關的意識設定類型。

【注釋】 ① E. Husserl: *Ideen* I, Hua III (Den Haag ³1976) § 105. ② *Ph. B. Er.* Hua XXIII (Den Haag 1980) 262. ③同上。

Glaubensmodifikation 信仰變異：（英）modification of belief

　　胡塞爾所運用的「信仰變異」概念在嚴格的意義上是指「存在信仰」隨它所處的行為的變異（如想像性變異）而一同發生的變異，例如：在回憶行為中的「存在信仰」是一種被再造的信仰，因而也是已變異了的信仰。但胡塞爾時而也會前後不一地用「信仰變異」來指稱「信仰變式」（Glaubensmodalisierung）[1]。

【注釋】 ①參閱：E. Husserl: *Ph. B. Er.* Hua XXIII (Den Haag 1980) 218.

Glaubensqualität* 信仰質性：

　　「信仰質性」在胡塞爾那裡是「信仰樣式」的同義詞。一個「信仰質性」可以變化為「信仰趨向」、「懷疑」等等[1]。

【注釋】 ①參閱：E. Husserl: *Ph. B. Er.* Hua XXIII (Den Haag 1980) 220；參閱「信仰樣式」條目。

Gleichheit 相同性：（英）perfect、likeniss

在被動綜合的過程中，一個自爲統一的意義領域之所以能夠形成，乃是因爲它與其他意義領域相對照自身具有「同質性」，亦即「相似性」（Ähnlichkeit）[1]。「相同性」則意味著較高程度上的「相似性」或「相近性」（Verwandtschaft）[2]。

【注釋】[1] E. Husserl: *EU* (Hamburg [4]1972) 76. [2]同上書，77.

Gott* 上帝：（英）God（法）Dieu（日）神

與康德相似，在「第一哲學」的研究中作爲認識論之「必然極限概念」而被胡塞爾用現象學還原方法懸擱起來的「上帝」問題[1]，在其後期的「第二哲學」嘗試中又受到了他的認同和探討。因此胡塞爾對「上帝」問題的涉及到兩個方面：作爲意向活動之構造相關物的上帝和作爲意向活動之原根據的上帝。但胡塞爾對「上帝」的分析就已發表的資料來看，較少具有描述分析的特徵，而是更多地帶有提問、猜測的性質。他時而將「上帝」稱之爲「絕對的臨界值（Limes）、超出所有有限性之上的極（Pol），一切眞正的人之追求都指向它」[2]；時而將「上帝」定義爲一種「處在單子宇宙之中的『圓極』（Entelechie）」[3]，人類主體性的目的論發展連同其原事實性（Urfaktizität）最終都建基於「上帝」之中[4]，而超越論現象學則是一條「通向上帝的非教派的道路」[5]；時而他也將「上帝」描述爲「大全意識」，它的存在「將所有其他絕對存在包含在自身之中」[6]，以及如此等等。他甚至將上帝問題看作「現象學方法的系統構建中的最高和最終問題」[7]。概而論之，在胡塞爾的這些關於上帝的想法中，包含著兩個基本內涵[8]：上帝的全知與上帝的意志。上帝的全知意味著「絕對的邏各斯」，「在完整的和全部的意義上的絕對眞理」[9]；而上帝的意志則是指上帝用來實現這種眞理的手段[10]。

【注釋】[1] E. Husserl: *Ideen* I, Hua III (Den Haag [3]1976) 175, Anm. u. § 58. [2] *Aufs. u. Vort. (1922-1937)*, Hua XXVII (Dordrecht u. a. 1989) 33. [3] Ms. A V 22, 43. [4]參閱：*Inters*. III, Hua XV (Den Haag 1973) 385. [5] Ms. E III 10, 18; B IX,

124. ⑥ *Inters*. I, Hua XIII (Den Haag 1973) 9，以及 *Inters*. III, Hua XV (Den Haag 1973) 385. ⑦ B VII, 87. ⑧參閱：N. Lee: *Edmund Husserls Phänomenologie der Instinkte* (Dordrecht u. a. 1993) 231. ⑨ Husserl: Ms. E III 4, 36. ⑩參閱：Ms. F I 24, 41.

【文獻】St. Strasser: "Das Gottesproblem in der Spätphilosophie Edmund Husserls"，載於：*Philos. Jahrbuch* 67 (1959) 130-142. K. Schuhmann: *Husserls Staatsphilosophie* (Freiburg/München 1988).

【相關詞】Gott-Schöpfer 上帝—創世主，Gottesbeweis 上帝（存在）證明，Gotteslehre 上帝論，Gottesproblem 上帝問題，göttliches Sein 上帝存在。

Grundgesetz 根據規律（基本規律）：（英）fundamental law

「根據規律」或「基本規律」被胡塞爾定義爲「按其本質無法再論證的規律」①，亦即公理性的規律。這些規律同時意味著「規律根據」（Gesetzgrund）②，並且構成一個「盡可能普遍的並且在演繹上相互獨立的、規律的最小總和，**從這些規律中可以純演繹地推導出所有其他的規律**」③。胡塞爾的「根據規律」思想起源於他的數學—邏輯學研究，以及他對作爲科學之哲學的信念。與「根據規律」密切相關的是他的「奠基」思想④。

【注釋】① E. Husserl: *LU* I, A232/B232. ②參閱「規律根據」條目。 ③同上書，A207/B207. ④參閱「奠基」條目。

H

Habitualität** **習性：**（英）habituality

　　「習性」在胡塞爾現象學中是指那些習得並持留下來的超越論自我之規定。「自我」之所以獲得這些規定，乃是由於它在意識流中既是一個同一穩固的極，同時又進行著所有那些在此意識流中出現的自身經驗和世界經驗①；因為根據這種透過內時間的，或者說，透過活的當下的被動原綜合而得以保證的統一性②，自我的每一個新的行為進行都作為決然性或持續的信念，即作為一種可一再重複的「執態」的權能性，而在作為極的自我之中③凝聚下來。以此方式而成為習性之基質的自我就意味著人格④。如果人們純粹從內心理學的角度來理解關於超越論人格及其習性的學說——這對於所有超越論現象學陳述來說都是隨時可能的⑤——，那麼這門學說就構成一門性格特性理論的基礎⑥。關於習性的學說，對於發生構造的理論來說具有超越論現象學的含義⑦。發生構造論所探討的對象是「單子」的發生、超越論自我在其完全具體化中的發生，也就是說，這種發生被理解為活的當下，在這裡隱含著自身經驗和世界經驗的所有現時性和潛能性（權能性）⑧。在經驗的權能性中本質地包含著自我對恆久的對象類型的已知性，自我的現時被經驗的周圍世界與可經驗的周圍世界便根據這些對象類型而得以劃分。每一個對象類型都發生性地起源於一個原創造⑨，即一個主動的綜合⑩，在這種綜合中，一個對象第一次「以其雜多特性的同一之物的明確意義形式」⑪構造出自身。由此，一個特定的「對象意義」便成為自我的意向相關的習得⑫。習性的含義現在便在於：這樣一個意向相關項之所以能夠成為自我的恆久習得，這僅僅是因為它的意向活動的相關項，即這個賦予效用的行為進行—自我所做的原創造的「執態」或「決定」得以作為習性而被自我極保存下來⑬。

【注釋】　① E. Husserl: *CM* Hua I (Den Haag ²1963) 100f.　②參閱：*Ideen* I, Hua III (Den Haag 1950) 196-203.　③ *Phän. Psych.* Hua IX (Den Haag 1962) 212-215.　④ *CM...* 同上書，101.　⑤ *F. u. tr. Logik* (1929) 224f.；也可以參閱：Enzyklopaedia-Britannica-Artikel，載於：*Phän. Psych.*... 同上書，237ff.　⑥ *CM*... 同上書，107.　⑦同上書，109ff.　⑧參閱：同上書，26、102；除此之外還可以參閱：*Ideen* II, Hua IV (Den Haag 1952) 111; *Phän. Psych*... 同上書，216.　⑨ *CM*... 同上書，113.　⑩ *EU* (Hamburg ³1964) 64f., 74f., 321f.　⑪ *CM*... 同上書，102.　⑫ *F. u. tr. Logik*... 同上書，279.　⑬ *CM*... 同上書，102. (K. Held)

Habitus* 習性：（英）habitus（日）習慣

除了通常意義上的「習性」，亦即「習慣」（Gewohnheit）意義上的「習性」之外①，胡塞爾還在一個與歷史哲學有關的角度上談到「習性」：他區分「自然觀點的習性」與「超越論現象學的習性」②；相對於前者而言，後者是透過超越論現象學而獲得的「全新的習性」，它意味著超越論主體目的論發展的高級階段。在這個意義上的「超越論現象學習性」，與胡塞爾在現象學實踐領域中所追求的「哲學觀點」、「哲學文化」或「哲學傳統」等等有關③。

【注釋】①參閱「習性」（Habitualität）條目。　②參閱：E. Husserl: *Ideen* I/2, Hua III/2 (Den Haag 1976) 642.　③對此還可以參閱「文化」、「傳統」、「歷史」、「觀點」等條目。

Heimwelt* 家鄉世界：（日）故鄉世界

「家鄉世界」的概念被胡塞爾用來標識在人格主義觀點中圍繞著每個人或每個人類共同體的熟悉之物和已知之物的領域，這個領域的伸展範圍對於個別的人和共同體來說是各不相同的，但它始終是有限的①。這個周圍世界從視域上過渡到一個不熟悉之物和異己之物的區域之中②。在「自然」觀點中，「家鄉世界」是一個不具有任何含義特徵的、在空間上切近的世界③。

【注釋】① E. Husserl: *Phän. Psych*. Hua IX (Den Haag 1962) 496；參閱：A. Diemer: *E. Husserl. Versuch einer systemat. Darstellung seiner Phänomenologie* (Meisenheim

a. G. ²1965) 287ff.   ② Husserl: *EU* (Hamburg ³1964) 33f.   ③參閱：L. Land-grebe: "Welt als phänomenologisches Problem"，載於：*Der Weg der Phänomenologie* (Gütersloh ²1967) 50. (P. Janssen)

補充 在胡塞爾後期對生活世界的分析中，「家鄉世界」是所有已知之物和熟悉之物的總稱：熟悉的環境、風景，家鄉人連同其熟悉的風俗習慣和觀點，家鄉國連同其熟悉的法律和秩序。家鄉世界從不是單個人的世界，而始終是共同體的世界，一個部族或一個民族的世界，它們生活在自己的領土上，並且處在它自身的歷史、傳統的影響之下。在家鄉世界的範圍之內，一切事物都具有已知性的固定結構，個別人的行為受到延續的風俗、習慣的制約。人們相互期待著，在各種環境中做出合乎期待的行為和舉止。胡塞爾認為，「家鄉世界」雖然是有限的，但也是開放的。他把「家鄉世界」比為一個不斷增長著的球體[①]，處在「家鄉世界」界限之外的是「異己世界」的領域。

【注釋】 ① E. Husserl: *Inters*. III, Hua XV (Den Haag 1973) 425.

【文獻】 L. Landgrebe: "Welt als phänomenologisches Problem"，載於：*Der Weg der Phänomenologie* (Gütersloh ²1967) 41-62.   K. Schuhmann: *Die Fundamentalbetrachtung der Phänomenologie. Zum Weltproblem in der Philosophie Edmund Husserls* (Den Haag 1971).   K. Held: "Heimwelt, Fremdwelt, die eine Welt"，載於：*Phänomenologische Forschungen* 24/25 (1991) 305-337.

【相關詞】 heimweltlich 家鄉世界的，das Heimweltliche 家鄉世界的事物。

Heterogeneität 異質性：

「異質性」與「同質性」是相互對應的概念。胡塞爾用它們來標識在被動綜合過程中意義領域的統一與差異。與「同質性」基本同義的是「相似性」，而「異質性」則被包含在「異己性」（Fremdheit）的概念之中[①]。「異質性」或「同質性」始終是相對意義的：一個紅色斑點與它的白色背景相對照是「異質的」，但這兩者相對於聲音的被給予性而言，則又是「同質的」[②]。

【注釋】 ①參閱：E. Husserl: *EU* (Hamburg ⁴1972) 77. 但這個意義上的「異己性」不同於
交互主體領域中的「異己性」概念，前者是相對於一個自爲統一的意義領域而
言的異己，後者是相對於本己自我而言的異己。　②參閱：同上書，76.

Hintergrund* 背景：（英）background（法）arrière-plan（日）背景

胡塞爾在對「視域意識」結構的分析中，將「背景」與「暈」這兩個概念等
義地使用。從術語上看，與「暈」相對的是「核」，而「背景」的對應概念則是
「前項」或「前景」（Vordergrund）。它們都是對「視域」的形象描述①。

在術語上，胡塞爾本人也將「背景」等同於「暈」或「視域」②。

【注釋】 ①參閱「視域」概念。　②參閱：E. Husserl: *Ideen* I, Hua III (Den Haag ³1976)
186 Anm.

【相關詞】 Hintergrundbewußtsein 背景意識，Hintergundgegenständlichkeit 背景對象性，
Hintergrundsanschauung 背景直觀，Hintergundserlebnis 背景體驗，Hinter-
gundsfeld 背景領域。

Historismus* 歷史主義：（英）historism（日）歷史主義

胡塞爾所堅持的「超越論主體主義」立場，決定了他必須在兩個方面透過批
判來維護和展開他自己的立場：一方面是客體主義，另一方面是主體主義。「歷
史主義」這一概念對胡塞爾來說屬於一種與心理主義、人類主義、自然主義等等
殊途同歸的相對主義、主體主義理論。

在 1911 年發表的〈哲學作爲嚴格的科學〉一文中，胡塞爾一方面繼續反對
他在其《邏輯研究》中已經批判過的心理主義，另一方面則開闢了批評狄爾泰的
歷史主義的新戰線。所謂「歷史主義」，是指一種特別突出歷史意識的哲學觀
點，即認爲任何認識都伴隨著關於一切事物、包括精神事物生成的意識。一般的
批評認爲，這種觀點過分強調歷史—生成的考察方式，並因此而犧牲了分析—系
統的考察方式；它避開當下而回到過去，這樣便有損於已有事實的眞理價值，並

將這些事實相對化。這種「歷史主義」在胡塞爾看來，最終會導致懷疑主義和主體主義的觀念，即主張哲學的任務僅僅在於寫下自己的歷史，因而是一些不誠實的哲學家們的放任自流：「顯而易見，如果將歷史主義堅定地貫徹到底，它就會導向極端懷疑的主體主義」①。在 1935 年所做的「歐洲人的危機與哲學」的維也納講演中，胡塞爾再次批評狄爾泰在方法和實事上沒有擺脫自然與精神、歷史主義與客體主義的二元論，仍然停留在自然科學的客體主義上不能自拔②。胡塞爾認為歷史主義與心理主義原則上是殊途同歸，因而實際上無須再重複《邏輯研究》已進行過的批判。

【注釋】①參閱：E. Husserl: *Aufs. u. Vort.* (*1911-1921*), Hua XXV (Dordrecht u. a. 1987) 43. ② *Krisis* Hua VI (Den Haag ²1962) 344.

【文獻】K. -H. Lembeck: *Gegenstand Geschichte. Geschichtswissenschaftstheorie in Husserls Phänomenologie* (Dordrecht u. a. 1988).

Historizismus 歷史主義：（英）historicism

在《哲學作為嚴格的科學》中，胡塞爾在對「歷史主義」批判中所運用的概念大都是「Historizismus」①，但他用這個概念所指的恰恰就是我們今天所理解的「歷史主義」（Historismus），亦即自十九世紀以來由蘭克（L. v. Ranke）、德羅伊森（J. Droysen）、狄爾泰（W. Dilthey）等人所代表的「歷史學派」觀點：強調知識的歷史性，主張用歷史理性來取代純粹理性的優先地位②。在胡塞爾後期所寫的《幾何學的起源》中，他也仍然不加區分地運用這兩個概念③。

【注釋】①參閱：E. Husserl: *Aufs. u. Vort.* (*1911-1921*), Hua XXV (Dordrecht u. a. 1987) 41ff. ②對此尤其可以參閱 W. Dilthey: *Der Aufbau der geschichtlichen Welt in den Geisteswissenschaften. Gesammelte Schriften* Bd. VII (Stuttgart 1992). ③參閱：Husserl: *Krisis* Hua VI (Den Haag ²1962) 381, 383 等等。在這裡還可以參照 K. 波普（K. Popper）對「Historizimus」與「Historismus」的明確區分：前者是指對歷史過程和社會過程的思辨性的一元論解釋，即認為歷史與社會發展具有絕對必然的規律，這個意義上的「Historicism」也被譯作「歷史決定論」[3]；而後者則是指通常意義上的「歷史主義」，亦即上面所闡述意義上的「歷史主

義」〔參閱：K. R. Popper: *The Poverty of Historicism* (London ²1960)〕。這個劃分當然不能運用在對胡塞爾概念術語的理解上。

【文獻】 K. -H. Lembeck: *Gegenstand Geschichte. Geschichtswissenschaftstheorie in Husserls Phänomenologie* (Dordrecht u. a. 1988).

Historizität* 歷史性：

「歷史性」[①]是胡塞爾在其思想發展後期所關注的一個問題。他曾談到過向「歷史性哲學」的轉向[②]。胡塞爾在其研究中區分兩種意義上的「歷史性」：「第一歷史性」是指人之此在的「自然歷史性」或「傳統性」，它涉及到自然觀點中日常生活的正常性、合理性、目的性[③]；而「第二歷史性」意味著「透過科學、透過理論觀點對第一歷史性的人此在的改造」[④]，由此而產生出更高階段上的人類生活。從「第一歷史性」到「第二歷史性」的發展，在胡塞爾看來是主體性的必然目的論的發展。

【注釋】 ①「Historizität」在胡塞爾的術語中與「Geschichtlichkeit」同義。 ②一些解釋者認為，胡塞爾的這一轉向發生於 1934 年，並且是在海德格的影響之下〔例如可以參閱：G. Misch: *Lebensphilosophie und Phänomenologie. Ein Auseinandersetzung der Diltheyschen Richtung mit Heidegger und Husserl* (Darmstadt 1967) 328〕。但從新近發表的胡塞爾研究手稿來看，胡塞爾對歷史性問題的關注始於 1920 年代初。對此也可以參閱「歷史」條目。 ③ E. Husserl: *Krisis* (E) Hua XXIX (Dordrecht u. a. 1993) 40. ④同上書，42.

【文獻】 P. Ricoeur: "Husserl und der Sinn der Geschichte"，載於：H. Noack (Hrsg.) *Husserl* (Darmstadt 1973) 231-276. L. Landgrebe: "Meditation über Husserls Wort 'Die Geschichte ist das grosse Faktum des absoluten Seins'"，載於：*Faktizität und Individuation. Studien zu den Grundfragen der Phänome-nologie* (Hamburg 1982) 38-57. K. -H. Lembeck: *Gegenstand Geschichte. Geschichtswissenschaftstheorie in Husserls Phänomenologie* (Dordrecht u. a. 1988). D. Carr: "Husserls Crisis and the problem of history"，載於：*South-western Journal of Philosophy* 5 (1974) 127-148.

Hof** 暈：（英）halo、fringe（法）aire（日）庭

胡塞爾用「暈」來形象地說明每一個此地此時（hic et nunc）被給予之物都具有的空間與時間的環境，這個環境直接從屬於這個被給予之物的意義。「暈」在胡塞爾那裡實際上就是指「視域」或「背景」，它是一種「不確定的可確定性」①。其所以「不確定」，是因為「暈」雖然與「核」②一同被給予，但卻不是當下、現時的；而它之所以「可確定」，是因為「暈」隨時可以成為當下的「前景」③。

在術語上，胡塞爾本人也將「暈」等同於「視域」或「背景」④。

【注釋】 ① E. Husserl: *Ideen* I, Hua III (Den Haag ³1976) § 69. ②就時間視域而言，「核」是指一個體驗的「印象」（Impression）部分；就空間視域而言，「核」則意味著「現前」（Präsenz）的部分。 ③對此還可以進一步參閱「視域」條目。 ④參閱：*Ideen* I, a. a. O., 186 Anm.

【文獻】 G. Brand: "Horizont, Welt, Geschichte"，載於：*Phänomenologische Forschungen* 5 (1977) 14-89. H. Petersma: "Intuition and horizon in the philosophy of Husserl"，載於：*Journal of Philosophy* 67 (1970).

Homogeneität 同質性：

「同質性」通常出現在胡塞爾對意識發生的被動綜合分析中①。它在胡塞爾的術語中基本上與「相似性」（Ähnlichkeit）或「相近性」（Verwandtschaft）同義，即意味著在被動的在先被給予性領域中一個自為統一的意義領域②。意識之所以能夠意識到一個凸現的個別之物，例如在白色背景上的一個紅點，乃是因為這個紅點與不同於它的背景形成對照。這個紅點自身是「同質的」，而不同於這個紅點的白色背景則相對具有「異質性」（Heterogeneität）③。

【注釋】 ①例如可以參閱：E. Husserl: *Analysen* Hua XI (Den Haag 1966) 以及 *EU* (Hamburg ⁴1972). ②參閱：*EU*... 同上書，77. ③參閱：同上。

Horizont＊＊ 視域：（英）horizon（法）horizon（日）地平

根據胡塞爾的意向性理論，意識生活的基本特徵就在於意指對象意義。然而，在意向體驗中現時地被意指的那個「對象」永遠不會完全孤立地和封閉地、完全不確定地和未知地被經驗，而是作爲某個處在聯繫之中的東西，作爲某個在環境之中和出自環境的東西而被經驗到①。每一個現時的我思（cogito）都具有其視域（暈、背景、感知域）②。這個視域在每個現時的個別經驗中，都以「隱含」的方式作爲「空泛視域」一同被給予，並且可以從那個在現時體驗中被給予的核心出發而得到揭示③。如果對那些從屬於各個體驗本身的意識之潛能性進行自由權能的現時化，那麼透過對視域的闡釋，人們便可以獲得對體驗所處的所有聯繫的說明。人們獲得新的經驗，這些經驗透過起點體驗而在意向上得到在先的標示。「視域就是在先標示出的潛能性」④。由於我透過闡釋而獲得的每一個新經驗本身都重新具有開放的視域，因此所有成爲經驗的東西，原則上都始終可以繼續被經驗和被規定⑤。

所有經驗都具有這樣一個視域結構，因而與此相關，所有意識作爲關於某物的意識也始終是視域意識。

胡塞爾將一個個別事物的「內視域」和一個事物的「外視域」區分開來。在前者中隱含著所有那些可以從這個事物那裡經驗到的東西⑥；而後者則包括所有那些可以從一個在與其他客體發生聯繫的對象那裡經驗到的東西⑦。胡塞爾在其發展過程中把握到，所有個別感知以及始終與「某物」打交道的整體自然生活最終總是處在作爲絕對視域的普全世界視域之中。一切事物作爲其所是，都處在世界基地上，這個世界在任何經驗過程中都作爲一個普全的被動存在信仰之基地而被預設。在事物意識和世界意識之間存在著一個不可分離的聯繫。世界視域只是一個關於它的客體以及對於它的客體而言的世界視域，但所有存在者都只是作爲在這個世界之中和出自這個世界的某物而存在⑧。對視域解釋每進行一步，所有那些可經驗之物的視域都在整體上發生變化⑨。因此，視域始終是活的、流動著的視域⑩。不斷持續的生活所具有的視域可靠性，最終植根於原初時間流連同其過去視域和未來視域的發生性原規律性之中⑪。

【注釋】① E. Husserl: *Ideen* I, Hua III (Den Haag 1950) 57f. ②同上書，58f., 112f.; *Krisis* Hua VI (Den Haag ²1962) 165; *CM* Hua I (Den Haag ²1963) 84, 131f.

③ *EU* (Hamburg ³1964) 136f.; *Krisis...* 同上書，162. ④ *CM...* 同上書，82.
⑤ *EU...* 同上書，158f. ⑥同上書，27f. ⑦同上書，28f.; *Analysen* Hua XI
(Den Haag 1966) 67. ⑧ *Krisis...* 同上書，146、167; *EU...* 同上書，24；參閱：
L. Landgrebe: "Welt als phänomenologisches Problem"，載於：*Der Weg der Phän-*
omenologie (²1967) 44f. ⑨ *EU...* 同上書，140. ⑩ *Krisis...* 同上書，152.
⑪ *Analysen...* 同上書，73. (P. Janssen)

補充 「視域」概念是胡塞爾構造現象學思想的中心概念。沒有它，胡塞爾後期
的發生現象學觀念便無法理解。這個概念以後也被高達美所沿用，並且
成爲解釋學的一個中心概念①。

所謂「視域」（Horizont），通常是指一個人的視力範圍，因而它是一種
與主體有關的能力。它是有限的：即使視域不爲事物所阻擋，它的最大
範圍也就是天地相交的地方，即地平線。所以在德文中，「視域」和「地
平線」是同一個詞。但「視域」又可以說是開放無限的：隨著主體的運
動，「視域」可以隨意地延伸；對於主體來說，「視域」的邊界是永遠
無法達到的。地平線是一個只能看到而無法劃定的場所。因此，「視域」
的有限性與被感知的實在性有關，「視域」的無限性與未被感知的可能
性有關。

「視域」概念作爲哲學術語被運用的歷史最早應始於尼采和胡塞爾②。
當它在胡塞爾那裡作爲哲學概念被運用時，以上兩層含義都被保留了下
來。同時它的意義還得到了擴充。簡單地說，哲學意義上的「視域」不
僅僅與生理—物理的「看」的範圍有關，而且與精神的「觀」的場所有
關。因而作爲哲學概念的視域似乎也可以譯作「觀場」。在這個意義上，
感知、想像、感受、直觀、本質直觀、判斷等等意識行爲都具有自己的
「視域」。

按照胡塞爾本人在他後期著作《歐洲科學的危機與超越論現象學》中的
說法，詹姆斯（W. James）是他所知的「唯一一個在『fringes』（邊緣）
的標題下注意到視域現象」的哲學家③。可以推測，胡塞爾的「視域」以
及「視域意識」概念在某種程度上受到過詹姆斯「邊緣」概念的啓發④。
但胡塞爾批評詹姆斯，認爲他不可能在「缺乏對意向對象和隱含性的現
象學理解的情況下」把握「邊緣」這個問題⑤。

胡塞爾的「視域」概念作爲哲學術語是一個在較後期才出現的概念。具體地說，這個概念作爲哲學術語在《邏輯研究》（1900 / 01 年）中尚未產生，但在《純粹現象學和現象學哲學的觀念》第一卷（1913）中，它的地位已經明顯地突出，並在此後逐漸成爲胡塞爾哲學的一個根本性概念。「視域」問題在胡塞爾那裡受到不同角度的考察，從意識行爲的類型方面來看，「視域」是一種特殊的意識：視域意識、背景意識；它同樣也在共現意識、潛能性意識的標題下受到探討；從自我方面來看，「視域」意味著自我對可能對象的不關注（Unaufmerksamkeit）；從對象方面來看，「視域」則意味著可能對象對自我而言的非課題狀態（Unthematischsein）。我們還可以另外從兩個角度來考察這種關係：從個別對象這方面來看，對對象視域的構造始終具有一種進一步規定的特徵，因而這種構造不斷超越出自身，最終達到對普遍世界視域的構造；從作爲對象之總和的世界這方面來看，世界是透過各個對象視域的連續構造而被構造出來的一個整體視域⑥。

「視域」概念在胡塞爾那裡的最重要意義，首先在於它說明了在意識中單個對象與作爲這些對象之總和的世界之間的過渡關係，說明了具體、充實的視域與抽象、空乏的視域之間的過渡關係，簡言之，意識行爲的「所有有限的意向性向整體的重要連續性的過渡」⑦。在這個意義上我們可以說，「視域」概念在胡塞爾哲學中所起的作用與「理念」（Idee）概念在康德哲學中、「籌劃」（Entwurf）概念在海德格哲學所起的作用是相似的。

在術語上，胡塞爾本人將「視域」等同於「暈」或「背景」⑧。

【注釋】①參閱：H. -G. Gadamer: *Hermeneutik I. Grundzüge einer philosophischen Hermeneutik* (Tübingen 1986) 250：「毫無疑問，對於胡塞爾的現象學研究來說，視域這個概念和現象具有主導性的意義。藉助於這個我們也有理由運用的視域概念，胡塞爾顯然是在試圖捕捉意指的所有有限的意向性向整體的重要連續性過渡。一個視域不是一個僵化的界限，而是一種隨你一起流動，並且邀請你進一步向前進展的東西。」　②同上書，308.　③ E. Husserl: *Krisis* Hua VI (Den Haag ²1962) 267.　④參閱：Gadamer: *Hermeneutik I...* 同上書，308.　⑤ Husserl: *Krisis...* 同上書，267.　⑥對「視域」的具體分析可以參閱「內視域與外視

域」、「世界視域」、「時間視域」等條目。　⑦ Gadamer: *Hermeneutik I*... 同
上書，250.　⑧參閱：*Ideen* I, Hua III (Den Haag ³1976) 186 Anm.

【文獻】 I. Kant: *Kritik der reinen Vernunft* (1781, ²1787).　M. Heidegger: *Sein und Zeit*
(Tübingen 1927).　H. -G. Gadamer: 參見：注釋①。T. E. Klein: *The World as*
horizon. Husserl's constitutional theory of the objective world (London 1977).　G.
Brand: "Horizont, Welt, Geschichte"，載於：*Phänomenologische Forschungen* 5
(1977) 14-89.　H. Schmidt: "Der Horizontbegriff Husserls in Anwendung auf die
ästhetische Erfahrung"，載於：*Zeitschrift für philosophische Forschung* 21 (1967)
499-511.

【相關詞】 Horizontart 視域種類，Horizontbewußtsein 視域意識，Horizontentfaltung 視域
展開，Horizonterlebnis 視域體驗，Horizontgeltung 視域有效性，horizonthaft
視域的，Horizonthaftigkeit 視域性，Horizontintentionalität 視域意向性，Hori-
zontphänomen 視域現象，Horizontstruktur 視域結構，Horizonttypus 視域類型。

-innerer und äußerer Horizont** 內視域與外視域：

「視域」的最初含義是指一個感性感知對象（被體驗的事物）的背景，或者
說，它意味著那個與感性感知對象一同在感性感知過程中被給予、並且本身從屬
於這個對象之意義的「暈」（Hof）。這個「暈」既是指時間性的「暈」，也是
指空間性的「暈」。

除了視域在時間方面的結構之外①，胡塞爾認為，每一個對空間事物的感知
體驗都具有「內視域」和「外視域」的結構②。這意味著，每一個這樣的體驗都
有可能從被體驗物的體現（präsent）核心出發在兩個方面進行展開，或是從一個
初次被看到的事物出發，不斷地進入到它的本己自身被給予性之中，或是在連續
地向一系列的個別經驗的過渡過程中達到一個唯一的、開放無限的經驗③。

以對一張桌子的感知為例，我看到的是桌子的這一邊，因而真正原本地被給
予我的、真正被我感知到的也是桌子的這一邊。但我的意向卻指向整張桌子，或
者說，桌子的背面或其他面也處在我的視域之中，並且從屬於這張桌子的意義，
它在我的感知一同被給予，被共現出來（appräsentiert）。「即使就已經被現實地
看到的這一個面而言，它也發出這樣一種召喚：走近些，再走近些，然後改變你
的位置再看我，改變你看的方式，定睛地注視我，以及如此等等，你會在我身上

發現許多新的東西，發現更多的局部色澤等等，你會發現，剛才只是一般地、不確定地被你看到的這個木材具有先前未被看到的結構等等。就是說，甚至在已看到的東西中就已包含著在先把握（Vorgreifen）的意向。已看到的東西對於不斷出現的新東西來說只是一個先示（Vorzeichnen）的範圍，是一個對進一步的規定而言的 X。統攝和先行在不斷地進行著」④。在這裡所描述的「內視域」中，包含著各種在我們視域範圍內的可能性，這種可能性或多或少是確定的，它不僅是指對桌子正面的進一步觀察，而且同樣包括對其被共現部分的進一步經驗，例如：我走到桌子背後便可以看到桌子的確定的後面，打開桌子可以看到它的裡面，如此等等。

「除了這種內視域以外，我們還有外視域」。胡塞爾認為，外視域「也是一種先示，但這種先示是指：在先地指示出一種在直觀上還不具有任何範圍的東西，因此，相對於對內視域範圍的充填而言，外視域中的被先示之物與以後的充填的差異要更大些」⑤。我們可以看出，這種外視域已經是一種不處在我們的直觀範圍之內的可能性，它是隨直觀而一同被共現給我們的⑥。胡塞爾之所以說它在直觀上不具有任何範圍，是因為我們還沒有一個確定的意向指向這個視域，因而對這個意向的充實也是不確定的。與內視域相比，外視域的最主要特徵便是它的不確定性。例如：如果我們面對桌子，並沒有看到身後的事物，那麼，當我們回過頭來時，我們所看到的東西當然就是不確定的。但無論外視域是如何不確定，它都是一種始終存在著的可能性。隨著我們身體的運動，我們會不斷地獲得新的視域，外視域會不斷地轉變成內視域，內視域會不斷得到進一步的規定。我的目光可以越過桌子朝向教室裡的其他桌椅、朝向教室；我還可以走出教室獲得更新的視域。原先處在我視域之中的桌子這時已經消失，但這種消失是一種在體驗流中的時間性的消失，我們可以隨時透過回憶而將這張桌子的視域再造出來，儘管在回憶中被再造的桌子與原初看到的桌子之間已經隔著一個再造性變化。

【注釋】①對此較為詳細的說明可以參閱「時間視域」條目。　②參閱：E. Husserl: *Analysen* Hua XI (Den Haag 1966) § 1, 6f., *EU* (Hamburg ⁴1972) § 8, 26ff., *Krisis* Hua VI (Den Haag ²1962) 165.　③ *EU*... 同上書，27.　④ *Analysen*... 同上書，5.　⑤同上書，7.　⑥因此可以理解 G. Brand 對兩種意義上的「共現」的術語區分：「內視域」方面的「一同被意識到」被他標識為「共現」（Appräsenz），而「外視域」方面的「一同被意識到」則被稱之為「同現」（Kompräsenz）〔參

閱：G. Brand: "Horizont, Welt, Geschichte"，載於：*Phänomenologische Forsc-hungen* 5 (1977) 30〕。

【文獻】G. Brand: 參見：注釋⑥。　H. Petersma: "Intuition and horizon in the philosophy of Husserl"，載於：*Journal of Philosophy* 67 (1970).

Hyle (sensuelle Hyle、hyletische Daten)＊＊（感性）原素：（英）hyle （法）hylé（希）ὕλη

在胡塞爾現象學中，「感性原素」這個概念是在一種透過現象學的懸擱而得以可能的、對純粹意識的分類描述中產生的。這個概念被用來標示最寬泛意義上的感覺。它所指稱的是這樣一些意識內容的整體，這些意識內容透過內在意識的中介而具有「純粹材料的特性和功能」①。就所有感覺的動覺進行而言，感性原素必須區分為兩種：一種是提供了「顏色內容、聲音內容和觸摸內容」的狹義上的感覺②（原素的感覺），另一種是「動覺的感覺」，在這種感覺中所感覺到的是動覺本身③（位置的感覺）。在觸摸時還要再加上第三種感性材料：「感覺態」。

【注釋】① E. Husserl: *Ideen* III, Hua V (Den Haag 1952) 118；參閱：*Ideen* I, Hua III (Den Haag 1950) 210. ②同上書，208. ③ *Ideen* II, Hua IV (Den Haag 1952) 57.

【文獻】U. Claesges: *Edmund Husserls Theorie der Raumkonstitution* (Den Haag 1964). E. Holenstein: *Phanomenologie der Assoziation. Zu Struktur und Funktion eines Grundprinzips der passiven Genesis bei E. Husserl* (Den Haag 1972). (U. Claesges)

【相關詞】Hyletik 原素學，hyletische Daten 原素材料，Hyletisches 原素。

I

Ich＊＊**自我：**（英）Ego（法）je、moi（日）自我

「自我」問題是一個隨胡塞爾思想的發展而獲得越來越重要意義的問題。在《邏輯研究》第一版（1900／01 年）中，胡塞爾只承認有一種經驗自我，即作爲人的軀體—心靈的自我；如果將自我—軀體（Ich-Körper）排斥掉（它和其他東西一樣顯現爲物理事物），只考察與這個軀體經驗地連結在一起並且顯現爲隸屬於這個軀體的「精神自我」（geistiges Ich）或「心靈自我」，那麼，這個「精神自我」與「體驗的複合體」的關係就相當於一個被感知的外在事物之整體，與它的「被感知到的那個面」的關係①。胡塞爾從整體上否認與自我的關係是一種屬於意向體驗本身的本質組成的東西②。同時，胡塞爾也拒絕納托普（P. Natorp）對「自我」的理解，後者從康德出發，將「純粹自我」理解爲「意識內容的聯繫中心」③。

在《邏輯研究》第二版（1913 年）中，胡塞爾放棄了原先所持的觀點，轉而認爲，那種將經驗自我視爲一種與物理事物一樣的、同一個等級的超越的看法是不妥當的。「如果對這種超越的排斥以及向純粹—現象學被給予之物的還原不保留作爲剩餘的純粹自我，那麼也就不可能存在眞正的（相應性的）『我在』的明見性。但如果這種明見性確實作爲相應的明見性而存在著——誰又能否認這一點呢？——那麼我們怎麼能夠避開對純粹自我的設定呢？它恰恰是那個在『我思』的明見性的進行中被把握到的自我，而這種純粹的進行明確地將這個自我從現象學上『純粹地』和『必然地』理解爲一個屬於『我思』（cogito）類型的『純粹』體驗的主體」④。同時，胡塞爾還明確強調，在第一版中對「純粹自我」問題所持的態度已不再爲他所贊同，因爲他在此期間「已認識到，這個（純粹）自我就是必然的關係中心」⑤。

在其同年發表的《純粹現象學與現象學哲學的觀念》第一卷中，胡塞爾著重分析「純粹自我」的現象，將它解釋爲「行爲的個體自我極（Ichpol）」⑥。相

對於各個體驗而言，「自我」是一種「超越」，但這是一種「在內在之中的超越」，因而是一種在等級上、本質上完全不同於事物性超越的「超越」，它可以在進行現象學的還原之後作爲「現象學的剩餘」而保留下來，被排斥的是經驗自我，即作爲人的自我[7]。在該書的第二卷中，胡塞爾對自我問題進行展開分析；作爲自我極的「純粹自我」本身是不變化的、簡單空泛的。如果脫離開它所進行的體驗，它就無法想像[8]。但構成意識流統一之基礎的並不是「自我」，而是內在時間。「自我」本身是在時間上「綿延的自我」，儘管這種綿延不同於體驗的綿延[9]。原時間化（urzeitigend）的意識被胡塞爾理解爲「自我性的（ichlich）意識」；他雖然區分「原初的自我」與「被反思的自我」，即「非對象的自我」與「對象化了的自我」，但認爲這兩者「事實上是同一個純粹自我」[10]，即在時間上綿延著的「自我」。

在此後的《第一哲學》講座（1923 / 24 年）中，胡塞爾則趨向於將「自我」看作是「超越論統覺的自我」：「作爲自我，我必然是思維著的自我，作爲思維著的自我，我必然思維著客體，我必然在思維的同時與同一個客體世界發生關係」[11]。「自我」在這裡被理解爲一個在其諸多「我思」之中的同一自我極，這個同一自我極之所以同一，是因爲我在我思中始終保持一致，以至於被思的客體世界也作爲統一的對象極或統一的客體世界而被構造出來並被堅持下去。這也就意味著：「自我」構成意識的統一基礎。

後期發表的《笛卡兒的沉思》對「自我」進行了更爲詳盡的規定。「同一的自我極」構成整個意向體驗流的「基質」，亦即「各種恆久特性」、「各種習性的同一基質」[12]。在這裡，「中心化的自我不是一個空泛的同一極，相反地，藉助於一種『超越論發生』的規律性，自我會隨著它所發出的每一個新的對象意義的行爲而獲得一個新的恆久特性」[13]。

除此之外，在這裡還必須注意的是，「自我」概念在胡塞爾現象學的術語中，並不能被完全等同於「本我」（Ego）概念。可以說，泛義上的「自我」基本上與「本我」同義，但狹義上的「自我」在胡塞爾那裡僅僅意味著「同一的自我極」和「諸習性的基質」，區別於「在完整的具體化中被理解的本我」，後者在一定的情況下，可以是指萊布尼茲意義上的「單子」主體，即：自我連同其全部意向體驗[14]。

【注釋】① E. Husserl: *LU* II/1, A342/B₁361. ②同上書，A356/B₁377. ③參閱：P. Na-torp: *Einleitung in die Psychologie nach kritischer Methode* (Freiburg i. Br. 1888) § 4. ④ Husserl: *LU* II/1, B₁357, Anm. ⑤同上書，B₁361, Anm. ⑥參閱：*Ideen* I, Hua III (Den Haag ³1976) § 80；對此還可參閱「自我極」條目。 ⑦同上。 ⑧ *Ideen* II, Hua IV (Den Haag 1952) 99. ⑨同上書，101. ⑩ *Ideen* II, Hua IV (Den Haag 1952) 102；對此還可以參閱「隱匿」條目。 ⑪ *Erste Philos.* I, Hua VII (Den Haag 1956) 398. ⑫ *CM* Hua I (Den Haag ²1963) § 32. ⑬同上。 ⑭同上書，§ 33.

【文獻】G. Brand: *Welt, Ich und Zeit. Nach unveröffentlichten Manuskripten E. Husserls* (Den Haag 1969). E. Marbach: *Das Problem des Ich in der Phänomenologie Edmund Husserls* (Den Haag 1974). I. Kern: *Husserl und Kant. Eine Untersuchung über Husserls Verhältnis zu Kant und zum Neukantianismus* (Den Haag 1964) 286-293.

【相關詞】Ichakt 自我行為，Ichaktualität 自我現時性，Ich-All 自我一大全，ichartig 自我類的，Ichblick 自我目光，Ich-Einheit 自我統一，Icherlebnis 自我體驗，Ichferne 自我疏遠，ichfremd 自我異己的，Ich-Fremdes 自我—異己之物，Ichhintergrund 自我背景，ichlich 自我性的，Ichlichkeit 自我性，Ichnähe 自我切近，Ichpol 自我極，ichpolarisieren 自我極化，Ichproblem 自我問題，Ichreflexion 自我反思，Ich-Sein 自我存在，Ichspaltung 自我分裂，Ichstrahl 自我目光束，Ichsubjekt 自我主體，Ichtendenz 自我趨向，Ichverdopplung 自我雙重化，Ichvorstellung 自我表象，Ichzugehörigkeit 自我所屬性，Ichzentrierung 自我中心化，Ichzustand 自我狀態，Ichzuwendung 自我朝向。

-doppeltes Ich 雙重的自我：

「雙重自我」是胡塞爾在其非現實性現象學中，亦即在想像力現象學中探討的問題。胡塞爾的意向分析表明，意識在大多數情況下具有多束的（mehrstrahlig）意向，例如：當自我在進行回憶時，它並不是完全脫離感知領域，而是始終處在感知背景之中。自我在此時可以說是部分地朝向回憶對象，同時也部分地處在感知視域之中。胡塞爾將自我的這種分離狀況稱之為「雙重自我」：「現實的自我」和「再造的自我」①。前者是指始終處在感知領域中的自我，後者則意味著或多或少沉浸在想像之中的自我，「它們以某種方式融為一體」②。這種融合表現在：我可以在想像中以再造的方式進行所有那些我在感知

中進行的行為，例如：我回憶我的感知、判斷行為等等。但我也可以作為現時的、切身的自我來考察這些被回憶的東西。由於我們原則上不可能完全脫離現時的當下視域而進入到非現時的當下化世界之中，因此，在任何一個想像的進行過程中，都可以找到「雙重自我」的狀況。

【注釋】① E. Husserl: *Ph. B. Er.* Hua XXIII (Den Haag 1980) 350.　②同上。

【文獻】E. Fink: "Vergegenwärtigung und Bild-Beiträge zur Phänomenologie der Un-wirklichkeit (1930)"，載於：*Studien zur Phänomenologie* 1930-1939 (Den Haag 1966).

-phänomenologisches Ich 現象學的自我：

「現象學的自我」概念被胡塞爾用來指稱「自我連同其每時每刻發展著的體驗組成」①。

【注釋】① E. Husserl: *LU* II/1, A331/B₁352. 胡塞爾自己在這裡的第二版的注腳中說，「在第一版中，整個意識流都被稱之為『現象學自我』。」

-reines und empirisches Ich 純粹自我與經驗自我：

「經驗自我」是胡塞爾在《邏輯研究》中對「自我」概念的命名，「純粹自我」則是他在《純粹現象學與現象學哲學觀念》的各卷中對「自我」概念的命名①。

【注釋】①對此較為詳細的說明可以參閱「自我」條目。

-waches Ich 清醒的自我：（法）moi vigilant

在《純粹現象學與現象學哲學的觀念》第一卷中，胡塞爾將「**清醒的自**

我」定義爲這樣一個自我：「它在其體驗流中連續地以特殊的我思形式進行著意識」，「這種清醒自我的體驗流之本質就在於……連續前行著的思維鏈始終受到非現時性環境的包圍，這些非現時性隨時準備過渡爲現實性的意識，反之亦然，現時性隨時準備過渡爲非現時性」[1]。所謂現時性向非現時性（或非現時性向現時性）的過渡，實際上就是指自我從清醒狀態向非清醒狀態（或從非清醒狀態向清醒狀態）的過渡，這種過渡不同於從感知向想像（或從想像向感知）的過渡，而更多地是指從行爲的「**能夠進行**」向行爲的「**實際進行**」（或從「**實際進行**」向「**能夠進行**」）的過渡。自我的「清醒」在這裡因而就意味著**實施**對一個對象的朝向、對一個對象的興趣。在這個意義上，胡塞爾在後期的《經驗與判斷》中強調，「朝向的進行就是被我們稱之爲自我之清醒狀態（Wachheit）的東西。更確切地說，應當將作爲自我行爲之實際進行的清醒區別於作爲潛能、作爲能夠—進行—行爲（Akte-vollziehen-können）之狀態的清醒，後者構成行爲之實際進行的前提。清醒就是指，將目光指向某物。『被喚醒』意味著經受一種有效的刺激；一個背景變得『生動』起來，意向對象從那裡出發或多或少地切近自我，這個或那個對象有效地將自我吸引到它自身那裡。只要自我朝向對象，它就在對象之旁」[2]。

從嚴格的意義上說，胡塞爾所探討的自我課題始終是「清醒的自我」，「非清醒的自我」或「無意識的自我」作爲「超越論的謎」雖然引起胡塞爾的注意，但始終沒有成爲他的專門研究課題。

【注釋】[1] E. Husserl: *Ideen* I, Hua III (Den Haag [3]1976) 73f.　[2] *EU* (Hamburg [4]1972) 83.

Ichpol * * 自我極：（日）自我極

在胡塞爾的現象學中，「自我極」這一概念[1]與「對象極」的概念相互對應。這兩個極保證了經驗的綜合統一。在意向相關項方面，只要所有意向活動的被給予性都朝向（「意指」）一個被意指之物，相對於這些被給予性的雜多和變化而得以堅持下來的，就是一個同一穩固的意向相關項；與此相似，雜多意向活動的

進行也是透過進行者的穩固同一性而得以統一。進行者的持續性與他的行爲進行的流動性處在何種關係中，這是現象學時間分析的一個中心問題。現象學的時間分析在其最終形態中，亦即作爲「活的當下的理論」而揭示出，「自我極」的概念只能是「超越論自我」的一個臨時稱號，因爲作爲最終奠基者的「自我極」的內在時間穩固是以前時間的、持續流動的當下爲基礎的。

【注釋】① E. Husserl: *Ideen* II, Hua IV (Den Haag 1952) 97ff; *CM* Hua I (Den Haag ²1963) 100. (K. Held)

【文獻】 G. Brand: *Welt, Ich und Zeit, nach unveröffentlichten Manuskripten E. Husserls* (Den Haag 1955). E. Marbach: *Das Problem des Ich in der Phänomenologie Edmund Husserls* (Den Haag 1974).

Ichtendenz* 自我趨向：

「自我趨向」在胡塞爾的發生現象學分析中的基本含義在於，它是自我或意識在清醒狀態所具有的朝向事物的趨向①。它不同於「我思前的趨向」②，後者是被動性的、接受性的，而「自我趨向」已經進入主動性的領域，它具有「注意力」的特徵，帶有對「課題」或「對象」的「興趣」和「存在信仰」③。當「自我趨向」受到阻礙時，「存在信仰」便會從信仰的基本樣式（Grundmodus）「相信」轉變爲如「懷疑」、「猜測」、「問題」、「否定」等等這樣一些信仰的變式（Glaubensmodalitäten）④。

【注釋】①參閱：E. Husserl: *EU* (Hamburg ⁴1972) 85. ②胡塞爾將「我思前的趨向」又進一步劃分爲「向自我的侵入」和「從自我發出的趨向」。參閱：同上書，82. ③參閱：同上書，83ff. ④對此可以參閱「基本樣式」、「信仰變式」等等條目。

ideal* 觀念的、理想的：（英）ideal（法）idéal

「觀念的」是「觀念」（Idee）和「理想」（Ideal）這兩個名詞概念的共同形容詞，因而自身包含著這兩個概念的不同含義。在《邏輯研究》中，胡塞爾所說的「ideal」與「種類的」（spezifisch）同義[1]，也就意味著「觀念的」，包括「觀念的規範」、「觀念的因素」[2]等等。

【注釋】①參閱：E. Husserl: *LU* II/1, A107/B₁107，也可相應地參閱「觀念」、「觀念化」、「觀念直觀」等條目。　② *LU* II/1, A256/B₁256.

Ideal* 理想、觀念：（英）ideal

「理想」概念在希臘文中的原義爲完善的原像或本質。康德在《純粹理性批判》中，將「理想」理解爲這樣一種「理念」（Idee），這種理念不像理性的理念那樣僅僅由於系統統一性的緣故而可以被預設，毋寧說，「理想」是一種與某個個別事物相符合的理念[1]。胡塞爾大都也是在這個意義上使用「理想」概念，例如：他談及「相應性的理想」、「完善認識的理想」等等[2]。

但胡塞爾有時也在另一種意義上使用「理想」概念，更確切地說，「觀念」概念。例如：他將那些透過「觀念直觀的抽象」所把握到的東西也稱作「Ideal」[3]。這個意義上的「理想」可以說是一種「理想本質」(Idealwesen)，亦即「觀念」（Ideen）[4]。

【注釋】①參閱：I. Kant: *Kritik der reinen Vernunft*, B597/A569.　② E. Husserl: *LU* II/2，A529/B₂58 u. *Ideen* I, Hua III (Den Haag ³1976) 157.　③ *Ideen* I...同上書，138f.　④同上。

【相關詞】Idealbegriff 觀念概念，Ideales 觀念之物，Idealgebilde 觀念構成物，Idealgesetz 觀念規律，Idealisation 觀念化，Idealisierung 理想化，Idealismus 唯心主義、觀念主義，Idealität 觀念性、理想性，idealiter 觀念性的，Idealwesen 觀念本質，Idealwissenschaft 觀念科學，Ideation 觀念化、觀念直觀。

Idealbegriff 觀念概念

胡塞爾在《邏輯研究》中偶爾使用「觀念概念」，用它來表達「觀念」或「本質概念」或「規律」。①

【注釋】① E. Husserl: *LU* I, A187/B187, A242/B241.

Idealisierung＊＊ 理想化、理念化：（法）idéation（日）理念化

「理想化」這個術語在胡塞爾的後期著作中，標示著對這樣一些理想的原構成物的製作方法，這些理想的原構成物是西方—科學思維的基本前提①。由這些構成物所規定的思維，將我們的經驗世界看作是一個自在存在者和自在被規定者的宇宙②。這種思維忘記了這樣一個事實：這個在自在存在者的規定性的觀念下，自明地在先被給予我們的世界是一個方法性的理想化過程的產物，它的必然的意義基礎是在生活世界的前謂語陳述的明見性之中③。理想化便是從這個前科學的經驗世界之被給予性出發，並將這些被給予性作爲「質料」運用，透過一種完善化的實踐，在「客觀」科學意義上的理想自在存在者便從這些質料中產生出來④。客觀科學所具有的理想的、自在被規定的構成物是透過生活世界本身的存在方式而成爲可能，透過這種存在方式而被奠基、被引發⑤。理想化的過程一方面對於邏輯學，另一方面對於數學和數學自然科學具有特殊的影響⑥。

狹義上的理想化在胡塞爾那裡則主要是指近代的精確數學自然科學的成就。近代自然科學用一個理性可認識的自在存在的理想來取代主觀相對的經驗世界⑦。這個自在存在作爲某些方法操作的「發展產物」預設了生活世界的不變本質結構，以及人能夠一再進行這種理想化過程的自由權能性⑧。理想化的活動一旦得以成功，客觀科學便向另一種活動進行過渡，即：從被製作的理想的原構成物中操作性地構建新的理想對象性，並且將它們運用於經驗世界⑨。

【注釋】① E. Husserl: *EU* (Hamburg ³1964) 38ff.; *Krisis* Hua VI (Den Haag ²1962) 18ff., 26ff., 375f. ② *EU...* 同上書，40. ③同上書，42f. ④ *Krisis...* 同上書，359、361f. ⑤同上書，361 Anm.1; *EU...* 同上書，37. ⑥ *EU...* 同上書，41f.、427f.；

F. u. tr Logik (1929) 162ff. ⑦ *Krisis...* 同上書，358f. ⑧同上書，363、383. ⑨同上書，19f.、360. (P. Janssen)

補充 「觀念」（Idee）和「理想」（Ideal）這兩個概念都來自於希臘文的「ἰδέα」。它們只是部分地相互涵蓋，但卻在相當大的程度上保留著各自的特有內涵。這兩個概念的差異首先在康德哲學中顯露出來，此後也表現在胡塞爾現象學中。因此，由這兩個詞根所構成的一些概念，尤其是它們的形容詞「ideal」，已經給、並且還會給中譯帶來一定的困難①。

與「Idealismus」（唯心主義、理想主義）這個概念相同，在「Idealisierung」這個概念中也包含著「觀念」和「理想」的雙重含義。我們當然也可以像日本研究者所做的那樣，用「觀念化」或「理念化」的中譯來取代「理想化」，它意味著一種具有近代科學之突破性意義的「從實踐興趣向純粹理論興趣的轉變」②。

但是，與此同時我們必須注意到：(1) 胡塞爾在這裡所運用的不是「ideieren」的概念，實際上這個概念才更有理由被譯作「觀念化」，它首先意味著一種現象學特有的操作方法，即被我們稱作「觀念直觀」或「觀念化抽象」的方法；(2) 與此相反，「理想化」不是現象學的方法特徵，而是現象學分析所揭示出來的近代自然科學方法特徵。因此，「觀念化」與「理想化」是兩個層次不同的概念。它們分別代表了現象學方法與近代自然科學的本己內涵。

對於第二點，胡塞爾在《邏輯研究》中就已經對「觀念化」和「理想化」做出了明確的劃分：「在直觀被給予性上透過直接的觀念化（Ideation）而把握到的本質是『不精確的』本質，它們不能混同於『精確的』本質，後者是**在康德意義上的理念**，它們（如『理想』的點、理想的面、空間構形或在『理想』顏色物體中的『理想』顏色種類）是透過一種特殊的**『理想化』**（Idealisierung）而產生出來的。因此所有純粹描述的描述概念，亦即與直觀直接地和忠實地相符合的描述概念，也就是所有現象學描述的描述概念都原則上不同於客觀科學的規定概念。現象學的任務就在於澄清這些事態」③。

與對「觀念化」和「理想化」的區分相符，在對「Idealismus」一詞的理

解和翻譯上也有相應的差異需要關注。當胡塞爾本人用「Idealismus」這同一個概念來標誌現象學和近代自然科學時，我們必須將這個概念理解爲：現象學是一種在上述意義上的「**觀念論**」或「**觀念主義**」，近代自然科學則是一種在上述意義上的「**理想主義**」。

由此可見，對「Idealisierung」雙重含義的劃分（這個劃分同樣也適用於「Ideierung」概念）不是一個偶然的術語劃分。它的更重要意義在於，它指明了自然科學的「本質還原」與現象學「本質還原」的根本區別。儘管胡塞爾曾多次強調，本質還原不是現象學所特有的方法，而是所有本質科學（包括數學的自然科學）的共有方法；但這裡的劃分表明，由於作爲各自目標的「理想」不同，這兩種本質還原會導致根本不同的結果。當然，在胡塞爾的術語中，無論是「Idealisierung」的主要含義，還是「Ideierung」的主要含義，都沒有得到一以貫之的堅持。胡塞爾有時也將這兩個概念等義使用。因此，在不同情況下，中譯應當在不同的譯名之間做出選擇：「理想化」或「觀念化」④。

【注釋】①參閱「觀念的、理想的」和「理想」條目。　② E. Husserl: *Krisis* Hua Ⅵ (Den Haag ²1962) 25.　③ *LU* Ⅱ/1, A240/B₁245，與此相符，胡塞爾在《邏輯研究》中還在另一個關係上區分「Idealität」觀念：它可以是指種類的「觀念性」，也可以是指規範意義上的「理想性」。前者與個體實在相對立，後者則並不排斥個體實在（參閱：同上書，1. Unters. § 32）。　④對此還可以參閱「觀念直觀」（Ideation）條目。

Idealismus ＊＊ **觀念主義、唯心主義：**（法）idéalisme（日）観念論

「觀念主義」或「唯心主義」雖然在德文中源於同一概念「Idealismus」，但它們在胡塞爾的表述中分別指稱兩個範疇：一是通常所指的「唯心主義」，它意味著一種「形上學的教理」①；二是指「這樣一種認識論形式，它不是從心理主義的立場出發去排斥觀念之物，而是承認觀念之物是所有客觀認識的可能性條件」②。當胡塞爾將其現象學理解爲「Idealismus」時，他所說的「Idealismus」不是「唯心主義」或「理想主義」，而是「觀念主義」③或「觀念論」。中譯應當

根據不同情況而做出不同的選擇。

【注釋】 ① E. Husserl: *LU* II/1, A108/B₁108. ②同上。 ③參閱：*LU* I, A79/B79; *LU* II/1, A108/B₁108.

【文獻】 Th. Celms: *Der phänomenologische Idealismus Husserls und andere Schriften 1928-1943*, hrsg. v. J. Rozenvalds (Frankfurt a. M. u. a. 1993). R. Ingarden: "Über den transzendentalen Idealismus bei E. Husserl"，載於：H. L. Van Breda/ J. Taminiaux (Hrsg.): *Husserl et la Pensée Moderne/Husserl und das Denken der Neuzeit* (Den Haag 1959) 190-204.

Ideation (ideierende Abstraktion) * * * 觀念直觀（觀念化的抽象）： （日）理念看取、理念視

「觀念直觀」──或常常也叫做「觀念化的抽象」──所標識的不僅是胡塞爾現象學的一個方法概念，而且也是胡塞爾哲學的方法概念；它也以其他的術語形態出現，如作為「本質直觀」、「本質論」等等。同時，對它的評價也應當在它與胡塞爾其他工作概念和系統概念的聯繫中進行，這些概念例如包括：直觀、意向、構造、明見性、還原、反思，以及本質、觀念、觀念性、同一性、行為、思維、意向相關項、意義、內容、判斷、陳述。在對這個術語進行研究時，人們既需要從（著作）發生上，也需要從系統上說明它在胡塞爾整個工作中所獲得的規定與劃分。

首先必須區分觀念直觀或觀念化的抽象的兩個一般功能：(1) 觀念直觀是哲學研究者自己在研究時所運用的方法（本質**分析**）①；(2) 觀念直觀是每一個起作用的、完整一活動的意識所具有的一種成就或一種能力；這就是說，只要這個意識做出陳述，哪怕是個體陳述或關於個體的陳述，這個意識便帶有「普遍含義」②，而這個普遍含義就是透過觀念直觀而獲得的；自然意識和世間意識已經具有這種成就。

在胡塞爾哲學的三個發展階段──對「數字王國」進行心理學論證的階段（《算術哲學》1891 年③）、以把握邏輯含義的客觀觀念性為目標的描述─心理學的現象學階段（《邏輯研究》1900／01 年）、超越論現象學階段（《現象學的

觀念》1907 年、《純粹現象學與現象學哲學的觀念》1913 年）——中，觀念直觀或觀念化的抽象始終都保持著它的基本含義④：這個基本含義就是對被意識到的內容或在意識中的內容認同，以及在觀念客觀對象性意義上對這個認同本身的強調。在這些相關事項（意識、同一性、觀念性、對象）中，意識概念自身首先發生變化，並且也使其他概念也產生變異。

在《算術哲學》中已經出現了「觀念化的抽象」的概念，儘管是它是附帶性的和已變異了的：「數位系統提供了……一種……（在觀念直觀地抽象出我們能力的某些侷限的情況下）……將數字領域延續到任何界限以外的方法」⑤。在《算術哲學》中還可以在這方面找到一些重要的前研究，雖然這些前研究並未運用這個有關的術語：「抽象的突出」⑥和「觀念化」。極爲重要的還有那個在《邏輯研究》中起效用的對「本眞的」和單純「符號性」表象的區分。這裡所涉及的是一種將單純符號概念「直觀地」回溯到「本眞」表象上的做法；因此，《算術哲學》認爲：「多與一的概念直接建基在最終的、要素性的心理材料之上」，據此，它們無法以推理的方法而被推導出，它們必須自身被把握到。「人們在這種情況下所能做的就是，指明這些概念是從哪些**具體**的現象之中或之旁**被抽象出來**，並且澄清這種抽象過程的方式：人們可以……透過不同的描述而對有關概念做出界定…… 」，「對一個這樣的概念的語言闡釋」要求「我們置身於正確的心境之中，使我們能夠將那些在**內直觀**或**外直觀**中被意指的抽象要素**自身提取出來**，或者說，使我們能夠在我們之中再造出那些對概念構造來說必須的心理過程」⑦。

儘管觀念直觀和觀念化的抽象對於《邏輯研究》來說是根本性的概念，但在這部著作中既找不到對這個概念的相關的、甚或是明確突出的規定，也找不到對這個術語的單義的固定。雖然《邏輯研究》的第一版與《算術哲學》相距時間較近，與「抽象」術語相連的「觀念化」術語也仍然比在第二版中出現得少⑧；而「觀念直觀」則（更多地）被用來標識一種特殊的抽象⑨。

只是在第六研究中，「觀念直觀」這個概念的基礎才透過「對直觀（範疇直觀）⑩概念的擴展」而得到了進一步的解釋，它在術語上也意味著一種直觀，例如：一種「本眞的（即直觀的）抽象」⑪、「直觀的（本眞的）意指」⑫、「直觀的本質分析」⑬、「內的被直觀之物」⑭。

但「觀念化的抽象」這個概念已經在《邏輯研究》第一卷「純粹邏輯學導引」

中得到了使用⑮。《邏輯研究》第二卷的引論僅僅指出了任務和在開端上的困難性：「邏輯概念必定起源於直觀；它們必定是在某些體驗的基礎上透過觀念化的抽象而產生出來，並且在新的抽象行為進行中一再地得到關於其自身同一性方面的新的驗證」⑯。在第六研究中，「觀念」和「普遍之物的同一性」、「在重複的行為進行中」成為「現時的被給予性」⑰。「在完全發展了的直觀中」，那個「在現時進行的抽象中的被給予之物」成為「明見性」，也就是說，「透過在再造性直觀上（或者說，在直觀的抽象進行上）進行的充分反覆的檢測，這些含義在其不可動搖的同一性中」被堅持下來⑱。「困難」在於「現象學分析」本身的特性，這種分析是在「排除所有經驗事實性和個體個別化」的情況下進行工作的⑲，亦即根據在「觀念普遍性中的純粹直觀」⑳，也就是說「在那種反自然的反思習性中進行純粹的描述」㉑。因此在《邏輯研究》中，觀念直觀不只是得到了解釋，而且從一開始便得到了運用：「我們在這裡所追求的所有現象學確定都（即使不加以特別的強調）必須被理解為本質確定」，因而肯定是「觀念化」㉒。觀念直觀的特徵就在於，「從心理學—經驗科學的觀點轉向現象學—觀念科學的觀點。我們將所有經驗科學的統覺和此在設定排除出去，我們根據其純粹的體驗組成來接受那些被內經驗到的東西或以其他方式（如以單純想象的方式）被內直觀到的東西，並且將它們當作觀念直觀的底基；我們從它們之中直觀出觀念性的普遍本質和本質聯繫，即：在整體性的不同階段上的觀念體驗種類和觀念有效的本質認識，它們對於有關種類的觀念可能的認識來說具有先天的、絕對普遍的有效性」㉓。與此同時也就給出了在《邏輯研究》階段上的還原——作為本質還原——的意義。需要注意的是觀念直觀的「各個角度」，它們才首先構成了同一性㉔。

因此，《邏輯研究》的「唯心主義」是一種具有「特殊的」邏輯含義的「觀念主義」，它不是指「形上學的教理，而是指這樣一種認識形式：它不是從心理主義的立場出發去排斥觀念之物，而是承認觀念之物是所有客觀認識的可能性條件」㉕。誠然，《邏輯研究》的這種邏輯學—認識論的（含義）觀念主義也會具有其本體論的一面，只要這個對象概念超越出單純實在之物的概念之外而擴展成為「客觀—觀念」的對象，並且只要存在不再繼續被確定為實在—存在㉖。

觀念直觀作為觀念化的抽象也被稱作（「認同化的」）「觀念化」㉗、「整體化的抽象」、「觀念化的現象學分析」、「直觀的本質分析」㉘、「內直觀」㉙、對「觀念存在」的把握㉚，它必須明確地區分於「形式化的抽象」㉛。如

果「直接的觀念直觀」或觀念化的抽象所把握的是「不精確的本質」，那麼形式化抽象便是與「『精確的』本質有關，這些本質是康德意義上的理念，並且（與『觀念的點』一樣）是透過一種特殊的『理念化』而產生的」[32]。這裡關係到相對於「本真的」或「直觀的」思維及其形式性而言在邏輯分析學和對「符號」思維之探討意義上的「觀念規律性的聯繫」[33]。接下來還要將那種透過觀念化抽象而把握到的作為「雜多中的統一」的「特殊之物的同一性」區分於作為「規範」和「理想」的同一性[34]。自《純粹現象學與現象學哲學的觀念》第一卷以後，「觀念化的抽象」這一術語出現得越來越少，而在同樣的程度上，「觀念直觀」這一術語則在胡塞爾那裡獲得了一個寬泛的意義，它保持在「對某物作為某物的重複認同」[35]之範圍中，並且建構起「變更」的方法[36]。這種做法的原因可能在於，每一個觀念化——無論它的目標是在於「形式的」還是「邏輯的」本質、「本質的」還是「數學化的」本質、「精確的」還是「形態學的」本質、「獨立的」還是「不獨立的」本質[37]——根據現象學的「一切原則之原則」[38]都可能經受觀念化的抽象，並且觀念化的抽象具有將「不獨立的因素」、「置於觀念之中」的功能[39]。

據此，觀念化的抽象對（超越論）現象學的還原來說起著關鍵的作用；因為只有透過觀念化的抽象，才有可能區分性地、超越論現象學地把握住意識內在的概念連同其「實項」因素和內在超越[40]，並且因此而開啟作為超越論哲學的現象學領域。

【注釋】① E. Husserl: *LU* II/1 (1900, ²1913) 121. ②同上書，12f.、167. ③ *Philos Arithm.* Hua XII (Den Haag 1970). ④ *Idee d. Phän.* Hua II (Den Haag ²1958); *Ideen* I, Hua III (Den Haag 1952). ⑤ *Philos. Arithm...* 同上書，260. ⑥同上書，210. ⑦同上書，234、119. ⑧例如可以參閱：*LU* I (1900, ²1913) 229; *LU* II/1, 5. ⑨ *LU* II/1, 103. ⑩同上書，141ff.、161ff. ⑪同上書，121. ⑫同上書，141. ⑬同上書，439. ⑭同上書，398. ⑮ *LU* I, 269. ⑯ *LU* II/1, 5. ⑰同上書，162. ⑱同上書，6. ⑲同上書，9. ⑳同上書，18. ㉑同上書，11. ㉒同上書，369. ㉓同上書，3. ㉔同上書，112. ㉕同上書，108. ㉖同上書，115ff.、125ff.；參閱：*Ideen* I, 134f. ㉗ *LU* II/1, 104. ㉘同上書，183、223. ㉙同上書，439. ㉚同上書，417. ㉛同上書，284. ㉜同上書，245. ㉝同上書，470. ㉞同上書，102. ㉟對此可以參閱：*F. u. tr. Logik* (1929)，尤其是133ff. ㊱對此尤其可以參閱：*Phän. Psych* Hua IX (Den Haag 1962) 20-46, 72-93. ㊲參閱：*Ideen* I... 同上書，26ff.、168ff. ㊳ *Idee d.*

*Phän...*同上書，52. ㊴ *LU* II/1, 162, 313. ㊵ *Idee d. Phän...*同上書，8ff. (E. W. Orth)

> **補充** 「觀念直觀」在胡塞爾現象學中是與「本質直觀」（Wesensschau）同義的
> 概念。對「觀念直觀」的另一種方式說明也可以參閱「本質直觀」條目。
> 「觀念直觀」在胡塞爾那裡的另一個德語表達是：「Ideenschau」。

Idee＊＊觀念（理念）：（英）idea（法）idée（日）理念（希）ιδέα

「觀念」這個概念在胡塞爾的術語中和在其他當代德國哲學家那裡一樣，具有兩個基本的含義。一方面，「觀念」意味著一種精神的「構想」或「想法」。這個意義上的「觀念」通常就被譯作「觀念」。胡塞爾本人也是在這個意義上將他的現象學著述命名為《現象學的觀念》、《純粹現象學與現象學哲學的觀念》，或者在這個意義上談論「心理學的觀念」、「第一哲學的觀念」、「數學的觀念」等等。另一方面，「觀念」概念也承載著自柏拉圖至康德、黑格爾的哲學史「觀念論」烙印。這個意義上的「觀念」通常也被譯作「理念」。

後一個意義上的「觀念」是胡塞爾在《邏輯研究》中所使用的中心概念，它指的是「普遍對象」，與「本質」概念同義①。胡塞爾認為，「觀念」是所有客觀認識的可能性條件，並且在這個意義上將他的哲學稱作「觀念主義」（Idealismus）②。此後，胡塞爾發現，他在《邏輯研究》中所運用的「觀念」概念常常受到誤解，因此，在《純粹現象學與現象學哲學的觀念》第一卷中，為了將一般的「本質」概念純粹地區分於康德的「理念」（Idee）概念，胡塞爾不得不進行一次術語上的更動：「我啟用在術語上尚未被用濫的外來語『**埃多斯**』以及德語『**本質**』，後者依然還帶有一些雖不危險，但時常令人惱怒的歧義」③。

根據胡塞爾的「意識本質描述」，所有絕然的真理和認識都建基於這樣一種可能性上，即：是否有可能直觀地把握到普遍的本質或普遍的對象：「觀念」。胡塞爾的觀念直觀提供了對絕然真理之把握的具體方法：在對個體感性之物的直觀中，直觀者透過目光的轉向而可以直接把握到觀念之物④。

此外，胡塞爾在其論述中還區分作為「描述概念」與作為「精確概念」

的「觀念」；這兩種觀念具有本質不同的內涵和起源⑤。「精確的觀念」是數
學的自然科學，例如幾何學的概念，它們所表述的是透過近代科學的理想化
（Idealisierung）方式而獲得的「理想」，亦即在康德意義上的「理念」；而「描
述的觀念」則是現象學的概念，它們所表述的是透過「本質直觀」所獲得的「形
態學本質」⑥。

【注釋】① E. Husserl: *LU* II/1, A108ff./B₁108ff. ②同上。 ③ *Ideen* I, Hua III (Den Haag
　　　　³1976)8；除此之外，「本質」或「埃多斯」概念在胡塞爾那裡又是與「先天」
　　　　概念同義的。對此可以參閱這三個含義基本相同的條目。 ④ *Ideen* I... 同上書，
　　　　§3. ⑤同上書，138f. ⑥參閱：同上書，139.
【相關詞】ideell 觀念的，Ideenerkenntnis 觀念認識，Ideenkleid 觀念外衣，Ideenkom-
　　　　plexion 觀念複合，Ideenlehre 觀念論，Ideenschau 觀念直觀，Ideenwissen-
　　　　schaft 觀念科學。

ideell* 觀念的（意念的、意項的）：（英）ideal、ideally

　　儘管胡塞爾已經看到「觀念」（Idee）與「理想」（Ideal）這兩個概念自康
德以後所帶有的歧義性①，他仍然在絕大多數情況下使用這兩個概念的共同形容
詞「ideal」，而較少使用「ideell」。後者實際上才是「觀念」一詞的形容詞，並
且能夠與「ideal」（理想的、觀念的）區別開來。從胡塞爾對「觀念的」一詞的
使用來看，這裡的原因可能在於，他對「觀念的」一詞的理解帶有較多的主觀性
意義②。因此可以將這個概念略加區別地譯作「意念的」。

　　除此之外，胡塞爾在其含義學說中使用這個概念並賦予它特別的含義，即在
意識中含義與實項內容（感覺材料）相關，但又有別於實項內容的部分：含義的
意項部分③。

【注釋】①參閱：E. Husserl: *Ideen* I, Hua III (Den Haag ³1976) 6. ②參閱：*Analysen*
　　　　Hua XI (Den Haag 1966) 9. ③ R. Bernet: "Husserls Begriff des Noema"，載
　　　　於：S. Ijsseling (Hrsg.): *Husserl-Ausgabe und Husserl-Forschung* (Dordrecht u.
　　　　a. 1990) 63：「困難仍然在於定義：一個對象性，如果它既不能被理解為行為的
　　　　一個實項組成部分，又不能被理解為一個從屬於經驗自然的對象，那麼它究竟

是什麼？當胡塞爾想要強調它與**實項**（reell）內在的區別時，他首先談及的是這個在意向相關項方面的相關者的『意項』（ideell）存在，而當他懷疑它與**實在**（real）對象的區別時，他又談及它的『觀念』（ideal）存在。這些術語一直保留到《純粹現象學與現象學哲學的觀念》第一卷的文字中，並且製造出諸多混亂。」

Identifizierung／Identität＊＊ 認同／同一（性）：（英）identifying／identity（法）identification（日）同一化／同一性

胡塞爾現象學術語中的「認同」、「同一」與在日常意義上的概念一樣，它們一同構成「區分」和「區別」（Unterscheidung／Unterschied）的對應概念①。但胡塞爾不僅在通常的意義上使用這兩個概念，而且也從現象學的角度來分析「認同」和「同一」。所謂「認同」和「同一」，在這裡是指一個意向在直觀中得到相應的充實的狀況：「同一並不是透過比較的和思想中介的反思才被提取出來，相反地，它從一開始便已在此，它是體驗，是不明確的、未被理解的體驗。換言之，在現象學上，從行為方面來看被描述為充實的東西，從兩方面的客體，即被直觀到的客體這一方面和被意指的客體另一方面來看，則可以被表述為同一性體驗、同一性意識、認同行為」②。胡塞爾也將這個意義上的「認同」或「同一」稱作「相應」、「充實同一」或「相合」等等③。無論是「認同」還是「區分」，它們都意味著一個認識的形成④。「同一」或「認同」作為「意識構造的問題」以自我的原真領域為出發點，透過交互主體性而得到進一步的擴展⑤。

胡塞爾曾在《內時間意識現象學》中給出對認同的一個可能定義：「認同無非就意味著在一個意指的表象將其被意指的直觀溢滿過程中的重認之體驗」⑥。

【注釋】 ① E. Husserl: *LU* II/2, A514/B₂42. ②同上書，A507/B₂35. ③同上。 ④同上。 ⑤參閱：Ms. A VII 25 6, 15-25. ⑥ *Zeitb.* Hua X (Den Haag 1966) 149.

【相關詞】 Identitätsbewußtsein 同一性意識，Identitätsbeziehung 同一性關係，Identitäts-deckung 同一相合，Identitätseinheit 同一統一，Identitätserlebnis 同一性體驗，Identitätsmoment 同一性因素，Identitätpol 同一極，Identitätssynthesis 同一性綜合。

Imagination 想像：（日）想像

胡塞爾在其意向分析中將「想像」作爲「想象」（Phantasie）或「當下化」（Vergegenwärtigung）概念的同義詞來使用[①]。在《邏輯研究》中，整個想像行爲的種屬都被看作是對感知行爲的「想像變異」[②]。由於「Imagination」帶有「image」（像）的詞根，因此這個概念更符合於胡塞爾早期的「圖像意識」（Bildbewußtsein）概念[③]。此後胡塞爾也曾用德文的「Einbildung」來替代「想像」概念[④]。中譯「想像」可以突出其中「像」的內涵，同時也可以有別於同義的「想象」。

【注釋】①較爲詳細的說明可以參閱「想象」條目。　② E. Husserl: *LU* II/1, 5. Unters. § 40.　③對此也可以參閱「圖像意識」條目。　④ *Ph. B. Er.* Hua XXIII (Den Haag 1980) 565.

Immanenz[* *] **內在：**（英）immanence（法）immanence（日）內在

在胡塞爾的意識現象學中，「內在」概念是一個認識論的中心範疇。在完成向超越論現象學的突破之後，胡塞爾便將「內在」理解爲「內在於意識」；與此相應，「內在」的對立面是對意識的「超越」。超越論現象學要求排斥所有「超越」，始終停留在意識的「內在」之中：「超越之物的單純現象存在」與「內在之物的絕對存在」構成一個原則性的對立、**一個在被給予方式上的原則性區別**[①]；而「**內在是所有認識論認識的必然特徵**」[②]。這樣，「意識如何能夠超出自身而達到外在的客體」這個傳統認識論的問題便可以得到解決[③]。這個意義上的「內在」也被胡塞爾標識爲「在明見性中構造的自身被給予性」[④]。他認爲，在現象學反思的概念中包含著「內在本質直觀和內在經驗的所有樣式」[⑤]。

胡塞爾在術語上區分兩種意義上的「內在」概念，即「實項的內在」（reelle Immanenz）和「絕對的內在」。前者是指在認識體驗中的「感性內容」或「感性材料」連同對它們的立義[⑥]，後者則意味著透過現象學反思而獲得的「絕對意義上的自身被給予性」[⑦]。**內在的**可以意味著**超越**的對立面，這樣，聲音這個時間事物就是內在的；但內在的也可以意味著在絕對意識意義上的存在者，這樣，

聲音便不是內在的。對「實項內在」的超越並不意味著對意識的超越。在意識中被構造起來的「事物」並不實項地包含在意識體驗之中，它必須藉助於「超越的統攝」，才能成爲意識的「對象」。這個意義上的「超越」又被稱作「實項的超越」[8]，它是在絕對內在之中進行的超越。因而「超越」與「內在」一樣，都具有雙重的含義[9]。

最後，胡塞爾還將上述意義上的「感性內在」（時間性內在、「實在」內在）區別於「超時間的」、「非實在的內在」，即「本質的內在」[10]；對一個本質的直觀認識完全是內在的，它沒有超越出本質直觀地被給予之物以外。

在上述意義上可以將胡塞爾的意識現象學標誌爲「內在哲學」或「內向哲學」[11]。

【注釋】①參閱：E. Husserl: *Ideen* I, Hua III (Den Haag ³1976) § 44. ② *Idee d. Phän.* Hua II (Den Haag ²1958) 33. ③同上書，5. ④同上。必須注意，對意識體驗之內在性的強調並不是胡塞爾前超越論思維的特徵：在《邏輯研究》第一版（1900 / 01 年）中，胡塞爾還認爲，內在感知可以是虛假的，「**人們可以感知根本不存在的本己體驗**」（*LU* II/2, A713）。 ⑤ *Ideen* I... 同上書，§ 78. ⑥ *LU* II/1, A353/B₁374 u. *Idee d. Phän*... 同上書，59、35. ⑦同上。 ⑧同上。 ⑨對此還可以進一步參閱「超越」條目。 ⑩參閱：*EU* (Hamburg ⁴1972) 16f. ⑪例如可以參閱：W. Schultz: *Philosophie in der veränderten Welt* (Pfullingen 1972) bes. 285-290. 還可以參閱：*Zeitb*. Hua X (Den Haag 1966) 222，胡塞爾在這裡把表象的「眞實內在的東西」等同於「實項地構造它的東西」。

【文獻】 R. Boehm: "Immanenz und Transzendenz"，載於：*Vom Gesichtspunkt der Phänomenologie E. Husser1-Studien* (Den Haag 1966) 141-185.

【相關詞】 immanent 內在的。

Impression * * 印象：（英）impression（法）impression（日）印象

胡塞爾所使用的「印象」概念有兩方面的含義：一方面，這個概念顯然與英國經驗主義的「印象」概念有直接的淵源關係。它首先涉及到「感性的印象」或「感覺」；在這個關係上，(1) **廣義上**的「印象」行爲是一種「原體

驗」（Urerlebnis），即感知性的行爲，或者也可以說，是當下擁有的行爲，從而有別於它的變異：想像性的（Imagination）或當下化的行爲[①]。在這個意義上，「再造」是「印象」的對應概念[②]；(2) **狹義上**的「印象」則與「原印象」（Urimpression）同義，它是「現在—意識」，不同於「滯留」（Retention）或「前攝」（Protention）[③]。另一方面，胡塞爾在他特有的術語運用中又用「印象」來標識感知行爲的**特徵**；因此，在這個意義上，「印象」或「印象性」（Impressionalität）也被胡塞爾等同於「現時性」、「原本性」或「未變異性」[④]。這些概念表明，(1)「印象」行爲是帶有存在設定的行爲，它不同於中立性的行爲；(2)「印象」行爲是以感性的感覺內容爲基礎的行爲[⑤]。

【注釋】①參閱：E. Husserl: § 78.　② *Ph. B. Er.* Hua XXIII (Den Haag 1980) 315.
③ *Zeitb.* Hua X (Den Haag 1966) 47. 對此也可以參閱：*Ph. B. Er...* 同上書，315.
④ *Ph. B. Er.* Hua XXIII (Den Haag 1980) 285, 287, 294.　⑤參閱：同上書，321f.
【相關詞】impressional 印象的，Impressionalität 印象性。

Inaktualität* 非現時性：（英）non-actuality（日）非顯在性

「非現時性」是與「現時性」相對應的概念，因此，前者與後者一樣，它們在胡塞爾的術語中都具有雙重含義[①]。一方面，「非現時性」與「中立性」、「不執態」、「不設定」以及「質性變異」等概念平行，它們都意味著對意識對象存在與否問題的不設定、不執態（儘管它們在具體運用中的作用並不完全相同），從而不同於對對象之存在的「信仰現時性」；在這個意義上，在單純想象行爲中被單純想象出來的某個對象是「非現時的」[②]。另一方面，「非現時性」概念又與「潛能性」（Potentialität）概念相平行，它們表明一種**隱含的、潛能的**對象意識，因而有別於另一種**顯露的、現時的**對象意識；在這後一個意義上，某個處在感知的目光之中，但未成爲感知「課題」或對象的「事物」是「非現時的」[③]。

【注釋】①參閱：E. Husserl: *Ideen* I, Hua III (Den Haag ³1976) 254，也可以參閱「現時性」條目。　②參閱：*Ideen* I... 同上書，72.　③參閱：同上書，254f.
【文獻】K. Wiegerling: *Husserls Begriff der Potentialität. Eine Untersuchung über Sinn*

und Grenze der transzendentalen Phänomenologie als universaler Methode (Bonn 1984).

【相關詞】aktuell 現時的，Aktualität 現時性，inaktuell 非現時的。

Inaxiose 非評價：

「非評價」就意味著「不執態」、「不評價」，即對被給予之物的存在與否不做評價，胡塞爾也將它等同於「中立化」①。

【注釋】① E. Husserl: *Ph. B. Er.* Hua XXIII (Den Haag 1980) 369, Anm.

individuell* 個體的：（英）individual（法）individuel（日）個体的

「個體的」概念在胡塞爾的術語中原則上與「整體的」（generell）和「普遍的」（allgemein）概念相對應①。「個體之物」被胡塞爾看作是從屬於本質的個別性（Einzelheit）②。對個體之物的直觀雖然構成普遍直觀（本質直觀）的前提，但個體直觀、對個體事物本身，仍然只具有「斷然的明見性」而非「絕然的明見性」③。

在《邏輯研究》中，胡塞爾也將「個體的」與「實在的」概念等義使用④；而在後來的《純粹現象學與現象學哲學的觀念》第一卷中，胡塞爾則區分「個體的存在」與「實在的存在」；前者只是指「偶然的存在」，後者則意味著「在世界之中的存在」⑤。

【注釋】① E. Husserl: *LU* I, A232/B232, *LU* II/2, A184/B₂655 等等。 ② *Ideen* I, Hua III (Den Haag ³1976) 18. ③同上書，317. ④ *LU* II/1, A107/B₁107. ⑤ *Ideen* I... 同上書，6f.、8f.

【相關詞】Individualbegriff 個體概念，Individualität 個體性，Individualpsychologie 個體心理學，Individuation 個體化，Individuelles 個體之物，Individuum 個體。

Inexistenz 內實存（非實存、總實存）：

「內實存」是胡塞爾從布倫塔諾那裡接收而來的概念[①]。胡塞爾用它來表述純粹意識的存在方式——一種不同於實在之物的實存（Existenz）方式[②]，亦即「意向性」。

布倫塔諾哲學中的「記憶體在」概念，主要起源於中世紀經院哲學中關於對象的「意向的內存在」或「心的內實存」的說法。布倫塔諾本人甚至將這個概念的起源上溯到亞里斯多德所說的「心理的內居」[③]。在這個意義上的「內實存」，意味著「內在的對象性」或者說「對象地（或客觀地）在……之中的存在」[④]，因而是所有心理現象的「真正標識性特徵」。

但在胡塞爾那裡，尤其是在其後期，「內實存」概念已經受到了一定的修正。胡塞爾不再將「內實存」看作是與「實存」相並列的存在方式，而是將它理解為「在普全之中的存在，在時空性的開放視域中的存在」[⑤]。在這個意義上，「實在之物的實存」無非就是「內實存」本身，它們透過意向性而被內在地包含在意識之中。這個修正顯然與胡塞爾對意向性的理解變化有關。在哲學意義上的意向性與心理學意義上的意向性之間存在著本質差異，簡單地說，哲學意義上的「意向性」意味著「構造的能力」，而心理學意義上的意向性僅僅意味著「內實存」[⑥]。

此外，由於「in-」的前綴具有多種含義，因此在「Inexistenz」這個語詞中顯然還包含著對「總實存」和「非實存」的暗示。

【注釋】 ① F. Brentano: *Psychologie vom empirischen Standpunkt* I (Hamburg 1955) 124f., 137. ②參閱：E. Husserl: *EU* (Hamburg ⁴1972) 29. ③ Brentano: *Psychologie...* 同上書，125, Anm. ④同上書，124. ⑤ Husserl: *EU...* 同上書，⑥對此還可以參閱：利科：〈《純粹現象學和現象學哲學的觀念》第一卷法譯本譯者導言〉，載於：胡塞爾：《純粹現象學通論》，李幼蒸譯，1994 年，北京，商務印書館，第 476 頁：「意向性可以在現象學還原之前和之後被描述：在還原之前時，它是一種交遇，在還原之後時，它是一種構成。它始終是前現象學心理學和超越論現象學的共同主題。」——「交遇」在這裡應當是指一種「內心的交遇」。

Inhalt * * **內容**：（英）content（法）contenu（日）內容

「內容」是胡塞爾在《邏輯研究》中多次討論分析的概念，它在胡塞爾的意向分析中具有多重含義，在其內涵中幾乎包含著「意識」概念的全部意義。概括地說，與最寬泛意義上的「內容」概念相對應的是「功能」概念，在意識行爲中，除去「功能」的因素，剩餘的都應屬於各種意義上的（意識）「內容」範疇。

「內容」在胡塞爾那裡首先可以劃分爲「主觀意義上的內容」和「客觀意義上的內容」[①]。在《邏輯研究》的第一版中，胡塞爾也將這兩種「內容」分別解釋爲「現象學、描述—心理學、經驗—實在意義上」和「邏輯的、意向的、觀念的意義上的內容」[②]。它們相當於胡塞爾在第五研究中所說的「作爲體驗的內容」和「作爲對象的內容」[③]。

所謂「客觀意義上的內容」或「客觀內容」，也就是指「行爲的內容」。與它相對應的觀念是「行爲特徵」[④]。在具有相同「行爲特徵」的意識行爲中，例如在感知行爲中，使一個感知（對一棵樹的感知）有別於另一個感知（對一個人的感知）的東西便是「行爲內容」（在感知行爲中是指感知內容）。胡塞爾也將「行爲內容」稱作一個意識行爲的「質料」或「立義意義」[⑤]。它在進一步的分析中還可以劃分爲：(1)「內容」作爲「意指的意義或作爲意義、作爲含義一般」，(2)「內容」作爲「充實的意義」，(3)「內容」作爲「對象」[⑥]。

而「主觀意義上的內容」或「主觀內容」則是指「現象學自我的實項構成物」[⑦]，亦即「感性材料」，它是意識行爲中最爲內在的「內容」。

根據以上這些分析，我們可以歸納出在胡塞爾意向分析中所使用的三個最基本的「內容」概念：(1) 在意識或自我進行立義或統攝之前，感覺材料是意識所具有的須被立義的「內容」；(2) 在立義的過程中，意義或質料是意識賦予給感覺材料的「內容」；(3) 在立義完成後，作爲意識活動之結果而對立於意識的對象是第三種意義上的「內容」。

【注釋】①參閱：*LU* II/1, A52/B₁52.　②同上書，A52.　③同上書，A343/B₁352.　④較爲詳細的說明可以參閱「行爲特徵」條目。　⑤參閱：*LU* II/1, A386/B₁411.　⑥參閱：同上書，A52/B₁52.　⑦同上書，A343/B₁362.

-primärer Inhalt und reflexiver Inhalt * 第一性內容與反思性內容：

　　胡塞爾在《算術哲學》中便已經運用「第一性內容」的概念來表述感覺材料[1]；而「反思」在那裡則被賦予一個特殊的功能：它是概念產生的起源[2]。後來在《邏輯研究》中，胡塞爾在上述概念基本含義的基礎上，在感性領域進行了一個「**本質現象學的劃分**」：「第一性的內容」與「反思性內容」[3]。前者是指「感性的體驗」，或者也可以說**感覺內容**，它是「實項的代現性內容」；後者則意味著「範疇形式」，也叫做「範疇的代現性內容」。這兩種內容的關係在於，所有「反思性內容」都直接或間接地奠基於「第一性內容」之中[4]。與此相應，範疇直觀也奠基於感性直觀之中[5]。直至在《純粹現象學與現象學哲學的觀念》，胡塞爾還再次提到「第一性內容」的概念，但認為這個術語不具有充分的標誌性，從而將它們改稱為「第一性體驗」[6]。在此之後，胡塞爾便很少使用這對概念。

【注釋】① E. Husserl: *Philos. Arithm.* Hua XII, (Den Haag 1970) 46, 67ff. 等等。　②參閱：同上書，330ff.　③ *LU* II/2, A652/B₂180；在《邏輯研究》中，「反思性內容」為「Reflexionsinhalt」。　④同上。　⑤參閱：同上書，§ 46.　⑥ *Ideen* I, Hua III (Den Haag ³1976) § 85.

-reeller und intentionaler Inhalt * 實項內容與意向內容：

　　胡塞爾在《邏輯研究》中引入了一個「重要的現象學區分」，即對行為的「**實項**內容」和行為的「**意向**內容」的區分。這個區分實際上是從另一個角度上對意識體驗的本質因素進行考察分析。聯繫《純粹現象學與現象學哲學的觀念》第一卷的研究來看，純粹的意識體驗應當由兩部分組成：「實項內容」與「意向內容」。「實項內容」從屬於意識的材料方面，它受意向活動的統攝或賦形，因此可以說，「材料的組成部分」與「意向活動的組成部分」一同構成「實項內容」的總和[1]。如果「實項內容」被理解胡塞爾為「對最普遍的、在所有領域中都有效的內容概念在意向體驗上的素樸運用」[2]，那麼「意向內容」則從屬於意識的「意向相關項」方面，在這個標題下，胡塞爾進一步再劃分出「意向內容」所包

合的**三個概念**，即：意識行爲的**意向對象**，意識行爲的**意向質料**（與意識行爲的意向質性相對），最後是它的**意向本質**[3]。

　　胡塞爾對「實項內容」和「意向內容」的區分，實際上是他對「內容」概念的另一種區分方式，這種區分最終是與對「主觀意義上的內容」的「客觀意義上的內容」之區分相吻合的[4]。

【注釋】①參閱：E. Husserl: *LU* II/1, 5. Unter. § 16: "Unterscheidung zwischen deskrip-
tivem und intentionalem Inhalt" u. *Ideen* I, Hua III (Den Haag [3]1976) 226. ②同
上。 ③同上。 ④參閱「內容」條目。此外，在胡塞爾那裡，與「實項內容」
相平行的概念還有：感性內容、描述性內容、現象學內容、第一性內容等等；
與「意向內容」相平行的概念則還有「客觀內容」、「對象性內容」等等。

Innenhorizont (Innen-Horizont) * 內視域：

　　「視域」作爲「指明關係」（Verweisungszusammenhang）、作爲「不確定的可確定性的暈（Hof）」[1]，在胡塞爾那裡具有各種類型和結構。在對空間對象的直觀體驗中可以劃分出「內視域」和「外視域」[2]。「內視域」也被寫作「inneres Horizont」[3]。

【注釋】① E. Husserl: *Ideen* I, Hua III (Den Haag [3]1976) § 69. ②參閱：*Analysen* Hua XI
(Den Haag 1966) § 1, 6f., *EU* (Hamburg [4]1972) § 8, 26ff. ③詳細說明可以參閱在
「視域」條目下的「內視域與外視域」（innerer und außerer Horizont）條目。
【文獻】G. Brand: "Horizont, Welt, Geschichte"，載於：*Phänomenologische Forschungen*
5 (1977) 14-89. H. Petersma: "Intuition and horizon in the philosophy of Hus-
serl"，載於：*Journal of Philosophy* 67 (1970).

inner 內的、內部的：（英）internal

　　「內的」概念在胡塞爾術語中是指「內於意識的」或「在意識之內的」。在傳統的意義上，它也常常被理解爲「心理的」。胡塞爾沒有明確規定這個

概念的內涵；他時而在傳統的意義上使用這個概念，例如「內感知」或「內時間意識」等等，在這個意義上，「內的」並不等於現象學意義上的「內在的」（immanent），因為「內的」往往與「外的」（意識之外的）東西聯繫在一起，例如在胃疼的情況下，對「疼」的內感知與「胃」（物理軀體）的聯繫[①]，而「內在的」則意味著排除了任何對意識的超越。但胡塞爾時而也在特殊的意義上使用「內的」概念，亦即將它等同於「內在的」，這時，「內的」也就意味著「明見的」或「相應的」[②]。從整體上看，「內的」的對應概念是「外的」（außer）；這對概念在胡塞爾那裡不能等同於「內在的」和「超越的」概念，儘管胡塞爾時而也將「內的」、「內部的」與「內在的」概念混用。

【注釋】①參閱：E. Husserl: *LU* II/2, Beil.　②*LU* II/1, Hua XIX/1 (The Hague u. a. 1984) 35, "Zusätze und Verbesserungen"zu A.

Instinkt* 本能：

　　1920年代初和1930年代，胡塞爾在其講座和研究中經常探討意識的「本能」結構以及「本欲」（Trieb）結構[①]的問題，這些討論與胡塞爾後期的「發生現象學」研究有關。對原本被動性的分析促使胡塞爾一再地向意識動機的起源領域深入。胡塞爾的研究分析表明，「本能」是超越論構造的最底層動機基礎：「動機必定是在活的當下（lebendige Gegenwart）之中，在這裡，最有效的動機也許就是我們無法顧及到的那些動機：在寬泛的、通常的意義上的『興趣』、原初的或習得的情感評價、本能的或較高的本欲等等」[②]。這些產生於本能之中的動機是導致「客體世界之構成」的原初條件[③]。在這些研究的基礎上，胡塞爾考慮建立一門「本能現象學」[④]，這門現象學應當構成發生現象學的原初部分。

【注釋】①參閱「本能」、「本欲」等條目。　② E. Husserl: *Analysen* Hua XI (Den Haag 1966) 178.　③參閱：Ms. A V 7, 77.　④ Ms. A V 5, 199.

【文獻】E. Holenstein: *Phänomenologie der Assoziation. Zur Struktur und Funktion eines Grundprinzips der passiven Genesis bei E. Husserl* (Den Haag 1972).　N. Lee: *Edmund Husserls Phänomenologie der Instinkte* (Dordrecht u. a. 1993).

【相關詞】instinktiv 本能的，Instinkthandlung 本能行為，Instinkthorizont 本能視域，Instinktintention 本能直意向，Instinktintentionalität 本能意向性，Sonderinstinkt 特殊本能，Totalinstink 整體本能，Urinstinkt 原本能。

Intendieren (intendieren)* 意指：（英）to intend to

「意指」在胡塞爾的術語中有諸多同義詞，如「Bedeuten」、「Meinen」、「Vermeinen」等等①。它意味著意識對某物的「朝向」（Zuwendung）或「指向」（Richten...auf）。

【注釋】①對此較為詳細的說明可以參閱「意指」（Bedeuten）條目。

Intention** 意向：（英）intention（法）intention（日）志向

在胡塞爾的術語運用中，「意向」概念具有多層次的含義。最狹窄意義上的「意向」是指那種「構成一個行為之描述性屬特徵的意向關係」①。它意味著自我對一個對象的朝向；胡塞爾也將它稱作「瞄向」（Abzielen）。在這個意義上，「意向」無非是指意識的意向活動（Noesis），以及它的認同、統攝的趨向。而較為寬泛意義上的「意向」則還包含「射中」（Erzielen）的含義，也就是說，它不僅意味著某個意向的發出，而且還意味著這個意向的充實。胡塞爾也常常將這個意義上的「意向」簡稱為「行為特徵」②；例如：感知行為具有特定的意向，想像行為也具有自己的特別意向，如此等等。而最寬泛意義上的「意向」已經相當於笛卡兒的「我思」概念，它是對意識行為的統稱③。

【注釋】① E. Husserl: *LU* II/1, A347/B₁376.　②參閱：同上書，A348/B₁368、A358/B₁379.　③ Ms. M III 3 IV 1 II, 4.
【文獻】E. Fink: "Die intentionale Analyse und das Problem des spekulativen Denkens"，載於：*Nähe und Distanz. Phänomenologische Vorträge und Aufsätze* (Freiburg/München 1976) 139-157.

【相關詞】intendieren 意指，intendiert 被意指的，intentional 意向的，Intentionanalyse 意
　　　　向分析，Intentionalität 意向性。

intentional* 意向的：（英）intentional、intentionally（法）intention-
nel（日）志向的

　　「意向的」這個定語在胡塞爾的意向分析中並不僅僅意味著與「意向」一詞
相對應的定語。首先，現象學中的「意向的」概念是與「實項的」（reell）概念
相對應的。在這個意義上，亦即在與「實項的」相對應的意義上，胡塞爾認為，
「意向的」與「實在的」（real）有相同之處，甚至「『實在的』聽起來要比『意
向的』更好」①，但由於前者「絕然帶有事物性超越的思想，而這個思想恰恰是
應當透過向實項體驗內在的還原而被排除」②，因此，胡塞爾用「意向的」來避
免「事物性超越的思想」，強調意向之物內在於意識的特徵，同時「有意識地
將那種事物性關係劃歸給『實在的』這個詞」③。其次，在胡塞爾所做的具體意
向分析中，「意向的」一詞有時是指「被意指的」（intendiert）④，即「被意向所
指的」；有時則是指「意指著的」（intendierend 或 cogitierend）⑤，即「意向指向
著的」⑥。

【注釋】① E. Husserl: *LU* II/1, A376/B₁399.　②同上。　③同上。　④參閱：同上書，
　　　　A353/B₁374, *LU* II/2, A711/B₂240.　⑤參閱：*Ph. B. Er.* Hua XXIII (Den Haag
　　　　1980) 323.　⑥對此還可進一步參閱：M. Heidegger: *Prolegomena zur Geschichte
　　　　des Zeitbegriffs*, GW 20 (1988) 151.

Intentionalität*** 意向性：（英）Intentionality（法）intentionalité
（日）志向性、志向作用

　　在胡塞爾那裡，「意向性」作為現象學的「不可或缺的起點概念和基本概
念」①，標誌著所有意識的本己特性，即：所有意識都是「關於某物的意識」，

並且作爲這樣一種意識而可以得到直接的指明和描述。關於某物的意識是指在廣義上的意指行爲與被意指之物本身之間可貫通的相互關係[2]。

胡塞爾對「意向性」概念的構想可以回溯到布倫塔諾那裡。後者首先將「意向的」、「意向的內存在」這樣一些概念引入到近代心理學中。在布倫塔諾的描述心理學中，「意向的內存在」這個術語[3]被用來對那些與物理現象相對立的心理現象進行本質規定[4]。心理現象的標識就在於它們與一個內容（客體）的關係；它們是一種「在自身中意向地含有一個對象」的現象[5]。

胡塞爾在與布倫塔諾學說的分歧中，發展起他自己的意向性學說[6]。隱含在胡塞爾「意向性」概念中的對意識的本質性基本規定是在現象學懸擱的範圍中形成的。「意向性」本質上具有四個層次：(1) 在意識生活中必須區分實項的內涵和意向的（非實項的）內涵[7]。所有在時間上流動性的意指行爲（意向行爲）都是實項的內涵。胡塞爾用「意向活動」這個術語來標示實項內涵[8]，與此相對，被意指之物本身（意向對象）則必須被看作是非實項的內涵。對此，胡塞爾使用「意向相關項」的術語[9]。所以，「意向性」便是指意向活動與意向相關項之間的相互關係。在意識的如此被規定的意向活動—意向相關項結構中，包含著作爲行爲進行者的「純粹自我」（自我極），雜多的意向活動從這個自我中射發出來，同時又在一個意識的統一性中得到聚合[10]。(2) 被意指的對象（意向相關項）是一個可能多層次綜合的結果，在這種綜合中，雜多的意向活動聚合爲一個對象意識的統一[11]。(3) 圍繞著被意指的對象的是，一個由非課題的一同被意指之物所組成的視域。與這個在意向相關項方面的視域相符合的是，在意向活動方面的意識潛能性（權能性），如果將這些潛能性加以現時化，那麼非課題的一同被意指之物就會成爲被給予性[12]。(4)「意向性」是指意識對被意指對象的自身給予或自身擁有（明見性）的目的指向性[13]。

【注釋】① E. Husserl: *Ideen* I, Hua III (Den Haag 1950) 207, 203ff.　② *CM* Hua I (Den Haag ²1963) 70ff.　③ F. Brentano: *Psychologie vom empirischen Standpunkt* 1 (Hamburg ³1955) 124.　④同上書，125.　⑤同上。　⑥參閱：Husserl: *LU* II (¹1901) V, 321ff.　⑦ *Ideen* I... 同上書，218；參閱：*Idee d. Phän.* Hua II (Den Haag ²1958) 55.　⑧ *Ideen* I... 同上書，210.　⑨同上書，219.　⑩同上書，81; *Ideen* II, Hua IV (Den Haag 1952) 105.　⑪ *CM*... 同上書，80.　⑫同上書，83.　⑬ *F. u. tr. Logik* (1929)143.

【文獻】 H. Spiegelberg: *The phenomenological movement* 1.2 (Den Haag 1960). L. Landgrebe: "Husserls Phänomenologie und die Motive zu ihrer Umbildung"，載於：*Der Weg der Phänomenologie* (Gütersloh ²1967) 9-39. (U. Claesges)

補充　由於胡塞爾始終將他的現象學理解為「關於意識體驗一般的科學」，而「意向性」又是「最確切意義上的意識之特徵」①，即「意識始終是關於……的意識」，因此，「意向性」毫無疑義地構成了胡塞爾現象學的中心概念，無論這裡所說的現象學是指胡塞爾早期的描述心理學，還是指他後來提出的超越論現象學②。

在作為描述心理學的現象學中，胡塞爾實際上並沒有超出布倫塔諾的意向性理論很遠。「意向性」在這裡也意味著心靈生活的內含特徵，意味著它的能動性。只是在超越論現象學中，「意向性」才獲得了它的中心地位；它不再意味著心靈體驗的主動性，而是意味著純粹意識的「意向構造能力和成就」，意味著在現象學角度上對主客體關係的最簡略描述：「意向性」既不存在於內部主體之中，也不存在於外部客體之中，而是整個具體的主客體關係本身。在這個意義上，「意向性」既意味著進行我思的自我極，也意味著透過我思而被構造的對象極。這兩者在「意向性」概念的標題下融為一體，成為意向生活流的兩端：同一個生活的無內外之分的兩個端點。

對「意向性」之把握的唯一途徑在胡塞爾看來是本質直觀的反思：「在意向性被反思揭示並因此而自身成為課題之前，它始終是隱蔽著的」③。

【注釋】 ① E. Husserl: *Ideen* I, Hua III (Den Haag ³1976) 187.　②這裡可以參閱利科（P. Ricoeur）對胡塞爾意向性概念所做的一個詮釋：「意向性可以在現象學還原之前和之後被描述：在還原之前時，它是一種交遇，在還原之後時，它是一種構成。它始終是前現象學心理學和超越論現象學的共同主題。」（保羅·利科，〈《純粹現象學和現象學哲學的觀念》第一卷法譯本譯者導言〉，載於：胡塞爾：《純粹現象學通論》，李幼蒸譯，1992 年，北京，商務印書館，第 476 頁）。　③ Husserl: *F. u. tr. Logik* Hua XVII (Den Haag 1974) 38.

【文獻】 K. Schuhmann: "Intentionalität und intentionaler Gegenstand beim frühen Husserl"，載於：*Phänomenologische Forschungen* 24/25 (1991) 46-75.　B. C. Hopkins: *Intentionality in Husserl and Heidegger. The Problem of the Original Method and Phenomenon of Phenomenology* (Dordrecht u. a. 1993). G. Hoyos Vásquez: *Intentionalität als Verantwortung. Geschichtsteleologie und Teleologie der Intentionalität bei Husserl* (Den Haag 1976). E. Fink: "Die intentionale Analyse und das Problem des spekulativen Denkens",載於：*Nähe und Distanz. Phänomenologische Vorträge und Aufsätze* (Freiburg/München 1976)139-157.

Intentionanalyse * * * 意向分析：（日）志向的分析

在胡塞爾那裡，意向分析是在現象學懸擱和還原中進行的一種可能的描述性揭示，這種揭示的對象是在意識（意向活動）與對象（意向相關項）之間的普全的、透過意向性概念而得以標識的相互關係。意向分析產生於這樣一個明察：每一個在先被給予的對象都「回指到雜多的現實和可能……意向性的一個相關本質形式之上」[1]。由於一個在先被給予的對象在這個意義上被理解爲「一個主觀的相關性系統的標誌」[2]，因此它成爲超越論的或意向的主導線索[3]。從那些構成了對象意義統一的意向相關項因素回問到那些必然存在於行爲進行之中的意向活動雜多性，這樣，一個具有這種意義的對象便被給予意識[4]。對象在這裡證明自身是一個多層次綜合的結果；同時還表明，現時的行爲進行只能作爲對這樣一些系統的現時化而存在，這些系統具有在權能性意義上的潛能性的特徵。意向分析的成就因此便是「對在意識現時性中隱含的潛能性之揭示」[5]。如果意向分析應當具有系統性的成效，它就需要對各個合適的主導線索進行準備。這些主導線索就是從各個區域本體論中獲取的先天[6]。由於意向分析將這種先天回溯到與其相關的構造性先天[7]之上，因此，意向分析是構造現象學的（首先是靜態現象學的）特殊方法。

【注釋】 [1] E. *Husserl: F. u. tr. Logik* (1929) 217. [2] *Krisis* Hua VI (Den Haag ²1962) 168. [3] *CM* Hua I (Den Haag ²1963) 87. [4]同上書，87. [5]同上書，83. [6]同上書，88；還可以參閱：同上書，*F. u. tr. Logik*...同上書，220；*Ideen* I, Hua III (Den Haag 1950) 364. [7] *F. u. tr. Logik*...同上書，220.

【文獻】 E. Fink:«L'analyse intentionelle et le Problème de la pensée spéculative»，載於：*Problèmes atuels de la phénoménol.* (Paris 1952). (U. Claesges)

Interesse * 興趣：

儘管「Interesse」在日常德語中具有「興趣」和「利益」兩個主要含義，但在胡塞爾的現象學術語中，它原則上是被用來標識寬泛的「興趣」特徵，亦即「自我趨向」（Ichtendenz）、自我對被意指之物、被經驗之物的興趣①。

胡塞爾在其意向分析中區分狹義的和廣義的「興趣」。廣義上的「興趣」被胡塞爾用來標識自我對事物的「朝向」（Zuwendung），它們是指這樣一類興趣行為：「我們不僅僅將這些興趣行為理解為這樣的行為，即我在這些行為中課題性地，例如感知著地、然後進一步考察著地朝向一個對象，而且我們也將這種興趣行為理解為任何一個自我朝向的行為、自我在場的（interesse）行為」②。

狹義上的「興趣」則僅僅是指對事物的非課題性追求。這種朝向只是一種「包含在通常感知的本質中的追求（Streben）的因素」③。而胡塞爾之所以將這種「追求」也稱作「興趣」，乃是因為這種追求與一種感情（Gefühl）緊密相連，而正是這種感情才引發出朝向對象的動機④。但單純地「追求對象」還並不意味著「朝向課題」，即以對象為課題，因此：「確切意義上的課題和自我朝向之對象並不始終相互重合」⑤。

再進一步還可以說，狹義上的「興趣」只意味著一種追求的產生：導向對象，廣義上的「興趣」則意味著對這種追求的滿足：對象的課題化；狹義上的「興趣」雖然是一種活動（Tun），一種在朝向之前的活動，但還不是「自我—活動」，廣義上的「興趣」則已經是「自我—活動」了⑥；狹義上的「興趣」不帶有存在設定，而廣義上的「興趣」則恰恰相反⑦。

【注釋】①參閱：E. Husserl: *EU* (Hamburg ⁴1972) 86. ②同上書，93. ③同上書，91. ④參閱：同上。 ⑤同上書，92. ⑥參閱：同上書，87、91. ⑦參閱：同上。

【相關詞】Interessenfeld 興趣領域，Interessenhorizont 興趣視域，Interesserichtung 興趣指向，Interessenwendung 興趣轉向，sich interessieren 感興趣。

-transzendentales Interesse * 超越論的興趣：

　　「超越論的興趣」在胡塞爾那裡是指人類本身所具有的朝向超越論哲學的意向：「它是人類最高的和最終的興趣」①。由於「超越論興趣」的獲得必須以「超越論的懸擱」爲前提，即對「自然興趣」的「無興趣化」②爲前提，因此，「超越論興趣」的獲得同時意味著一種「興趣轉向」③。海德格和後來的阿多諾、哈伯瑪斯等人在這一點上批評胡塞爾，認爲「超越論興趣」本身也屈從於主觀意志，或者說，是主觀意志的產物④。

【注釋】 ① E. Husserl: *Phän. Psych.* Hua IX (Den Haag 1962) 277. ②參閱「無興趣的旁觀者」條目。 ③ *Krisis* Hua VI (Den Haag ²1962) 147. ④對此可以參閱海德格對胡塞爾「大英百科全書現象學條目」的注釋，載於：*Phän. Psych...* 同上書，274, Anm. 3；還可以參閱：Th. W. Adorno: *Zur Metakritik der Erkenntnistheorie. Studien über Husserl und die phänomenologischen Anatomoie* (Frankfurt a. M. 1990) 82 以及 J. Habermas: *Technik und Wissenschaft als Ideologie* (Frankfurt a. M. 1968) 156-160.

【文獻】 Th. W. Adorno：參閱：注釋④。 J. Habermas：參閱：注釋④以及 *Erkenntnis und Interesse* (Frankfurt a. M. 1971).

Intersubjektivität ** 交互主體性：（英）intersubjectivity（法）inter-subjectivité（日）間主体性、相互主体性

　　在胡塞爾現象學中，「交互主體性」概念被用來標識多個超越論自我或多個世間自我之間所具有的所有交互形式。任何一種交互的基礎都在於一個由我的超越論自我出發而形成的共體化，這個共體化的原形式是異己經驗，亦即對一個自身是第一性的自我—異己者或他人的構造。異己經驗的構造過程經過超越論單子的共體化而導向單子宇宙，經過其世界客體化而導向對所有人的世界的構造，這個世界對胡塞爾來說就是眞正客觀的世界①。

【注釋】 ①對此可以參閱：E. Husserl: *CM* Hua I (Den Haag ²1963) 121ff., 5. Meditation. (K.Held)

補充 「交互主體性」在胡塞爾現象學中不是一個系統的、自身封閉的課題之標題，相反地，交互主體方面的問題出現在各種課題領域中，當然，這些問題相互聯繫，而且對這些問題的解決也相互制約。所以胡塞爾現象學的開端方法，亦即向純粹意識的還原，已經具有了交互主體的角度。此外，對本己意識和異己意識的區分，或者說，對本己地被意識到的和異己地被意識到的「世界」區分已經是一個交互主體的問題。就對各種不同對象的構造分析而言，一方面存在著在特殊意義上的交互主體問題：對異己身體的經驗、對異己心理體驗的經驗、社會交往。但另一方面，所有構造問題都具有一個交互主體的角度：客觀世界的構造、客觀空間的構造、本己身體性的構造、本己人格的構造、自然和精神世界的構造。即使在科學論的問題中，例如在對自然科學與精神科學的區分中，亦即在對自然觀點和人格觀點的區分中，交互主體性也起著根本性的作用。最後，在胡塞爾的倫理學與單子論的本體論中，交互主體性也占有一個中心位置。因此，交互主體性貫穿在整個現象學中，而一門完整的交互主體性現象學也就是一門完整的現象學一般。

胡塞爾在其早期便已看到自己面臨交互主體性的問題，並且後來在他的思想發展過程中始終在探討這些問題。早在《邏輯研究》（1901 年）的第一研究中，胡塞爾便已談及語言表達的交往作用[①]他將這個作用理解為透過「指號」而進行的心理體驗「傳訴」，或者說，根據聯想而進行的對這個「指號」的感知理解。但胡塞爾在《邏輯研究》的進一步進程中並不想顧及語言表達的這種交往作用[②]。直到 1905 年至 1907 年期間，當胡塞爾透過向純粹意識的還原而為現象學規定了一個特殊的研究領域時，他才真正看到了交互主體性問題的重要性。胡塞爾此時處在一個兩難之中：一方面他在哲學上堅持意識主體的多數性[③]，另一方面他又看到自己被當時的還原形式現象學地侷限在一個唯一的意識（**一條純粹的意識流**）之上。他在 1910 年所做的「現象學基本問題」[④]的講座中，透過這樣一種方式解決了這個兩難，即：他將現象學的還原擴展到交互主體性的領域，也就是說，他在一個「雙重還原」的第二步中，也將那些在同感中被當下化的異己體驗把握為純粹意識現象。在 1905 年至 1910 年期間，胡塞爾也開始分析同感的結構[⑤]。這種分析主要是在對利普斯（Th.

Lipps）的批評中進行的。他從利普斯那裡接受了「同感」（Einfühlung）
這個詞，同樣也接受了利普斯的這樣一種做法，即拒絕在對他人的經驗
方面的類比推理理論。但胡塞爾不接受利普斯本人的同感理論（在外部
軀體中對本己體驗的直覺設想），而且他也選擇了另一個問題起點：利
普斯在其同感理論中以所謂「表達活動」爲出發點（例如喜悅、憤怒、
恐懼的「表達活動」）。胡塞爾首先詢問，我們如何將外部軀體立義爲
感覺著的軀體（具有感覺能力的軀體）。在胡塞爾死後作爲《純粹現象
學與現象學哲學的觀念》第二卷發表的文字中，他在對同感的解釋中也
以對那些定位在異己的軀體身體（Leibkörper）中的感覺領域（「感性理
論的層次」）的「一同感知」爲出發點[6]。胡塞爾大約在 1915 年 8 月或 9
月深入地探討了同感問題[7]。他在此期間獲得了同感問題的一個新起點，
他明察到：在外部被感知到的軀體中，並沒有什麼感覺領域被**直接地**同
感到；相反地，這種同感之所以發生，僅僅是因爲這個外部軀體透過對
一個異己視點的當下化而對**一個他人**成爲身體[8]。所以，胡塞爾在 1905
年的那些文字中首先解釋這樣一個問題：對一個外部空間中的意識客體
的表象如何成立，並且他看到，對異己主體的表象是透過對自己本身的
外部表象（想像自己本身是在一個外部的空間點上）而得以可能的。但
他後來將這個嘗試稱爲「設想性過重」而加以否決[9]。此外，對於胡塞
爾的同感理論極爲重要的是 1926／27 年的「現象學引論」講座[10]。他在
這裡解決了本己身體與異己身體之間的相似性問題（相似性是同感的基
礎），這種相似性是由在這兩者之間直接被構造的相合性而形成的：一
方面是被感知的外部空間形態，另一方面是以動覺方式被感知的本己身
體的運動。這樣，在一個外部空間點上對自己身體的想象表象便不再是
同感的前提。在《笛卡兒的沉思》（1930 年）的第五沉思中，胡塞爾對
他的交互主體性理論做了一個整體性的概述。但他在這裡忽略了一些早
期獲得的明察（主要是在 1926／27 年講座中獲得的那些明察）。即使在
1930 年之後，胡塞爾也還一再地回溯到交互主體性的問題之上[11]。[12]

【注釋】① E. Husserl: *LU* II/1, I. Unters. § 7u. § 8.　②參閱：同上書，§ 9.　③ *Inters*. I,
Hua XIII, Nr.1 u. Beil.　④同上書，Nr. 5 u. 6.　⑤ Nr. 2, 3, 4 u. Beil.　⑥ *Ideen*

II, Hua IV (Den Haag 1952) 2. Absch., 3. Kapitel. ⑦ *Inters*. I... 同上書，Nr. 8 bis 13. ⑧同上書，Nr. 12. ⑨同上書，254, Anm. 3. ⑩ *Inters*. II, Hua XIV, Absch. 3. ⑪參閱：*Inters*. XV. ⑫對此概念還可以進一步參閱：「同感」、「本眞同感與非本眞同感」、「原眞領域」等條目。

【文獻】 A. Schütz:"The Problem of transcendental intersubjectivity in Husserl"，載於：*Collected Papers* III (Den Haag 1966) 51-91. M. Theunissen: *Der Andere. Studien zur Sozialontologie der Gegenwart* (Berlin 1965). G. Römpp: *Husserls Phänomenol. der Intersubjektivität* (Dordrecht u. a. 1991). J. G. Hart: *The Person and the common life. Studies in a Husserlian Social Ethics* (Dordrecht u. a. 1992). (I. Kern)

【相關詞】 intersubjektiv 交互主體的，Intersubjektivitätskonstitution 交互主體性構造，Intersubjektivitätsproblem 交互主體性問題，Intersubjektivitätstheorie 交互主體性理論。

-rein-seelische und transzendentale Intersubjektivität 純粹心靈的交互主體性與超越論的交互主體性：

與胡塞爾的其他重要哲學概念，如「意向性」、「明見性」、「本質」等等概念相同，「交互主體性」概念在胡塞爾那裡也具有「世間的」和「超越論的」兩層含義。胡塞爾在 1925 年至 1928 年期間爲《大英百科全書》所撰寫的「現象學」條目中，將「交互主體性」劃分爲「純粹—心靈的交互主體性」和「超越論的交互主體性」。胡塞爾認爲，它們兩者相互對應並且處在這樣一種奠基關係之中：「只要純粹—心靈的交互主體性服從超越論的懸擱，它就會導向與它平行的超越論的交互主體性」；相對於「純粹—心靈的交互主體性」而言，「超越論的交互主體性是具體、獨立的絕對存在基礎，所有超越之物都從這個基礎中獲取其存在意義」①。根據胡塞爾的這種劃分，「純粹—心靈的交互主體性」便與人類的「生活世界」有關，它屬於「心理學的現象學」（本質心理學）的研究範圍，它與「超越論的交互主體性」問題的關係是「心理學」對象與「超越論哲學」對象之間的關係。換言之，在「純粹心靈的交互主體性」與「超越論的交互主體性」之間還隔著一個超越論現象學的還原。

如果撇開胡塞爾的超越論哲學意向不論，而只去研究他的「心理學的現象

學」，那麼，「純粹—心靈的交互主體性」與「生活世界」可以說是密切不可分的：「純粹—心靈的交互主體性」是「生活世界」中人與人之間理解、互通、交往的前提。儘管胡塞爾認爲，這種對「生活世界」以及「純粹—心靈交互主體性」的研究與超越論現象學對「超越論的交互主體性」的研究相比，具有「理論上的等值性」②。但他最終所要達到的目標始終是超越論現象學。在他那裡，「超越論的交互主體性」是在研究「超越論自我」之後他所要探討的首要課題，是對他的超越論哲學思想的必然展開。

【注釋】 ① E. Husserl: *Phän. Psych.* Hua IX (Den Haag 1962) 294f.　②同上書，294.

【文獻】 B. Waldenfels: *Das Zwischenbereich des Dialoges. Sozialphilosophische Untersuchungen in Anschluß an Edmund Husserl* (Den Haag 1971).　R. Kozlowski: *Die Aporien der Intersubjektivität* (Würzburg 1991).　St. Strasser: *Welt in Widerspruch. Gedanken zu einer Phänomenologie als ethische Fundamentalphilosophie* (Dordrecht u. a. 1992).　D. Zahavi: *Husserl und die transzendentale Intersubjektivität. Eine Antwort auf die sprachpragmatische Kritik* (Dordrecht u. a. 1996).

Intuition * 直覺：（英）intuition（法）intuition（日）直觀

胡塞爾將「直覺」（Intuition）與「直觀」（Anschauung）完全等義使用，因此前者也可譯作「直觀」。它與「直觀」一樣，是由「想像」（Imagination）與「感知」（Perzeption）所構成的①。

【注釋】 ① E. Husserl: *LU* II/2, A553/B$_2$81, A635/B$_2$163；在對拉丁語—德語等義詞的使用上，「Intuition」與「Anschauung」的關係類似於「Imagination」與「Phantasie」的關係，但不同於「Perzeption」與「Wahrnehmung」的關係。參閱「想像」和「感知」條目的術語說明部分。

Invariant * 常項：（英）unvaryingness

「常項」是與胡塞爾「本質直觀變更法」有關的術語①。它被用來指稱在自

由想像的無限變更中，相對於無數可能的「變項」始終保持不變的東西，它是貫穿在整個本質直觀貫穿中的共同之物，也就是本質直觀所要把握的東西：本質[2]。

【注釋】①參閱：E. Husserl: *Phän. Psych.* Hua IX (Den Haag 1962) § 9.　②也可以參閱「變更」和「變項」條目。

Iteration* 迭複：（英）reiteration（法）redoublement（日）反覆

胡塞爾用「迭複」一詞來描述意識活動的重複性包容，例如：對回憶的回憶，對想像的想像等等[1]。這種「迭複」原則上可以無限地進行下去[2]。由於反思也是一種「後思」並且從屬於「當下化」行為的範疇，因此胡塞爾試圖從「迭複」的角度來區分「現象學的反思」與一般的「當下化」行為；想像變異則是可以迭複進行的，現象學的反思作為中立性變異則是不可迭複的，這是因為「中立」或「懸擱」使得反思行為的「迭複」成為不可能[3]。

【注釋】①參閱：E. Husserl: *Ideen* I, Hua III (Den Haag ³1976) 211.　②同上書，211, 245.　③同上書，§ 112.

J

Jetzt 現在：（英）now、present（法）maintenant（日）今

在通常情況下，「jetzt」一般作爲副詞或時間狀語使用。當它在胡塞爾那裡被當作名詞使用時，它與「當下」（Gegenwart）基本同義，即意味著「以原本的方式」進行的體驗點[①]。胡塞爾也將「活的現在」定義爲「連續流動的絕對本原期」[②]。與「現在」相對應的是「先前」（Vorhin）與「而後」（Nachher）[③]。

【注釋】① E. Husserl: *Analysen* Hua XI (Den Haag 1966) 16.　② *Ideen* I, Hua III (Den Haag ³1976) 168.　③同上書，167。胡塞爾同時也用「Vorher」、「Soeben」等名詞化的時間狀語（參閱：同上書，183等等）來指稱它們。「現在」、「先前」與「而後」在原則上與胡塞爾在時間意識上對「原印象」、「滯留」和「前攝」的三重劃分相平行。較爲詳細的說明可以進一步參閱這三個條目。

K

Kategorie * * **範疇：**（英）category（法）catégorie（日）範疇

胡塞爾在《邏輯研究》中所說的「範疇」大都是指「範疇形式」[1]，它與「感性材料」相對應。「範疇」自身**「包含所有那些產生於立義形式，而非產生於立義素材之中的對象性形式」**[2]，例如：「一」、「多」、「與」、「或」、「關係」、「概念」等等，它們也被稱作「範疇概念」或「形式邏輯範疇」[3]。胡塞爾認為，「範疇」可以透過特別的直觀而被原本地把握到，這種直觀也被胡塞爾標識為「範疇直觀」（狹義的範疇直觀），它是本質直觀（廣義的範疇直觀）的一種類型[4]。此外，胡塞爾也在相應寬泛的意義上使用「範疇」概念，它也包括「質料範疇」，即「形式本體範疇」，如「樹」、「顏色」、「空間」等等[5]。在這個寬泛的意義上，「範疇」概念與「本質」、「觀念」的概念是基本同義的；而「範疇的」也就意味著「觀念的」[6]。

【注釋】 ① E.Husserl:*LU* II/2, A613/B$_2$141. ②同上書，A652/B$_2$180. ③同上書，A656/B$_2$184. ④同上書，§§ 46f.；對此也可以進一步參閱「範疇直觀」條目。 ⑤ *LU* II/1, A246/B$_1$252. ⑥參閱：「Selbstanzeige」zu *LU*, II.Teil，載於：*LU* II/2, Hua XIX/2 (The Hague u. a. 1984) 782.

Kausalität * **因果性：**（法）causalité（日）因果性

胡塞爾認為，自然觀點的一個主要特徵在於對存在之物的一個關係的設定，這種設定在自然的生活經驗中素樸地被給予，後來在近代自然科學中又日趨精確地、客觀地被給予[1]。而物理因果性以及物理心理的「因果性」之統一構成了「普全的世界因果性」[2]。在這個意義上的「因果性」，意味著實在之間的依賴關係[3]。從超越論現象學的立場出發，胡塞爾要求放棄對實在及其因果關係

的前設，將它自身作爲它之所是，亦即作爲一個意識現象來探討，即分析「因果性」在意識之中的原初形成④。純粹意識作爲絕對的存在不受相對的「因果」關係的制約，在這裡起作用的是純粹意識的意向關係，或者說，各種動機引發（Motivation）的現象之間的相對關係⑤。

【注釋】①參閱：E. Husserl: *Krisis* Hua VI (Den Haag ²1962) 38f., *EU* (Hamburg ⁴1972) 40f. ② Ms. C17I, 8ff. ③ *Ideen* I, Hua III (Den Haag ³1976) 105. ④參閱：*Krisis...* 同上書，221f. ⑤參閱：*Ideen* I... 同上書，106.

【文獻】 B. Rang: *Kausalität und Motivation. Untersuchunb zum Verhältnis von Perspektivität und Objektivität in der Phänomenologie Edmund Husserls* (Den Haag 1973).

Kinästhese** 動覺：

「動覺」是一個在十九世紀末的心理學中常見的概念。這個概念可以回溯到巴斯蒂安（H. Ch. Bastian）①那裡。他以此概念來標識那種與身體運動結合在一起的感覺（「肌肉覺」）。在胡塞爾的現象學中，這個概念獲得哲學上的重要意義。「動覺」在這裡標誌著那種在感知分析中可指明的、在接受性（感覺）與自發性（運動）之間的統一②。在世間觀點中，「動覺」可以被描述爲一個感知器官的運動；在現象學的觀點中，動覺則被還原爲那個由此運動而合乎意識地被給予的東西。因此而表明，在被看作感知的意向活動的動覺中，包含著以下因素：(1) 自發性的因素；這個因素是作爲「我做」、「我運動」的意識而被給予的，在這裡，靜止也是「我運動」的一個樣式③。(2) 接受性的因素；在這個意識中隱含著兩種感覺：(a) 在通常意義上的感覺作爲顏色感覺、聲音感覺、觸摸感覺等等（材料感覺）④；(b) 運動本身在其中合乎感覺地被給予的感覺（動覺的感覺）⑤。材料感覺在動機引發（「如果—那麼」）的意義上又回溯到作爲運動的自發性上⑥。所有使同一類感覺材料成爲被給予性的動覺構成一個作爲權能性系統的動覺系統。這個系統在各個動覺的境況中被現時化⑦。作爲相關項而與動覺系統相符合的是所有感覺材料寓於其中的感性領域。動覺系統與感性領域的這種相互關係，在現象學空間構造理論的範圍中具有中心的意義⑧。

【注釋】①參閱：H. Ch. Bastian: *The muscular sense*. Brain10 (London 1887) 1-88, 119-137. ② U. Claesges: *Edmund Husserls Theorie der Raumkonstitution* (Den Haag 1964) 126ff.；參閱：E. Husserl: *Ding u. Raum* Hua XVI (Den Haag 1973). ③ *Krisis* Hua VI (Den Haag ²1962) 108. ④ *Ideen* II, Hua IV (Den Haag 1952) 57. ⑤同上。 ⑥同上。 ⑦ *Krisis...* 同上書，109. ⑧ *Ideen* II... 同上書，57.

【文獻】L. Landgrebe: "Prinzipien einer Lehre vom Empfinden"，載於：*Zeitschrift für philosophische Forschung* 8 (1954) 193-209；也載於：*Der Weg der Phänomenologie* (Gütersloh ²1967) 111-123. U. Claesges：參見注釋②。(U. Claesges)

【補充】「動覺」概念在現象學中是指運動性的感知，因而它與藝術中某個靜止物體給人造成的所謂「動感」無關。

Klarheit* 明白性：（英）clarity（法）clarté（日）明白性、明晰性

除了其日常的意義之外，胡塞爾也時而在笛卡兒的意義上使用「明白性」和「清楚性」（Deutlichkeit）概念，它們意味著衡量真理的標準。這個意義上的「明白性」對於胡塞爾來說，無非是指「明見性」（Evidenz）①或「直觀性」（Anschaulichkeit）②。

【注釋】①參閱：E. Husserl: *Idee d. Phän.* Hua II (Den Haag ²1958) 8. ② *Ph. B. Er.* Hua XXIII (Den Haag 1980) 324.

Koexistenz 並存：（英）coexistence

「並存」概念在胡塞爾的意識分析中，被用來標識在被動綜合過程中幾個原印象或幾個對象的聚合，它意味著一種「秩序形式」（Ordnungsform）①。「並存」的流動樣式是「順延」（Sukzession）②，後者也構成前者的對應概念。「並存」與「順延」一方面是指由時間構造本身所創造的普全形式，另一方面也是指感性領域的秩序形式③。在這個意義上，「最原初的統一是產生於並存的連續性之中的統一」④。「並存」和「順延」的進行就意味著普全的原綜合的進行，這

種綜合構造出一個具體的當下，所有積澱下來的個別性，都可以納入到這個當下之中⑤。

【注釋】① E.Husserl: *Analysen* Hua XI (Den Haag 1966) 139.　②參閱「順延」條目。③ *Analysen*... 同上書，139.　④同上書，160.　⑤同上書，127.

【文獻】I. Yamaguchi: *Passive Synthesis und Intersubjektivität bei Husserl* (Dordrecht u. a. 1982) § 9.

Kompräsenz 同現：

從詞義上說，「同現」與「共現」（Appräsenz）基本上同義，它們都意味著一種與「體現」同時進行的發生。胡塞爾對「同現」概念使用較少。他特別用它來標識「自我」在我之中對「他我」的構造。這種構造雖然是一種當下化的顯現，但它仍然屬於「原體現」（Urpräsenz）。換言之，它與「自我」本身的構造一樣具有「存在有效性」①。

此外，還有一種意見認爲，在胡塞爾那裡，「內視域」方面的「一同被意識到」可以被標識爲「共現」，而整個「外視域」方面的「一同被意識到」則可以稱作「同現」②。

【注釋】①參閱：E. Husserl: *Krisis* Hua VI (Den Haag ²1962) 189.　②參閱：G. Brand: "Horizont, Welt, Geschichte"，載於：*Phänomenologische Forschungen* 5 (1977) 30.

【文獻】I. Yamaguchi: *Passive Synthesis und Intersubjektivität bei Husserl* (Dordrecht u. a. 1982) § 9.

Könnenshorizont 能視域：

「能視域」是「習性」（Habitualitäten）的同義詞，它意味著在自我極中的積澱下來的可能性視域①。

【注釋】①參閱：E. Husserl: Ms. C 7 I, 21ff.；對此還可以進一步參閱「習性」和「習慣」
條目。

Konstitution * * * **構造：**（英）constitution（法）constituion（日）構成
-phänomenologische Konstitution 現象學的構造：

「現象學的構造」或「超越論的構造」是胡塞爾現象學的中心問題之標題，
它貫穿在胡塞爾哲學創造的始終。

「構造」所具有的形式的、貫穿性的含義是與意向性概念一同被給予的，即
作爲意向性的成就，透過意識行爲的多樣性而「構建起」對象性的同一性。（這
已經適用於《算術哲學》的第一部分，它以本真的數字概念的構造爲課題①。）
超越論構造的理論以意識（意向活動）和對象（意向相關項）的相互關係爲起
點，這個相互關係被稱作意向性②。由於這個相互關係必然地提供了兩個角度，
因此，超越論構造也必須區分爲「靜態的」和「發生的」構造③。

(1) 意識與對象的相互關係受到一種不變的、先天的規律性的規定，胡塞爾
將這種規律性稱之爲「構造性的先天」④，這樣，這個相互關係所具有的導向**靜
態**構造的角度也就被給予了。「構造性的先天」使那些可以劃分爲主動性和被
動性⑤、接受性和自發性⑥的雜多意識生活之綜合得以可能，並且作爲「規則結
構」⑦而規定著這種綜合。這第一個角度在對象區域的靜態構造理論（靜態現象
學）中得到了展開；在相應的意向分析中，各存在區域的「本體的先天」⑧被回
溯到與它相應的構造性先天之上。必須將這裡所說的作爲「意義構成」⑨、作爲
對象的何物內涵之構建的綜合區別於那個屬於此對象的「存在設定」⑩，後者是
對對象之存在特徵的規定。

(2) 這種構造性先天必須區別於它在具體意識生活中，即在內在時間的媒介
中的現時化⑪，這樣，第二個導向**發生**構造的角度也就得到了規定。這個角度的
展開（發生現象學）不僅以構造性先天的時間現時化爲課題，而且也以超越論主
體性的自身構造以及構造性先天本身的發生爲課題。

在超越論現象學的整體進行的範圍內，超越論構造是一種需要重新獲得的向
世界的回歸之途，爲了獲得一個最終的認識立足點和經驗立足點，這個世界在懸

擱和還原中曾被遺棄[12]。在這種回歸中展現出一個奠基秩序，它在構造的各個階段上表現出來。胡塞爾區分出構造的三個階段：(1)「**原構造**」。被稱作「原構造」的是內在時間及其第一性內容的被動構造，以及超越論主體性的時間性自身構造[13]。它本質上是一種發生構造。(2)「**原本構造**」。它是個別的心理物理主體及其原本可及的周圍世界的構造[14]。構造性的先天在這裡是作爲自身意識、身體意識和世界意識之統一的「**動覺意識**」[15]。(3)「**交互主體的構造**」。它標誌著各個超越論主體的共同體，以及人類共同體在其共同的客觀世界中的構造[16]。後面兩個階段也是構造現象學的課題，無論這門現象學是在靜態意義上的，還是在發生意義上的構造現象學[17]。

「構造」這個概念在胡塞爾那裡始終帶有一種無法消除的雙關性和不穩定性。它在「意義構成」和「創造」之間動搖不定，前者的成就在於使對象被給予意識；後者則是指對存在者的整體性的創造性製作[18]。這種雙關性又回到胡塞爾現象學的其他中心概念之上，並因此而在本質上規定著這些概念的基本特徵。

【注釋】①參閱：E. Husserl: *Philos. Arithm.* Hua XII (Den Haag 1970) Kap. 1,4. ②例如參閱：*Krisis* Hua VI (Den Haag ²1962) 174f. ③參閱：*F. u. tr. Logik* (1929) 221. ④同上書，220. ⑤ *CM* Hua I (Den Haag ²1963) 80. ⑥ *Analysen* Hua XI (Den Haag 1966) 358. ⑦ *CM* ... 同上書，22、99. ⑧ *F. u. tr. Logik...* 同上書，220. ⑨參閱：*Krisis...* 同上書，170ff. ⑩參閱：*Ideen* I, Hua III (Den Haag 1950) 256ff. ⑪ *Analysen...* 同上書，XIV. ⑫ *CM* ... 同上書，125ff. ⑬ *Analysen...* 同上書，⑭ *CM* ... 同上書，125ff. ⑮ U. Claesges: *Edmund Husserls Theorie der Raumkonstitution* (Den Haag1964) 131f. ⑯ Husserl: *CM* ... 同上書，149ff. ⑰ *Analysen...* 同上書，342ff. ⑱參閱：E. Fink: «L'analyse intentionelle et le problème de la pensée spéculative»，載於：*Problèmes atuels de la phénoménol.* (Paris 1952) 78.

【文獻】 E. Fink: 參見：注釋⑱。 W. Biemel: "Die entscheidenden Phasen der Entfaltung von Husserls Philosophie"，載於：*Zeitschrift für philosophische Forschung* 13 (1959) 187-213. R. Sokolowski: *The formation of Husserl's concept of constitution* (Den Haag 1964). K. Held: "Das Problem der Intersubjektivität und die Idee einer phänomenol. Transzendentalphilos."，載於：U. Claesges/K. Held (Hrsg.): *Perspektiven transzendentalphilos. Forsch. Ludwig Landgrebe zum 70. Geburtstag* (Den Haag 1972) 3-60. (U. Claesges)

補充 確切地看，現象學的發生構造原則上是指超越論主體性的自身構造，而現象學的靜態構造則意味著與這個主體性相對的對象世界的構造。在方法上，對發生構造的探討只能在對靜態對象構造的探討之後進行，這也是胡塞爾本人的構造現象學發展進程，因為意向分析的主導線索最終還是對象性[1]。所謂意向性，是指意識始終是關於某物的意識。胡塞爾在《形式的與超越論的邏輯學》中已經明確指出，就實事而言，超越論主體性的發生性自身構造要先行於對象的靜態構造。然而就理論而言，靜態構造則必然要先行於發生構造[2]。換言之，發生構造在時間上先於靜態構造，靜態構造在邏輯上先於發生構造。究其原因在於，正是靜態構造才提供了回問超越論主體性在發生—時間上的自身構造的主導線索；靜態構造雖然後於發生構造，但前者才使對後者的探討得以可能。

【注釋】 ①參閱：E. Husserl: *CM* Hua I (Den Haag ²1963) 87.　②參閱：*F. u. tr. Logik* Hua XVII (Den Haag 1974) 221.

【文獻】 L. Landgrebe: "Reflexionen zu Husserls Konstitutionslehre"，載於：*Tijdschrift voor Filosofie* 36 (1974) 466-482.　E. Ströker: "Intentionalität und Konstitution. Wandlungen des Intentionalitätskonzepts in der Philosophie Husserls"，載於：*Dialectica* 38 (1984) 191-208.

【相關詞】 konstituieren 構造，konstituierend 構造著的，konstituiert 構造起來的，konstituiertes 被構造者，Konstitutionsproblem 構造問題，Konstitutionstheorie 構造理論，konstitutiv 構造性的。

Konstruktion/konstruktiv 建構 / 建構性的：

「建構」在胡塞爾現象學的術語中是一個常常帶有貶義色彩的概念。現象學方法的「描述」特徵是與「建構」格格不入的。現象學對意識的意向性構造（Konstitution）能力進行直觀的描述，但它本身不是建構性的工作：「現象學經驗作為反思必須拒絕所有建構性的發明，它必須作為真正的經驗被接受下來，並且是如此具體地帶著那些意義內涵和存在內涵，完全就像它在其中所出現的那樣」[1]。

【注釋】 ① E. Husserl: *CM* Hua I (Den Haag ²1963) 13.

Körper * 軀體：（英）body（日）物体

「軀體」在胡塞爾的術語中首先被用來標識空間物理事物，在這個意義上，廣延性是軀體的本質核心[1]。此外，但在較爲狹窄的意義上，尤其是在胡塞爾的異己感知分析中，「軀體」也被用來專門指稱人的身軀，即人的物理組成部分。當軀體與意識連結在一起，從而構成人的心靈與肉體之統一時，一個他人的「身體」（Leib）便得以被立義，即被構造出來[2]，在這後一個意義上，「軀體」是與「身體」相對應的概念；「軀體」的構造問題還屬於事物感知（Dingwahrnehmung）的範圍，而「身體」的構造則已經是在異己感知（Fremdwahrnehmung）中進行的意向構造了。

【注釋】① E. Husserl: *Ideen* I, Hua III (Den Haag ³1976) 16. ②同上書，§53.
【相關詞】Körpererfahrung 軀體經驗，Körper-Leib 軀體身體，Körperlichkeit 軀體性，Körperwelt 軀體世界。

Kultur 文化：（英）culture（法）civilisation（日）文化

「文化」這個標題對於胡塞爾來說是指「創造性的人類生活，在共同體成就中客體化的人類生活」。他認爲「在這個持續的共同體生活中貫穿著一個共同體回憶的統一、一個歷史傳統的統一」[1]。從胡塞爾的「文化」觀中，基本上可以得出以下定義：(1) 文化是人類生活的創造性產物；(2) 具體的文化是一個特定的人類共同體的產物；(3) 具體的文化承載著具體歷史傳統的統一。胡塞爾認爲，人類文化的發展可以劃分爲兩個階段：第一階段由「宗教文化」的形式類型構成，第二個階段則由「科學文化」的形式類型構成。前一種文化是自然形成的文化，後一種文化則是在「哲學觀點」之中的，並受「理論興趣」指導的文化：**「在哲學的標題下，源於自由理性的嚴格科學觀念是包容一切、統領一切的文化觀念」**[2]。這種「人類理性文化」建立在人類的自身認識、自身解釋、自身純化的基礎之上，但它並不意味著絕對自我的自身神化。相反地，胡塞爾認爲，藉助於自主的理性來建立一個人性的文化，這是通向「上帝」的唯一道路；甚至只有依靠上帝的恩賜，人類才能最終建立起這樣的文化[3]。

　　胡塞爾的文化概念以及理性概念同時，也體現著胡塞爾對其哲學家之生存的道德誠實性[4]。

【注釋】① E. Husserl: *Inters.* II, Hua XIV (Den Haag 1973) 207, 221. ②參閱：*Aufs. u. Vort. (1922-1937)*, Hua XXVII (Dordrecht u. a. 1989) 89ff. ③參閱：B III, 162, 194. ④例如參閱：E. Fink: *Nähe und Distanz. Phänomenologische Vorträge und Aufsätze* (Freiburg/München 1976) 96.

【文獻】Th. M. Seebohm: "Wertfreies Urteilen über fremde Kulturen im Rahmen einer transzendental-phänomenologischen Axiologie"，載於：*Phänomenologische Forschungen* 4 (1977) 52-85. E. Holenstein: *Menschliches Selbstverständnis. Ichbewußtsein, Intersubjektive Verantwortung, interkulturelle Verständigung* (Frankfurt a. M. 1985). E. W. Orth: "Interkulturalität und Inter-Intentionalität. Zu Husserls Ethos der Erneuerung in seinen japanischen Kaizo-Artikeln"，載於：*Zeitschrift für philosophische Forschung* 47 (1993) 334-351.

【相關詞】Kultivierung 文化化，kultural 文化的，Kulturanalyse 文化分析，Kulturbestand 文化組成，Kultureigenschaft 文化特性，Kulturentwicklung 文化發展，Kulturfaktum 文化事實，Kulturformen 文化形式，Kulturgebilde 文化構成物，Kulturgebiet 文化領域，Kulturgestaltung 文化構形，Kulturidee 文化觀念，Kulturkreis 文化圈，Kulturleben 文化生活，Kulturleistung 文化功能，Kulturmenschheit 文化人類，Kulturobjekt 文化客體，Kulturprädikat 文化謂語，Kultursubjekt 文化主體，Kultursystem 文化體系，Kulturtatsache 文化事實，Kulturtypus 文化類型，Kulturwelt 文化世界，Kulturwissenschaft 文化科學。

-philosophische (wissenschaftliche) Kultur 哲學（科學）的文化：

　　「哲學的文化」（也被胡塞爾稱作「科學的文化」）在胡塞爾的社會本體論思想中具有特定的含義，它不是指一般的帶有哲學視域的文化，而是意味著交互主體世界目的論發展的特定文化階段：這是一個出自「哲學理性」的文化階段[1]，在這個階段中，主體或人類的完善的自身認識與主體或人類的完善的自身控制達到和諧的統一，主體或人類的自身展開達到其目的論的終極。而在此之前的人類文化在胡塞爾看來都還屬於前哲學—前現象學的文化[2]。

【注釋】①參閱：E. Husserl: *Erste Philos*. I, Hua VII (Den Haag 1956) 16.　② *Aufs.u. Vort.* (*1922-1937*), Hua XXVII (Dordrecht u. a. 1989) 89ff.

L

latent 潛隱的：

胡塞爾在研究手稿中多次涉及「潛隱的意識」或「潛隱的存在領域」，以及它的對應概念「彰顯的（patent）意識」或「彰顯的存在領域」[1]。在「潛隱的」意識或「潛隱的」存在領域中，包含著如無夢的睡眠、主體性的出生形態、出生前的、死亡的和死亡之後的存在等等，它們也被胡塞爾稱作「意識領域中的『無意識』」[2]。他認為，整個潛隱的存在領域可以說是一種「再構」（Rekonstruktion）的存在領域，也就是說，從「彰顯的存在領域」到「潛隱的存在領域」的「再構」[3]。

【注釋】①參閱：E. Husserl: Ms. A VII 51, A V 22, 24b.　②同上。　③對此還可以參閱「再構」條目。

【文獻】I. Kern: *Husserl und Kant. Eine Untersuchung über Husserls Verhältnis zu Kant und zum Neukantianismus* (Den Haag1964) 371ff.

Lebensform 生活形式：（英）life-form

胡塞爾在其後期著述中區分個體人格的兩種生活形式，首先是一種素樸自然的生活形式，它或是一種被動地度日的生活形式，只具有暫時的目的、或是朝向普全的目標、朝向畢生的目的，例如職業目的。前者與後者都屬於一種被動的「自身管理」（Selbstreglung）的生活形式[1]。另一種更高的生活形式是「自身立法」（Selbstgesetzgebung）的生活形式，即透過一種發自內心並且延續終身的目標而為自己確定生活法則。這裡的終身目標不同於職業目標，而是一個「普全的倫理觀念：我出自自由的理性而願意將我的生活構造成一個最佳可能的生活」[2]。胡塞爾對兩種生活形式的區分與他的現象學歷史觀、倫理觀、文化觀以及政治觀

有著密切的聯繫。

【注釋】①參閱：E. Husserl: *Aufs. u. Vort. (1922-1937)*, Hua XXVII (Dordrecht u. a. 1989) 20ff., 96f. ②同上。

Lebenswelt ＊＊＊ 生活世界：（英）life-world（日）生活世界

在《純粹現象學與現象學哲學的觀念》第一卷（1913 年）中，胡塞爾已經在引入超越論懸擱的過程中將前科學生活的自然觀點世界及其總命題作爲其出發點①。此後，在胡塞爾對自然與精神之奠基關係的反思中，自然觀點的世界在「經驗世界」、「（主觀的）周圍世界」、「體驗世界」、「自爲世界」等等標題下獲得了重要的含義②。在 1930 年以後，「生活世界」概念才作爲確定的術語而接受了上述概念的功能，並且同時在整個超越論現象學及其系統聯繫中獲得了中心位置③。

在胡塞爾的後期著作中，生活世界概念獲得了這樣一個功能，它使構造成就的整個階段構造進入到發生性的奠基聯繫之中，並且使現象學思維的各種不同問題領域成爲普全的統一性。因此，生活世界的概念使現象學有可能作爲普全的、最終論證性的超越論哲學而得以完善。生活世界的概念之所以有這種成就，是因爲它對於現象學來說具有四個方面的意義：

(1) 胡塞爾在他關於歐洲科學危機的文字的歷史哲學引論部分中指出，西方的哲學與科學由於持有一種對它們來說是構造性的成見，即對一個在眞理自身之中可以被把握到的客觀自在存在之成見，因而遺忘和越出了前科學的生活世界④。客觀存在的概念在近代透過伽利略的自然科學和笛卡兒的哲學而經歷了一種極端化和普全的擴展⑤，客體主義的成見在當代導致了實證科學概念的主宰地位⑥。在這個概念的極端形態中，當代的危機所造成的結果就是科學、哲學和生活意義之統一性的完全喪失⑦。西方思維的這個歷史產生於自然生活本身的基本趨向之中。由於自然生活完全朝向於它的對象性經驗相關物，並且透過這些相關物的被給予方式而產生出這樣的動機，即藉助於方法理想化的方式而製作出客觀自在存在的概念，因此，自然生活忽略了這樣一個事實：理想—客觀的存在構造

性地回溯到主體的經驗和方法製作之上⑧。由於生活世界作爲所有客觀性的起源領域而得到揭示，在這裡，所有對象性的客觀之物都在其原初的、向經驗主體的回溯性中給予自身，因而隨著生活世界的被揭示，傳統的客體主義成見本身也就得到昭示。據此，作爲超越論現象學的超越論哲學之成功的可能性也就以歷史哲學的方式而得到保證，而且實現這門哲學的任務也被指明爲是歷史的「目的」⑨。

(2) 在對客觀科學以及所有實踐生活的目的設定進行懸擱之後，生活世界可以作爲一個「原則可直觀性的宇宙」（首先是並且基本上是純粹可感知性的宇宙），而在世間觀點中多方面地成爲先天科學的課題，所有這些先天科學在方法上都立足於現實的和原初的明見性（自身給予）的威嚴之上⑩。生活世界的本質結構就在於，它作爲物理自然的環境以一個身體的、動覺權能的自我性爲中心，而這個自我性本身又始終感知—經驗地朝向它的周圍世界的個別事物⑪。這些事物只是在一個開放—無限的、由那些可經驗到它們的經驗所構成的視域中被給予的。這些經驗的整體視域就是那個始終貫穿在這些經驗的所有內容組成中的、相對的世界，它每一次都意味著一個一致—開放的經驗聯繫的世界，而其他是在每一個個別經驗中一同被給予的⑫。然而，所有相對的、生活世界的經驗都與不變的—非相對的結構結合在一起的，這些結構作爲牢不可破的世界形式可以在本質直觀的方法中被獲得，並且意味著所有生活世界被給予性的先天，也包括更高階段的（動物的、精神—人格的、文化的）被給予性，亦即始終還在物理上被奠基的被給予性（在第一性的和最狹窄意義上的生活世界本體論、「第一科學」）⑬。在這個爲自然觀點（還不是自然主義觀點）所課題化的、奠基性的和感性的生活世界之基底層次上，動物、精神—人格、文化等等更高階段的層次構建起自身。它們具有其不爲經驗變化所涉及的區域類型學，這種區域類型學使得獨立的質料本體論之建造成爲可能⑭。所有區域本體論都爲形式本體論所涵蓋，後者是關於可能對象一般的先天科學⑮。在胡塞爾看來，生活世界始終具有發生—歷史的特徵。它是由人所建構的、實踐的周圍世界，這個周圍世界作爲許多周圍世界中的一個處在歷史及其傳統的視域之中⑯。作爲這樣一個周圍世界，生活世界在人格主義的觀點中成爲課題，並且在比較性—類型化的操作過程中受到精神科學家的研究⑰。透過現象學的自由權能性的、本質變更的視域闡釋，所有相對的、歷史性的生活世界都可以被理解爲生活世界一般所具有的不變結構之變項，這個生活世界一般本身處在時間—歷史流的方式中，由此，所有相對的、歷史性的生活世

界也都可以被理解爲是從屬於同一個世界的[18]。如果對**我們的**、受到客觀科學之主宰規定的生活世界之歷史視域進行**具體的**剖析，我們就會追溯到生活世界在西方思維史中的起源，並且我們也就能夠在其歷史的事實性中理解客觀—科學的思維和自然主義—科學的觀點：它們是西方思維在生活世界的確然性基地上、在所有歷史性文化的共同基地上所做的科學的目標設定之後果[19]。

(3) 在這種具體的剖析中，客觀自在的概念（它對於近代科學，包括邏輯學來說意味著眞實的存在）可以被理解爲一種特殊的、較高階段上的構造性主觀成就的「發展產物」，亦即一種首先在方法上製造著精確客觀性的理想化的「發展產物」[20]。所有理想化及其意義基礎都起源於生活世界，生活世界使得這些理想化得以可能並且引發了這些理想化[21]。一旦這種理想化得以成功，被理想化了的東西便積澱下來並作爲被動的凝聚物（以科學眞理或技術的形態）而從屬於生活世界本身[22]。它們作爲這樣一種凝聚物重新規定著一個從這個歷史的意義發生中形成的生活世界的各種意義，但卻是以這樣一種方式進行規定，即：理想化產生於其中的那些「原構造」始終可以從其生活世界的來源基礎中回復到它們的意義同一性之中[23]。

(4) 由於在每一個生活世界的經驗中都作爲視域之隱含而預設了在時間上流動生活世界，因此，超越論還原必須如此進行，以至於世界本身的基地有效性可以一舉而被排除出去[24]。只有這樣，超越論還原才能得到完善。它將生活世界轉變爲「單純超越論的現象」，轉變爲一個無興趣的旁觀者的相關項[25]。這個旁觀者將看到，生活世界是如何作爲第一客體而從超越論主體性的成就進行中構造或構建起自身[26]。如果生活世界是處在時間流中的世界，那麼它的超越論先天就必須具有這樣的屬性，即：正是這種超越論先天才使生活世界有可能是流動的—歷史性的生活世界[27]。

【注釋】 ① E. Husserl: *Ideen* I, Hua III (Den Haag 1976) 57ff.　② *Ideen* II, Hua IV (Den Haag 1952) 173ff., 311ff.; *Phän. Psych.* Hua IX (Den Haag 1962) 52ff.；關於胡塞爾在這兩部著作中對「生活世界」一詞的使用可以參閱：P. Janssen: *Geschichte und Lebenswelt. Ein Beitrag zur Diskussion von Husserls Spätwerk* (Den Haag 1970) XXII, 162ff.　③ Husserl: *Krisis* Hua VI (Den Haag ²1962) 18ff., 105ff., 349ff.　④同上書，18ff.、93.、271ff.、392ff.　⑤同上書，5ff.、60ff.、74ff.、80ff.、402ff.; *CM* Hua I (Den Haag ²1963) 63f.　⑥ *Krisis*... 同上書，3ff.

⑦同上書，314ff. ⑧同上書，146ff.、179、357ff. ⑨參閱：P. Janssen: *Geschichte und Lebenswelt*... 同上書，162ff. ⑩ Husserl: *Krisis* ... 同上書，138ff.、140ff.、176ff.；*Phän. Psych*.... 同上書，69ff. ⑪ *Krisis* ... 同上書，145f.；*EU* (Hamburg ⁴1972) 23f. ⑫ *Phän. Psych*... 同上書，59ff. *EU* ... 同上書，24ff. 參閱：L. Landgrebe: "Welt als phänomenologisches Problem"，載於：*Der Weg der Phänomenologie* (Gütersloh ²1967) 41ff. ⑬ Husserl: *Phän. Psych*... 同上書，68ff.；*Krisis*... 同上書，145f.、176f.；*F. u. tr. Logik* (1929) Hua XVII (Den Haag 1974) 296ff. ⑭ *EU* ... 同上書，51ff.；參閱：L. Landgrebe:"Seinsregionen und regionale Ontologie in Husserls Phänomenologie"，載於：*Der Weg der Phänomenologie*... 同上書，143ff. ⑮ Husserl: *F. u. tr. Logik*... 同上書，148ff. ⑯ *Ideen* II... 同上書，190ff.；*Krisis*... 同上書，314ff.、488ff.、502ff.；*CM* ... 同上書，160f.；參閱：L. Landgrebe: "Das Methodenproblem der transzendentalen Wiss. vom lebensweltl. Apriori"，載於：*Symposium sobre la Noción Husserliana de la L. Univ. Nacional Autónoma de Mexico. Centro de Estud. filos.* (1963) 25ff. ⑰ Husserl: *Ideen* II... 同上書，143、377ff.；*Krisis*... 同上書，150ff. ⑱ *Krisis*... 同上書，377f.、491ff. ⑲同上書，314ff.、485ff.；參閱：L. Landgrebe: "Husserls Abschied vom Cartesianismus"，載於：*Der Weg der Phänomenologie*... 同上書，186ff. ⑳ Husserl: *Krisis*... 同上書，18ff.、357ff.；*EU* ... 同上書，38ff. ㉑ *Krisis*... 同上書，360f.、383ff. ㉒同上書，370ff. ㉓同上書，375ff. ㉔同上書，153. ㉕同上書，177f. ㉖ 179ff.; *CM* ... 同上書，163ff. ㉗ *Krisis*... 同上書，491ff.；參閱：L. Landgrebe: "Das Methodenproblem..."，載於：*Symposium* ... 同上書，25ff.

【文獻】 M. Merleau-Ponty: *Phénoménologie de la perception* (Paris 1945). A. De Waelhens: *La philos. et les expériences naturelles*. Phaenomenologica 9 (Den Haag 1961). H. Hohl: *Lebenswelt u. Gesch. Grundz der Spätphilos. E. Husserls* (1962). H. G. Gadamer: "Die phänomenologische Bewegung"，載於：*Philos. Rdsch*. 11 (1963) 1ff. *Symposium sobre la Noción Husserliana de la L. Univ. Nacional Autónoma de Mexico. Centro de Estud. filos.* (1963). G. Funke: *Phänomenologie-Metaphysik oder Methode*? (1966). L. Landgrebe: "Welt als phänomenologisches Problem"，載於：*Der Weg der Phänomenologie* (Gütersloh ²1967) 41ff.; "Husserls Abschied vom Cartesianismus"，載於：同上書，163ff. E. Tugendhat: *Der Wahrheitsbegriff bei Husserl und Heidegger* (Berlin 1967) 尤其是 227ff. R. Boehm: *Vom Gesichtspunkt der Phänomenologie E. Husserl-Studien* (Den Haag 1968). W. Marx: "Vernunft und Lebenswelt"，載於：*Vernunft und Welt* (Den Haag 1970) 45-62; "Lebenswelt und Lebenswelten"，載於：同上書，63-77. G. Brand: *Die Lebenswelt* (1971). L. Embree (ed.): *Life-World and consciousness. Essays for* A.

Gurwitsch (Evanston 1972).　W. Biemel: "Reflexion zur Lebenswlt-Thematik"，載於：ders. (Hrsg.): *Phänomenologie heute. Festschrift für L. Landgrebe* (Den Haag 1972) 49-77.　U. Claesges: "Zweideutigkeit in Husserls Lebenswelt-Begriff"，載於：U. Claesges/K. Held (Hrsg.): *Perspektiven transzendentalphilosophischer Forschung. L. Landgrebe zum 70. Geburtstag* (Den Haag 1972) 85-101.　H. Lübbe: "Positivismus u. Phänomenologie Mach und Husserl"，載於：ders.: *Bewußtsein in Geschichten* (1972) 33ff.　G. Brand: "The structure of the Life-World according to Husserl"，載於：*Man and World* 6/2 (1973) 143-162. J. N. Mohanty: "'Life-World' and 'a priori' in Husserl's later thought"，載於：A.-T. Tyminiecka (ed.): *The phenomenol. realism of the possible worlds. Papers and Debats of the 2nd Conf. held by the Int. Husserl Phenomenol. Res. Soc.*，載於：*Analecta Husserliana* 3 (1974) 46-65.　D. Carr: *Phenomenol. and hist.*(Evenston 1974).　B. Waldenfels u. a. (Hrsg.): *Phenomenologie u. Marxismus* 1. 2. (1977). K. Hedwig: "Lebenswelten der Lebenswelt. Aspekte einer phänomenologischen Thematik"，載於：*Philosophische Litiraturanzeige* 32 (1979) 284-295.　E. Ströker (Hrsg.): *Lebenswelt u. Wissenschaft in der Philosophie E. Husserls* (1979). (P. Janssen)

補充　與前科學、非科學的生活世界相對立的是科學，這裡的科學不僅是指作爲精確科學的近代自然科學，而且還包括作爲嚴格科學的超越論現象學。這兩種科學都體現著在西方思維中貫穿著的崇尚知識（Episteme）、摒棄意見（Doxa）的傳統。在這個意義上，胡塞爾所批評的並不是**離開**生活世界，而是**忘卻**生活世界的基礎。

【文獻】　W. Marx: "Vernunft und Lebenswelt. Bemerkungen zu Husserls 'Wissenschaft von der Lebenswelt'"，載於：ders., *Vernunft und Welt. Zwischen Tradition und anderem Anfang* (Den Haag 1970) 45-62.　F. Fellmann: *Geleute Philosophie in Deutschland. Denkformen der Lebensweltphänomenologie und der kritischen Theorie* (Freiburg/München 1983).

Leerintention* 空泛意向：（日）空虛た志向

胡塞爾認爲，每一個意向都以充實爲目的。一個未充實的意向在尙須充實之物、在不確定的可確定之物的意義上是空泛的[①]。空泛意向透過與相關直觀認同

性的相合綜合而得到充實[2]。與充實直觀的每一種方式相符合的是特定種類的空泛表象。所以，空泛意向對於滯留、前攝或「當下回憶」這類表象來說具有各種不同的特徵[3]。由於每一個充實都帶有新的空泛視域，因此，在每一個充實直觀中都合乎本質地包含著空泛意向[4]。

【注釋】① E. Husserl: *Analysen Hua* XI (Den Haag 1966) 65ff., 78f., 83.　②同上書，73、79ff.、97.　③同上書，71.　④同上書，67. (P. Janssen)

Leib** 身體：（英）organism（日）身体

　　在胡塞爾的交互主體性現象學中，「身體」一方面是與「軀體」（Körper）相對應的概念；另一方面又是與「心靈」相對應的概念，它構成「軀體」與「心靈」的結合點。「軀體」概念在胡塞爾的術語中基本上與空間事物（Raumding）相等同，它的本質核心是具有廣延[1]。但在較爲狹窄的意義上，尤其是在胡塞爾的異己感知分析中，軀體也被用來專門指稱人的身軀，即人的物理組成部分。在對他人的感知中，當一個異己軀體與一個異己意識連結在一起，從而構成一個異己主體的心靈與肉體的統一時，他人的身體便得以被立義，亦即被構造出來[2]。「身體」的構造同時也就意味著他人或他我（alter ego）的構造。因此可以說，軀體的構造問題還屬於事物感知（Dingwahrnehmung）的範圍，而身體的構造則已經是在異己感知（Fremdwahrnehmung）中進行的構造了。

【注釋】① E. Husserl: *Ideen* I, Hua III (Den Haag ³1976) 16.　②同上書，§53.
【文獻】K. Hedwig: "Zur Phänomenologie des Leibes bei Husserl"，載於：*Concordia* 3 (1983) 87-99.
【相關詞】Leibbewegung 身體運動，Leibesorgan 身體器官，Leibeswahrnehmung 身體感知，Leibkörper 身體軀體，leiblich 身體的。

leibhaft (Leibhaftigkeit) * * **切身的（切身性）：**（英）in person
（法）corporel（日）有体的、有体性

　　「切身的」在胡塞爾哲學中並沒有遠離其日常的含義：「親身的」、「眞切的」。它特別被用來規定事物的直接被給予方式：以感知的方式被給予[①]。「切身的」基本與「本原的」（originär）概念同義[②]，而「切身性」也就是指「本原的充實性」[③]。胡塞爾本人在研究手稿中還強調：「切身性就意味著直觀性和印象。我始終就是這樣解釋的」[④]。

【注釋】①參閱：E. Husserl: *Analysen* Hua XI (Den Haag 1966) 11.　②*Ideen* I, Hua III (Den Haag ³1976) 142, 305.　③同上書，315.　④ *Ph. B. Er.* Hua XXIII (Den Haag 1980) 444.

Leistung * * **能力、成就：**（英）production（日）能作

　　德文「Leistung」一詞具有動名詞的雙重含義，作爲動詞，它意味著一種「能力」或「功能」，作爲名詞，它意味著有關「能力」所產生的「成就」或「結果」。胡塞爾也在這個雙重的意義上將「Leistung」概念用來表達超越論主體性所具有的「意向能力或成就」（intentionale Leistung），簡言之，即「超越論的能力或成就」（transzendentale Leistung）。具體地說，超越論意識的「能力」表現在意向活動方面，而超越論意識的「成就」則表現在意向相關項方面：「在行爲生活中（Aktleben）貫穿著一個連續的追求（Streben），即行爲作爲能力（Leistung），世界作爲在我的主動性基礎上的成就（Leistung）」[①]。在這個意義上可以說，前者的積累導致自我極的形成，後者的積澱是世界視域產生的前提。

　　「意向能力或成就」還可以進一步劃分爲被動的與主動的「能力或成就」。而最原初的被動性只是本能性的「能力」，是主體性的時間化（Zeitigung）能力[②]。

【注釋】① E. Husserl: Ms. C 11 I, 1.　②參閱：Ms. E III 9, 4a.

Liebesgemeinschaft 愛的共同體：

「愛的共同體」是胡塞爾後期社會本體論思想中的一個基本概念。交互主體性的目的論發展在胡塞爾看來是一個由各個單子（個體主體）不斷組合成更大統一的過程，但這種統一只有在單子的意識本性之基礎上才能實現，這就是說，主體必須透過反思而意識到這種統一的可能性。目的論的發展取決於這樣一種自身認識和自身意願。胡塞爾認為，這種發展的最終目的地，或者說，單子生活的最高形式就是「精神的愛和愛的共同體」①。這種「愛」不是通常意義上「對他人的善意」，而是相愛者的實際共同體，是一種「透過在分離者之間愛的穿透而形成的共同人格」②。在這個階段上，「自愛和博愛的統一」③得以形成，相愛者不是彼此生活在一起，而是作為自我而生活在彼此之中。可以說，在愛的共同體中，自我與他我能夠以一種更高的方式達到統一。因此，愛的共同體也就意味著人格單子的**相互包容**④。

在「愛的共同體」所具有的這個基本意義的基礎上，胡塞爾曾經考慮對它進行系統的解釋：「在真正意義上的愛是現象學的主要問題之一，而且它不是在抽象的具體性和具體化中的問題，而是普全的問題」⑤。但胡塞爾並未將這個計畫付諸實施。

【注釋】① E. Husserl: Ms. F I 24/69b; *Inters*. II, Hua XIV (Den Haag 1973) 172f., 175; *Inters*. III, Hua XV (Den Haag 1973) 512. ② *Inters*. II，同上書，175. ③參閱：Ms. F I 28，189b. ④參閱：*Inters*. II，同上書，269、271; *Inters*. III，同上書，368ff. ⑤ Ms. E III 2, 36b.

【文獻】K. Schuhmann: *Die Fundamentalbetrachtung der Phänomenologie. Zum Weltproblem in der Philosophie Edmund Husserls* (Den Haag 1971). A. Roth: *Edmund Husserls ethische Untersuchungen. Dargestellt anhand seiner Vorlesungsmanuskript* (Den Haag 1960).

Limes * 臨界值：

「臨界值」通常是數學術語，意味著一個只能無限地逼近，但無法達到的極點，胡塞爾至少在兩種情況使用這一概念。首先，近代自然科學的特點在胡

塞爾看來是理想化，例如在幾何學中，經驗物體被理想化爲幾何學的理想空間
形態，亦即「臨界值形態」，它是「純粹思維」的產物，是一個「永遠無法達
到的極（Pol）」[1]。在這一點上，胡塞爾與柏拉圖的理念論正相對立；其次，胡
塞爾也將「上帝」稱之爲「絕對的臨界值」，一個「超出所有有限性之上的極
（Pol）」[2]。

【注釋】① 參閱：E. Husserl: *Krisis* Hua VI (Den Haag ²1962) 22f.　②參閱：*Aufs. u.*
Vort.(1922-1937), Hua XXVII (Dordrecht u. a. 1989) 33.

Logik** 邏輯學：（英）logic（法）logique（日）論理学

　　從《邏輯研究》中的「純粹邏輯學」，到《形式的與超越論的邏輯學》中的
「超越論邏輯學」以及《經驗與判斷》中的「邏輯系譜學」——胡塞爾的現象學
思想發展始終與「邏輯學」的標題緊密結合在一起。具體地說，自 1906 年起，
胡塞爾便設想在「理性批判」的總標題下對「邏輯理性、實踐理性、評價理性」
進行系統的批判[1]。這個設想後來在他哲學發展的過程中也得到部分地實現。
「邏輯學」的概念在胡塞爾那裡始終與「形式」、「純粹」、「理論」等等概念
相關聯，它基本上可以被等同於胡塞爾在其哲學整體設想中所提出的「形式本體
論」觀念。

【注釋】①參閱：E. Husserl: "Persönliche Aufzeichnungen", hrsg. von W. Biemel，載於：
　　　　Philosophy and Phenomenological Research XVI, No.3 (1956) 297f.
【文獻】G. E. R. Haddock: *Edmund Husserls Philosophie der Logik und Methematik im Li-*
　　　　chte der gegenwärtigen Logik und Grundlagenforschung (Diss. Bonn 1973).　T. A.
　　　　McCarthy: *Husserl's phenomenology an theory of logic* (London 1976).

-formale und transzendentale Logik** 形式邏輯學與超越論邏輯學：

　　在完成向超越論現象學的突破之後，胡塞爾對「邏輯理性的批判」得到進一

步擴展，從胡塞爾的超越論哲學整體構想來看，「現象學的邏輯理性批判」可以為一門「作為普全的科學論的邏輯學觀念」[①]提供意向闡釋，這門邏輯學能夠滿足普全的哲學要求；它應當包括「形式的命題學、形式本體論、形式的普遍計算模式——質料本體論、超越論（現象學）邏輯學和絕對的（整體的、兩方面的）本體論……等等」[②]。胡塞爾後期發表的著作《形式的與超越論的邏輯學》尤其探討了「形式邏輯學」與「超越論邏輯學」的關係；胡塞爾從形式邏輯學出發，對這門學科的本質認識構形進行哲學思考[③]。他認為，以形式邏輯為基礎的實證客觀科學是不可靠的，因為形式邏輯本身需要得到論證，而這種論證只有透過從形式邏輯到超越論邏輯的回溯才能得以進行。超越論邏輯學要求探討對形式邏輯構成物的主觀構造成就以及貫穿在這些構造成就之中的本質規律性。超越論現象學的基本命題在於，在每一個對象性中都包含著一個與此相關的主觀性構造成就[④]。形式邏輯之物作為一種對象性也不例外。所謂超越論，在這裡就是指對形式邏輯構成物（意向相關項）與相關的主觀構造成就（意向活動）之相關性的探討方式[⑤]。

【注釋】①參閱：E. Husserl: *F. u. tr. Logik* Hua XVII (Den Haag 1974) 8. ② Brief an W. R. B. Gibson (24. 12. 1928)，載於：*Brief* Bd. VI, 131f. ③參閱：*F. u. tr. Logik...* 同上書，13、237ff. ④同上書，13. ⑤同上書，5. Kapitel.

【文獻】S. Bachelard: *La logique de H. Etude sur la «Logique formelle et logique trancendantale»* (Paris 1957). P. Janssen: "Einleitung des Herausgebers"，載於：Husserl: *F. u. tr. Logik* Hua XVII (Den Haag 1974) XVIII-XLV. H. L. Meyn: *Husserl's transcendental logic and the problem of its justification* (London 1977).

-Genealogie der Logik 邏輯系譜學：（英）Genealogy of Logic

「邏輯系譜學」是胡塞爾生前最後計畫發表的著作《經驗與判斷》的副標題。所謂「邏輯系譜學」，主要是指從發生的角度探討邏輯之物的最終奠基問題，亦即對述謂判斷（邏輯學的對象）的「起源澄清」[①]。在這個意義上，「邏輯系譜學」既不討論邏輯學歷史的問題，也不是討論發生心理學的問題；它的任務在於：「透過對述謂判斷之起源的研究來從本質上澄清這種判斷」[②]。胡塞爾

認爲，謂詞作爲一種綜合的形式可以回溯到前述謂判斷的經驗之上，這種經驗也被胡塞爾稱作「在先的被給予性」③。

【注釋】① E. Husserl: *EU* (Hamburg ⁴1972)1. 根據現有的研究結果，《經驗與判斷》的〈引論〉（§1-§14, 1-72）部分基本出自該書編者 L. Landgrebe 的手筆〔參閱：D. Lohmar: "Zu der Entstehung und den Ausgangsmaterialien von Edmund Husserls Werk Erfahrung und Urteil"，載於：*Husserl Studies* 13 (1996) 31-71，尤其是 40f.〕，因而我們在這裡也可以將〈引論〉中的這些闡釋看作是 L. Landgrebe 對該書內容的理解與介紹。 ②同上。 ③同上書，73；也可以參閱「在先被給予性」條目。

【文獻】 L. Eley: *Metakritik der formalen Logik. Sinnliche Gewißheit als Horizont der Aussagenlogik und elementaren Prädikatenlogik* (Den Haag 1969). Ders.: "Phänomenologie und Sprachphilosophie", Nachwort zu Husserl: *Erfahrung und Urteil Untersuchung zur Genealogie der Logik* (Hamburg 1985) 479-518.

-reine und normative Logik * * 純粹邏輯學與規範邏輯學：

胡塞爾在《邏輯研究》中對心理主義的批評是在「純粹邏輯學」觀念的指導下進行的。他並沒有繼續參與當時關於邏輯學是理論性學科還是實踐性學科的爭論，而是承認兩種基本邏輯學形式的存在：「純粹邏輯學」是邏輯學基本形式的一種，它與純粹的認識形式有關。胡塞爾將它設想爲一門「形式演繹系統的普遍理論」①，一種也爲萊布尼茲所追求過的「普全數理模式」（mathesis unversalis）。胡塞爾對「純粹邏輯學」的確切定義是：「純粹邏輯學是觀念規律和理論的科學系統，這些規律和理論純粹建基於觀念含義範疇的**意義**之中，也就是說，建基於基本概念之中，這些概念是**所有**科學的共有財富，因爲它們以最一般的方式規定著那些使科學在客觀方面得以成爲科學的東西，即理論的統一。在這個意義上，純粹邏輯學是關於觀念的『可能性條件』的科學，是關於科學一般的科學，或者是關於理論觀念的觀念構成物的科學」②。

此外，胡塞爾在《邏輯研究》中的探討也涉及到邏輯學的另一種基本形式：「規範邏輯學」。胡塞爾也將它稱作「邏輯工藝論」或「實用邏輯學」，它們與認識的質料有關。透過對純粹的、形式的邏輯學之本質內涵與範圍的探討，胡塞

爾指明，儘管「純粹邏輯學」與「規範邏輯學」有共同之處：它們都致力於對可能的科學認識的「論證」；但它們之間的本質關係在於，「純粹邏輯學」是一門「先天的和純粹論證性科學」，並且構成「規範邏輯學」的「最重要基礎」③。胡塞爾認為，**純粹**邏輯學與**規範**邏輯學（即作為**方法論**、作為科學認識工藝論的邏輯學）之間的關係，是一種類似與純粹幾何學和土地丈量術之間的關係④。

【注釋】① E. Husserl: *LU* I, AV/BV. ②"Selbstanzeige" zu *LU*, I. Teil，載於：*LU* I, Hua XVIII (Den Haag 1975) 262. ③參閱：*LU* I, A8/B8. ④參閱："Selbstanzeige" zu *LU*, I. Teil，載於：同上書，262.

【文獻】 D. Willard: *Logic and the objectivity of knowledge. A study in Husserl's early philosophy* (Athens 1984).

Logos* 邏各斯：（法）logos（日）ロゴス（希）λογος

　　胡塞爾在《形式的與超越論的邏輯學》中明確劃分「邏各斯」的兩種基本含義：其一，「邏各斯」意味著**語詞**或**話語**。這裡已經包含著兩層意義，它不僅是指話語所及，也就是**在話語中涉及的事態**，而且還包括說話者為了傳訴的目的或自為而形成的語句思想，亦即**作為精神行為的話語本身**。簡言之，「邏各斯」概念的第一層含義既與話語的內容有關，也與話語的行為有關。其二，當科學的興趣起作用時，「邏各斯」概念的上述含義便獲得「**理性規範的觀念**」。這裡又可以劃分兩層含義：「邏各斯」一方面是指作為權能的理性本身，從而也意味著理性地（明晰地）指向明晰真理思維；另一方面，「邏各斯」還標識一種構造合理概念的特殊權能，可以說，這種理性的概念構造以及被構造的正確概念都叫做「邏各斯」①。因而「邏各斯」概念的第二層含義既與理性（理性思維）有關，也與理性的產物（理性所思──概念）有關。

　　胡塞爾通常在第二層意義上使用「邏各斯」概念，他或者將「邏各斯」標識為「概念之物」（Begriffliches）、「普遍之物」（Allgemeines）②，或是將「邏各斯」等同於「理性」③。

【注釋】①參閱：E. Husserl: *F. u. tr. Logik* Hua XVII (Den Haag 1974) § 1. ②參閱：*Ideen* I, Hua III (Den Haag ³1976) 257. ③ *F. u. tr. Logik...* 同上書，370.

M

Mannigfaltigkeit/Mannigfaltigkeitslehre * **流形、雜多 / 流形論、雜多性學說：**（英）multiplicity/theory of multiplicity（法）multiplicité/ doctrine de la multiplicité

「流形」概念在德文日常用語中是指雜多、多樣、紛繁複雜。自 1854 年德國數學家 G. F. B. 黎曼將其作爲幾何學概念提出後，便成爲幾何學的專業術語。後來在幾何學中被漢譯爲「流形」，含義取自文天祥〈正氣歌〉中「天地有正氣，雜然賦流形」。此概念也被稱作「黎曼流形」，而幾何學中關於「Mannigfaltigkeit」的學說則被譯作「流形論」。

胡塞爾關於流形論的思考與他在哈勒時期的親密朋友、集合論的創始人、數學家格奧爾格・康托爾（Georg Cantor, 1845-1918 年）有關。後者於 1883 年便在萊比錫出版了《一門普遍流形論的基礎》（*Grundlagen einer allgemeinen Mannigfaltigkeitslehre*）。他對胡塞爾的最大影響很可能是在其流形論方面的思考與表述。胡塞爾於 1891 / 92 年前後曾專門在「集合與流形」的題目下思考過康托爾的相關問題，他在那裡概括地再現了康托爾的「流形」概念：「康托爾將流形全然理解爲某些統一了的要素的總和」（《普遍流形論的基礎》，萊比錫，1883 年，第 43 頁，注 1），同時也抄錄了康托爾自己的相關定義：「我一般將流形或集合理解爲每個可以被思考爲一的多，每個可以透過一個規律而聯合爲一個整體的特定要素之總和……。」[1]而在《邏輯研究》的〈前言〉中，胡塞爾還承認，他從《算術哲學》到《邏輯研究》的轉變與流形論方面的問題有關：「我在對形式算術和流形論——它是一種凌駕於特別的數的形式和廣延形式的所有特殊性之上的學科和方法——的邏輯探究中遭遇了特別的困難。它迫使我進行極爲寬泛的思考，這種思考超出較爲狹窄的數學領域，而朝向一門關於形式演繹系統的一般理論」[2]。即使康托爾後來不再使用「流形論」這個概念，而是用意義更爲寬泛的「集合論」的術語來取而代之，胡塞爾在他自己的相關論著中，仍然在

自己的意義上維持使用「流形」與「流形論」這些概念。

　　胡塞爾常常在幾何學的和哲學的（即日常的）兩種意義上使用「Mannigfaltigkeit」和「Mannigfaltigkeitslehre」的概念。他對哲學與邏輯學的研究起始於對形式算術和流形論的邏輯探討③。此後他也在意向分析中討論與「意識統一」相對的「意識雜多」問題，這種雜多或是指意向活動的雜多，或是指感覺材料的雜多等等④。在意識雜多意義上的「雜多性理論」，也被胡塞爾稱作「最普全的數學」，它是一門「關於理論形式的科學」⑤。

　　由於胡塞爾常常不在或不完全在幾何學的意義上使用這個概念，所以會根據情況分別譯作「流形」和「雜多」，後者主要是在哲學意義上與「同一」相對應。

【注釋】①參見 E. Husserl: Hua XXI, Text Nr. 11, S.92-105, 95. ② Husserl: *LU* I, A5/B5. ③參閱：E. Husserl: *LU* I, AV/BV. ④參閱：*Ideen* I, Hua III (Den Haag ³1976) 88f. u. 311. ⑤ *Logik u. Erkennt*. Hua XXIV (Dordrecht u. a. 1984) § 19.

Material * 材料：

　　「材料」概念在胡塞爾術語中相對出現較少。它是「原素」（Hyle）或「材料」（Stoff）的同義詞，處在與「形式」的對立之中。胡塞爾認為：「一個感性的材料只能在一定的形式中被把握，並且只能根據一定的形式而得到連結，這些形式的可能變化服從於純粹的規律，在這些規律中，材料是可以自由變化的因素」①。「材料」的被賦形（Formung）也就意味著統攝或立義的進行。

【注釋】① E. Husserl: *LU* II/2, A668/B₂196.

material * 質料的：（日）質料的

　　「質料的」（material）在胡塞爾這裡是「質料」（Materie）概念的形容詞，而不是「材料」（Material）概念的形容詞①。胡塞爾在其現象學的整體構想中區

分「質料本體論」和「形式本體論」②，它們分別是指關於「質料本質」和「形式本質」的本質學說。

【注釋】①參閱「質料」與「材料」條目。　②參閱：*Ideen* I, Hua III (Den Haag ³1976) 359；也可以參閱「質料」與「本體論」條目下的「形式本體論與質料本體論」子條目。

Materie** 質料：（法）matière（日）質料

「質料」在胡塞爾的意向分析中是一個重要概念：「在我們看來，質性和質料是一個行為的極為重要的，因而永遠是必不可少的組成部分，所以，儘管這兩者只構成一個完整行為的一個部分，我們把它們稱之為行為的意向本質仍然是合適的」①。據此，一個意識行為所具有的**意向本質**是由兩個抽象的成分所組成的：「質性」和「質料」。

對「桌子」和「椅子」的表象都是表象，它們具有相同的質性，但這兩個表象顯然是不同的。使這兩個表象得以區分開來的東西，就是胡塞爾所說的「質料」。在胡塞爾的術語中，「質料」具有多種名稱：行為的「內容」、「材料」或「立義意義」（Auffassungssinn）②等等。在更為寬泛的意義上，胡塞爾還把除「質性」之外的行為整體都稱作「質料」或「代現」（Repräsentation）③。

「質料」在某種程度上為質性奠基，或者說，「質料」並不會因質性的不同而產生變化④。質料與質性一樣，是包含在行為之中的，但質性並不會使行為與對象發生聯繫，相反地，行為只有透過「質料」才能具有與對象的聯繫，因此，在這個意義上，胡塞爾認為「質料不僅確實地規定了整個對象，而且還確實地規定了對象被意指的方式」⑤。

胡塞爾的分析表明，只有客體化的行為才具有自己的「質料」。任何一個非客體化的行為之所以必須奠基於一個客體化的行為之中，原因就在於非客體化的行為不具有自己的質料⑥。與對象的聯繫只能在質料中構造起來。但由於只有客體化的行為才具有自己的質料，也就是說，由於每一個質料都是客體化行為的質料，因此，非客體化的行為必須奠基於客體化的行為之中，並且藉助於這種奠基

而獲得質料。這便是客體化行爲的奠基作用所在⑦。

除此之外，由於「質料」與「形式」的傳統對立，胡塞爾所說的「立義質料」與「立義形式」的對立，也常常經歷在這個方向上的誤解。因此，胡塞爾在《邏輯研究》中便明確強調「質料」與「質性」的對立不同於「材料」與「形式」的對立：「我們在這裡要明確指明，通常所說的與範疇形式相對立的質料根本不是與行爲質性相對立的質料；例如：我們在含義中將質料區分於設定的質性或單純擱置的質性，這裡的質料告訴我們，在含義中對象性被意指爲何物，被意指爲如何被規定和被把握的東西。爲了便於區分，我們在範疇對立中不說質料，而說材料；另一方面，在談及至此爲止的意義上的質料時，我們則著重強調意向質料或立義意義」⑧。

【注釋】 ① E. Husserl: *LU* II/1, A392/B₁417. ②參閱：同上書，A387/B₁411、*LU* II/1、A390/B₁415 u. *LU* II/2, A608/B₂136, A654/B₂182 等等。 ③同上書，A462/B₁497. ④同上書，A391/B₁416. ⑤同上書，A390/B1415. ⑥參閱：同上書，A458f./B1494；也可以參閱：E. Tugendhat: *Der Wahrheitsbegriff bei Husserl und Heidegger* (Berlin 1967)35f. ⑦同上。 ⑧ *LU* II/2, A608/B₂136.

【文獻】 M. Merleau-Ponty: *Phénoménologie de la perception* (Paris 1945). U. Melle: *Das Wahrnehmungsproblem und seine Verwandlung in phänomenologischer Einstellung. Untersuchungen zu den phänomenologischen Wahrnehmungstheorien von Husserl, Gurwitsch und Merleau-Ponty* (Den Haag 1983). L. Ni: *Seinsglaube in der Phänomenologie Edmund Husserls* (Dordrecht u. a. 1999).

Mathematik＊＊ 數學：（英）mathematics（日）数学

胡塞爾本人是數學家出身，在他一生的哲學研究中，數學對他的思維方式始終起著重要的影響。他對一門作爲嚴格科學的哲學之設想，便與他的數學修養以及他在「普全數理模式」（mathesis universalis）方面的信念密切相關。

在胡塞爾一生的思想發表中，他對數學的態度產生過一定的變化。在他第一部發表的著作《算術哲學》（1891年）中，胡塞爾試圖透過對數學基本概念的澄清來穩定數學的基礎。這種以數學和邏輯學爲例，對基本概念進行澄清的做法，後來在胡塞爾哲學研究中始終得到運用，成爲胡塞爾現象學操作的一個中心

方法。

在此後的《邏輯研究》（1900／01 年）中，胡塞爾堅持，「數學的探討形式是唯一科學的形式，只有它才能提供系統的封閉性和完整性，只有它才能爲所有可能的問題以及解決這些問題的可能的形式提供一個概觀」[1]。這裡的數學被胡塞爾在《純粹現象學與現象學哲學的觀念》第一卷（1913 年）中定義爲「一個以純粹分析的方式『窮盡地規定了』一個流形（雜多性）的公理系統稱之爲一個確定的公理系統」；而「每一個演繹建立在這種公理系統上的學科，都是一門確定的學科或在確切意義上的數學學科」[2]。數學與現象學被胡塞爾理解爲這樣一種「純粹科學」，亦即獨立於經驗事實的本質科學。當然，在現象學本質直觀的方法內涵中包含著「反思」的意義，這是使現象學本質直觀區別於其他科學的本質直觀，包括純粹數學本質直觀的東西。由此而可以理解胡塞爾對數學家與哲學家之「工作的分配」：前者是在構建理論，後者則詢問：「理論的本質是什麼」[3]。

但在《純粹現象學與現象學哲學的觀念》第一卷中，胡塞爾已經開始注意到數學與哲學（現象學）在方法操作上的差異[4]。在後期的《歐洲科學的危機與超越論現象學》（1933-36 年）中，胡塞爾進一步對數學的起源進行反思。他指出，自近代以來，透過伽利略對自然的數學化，自然科學在一定程度上擺脫了粗糙的經驗生活世界而成爲數學化了的精確科學[5]。這些精確科學如今已被看作是客觀科學的典範，也是客體主義形成的理論根據。但胡塞爾的分析表明：數學本身歷史地產生於一種理想化（Idealisierung）的過程[6]。一方面，數學的成就僅僅侷限於時空形態之上，因而所謂「精確的客體化」也只是對物體世界有效[7]；另一方面，數學的理想化最終植根於直觀性結構、植根於生活世界的經驗。生活世界之基礎的被遺忘是當代科學危機產生的主要根源。胡塞爾主張透過超越論現象學的反思來把握科學的起源，雖然超越論現象學也已超脫出生活世界的基礎之上，但它不同於數學本質科學的地方不僅在於它的反思性，而且在於它的類型化方法（Typisierung）、它的有別於數學自然科學之「精確性」的「嚴格性」。在這個意義上甚至可以說，超越論現象學的「嚴格性」與近代數學自然科學的「精確性」形成鮮明的對立：「超越論現象學作爲描述性的本質科學隸屬於一種完全不同於數學科學的本質科學之基本類型」[8]。

【注釋】①參閱：E. Husserl: *LU* I, Kap. 11, § 71.　② *Ideen* I, Hua III (Den Haag ³1976)

152. ③參閱：*LU* I, Kap. 11, § 71. ④例如參閱：*Ideen* I... 同上書，§§74f.
⑤ *Krisis* Hua VI (Den Haag ²1962) 23f. ⑥對此可以進一步參閱「心理主義」條
目的「補充」部分。 ⑦參閱：同上書，362. ⑧ *Ideen* I... 同上書，156。對此
還可以進一步參閱「類型」條目。

【文獻】 E. Husserl: *Philos Arithm.* Hua XII (Den Haag 1970). R. Schmit: *Husserls Phi-*
losophie der Mathematik. Platonistische und konstruktivistische Momente in Hus-
serl Mathematikbegriff (Bonn 1981). B. Picker: "Die Bedeutung der Mathematik
für die Philosophie E. Husserls"，載於：*Philosophia naturalis* 7 (1961-62) 266-
355. D. Lohmar: *Phänomenologie der Mathematik. Elemente einer phänomenol-*
ogischen Aufklärung der mathematischen Erkenntnis nach Husserl (Dortrecht u. a.
1989).

Meinung＊＊ 意見、意指：（英）meaning（法）la visée（日）思念

　　除了日常的含義「意見」之外，「Meinung」在胡塞爾術語中還有專門的動
名詞含義，即意識對其對象的「意向指向」：「意指」①。在這個專門的意義上，
「意指」與「Bedeuten、Sinngeben、Intendieren」等等術語是同義的，它們都可
以被譯作「意指」。所謂「意向性」，也就是意識指向對象的活動或能力。胡塞
爾本人在手稿中寫道：「『意向』（Intention）與意指實際上是同一回事」②。另
一個與「意指」同義的概念是「Vermeinen」③。

　　胡塞爾在《邏輯研究》中說明：「需要一再強調，這個意指（Meinen）並不
恰恰就意味著對這個對象的覺察（Merken），甚或意味著對它的課題性從事狀況
（mit ihm thematisch Beschäftigtsein），儘管這類情況也一同包含在我們關於意指
的一般話語中」④。

【注釋】①例如可以參閱：E. Husserl: *Krisis* Hua VI (Den Haag ²1962) 13f., 189. ②參
閱：Ms. M III 3 III 1 III, 115. ③參閱「意指」（Vermeinen）條目。 ④ *LU*
II/1, B₁425.

Menschentum 人屬：

在胡塞爾的後期著作中經常出現「人屬」的概念[1]，它一般被用來指稱在人類這個總屬中的特定人之存在：「人屬從本質上說，就是在各個以世代的和社會的方式連結起來的人類之中的人之存在」[2]。在這個意義上，「人屬」是一個包含在「人類」概念中的屬概念，例如：「歐洲人屬」、「亞洲人屬」、「古代（希臘）人屬」以及「哲學、科學人屬」、「眞正人屬」[3]等等。

【注釋】 ①參閱：E. Husserl: *Krisis* Hua VI (Den Haag ²1962) 4, 8, 11 等等。 ②同上書，14. ③參閱：同上書，5、10、13f.、59 以及 *Erste Philos*. I, Hua VII (Den Haag 1956) 14.

Menschheit 人類：（英）humanness

在胡塞爾的超越論現象學中，「人類」整體作爲交互主體性或複數單子的共同體被理解爲世界的相關項，世界之有效性是這個交互主體性「在共同體化中的意向成就」[1]。

【注釋】 ① E. Husserl: *Krisis* Hua VI (Den Haag ²1962) 178.

Metaphysik** 形上學：（英）metaphysics（日）形上学

雖然「形上學」概念的內涵在胡塞爾的思想發展中經歷了不同變化，具有褒貶雙重含義，但它基本上是一個與「經驗事實科學」密切相關的概念，無論這裡的「經驗事實」是指外部實在的經驗事實，還是指超越論意識的經驗事實。

在《邏輯研究》中，胡塞爾就已將「關於『外部世界』的存在和自然的問題」標誌爲「形上學的問題」而加以排斥[1]。當時胡塞爾主要是從本質科學與事實科學的區別出發，主張作爲本質科學的純粹現象學不以經驗的事實科學爲出發點，不探討經驗的事實科學所提出的問題，但卻爲經驗的事實科學提供本質根據。

「作爲對觀念本質和對認識思維之有效意義的一般闡述，認識論雖然包含著這種一般問題，即：有關那些原則上已超出對其認識之體驗的事物性、實體性對象的知識或理性猜測是否可能以及在何種程度上可能，這些知識的眞正意義必須依據哪些準則；但認識論並不包含這種經驗方面的問題：我們作爲人是否確實能夠根據事實地被給予我們的材料來獲得這種知識，認識論更不包含將這種知識付諸實現的任務」②。這種觀點的依據是胡塞爾早期從事的數學科學相對其他自然科學所具有的典範性，是胡塞爾將哲學「數學化」，從而建立起一門「普遍數學」的理想。

在 1906 / 07 年期間完成了向超越論現象學的突破之後，胡塞爾把「形上學」問題與現象學的「懸擱」、「還原」和對「成見」的排除聯繫在一起，胡塞爾這時所要達到的目的就在於：「將所有論證都回溯到直接的現有性上，由此而構造出一門『無理論的』、『無形上學的』的科學」③，亦即純粹本體論或超越論本質的現象學。胡塞爾在這裡已經對亞里斯多德傳統意義上的「形上學」做了巧妙的反轉：亞里斯多德的「形上學」是眞正意義上的哲學，而「物理學」是一門以自然爲對象的自然論。經過胡塞爾的解釋，本眞的「形上學」恰恰是關於實在自然的「物理學」、一門有關「物自體」的學說，即關於超越的自然的科學；而本眞的哲學則是關於純粹內在意識本質的「本體論」。

無論是從《邏輯研究》對形上學之定義來看，還是從《純粹現象學和現象學哲學的觀念》第一卷對形上學之定義來看，「形上學」在胡塞爾那裡都是一個與觀念本體論相對立的概念。如果哲學要討論的是觀念本體論（存在論）問題，那麼它要排斥的恰恰應當是形上學（超存在論）的問題。在這個意義上，胡塞爾將自己的哲學看作是整個形上學的對立面④。

但另一方面，胡塞爾的「形上學」概念在《純粹現象學與現象學哲學的觀念》期間已經開始獲得積極的意義。他在這部著作中，在康德的意義上將「形上學」等同於「關於超越論事實的科學」⑤，並且在書信中明確表示：「形上學是關於實在的本眞科學。我也要有一門形上學，並且是一門在嚴肅意義上的科學形上學」⑥。這門「新的意義上的形上學」後來也被胡塞爾稱作「第二哲學」，它與作爲超越論現象學的「第一哲學」一同構成一門普全的哲學整體⑦。

因此，胡塞爾在爲《大英百科全書》撰寫的「現象學」條目中寫道，「就其拒絕任何一門在空洞的、形式的根基中運動的形上學而言，現象學是反形上學

的。然而，像所有本真的哲學問題一樣，每一種形上學問題都回到現象學的基礎上，並且在此它找到其本真地來源於直觀的超越論的形式和方法」[8]。

在《笛卡兒的沉思》中，這兩種意義上的「形上學」概念得到闡明：「爲避免誤解，我想在這裡指明，正如我們以前所闡述的那樣，現象學只是將任何一門幼稚的、從事著悖謬物自體的形上學排斥出去，但它並**不排斥形上學一般**，現象學並不去強制那些以錯誤的提問和錯誤的方法從內部推動著古老傳統的問題動機，並且它絕不會說，它會在『最高的和最終的問題』面前停步」[9]。這門新的、積極意義上的「形上學」應當以超越論的交互主體性、以共同體化著的單子大全爲探討課題。在這些課題中包括偶然事實性的問題、死亡問題、命運問題、「眞正的」人類生活的可能性問題、歷史的意義問題，簡言之，所有「倫理—宗教的問題」[10]。

【注釋】① E. Husserl: *LU* II/1, A20/B₁20.　②同上。　③ *Ideen* I, Hua III (Den Haag ³1976).　④參閱：H. -G. Gadamer: *Wahrheit und Methode. Hermeneutik I. Grundzüge einer philosophischen Hermeneutik* (Tübingen 1986) 261.　⑤ *Ideen* I... 同上書，8.　⑥ Brief an K. Joel vom 11. 3. 1914 (Entwurf)，載於：*Brief* Bd. IX (Dordrecht u. a. 1994) 206.　⑦參閱「第一哲學與第二哲學」條目。　⑧ E. Husserl: *Phän. Psych.* Hua IX (Den Haag 1962) 253. 海德格在「形上學」一詞下還做了說明：「**或者**，並且尤其是就人們把形上學理解爲對一個世界圖像的展示而言，這圖像是在自然觀點中完成的，並且只是每次根據特定歷史生活境況而裁剪下來的。」對此還可以參見：*Ideen* III, Hua V (Den Haag 1952) 141.　⑨ *CM* Hua I (Den Haag ²1963) 182.　⑩同上。

Methode 方法：（英）method（日）方法
-phänomenologische Methode＊＊＊ 現象學的方法：

「現象學方法」這個概念可以從胡塞爾賦予現象學概念的意義中推導出來。現象學起初是一門「描述心理學」[1]，它的目的在於對邏輯學和認識論進行新的論證[2]。在與心理主義的對抗中，現象學方法的特徵在於「偏好內經驗並從所有心理物理解釋中抽象出來」[3]。現象學方法所追求的是對那些作爲心理現象而被

給予的東西的直接描述指明。「現象學分析」的目的在於，「使邏輯觀念、概念和規律在認識論上得以明白和清楚」④。

在現象學的進一步發展過程中，這種描述方法在課題上不再侷限於心理學和邏輯學。這之所以可能，乃是因為胡塞爾認識到，「普遍性、普遍對象和普遍事態也能夠達到自身被給予性」⑤。胡塞爾將這個普全化了的方法的口號表達為：「一切原則之原則」；它意味著，「每一個本原給予的直觀」都是一個最終的「認識的合理源泉」⑥。在這個意義上，現象學方法作為本質直觀的方法而被胡塞爾的學生所接受⑦。

但在胡塞爾本人那裡，現象學方法透過接受笛卡兒在超越問題上的懷疑考察⑧而發生了新的轉變，這個轉變並沒有在胡塞爾的學生那裡得到進行。現象學方法越來越多地受到「現象學的還原」及其問題的規定⑨。在堅持一切原則之原則的同時，現象學方法成為通向所有經驗之確然基礎、通向「純粹意識」的通道⑩。但對這個通道的充分構設一直是胡塞爾的一個中心問題⑪。這裡的首要課題始終在於現象學還原與本質還原（本質直觀的方法現在便被規定為本質還原）之間的關係⑫。

胡塞爾起先認為，本質還原必須要先於現象學還原，並且一門「現象學的事實科學」是不可能的，因而現象學肯定是一門本質科學⑬。與此相反，在《笛卡兒的沉思》中，胡塞爾則認為一門現象學的事實科學是可能的，這門事實科學是一門從現象學還原中獲得的科學，它以我的本己的、超越論的本我為課題，然後透過運用本質還原而獲得一個本質科學的特徵⑭。由於胡塞爾在其後期還區分現象學的還原和超越論的還原⑮，因而現象學方法的問題便更複雜化了。

【注釋】① E. Husserl: *LU* II (¹1901) 18. ② *LU* I (¹1901) VII. ③ *LU* II, 19. ④同上書，7. ⑤ *Idee d. Phän.* Hua II (Den Haag ²1958) 51. ⑥ *Ideen* I, Hua III (Den Haag 1950) 52. ⑦例如參閱：A. Reinach: *Was ist Phänomenologie*? (1951). ⑧ *Idee d.* Phän... 同上書，45. ⑨同上書，58. ⑩同上書，118. ⑪參閱：I. Kern: *Husserl und Kant. Eine Untersuch. über Husserls Verhältnis zu Kant und zum Neukantianismus* (Den Haag 1964) § 18, 194ff. ⑫參閱：Husserl: *Ideen* I... 同上書，6. ⑬參閱：同上書，149, Anm. ⑭ *CM* Hua I (Den Haag ²1963) 103ff.; *Ideen* III, Hua V (Den Haag 1952) 142. ⑮參閱：*Krisis* Hua VI (Den Haag ²1962) 154ff.

【文獻】 E. Spiegelberg: *The phenomenol. movement* 1, 2 (Den Haag 1960). G. Funke: *Phänomenol. Metaphysik oder Methode?* (1966). E. Tugendhat: *Der Wahrheitsbegriff bei Husserl und Heidegger* (Berlin 1967). A. Aguirre: *Genet. Phänomenol. und Reduktion. Zur Letztbegründung der Wiss. aus der radikalen Skepsis im Denken E. Husserls* (Den Haag 1970). U. Claesges/K. Held (Hrsg.): *Perspektiven transzendentalphänomenologischer Forschung* (Den Haag 1972). E. Pivcevic (Hsrg.): *Phenomenol. and philos. understanding* (Cambridge 1975). (U. Claesges)

Methodenreflexion * * 方法反思：

「方法反思」是胡塞爾現象學方法論的中心概念，也是他的現象學研究的重要課題。首先，無論是在現象學的心理學中，還是在純粹現象學和現象學的哲學中，「方法反思」都是明晰的現象學操作的必要前提。「方法反思」在這裡是指：現象學的直觀描述分析不斷透過反思來考察和保證其方法原則的貫徹實施：「現象學要求最完善的無前提性，並且要求對自身具有絕對反思性的明察。它的本己本質是最完善的明晰性，從而也是關於它的方法原則的最完善的明晰性」[1]。其次，對自然科學與精神科學的方法反思會導向主體性問題的提出，從而為一門超越論的心理學或超越論主體性的現象學之產生提供了前提[2]。胡塞爾在這個意義上將「方法反思」稱作通向一門超越論心理學或超越論認識論的「第一條道路」[3]。

【注釋】 ① E. Husserl: *Ideen* I, Hua III (Den Haag ³1976)121. ②參閱：Ms. A VI 20, 2-5. ③參閱：Ms. A IV 2, 11-18.

【文獻】 E. Fink: VI. *Cartesianische Meditation*, 2/1: *Die Idee einer transzendentalen Methodenlehre*. Hrsg. von H. Ebeling, J. Holl & G. van Kerckhoven 1988; 2/2: *Ergänzungsband*. Hrsg. von G. van Kerckhoven 1988. ders.: "Reflexion zu Husserls phänomenologischer Reduktion," in: *Tijdschrift voor Filosofie* 33 (1971) 540-558. H. G. Geyer: *Die methodische Konsequenz der Phänomenologie E. Husserls* (Diss. Frankfurt a. M. 1957). H. Rainer: "Sinn und Recht der phänomenologischen Methode"，載於：H. L. Van Breda/J. Taminiaux (Hrsg.): *Edmund Husserl 1859-1959* (Den Haag 1959) 134-147. K. Mertens: *Zwischen Letztbegründung und Skepsis. Kritische Untersuchungen zum Selbstverständnis der transzendentalen Phänomenologie Edmund Husserls* (Freiburg/München 1996).

Mitgegenwärtigung* 共當下擁有：（英）making copresent（日）共現在化

胡塞爾用「共當下擁有」這個概念來標識在事物感知中雖然被共現（appräsentiert），但未被體現的（präsentiert）那一部分內容的被給予方式。「共被當下擁有者」是事物感知之組成中非原本的成分，例如被看到的一棵樹的背面。胡塞爾因而也將「共當下擁有」稱之爲「當下化」（Vergegenwärtigung）①或定義爲「非直觀的」②。

【注釋】① E. Husserl: *Inters.* II, Hua XIV (Den Haag 1973) 513.　② *Ideen* I, Hua III (Den Haag ³1976) 212.

【相關詞】mitgegeben 一同被給予，Mitgegebenes 一同被給予者，Mitgemeintes 一同被意指者，Mitgegenwärtiges 一同被當下擁有者，Mitmeinen 一同意指。

Modalisierung* 變式：

在胡塞爾的現象學術語中，「變式」概念所具有的作用主要在於：它被用來規定在意識活動中的質性設定方面的變化，亦即對意向相關項的存在方面之設定的變化。胡塞爾的意向分析表明，在存在方面的「確然性」（Gewißheit）構成了信仰或存在的「原樣式」（Urmodus）①。所謂「變式」，就是指「相對於這個原初的、完全未變式的原樣式」而言，在存在信仰方面的變化②。據此，「**變式與信仰確然性或存在確然性處於對立之中**」③；相對於素樸的、原初的確然性而言，所發生的所有變化都可以被稱作「變式」。具體地說，這種「變式」帶有兩個方面的內涵④：一方面，「變式」意味著從對事物存在的確然信仰到對此存在的懷疑⑤；胡塞爾將「懷疑」、「問題」、「猜測」、「揣測」等等都包容在這個「變式」類型之中；另一方面，「變式」可以被理解爲：原初的「確然性」在感知的

進程中不再繼續是「確然性」，它被新的「確然性」所替代⑥。「變式」在這個
意義上是指一個「確然性」對另一個「確然性」的「否定」。

「變式」可以分爲「主動的」和「被動的」變式⑦。除此之外，胡塞爾在其
研究手稿中還探討過「時間變式」的問題⑧。

【注釋】①對此可以參閱「確然性」與「原樣式」條目。 ② E. Husserl: *EU* (Hamburg
⁴1972) 110. ③同上書，108. ④參閱：*Analysen* Hua XI (Den Haag 1966) 37f.
⑤ *EU* ... 同上書，108f. ⑥參閱：*Analysen* ... 同上書，38. ⑦同上。 ⑧參閱：
Ms. D 5, 10.

【相關詞】modalisieren 變式，Modalität 樣式，Modus 樣式。

Modalität (Modus/Modi）樣式：（日）樣相

「樣式」一般被理解爲對某個事態在其存在的方式上的規定。胡塞爾的「樣
式」概念一方面涉及到意識行爲對其構造對象的信仰方式，另一方面也涉及到在
意識行爲中被構造的意向相關項的存在方式①。

【注釋】①參閱：E. Husserl: *Ideen* I, Hua III (Den Haag ³1976) § 105: "Glaubensmodalität
als Glaube, Seinsmodalität als Sein".

【文獻】F. Belussi: *Die modaltheoretischen Grundlagen der Husserlschen Phänomenologie*
(Freiburg/München 1990).

-doxische Modalität 信念樣式：

「信念樣式」是「信仰樣式」（Glaubensmodalität）或「確然性樣式」
（Modalität der Gewißheit）的同義詞。它意味著：「我相信，我懷疑，我視爲可
能，我否定，我趨於相信，我中止信仰並進行思考，我做出肯定的決定，我斷定
爲或然的，我否認」，以及其他等等①。胡塞爾認爲，在所有命題特徵中都存在
著這種「信念樣式」②。

【注釋】① E. Husserl: Ms. M III 3 III 1 II, 133.　② *Ideen* I, Hua III (Den Haag ³1976) 271.

Modifikation (modifizieren) ＊ 變異：（英）modification（日）變樣

「變異」是胡塞爾自《邏輯研究》以後一直使用的現象學術語，它類似於「變化」概念，但具有較爲專門的含義。所謂「變異」，大都是指意識行爲從一個階段到另一個階段的發展，但尤其要注意的是：在變異中，後一個階段必須被看作是奠基於前一個階段之中的，並且構成與前一個階段的對應面。例如：意識活動中在「立義形式」方面的「想像性變異」①，意味著「想像」奠基於「感知」之中，每一個感知都可以有一個想像與之對應②；在「質性」方面的「質性變異」③意味著「設定性行爲」是奠基性的，與此相對應的「不設定行爲」則是被奠基的④。此外，例如在個別主體和人類生活中的「不正常性」，也被胡塞爾稱之爲「正常性的一種變異」，並且可以回溯到「正常性」之上⑤。

【注釋】① E. Husserl: *LU* II/1, 5. Unters. § 40.　②參閱：*Ph. B. Er.* Hua XXIII (Den Haag 1980) 452.　③ *LU* II/1... 同上書，3. Unters. § 40.　④同上書，*LU* II/1、A447f./B₁479f。在這個意義上，胡塞爾將「設定性行爲」與「不設定行爲」也標識爲「未變異的」行爲和「變異了的」行爲〔參閱：*Ph. B. Er.* Hua XXIII (Den Haag 1980) 459〕。　⑤參閱：*Inters.* III, Hua XV (Den Haag 1973) 154, 157.

-konforme Modifikation 共形變異：

「共形變更」是指一個意識行爲在保持其質料同一的情況下發生的變異①。最寬泛意義上的「共形變異」被胡塞爾理解爲「任何一個與行爲質料無關涉的變異」②。具體地說，在「共形變異」中包括「質性變異」和「想像變異」③。

【注釋】① E. Husserl: *LU* II/1, A456/B1492.　②同上書，A450/B₁485.　③同上。

-imaginative Modifikation 想像性變異：

胡塞爾所說的「想像性變異」也就是「將感知導向想像」、將「感知立義」導向「想像立義」的那種變化[1]。也就是說，任何一個感知的對象都可以被想像，都可以有一個想像對象與之相對應。

【注釋】①參閱：E. Husserl: *LU* II/1, A456, *Ideen* I, Hua III (Den Haag ³1976) 253, Anm.

-qualitative Modifikation 質性變異：

「質性變異」是指意識行為在質性方面發生的變異，亦即從基礎性的帶有存在設定的行為向不帶有存在設定的行為的變異[1]。胡塞爾在《邏輯研究》中也將「質性變異」稱之為「中立性變異」（Neutralitätsmodifikation），「中立性」在這裡意味著對意識對象之存在與否的不設定、不執態[2]；在《純粹現象學與現象學哲學的觀念》第一卷中，「質性變異」又被等同於「信仰變異」（belief-Modifikation）[3]。

【注釋】① E. Husserl: *LU* II/1, B₁484.　②同上書，A427/B₁456，*Ideen* I, Hua III (Den Haag ³1976) 253, Anm.　③ *Ideen* I... 同上書，261.

-temporale (zeitliche) Modifikation 時間變異：

胡塞爾在時間意識分析中談及「時間變異」：「每一個變異都是持續的變異。這就把這種變異區別於想像變異和圖像變異。這些時間變異中的每一個都是在一個連續中的不獨立界限。而這個連續具有一個單面受限的、直接相鄰的（orthoid）雜多性的特徵」[1]。此外，在「時間變異」中還進一步包括「滯留變異」（retentionale Modifikation）[2]等等具體內容。

【注釋】① E. Husserl: *Zeitb*. Hua X (Den Haag 1966) [450f.].　②同上書，[391 ff.].

Monade ** 單子：（日）單子

在向超越論現象學突破的過程中，胡塞爾透過超越論還原而進入到「純粹意識」的領域。自 1920 年代之後，胡塞爾又用「超越論主體性」或「超越論本我」概念來標識這個領域。但這個領域的另一個稱號，也是胡塞爾從萊布尼茲哲學中接受的概念，即「單子」，則自始至終為胡塞爾所保留和運用[1]。它意味著自身包含著現時與潛隱的意識生活的「本我」[2]，或者說，意識生活和在其中被構造起來的世界的統一。胡塞爾因此也將「單子」稱作「自我本身的完全具體化」[3]。我們還可以將它更為簡略地定義為「具體的主體性」。

【注釋】 ①參閱：E. Husserl: *F. u. tr. Logik* Hua XVII (Den Haag 1974) 282, *CM* Hua I (Den Haag ²1963) 149. ②胡塞爾的「單子」概念更接近於他的「本我」概念，而非「自我」概念。進一步參閱「自我」、「本我」條目。 ③ *CM* ... 同上書，135.

【文獻】 K. R. Meist: "Monadologische Intersubjektivität. Zum Konstitutionsproblem von Welt und Geschichte bei Husserl"，載於：*Zeitschrift für philosophische Forschung* 34 (1980) 561-589.

【相關詞】 Monadenall 單子大全，Monadengemeinschaft 單子共同體，Monadenlehre 單子論，Monadenvielheit 單子的多數性，Monadenwelt 單子世界，monadisch 單子的，Monadologie 單子論。

Monadengemeinschaft * 單子共同體：

胡塞爾認為，在單個的「單子」之間存在著意向的聯繫：「每一個單子，只要它在其存在中意向地『構造了』其他單子（就像每一個單子在其當下中構造了過去一樣），它就無法離開其他單子而存在」[1]。在這個意義上，他多次談及「單子共同體」[2]：「諸自我」的共同體或「我們」的共同體。它意味著單個「單子」或「本我」與它的「其他同類」（andere seinesgleichen）在意向性連結中構造出的一個共同體[3]，這個共同體能夠「（在其共同體化—構造著的意向性中）構造出同一個世界」[4]。因此，單子共同體所指的無非是交互主體的意識生活連同在此生活中被構造出來的交互主體的世界。「單子」與「單子共同體」的關係，從現象學的角度來看是「唯一絕對存在」與「整體絕對存在」的關係：「唯一的

絕對存在是主體—存在，作爲自爲地自身構造起來的存在（Konstituiertsein），
而整體的絕對存在是各個相互處在現實的和可能的共同體中的超越論主體的普全
（Universum）」⑤。

【注釋】 ① E. Husserl: *Inters*. III, Hua XV (Den Haag 1973) 194. ② *CM* Hua I (Den Haag
²1963) 137, 158 等等。 ③同上書，166. ④同上書，137. ⑤ *Erste Philos*. II,
Hua VIII (Den Haag 1959) 190.

Monadologie (Monadenlehre) * 單子論：（日）單子論

「單子論」是指關於單子的學說。胡塞爾本人認爲：「現象學導向萊布尼茲
在天才的警句中所預測到的單子論」①。在這個意義上的單子論是指對作爲意識
生活與世界之統一的單子或自我的現象學闡釋，它意味著一門普全的自我—哲學
（Ich-Philosophie）。只有在這個前提下，「單子論」才能被稱作是普全意義上
的「本我論」。

【注釋】 ① E. Husserl: *Erste Philos*. II, Hua VIII (Den Haag 1959) 190.
【文獻】 M. Richir: "Monadologie transzendentale et temporalisation"，載於：S. IJsseling
(Hrsg.): *Husserl-Ausgabe und Husserl-Forschung* (Dordrecht u. a. 1990) 151-172.
L. Landgrebe: "Reduktion und Monadologie - die umstrittenen Grundbegriffe von
Husserls Phänomenologie"，載於：*Faktizität und Individuation. Studien zu den
Grundfragen der Phänomenologie* (Hamburg 1982) 88-110. St. Strasser: "Mon-
adologie und Teleologie in der Philosophie Edmund Husserls"，載於：*Phänom-
enologische Forschungen* 22 (1989) 217-235.

Morphé 立形：（法）morphé（希）μορφή

「立形」與「賦形」（Formung）或「形式」的概念基本同義，它們都被用
來標識意識的「意向活動」或「立義」。在《純粹現象學與現象學哲學的觀念》
第一卷中，胡塞爾使用這個概念，以此來描述「立義內容」與「立義」，亦即「感

性原素」（sensuelle Hyle）與「意向立形」（intentionale Morphé）之間的對立[1]。

【注釋】 ①參閱：E. Husserl: *Ideen* I, Hua III (Den Haag ³1976) § 85. 也可以參閱「立義內容─立義（模式）」條目。

Morphologie 形態學（地貌學）：（法）morphologie（日）形態学

胡塞爾在《純粹現象學與現象學哲學的觀念》第一卷中，也將現象學描述爲一門「系統的和本質的形態學」[1]，因爲現象學所探討的是「形態學的本質」[2]。這個意義上的「本質」不同於康德意義上的「理念」或自然科學意義上的「精確概念」，而是一種「描述性的概念」，「一種原則上模糊的東西」[3]，它也被胡塞爾稱之爲「類型本質」或「構形類型」[4]。現象學的本質直觀只能或多或少地接近這種「形態學的本質」[5]。

【注釋】 ①參閱：E. Husserl: *Ideen* I, Hua III (Den Haag ³1976) § 145. ②同上書，§ 74. ③參閱：同上。 ④同上；對此還可以進一步參閱「類型」條目。 ⑤同上。

Motivation (Motivierung)** 動機引發：（英）motivation/motivating （法）motivation（日）動機づけ

在胡塞爾現象學中，「動機引發」的概念具有各種不同的含義。它的最重要的含義在於：

(1) 意識的每一個設定都在某物（一個事物、一個本質、一個事態）的本原被給予性中具有其原初的合理基礎，也就是說，意識之設定的合法性是透過那個原本的被給予性而合理地被引發的。「動機引發」的概念在這裡涉及到在意向活動之設定與以充實性（明見性）樣式出現的意向相關項之定理間關係統一的合理基礎[1]。

(2)「動機引發」這個術語標示著這樣一種本質規律性，根據這種本質規律

性，那些構成超越論本我之實項存在內涵的意向體驗的宇宙結合成一個統一②。「動機引發」的規律是「如果—那麼」、「因爲—所以」（動機引發—因果性）的規律。由於所有構造都根據這種規律進行，因而整個體驗流始終是一個動機引發的統一③。我們必須區分在被動性（聯想的喚起）領域中的「動機引發」，和在主動性（自爲的自由、合理執態）領域中的「動機引發」④。「動機引發」的概念可以運用在意識生活的所有區域中（無論是感知，還是判斷、評價或意願）⑤。

(3) 精確的、物理學的因果性支配著在自然主義觀點的客觀世界中所有的變化，與此相對，「動機引發」則標誌著這樣一種規律性，這個規律性主宰著在自然—人格主義觀點的世界中的所有發生⑥。動機引發—因果性的「如果—那麼」之所以能夠對我這個精神主體進行規定，只是因爲它就包含在我的意向體驗之中⑦。即使在這裡，「動機引發」的概念也具有普全的運用領域。但「動機引發」概念也可以作爲一門意向現象學的心理學之範疇而限制在人格領域之內⑧。

(4) 胡塞爾在對異己經驗的分析中，同樣也談到動機引發。在原真領域中出現的他人之軀體引發我產生這樣的動機：將它不僅僅理解爲軀體，而是理解爲「身體—軀體」，也就是說，在與我的本己身體的比較中將它共現出來⑨。由此，對其他人格的同感作爲對它舉止和行爲的動機引發之理解才成爲可能⑩。

【注釋】 ① E. Husserl: *Ideen* I, Hua III (Den Haag 1950) 335f.; *Ideen* III, Hua V (Den Haag 1952) 26f. ② *CM* Hua I (Den Haag ²1963) 109. ③同上書，還可以參閱：*Ideen* II, Hua IV (Den Haag 1952) 226ff., 229. ④ *Analysen* Hua XI (Den Haag 1966) 85; *Ideen* II... 同上書，213、222、220f.、255. ⑤同上書，220ff. ⑥同上書，211f.、215ff. ⑦同上書，231. ⑧同上書，255ff. ⑨ *CM* ... 同上書，122ff. ⑩ *Ideen* II... 同上書，228f.、270ff.

【文獻】 E. Holenstein: *Phänomenologie der Assoziation. Zur Struktur und Funktion eines Grundprinzips der passiven Genesis bei E. Husserl* (Den Haag 1972). B. Rang: *Kausalität und Motivation* (Den Haag 1973). (P. Janssen)

【相關詞】 Motivationsanalyse 動機引發分析，Motivationszusammenhang 動機引發關係。

補充 「Motivation/Motivierung」一詞在德語中具有動、名詞兩種含義。在作爲名詞使用時，它與「動機」（Motiv）沒有很大差異。而在作爲動詞使用時，它可以意味著一個動機的形成或一個動機的引發（Motivieren）。

　　胡塞爾在《邏輯研究》的第一研究中討論「指明與證明」的區別時，也涉及「動機引發」的問題，並且專門附加了一個對此術語的說明：「動機引發活動這個說法在我看來是無法迴避的，而在它的一般意義中包含著論證和經驗的指向。因為事實上在這裡有著一種完全明確無誤的現象學共同體，它是如此明顯，以至於它可以在通常的意義上宣布：人們不僅僅可以在指示所具有的邏輯的意義上，而且可以在指示所具有的經驗意義上一般地談論推理和結論。這種共同性所延伸的範圍顯然要更廣些，它還包括情感現象的領域，特別是意願現象的領域，原初所談的動機，僅僅是指這些現象中的動機。在這裡，『因為』也起著一定的作用，這個詞在語言上的運用範圍和最一般意義上的動機引發活動一樣廣泛。因此，我不能認為邁農對布倫塔諾術語的指責是合理的，我在這裡也沿用了這些術語。但我完全同意他的這一說法，即：對動機引發活動的感知無非就是對因果性的感知」[1]。

【注釋】①參閱：E. Husserl: *LU* II/1, A28/B$_1$28.

mundan (weltlich)** 世間的（世界的）：

　　在胡塞爾現象學中，「世間的」是一個與「超越論的」[1]相對應的概念，它標誌著在自然觀點之內、在素樸的經驗和實踐中，以及在科學的理論化中得以展開的人對世界的理解和人的自身理解[2]。

【注釋】①參閱：E. Husserl: *Krisis* Hua VI (Den Haag [2]1962) 259. ② *Ideen* I, Hua III (Den Haag 1950) 70.

【文獻】E. Fink: "Die phänomenologische Philosophie E. Husserls in der gegenwärtigen Kritik"，載於：*Kant-Studien* 38 (1933) 321-383；現載於：*Studien zur Phänomenologie* 1930-1939 (Den Haag 1966) 79-156. (U. Claesges)　J. J. Valine: "The Problem of Intersubjectivity in Transcendental and Mundane Phenomenology"，載於：*The Annals of Phenomenological Sociology* 2 (1977) 63-86.

N

Nachbild 後像：（英）copy、after-image

「Nachbild」在德文中的通常含義是指「模仿品」、「複製品」。但在胡塞爾的現象學術語中，它與「本質直觀的變更法」有關[1]，並被賦予了另一層特殊的含義：胡塞爾將本質直觀所必須依據的經驗出發點稱作「前像」（Vorbild），在這個「前像」的基礎上可以透過想像而創造出無數的「後像」；而在這個「前像」和無數「後像」中始終保持不變的常項便是本質直觀所要把握的對象：本質。

【注釋】 [1]參閱：E. Husserl: *Phän. Psych.* Hua IX (Den Haag 1962) §9；也可以參閱「變更」、「本質變更」等條目。

Naivität* 幼稚性：（英）naively（日）素樸性

「幼稚性」作為胡塞爾現象學的術語並不帶有日常語言中的貶義色彩，它首先被胡塞爾用來指稱自然觀點的素樸性特徵。與「幼稚性」相對的是哲學觀點的「反思性」，後者建立在前者的基礎之上，並以前者作為反思的課題。胡塞爾後期又區分以往科學與哲學（即自然的科學與自然的哲學）所帶有的兩種「幼稚性」：科學與哲學的「第一幼稚性」關係到它們對正常人的理解，它們將人預設為一種「理性動物」（animal rationle），同時又在這個前提下來研究人的理性[1]；而科學與哲學的「第二幼稚性」則在於它們對歷史性的法律，包括對其自身發展之歷史性的忽略[2]。

【注釋】 [1] E. Husserl: *Krisis* (E) Hua XXIX (Dordrecht u. a. 1993) 27-36. [2]同上；也可以參閱：*Ethik* Hua XXVIII (Dordrecht u. a. 1988) 185-190.
【文獻】 M. Merleau-Ponty: *Le Visible et l' Invisible* (Gallimard 1964); Deutsch: *Das Sicht-*

bare und das Unsichtbare (München ²1994).　E. Fink: "Philosophie als Überwind-
ung der 'Naivität' "，載於：*Nähe und Distanz. Phänomenologische Vorträge und
Aufsätze* (Freiburg/München 1976) 98-126.

Name＊ 名稱：（英）name

在胡塞爾的含義學說中，「名稱」是與「陳述」（Aussage）相對應的概念。
它們分別構成「稱謂行爲」（命名）和「論題行爲」（陳述）的對象①。它們也
相當於胡塞爾在意向行爲分析中所使用的「表象內容」和「判斷內容」概念。
所謂「名稱」，是指某個被表達的實事（Sache），而「陳述」則與被表達的事
態（Sachverhalt）有關，亦即與實事的狀態或實事間的聯繫有關。「名稱」與
「陳述」的關係在胡塞爾看來就在於，每一個可能的「名稱」都與一個「陳述」
相對應②。每一個「名稱「都可以轉變爲一個陳述，同時卻不必改變它的質性
（Qualität）：它仍然屬於客體化的行爲。但在「名稱」與「陳述」之間又存在
著本質區別，它們的功能不能相互替代③。

【注釋】①較爲詳細的說明可以參閱「稱謂行爲」和「論題行爲」條目。　②參閱：E.
Husserl: *LU* II/1，A445/B₁477.　③參閱：同上。

Natur＊ 自然：（英）nature（法）nature（日）自然

「自然」概念自《邏輯研究》起①，便在胡塞爾的現象學中受到探討。這些
探討大致在兩個方向上進行，首先，「自然」在胡塞爾的現象學意識分析中意味
著由「自然經驗」的意識活動所構造出的意向對象的相關項②；胡塞爾認爲，相
對於其他的實在而言，物質自然的實在作爲最低層次是一切其他實在的基礎；因
此，「物質自然的現象學肯定具有一個突出的位置」③。其次，胡塞爾也試圖探
問「自然的自在存在」（An-sich-Sein），這個意義上的「自然」是指「在甦醒
了的單子形成經驗和經驗認識之前的自然」④，也可以說是「形上學意義上的物

理自然」⑤。前一個意義上的「自然」所涉及的是在超越論生活中被構造的一個產物，而後一種意義上的「自然」則與超越論生活的超越論前史有關。

【注釋】①參閱：E. Husserl: *LU* II/1, A282/B₁290. ②參閱：*Ideen* II, Hua IV (Den Haag 1952). ③ *Ideen* I, Hua III (Den Haag ³1976) 354f. ④ Ms. B II 2, 15. ⑤ 同上書，17.

【文獻】R. Boehm: "Intentionalität und Transzendenz. Zur Konstitution der materiellen Natur", 載於：*Analecta Husserliana* Bd. 1 (Dordrecht 1971) 91-99. B. Rang: *Husserls Phänomenologie der materiellen Natur* (Frankfurt a. M. 1990).

【相關詞】Natur an sich 自在自然，Naturalisierung 自然化，Naturalismus 自然主義，Naturauffassung 自然立義，Naturerfahrung 自然經驗，Naturerkenntnis 自然認識，Naturgegenstand 自然對象，Naturgesetz 自然規律，Naturgesetzlichkeit 自然規律性，Naturidee 自然觀念，Naturkausalität 自然因果性，Naturkörper 自然軀體，Naturojekt 自然客體，Natursphäre 自然領域，Naturwirklichkeit 自然現實，Naturwissenschaft 自然科學。

Negieren (Negation) * 否定：（英）to negate（法）négation（日）否定

在胡塞爾發生現象學的意向分析中，「否定」是指「確然性」（Gewißheit）的一種「變式」（Modalisierung）①。

胡塞爾對感知的分析表明，感知具有一種對同一個對象的不同被給予方式進行持續追求的趨向，這是感知興趣（Interesse）作用的結果，正是這種興趣才使一個具體的感知得以成立。在這種不斷的追求中，感知趨向可以無阻礙地繼續下去，即不斷地得到滿足和充實，但也可能會受到阻礙（Hemmung），即經歷失實。一旦感知趨向遭遇到最大的阻礙，「否定」的「樣式」（Modus）便會形成②。

「否定」起源於感知中「期待意向」的失實，它的特徵在於「不是這樣，而是別樣」，例如：「不是紅的，而是綠的」。否定因而意味著，「在仍然生動的期待意向與在新的原本性中出現的意義內涵之間形成了**爭執**（Widerstreit）」③。與作為「認同」的確然性相反，否定意味著「區別」，在兩種立義之間的區別：新的意義與舊的、被期待的意義發生爭執，但這兩種意義不是相互並列，而是新

意義替代了舊意義；但這種替代又不是完全消除了舊意義，而是將新意義覆蓋
（Überlagern）在舊意義之上④。

從對「否定」的分析中，胡塞爾得出以下兩點結論：

(1) 否定必須以原初的對象構造，亦即以存在的原初確然性爲前提，因此否定只能是一種意識變異，而非原本意識。在這個意義上，否定「始終只是一種部分的消除（Durchstreichung），它始終建立在一個持恆的信仰確然性的基地之上，最終建立在普全的世界信仰的基地之上」⑤。

(2) 一個感知對象的原初構造是在意向中進行的，這些意向就其本質而言，隨時有可能發生變式，只要它們得不到足夠的充實。意向的失實過程是與對立意向的覆蓋過程同時進行的⑥。

【注釋】①參閱「確然性」和「變式」條目。 ②參閱：E. Husserl: *EU* (Hamburg ⁴1972) § 21, a): "Der Ursprung der Negation"; *Analysen* Hua XI (Den Haag 1966) 1. Kapitel: "Der Modus der Negation". ③參閱：*Analysen*...同上書，§ 6. ④參閱：*EU* ...同上書，95f. ⑤同上書，98. ⑥同上。

Neugier 好奇：

「好奇」並不是胡塞爾純粹現象學的專門討論課題。在生前發表的著作中，胡塞爾對「好奇」的一段論述是在以「歐洲人類的危機中的哲學」爲題的維也納講演中。他認爲「好奇」雖然還屬於自然生活中的現象，但它與作爲哲學觀點、理論興趣之起源的「驚異」（Thaumázein）已經有密切的聯繫：「作爲驚異而開始的理論興趣，顯然是由原初處在自然觀點中的好奇變化而來。這種好奇是一種向『嚴肅生活』之中的突入，是原初形成的生活興趣的發揮，或者是一種當現時的生活需要已經得到滿足時或在職業結束之餘的遊戲般的環顧。這種好奇（在這裡不是作爲習慣性『痼癖』）也是一種改變，一種超出生活興趣之上並使它們墜落的興趣」①。此外，在其研究手稿中，胡塞爾還零星地談及「好奇」現象以及「好奇」與「理論觀點」（現象學觀點）的關係②。胡塞爾將「好奇」看作是「最底層的、最具有奠基性的興趣」，是「原初的情緒」等等③。

【注釋】① E. Husserl: *Krisis* Hua VI (Den Haag ^{2}1962) 332. 需要注意的是，在對「驚異」
與「好奇」之間關係的理解上，胡塞爾有別於海德格。海德格認爲：「好奇同
嘆爲觀止地考察存在不是一回事，同『thaumázein』（驚異）不是一回事」（M.
Heidegger: *Sein und Zeit*, Tübingen 1979, 172）。對此還可以進一步參閱：K.
Held: "Husserl und die Griechen"、"Husserl und die Griechen", in: *Phänomenolo-*
gische Forschungen 22 (1989) 137-176，以及這裡的「驚異」條目。　② Ms. A
IV 12, 30.　③ Ms. C 16 IV, 111.

Neutralisierung/neutrales Bewußtsein * * 中立化／中立意識：
（法）neutralisation（日）中立性

　　胡塞爾將「中立性的意識體驗」理解爲「立場性（擬一立場性的）的意識體
驗」之變異①。所有進行現實設定的行爲都可以被中立化，只要人們不一同參與
在這些行爲中進行的「設定」，而是在意指一個對象的過程中，不將一個現實的
存在、也不將一個可能的存在判歸給這個對象。這樣，（在寬泛意義上的）信念
意識的設定特徵及其變式便透過一種自由的中止行爲而被揚棄②。中立化一直延
展到意向體驗的意向活動和意向相關項的因素上③。中立性體驗的領域準確地反
映出已被剝奪了其命題特徵的立場性意識之領域④。胡塞爾將想像定義爲當下化
（最寬泛意義上的回憶）的中立性變異，它不同於作爲當下擁有的中立性變異的
「圖像意識」⑤。

【注釋】① E. Husserl: *Ideen* I, Hua III (Den Haag 1950) 264f.；參閱：*CM* Hua I (Den Haag
^{2}1963) 93.　② *Ideen* I... 同上書，265f.　③同上書，266f.　④同上書，288f.、
353 Anm.1.　⑤同上書，267ff. (P. Janssen)

Neutralität * 中立性：（法）neutralité（日）中立性

　　「中立性」在胡塞爾的術語中是一個與「立場性」（Positionalität）相對應的
概念，前者指對意識對象存在與否的不執態，後者則指對此存在與否的執態①。

由於「中立性」奠基於「立場性」之中，或者說，相對於不設定而言，對存在的設定是意識的基本樣式，因此，在更為嚴格的表達中，「中立性」是一種變異，即「中立性變異」[2]。

【注釋】①參閱：E. Husserl: *Ph. B. Er*. Hua XXIII (Den Haag 1980) 577.　②詳細說明可以參閱「中立性變異」條目。

【相關詞】neutral 中立的，neutrales Bewußtsein 中立性意識，neutralisieren 中立化，Neutralität 中立性，Neutralitätsbewußtsein 中立性意識。

【文獻】E. Husserl: *Ph. B. Er*. Hua XXIII (Den Haag 1980) Text Nr. 20: "Phantasi-Neutralität (1921/1924)".

Neutralitätsmodifikation ** 中立性變異：（日）中立性變樣

「中立性變異」主要被胡塞爾用來表述意識對意識對象之存在與否的「不設定」，最籠統地說，它是指對存在的懸擱。胡塞爾也將它稱作「中止判斷」，但這種中止判斷「不是對一個質性的、心理的因素的排除，而是整個行為的變異，由此而產生的便是中立性變異，它也是純粹再造的『想像』和任何一個臆想所具有的特徵」[1]。

但與「不設定」概念相比，「中立性變異」概念的範圍要狹窄得多，它並不包括在想像行為中的「不設定」，亦即「擬—設定」[2]，也不包括「超越論還原」[3]。

「中立性變異」在胡塞爾那裡包含兩種基本形式：一方面，它意味著自然的「中立性變異」，即對存在的不感興趣。它是我們在日常生活中常常經歷到的一種對存在問題的不關心、不執態，保持中立[4]；另一方面，它也可以是指一種人為的「中立性變異」：不想或不能對存在感興趣。它不屬於自然的中立性變異，因為它已具有方法論的意義[5]。除此之外，這兩種「中立性變異」的區別還表現在：前者是在直向思維中進行的，而後者則是在反思中進行的。在這個意義上，胡塞爾也將前者稱作「單純的想象」（bloße Phantasie），而將後者標識為「課題的變化」（thematische Änderung）[6]。

從現有的資料來看，胡塞爾本人自 1924 年之後便很少使用「中立性變異」

這個概念，取而代之的是「心理學還原」的新術語[7]。

【注釋】①參閱：E. Husserl: *Ph. B. Er.* Hua XXIII (Den Haag 1980) 374. ②詳細的說明可以參閱「不設定」、「擬一設定」條目。 ③參閱「超越論還原」條目。④參閱：*Ph. B. Er...* 同上書，444, Anm.1. ⑤參閱：*Ideen* I/2, Hua III/2 (Den Haag 1973) 642-645. ⑥參閱：*Ph. B. Er...* 同上書，591. ⑦參閱「心理學還原」條目。

【文獻】E. Husserl: *Krisis* (E) Hua XXIX (Dordrecht 1993) Text Nr.34: "Zur Kritik an den *Ideen* I (Sommer 1935)", 424-426. ders. *Ph. B. Er.* Hua XXIII (Den Haag 1980) Text Nr. 20, Beil. LXIV. L. Ni: *Seinsglaube in der Phänomenologie Edmund Husserls.* (Dordrecht u. s. 1999).

nicht-originär 非本原的：

「非本原的」概念並不完全構成「本原的」概念之對立面[1]。胡塞爾只是用「非本原的」來描述當下化行為的特徵，也就是說，所有當下化行為都可以說是「非本原的」，一類當下化行為是「**現時的**當下化」，「非本原的」在這裡是指回憶行為或期待行為的特徵；另一類當下化行為是「**非現時的**當下化」，「非本原的」在這裡涉及單純表象行為，亦即不帶有存在設定的行為特徵[2]。

【注釋】①參閱「本原的」條目。 ②參閱：E. Husserl: *Ph. B. Er.* Hua XXIII (Den Haag 1980) 298 u. 2. Anm. d. Hrsg.

Nichtsetzen** 不設定：

在胡塞爾的現象學術語中，「不設定」是指對事物之存在的不執態，對存在問題的懸擱。它是一個較為寬泛的概念，將「中立性變異」等等概念也包含在自身之中。我們至少可以在胡塞爾那裡發現以下幾種「不設定」的類型[1]：

(1) 在單純想象中的不設定[2]。這種不設定也被胡塞爾稱為「擬一設定」。例如：我想像在月球上散步。當我沉浸在這種想像中時，我彷彿相信周圍的一切都

是眞實的。但只要我在某種程度上從這想像中脫身出來，我就不會再堅持原先的相信。因此，從嚴格意義上說，這種「彷彿─相信」既不是一種對存在的設定，也不是一種對存在的不設定，因而在胡塞爾看來只能是「擬─設定」。但在術語上，胡塞爾仍然將它歸入不設定的範疇③。

(2) 對存在的不感興趣④。這是中立性變異的一種，即自然的中立性變異。這種中立性之所以被稱作自然的，是因爲這種不設定與前一種不設定一樣，是我們在日常生活中經常經歷的，即使沒有心理學或現象學，這種不設定在我們的自然生活中也會發生。胡塞爾在《邏輯研究》和《純粹現象學與現象學哲學的觀念》第一卷⑤中，也將這種「不設定」稱作「質性變異」（qualitative Modifikation）、「單純表象」或「單純理解」。它意味著一種對存在問題的不關心、不執態，保持中立。舉例來說，我在聽一個人講故事，我努力想聽懂他講的是什麼故事，但我並不對他講的故事的眞實與否感興趣。

(3) 不想或不能對存在感興趣⑥。這是中立性變異的另一種。它不屬於自然的中立性變異，因爲它已具有方法論的意義。所謂方法，在這裡是指一門科學爲了達到某個目的而必須採取的手段。也就是說，這種不設定是有意識地進行的，它是一種不想設定或不能設定。此外，這種不設定與前兩種不設定的區別還在於：它是在反思中進行的。反思中的不設定具有自己的特徵：當我在反思我的意識行爲時，我並不是不設定這個行爲的不存在，而是不設定這個行爲中所包含的對象的存在。例如：在反思我對藍天的感知的同時，我不去詢問藍天是否眞實存在，但感知行爲卻是明白無疑地存在著的。這裡還要補充一個術語方面的考證結果：胡塞爾本人在 1924 年以後便很少使用「中立性變異」（Neutralitätsmodifikation）這個概念，而用「心理學的還原」這個新術語取而代之。

(4) 超越論現象學的還原，也被胡塞爾簡稱爲「超越論還原」⑦。它與第三類的不設定相比至少在這兩點上是一致的：一方面，它們都是非自然的不設定，亦即方法上的不設定；另一方面，它們都是在反思中進行的不設定。因此，在這裡所歸納的四種不設定中，只有後兩種與方法有關。更確切地說，第三種不設定與現象學心理學的方法有關；第四種不設定與純粹現象學和現象學哲學的方法有關⑧。

【注釋】①除了這裡所列出的四種「不設定」之外，胡塞爾還談到另一種意義上的「不

設定」，即：在本質直觀中對事實性的、個體性的存在的不設定，以及在感知趨向中的不設定（參閱這兩個條目），但這種意義上的不設定嚴格地說並不是一種不設定，而只是一種對現時的或潛隱的對象不關注而已，因而這裡將它排除在外。　②參閱：E. Husserl: *Ph. B. Er.* Hua XXIII (Den Haag 1980) 359, 574, 589；對此還可以參閱「擬—設定」（quasi-Setzung）條目。　③同上。　④參閱：同上書，444, Anm.1.　⑤參閱：*LU* II/1, 5. Unter. § 40, *Ideen* I, Hua III (Den Haag ³1976) 254.　⑥ *Ideen* I/2, Hua III/2 (Den Haag 1973) 642-645；對此還可以參閱「中立性變異」條目。　⑦ *Ideen* I... 同上書，Zweiter Abschnitt, viertes Kapitel "Die phänomenologischen Reduktionen".　⑧關於最後兩種「不設定」還可以參閱「現象學反思」與「現象學還原」條目。

【文獻】L. Landgrebe: "Phänomenol. Bewußtseinsanalyse und Metaphysik"，載於：*Der Weg der Phänomenologie* (Gütersloh ²1967) 75-110.　L. Ni: *Seinsglaube in der Phänomenologie Edmund Husserls* (Dordrecht u. a. 1999).

Noema** 意向相關項：（英）noema（法）noème（日）志向的相関者（希）νόημα

胡塞爾透過對純粹意向體驗的分析而得出這樣的結論：所有意向活動作爲非實項的—意向的成分，自身都帶有意向相關項，即被意指的對象性意義①。原則上在每一個意向相關項中都包含著一個中心的意義核心，作爲在意向相關項中被意指的規定性內涵，這個規定性內涵本身是在其充盈樣式中的意義②，而且，在每一個意向相關項中還包含著雜多、變化的意向相關項特徵，它們作爲可能的被給予方式（本原—直觀的、合乎經驗的、映像性的）或存在特徵（原樣式確然的或已變式了）能夠附加給同一的內涵③。胡塞爾在術語上將意義核心（質料）以及命題特徵（質性）在意向相關項方面的統一理解爲「定理」④。

每一個在意向相關項方面的意義核心自身都具有對象關係⑤；因爲在每一個意向相關項中以某種方式被意指的「內容」本身必然是關於某物的「謂語判斷」，這個某物是所有意向相關項意義核心的載體，是雜多意義內涵的中心點⑥。因此，在意向相關項方面可以區分兩個基本概念：(1)「處在其規定性的如何之中的對象」作爲「內容」（意向相關項的意義），(2) 對象作爲不確定的、但可確定的「基質」(subjektum)，它構成雜多意向相關項意義內涵的統一

點和載體，各種不同的意向相關項意義根據這個統一點而達到統一的相合（對象極）⑦。

【注釋】① E. Husserl: *Ideen* I, Hua III (Den Haag 1950) 318. ②同上書，323. ③同上書，250f.、256ff. ④同上書，258、316f.；參閱：*EU* (Hamburg ⁴1972) 345. ⑤ *Ideen* I... 同上書，315. ⑥同上書，318、321. ⑦同上書，316ff.、322. (P. Janssen)

補充 「意向相關項」起源於希臘文（νόημα），其基本含義是「被思考的東西」（Gedachtes）、「思想」（Gedanke）或「意義」（Sinngehalt）。它與「意向活動」（Noesis）相對應，構成胡塞爾現象學的一個核心概念。胡塞爾初次引入意向相關項的概念是在 1906-1907 年冬季學期的講座中（《胡塞爾全集》第 24 卷的認識論部分）①，如今它已成為一個明確帶有胡塞爾現象學特徵的哲學概念。在胡塞爾之後的哲學發展中，它既被用來補充布倫塔諾關於意識之意向性的學說，也被用來證實弗雷格的語義學理論，並同時被用來為這門理論奠基，而且還被看作是進入胡塞爾現象學的關於主客體劃分現象之學說的入口。

胡塞爾本人在《純粹現象學與現象學哲學的觀念》第一卷中，對「意向相關項」的著名規定和描述帶有相當大的含糊性和矛盾性；他對「意向相關項」的規定可以概括為以下三點：(1)「意向相關項」是各次的、亦即非統一地顯現出來的行為相關物；(2)「意向相關項」是統一地被構造的對象；(3)「意向相關項」是觀念—同一的意義或含義②。這三個含義在胡塞爾的闡述中相互包容和並列，再加上胡塞爾還運用了像「意向相關項方面的意義」（noematischer Sinn）、「意向相關項方面的核心」（noematischer Kern）等等術語，因此，「意向相關項」概念被現象學研究界或多或少看作是一個有問題的概念。

這一狀況導致了後來的研究者一方面可以將「意向相關項」理解為「觀念性的意義」，或者說，「觀念的判斷含義」；另一方面又可以將它解釋為「現象」，即「在現象學上被還原了的對象」。由此而引發後人對胡塞爾的「意向相關項」概念究竟是指「對象」，還是指「意義」的爭論③。

在 1986 年發表的《胡塞爾全集》第二十六卷：《關於含義學說的講座・1908 年夏季學期》表明，這兩種理解實際上都在胡塞爾本人的早期文字中已經得到標識。他一方面在一門現象學的**認識理論**的聯繫中，另一方面在一門現象學的**含義學說**的聯繫中運用「意向相關項」的概念；前者可以被更確切地稱之爲「意向相關項的顯現」（noematische Erscheinung），後者則意味著「意向相關項的含義」（noematische Bedeutung）。

【注釋】①參見：R. Bernet: "Husserls Begriff des Noema"，載於：S. IJsseling (Hrsg.): *Husserl-Ausgabe und Husserl-Forschung* (Dordrecht u. a. 1990) 63. ② E. Husserl: *Ideen* I, Hua III (Den Haag ³1976) §§ 89ff., 98ff., 141. ③對此尤其可以參閱：H. Drefus: "The Perceptual Noema: Gurwitsch's Crucial Contribution"，載於：L. E. Embree (ed.): *Life-World and Consciousness. Essays for Aron Gurwitsch* (Evanston 1972) 135-170; R. Sokolowski: "Intentional Analysis and the Noema"，載於：*Dialectica* 38 (1984) 113-129, "Husserl and Frege"，載於：*The Journal of Philosophy* LXXXIV/10 (Oct. 1987) 521-528; R. McIntyre: "Husserl and Frege"，載於：*The Journal of Philosophy* LXXXIV/10 (Oct.1987) 528-535，以及其他等等。

【文獻】E. Husserl: *Bedeutungl*. Hua XXVI (Dordrecht u. a. 1986). R. Bernet: "Husserls Begriff des Noema"，載於：S. IJsseling (Hrsg.): *Husserl-Ausgabe und Husserl-Forschung* (Dordrecht u. a. 1990) 61-80.

【相關詞】noematisch 意向相關項的，noematischer Gegenstand 意向相關項的對象，noematischer Kern 意向相關項的核心，noematischer Sinn 意向相關項的意義，Noematik 意向相關項學說。

Noesis * * **意向活動**：（英）noesis（法）noèse（日）志向的作用（希）νόησις

在對透過現象學懸擱而獲得的純粹意識所進行的本質分析中，胡塞爾區分出兩個從屬於每一個意向體驗的結構因素：意向活動和意向相關項，亦即體驗的實項組成部分和體驗的非實項─意向組成部分①。在意向活動方面的體驗，「實項分析」發現了所有意向活動都具有的兩個成分：(1) 非─意向的、素材─材料的

成分（像色覺、觸覺、快感、追求感這樣一些感覺內容）②；(2) 自身帶有意向性的特殊之物的成分，這些成分將「感覺材料」啟動，並且作為意義給予的層次而附在感覺材料之上，從而使感覺材料具有意向性的功能（狹義上的意向活動）③。

在意向體驗這兩種成分的配合中，意義的給予得以進行④，在這種意義給予中，那個在體驗中被意指的對象—意向相關項的意義便構造起自身，即作為被構造的成就而構造起自身⑤。意向活動的功能在於，作為「構造的多樣性」，以這樣一種方式而使**關於某物**的意識得以成立，即：它們藉助於意識的綜合原形式（Urform）而結合為關於同一個事物的**一個**意識，並由此而使「對象性的客觀統一」得以產生⑥。意向活動的成就可以區分為「意義構成」（內涵）方面的成就和「命題」方面的成就，也就是在「對象」的存在設定方面的成就⑦。在所有意向活動和意向相關項的因素之間都存在著嚴格的對應，因此可以建構相互應合的意向活動多樣性的形式論和意向相關項意義的形式論⑧。

【注釋】① E. Husserl: *Ideen* I, Hua III (Den Haag 1950)205f., 218f., 255. ② 208ff. ③同上書，210. ④同上書，213. ⑤同上書，214、226f. ⑥ *CM* Hua I (Den Haag ²1963)77ff.; *Ideen* I... 同上書，212. ⑦ *CM*... 同上書，65.；參閱：A. Diemer: *E. Husserl. Versuch einer systematischen Darstellung seiner Phänomenologie* (Meisenhein a. G. ²1965) 67, 75. ⑧ Husserl: *Ideen* I... 同上書，246f.、248f.、301. (P. Janssen)

【補充】 對意向活動與意向相關項的區分是胡塞爾現象學理論的一個重要成果。他曾認為以往的哲學都忽視了這個區別，「尤其是對意向活動與意向相關項的混淆，乃是哲學的遺傳惡習」①。「意向活動」起源於希臘文（νόησις），與「意向相關項」（νόημα）相對應，其基本含義是「思維」（Denken）、「思維的行為」（Denkakt）或「意義給予」（Sinngeben）。它是胡塞爾現象學的核心概念之一，與「意向活動」概念同義的概念，在胡塞爾那裡還有：「立義」、「賦形」、「意指」、「統攝」等等。它們都被用來描述意識行為所具有的活動功能。這個意義上的「功能問題」就意味著「**意識對象性的構造**」問題；胡塞爾將這個問題看作是現象學「所有問題中最大的問題」②。

【注釋】① E. Husserl: *Aufs. u. Vort. (1911-1921)*, Hua XXV (Dordrecht u. a. 1987) 95.　②
　　　　　E. Husserl: *Ideen* I, Hua III (Den Haag ²1976) 196.

【相關詞】Noetik 意向活動學，noetisch 意向活動的。

Nomologie 名稱論：

胡塞爾在《邏輯研究》中借用克里斯（J. v. Kries）的術語「名稱論」來指稱相對於「實踐科學」和「規範科學」而言的「理論科學」或「抽象科學」[①]。「名稱論」科學後來在胡塞爾那裡也就相當於「本質科學」或「純粹科學」。[②]

【注釋】①參閱：E. Husserl: *LU* I, A234f./B234f.　②參閱：*Aufs. u. Vort. (1911-1921)*,
　　　　　Hua XXV (Dordrecht u. a. 1987) 239.

【相關詞】Name 名稱，Nennen 命名，nominal 稱謂的，Nominalisierung 名稱化，Nomi-
　　　　　nalismus 唯名論。

Normalität* 正常性：（日）正常性

在胡塞爾的現象學中，「正常性」是指一種可以透過描述而得到指明的「一致性」、「類型學」、「規則性」的特徵，這種特徵是自然經驗在其所有領域和發展階段中都具有的[①]。它不僅表現在感覺器官的「原感性顯現」上，而且還一直延伸到最高被奠基的文化人類的、倫理的經驗聯繫中，「正常性」在這種聯繫中作為「合理」和「合適」具有道德規範的性質[②]。我們既可以在原眞的領域中，也可以在交互主體的領域中找到這種「正常性」。它的第一住所是一個人生長於其中的交互主體的家鄉世界。成年的、「成熟的和有理性的」人構成了衡量某物是否「正常」的標準[③]。而「非正常性」（兒童、病人、動物）只能作為對正常的偏離和干擾構造自身，並且因而始終與一致的、正常的經驗系統相聯繫[④]。

【注釋】① E. Husserl: *Phän. Psych.* Hua IX (Den Haag 1962) 128; *Ideen* II, Hua IV (Den
　　　　　Haag 1952) 254；參閱：A. Diemer: *E. Husserl. Versuch einer systematischen*

Darstellung seiner Phänomenologie (Meisenheim a. G. ²1965) 243f.　② Husserl:
Ideen II... 同上書，66f.；參閱：A. Diemer：同上書，249f.　③參閱：A. Di-
emer：同上書，244.　④ Husserl: *CM* Hua I (Den Haag ²1963) 154. (P. Janssen)

補充　「正常性」屬於胡塞爾後期在其第二哲學中，亦即在「超越論事實科學」
中所探討的一個重要問題，也是胡塞爾在第二哲學研究方面的一個典型
案例。「正常性」在他看來屬於「生活世界的先天」[①]，是人類實踐所具
有的一種不斷修正自身，不斷超越自身的一致性、統一性：「人類的正
常性不僅僅標誌著一種可以從外部進行描述的風格，而且標誌著一種內
部的統一性，一種在其生活中的人格統一，一種作為與此人格類似的相關
人類的統一」[②]。胡塞爾試圖透過描述分析來具體地闡明人類在世界構造
的過程中所形成的「正常生活」[③]。他認為「正常性」具有不同的形式和
階段（類型、樣式）。胡塞爾首先將「正常性」劃分為「正常的自然」
和「正常的文化」[④]。前者可以說是人類實踐之結果（世界構造）的「正
常性」，後者則意味著人類實踐本身的「正常性」。在人類實踐本身的
「正常性」中，胡塞爾又劃分出「個別主體（Einzelsubjekt）的正常性」
和「共同主體（Mitsubjekte）環境的正常性」，前者是指原真領域中的「正
常性」，後者則意味著指交互主體領域中的「正常性」[⑤]。

【注釋】　① E. Husserl: Ms. A VII 21, 12.　② *Inters.* III, Hua XV (Den Haag 1973) 154.
③ 參閱：同上書，Texte Nr. 11，尤其是 155-160.　④參閱：同上書，154、156.
⑤ 參閱：同上書，154.

【文獻】　G. Brand: "Die Normalität des und der Anderen und die Anormalität einer Erfah-
rungsgemeinschaft bei E. Husserl"，載於：W. M. Sprondel/R. Grathoff: *Schütz
und die Idee des Alltags in den Sozialwissenschaften* (Stuttgart 1979) 108-124.　R.
Grathoff: "Metaphorik und Apriori lebensweltlicher Forschung. Intersubjektivität,
Typik und Normalität"，載於：H. Kojima (Hrsg.): *Phänomenologie der Praxis im
Dialog zwischen Japan und dem Westen* (Würzburg 1989) 53-72.

Nus 努斯：（希）νους

　　胡塞爾在其著述中時而提到古希臘哲學中的「努斯」概念。他認爲這個
希臘詞具有「意義」這樣一個特殊含義，因此可以用它來說明「意向活動」
（νόησις），即「意義給予」（Sinngebung）的活動。所以他認爲，「意向活動
構成了**最寬泛詞義上的努斯**的特質」。[1]

【注釋】① E. Husserl: *Ideen* I, Hua III (Den Haag ³1976) 194.

O

Objekt* 客體：（英）object（法）objet（日）客観

「客體」概念在德國古典哲學中常常被用作「對象」概念的同義詞。在胡塞爾現象學中，「客體」概念與「對象」概念相比是一個較爲狹窄的表達，它通常被用來指稱傳統意義上主客體關係中的「客體」，即被用來描述自然觀點中主體的對立面。由於胡塞爾堅信，傳統的主客體關係問題已經透過現象學的構造分析和還原方法而得到了解決，它已經回溯到意識與在它之中被構造起來的意識對象的關係問題，「因此，我們將那些本身不是意識體驗及其內在組成的客體稱作確切意義上的客體」①。「客體」在這個意義上是指被意識構造出來，但卻被意識誤認爲是外在的自在「對象」。

而在現象學意義上，胡塞爾對「客體」的定義是：「客體是一個意識的統一，它可以在重複的行爲中（即在時間的後繼中）作爲這同一個而得到確定；客體是意向的同一之物，它可以在任意多的意識行爲中被認同，並且是在任意多的感知中被感知或可以再次被感知」②。

【注釋】① E. Husserl: *Aufs. u. Vort. (1911-1921)*, Hua XXV (Dordrecht u. a. 1987) 73.
② *Zeitb*. Hua X, 461.

【文獻】 J. N. Mohanty: "The 'Objet' in Husserl's Phenemenology"，載於：*Philosophy and Phenomenological Research* XIV (1953-1954) 343-353.

-inneres Objekt 內客體：

在《邏輯研究》中，胡塞爾曾談到作爲「內感知」對象的「內客體」，它意味著「自我和它的內體驗」①。

【注釋】① E. Husserl: *LU* II/2, A610/B$_2$138.

objektiv * 客觀的：（英）objective、objectively（日）客観的

胡塞爾所使用的「客觀的」概念通常是指「與客體有關的」[①]，因而帶有「實在的」含義。但「客觀的」在他那裡還具有另一層含義。在早期，例如在《邏輯研究》中，胡塞爾也將「客觀的」概念與「觀念的」（ideal）概念等同使用[②]。後期他放棄了此一做法，轉而用「全時的」（allzeitlich）或「超時的」（überzeitlich）來規定「觀念」或「觀念對象」的特徵[③]。

【注釋】①參閱「客體」條目。 ② E. Husserl: *LU* II/1, A235/B₁238. ③對此可以參閱「全時性」（Allzeitlichkeit）。

Objektivierung (Objektivation) * 客體化：（英）objectivation（法）objectivation（日）客観化

「客體化」與「對象化」（Vergegenständlichung）基本同義[①]，它意味著意識活動對其客體或對象的原初構造。

【注釋】①參閱「對象化」條目；也可以參閱「行為」條目下的「客體化行為與非客體化行為」子條目。

Objektivismus * 客體主義（客觀主義）：（英）objectivism（日）客観主義

傳統的「客體主義」概念被用來標識認識論、倫理學中的一種學說或主張，即認為一種獨立於認識、評價主體的客觀認識或價值是可能的，與這種觀念相對立的學說或主張被稱之為「主體主義」。

在其後期著作《歐洲科學的危機與超越論現象學》中，胡塞爾對「客體主義」進行了深入的批判。胡塞爾所理解的「客體主義」是指一種力圖擺脫所有主觀性、偶然性的嘗試，「理想化」、世界的自在存在的完善性。但這種理想化、

這種擺脫所有主觀性、力圖達到絕對客觀性的嘗試本身，在胡塞爾看來就是一種主觀的趨向。他認為，客觀存在的概念在近代透過伽利略的自然科學和笛卡兒的哲學而經歷了一種極端化和普全的擴展①。客體主義的成見在當代導致了實證科學概念的主宰地位②。在這個概念的極端形態中，當代的危機所造成的結果就是科學、哲學和生活意義之統一性的完全喪失③。西方思維的這個歷史產生於自然生活本身的基本趨向之中。胡塞爾主張用一種主體主義來取代客體主義，這種主體主義就是「超越論的主體主義」④。

【注釋】① E. Husserl: *Krisis* Hua VI (Den Haag ²1962) §§ 1, 9, 15 等等。　②同上書，2f. ③同上書，48ff. ④參閱：同上書，300.

【文獻】H. Lübbe: "Husserl und die europäische Krisis"，載於：*Kant-Studien* 48 (1957) 225-237.　B. Rang: "Die bodenlose Wissenschaft. Husserls Kritik von Objektivismus und Technizismus in Mathematik und Naturwissenschaft"，載於：*Phänomenologische Forschungen* 22 (1989) 88-136.

Ontologie＊＊ 本體論：（英）ontology（日）存在論

在胡塞爾所使用的術語中，「本體論」從語義上看無非意味著「關於存在一般的科學」①。但這個概念在胡塞爾那裡也具有特殊的含義，廣義上的「本體論」基本上是與本質科學、觀念科學、先天科學同義的：「它是關於對象一般以及相關地關於含義一般、即與對象一般相關的含義的先天科學」②。易言之，「本體論」是關於純粹可能性的科學，例如：純粹數學、純粹幾何學、純粹物理學等等；而狹義上的「本體論」則往往被胡塞爾用來標誌作為本質科學的「超越論現象學」③。在這裡，「本體論與實在世界一樣保留了它的權利；但它的最終的、具體完整的（超越論）意義得到揭示」④。

當然，這個概念隨著胡塞爾的思想發展而有過一定的歷史變化。在 1900／01 年出版的《邏輯研究》中，胡塞爾曾借用 J. v. 克里斯的術語把觀念科學或理論科學稱之為「名稱論的」科學，同時把「與同一個個體對象或同一個經驗種屬」有關的具體科學，如地理學、天文學等等，稱之為「本體論」的科學⑤，因而，我們可以說，胡塞爾在這一時期基本上將自己的「純粹邏輯學」或「描述現

象學」看作是與本體論相對立的學說。他事後曾表示說：「我當時（在《邏輯研究》中）沒敢採用本體論這個由於歷史的原因而令人厭惡的表達，我把這項研究（「部分與整體」）稱之為『對象本身的先天論』的一部分，它也就是被邁農（A. Meinong）簡稱為『對象論』的東西。與此相反，我現在則認為，時代已經變化，可以重新啟用『本體論』這個舊的表達」⑥。

這個變化了的時代是指 1913 年。在這年發表的《純粹現象學和現象學哲學的觀念》第一卷中，胡塞爾賦予「本體論」以積極的含義，並且用它來陳述自己的現象學性質。本體論在這裡被劃分為「形式的本體論」和「質料的以區域的本體論」。「所有建立在區域的本質中的綜合真理構成區域本體論的內容」，「形式的本體論則與區域的（質料的、綜合的）本體論處於一個系列」，它是一門「與質料本體論相對立」，與思維意指的形式邏輯學相同一的科學⑦。這裡的「形式本體論」和「質料本體論」實際上就意味著關於「意向活動」和「意向相關項」的本質論：「我們在進一步細緻的闡述中將會理解，所有那些形式本體論和與它相連接的範疇論——關於各個存在區域和存在範疇之劃分，以及與之相應的各個實事本體論的構造學說——是現象學研究的主要標題。與它們相符合的是意向活動—意向相關項的本質聯繫，它們必須得到系統的描述，它們必須在可能性和必然性方面得到規定」⑧。

用「形式本體論」和「質料本體論」來表達現象學研究，這無論是從本體論一詞的詞源上看，還是從胡塞爾本人對現象學研究的規定來看，都是不矛盾的。因為，本體論的希臘文原義是「關於存在的學說」。而在現象學還原排除了對「物自體」的存在的興趣之後，胡塞爾所理解的「存在」就是「超越論意識」⑨，更確切地說，「存在」在胡塞爾那裡是指在超越論意識中的意識活動和透過這種意識活動被構造出來的意識對象。如果說被構造的對象是本體論課題中的質料部分，那麼構的活動，即意識的意指、統攝，便構成本體論的形式部分。當然，「形式本體論」和「質料本體論」所探討的不是意向活動和意向相關項的事實存在，而是它們的超越論本質存在。「體驗的領域越是嚴格地受其超越論本質構造的規律制約，在這個領域中的意識活動和意識對象方面可能的本質形態就越是確定地受到規定……這裡所說的這種雙方面的可能性（本質的存在），就是絕對必然的可能性，就是在一個本質體系的絕對確定的構架中的一個絕對確定的成分」⑩。因此，意向活動和意向相關項這兩方面的「本質存在」便構成了現象學

這門哲學本體論的研究內容。「在以同樣的方式顧及到意向活動和意向相關項這兩個意識層次的情況下，對構造問題做出全面的解決，這項工作是與一門完整的理性現象學相等值的，這門現象學包括所有形式的和質料的形態，既包括非正常的（消極理性的）形態，同時也包括正常的（積極理性的）形態」⑪。據此，我們可以說，當問題涉及到狹義的本體論，即哲學的本體論時，胡塞爾對它的理解不多不少就是關於超越論意識的本質論。自 1925 年以後，胡塞爾直接將超越論現象學稱作「本體論」⑫，它也就是胡塞爾通常所說的「第一哲學」⑬。

概括地說，現象學作為一種方法、一種「形式」與它最初產生時所提出的要求有關；它要成為一種澈底新型的、致力於無成見性的哲學方法。而當現象學在胡塞爾那裡不僅成為方法，而且還成為哲學時，即：——按亞里斯多德的古老定義——成為對所有存在之物的存在的詢問——按海德格的新近解釋——成為「去除了形式」的內容現象學時，它就在胡塞爾那裡接受了構造分析的形態，將「超越論意識」作為自己的研究對象。於是，「存在」獲得了「超越論意識」的特徵，與現象學在內容上有關的便是「意識活動」和「意識對象」。對作為現象學研究內容的「存在」或「超越論意識」做形式和質料上的進一步劃分，便產生出了現象學的內部分工：「形式本體論」和「質料本體論」。

實際上，胡塞爾在《邏輯研究》和《純粹現象學和現象學哲學的觀念》第一卷中，主要探討的是「形式本體論」，它以「純粹邏輯學」、「形式—語義的意識活動學（Noetik）」、「普遍意識活動學」、「意識功能學」等等標題出現；「質料本體論」或「區域本體論」則是《純粹現象學和現象學哲學的觀念》第二卷的首要課題，它由「物質自然的構造」（關於物質自然的區域本體論）、「動物自然的構造」（關於動物自然的區域本體論）和「精神世界的構造」（關於精神世界的區域本體論）所組成，儘管胡塞爾生前並沒有認為，這些研究已經成熟到可以發表的程度。

【注釋】①參閱：E. Husserl: Ms. A IV 10, 1. ② Hua XX/1 (Den Haag 2002), 302. ③ *Briefe*, Bd. VI (Dordrecht u. a. 1994) 282. ④參閱：*Phän. Psych*. Hua IX (Den Haag 1962) 296. ⑤ *LU* I, A234f./B234. ⑥ *Ideen* I, Hua III (Den Haag ^{3}1976) § 10. ⑦同上書，§§ 16、59. ⑧同上書，§135. ⑨參閱：同上書，§75；也可以參閱「絕對者」與「存在」條目。 ⑩同上書，§ 135. ⑪同上書，§ 153. ⑫ *Phän. Psych...* 同上書，296, *CM* Hua I (Den Haag ^{2}1963) 181. ⑬參閱「第一

哲學與第二哲學」條目。

【文獻】S. Passweg: *Phänomenologie und Ontologi E. Husserl, Scheler, Heidegger* (Zürich 1939).

【相關詞】Onta 本體，ontisch 本體的，ontologisch 本體論的。

-formale und materiale Ontologie＊＊ 形式本體論與質料本體論：
（日）形式的存在論、質料的存在論

　　「形式本體論」在胡塞爾那裡是與形式命題學並列的另一門形式邏輯基礎學科。它在形式的普遍性中研究最高的「形式本體論」範疇「某物一般」的特殊化[1]。「某物一般」這個範疇以及它的特殊化是以雙重方式產生的：首先是透過對命題學的本體論轉向[2]，其次是透過形式化[3]。「形式本體論」的範疇系統構成了所有含有實事的、「質料的」本體論的必然範圍。「形式本體論」因而同時也具有一門普遍科學論的功能[4]。

　　任何一門本質科學，只要它所研究的是一個對象領域的先天，並且遵循著形式本體論的規律，它就叫做「質料本體論」。「質料本體論」或者是區域本體論本身，或者是處在區域本體論範圍之中的特殊本體論[5]。

【注釋】① E. Husserl: *Ideen* I, Hua III (Den Haag 1950) 27；參閱：*F. u. tr. Logik* Hua XVII (1974) 91, 119.　② *F. u. tr. Logik*... 同上書，110、119.　③ *EU* (Hamburg ⁴1972) 435.　④ *Ideen* I... 同上書，27；參閱：*F. u. tr. Logik*... 同上書，125.　⑤ *Ideen* I... 同上書，364；*Ideen* III, Hua V (Den Haag 1952) 36. (U. Claesges)

補充 胡塞爾本人認為，也可以從萊布尼茲關於「普全數理模式」（mathesis universalis）的構想出發來理解他本人的「形式本體論」觀念[1]。正是在這個「普全數理模式」的意義上，胡塞爾才將「形式本體論」稱之為廣義上的「形式邏輯」、「形式數學」以及「形式科學論」[2]。

【注釋】① E. Husserl: *Aufs. u. Vort. (1911-1921)*, Hua XXV (Dordrecht u. a. 1987) 130f.　②同上。

original/originär＊＊ **原本的／本原的**：（英）original/originari、origi-
nally/originarily（法）originaire（日）原的、本原的

「原本的」與「本原的」這兩個概念都被胡塞爾用來標識事物的被給予方式，它們常常被看作是胡塞爾術語中的同義詞①，但在這兩個術語之間實際上存在著相當大的、至少是本質性的差異。

直至約 1920 年，胡塞爾在術語上基本只使用「本原的」概念。他主要用它標識感知中的意向的特徵。與此相反，回憶、想象等當下化行為中的意向則是「非本原的」②。同樣地，在「本原」概念出現較多的《純粹現象學與現象學哲學的觀念》第一卷中，它首先意味著「切身的被給予性」或「印象」③。「因此，相對於回憶、想象當下化等等，事物**感知**是本原的體驗」④。在這個意義上，「本原性」是感知的被給予方式的特徵，並且與作為當下化被給予方式的「再造性」（Reproduktivität）處於對立之中。

但在《純粹現象學與現象學哲學的觀念》第一卷中，胡塞爾也在更為寬泛的意義上使用「本原」概念：一個本原給予的行為在他那裡儘管是一種「看」，但這種「看」不僅被理解為「感性的、經驗的看」，而且也被理解為「看之一般」，它構成「所有理性論斷的最終合法源泉」⑤。在這個意義上，本原給予的行為自身不僅包含感性感知，而且也包含「純粹的直觀……作為本質在其中本原地被給予的方式，就像個體實在在經驗直觀中被給予一樣」⑥。換言之，本原給予的行為並不僅僅是指自然意義上的「看」，亦即對一個個體之物的斷然的（assertorisch）看，而且它還可以意味著哲學意義上的「明察」，即對一個本質或本質事態的**絕然的**（apodiktisch）看⑦。「本原」的意義在這裡已經得到了雙重的擴展：它一方面從個體感知被擴展到個體直觀，另一方面則從個體直觀被擴展到一般直觀。因此胡塞爾可以明確地說，「**本質觀視是一個本原給予的行為**」⑧。只是在擴展後的「本原」意義上，現象學才能將它的明見性原則，即一切原則之原則定義為：「**每一個本原給予的行為都是認識的合法源泉**」⑨。這個廣義上的、突出現象學之本質特徵的「本原」含義，也就是胡塞爾所說的「本質上自身在此的」，更明確地說，「在其『切身的』自身性中把握著本質的」⑩。胡塞爾此後基本上是在這個意義上運用「本原」概念⑪。

但胡塞爾對「本原」的這個規定並不對交互主體性領域有效。一旦涉及到

他人，涉及到異己經驗的領域，「本原」概念便有別於「自身在此」。在《純粹現象學與現象學哲學的觀念》第一卷中胡塞爾便指出，對他人的感知「雖然是直觀的、給予的行為，但已不再是**本原**給予的行為。他人及其心靈生活雖然『自身在此』並且是與其身體同一地在此，但卻並不像他身體那樣本原地被給予」⑫。「本原」在這裡有別於「自身在此」。胡塞爾甚至強調，對他人的同感「本原證實」，「原則上是不可能的」⑬。在後期的《笛卡兒的沉思》中，這個原則再次得到強調：「他人的意義」可以在異己經驗中被證實為「自身在此的」⑭，但這種「自身在此」不是「體現」（präsent）。更確切地說，他人的心靈生活原則上只能被「共現」出來（被當下化），而「永遠不能真實地被體現」⑮。

由這種多義性而產生的在「本原」術語上的混亂，可能是胡塞爾在 1920 年以後引入「原本」概念的原因。在此之後，無論是在其生前未發表的《純粹現象學與現象學哲學的觀念》第二卷以及《被動綜合判斷》等等中，還是在生前發表的《形式的與超越論的邏輯學》、《笛卡兒的沉思》等等中，胡塞爾都只使用「原本的」概念。唯一例外的是《歐洲科學的危機與超越論現象學》，在這裡雖然同時出現「原本的」和「本原的」概念，但卻是分開的：在第一、第二部分中，胡塞爾只使用「本原的」，在第三部分中則只使用「原本的」。

「原本」概念基本上只繼承了「本原」概念的狹窄含義。胡塞爾在《被動綜合判斷》的講座中，將「感知」定義為「原本意識」⑯，因而「原本的」也可以簡略地被稱之為「合乎感知的」。「本原」概念所具有的寬泛意義「合乎本質的」，在新概念「原本」中已經不存在。這就是說，「本原的」在胡塞爾那裡不一定就是「原本的」。

「原本的」概念常常在與交互主體性的聯繫中出現⑰。一般來說，胡塞爾認為，他人的軀體身體（Leibkörper）是「原本被給予的」（原本被經驗的），但他人的心靈（他的體驗）卻不是「原本被給予的」。「原本被給予的」僅僅是我本己的體驗。異己體驗只能在「當下化」（再造）中、在類比的聯想中被給予；當然，胡塞爾有時也將「同感」（Einfühlung）的意向內容（即包括軀體身體和心靈的整個他人）稱之為「原本被給予的」⑱，但這通常是因為胡塞爾要強調，他人才是「原本的」人，而對自身作為人的立義卻不是「原本的」，他只是一種藉助於異己立義而成立的（間接的）立義。胡塞爾本人也意識到，他是在多重的意義上使用「原本性」概念，因而他曾在研究手稿中區分幾種「原本性」：(1)

本己的生活當下，即原一原本性（Uroriginalität），(2) 回憶的本己生活過去，即第二性的原本性，(3) 被同感的他人，即第三性的原本性[19]。但胡塞爾在整體上還是將本己的生活、直接意識到的生活和被回憶的生活稱之為「原真的原本性」，或「原真性」、「本己性領域」（Primordialität, Eigenheitssphäre）[20]。在這個意義上，胡塞爾在《形式的與超越論的邏輯學》中寫道：「關於我自己，我具有原真的原本性；關於他人、關於他的心靈生活，我只具有第二性的原本性，因為這個異己之物原則上無法在直接的感知中為我所及」[21]。據此可以說，在胡塞爾的「原本性」概念上具有決定性的東西，或者說，這個概念的本質規定性在於「可及性」（zugänglich），並且是**直接的可及性**。

根據以上的說明，可以得出一個大致的結論：撇開這兩個概念在胡塞爾那裡的主要等義使用狀況不論，「本原的」概念在某些方面要比「原本的」概念更為寬泛，這主要是就一般意義上的感知而言：「原本性」是感知行為的首要特徵，它相當於「感知性的」（perzeptiv），而「本原性」已經超出這個範圍，它基本上可以被等同於「直觀性的」（intuitiv）概念。這個含義上的差異也延伸到其他領域，例如：延伸到特殊意義上的感知、即異己感知的聯繫中，「原本的」在這裡意味著具體地直接可及的。他人的軀體在異己感知中是直接、原本被給予的；他的心靈生活（他的體驗）則不是直接可及的，而只能透過聯想再造的方式，透過與我的心靈生活的類比轉渡而被經驗到，因而不是「原本地」被給予的。但是，他人的心靈生活可以「本原地」被給予，即以絕然的、本質直觀的方式被給予。

【注釋】①在許多現象學翻譯中，包括日語翻譯，「原本的」與「本原的」概念也被作為同義詞翻譯。　②參閱：E. Husserl: *Ph. B. Er.* Hua XXIII (Den Haag 1980) 298. ③ *Ideen* I, Hua III (Den Haag ³1976) 142, 167. ④同上書，167. ⑤同上書，43. ⑥同上書，46. ⑦同上書，285. ⑧同上書，50. ⑨同上。　⑩同上書，14f. ⑪參閱：*Krisis* Hua VI (Den Haag ²1962) 24, 44. ⑫同上書，11. ⑬同上書，325. ⑭ *CM* Hua I (Den Haag ²1963) 122. ⑮同上書，142. ⑯ *Analysen* Hua XI (Den Haag 1966) 62. ⑰參閱：*Inters.* II, Hua XIV (Den Haag 1973) 7. ⑱參閱：*Inters.* II... 同上書，478. ⑲ *Inters.* III, Hua XV (Den Haag 1973) 641. ⑳對此還可以參閱「原真性」和「本己性領域」條目。　㉑ *F. u. tr. Logik* Hua XVII (Den Haag 1974) 206.

【相關詞】Originalbewußtsein 原本意識，Originalität 原本性，primordiale Originalität 原眞的原本性，Originalsphäre 原本領域，originär gebend 本原給予的，originär gegeben 本原被給予的，originäre Gegenwart 本原的當下，Originarität 本原性，Originaritätshorizont 本原視域。

P

Paarung/Paarungsassoziation * * 結對／結對聯想：（英）Pairing
（日）對化

在胡塞爾現象學的意向分析中，「結對」是「結對聯想」的簡稱。所謂「結對聯想」，是相似性聯想的一種形式。胡塞爾認爲，「結對……是超越論的（並且與此平行地是意向心理學的）領域的一個普全現象」[1]；它的特徵在於：「在最原始的情況中，兩個材料在一個意識的統一性中，以突出的方式直觀地被給予，據此，它們本質上已經在純被動性中，即無論它們是否被注意到，作爲不同的顯現者而在現象學上論證著一個相似性的統一，也就是說，它們始終是作爲對子而被構造起來的」[2]。

「結對聯想」是被動綜合的一個原形式，與它相對應的一方面是對一個事物的認同或確認（Identifikation）[3]，後者是被動綜合的另一個原形式；另一方面，與「結對聯想」相對應的是由兩個以上的多個事物所組成的統一群組的構造（Pluralisierung）[4]，後者是另一種形式的相似性聯想。

異己經驗，即對他人的經驗在胡塞爾看來是「結對聯想」的最佳範例[5]。他認爲，「本我與他我始終地並且必然地是在原初**結對**中被給予的」[6]，因而「結對」被看作是「異己經驗的聯想構造成分」[7]。結對聯想原則上是指發生在感知領域中相似性聯想，至少在異己經驗中進行的「結對聯想」情況是如此，因爲只有當他人進入到我的感知領域中時，也就是說，本己的身體和異己的身體作爲對子出現在感知領域中時，透過自我而對他我的結對聯想才能成立，意義的轉渡才能在這種「結對聯想」中進行[8]。

當然，並非所有「結對聯想」都與異己經驗有關，它們也可以是在兩個物理事物之間的相似性聯想[9]。

【注釋】①E. Husserl: *CM* Hua I (Den Haag ²1963) 142. ②同上書，142f. ③同上書，142. ④同上。 ⑤參閱：E. Holenstein: *Phäno. der Assoziation. Zur Struktur und Funktion eines Grundprinzips der passiven Genesis bei E. Husserl* (Den Haag 1972) 162. ⑥ *CM* ... 同上書，142. ⑦同上書，141. ⑧同上書，143. ⑨關於「結對聯想」的概念以及與此有關的文獻還可以參閱「聯想」、「同感」和「交互主體性」等條目。

【文獻】 E. Holenstein：參見：注釋⑤。　R. Bernet/I. Kern/E. Marbach: *Edmund Husserl: Darstellung seines Denkens* (Hamburg 1989).

Parallelismus（Parallelität）平行 / 平行性：

　　胡塞爾在其意識分析中涉及到各種類型的「平行」關係，例如：在靜態現象學中「賦義的意指與充實的直觀」[1]，或「含義的意指與奠基於感知之中的行為」的平行[2]，在向超越論現象學突破過程中「顯現與顯現者」的平行[3]，在發生現象學「超越論本我的對象構造與自身構造」[4]的平行。這些「平行」意味著「相互關係的先天」，並且最終是「意向活動與意向相關項」[5]之平行的反映。

　　「平行性」問題還出現在胡塞爾現象學的核心問題中。這主要是指在超越論現象學與現象學的心理學之間，以及在超越論自我與經驗自我之間的平行性。胡塞爾在上世紀 1920 年代的阿姆斯特丹講座中對此有專門論述：「這種平行意味著：一種在個別性和連結上就所有的和任一方面都平行的相應狀態（Entsprechen）、一種在完全特別的方式中的差異狀態，但卻不是在某種自然意義上的分離狀態、分開狀態。必須正確地理解這一點。我的超越論自我作為超越論的自身經驗的自我明見地『有別於』我的自然人的自我，但卻不是一個在通常意義上的第二者、與此分離者、一個在自然的相互分離中的雙重性」[6]。

【注釋】 ① E. Husserl: *LU* II/2, A601/B₂129. ②同上。　③ *Idee d. Phän.* Hua II (Den Haag ²1958) 11.　④參閱：*CM* Hua I (Den Haag ²1963) 89, 109.　⑤參閱：*Ideen* I, Hua III (Den Haag ³1976) 3. Abschn. 3. Kapitel.　⑥ *Phän. Psych.* Hua IX (Den Haag 1962)342. 對這個意義上的「平行性」問題，德里達後來在《聲音與現象》中提出質疑。他把「平行性」解釋為對原本是單一的心理領域的人為雙重化，並且認為「如若沒有這樣一種**雙重化**（它的嚴格性不會容忍任何模稜兩可）的可能性和對這種可能性的認可，如若沒有在這兩種懸擱行為之間延伸的不可見間距，那麼超越論現象學就會從根源處被摧毀。」（J. Derrida, *La Voix et le phé-*

nomène: Introduction au problème du signe dans la phénoménologie de Husserl,
Paris 1967, p.10.）

Passivität** **被動性：**（日）受動性

「被動性」在胡塞爾現象學中是對意識活動之被動性的泛指。它也被胡塞爾
稱作「被動構造」、「被動綜合」或「被動發生」。

在胡塞爾的「被動性」概念中至少包含「原初被動性」（「原被動性」）與
「第二性被動性」這樣兩層含義①。由於意識活動本身就意味著「主動的」（Akt,
aktiv），因此，真正意義上的「被動性」，亦即「原被動性」，意味著在「自我
不做」（ohne Tun des Ich）、或「我思之前」（vor dem Cogito），甚至在「無自
我」（Ichlos）的情況下仍然發生的意識流動，它意味著主體性所天生具有的時
間化（Zeitigung）的構造能力，藉助於這種能力，主體性透過內時間意識而構造
出它的體驗的原初統一②。這個意義上的「被動性」，被胡塞爾定義爲「純觸發
性的在先被給予性，被動的存在信仰，在這裡尚不含有任何認識成就，它只是
『刺激』而已」③。而「第二性的被動性」是指：所有那些被主動構造出來的東
西，都會成爲自我的「習得」，而自我可以一再地回溯到這個「習得」之上④。
這個意義上的「被動性」因而是一種後於「主動性」、後於「我做「（Ich-tue）
的意識活動能力。相反地，「原被動性」（Urpassivität)（也是真正意義上的「被
動性」）則先於自我的所有「主動性」，並且構成所有「主動構造」和「主動綜
合」的前提⑤。

但從整體上看，胡塞爾並**不始終嚴格區分**這兩種「被動性」；甚至在「被
動性」與「主動性」之間的界限在他的分析描述中也表現爲**流動的、相對的**。胡
塞爾所做的諸多發生分析表明，廣義上的「被動性」之結構在理論上大致包含以
下幾個基本因素或層次⑥，這些因素彼此間並無嚴格界限，它們毋寧說是相互包
容的：

(1) 天生的本欲意向性（Triebintentionalität）：這是意識所能進行的最原初的
被動綜合，這種尚無確定對象的、甚至「無自我的」（Ichlose 或 ohne Ich）本欲
或本能是否可以被稱作意向性，這應當是一門「本能現象學」的探討課題⑦；

(2) 感知領域的原聯想（Urassoziation）：它意味著自我在被觸發之前對感性領域的統一整理，首先是時間意識的綜合整理。因而在對象形成之前，感性領域並不是一個「材料的混亂和雜拌」，它們已經是「被動的在先被給予性」[8]；

(3) 凸現（Abgehobenheit）：在這個層次上，某物開始在感性領域中以某種方式突出於它所處的內容背景，從而有可能導致對自我目光的吸引[9]；

(4) 觸發（Affektion）、刺激（Reiz）和逼迫（Aufdrängen）：凸現出來的東西對自我產生「觸發性的力量」，它對自我發出或大或小的「刺激」。在這個意義上，自我受到某種「逼迫」[10]；

(5) 朝向（Zuwendung）：自我朝向「逼迫者」，將它作為對象來擁有[11]，或者也可以說，將「逼迫者」客體化。這是最狹窄意義上的意向性之形成；

(6) 接受性（Rezeptivität）：從「凸現」到「朝向」的發生過程都可以看作是「接受性」的普遍結構，它已經構成「主動性」的最低階段[12]；

(7) 注意力（Aufmerksamkeit）與興趣（Interesse）：自我對對象的朝向帶有不同的注意力和興趣，它們決定著整個對象被把握的程度[13]；

(8) 素樸的把握：素樸的把握和觀察是最低階段上的客體化主動性，它意味著客體已經被構造出來，但尚未受到深入的加工[14]；

(9) 展顯：展顯是對客體或對象的深入加工，因而它構成主動性的較高階段。這個階段的加工主要在於對客體「內規定性」的確定，或者說，對客體「內視域」的拓展[15]；

(10) 相關性：相關性是指對客體的相關把握（Beziehungserfassung），亦即對客體的「外視域」的拓展；在這個階段上被把握的不僅是客體本身，而且還有與此客體相關的東西[16]。

這整個發生的過程在胡塞爾那裡也被稱作自我的持續的「趨向」（Tendenz）[17]。最寬泛意義上的「被動性」也就是指，自我被動地受到這個「趨向」的驅使，從而有一系列的「我做」（Ich-tue）得以主動地發生。在這個意義上，「被動性」與「主動性」是同一個實事的兩個不同考察角度[18]。

【注釋】①參閱：E. Husserl: *EU* (Hamburg ⁴1972) 73ff. 以及 *Ideen* II, Hua IV (Den Haag 1952) 12. ②參閱：Ms. C17 IV, 1f.:「被動在這裡是指不帶有自我的做，即使自我是清醒的，也就是說，即使它是在做著的自我。流動並不是從自我的做中

發出的流動，自我並沒有意向要實現這個做，自我並沒有從這個做中實現自身。」——對此還可以進一步參閱：*Zeitb.* Hua X (Den Haag 1966) Teil I, Ms. E III 9, 4a, *EU...* 同上書，81f. ③ *EU...* 同上書，61. ④參閱：L. Landgrebe: "Das Problem der passiven Konstitution "，載於：*Faktizität und Individuation. Studien zu den Grundfragen der Phänomenologie* (Hamburg 1982) 72. ⑤參閱：同上以及：Husserl: *EU...* 同上書，74f.，尤其是 *CM* Hua I (Den Haag ²1963) 112. ⑥關於胡塞爾對被動性的分析主要可以參閱：*Ideen* I, Hua III (Den Haag ³1976), *Ideen* II, Hua IV (Den Haag 1952), *Analysen* Hua XI (Den Haag 1966), *EU...* 同上書等等。這裡的歸納以山口一郎（I. Yamaguchi）的研究爲基礎：他將被動性歸納爲七個層次，參閱：I. Yamaguchi: *Passive Synthesis und Intersubjektivität bei Husserl* (Dordrecht u. a. 1982) 37f.；然而胡塞爾本人對「被動性」的分析時常變化，因而這裡試圖將胡塞爾各種分析結果都盡可能完整地補充納入進來。
⑦對此可以參閱：N. Lee: *Edmund Husserls Phänomenologie der Instinkte* (Dordrecht u. a. 1993)，以及「本能」、「本欲」條目。關於「無自我的被動性」的分析可以參閱：Husserl: Ms. E III 9, 4a, *EU...* 同上書，81f. ⑧參閱：*EU...* 同上書，74ff.；對此還可以參閱：K. Held: *Lebendige Gegenwart. Die Frage nach der Seinsweise des transzendentalen Ich bei E. Husserl, entwickelt am Leitfaden der Zeitproblematik* (Den Haag 1966) 以及「活的當下」條目。 ⑨參閱：Husserl: *Analysen* Hua XI (Den Haag 1966) 149 以及 *EU...* 同上書，76；也可以參閱「凸現」條目。 ⑩參閱：*EU...* 同上書，79ff.；也可以參閱「觸發」、「刺激」、「逼迫」條目。 ⑪參閱：*Ideen* I, Hua III (Den Haag ³1976) § 28；也可以參閱「朝向」條目。 ⑫參閱：*EU...* 同上書，§ 17；也可以參閱「接受性」條目。 ⑬參閱：*EU...* 同上書，84-92. ⑭參閱：*EU...* 同上書，112ff.；也可以參閱「把握」條目。 ⑮同上；也可以參閱「展顯」條目。 ⑯同上書，171ff.；也可以參閱「相關性」條目。 ⑰參閱「趨向」條目。 ⑱對此可以參閱「主動性」條目。——胡塞爾本人曾對「主動性」和「被動性」的劃分做如下說明：「對主動性和被動性的區分不是僵硬的，這裡所關涉的不可能是某些可以從定義上一勞永逸地確定下來的術語，而只是一些用來進行描述和對比的手段，它們的意義必須根據具體的分析狀況，而從每一個個別情況中得到原初的、新的吸取」（*EU...* 同上書，119）。

【文獻】 L. Landgrebe: "Das Problem der passiven Konstitution"，載於：*Faktizität und Individuation. Studien zu den Grundfragen der Phänomenologie* (Hamburg 1982) 71-87. I. Yamaguchi: 參見：注釋⑤。

【相關詞】 passiv 被動的，passive Genesis 被動發生，passive Konstitution 被動構造，passive Leistung 被動成就，passive Synthesis 被動綜合，Urpassivität 原被動性。

patent 彰顯的：

　　「彰顯的」是與「潛隱的」（latent）相對立的概念。胡塞爾用這兩個概念來區分意識或存在領域的「彰顯性」和「潛隱性」[1]。「彰顯的」意識或存在領域無非是指通常意義上的、作爲現象學研究對象的意識。胡塞爾認爲，可以從「彰顯的意識」出發，將「潛隱的存在領域」透過類比而再構出來[2]，後者也被胡塞爾稱作「無意識」，它們是指「無夢的睡眠、主體性的出生形態、出生前的、死亡的和死亡之後的存在」以及其他等等[3]。

【注釋】①參閱：E. Husserl: Ms. A VII 5, 1, A V 22, 24b.　②參閱：Ms. A V 22, 24b. 以及 I. Kern: *Husserl und Kant. Eine Untersuchung über Husserls Verhältnis zu Kant und zum Neukantianismus* (Den Haag 1964) 372, Anm. 2.　③ Ms. A V 22, 24b.

Person* 人格、個人：（英）person（法）personne（日）人格

　　「Person」一詞具有兩個基本的含義，它們交織地包含在作爲名詞的「Person」中，但在作爲形容詞出現時，則得到相對清晰的分離：(1) 人格的：它在胡塞爾那裡相當於「精神的」，常常以形容詞「personal」的方式得到表明，也可以透過名詞「Personalität」得到強調；(2) 個人的：它在胡塞爾那裡是「普遍的」、「共同體的」的對應項，常常以形容詞「persönlich」的方式得到表明，也可以透過名詞「Persönlichkeit」得到強調。

　　「人格」問題作爲世間的（mundane）精神科學的對象，在胡塞爾的超越論現象學中屬於被排斥的對象。人格心理學作爲「關於心理的事實的科學」，也以同樣的方式受到現象學還原的懸擱。但胡塞爾仍然在《純粹現象學與現象學哲學的觀念》第二卷中談及一門關於「人以及他的人格性的現象學、他的人格特性和他的（人的）意識過程的現象學」[1]，這當然是在「第二哲學」的意義上。即是說，當我們在將純粹現象學的方法運用於現象學哲學的領域時，人格作爲意識構造的結果，也可以成爲人格現象學的研究課題。

　　在對「人格」現象所做的分析研究中，儘管胡塞爾拒絕將那種與客觀事物有關的實體性運用在「人格」之上，但他承認，「人格」所表明的是一種統一性的

原則，是各種不同心理物理特性的基質，就像實體是質性的基質一樣。胡塞爾區分人格統一與自然事物統一的差異，也就是說，人格的構造不同於事物的構造。前者是在與體驗流的聯繫中形成的：「雖然人格是統一的同一極，是各種特徵以及諸如此類的基質，但所有這些都回指到體驗流上」②。由於「人格」處在不斷的發展之中，所以它原則上不同於物理事物。「人格」的基質與事物的基質之間的關係，類似於自我極與對象極的關係。「人格」因而也被胡塞爾標識為「作為恆久的自我特性之同一基質的自我」，即「帶有貫穿始終的同一性統一的恆久風格」③。而人格性學說則被等同於自我論（Ichlehre）或本我論（Egologie）④。在這個基礎上，並且與狄爾泰（W. Dilthey）相銜接，胡塞爾對自然與精神以及自然科學、精神科學做出根本性的劃分。精神科學作為人格科學產生於人格對其本身生活的理論興趣。

「個人」問題則是在與共同生活與社會行為相對應的語境中得到討論的⑤。

【注釋】① E. Husserl: *Ideen* II, Hua IV (Den Haag 1952) 142. ② Ms. A VI 15. ③ *CM* Hua I (Den Haag ²1963)101. ④ *Phän. Psych.* Hua IX (Den Haag 1962) 420ff. ⑤對此可以參見與此相關的條目以及 J. G. Hart: *The Person and the common life. Studies in a Husserlian Social Ethics* (Dordrecht u. a. 1992)。

【文獻】D.Sinha: "Der Begriff der Person in der Phänomenologie Husserls"，載於：*Zeitschrift für philosophische Forschung* 18 (1964) 597-613. G. J. Stack: "Husserls concept of persons"，載於：*Idealistic studies* 4 (1974) 267-275.

【相關詞】Personalismus 人格主義，Personalität/Persönlichkeit 人格性、個人性，personal/persönlich 人格的／個人的。

Perzeption 知覺：（英）perception

「知覺」與「感知」（Wahrnehmung）在胡塞爾現象學中實際上是同義語。胡塞爾在理論上偏向於使用「知覺」概念，這是因為，源於德文本身的「感知」一詞中習慣性地帶有「真一」（wahr）的詞根，「Wahrnehmung」在德文中的基本含義因而是「認之為真」，也就是說，它帶有質性特徵或存在設定的特徵，而「知覺」這個源於拉丁文的術語則擺脫了這個習慣①。但胡塞爾在現象學分析的

實際操作中仍然以對「感知」概念的使用爲主②。

【注釋】①參閱：E. Husserl: *LU* II/2, A555/B₂82. ②「知覺」概念的其他含義還可以進一步參閱「感知」條目。

Phänomen*** 現象：（英）phenomen（法）phénomenène（日）現象（希）φαινόμενον

源自希臘文的「現象」概念與德文中的「顯現」（Erscheinung）概念都具有動名詞的雙重含義。在胡塞爾的術語中，它們和在日常用語中一樣是同義詞①。但與「顯現」不同，胡塞爾在其表述中只是將「現象」作爲名詞使用。在胡塞爾向超越論現象學突破的初期，「現象」概念便已成爲他的哲學的中心概念，他所面對的課題是雙重意義上的現象：(1) 在這種現象中顯現出客觀性，(2) 客觀性意義上的現象，「現象」在這裡所指的是「純粹現象」，即作爲意識的意識、純粹意識本身②。

【注釋】①參閱：E. Husserl: *Ideen* I, Hua III (Den Haag ³1976) 1. ②參閱：*Aufs. u. Vort.* (*1911-1921*), Hua XXV (Dordrecht u. a. 1987) 70f.
【文獻】E. Fink: *Sein, Wahrheit, Welt. Vor-Fragen zum Problem des Phänomen-Begriffs* (Den Haag 1958). K. Held: "Husserls Rückgang auf das phainómenon und die geschichtliche Stellung der Phänomenologie"，載於：*Phänomenologische Forschungen* 10 (1980) 89-145. H. Rombach: "Das Phänomen Phänomen"，載於：*Phänomenologische Forschungen* 9 (1980) 7-32.

-psychisches und physisches Phänomen* 心理現象與物理現象：

「心理現象」與「物理現象」的概念源於布倫塔諾對所有類型的現象的劃分，而這種劃分又可以上溯到笛卡兒的心、物二元論。布倫塔諾本人認爲，這兩種現象的區別在於：物理現象只是「現象地和意向地」存在，但不具有任何的類

型的實存，而心理現象則除了意向存在之外還有現實的存在，具有「內實存」（Inexistenz）①。

胡塞爾在《邏輯研究》中討論了這對概念，但並未從根本上接受這對概念。他在傳統的意義上將「心理現象」理解爲「內感知的現象」，將「物理現象」理解爲「外感知的現象」②。但他認爲，布倫塔諾對這對概念的定義在認識論上會造成混亂，因爲被理解爲物理事物的物理現象（如藝術、繪畫等等作品中的客體）並不具有現實的實存，而一些而被理解爲感覺內容的物理現象（如顏色感覺聲音感覺等等）卻具有現實的實存③。

胡塞爾本人在《邏輯研究》之後便很少使用這對概念。但是，他從心理現象的特徵中提取出的意向性概念及其內存在的確然性，則成爲他所建構的現象學的基本要素④。

【注釋】 ①參閱：F. Brentano: *Psychologie vom empirischen Standpunkt* I (Hamburg ³1955) Zweites Buch, 1. Kapite1: "Von dem Unterschiede der psychischen und physischen Phänomene", 109-140. ② E. Husser1: *LU* II/2, A699/B₂227. ③同上書，*LU* II/2, A715/B₂224. ④對此尤其可以參見《邏輯研究》第二卷第五研究第 10 節：「作爲『意向體驗』的行爲所具有的描述性特徵」。

Phänomenologie*** 現象學：（英）phenomenology（法）phénoménologie（日）現象学

在 1901 年發表《邏輯研究》之前，胡塞爾始終是用「描述心理學」來形容他此前的研究。在《邏輯研究》中，他首次引入「現象學」這個稱號，用它來取代「描述心理學」①。胡塞爾之所以熟悉這個稱號，是因爲當時的科學用語是普遍地用它來標識一種描述—剖析的存在方式，也許還因爲他的老師布倫塔諾也使用它②。對於胡塞爾來說，現象學是對笛卡兒的企圖的純化性完善，這個企圖是指將所有認識都建基於我思及其諸思維的反思確然性之上。現象學的概念便產生於這樣一種對現象學歷史位置的解釋之中。現象學的反思以每一個我思與它的被思者的相互關係爲出發點，但這個被思者永遠不會是一個孤立個別的客體，而是

從一開始就被理解爲一個處在其世界之中的對象：「所有世界性的東西、所有時空的存在對我來說是存在的，因爲我經驗著它們，感知著它們，回憶著它們，以某種方式思考著它們，判斷著它們，評價著它們，欲求著它們。如所周知，笛卡兒將這一切都稱作我思。世界對我來說完完全全就是那個在這些諸思維中被意識到的存在著的、對我有效的世界，它的全部意義和存在有效性都唯獨產生於這些諸思維之中。我的全部世界生活都在這些諸思維中進行，我不可能生活到、進入到、思維到、評價到、行爲到另一個不是在我之中和不是從我本身之中獲得其意義與有效性的世界之中去」③。意識之所以能夠進行這種「意義創造」——它是一種對某物是何物（存在意義）的理解，以及一種對在此或不在此的有效性設定（存在有效性）——乃是因爲意識的基本特徵是意向性，即一種意向的指向，它由空泛意向、空泛「意指」出發而指向充實，亦即指向「自身具有」＝明見性。意識的意向性這個概念因此也就是意識的成就概念，胡塞爾將這種成就稱之爲構造。在構造中，我思的被思者、意識的「對象」不是作爲個別的對象，而是作爲世界之中的對象構造起自身，世界在這裡是指圍繞在周圍的整個視域。意向性的成就是綜合，而且是作爲主動的和被動的構造的綜合。這些構造並不僅僅發生在行爲進行中（「自我的執態」），而且也發生在被動的發生構造中，在這裡，不僅世界連同其客體對意識構造起自身，而且意識本身也在其時間化中構造著自身，也就是說，意識在其統一性中自爲地建造起自身。這個綜合的概念因此有別於傳統的綜合概念；它不再侷限於判斷中的綜合，這種綜合只是主動綜合的一種方式，它既區別於其他的主動執態，如評價、意願執態，也區別於被動的綜合。這些綜合並不相互並列；它們之間的相互滲透是意向分析的最重要課題之一。

　　爲了能夠看到這個成就的完整範圍，直至看到其「深層維度」，我們需要現象學還原的方法。它起始於對世界的「加括號」，換言之，起始於對「自然觀點總命題」的排斥、對在世界之存在的確然性的排斥，「自然的」、前哲學的生活已經處在這個世界之中：「如果我將自己置身於這整個生活之上，並且中止進行任何一種直向地將世界認作是存在著的存在信仰，如果我將我的目光唯獨朝向作爲**關於**世界之意識的這個生活本身，那麼我就獲得了作爲純粹本我連同我的純粹諸思維流的我本身」④。這樣，對一個業已存在的主—客體對立之預設也就被揚棄，從而便開闢了一條對那些構造成就進行分析的道路，在這些構造成就中，對一個已經在我面前存在的世界連同其客體的存在信仰「自己製作出自身」。如果

所有關於存在和存在有效性的意義創造都建基於意向的功能之上，那麼隨著這個還原，自我連同其作爲對世界之擁有的可能性條件的成就便進入到視域之中。在這個意義上，還原所導向的是作爲超越論主體性的自我，它不同於「世間的」自我、「世界兒童」⑤（但這並不是指兩個自我，而是同一個自我），後者所持的是自然的觀點，將自己理解爲世界的成員；而前者則被理解爲超越論的，因爲它透過現象學還原的進行而反思地把握到它在此之前「隱匿的」構造成就，並且因此而達到對自己本身的認識，即認識到自己是所有確然性和所有對世界的認識和擁有的原泉源。在這個意義上，所有哲學的、最終論證性的認識都是「普全的自身認識」⑥。因此，在胡塞爾意義上的現象學概念就在於，它作爲自身規定和自身認識是對超越論主體性構造成就的分析方法；在這個意義上，胡塞爾將它稱作超越論的現象學。它以此來表明，它是超越論哲學的純粹形態，而康德還只是處在通向這個純粹形態的「途中」，因爲「康德所提出的理性批判問題還具有一個未經提問的前設基地，這些前設一同規定著他的問題的意義」⑦，而且這些前設只有透過還原的澈底進行方能成爲課題。因此，超越論現象學在方法和系統建構方面都區別於康德的超越論哲學。

爲了達到它的目標，即對意識的構造成就的普全分析，超越論現象學不能侷限於探問在相互關係的意識成就（作爲思維、判斷—綜合的所屬形式）中的意識對象、對象一般的同一性以及對它們的剖析形式；它也必須將存在者在基本種屬方面、在「區域」方面的質料區別當作對意識的意向成就之回問的主導線索，不同種屬的存在者便是在這些意向成就中構造起自身的。這種最高的質料區域在胡塞爾看來是由物質的（空間事物的）自然、動物的、在最寬泛意義上「被啟動的」自然和精神—人格的世界所構成的。每一個區域都具有其區域性的基本概念作爲先行的視角，亦即先天，根據這些先天，存在者按照各自的種屬而有別於其他的存在者。也就是說，它們是關於這些區域之本質的概念。論述這些本質概念是區域本體論的任務。它們成爲對意向成就之構造性回問的主導線索，上述本質區別便產生於這種意向成就之中。因此，本質性並未被賦予柏拉圖式的先存⑧。它們也可以被理解爲意識構造成就的「產物」，它們同樣合乎本質地被歸入到意識的構造成就之中；只有當這種成就在發生著或已發生了，存在者才能以這種方式和在這種區別中被給予意識。這裡的起點是對在意識中以及在它與有關對象之相關性中的事實性過程的當下化，由此出發再提升到本質普遍性中（本質還原）。

心理學也可以發展成為關於心靈以及它與對象世界之關係的本質學（本質心理學）。超越論現象學與本質心理學的區別在於超越論還原的進行。心理學可以將世界預設為已被給予的，心靈在這個世界之內與存在者發生聯繫。相反地，超越論現象學則將這種預設排除出去。

由於反思的本質就在於，它只可能是自我對自身的反思，對它本己意識及其成就的反思——一個自我無法反思某個他人的意識——因而這種現象學的構造分析首先只能作為本我論來進行。但這絕不意味著唯我論，因為，隨著還原的進行，任何存在命題，包括唯我論的命題「我是唯一者」，都被排斥掉了。毋寧說，本我論標誌著這樣一種任務：同樣也對他人的存在（自我早已知道它所處的世界是一個與他人共有的世界）的確然性進行探問，亦即探問這種確然性是根據何種構造成就而得以成立的，或者說，這種確然性是根據何種隱蔽的、首先是「隱匿的」成就而早已被造就出來的。我們在進行現象學還原之前，已經始終生活在一種確然性中，生活在世界存在的「總命題中」，這種確然性以一種特有的方式隱含著他人此在的確然性。因此，現象學對「他人」的構造分析以及由此而對作為一個共有世界的世界之構造分析的任務就在於：指明這種隱含之可能性的構造條件。現象學對構造成就的反思表明，「他人」**作為**他人，即作為一個意識到它自己本身的自我—主體根本不可能以與世界中其他存在者同樣的方式在其自身中體現出來。它只是作為在其身體中、在一種共現中「被共現的」而被給予，這種共現永遠不可能在一個體現中找到充實。因此，他人是第一個「自我—異己者」，他是在這樣一種嚴格意義上的超越，即：隨著這種超越，在反思中可及的本己意識成就之內在被突破了[9]。因此，已完成的還原導出本我論而導向超越論的交互主體性、導向被理解為構造著的各個主體的共同體，胡塞爾也將它稱之為「單子的宇宙」[10]。當然，胡塞爾是否用他的他人構造分析而成功地達到了這樣一個維度，在這個維度上，他人的超越在本己意識的內在中「宣示」出來，這還是一個在解釋中受到爭論的問題。但是只有將他人的構造引入到現象學的構造分析之中，關於世界——這個世界是指那個共有的、「客觀的」，即獨立於各種主觀的理解方式而「自在」存在的世界，自然意識便生活在這種存在的確然性中——的說法，才能獲得在現象學上得到澄清的準確意義：世界的客觀性在根本上意味著交互主體性[11]，即在現實的和可能的共體化了的主體之間的相互關係。在每一個思考中，包括對最遙遠的世界的思考，都始終已經有一個主體性被一同

思考到，這些世界可以在這個主體性的構造成就中表明自身是可被這個主體性經驗到的世界。所以，世界「就是絕對客體之雜多性的構造統一，在這些客體中，這個統一作爲世界而構造出自身。與每一個經驗自我相符的是一個超越論自我。世界是被構造的存在之宇宙，並且要求得到一種超越論的釋義，透過這種釋義，它被認識爲是被構造出的世界。並非所有存在都是自然，都是心靈存在、人格存在、精神存在。但所有這類客觀存在都是它們自身所是，即自身發展並自身超越論構形的絕對主體性產物，這種主體性不能再被理解爲是人格的主體性」[12]。在這個意義上，現象學是「通向在最高意義上的得到最終論證之認識或一種哲學的……一種普全的自身認識的必由之路」[13]。它以對世界存在之總命題的加括號爲開端，但並不是爲了將這種存在置之不理，而是爲了從其超越論的起源出發來理解這個事實上已經在起作用的確然性：「人們必須透過懸擱而失去世界，然後再在普全的自身沉思中重新獲得它」[14]。這就是澈底反思的目的、意向。由此——根據胡塞爾在後期著作中所做的對現象學意義的回顧性全面解釋——可以得出，對現象學（它是對被理解爲交互主體性的超越論主體性之構造成就的分析）概念的進一步規定在於：這個概念是一個目的論的概念。這樣也就表明，胡塞爾現象學的要求，即：它是對笛卡兒起點的純化性完善，是如何以及在何種意義上得到論證的，以及由此而會對胡塞爾現象學在歐洲思維史上的地位和任務之規定產生出何種結果。這種規定可以被理解爲一種對那些從一開始就隱含在意識的意向性構成中的東西的澄清性剖析。現象學的課題是「自身發展的並自身超越論構形的絕對主體性」，它也被胡塞爾稱作「超越論的生活」。它的發展原理可以在作爲其基本規定的意向性中找到。對於所有意向追求來說，空泛意向與充實之間、模糊的預期與自身擁有之明見性（即對「實事本身」的達及）之間的關係是決定性的。因此，意向性的這個概念本身從根本上說已經是一個目的論的概念，這不僅對「自我之執態」的主動意向性有效，而且也已經對它的「被動底基」有效，最後還對自我的時間性自身構造之綜合有效，這種綜合不僅是透過滯留性的保持，而且是透過與此一致的前攝性先握而得以發生：「聯想的時間化成就之進程已經具有目的論的含義，它已經是『朝向』（angelegtauf）」[15]。因此，主體性的存在從根本上說是目的論的[16]。「意向性」故而標誌著超越論生活的追求，這種追求朝向作爲對被意指之物之達及的充實、朝向「自身擁有」[17]。作爲明見性以及在最高意義上作爲**絕然**明見性的自身擁有意識就此而言是達到目的的

意識，因爲意向追求獲得了對其自身、對其所追求之物的明察。只有在這種「終極創造」中，那些在作爲「原創造的」、起初是模糊的意向中設定的目標才得以啟示自身[18]。因而充實就是對意向追求的滿足。這種滿足的程度取決於被意指之物在何種程度上得到充實[19]。透過這種在意向與充實之間的測量比較，反思便在一種最普遍的意義上得到了描述；在反思中所進行的是對這種追求的批判性的合理論證。作爲普全反思的現象學反思以及整個現象學便由此而獲得一個意義：它是對「超越論生活」進行「普全批判」的道路，即對這種生活擔負澈底負責和進行澈底論證的道路[20]。世間自我的生活始終是一種處在各種興趣之中的生活，這種生活的實踐始終在受這些行爲的指引。從這種生活的本質來看，反思是一種保持間距，是一種對意向的檢測，其目的在於論證這些意向的合理性，也就是說，檢測這些意向在何種程度上給意向追求帶來作爲滿足的充實。因此，普全的反思作爲「生活批判」預設了一個「普全的興趣轉向」[21]，也就是懸擱的興趣轉向，它是指一種對世界興趣生活的中止，而後才能獲得「一種超出普全意識生活（個別主體的和交互主體的意識生活）——在這種普全意識生活中，世界對於素樸生活著的人來說是『在此』存在的——之上的觀點」[22]，一種「超出世界之上的立足點」。如果胡塞爾將這種現象學反思的態度描述爲一個「不參與的旁觀者」的態度或一個理論觀察者的態度，那麼這並不意味著回撤到一種不承擔義務的觀察之中；毋寧說，每一個反思都服務於對一種生活的負責和論證。它作爲「沉思」是一種對「自身認識」的追求，並且作爲這樣一種追求而受主體性的「意志」的引導。在這個意義上，對認識的追求，尤其是對科學認識的追求，是一種生活實踐，而超越論主體性的自身認識就是最高的實踐：「人的人格生活是在各個階段中進行的，從這種形式的個別化和偶然行爲的自身沉思和自身負責，直到普全的自身沉思和自身負責的階段」[23]。它作爲反思性的自身沉思是在各個認識步驟中進行的。因此，意向性的目的論是理性的目的論，它想使潛能的理性成爲顯能的理性。

　　但胡塞爾以此並不只是對「作爲意向生活的生活之普遍特徵」、對它的「本質特徵」[24]做出了陳述，而且還對反思的意義以及它在超越論現象學反思中的完善做出了普遍陳述。對這種本質明察的獲得本身需要在絕然確定性中得到合理的論證，這是胡塞爾後期著作所探討的課題。由於自然生活是一種建基於世界存在之確然性基地上的生活，因此，「俯視我的生活」也就意味著「與此一致地並

且用相關的表達來說：俯視這個世界」⑤，即俯視這個在自然觀點中對我來說始終已經存在著的世界，並且不僅將它作爲當下，而且還將它連同它的過去和未來視域一起俯視⑥。但在過去視域中可以找到這樣一種意向追求的「原創造」，這種意向追求在「終極創造」中的充實，就是普全的現象學自身沉思和自身認識。原創造是「隨著希臘哲學的誕生而遺傳給歐洲人類的目的，這個目的就是：願意成爲並且只能成爲一個源自哲學理性的人類」⑦。這個原創造在笛卡兒對近代哲學的論證中，經歷了「一個重複和一個普全的意義變化」⑧。但由於這種新論證「不明顯地帶有特別的素樸性」，因此，「它的宿命便在於，必須首先透過逐步的、在新的鬥爭中被引發的自身揭示來尋找哲學的最終觀念，尋找它的眞正課題、它的眞正方法」⑨。由於笛卡兒並沒有把對本我及其構造成就的反思進行到底，因而他對近代自然科學以及近代科學意識的哲學論證導致了主體性的「自身遺忘」。客觀科學方法的「嚴格性」因而被抬高爲所有可能認識的標準（「客體主義」），並由此而導致了對科學認識追求以及對在此基礎上的世界征服、世界改造的「意義抽空」。這便是「歐洲科學危機」的根源，因而也是整個現代世界和現代人類危機的根源，它們的命運是由實用科學來決定的。轉變這種危機的前提在於看透近代科學論證的「素樸性」，而這也就意味著在現象學向超越論主體性澈底的、反思性的回溯中揚棄主體性的「自身遺忘」，在這種回溯中，哲學的「原創造」達到它自身的目的。在這個意義上，哲學家是「人類的職能行使者」（行政官：Funktionär）⑩。因此，達到自身認識的「超越論生活」的目的論作爲一門對其意向性來說內在的理性目的論是人類歷史目的論的基礎。這門目的論的方向並不從外部得到規定，並不從一個在先被給予的和在先可認識的「自在」而得到規定，相反地，這門目的論是在超越論主體性本身的意向性中獲得其意義和標準。因此，它的充實就是被理解爲交互主體性的超越論主體性之自主性的實現⑪。胡塞爾將現象學標識爲「嚴格的科學」，這意味著它有別於「世界觀哲學」和近代哲學的各種「主義」⑫。它的嚴格性並不以客觀科學的操作過程，而是以現象學本眞的課題，即意向性爲標準，這種嚴格性是指與此課題相符的闡釋方式。現象學是嚴格的，因爲它以絕然的明見性和認識的普遍性爲目標，這種明見性和普遍性唯有先天才可能具有。要想揭示構造的超越論主體性所具有的這種先天，就需要邁出最終的一步。對構造成就之回問的主導線索不可能是這樣一種世界，即在近代科學成果影響下，如今始終已經從「自然」生活出發而得到理

解的世界。就像對待所有存在命題一樣，還原也必須將這個世界判爲無效，這就是說，必須將近代科學本身理解爲這個生活的某種實踐，在這個生活實踐中，近代科學是在特定的歷史條件下作爲一個特別的、「理論─邏輯實踐」的「主觀構成物」[33]而產生出來的。由此，現代生活連同其科學意識和文化意識首先被相對化，成爲其他諸文化中的一個文化，然後才有可能以正確的方式來探問在這種相對化中使所有人類文化的交往成爲可能的共同之物，並且才有可能揭示它們在超越論主體性成就中的構造條件。但歐洲文化恰恰在這種對其近代的世界理解的還原相對化中表現出它在人類歷史上所具有的突出位置。在歐洲文化中，進行著那種哲學的「原創造」，它在其完善過程中獲得這樣的使命：透過向共同之物、向連結著人類的東西回溯而爲現代危機的轉折創造前提。胡塞爾將這種貫穿在所有歷史相對性之中，並使這些相對性被理解爲相對性的共同之物、不變之物稱作「生活世界」：「科學目的的設定」也就是「一種在生活世界的穩定確然性基地上……生長起來的人的創造物」[34]。生活世界的本質結構在於，我們作爲精神─人格的主體──在身體─心靈的統一性中素樸地生活在世界中──將世界當作爲我的世界來擁有。我們的身體連同其器官在這裡是每一個可能經驗的絕對定向中心[35]。所以，所有歷史事實性都「在普遍人類之物的本質組成中有一個根……，在這個根中宣示出一個……目的論的理性」[36]。但這種向生活世界以及對其結構分析的回溯──許多解釋者將它看作胡塞爾的遺言──對他來說具有雙重的含義，一方面，他認爲這種回溯會在方法上阻止人們將歷史相對的文化形態連同其規範和價值設定假設爲先天；另一方面，他認爲這種回溯可以提供揭示超越論主體性構造出生活世界之成就的主導線索。隨著這一步的邁出，作爲發生現象學的超越論現象學便得到完善。它是對超越論生活之本質結構的認識，超越論生活是指「赫拉克利特的河流」，在這條河流中，在所有相對性中的恆久之物、「普全的歷史性先天的基礎」[37]，就是這樣一些結構，這種流動便是在這些結構中構造起來的。處在最底層的是時間性被動構造的結構、主體性的結構和感性領域的結構[38]。因此，現象學方法是一種「歷史研究與由它引發的系統研究的相互滲透」[39]，認識論也必須將自己理解爲「一項特殊的歷史任務」[40]。

　　由於這種先天並非一蹴可幾，而是在目的論的歷史展開過程中才能得以形成，所以胡塞爾可以談論一門作爲「源自超越論經驗」[41]之科學的現象學。它的目標是超越論的經驗，即作爲「絕對直觀」的「絕對經驗」[42]。因此，胡塞爾雖

然可以將現象學標識爲對理性主義的完善——歷史上的理性主義只是這種理性主義的一個「素樸」形式——但卻是在這樣一種意義上，即：在現象學中，經驗主義的眞理、對主體性及其信念的直接生活世界狀態的論證也具有其合理性。因而現象學試圖回問到這樣一個維度之中，在這裡可以把握到理性主義與經驗主義之對立，以及「先天」與「經驗」之區分的根。超越論主體性作爲絕對直觀的基本狀態是絕對的主體性。它本身連同其本質結構在歷史的目的論進程中揭示出自身，這是一個事實。這個事實的事實性以及歷史的意義問題是形上學的課題⑬。胡塞爾沒有完成對這門被現象學所要求並且產生於現象學之中的形上學的構想，因此，對主體性的絕對性釋義在解釋者那裡始終受到爭議。

【注釋】 ① E. Husserl: *LU* II/1 (1901) 5. 18f. ②參閱：H. Spiegelberg: *The phenomenol. Movement* 1. 2 (Den Haag 1969, ³1982) 27f. ③ *CM* Hua I (Den Haag ²1963) 8. ④ 同上。 ⑤ *Erste Philos*. II, Hua VIII (Den Haag 1959) 123. ⑥ 同上。 ⑦ *Krisis* Hua VI (Den Haag ²1962) 106. ⑧ 同上書，363、383.；*Erste Philos*. II...同上書，482. ⑨ *CM* ...同上書，§ 49、123ff. ⑩ *Phän. Psych*. Hua IX (Den Haag 1962) § 43, 216f.；參閱：*CM* ... 同上書，39、182. ⑪ *CM* ... 同上書，§ 43f.、216f. ⑫ *Erste Philos*. II... 同上書，496. ⑬ *CM* ... 同上書，39. ⑭ 同上。 ⑮ Ms. E III 9 (1933) B1.7，引自：K. Held: *Lebendige Gegenwart. Die Frage nach der Seinsweise des transzendentalen Ich bei E. Husserl, entwickelt am Leitfaden der Zeitproblematik* (Den Haag 1966) 43. ⑯ *F. u. tr. Logik* Hua XVII (1974) § 60, 143. ⑰ *CM* ... 同上書，§ 24、93. ⑱ *Krisis*... 同上書，§ 15、71ff. ⑲ *Erste Philos*. II... 同上書，8. ⑳ 同上書，154. ㉑ *Krisis*... 同上書，§ 6、13. ㉒ 同上書，§ 40、153. ㉓ 同上書，§ 73、272. ㉔ *Erste Philos*. II... 同上書，156. ㉕ 同上書，157. ㉖ 同上書，159. ㉗ *Krisis*... 同上書，§ 6、13. ㉘ 同上書，§ 5、12. ㉙ 同上。 ㉚ 同上書，§ 7、15. ㉛ 同上書，§ 3、6. ㉜ "Philosophie als strenge Wissenschaft."，載於：*Logos* 1 (1911) 289ff. ㉝ *Krisis*... 同上書，§ 34、132. ㉞ 同上書，398. ㉟ *Ideen* II, Hua IV (Den Haag 1952) § 52, 203; *Krisis*... 同上書，§ 28、109. ㊱ *Krisis*... 同上書，386. ㊲ 同上。 ㊳ *Analysen* Hua XI (Den Haag 1966) § 26, 117ff. ㊴ *Krisis*... 同上書，364. ㊵ 同上。 ㊶ *CM* ... 同上書，11. ㊷ *Erste Philos*. II... 同上書，368. ㊸ *CM* ... 同上書，38f.

【文獻】 A. Diemer: *E. Husserl. Versuch einer systematischen Darstellung seiner Phänomenologie* (Meisenheima. G. ²1965). E. Fink: *Studien zur Phänomenologie. 1930-1939* (Den Haag 1966). G. Funke: *Phänomenologie-Metaphysik oder Methode?*

(1966). L. Landgrebe: *Der Weg der Phänomenologie* (Gütersloh [2]1967). H. Spiegelberg: 參見：注釋②。 W. Szilasi: *Einf. in die Phänomenol. E. Husserls* (1959). F. -W. von Herrmann: *Der Begriff der Phänomenol. bei Heidegger und bei Husserl* (1981) K. Schuhmann: " 'Phänomenologie' Eine begriffsgeschichtliche Reflexion"，載於：*Husserls Studies* 1 (1984) 31-68. W. Biemel: "L'idée de la phénomenologie chez Husserl"，載於：J. -L. Marion/G. Planty-Bonjour (Hrsg.): *Phénomenol. et métaphys.* (Paris 1984) 81-104. (L. Landgrebe)

【相關詞】Phänomenologie der Absurdität 背理性現象學，Phänomenologie der Assoziation 聯想現象學，Phänomenologie der Aufmerksamkeit 注意力現象學，Phänomenologie der Bedeutung 含義現象學，Phänomenologie der universalen Bewußtseinsgenesis 普全意識發生現象學，Phänomenologie der Denkerlebnisse 思維體驗現象學，Phänomenologie der Erkenntnis 認識現象學，Phänomenologie der Erkenntnisstufen 認識階段的現象學，Phänomenologie der Evidenz 明見性現象學，Phänomenologie des Gefühls 情感現象學，Phänomenologie der materiellen Natur 物質自然現象學，Phänomenologie der Persönlichkeit 人格性現象學，Phänomenologie der Sinnesfelder 感性領域現象學，Phänomenologie des Urteils 判斷現象學，Phänomenologie der Vernunft 理性現象學，Phänomenologie der Vorstellung 表象現象學，Phänomenologie des Willens 意願現象學，Phänomenologie des inneren Zeitbewußtseins 內時間意識現象學。

-eidetische Phänomenologie 本質現象學：（日）形相的現象学

胡塞爾用「本質現象學」的稱號來突出他的現象學的本質科學特徵[1]，與「本質現象學」相對應的是所謂的「經驗現象學」[2]。

【注釋】① E. Husserl: *Ideen* I, Hua III (Den Haag [3]1976) 134. ②參閱：*Erste Philos*. I, Hua VII (Den Haag 1956) 157.

-genetische Phänomenologie** 發生現象學：（日）發生的現象学

「發生現象學」是指在胡塞爾現象學中的構造理論的終結形態。它的課題是單子的超越論發生[1]，即超越論主體性的自身構造和世界構造的時間過程，這

個過程導向超越論主體性的完全具體化。自身經驗與世界經驗在其個別進行中和在其整體性中都具有意向的綜合特徵[②]。這種綜合的先天規則結構是「靜態現象學」的課題，它先行於「發生現象學」[③]。所有綜合在發生方面都可分爲主動的綜合和被動的綜合[④]。主動綜合是自我的所有客體化或理想化成就，即統一性創造[⑤]，這種創造賦予意向生活以其目的論的特徵，也就是說，賦予意向生活以朝向自身經驗和世界經驗之統一性的特徵[⑥]。主動綜合在每一個構造階段上都是與被動綜合交織在一起出現的[⑦]。而被動綜合則先行於主動綜合，因爲被動綜合將經驗材料在先給予主動綜合[⑧]；另一方面，被動綜合之所以包容著主動綜合，是因爲主動綜合在意向活動—意向相關項方面的獲取會作爲習性，而在自我極中凝聚下來，並且因而成爲對新的主動性而言的被動的在先被給予性[⑨]。在單子自身構造過程中，被動綜合與主動綜合之間的這種關係是透過內時間意識的[⑩]或活的當下的[⑪]原被動綜合才得以可能，這種原被動綜合是全面的，並且同時先於任何個別的主動性。在它所具有的持續流動和恆定形式的統一性中[⑫]，一方面，現前領域的時間形式構造起自身，只有這種形式才使個別的行爲進行有可能朝向一個同一之物和個體之物[⑬]，另一方面，對過去之物的保持形式構造起自身，從個別行爲中產生的經驗獲取只有透過這些形式才能夠成爲恆久的獲取，亦即成爲單子的權能性[⑭]。在時間意識的原綜合上，又建立起以下這些被動綜合的種類[⑮]：(1) 動覺意識，在這種意識中構造起感性領域和生活世界的空間[⑯]。(2) 聯想，即感性材料相合的雜多綜合，透過這種綜合，感性領域作爲最初的形態（「構形」）而清楚地表露出來[⑰]。(3) 對聚合命題行爲的闡釋綜合[⑱]、前述謂判斷的、尚未明確客體化的[⑲]關於「事物」之意識，這個「事物」是指一個帶有各種規定的基質[⑳]。時間意識的被動綜合在前攝中已經包含著一個主動性因素[㉑]，這種前攝透過它首先是目的論的對原印象充實的在先朝向而區別於滯留。在動覺意識中的感覺接受性是在與身體運動的原自發性的統一中進行的[㉒]。聯想的相合綜合和前述謂的事物意識已經滲透了一種對恆久的對象擁有的不明確的和在最寬泛意義上實踐性的「興趣」的主動性[㉓]。這個透過如此被理解的「接受主動性」[㉔]而被動地「在先被構造起來的東西」，本身是現在投入的本眞的（精神的）主動性的材料[㉕]。在它的第一階段上，即在述謂綜合的階段上[㉖]，那些被動地在先被給予的基質統一本身成爲課題，在它的第二階段上，普遍對象性在自由的自發性（觀念直觀）中被製作出來[㉗]。透過它們的全時性，即透過非實在性或觀念性的特徵，這些在本眞

的主動性中構造起來的對象有別於那些被動地在先被構造的、實項的（透過它們在意識的時間流中的出現而被個體化了的）和實在的（透過它們在時空方面的出現而被個體化了的）被給予性[28]。所有首次進行的主動綜合都是「原創造」，亦即體現（「本原的經驗」、在最寬泛意義上的「明見性」），它們所導致的結果在於，在它們之中被經驗到的東西獲得了自在存在的客體存在意義[29]。在被動性領域中的原創造和在主動性領域中的原創造之間的區別就在於，從它們之中產生出各種不同的習性。那些回溯到被動性的原創造上的習性是再回憶的權能性，而那些起源於主動性原創造的習性則是可重複的統攝性執態的權能性[30]。自我的所有行為從發生上看或者就是原創造，或者是對這兩種權能性之一的現時化。與這兩種習性相符，原創造的經驗之物如何獲得客觀性存在意義的方式也是有區別的。實項的和實在的被給予性之所以能夠獲得存在意義，是因為它們在穿越原創造的體現時，被立義為是在這個體現的個體現在位置上（或者說，自這個位置之後）存在著的。這樣，它們便獲得了它們的時間同一性和個體性，這種同一性和個體性一方面根據滯留性保持的連續性，而使它們可以透過再回憶而被再造出來，另一方面又使它們獨立於某些再回憶的主觀隨意，並因而成為某種客觀的或自在存在的東西[31]。原創造的「發生性後作用」[32]就在於，原創造的「執態」，這是指行為自我對被意指之物的全時性存在有效性所做的、在最寬泛意義上的實踐意志之「決定」[33]，作為「決定性」或恆久的「信念」，亦即習性[34]而在自我極中凝聚下來。以此方式，在每一個單子那裡都會形成一個根據確定的「對象意義」來進行統覺的恆久的權能性，這也就是說，形成一個作為其意向相關項的「已知性結構形式」[35]。同時，構造性先天的發生和與此相關的區域性先天的發生也就隨之而得到澄清[36]。

【注釋】① E. Husserl: *CM* Hua I (Den Haag ²1963) § 37, 109ff.; *F. u. tr. Logik* Hua XVII (1974) 256f., 315ff.; "Statische und genetische phänomenol. Methode"，載於：*Analysen* Hua XI (Den Haag 1966) 336ff.　② *CM* ... 同上書，§ 18、80.　③同上書，§ 37、110.　④同上書，§ 38、111.　⑤同上書，§ 35、102.　⑥ *EU* (Hamburg 1938, ³1964) 65ff., 212ff.; *F. u. tr. Logik*... 同上書，168.　⑦ *EU*... 同上書，239ff.　⑧同上書，75；*CM* ... 同上書，§ 38、112.　⑨ *CM* ... 同上書，113.　⑩ *Ideen* I, Hua III (Den Haag ³1976) 219ff.　⑪ K. Held: *Lebendige Gegenwart* (Den Haag 1966) 28ff.　⑫ Husserl: *Zeitb.* Hua X (Den Haag 1966) 29ff.　⑬同上書，64ff.；*Analysen*... 同上書，125ff.

⑭同上；也可以參閱：*CM* ... 同上書，§ 37、109f.　⑮ *EU*... 同上書，72；*Analysen*... 同上書，118ff.　⑯ Claesges: *Edmund Husserls Theorie der Raum-konstitution* (Den Haag 1964) 117ff.　⑰ Husserl: *EU*... 同上書，74ff.　⑱ *Ideen* I... 同上書，293ff.　⑲ *Ideen* II, Hua IV (Den Haag 1952) 23f.　⑳ *EU*... 同上書，124ff.　㉑ *Analysen*... 同上書，73f.　㉒ *Ideen* II... 同上書，56ff.　㉓ *EU*... 同上書，79-93.　㉔ 同上書，232；*Ideen* II... 同上書，213.　㉕ *CM* ...同上書，§ 38、112.　㉖ *EU*...同上書，231ff.；參閱：*Ideen* I...同上書，325ff.　㉗ *EU*... 同上書，381ff.　㉘ 同上書，309-314；*CM* ... 同上書，§ 55、155.　㉙ 同上書，§ 38、113；*F. u. tr. Logik*... 同上書，316ff.　㉚ *Analysen*... 同上書，360f.；胡塞爾所說的大都是第二種習性的權能性。　㉛ 同上書，208ff.；*Zeitb*... 同上書，64ff.　㉜ *F. u. tr. Logik*... 同上書，317；參閱：*EU*... 同上書，136ff.　㉝ *EU*... 同上書，235-246.　㉞ *Phän. Psych*. Hua IX (Den Haag 1962) 208-215；*CM* ... 同上書，§ 32、100ff.　㉟ *CM* ... 同上書，§ 38、113.　㊱ *F. u. tr. Logik*... 同上書，256f.；*Analysen*... 同上書，218ff.

【文獻】Q. Lauer: *Phénoménol. de Husserl* (Paris 1955); *The triumph of subjectivity* (New York 1958).　A. Diemer: *E. Husserl. Versuch einer systematischen Darstellung seiner Phänomenologie* (Meisenheim a. G. ²1965).　A. Aguirre: *Genetische Phänomenologie und Reduktion. Zur Letztbegründung der Wissenschaft aus der radikalen Skepsis im Denken E. Husserls* (Den Haag 1970).　H. Fein: *Genesis und Geltung in E. Husserls Phänomenologie* (1970).　E. Holenstein: "Passive Genesis. Eine begriffsanalytische Studie"，載於：*Tijdschrift voor Filosofie* 33 (1971) 112-153; *Phänomenologie der Assoziation. Zur Struktur und Funktion eines Grund-prinzips der passiven Genesis bei E. Husserl* (Den Haag 1972).　G. A. de Almeida: *Sinn und Inhalt in der Genetischen Phänomenologie E. Husserls* (Den Haag 1972).
(K. Held)

補充 「發生現象學」是胡塞爾後期（1916 年以後）提出並實施的哲學方案。①它與早期的「靜態現象學」一同構成胡塞爾意識構造現象學的兩個方面或「兩個面孔」②。「發生現象學」首先在方法上有別於「靜態現象學」，發生現象學不再侷限於靜態現象學的「描述」（beschreiben）方法，而是更多地採用「說明」（erklären）的方法，因而可以被稱作是一門「說明現象學」③。其次，在研究領域方面，「發生現象學」也不同於「靜態現象學」。前者的任務在於分析說明對象的發生構造，即較低層次上的對象如何在時間視域中延展到較高層次上的對象上。這種說明一方面是指，對習慣性的統覺系統本身之形成的發生過程進行說明；另一方面，

說明還意味著對這個已形成的習慣性統覺系統的作用過程進行說明④。一般說來，發生現象學是對意識構造的歷史及其本質結構的研究，靜態現象學是對意識構造的系統及其本質結構的研究。它們各自研究對象之間的關係，也被胡塞爾比喻爲整體與橫切面的關係：「出於本質理由而是一的東西，人們就無法將其撕扯開來。特殊的認識論問題和理性理論問題一般與理性這個首先是經驗的權能標題相符合（只要它們產生於其超越論的純化之中），它們只是意識與自我問題一般的橫切面，而一個橫切面只有在其整體得到研究時，才可能完整地被理解」⑤。

【注釋】①但可以留意胡塞爾在 1918 年 6 月 29 日致納托普的信中的一個說法：「我在十多年前便已克服了靜態柏拉圖主義的階段，並已將超越論發生的觀念當作現象學的主要課題。」參閱：*Briefe*, Bd. V (Dordrecht u. a. 1994) 137. ②參閱：E. Husserl: *Inters*. III, Hua XV (Den Haag 1973) 617. ③參閱：*Analysen* Hua XI (Den Haag 1966) 340；實際上，胡塞爾早在《邏輯研究》第一版（1900／01 年）中，便已注意到了在靜態現象學的「描述性」與發生現象學的「說明性」之間的差異問題（參閱：*LU* II/2, A708）。 ④參閱：*F. u. tr. Logik* Hua XVII (Den Haag 1974) 316. ⑤ *Aufs. u. Vort.* (*1911-1921*), Hua XXV (Dordrecht u. a. 1987) 197f.

-reine Phänomenologie 純粹現象學：

胡塞爾將「純粹現象學」定義爲一門「關於純粹意識的科學」，或者說，一門「關於『純粹現象』、關於一個『純粹自我』的『純粹意識』的『純粹現象』的本質理論」①。它意味著，這門學說「僅僅產生於純粹反思之中，這種純粹反思本身排斥任何外經驗，即排斥任何對異己於意識的對象的一同設定」②。「純粹」在這裡首先意味著對經驗內容的排斥和對本質要素的訴諸；其次意味著對外部世界之存在的擱置和向意識本身的回溯。如果在這兩種意義上完整地理解「純粹現象學」，那麼它在胡塞爾那裡是與「超越論現象學」概念完全同義的。

【注釋】① E. Husserl: *LU* II/2, A707/B$_2$236. ② *Aufs. u. Vort.* (*1911-1921*), Hua XXV (Dordrecht u. a. 1987) 75.

-statische Phänomenologie** 靜態現象學：（日）靜態的現象學

「靜態現象學」在胡塞爾那裡是一門與發生現象學或「解釋」[1]現象學相對立的現象學，就它所遵循的客觀世界之區域劃分而言[2]，它是一門最先被構造起來的現象學。作為「描述」現象學[3]，它受被意指對象的統一性的引導[4]，並且在意向分析中從區域本體論的「本體先天」出發，回問到作為其基礎的「構造性先天」上[5]，在這裡，它並不考慮所有主體之物都具有「內在時間性的發生」[6]。這種被理解為「超越論主體性規則結構」[7]的先天還需要在一門發生現象學中得到進一步的回問[8]。

【注釋】① E. Husserl: "Statische und genetische Phänomenologische Methode"，載於：*Analysen* Hua XI (Den Haag 1966) 336-345，尤其是 342. ② *CM* Hua I (Den Haag ²1963)110. ③同上書，340. ④ *F. u. tr. Logik* Hua XVII (1974) 312f. ⑤同上書，255. ⑥同上書，257. ⑦ *CM* ...同上書，22. ⑧ *F. u. tr. Logik*... 同上書，257. (U. Claesges)

【補充】「靜態現象學」是胡塞爾早期（在《邏輯研究》與《純粹現象學與現象學哲學的觀念》中）所提出的意識構造現象學的主要構想。它與後期的「發生現象學」一同組成意識構造現象學的兩個方面或「兩個面孔」[1]。「靜態現象學」在方法上立足於描述分析，因而它也被胡塞爾稱作「描述的本質學」[2]。這個方法決定了靜態現象學必須侷限於直觀領域；它的任務在於描述分析較高層次的對象與較低層次的對象之間的構造性本質聯繫，這種聯繫是超時間性的，它獨立於對象構造的時間性發生過程。

【注釋】①參閱：E. Husserl: *Inters.* III, Hua XV (Den Haag 1973) 617. ② *Ideen* I, Hua III (Den Haag ³1976) 149.

phänomenologisch** 現象學的：（英）phenomenological（日）現象學的

對胡塞爾的「現象學的」這一形容詞可以做廣義的和狹義的區分：廣義的「現

象學的」一詞，無非是指與「現象學」有關的，具有「現象學」風格的，以及如此等等。它隨胡塞爾在各個時期對「現象學」的不同理解而有所變化。對此可以參閱「現象學」、「靜態現象學」、「發生現象學」等條目。

狹義的「現象學的」一詞的含義，則主要涉及對此術語的技術使用，這種使用當然也與胡塞爾對其現象學本身之理解的變化與發展密切相關。在《邏輯研究》的第一版（1900／01 年）中，胡塞爾經常使用「現象學的」一詞來標識意向活動的主觀方面，「現象學的」一詞常常等同於「主觀的」或「實項的」[①]，因爲此時胡塞爾還認爲，現象學的主要任務是對意識的意向活動進行分析。「現象學的分析」與「實項描述分析」因此是基本同義的。但在經他本人修改後的第二版（1913 年）中，「現象學的」一詞則被「實項的」或「描述的」概念所取代[②]。其主要原因在於，胡塞爾在此期間認識到，現象學也需要關注意識的意向相關項方面，因而其內涵要超出「實項描述」的範圍。在胡塞爾後期的發生現象學中，「現象學的」這一概念甚至還包含著「說明的」（erklärend）的含義[③]。

此外，胡塞爾在關於「含義學說」的講座中區分「現象學的」含義概念與「物候學的」（Phänologisch）含義概念。「現象學的」在這裡也被等同於「本體的」（ontisch）[④]。

【注釋】 ①參閱：E. Husserl: *LU* II/1, A327/B₁349, A331/B₁353 等等，尤其參閱：B₁398, Anm. ②參閱：同上書，A375/B₁398f.；胡塞爾自己在《邏輯研究》第二版中加注：「事實上，『現象學的』這個詞與『描述的』這個詞一樣，在本書的第一版中所指的都僅僅與**實項的**體驗組成有關，並且在這一版中至此爲止也主要是在這個意義上被使用。」 ③參閱：*Analysen* Hua XI (Den Haag 1966) 340. ④參閱：*Bedeutungl.* Hua XXVI (Dordrecht u. a. 1988) 38.

Phänomenologismus 現象主義：（英）phenomenalism（日）現象主義

「現象主義」是一個論戰性的概念。它被用來指稱在上世紀末、本世紀初在實證主義中流行的一種做法：將認識歸結到感覺材料和體驗質性之上。馬赫（E. Mach）一般被看是現象主義的代表人物。胡塞爾在《邏輯研究》中對「現象主義」進行批評，認爲它的「基本缺陷」在於：「不能區分作爲意向體驗的顯現和顯現

的對象，並且因而將被體驗的感覺複合體等同於對象特徵的複合」[1]。這個批評同時也指明劃分「現象主義」與「現象學」的關鍵所在。

【注釋】① E. Husserl: *LU* II/1, A338.

Phansis/Phanseologie 顯狀／顯狀學：（英）phansiological

胡塞爾在其 1909 年期間多次使用了這個極爲罕見的，很可能是他根據希臘文「顯狀」（Phansis/φάνσις）一詞自己生造的概念。它大致意味著意識的前意向的實項素材。胡塞爾自己曾做了如下說明：「爲了排除所有意向性，爲了嚴格地涉及這樣一個立足點，即我們想要純粹地考察意識，即在其眞正組成部分上（在眞正寓於它本身之中的因素和規定性上），根據它的實項組成來純粹地觀察它，我們就需要一個特有的術語。我們爲此常常使用『現象學的』這個詞。但很快就會表明，爲什麼這個詞是不夠的，毋寧說，它在實項意識內涵的組成方面，也必定包含了即使在堅持所有現象學懸擱的情況下仍然已經屬於意向性的那些東西。由於希臘語的表達『顯狀』（φάνσις）與『現象』（φαινόμενον）相對立、與『顯現者』（Erscheinendes）和『顯現』（Erscheinung）相對立，它將『顯現活動』（Erscheinen）標誌爲體驗，因而我們現在將這個相關領域稱作『顯狀學的』（phanseologisch）。」胡塞爾在此期間一方面還說明：「顯狀學是所有認識一般的源泉學說；因而它完全是超越論的。」另一方面也強調在「顯狀學與顯現學說意義上的現象學之間的不可分性」[1]。此外，胡塞爾在關於感知和注意力分析中也談及「顯狀學的時間」等等。[2]據此，「顯狀學的」基本上意味著「內在現象學的」或「實項現象學的」。

在此意義上，胡塞爾也說：「意識科學（現象學）應當做出顯狀方面（phansisch）的確定，另一方面也要做出語義的（semasiologisch）和陳述的（apophantisch）確定，做出存在方面（ontisch）的確定」[3]。

【注釋】① E. Husserl: *Ethik* Hua XXVIII (Dordrecht u. a. 1988), 307ff., 328f.；參見：Gerhard Funke, "A Transcendental-Phenomenologlcal Investigation Concerning

Universal Idealism, Intentional Analysis and the Genesis of Habitus, Arche, Phan-sis, Hexis, Logos", in: J. N. Mohanty (auth.), William McKenna, Robert M. Harlan, Laurence E. Winters (eds.), *Apriori and World: European Contributions to Husser-lian Phenomenology*, Martinus Nijhoff Publishers, The Hague/Boston/London 1981.
② 參見：*Wahrn. u. Aufm.* Hua XXXVIII (Dordrecht 2004), 235, 241, 249, 251.
③ *Ethik* Hua XXVIII, 377.

Phantasie** 想象：（英）phantasy（法）image（日）想像

日常意義上的「想像」一詞基本上與「幻象」（Illusion）同義，它構成「現實」的對立面。在胡塞爾早期的現象學研究中，例如在《邏輯研究》中，他有時也在這種日常意義上使用「想像」概念①。但「想象」概念在胡塞爾的現象學中，原則上已經偏離日常的含義：「想象」的對應概念不是「現實」，而是「感知」；它們一同構成現象學意義上的「直觀」。

胡塞爾在 1910 年期間初步確定了在「想象」中所包含的兩層含義或「兩個概念」：想象一個含義或概念被他稱之為「非現時性」（Inaktualität）②。根據胡塞爾的定義，想象行為是與所有帶有存在設定的行為相對立的。想象所具有的這個含義在《邏輯研究》中就已經出現過。胡塞爾在那裡把作為不設定的想象理解為一種與設定行為相對立的「單純表象」或「單純理解」。在這個意義上，「每一個具有存在信仰的行為都與一個作為對立物的『單純表象』相符合，這個『單純表象』以一種與設定行為完全相同的方式，也就是說，在同一個質料的基礎上，使同一個對象成為表象，並且它與設定行為的區別僅僅在於，它不是像設定行為那樣，將被表象的對象置於存在的意指之中，而是對它的存在置而不問」③。這意味著，所有意識行為都可以根據它們對存在的態度而分成兩組：第一組是設定存在的行為，第二組則是想象行為。

另一方面，「想象」在胡塞爾的定義中不僅與設定的行為相對立，而且也與原本意識，即感知相對立。這裡所涉及到是「想象」的第二個基本含義，即：「想象」是一種「當下化」或「再現」。這個含義在 1910 年被胡塞爾稱之為「想象」的第二概念④。「想象」所具有的這個含義實際上很早就已被胡塞爾所確定。胡塞爾在 1904／05 年關於時間意識的講座中便提出：「想象是一種可以被

描述爲當下化（再造）的意識」⑤。「因此，與感知相對立的是想象，或者說，與當下性、體現相對立的是當下化、再現」⑥。「想象」在這裡是指與感知一同構成直觀的那種意識行爲。它與感知相對立，因爲它本身是對一種感知的「想像性變異」。正如每一個設定的行爲都與一個作爲「單純表象」的想像相對應一樣，每一個當下性的行爲都與一個作爲「當下化」的想象相對應。「每一個體驗都與一個與它相應的想象（當下化）相符合」⑦。這樣，所有意識行爲又都可以分成兩組：當下性的行爲和當下化的行爲。

根據胡塞爾的這個定義，想象行爲的領域一方面——根據它的第一個含義——包括所有不具有存在設定的行爲；另一方面——根據它的第二個含義——它又包括當下化的設定行爲，例如回憶和期待。據此，除感知之外，所有其他的客體化行爲都應當包含在最廣義的想像行爲的領域中。換言之，在客體化意識中的每一個可能變異，無論是「質性變異」，還是「想像變異」⑧，都屬於「想象」的範疇。

然而，無論是在 1910 年以前還是在此之後，胡塞爾都沒有完全侷限在「想象」概念所具有的這兩個含義上。這兩個含義實際上只代表了他在對想像的定義中的主要傾向。與他對感知的思考一樣，在對「想象」的思考中，胡塞爾同樣顯示出一定的動搖。這種動搖的原因一方面在於，胡塞爾希望能夠對「想象」所具有的各個含義做出進一步的規定，但在對「想象」概念的運用中卻不堅持已經對它做出的定義，這是一個技術方面的原因；另一方面的原因則是內容上的，胡塞爾在很長一段時間裡沒有能夠解決回憶的問題，或者說，沒有能夠解決「設定性想象」這個問題。

直到 1921 年至 1924 年之間，胡塞爾在對「想象」概念以及對回憶概念的規定中，才獲得了一個相當清楚的立場。他在研究中已經清楚地注意到問題所在：「想像或臆想這個詞具有兩種傾向的含義：(1) 一種含義趨向於再造（以及當下化一般），這樣，任何一個回憶都是想像，(2) 另一種含義趨向於行爲進行的方式，按照這種含義，感知性的臆想也是存在著的，而另一方面，回憶則不是臆想，不是想像」⑨。

爲了消除「想象」這個術語所具有的多義性，胡塞爾在這幾年中採取的措施之一便是將「中立性變化」或「不設定」這個含義與想像概念分離開來：「『中立性變化』這個措辭適合於課題的變化，但不適合於想像」⑩。儘管此時胡塞爾

的動搖似乎尚未完全消除，它尤其表現在「感知性的想像或臆想」[11]上，但他對「想象」的基本規定已經明朗：「想象」在胡塞爾那裡歸根結柢首先意味著當下化（或再造、再現、想像變異等等）。而當下化作為想象的本質又進一步劃分為設定的當下化（回憶、期待、真實性想像）和不設定的當下化（單純想象），以及再造的當下化和有圖像中介的當下化（圖像意識）[12]。對想像的這兩個劃分彼此相互交錯和疊加。

【注釋】 ①例如可以參閱 E. Husserl: *LU* II/2, A435/B₁465.　②*Ph. B. Er.* Hua XXIII (Den Haag 1980) 299, Anm. 4；對此可以參閱「現時性」與「非現時性」條目。　③*LU* II/2, A451/B₁487.　④*Ph. B. Er*...同上書，299, Anm. 4.　⑤*Zeitb.* Hua X (Den Haag 1966) 45.　⑥*Ph. B. Er*...同上書，87.　⑦同上書，589.　⑧參閱「想像變異」與「質性變異」條目。　⑨*Ph. B. Er*...同上書，591.　⑩參閱：同上；對此還可以參閱「課題」條目。　⑪參閱：*Ph. B. Er*...同上書，591.　⑫參閱：E. Marbach: "Einleitung des Herausgebers"，載於：Husserl: *Ph. B. Er*...同上書，XXX.

【文獻】 R. Bernet/I. Kern/E. Marbach: *Edmund Husserl: Darstellung seines Denkens* (Hamburg 1989).　E. Fink: *Studien zur Phänomenologie. 1930-1939* (Den Haag 1966).　E. Marbach: *Mental Representation and Consciousness. Towards a Phenomenology Theory of Representation and Reference* (Dordrecht u. a. 1993).　J. Sallis: "Spacing Imagination. Husserl and the Phenomenology of Imagination"，載於：P. J. H. Van Tongeren et al. (ed.), *Eros and Eris. Contributions to a Hermeneutical Philosophy. Liber amicorum for Adriaan Peperzak* (Dordrecht u. a. 1992) pp. 201-215.　P. Volonte: *Edmund Husserls Phänomenologie der Imagination* (Diss. Freiburg i. Br. 1995).

【相關詞】 Phantasieabwandlung 想象變化，Phantasieanschauung 想象直觀，Phantasiebewußtsein 想象意識，Phantasiebild 想象圖像，Phantasieerlebnis 想象體驗，Phantasieexperiment 想象實驗，Phantasiegegebenheit 想象被給予性，Phantasieeinheit 想象統一，Phantasiemodifikation 想象變異，Phantasieobjekt 想象客體，Phantasieprozeß 想象過程，phantasieren, Phantasievorstellung 想象表象，Phantasiewelt 想象世界。

-bloße Phantasie* 單純想象：

「單純想象」概念在胡塞爾那裡沒有得到前後一致的使用。從胡塞爾術語使用的整體來看，「單純想象」處在與「感知」概念的雙重對立之中，或者說，它是對感知的雙重「變異」。一方面在「單純想象」與感知之間存在著「質性變異」的差異[1]：「單純想象」意味著一種不帶有存在設定的想像行為，因而是一種「非現時性的當下化」[2]；另一方面，「單純想象」又是感知的「**想像**變異」[3]；它是「對一個現在、一個持續的或變化的對象性的想象表象」[4]。如果將這兩個意義結合起來，「單純想象」便意味著一種特殊的想像行為，即不帶有存在設定的想像：僅僅是想像而已。它構成「不設定」的一種類型。這是胡塞爾賦予「單純想象」概念的主要含義[5]。但胡塞爾有時只在第二個意義上使用「單純想象」概念，這時，「單純想象」也就是「想象」，它既包括帶有存在設定的想像，如回憶[6]，也包括不帶有存在設定的想像。

【注釋】①參閱「質性變異」條目。　②參閱：E. Husserl: *Ph. B. Er.* Hua XXIII (Den Haag 1980) 217.　③同上書，224.　④參閱「想像變異」條目。　⑤較為詳細的說明可以參閱「不設定」以及「想象」條目。　⑥參閱：*Ph. B. Er...* 同上書，41.

【文獻】L. Ni: *Seinsglaube in der Phänomenologie Edmund Husserls* (Dordrecht u. a. 1999).

-innere und äußere Phantasie* 內想象與外想象：

「內想象」與「外想象」是一對與「內感知」和「外感知」相對應的概念，它們與後一對概念一同構成「內直觀」與「外感知」的基本內涵[1]。

【注釋】①參閱：E. Husserl: *LU* II/1, B₁440.

Phantasievorstellung 想象表象：

「想象表象」是一個布倫塔諾心理學的術語[①]。胡塞爾在對「想象」的意向分析中也經常使用這個概念，並且是將它作爲「想象」的同義詞[②]。但由於「表象」概念具有多義性，因此「想象表象」也帶有多種含義[③]。胡塞爾本人將「想象表象」的基本意義概括爲：「(1) 想象表象（通常意義上的想象表象）是圖像性—再現的（bildlichrepräsentativ），並且同時意指的立義行爲，在這種行爲中有一個想像—客體在起作用；(2) 關於想像客體的表象（在變異了的意義上的想象表象）是關於想像客體的體現性的和意指的立義行爲；(3) 關於想像圖像的表象就是以上所定義的行爲，不同之處在於，我們現在明確將想像客體稱作圖像，亦即將它們看作是帶有再現功能的」[④]。

【注釋】①參閱：F. Brentano: *Grundzüge der Ästhetik* (Bern 1959) 79. ②參閱：E. Husserl: *LU* II/2, A566/B₂94, *Ph. B. Er*. Hua XXIII (Den Haag 1980) 140 等等。③參閱「表象」條目。同樣的問題也表現在「感知表象」概念上。對此還可以參閱「感知表象」條目。 ④ *Ph. B. Er...* 同上書，117f.

Phantasma* 想象材料：（英）phantasma（法）phantasme

「想象材料」在胡塞爾現象學中是指在想像行爲中包含的感性想象材料。他有時也將「想象材料」稱作「想象感覺」（Phantasieempfindung）[①]。在他看來，一個被想像的空間事物，即一個外想象的對象必定建立在想象材料（例如：被想像中的紅、長、硬等等感性材料）的基礎上。

一方面，胡塞爾在本質的意義上將「想象材料」嚴格區分於「感覺材料」；前者是指「外想象的展示性內容」，後者則是指「外感知的展示性內容」[②]。「想象材料並不是一個單純的、蒼白的感覺材料，按其本質來說，想象材料是關於相應的感覺材料的想像；此外，無論有關的感覺材料的強度、內容充盈等等怎樣被淡化，感覺材料也不能變成想象材料」[③]。胡塞爾在意向分析中還力圖揭示出它們之間的進一步本質區別：(1)「感覺材料」是「原印象性的感覺」，而「想象材料」則只是「再造性的感覺」[④]；(2)「感覺材料」是「原初的」，因而是「獨立

的」，而「想象材料」則不是，它奠基於前者之中，因此也依賴於前者⑤；(3)「感覺材料」具有「實在」、「現時」的特徵，而「想象材料」則只具有「非實在」、「非現時」的特徵⑥。

　　另一方面，「想象材料」又不同於想像行為本身：前者是被體驗到的行為內容，但本身不是行為；後者是行為本身，不能被體驗到，而只能被反思⑦。

【注釋】　①參閱：E. Husserl: *LU* II/2, *LU* II/2, A498/B₂26.　②同上書，A551/B₂79.　③ *Ideen* I, Hua III (Den Haag ³1976) § 112.　④ *LU* II/1, A468/B₁504.　⑤ *Ph. B. Er.* Hua XXIII (Den Haag 1980) 79.　⑥同上書，80.　⑦同上書，A468/B₁503f.

-sinnliche Phantasma 感性的想象材料：

　　「感性的想象材料」在胡塞爾那裡被用來專門指稱「外想象的展示內容」①，也就是外想象的材料。

【注釋】　① E. Husserl: *Ph. B. Er.* Hua XXIII (Den Haag 1980) 81.

Phase 時段：

　　在時間意識分析中，胡塞爾用「時段」概念來標識原印象、滯留、前攝這樣一些時間點（Punkt），所以他也說「點狀的時段」①。他認為，「每一個時段都是一個意向的體驗」②。而體驗流最終可以還原到原印象、滯留、前攝這三個時段上。正是由前攝到原印象再到滯留的連續過渡，才構成了綿延不斷的時間意識流：「第一個原感覺在絕對的過渡中流動著地轉變為它的滯留，這個滯留又轉變為對此滯留的滯留，如此等等。但同時隨著第一個滯留而有一個新的『現在』、一個新的原感覺在此，它與第一個滯留以連續一瞬間的方式相連結，以至於這河流的第二時段是這個新的現在的原感覺，並且是以前的現在的滯留，而第三個時段重新是一個帶有第二個原感覺的滯留的原感覺，並且是第一個原感覺的滯留的滯留，如此等等」③。

在胡塞爾意識分析的術語中，比時段更長、同時也是由時段所構成的是時間意識流的片段（Strecke）。

【注釋】① E. Husserl: *Zeitb*. Hua X (Den Haag 1966) [398].　②同上書，[470].　③同上書，[435].

Philosophie＊＊ **哲學**：（英）philosophy（日）哲学

胡塞爾的哲學觀之形成，一方面與他在數學—自然科學上所受的訓練有關，另一方面則更多地受其老師布倫塔諾的影響。他從布倫塔諾那裡獲得了一個信念，從而有勇氣選擇作爲其終生的職業，這個信念就是：「哲學也是一個嚴肅工作的領域，哲學也可以並且也必須在嚴格科學的精神中受到探討」①。這個信念不僅時常在他的研究手稿中出現：「哲學就是指向絕對認識的意向」②，而且也在他的「現象學宣言」中，即在〈哲學作爲嚴格的科學〉的論文中得到公開的表露：「哲學就其本質而言是關於眞正開端、關於起源、關於萬物之始的科學」③。

將這個哲學觀加以展開，它便意味著，一方面向最終論證、最終奠基的回溯被理解爲向認識主體的「意義給予」之成就的回溯④，這種回溯是直接進行的，自身負責的，任何間接的中介都必須被排除在外。另一方面，在獲得了經過最終論證的眞理之後，哲學的任務還在於，將這種眞理付諸於實踐，並且根據這種眞理而承擔起主體性的責任與義務，這也是一門哲學倫理學和價值論的中心任務。

胡塞爾的哲學觀在他的以下的文字中得到最簡明扼要的陳述：「就哲學的觀念而言，哲學對我來說是最普全的、並且在澈底意義上的『嚴格』科學。作爲這樣一種嚴格的科學，哲學是源自最終論證的科學，或者也可以說，源自最終自身負責的科學，因此，在哲學中，任何判斷的和前判斷的自明性都不能作爲未經探問的認識基地而發生效用」⑤。

胡塞爾一生從未放棄過這個哲學觀和哲學信念⑥。從這個哲學信念出發，胡塞爾畢生致力於建立一門眞正的科學的哲學。他認爲，以往的哲學都不能滿足科學性的要求，都還不是眞正的哲學。科學的哲學將以現象學爲其開端⑦。

【注釋】① E. Husserl: *Aufs. u. Vort. (1911-1921)*, Hua XXV (Dordrecht u. a. 1987) 305. ② Ms. B II 19, 42. ③ *Aufs. u. Vort.*, 同上書，61. ④ *Ideen* I, Hua III (Den Haag ³1976) 55. ⑤ *Ideen* III, Hua V (Den Haag 1952) 139. ⑥ 根據胡塞爾本人在 1935 年期間所做的一個筆記「哲學作爲科學，作爲嚴肅的、嚴格的、甚至是絕然嚴格的科學——這個夢已經破滅」〔*Krisis* Hua VI (Den Haag ²1962) 508〕，許多人認爲胡塞爾在其後期放棄了對哲學的科學性之要求。關於這方面的批評例如可以參閱：St. Strasser: "Das Gottesproblem in der Spätphilosophie Edmund Husserls"，載於：*Philos. Jahrbuch* 67 (1959) 132f.; W. Szilasi: "Nachwort" zu E. Husserl: *Philosophie als strenge Wissenschaft* (Frankfurt/M. 1965) 87, 101; H. Hohl: *Lebenswelt und Geschichte. Grundzüge der Spätphilosophie Edmund Husserls* (Freiburg/München 1962) 78, L. Landgrebe: "Husserls Abschied vom Cartesianismus", in *Der Weg der Phänomenologie* (Gütersloh 1967)，以及其他等等。但高達美早已指出這個解釋是錯誤的，對此可以參閱 H. -G. Gadamer: "Die phänomenologische Bewegung"，載於：*Philosophische Rundschau* 11 (1963) 25；此外還可以參閱：*P. Janssen: Geschichte und Lebenswelt. Ein Beitrag zur Diskussion um Husserls Spätwerk* (Den Haag 1970) XXfff. Anm. 16 u. 142 Anm. 8; E. W. Orth: "Husserl und Hegel. Ein Beitrag zum Problem des Verhältnisses historischer und systematischer Forschung in der Philosophie"，載於：W. Biemel (Hrsg.): *Die Welt des Menschen-Die Welt der Philosophie. Festschrift für Jan Patocka* (den Haag 1976) 217 Anm. 10. 尤其參閱 K. -H. Lembeck: *Gegenstand Geschichte. Geschichtswissenschaftstheorie in Husserls Phänomenologie* (Dordrecht u. a. 1988) 54, Anm. 18，他在這裡指明，胡塞爾於 1935 年 7 月 10 日寫給 R. 英加登的信〔參閱：Husserl: *Briefe an Roman Ingarden, hrsg.* v. R. Ingarden (Den Haag 1968) 92f.〕提供了一個清楚的證據，說明胡塞爾的這個筆記只是對當時流行觀點的一個短評。 ⑦ *Aufs. u. Vort*, 同上書，3.

【文獻】P. -L. Landsberg: «Husserl et l'idée de la philosophie»，載於：*Revue internationale de philosophie* I/2 (1939) 317-325. O. Pöggeler: "Die Krisis des phänomenologischen Philosophiebegriffs (1929)"，載於：C. Jamme/O. Pöggeler (Hrsg.): *Phänomenologie im Widerstreit. Zum 50. Todestag Edmund Husserls* (Frankfurt a. M. 1989) 255-276.

【相關詞】Philosoph 哲學家，Philosophem 哲學論斷、哲學教理，philosophia perennis 永恆的哲學，Philosophiegeschichte 哲學史，Philosophieren 哲學之從事、哲思，philosophisch 哲學的。

-die Erste und die Zweite Philosophie ＊＊ 第一哲學與第二哲學：

「第一哲學」與「第二哲學」的概念起源於亞里斯多德對「形上學」與「物理學」的劃分。在亞里斯多德看來，「形上學」作爲本體論所探討的是存在之物的第一原則和原因，因而是「第一哲學」[①]。後來這個劃分，尤其是「第一哲學」的概念也在經院哲學、笛卡兒、康德的哲學中得到繼承和發揮。

胡塞爾所使用的「第一哲學」與「第二哲學」概念已經偏離了亞里斯多德的傳統含義。他將「第一哲學」定義爲「一門開端性的科學學科」，「這門學科由於內在的、不可化解的必然性而必須先行於所有其他哲學學科，並且必須在方法上和理論上爲所有其他哲學學科奠基」[②]。只有在「第一哲學」的基礎上才能建造起作爲「眞正的、在理性方法中進行解釋的事實科學之總和」的「第二哲學」[③]。在這個意義上，胡塞爾的「第一哲學」與「第二哲學」概念涉及到哲學的本質科學與哲學的事實科學的關係問題。

儘管胡塞爾在其一生的哲學研究中將重點放在「本質科學」的「本質研究」上，但他早在《純粹現象學與現象學哲學的觀念》第一卷（1913 年）期間，便已經開始關注「事實性認識」的問題。胡塞爾將他自己的現象學哲學理解爲在柏拉圖和笛卡兒傳統意義上的透過澈底的自身論證而得以成立的「**普全哲學**」，它應當將**所有**眞正的認識都包含在自身之中[④]。換言之，「至今爲止的哲學所考慮的任何一個有意義的問題，任何一個可想像的存在問題一般，都會爲超越論現象學在其道路上所達及」，這些問題也包括「在社會性中、在較高層次的人格性中的人類此在的本質形式」[⑤]等等。在這個意義上，現象學不僅包含「第一哲學」，而且也包含「第二哲學」。「第一哲學」在這裡是指「本質現象學」、「先天現象學」或「超越論現象學」[⑥]，它所從事的是純粹的可能性，它本身也可以再被劃分爲「質料本體論」與「形式本體論」[⑦]。「第一哲學」構成現象學的第一階段，一門侷限在唯我論上的本我論[⑧]，而「第二哲學」則意味著「一門普全的事實科學」、「一門事實存在的哲學」[⑨]或「一門綜合地包容所有事實的超越論交互主體性的普全科學」[⑩]，胡塞爾也將它稱之爲「在一種新的意義上的形上學」[⑪]，它是對「第一哲學」的具體實施，它探討在事實性單子領域中出現的偶然事實性問題，如死亡、命運、人類生活乃至歷史的意義，探討「倫理─宗教」問題等等[⑫]。

　　在方法上，「第一哲學」的特徵是描述，即對本質要素和它們之間的本質聯繫的描述，而「第二哲學」的特徵則是「解釋」，即從本質可能性出發對事實的現時化過程的解釋⑬。因此，「超越論現象學」其所以為「第一」，不僅是因為它在其方法論證中可以回溯到自身，而且還在於，「第二哲學」的方法基礎必須由「第一哲學」來提供⑭。「所有事實之物的合理性都包含在先天之中。先天科學是關於原則的科學，事實科學必須回溯到原則之上，然後才能獲得最終的和原則的論證」⑮。

　　「本質」與「事實」之間以及「本質科學」與「事實科學」之間的這種奠基關係，在胡塞爾那裡基本上沒有受到過懷疑。只是在後期，胡塞爾才在這個問題上有過一些動搖。問題在於，**「沒有作為事實自我的超越論自我，超越論自我的本質是無法想像的」**⑯。胡塞爾在這裡趨向於將「事實自我」及其歷史世界看作哲學研究的出發點，這在某種程度上與海德格的事實性解釋學形成一致。但胡塞爾本人最終沒有能夠對本質和事實之間的關係提供系統的回答。

【注釋】① Aristoteles: *Metaphysik*, E 1, 1025b. ② E. Husserl: *Erste Philos*. I, Hua VII (Den Haag 1956) 5. ③同上書，13f. ④參閱：*Phän. Psych*. Hua IX (Den Haag 1962) 298. ⑤ *Krisis* Hua VI (Den Haag ^{2}1962) 191. ⑥參閱：同上書，以及：*Erste Philos*. I... 同上書，13，*CM* Hua I (Den Haag ^{2}1963) 193. ⑦參閱：*CM* ... 同上書，193. ⑧同上。 ⑨參閱：同上。 ⑩ *Phän. Psych*... 同上書，298. ⑪ *Erste Philos*... 同上書，188. ⑫ *CM* ... 同上書，182. ⑬ 參閱：*Ideen* I, Hua III (Den Haag ^{3}1976) § 79, *Erste Philos*. I... 同上書，13f. ⑭ 參閱：*Phän. Psych*... 同上書，299. ⑮ *CM* ... 同上書，181. ⑯ *Inters*.III, Hua XV (Den Haag 1973) 385.

【文獻】G. Funke: "Transzendentale Phänomenologie als erste Philosophie"，載於：*Studium generale* 11 (1958) 564-582, 632-646. M. Farber: "First Philosophy and the problem of the world"，載於：*Philosophy an phenomenology* 23 (1962-1963) 315-334. R. Boehm: "Die 'Erste Philosophie' und die Wege zur Reduktion"，載於：ders. *Vom Gesichtspunkt der Phänomenologie* (Den Haag 1968) 119-140.

Philosophiegeschichte (Geschichte der Philosophie) * 哲學史：

　　胡塞爾對哲學史的論證並不完全是從哲學史本身的理由，而更多地是從他本人之哲學觀的理由出發。胡塞爾對哲學史的思考最爲概括地表露在他以下的闡釋中：「自『認識論』以及超越論哲學的嚴肅嘗試產生以來的整個哲學史，都是客體主義哲學與超越論主義哲學的嚴重分裂的歷史；這個歷史一方面是不斷地試圖堅持客體主義並賦予它以新的形態的歷史，另一方面也是超越論主義試圖克服超越論主體性觀念，以及對此所需之方法自身所帶有的困難的歷史。對哲學發展的這個內部分裂之澄清以及對哲學觀念的這種最澈底變化的最終動機之分析是最爲困難的。它才提供了對統化著整個近代哲學史形成的**最深刻的意義**的明察：一種連結著世代哲學家的意志統一，以及對在這種意志統一中隱含著的所有個別主體的和學統的追求意向。……這是一種——指向作爲**現象學**的——超越論哲學之**終極形式**的意向」[①]。換言之，從古希臘哲學的原創造（歐洲精神的誕生），到超越論現象學的產生形成，都有一個目的論的統一意義貫穿在整個哲學史的所有體系嘗試之中[②]。在這個意義上，哲學史作爲主體性對自身目的之反思的歷史，在現象學這裡達到了終極目的，因而超越論現象學可以將自身理解爲「整個近代哲學的隱祕嚮往」[③]。但另一方面，這並不意味著哲學作爲「哲學本身」的歷史在現象學這裡達到了終點。恰恰相反，作爲「第一哲學」的超越論現象學提供了對這個意義上的哲學的眞正「突破」，即一門「永恆的哲學」（philosophia perennis）的開端[④]。而以往的整個哲學史作爲人類哲思的歷史[⑤]，在胡塞爾看來都還只是眞正哲學的前史[⑥]。

　　據此，隨「哲學史」概念在胡塞爾那裡所具有的含義不同，現象學既可以被看作是「哲學史」的「終極形式」，也可以被看作是「哲學史」的「眞正開端」。

【注釋】① E. Husserl: *Krisis* Hua VI (Den Haag ²1962) 71. ②同上書，115. ③ *Ideen* I, Hua III (Den Haag ³1976) 133. ④ *Krisis*... 同上書，7，*Erste Philos*. I, Hua VII (Den Haag 1956) 6. ⑤ *Krisis*... 同上書，16. ⑥ *Erste Philos*. I... 同上書，6.

【文獻】R. Sokolowski: "Husserl's interpretation of the history of philosophy"，載於：*Franciscan studies* 24 (1964) 261-280. A. Ponsetto: *Die Tradition in der Phänom- enologie Husserls. Ihre Bedeutung für die Entwicklung der Philosophiegeschichte* (Meisenheim a. G. 1978).

Positionalität (Position)＊＊ 立場性（立場）：（法）positionalité、position（日）設定立性

在胡塞爾的術語中，「立場性」是指意識對意識對象之存在與否持有立場，或者說，對對象的存在做出「設定」或「執態」。胡塞爾也將它稱作「現實性設定」[①]。與它相對應的概念是「中立性」（Neutralität）。胡塞爾的分析表明，帶有「立場性」或「存在設定」的意識行爲相對於「中立性」的行爲而言是奠基性的行爲，所有「中立性」都是「存在信仰之確然性」的變異[②]。在這個意義上，「中立性」實際上也可以說是對「立場性」的「中立性變異」（Neutralitätsmodifikation）。除了「設定」（Setzung）之外，與「立場（性）」基本同義的還有源於希臘文的「命題」（θέσις）以及德文的「執態」（Stellungnahme）等等。

【注釋】①參閱：E. Husserl: *Ph. B. Er.* Hua XXIII (Den Haag 1980) 403.　②參閱：*EU* (Hamburg ⁴1972) § 21, E. Tugendhat: *Wahrheitsbegriff bei Husserl und Heidegger* (Berlin 1967) 41.

【相關詞】positional 立場的，Position 立場。

posotiv/Positivismus 實證的／實證主義：

胡塞爾並未對在他那個時代已經流行的實證哲學或實證主義思潮進行過系統的分析和論辯。從整體上看，他把近代以來的以自然科學方式進行的科學研究都理解爲「實證的」[①]。對於這個意義上的實證科學，胡塞爾持有批判的態度，他反對那種主張嚴格科學只能是實證科學的觀點。他認爲，「實證科學的範圍越是延展，哲學的困境也就變得越大。實證科學贈與我們以極爲豐富的、得到科學『解釋』的各種事實，這些事實不能爲我們提供幫助，因爲它們原則上——連同整個科學——都帶有一個謎的維度，對這些謎的解答將成爲我們的終生問題」[②]。

除此之外，胡塞爾還在另一種積極的意義上談及「實證」和「實證主義」。在此意義上，現象學也是一門實證意義上的哲學。例如在論及休謨時，胡塞爾指出，「倘若休謨的感覺主義沒有使他對『關於⋯⋯的意識』的意向性之整個領域

變得盲目，倘若他將意向性接納到本質研究之中，那麼他將不會成為一個偉大的懷疑論者，而會成為一門真正『實證』的理性理論的創始人」③。這門真正「實證的理性理論」是在現象學中得到建立的，它意味著一種實證科學，即「在世界喪失性中的科學。必須首先透過懸擱喪失世界，然後在普全的自身思義中重新獲得它」④。據此，現象學也可以作為「真正的實證主義」而對立於「偽稱的實證主義」：「哲學走得還不夠遠，它還不夠科學，因而還不能透過真正的積極主義（Positivismus）來克服那種〔自稱為實證主義（Positivismus）的〕懷疑的消極主義（Negativismus）」⑤，如此等等。

【注釋】①參閱：E. Husserl: *CM* Hua I (Den Haag ²1963) 4f.　② *Aufs. u. Vort. (1911-1921)*, Hua XXV (Dordrecht u. a. 1987) 55. 胡塞爾在這裡還把實證主義（以及實用主義）看作是相對主義的代表。　③同上書，34。　④ *CM* ...39, 183.　⑤ *Aufs. u. Vort.*, 同上書，60.

Potentialität* 潛能性：（法）potentialité（日）潛在性

「潛能性」在胡塞爾術語中是與「非現時性」相平行，與「現時性」（Aktualität）相對應的概念。「潛能性」既可以是指意向活動進行的非現時性，也可以是指在意向活動中被構造的意向相關項之存在的非現時性。更確切地說，從意向活動角度來看，與「現時性」相對應的是作為「權能性」的「潛能性」；而從意向相關項的角度來看，與「現時性」相對應的則是作為「可能性」的「潛能性」。胡塞爾將這個意義上的「潛能性」看作是意向分析的一個重要對象，他甚至認為：「意向分析就是對現時性和潛能性的揭示，對象正是在這些現時性和潛能性中作為意義統一而構造起自身」①。

「潛能性」和「現時性」的對應不僅與行為的進行有關，而且也與行為中某個因素或行為的某種樣式的存在狀態有關，例如：一個行為所具有的對其對象之存在的「現實」與「潛能」設定等等②。

正如行為的「現時性」具有雙重含義（「原本性」與「立場性」）一樣③，行為的「潛能性」，或者說，「潛能性意識」④也具有「非原本性」和「不設定性」（「中立性」）的含義差異。

【注釋】①參閱：E. Husserl: *CM* Hua I (Den Haag ²1963) 19. ②參閱：*Ideen* I, Hua III (Den Haag ³1976) § 113. ③較爲詳細的說明可以參閱「現時性」與「非現時性」條目。 ④同上書，264.

【文獻】K. Wiegerling: *Husserls Begriff der Potentialität. Eine Untersuchung über Sinn und Grenze der transzendentalen Phänomenlolgie als universaler Methode* (Bonn 1984).

Prädikation (prädizieren)＊＊ 述謂（作用）：（英）predication、to predicate（法）prédication（日）述定

　　無論是在早期的《算術哲學》和《邏輯研究》中，還是在後期的《形式的與超越論的邏輯學》和《經驗與判斷》中，胡塞爾的現象學分析操作都在意向分析和語言分析的交織中進行。邏輯學的出發點和中心課題是述謂判斷①。一方面，從意向分析的角度來看，「述謂」是指**對象性**判斷的行爲，而在「述謂」過程中作爲「謂詞」出現的同一之物在這裡被理解爲「一種新型的對象性，一種理智的對象性」②。「對象性」在這裡不僅僅是指「對象」，而且意味著對象的狀態、活動（謂詞）。這種對象性也相當於胡塞爾通常所說的一個事態（Sachverhalt）而非實事（Sache）③。換言之，「述謂」可以被看作是與廣義上的「客體化」或「對象化」相平行的術語。另一方面，從語言分析的角度來看，「述謂」意味著「陳述」④，或者說，「論題行爲」⑤，它們不同於「名稱」或「稱謂行爲」。前者與對一個事態的表述有關，後者只是對一個實事的命名。「述謂」在語言分析中與「命名」的差異類似於「述謂判斷」在意向分析中與「表象」的差異；它們都是在「質性屬」本身之中的本質差異⑥。胡塞爾在後期特別強調，「述謂判斷」最終奠基於「前述謂的經驗」之中，換言之，任何「判斷」最終都可以回溯到「經驗」之上⑦。胡塞爾由此而將邏輯學（超越論邏輯學）的範圍擴展到判斷以外，直至最原初的經驗領域。

【注釋】①參閱：E. Husserl: *EU* (Hamburg ⁴1972). ②同上書，391f. ③較爲詳細的說明可以參閱「對象性」和「判斷」條目。 ④參閱：*LU* II/1, A416/B₁445. ⑤較爲詳細的說明可以參閱「行爲」條目下的「稱謂行爲與論題行爲」子條目。

⑥參閱：*LU* II/2, A445/B₁477.　⑦整個《經驗與判斷》都可以被看作是對這個命題的分析論證，尤其可以參閱該書的 § 1, §§ 6f.

【文獻】 L. Eley: "Phänomenologie und Sprachphilosophie", Nachwort zu E. Husserl: *Erfahrung und Urteil. Untersuchung zur Genealogie der Logik* (Hamburg 1985) 479-518.

【相關詞】 prädikativ 述謂的，prädizieren 述謂，vorprädikativ 前述謂的。

Praktik 實踐論：（英）theory of practice、practice（日）実践論

雖然胡塞爾在其生前發表的著作中主要關注理論理性的研究，即探討認識的可能性問題，但自 1906 年起，胡塞爾便設想在「理性批判」的總標題下對「邏輯理性、實踐理性、評價理性」進行系統的批判①。這個設想後來在他哲學發展的過程中也得到部分地實現。「實踐論」是胡塞爾超越論現象學理性批判的一個重要課題。形式的實踐論與形式的價值論一同構成一門科學的倫理學的第一階段和基礎②。

【注釋】①參閱：E. Husserl: "Persönliche Aufzeichnungen", hrsg. von W. Biemel，載於：*Philosophy and Phenomenological Research* XVI, No.3 (1956) 297f.　②對此還可以參閱「倫理學」條目；參閱：E. Husserl: *Ideen* I, Hua III (Den Haag ³1976) 269.

【文獻】 Ch. Spahn: *Phänomenologische Handlungstheorie. Edmund Husserls Untersuchungen zur Ethik* (Würzburg 1996).

Präsentation＊＊ 體現：（日）現前化

「體現」（當下擁有）①在胡塞爾的現象學中被用來最普遍地指稱某些突出的經驗種類的意向狀態，這些經驗類型有：

(1) 現象學研究本身所要求的那種認識，即：「指明」、「直觀」、「本原經驗」。在這個意義上，「體現」就意味著明見性②。

(2) 那種在構造上不再是被奠基的，而是奠基性的經驗，即經驗的原樣式，

就這種原樣式來看，其他形式的經驗都可以被理解爲變更③。胡塞爾喜歡將感性感知行爲中的內時間意識④看作是這種經驗的一個現象學範例。在這裡，「體現」便意味著一種由原印象、滯留、前攝所組成的現時體驗⑤，在這個體驗中被意識到的是一個在「現前」（Präsenz）領域的統一性中的感性雜多性⑥。

【注釋】① E. Husserl: *Krisis* Hua VI (Den Haag ²1962) 162. ② M. Heidegger: *Sein und Zeit* (1927, ⁹1960) 363. ③例如可以參閱：Husserl: "Appräsentation als Modifi-kation von Präsentation"，載於：*CM* Hua I (Den Haag ²1963) § 50, 139；還可以參閱：*Ideen* II, Hua IV (Den Haag 1952) 162ff. ④ *F. u. tr. Logik* Hua XVII (1974) 141, 278; *CM* ... 同上書，§ 55、150；*Krisis*... 同上書，107. ⑤ *Zeitb*. Hua X (Den Haag 1966) § 16f., 38ff.；參閱：107. ⑥ *Krisis*... 同上書，162. (K. Held)

【補充】 感知的特徵是「體現」①，即直接原本地給出對象的能力。但感知（尤其是外感知）並不完全由「體現」所組成。我們只能說，「體現」是在感知中眞正配得上感知稱號的那些部分。感知的另一些部分由「共現」（Appräsentation）組成，它們已經不再是對對象的當下擁有，而只是對對象的當下化，也可以說，感知中所包含的「共現」已經不再是「體現」，而只是另一種形式的「代現」（Repräsentation）了。

【注釋】①參閱：E. Husserl: *LU* II/2, A551/B₂79.

Präsenz* 現前：（英）presence（日）現前

「現前」是胡塞爾後期使用的一個與「當下」（Gegenwart）相平行的概念①。它意味著在「體現」（感知）中一個事物的眞正原本、切身被給予的部分。連同「現前」一起被給予或被共現的是這個事物的「事物領域」，即可能的「內視域」和「外視域」②，它們構成「現前」的對應項。

【注釋】① E. Husserl: *Krisis* Hua VI (Den Haag ²1962) 163. ②參閱：同上書，165；G. Brand 將「內視域」方面的「一同被意識到」標識爲「共現」（Appräsenz），

而「外視域」方面的「一同被意識到」則被他稱之爲「同現」（Kompräsenz）〔參閱：G. Brand: "Horizont, Welt, Geschichte"，載於：*Phänomenologische Forschungen* 5 (1977) 30〕。

Präsumption (Präsumtion) * 預設：（法）Présomption

胡塞爾在《純粹現象學與現象學哲學的觀念》第一卷中用「預設」這個術語來標識「事物世界」（Dingwelt）的特徵：「所有那些在事物世界中對我來說此在的東西，原則上只是**預設性的現實**」①。這是因爲在對事物的經驗（Dingerfahrung）中不僅包含著「體現性的東西」，而且也必然地、必不可少地包含著「共現性的東西」；這種「共現性的東西」，例如：被看到的寫字桌的背面，並沒有切身地被給予我，但卻一同被意指，一同被包含在寫字桌的整個意向之中。在這個意義上，對寫字桌的經驗（外感知）始終帶有「預設」。通常所說的在事物經驗中包含「超越」，無非就是指這種「預設」，它「從屬於所有世界之物的本己意義」②。甚至「自在的眞實世界」本身就是一個「必然的預設」③。

從這個角度來看，對「他人」的經驗，亦即「異己經驗」（Fremderfahrung）也應當被看作是帶有「預設」的意識行爲；在這裡，「被體現的」是他人的身體（物理方面），而他人的心靈（心理方面）則永遠只能「被共現」，即隨他人的身體而一同被給予，一同被意指。

在後期的《笛卡兒的沉思》中，胡塞爾甚至還指出，「超越論自我」對其本身的「自身經驗」（Selbsterfahrung）也帶有「預設的特徵」④。這裡的「預設」涉及到在反思與生活之間的必然間距⑤。它表現在：自我本身是在流動中的意識，它在其自身經驗中只能直接地、相應地把握到它的活的生活當下，而無法直接地、相應地把握到它的已時間化了的生活過去和將時間化的生活未來⑥。換言之，自我的當下雖然是「被體現的」，但它的過去、未來以及與此相關的習性則只能「被共現」。就此而論，在自我的自身經驗中同樣包含「預設」。胡塞爾認爲，在自我的被給予方式中所帶有的這種「預設特徵」也會帶來「可能的迷惑」⑦。他在《笛卡兒的沉思》中所要澄清的問題之一便是：「超越論自我對其自身所產生的迷惑會伸展得多遠，並且，儘管有這種迷惑，（超越論自我的）絕對無疑的

存在會伸展得多遠？」⑧

此外，「Präsumtion」是「Präsumption」的異體詞，前者出現在《現象學的心理學》中，後者則出現在《純粹現象學與現象學哲學的觀念》與《笛卡兒的沉思》中⑨。對它們兩者的使用都是合理的。

【注釋】① E. Husserl: *Ideen* I, Hua III (Den Haag ³1976) 98.　② *CM* Hua I (Den Haag ²1963) 65.　③ *Phän. Psych*. Hua IX (Den Haag 1962) 125.　④ *CM* ... 同上書，62.　⑤對此可以進一步參閱「反思」條目。　⑥ K. Held: *Lebendige Gegenwart. Die Frage nach der Seinsweise des transzendentalen Ich bei E. Husserl, entwickelt am Leitfaden der Zeitproblematik* (Den Haag 1966) 79ff.　⑦ Husserl: *CM* ... 同上書，62.　⑧同上。　⑨分別參閱：*Phän. Psych*... 同上書，125，*Ideen* I... 同上書，98、453，*CM* ... 同上書，62.

【相關詞】präsumieren 預設的，präsumptiv 預設性的。

Primordialität/primordial (primordinal)＊＊ 原眞性／原眞的：

（日）原初的

胡塞爾在其交互主體性現象學研究中經常使用「原眞」概念，它原則上可以透過更爲常見的「原本」（original）或「自身被給予」（selbstgegeben）而得到規定；它意味著「最可想像的原本性」①或「可想像的原初自身被給予性」②。但在「原眞」與「原本」之間仍然有細微的區別，儘管胡塞爾常常將它們等義使用。「原眞」始終是在與「自我」的相互關係中出現，因此，「原眞」還帶有「本己」（eigen）的含義，而且它們在胡塞爾那裡也是同義詞，與它們相對應的概念是「異己」（fremd）；而「原本」則獨立於這種相互關係，它僅僅表示一種被給予方式，與它相對應的概念應當是「再造」（reproduktiv）。

耿寧在其 2011 年的奧斯陸講座中指出：「在 1934 年 1 月的一個文本中，胡塞爾區分了第一、第二和第三的原眞性，我當下的意識生活在第一原眞性中被給予我，我被回憶的意識生活在第二原眞性中被給予我，而被同感的他人的意識生活在第三原眞性中被給予我（Hua XV, Beil. L, S. 641）。在另一個我現在還沒找到的文本中，胡塞爾甚至在我當下意識生活的第一原本性內部區分了現在源點

（Quellpunkt des Jetzt）的『絕對原眞性』——在原印象中被給予，相對於『剛剛過去』（Soeben）——在滯留中被給予，以及即將到來——在前攝中被給予。在我的意識生活中，在原印象、滯留和前攝中被給予我的都是第一原眞性。」耿寧接下來還特別強調：「胡塞爾的現象學術語始終要在它們的語境中被理解」③。

此外，在《胡塞爾全集》中時常出現的「primordinal」一詞，實際上是「primordial」的別字，它是對相應的希臘文原文的錯誤翻譯④。

【注釋】① E. Husserl: *Inters.* III, Hua XV (Den Haag 1973) 10.　② *CM* Hua I (Den Haag ²1963) 133.　③參閱耿寧：《胡塞爾的交互主體性現象學》，未發文稿，郁欣譯，中譯本，頁 11。　④參閱：K. Held: "Einleitung"，載於：Husserl: *Phänomenologie der Lebenswelt. Ausgewählte Texte Husserls* II (Stuttgart 1986) 294.

【相關詞】 primordiale Natur 原眞自然，primordiale Subjektivität 原眞主體性，Primordialkörper 原眞軀體，Primordialität 原眞性，Primordialsphäre 原眞領域。

Primordialsphäre (Primordinalsphäre)＊＊ 原眞領域：（日）原初領域、第一次領域

在《笛卡兒的沉思》的第五沉思以及其他討論我們對他人之經驗（對其他主體的意識）的文字中，胡塞爾以一種特殊的「還原」或課題懸擱爲出發點。胡塞爾以還原的方式回溯到原眞的意識之上，然後在這個有限的超越論領域內分析那些對他人之經驗的動機與聯繫。但這個被稱作原眞領域的有限領域具有兩個不同的含義或兩個不同的範圍，它們常常（例如在第五沉思中）被混雜在一起。在第一個意義上，這個領域是一個唯我論經驗的領域，這些經驗是對其他意識及其意向相關項（及其客體）之同感的動機基礎。這個基礎領域是一個原本被給予性的領域或一個直接被感知的客體領域，在它之中同樣也包含空間事物，例如他人的物理軀體，也包含心理─物理的實在，例如本己的軀體。所有這些直接被經驗到的客體在這個層次上都還不具有交互主體的意義，而問題在於，在這個直接被感知的客體領域中如何會引發，並且在經驗的進一步進程中如何會論證那種對一些不是直接被感知而且不能直接被感知的客體（即關於他人及其意向客體）的「同感」和「理解」。在第二個意義上，原眞領域被定義爲原本性或直接的被給予

性，但這個定義所說明的無非是這個領域的作用在於為同感提供了動機基礎，因為同感作為我的本己行為是一同被包含在這個領域之中的。但在這個領域中，卻並不包含這些同感行為的意向相關項（客體），亦即其他的主體（意識）以及**它們的**意向相關項，因為其他人的意識永遠不會被直接地或原本地感知到，它們只是在對那些直接被感知事物的意指中被指示出來（被統握到）。「原真領域」的這個第二意義也就意味著那個被胡塞爾稱作單子或單子自我的東西。儘管這是一個極為重要的和富有成效的設想，它所表明的仍然是一個抽象，即一個無法獨立存在的實在，因為，根據胡塞爾自己的理論，一個意向行為，例如同感，並不會與它的意向相關項，例如他人的意識及其意向相關項相脫離[1]。

【注釋】①關於「原真領域」的概念還可以參閱「交互主體性」條目。

【文獻】A. Schütz: "The problem of transcendental intersubjectivity in Husserl"，載於：*Collected Papers* III (Den Haag 1966) 51-91. M. Theunissen: *Der Andere. Studien zur Sozialontologie der Gegenwart* (Berlin 1965). G. Römpp: *Husserls Phänomenol. der Intersubjektivität* (Dordrecht u. a. 1991). J. G. Hart: *The Person and the common life. Studies in a Husserlian Social Ethics* (Dordrecht u. a. 1992). (I. Kern)

〔補充〕「原真領域」是胡塞爾為了構建其異己經驗理論而引入的術語。如何在我的純粹的、超越論的本我經驗領域中思考他人的構造，這個問題使得在此經驗領域內的一種「課題還原」成為必要，在這種還原中進行著一種抽象，即從所有其他意向性中抽象出來，同時我的那些與異己主體性有關的意向性在這裡也被忽略不計。胡塞爾認為，這種「抽象的對異己者之意義排斥」是為了澄清交互主體性而需要在方法上邁出的第一步，它會導向原真領域，這個原真領域被理解為僅只是我的本我的各個意向性的聯繫，這個我的本我的世界是一個「原真的超越」，即不帶有——只能交互主體地構造起來的——客觀之物意義的世界現象的一個統一層次[1]。這個原真領域因而只是將世界展示為一個「自身本己之物的宇宙」，一個僅僅構造在我的各種現時的和潛能的意向性之中的宇宙。在這個宇宙中只包含著作為定向中心的我的本己身體和我在時空中的人格自我連同所有那些被構造的統一，它們僅僅從我之中獲取其對象意

義②。在我的這個原眞領域中，他人按階段地構造起自身；他人首先只是作爲軀體而被給予，透過從我身體而來的統攝性轉渡，它對我來說成爲身體，然後透過共現和同感，它對我來說成爲在原本經驗中可及的「異己者」。由於它本身可以被看作是一個帶有我所帶有之世界的自我，因此作爲他我的他人之構造也意味著我的自身和我的原眞領域的一個變異；我連同我的世界是透過他人而構造起來的，就像他和他的世界是透過我而構造起來的一樣③。——但是，由於在這裡並沒有現實地爲在本己自我和異己自我的構造中提供相互蘊含的保證，並且本己自我始終還是本原的構造者，因此胡塞爾後來試圖嚴格地以一種與本己本我之存在有效性的「同現」（kompräsent）方式來理解其他自我的存在有效性，也就是說，透過與本己本我構造的類比，這種構造是透過自身時間化而得以進行的，原眞領域，即以前還在在先被給予（vorgegeben）的時間性中可見的那個原眞領域，也是從這種自身時間化中才被構造出來④。

【注釋】① E. Husserl: *CM* Hua I (Den Haag ²1963) 124-129. ②同上書，129-134. ③同上書，144；*Erste Philos.* II, Hua VIII (Den Haag 1959) 137ff. 436ff.; *F. u. tr. Logik* Hua XVII (1974) 210ff. ④ *Krisis* Hua VI (Den Haag 1956) 189.

【文獻】 K. Hartmann: *Husserls Einfühlungstheorie auf monadol.Grundlage.* (Diss. Bonn 1953). A. Schütz: "Das Problem der transz. Intersubjektivität bei Husserl"，載於：*Philosophische Rdschau* 5 (1957) 81-107; "Husserl's importance for the soc. Sciences"，載於：*Edmund Husserl (1859-1959)* (Den Haag 1959) 86-98. D. Sinn: *Die transzendentale Intersubjektivität mit ihren Seinshorizonten bei E. Husserl* (Diss. Heidelberg 1958). H. Zeltner: "Das Ich und die Anderen. Husserls Beitrag zur Grundlegung der Sozialphilosophie"，載於：*Zeitschrift für philosophische Forschung* 13 (1959) 288-316. E. Ströker: "Das Problem der Epoché in der Philos. E. Husserls"，載於：*Analecta Husserliana* 1 (1971) 170-185; *Phänomenologische Studien* (1987) 35-53; dies.: *Husserls transzendentale Phänomenologie* (1987) 130ff. N. -I., Lee: "Der Begriff der Primordialität in Husserls Fünfter Cartesianischer Meditation", in: H. Hüni/P. Trawnz (Hrsg.): *Die erscheinende Welt - Festschrift für Klaus Held*, Berlin 2002, S. 675-696.

Privation 缺失：

「缺失」作爲哲學概念通常是指存在者本應具有的某個特性或狀態的不存在；它不同於對這個特性或狀態的否定。「缺失」在胡塞爾那裡大都被用來指稱對存在之設定（Setzung）的缺失；它意味著對對象之存在與否的「不執態」[1]，因而它在相當程度上與「中立化」、「無興趣」、「不設定」等等概念同義。但「缺失」概念更明確地指明，「不執態」、「不設定」是奠基於「設定」、「執態」之中的第二性行爲特徵。

【注釋】①參閱：E. Husserl: *Ph. B. Er.* Hua XXIII (Den Haag 1980) 359.

Produktivität 原造性：

「原造性」在胡塞爾術語中一方面意味著意識的主動創造性，在這個意義上，它與意識的被動「接受性」（Rezeptivität）相對應[1]；另一方面，「原造性」又表明意識對其對象的原初構造，在這個意義上又與「再造性」（Reproduktivität）相對應[2]。

【注釋】①參閱：E. Husserl: *EU* (Hamburg ⁴1972) 89. ②參閱「再造」條目。
【相關詞】Produktion 原造，produktiv 原造的，produzieren 原造。

Protention * * 前攝：（英）protention（法）protention（日）未来把持

「前攝」在胡塞爾的時間意識現象學分析中標誌著意向性的一個基本種類，與另外兩個經驗的時間性原形式，即「原印象」（Impression）和「滯留」（Retention）一樣，它不能回歸爲其他的意向性種類[1]。在與「滯留」的比較中，胡塞爾將「前攝」理解爲意識與一個被意識之物的本原意向關係，這個被意識之物就要進入到意識的當下之中，並且在它剛要過渡到「原印象」的被給予時而被非課題性地一同意識到。同樣，與「滯留」和「再回憶」之間的構造關係相符合，

「前攝」是可以指明的任何一種形式使對未來之物的「期待」得以可能的基礎[2]。「前攝」和「滯留」一樣，是一種處在與一個體現的連續的、過渡性綜合的統一之中的「脫離當下」（Entgegenwärtigung），而它與「滯留」之間的特殊區別在於，與滯留性的「讓滑脫」（Entgleitenlassen）相反，它作爲對將來之物的非課題性「前握」（Vorgreifen）展示著主動性的第一形態[3]。就像「滯留」被胡塞爾稱作「第一性回憶」一樣，「前攝」也被他標識爲「第一性期待」[4]。

據此，「前攝」從一開始就是一種朝向充實的趨向[5]。它是一門目的論的意向原形式，這門目的論在胡塞爾的後期才完全成爲現象學的課題。

【注釋】①對此整個問題可以參閱：Husserl: *Zeitb*.Hua X (Den Haag 1966) 52f. 55ff. 以及其他各處；*Ideen* I, Hua III (Den Haag 1950) 178, 182.　② *Zeitb*... 同上書，185；*Analysen* Hua XI (Den Haag 1966) 185.　③ *Analysen*... 同上書，73ff.　④參閱：*Zeitb*. Hua X (Den Haag 1966) 399.　⑤ K. Held: *Lebendige Gegenwart. Die Frage nach der Seinsweise des transzendentalen Ich bei E. Husserl, entwickelt am Leitfaden der Zeitproblematik* (Den Haag 1966) 39ff. (K. Held)

【文獻】 E. Husserl: 參見：注釋①。　K. Held: 參見：注釋④。

【相關詞】 protentional 前攝的。

Psychologie** 心理學：（英）psychology（日）心理学

由於胡塞爾本人是從邏輯心理主義立場不斷發展和過渡到現象學心理學和超越論現象學的觀點上，因而「心理學」的問題與課題在他的現象學分析中始終占有極爲中心的位置。就「心理學」的特徵而言，胡塞爾將它看作是超越論哲學的對立面，因爲「人們永遠不應忽視，**心理學**的唯一意義就在於並且始終在於，它是**人類學**的分支，是實證的世界科學」[1]，而超越論哲學則擺脫與任何實在現實的聯繫。但另一方面，「心理學」主要是「本質心理學」或「意向心理學」，在胡塞爾那裡是一門與超越論哲學平行的學科。眞正意義上的「心理學」（這是指本質心理學或意向心理學，而非當時流行的實驗心理學）不僅構成超越論現象學的一個前階段[2]，而且它本身也是一門獨立的本質科學。它與超越論現象學的區別在於：心理學的研究對象是純粹心理主體性，而超越論現象學的研究對象是純

粹超越論主體性，前者還屬於客觀科學的範疇，而後者已經擺脫了這種束縛③。
胡塞爾認爲，透過超越論還原，人們可以從意向心理學直接進入超越論現象學
（意向心理學道路上的超越論還原），意向心理學的所有基本研究成果，都可以
在超越論現象學的領域中繼續有效④。

【注釋】① E. Husserl: *F. u. tr. Logik* Hua XVII (Den Haag 1974) 259f.　② H. Drüe 在其
專著 *Edmund Husserls System der phänomenologischen Psychologie* (Berlin 1963,
235, 249）中認爲，可以將心理學到超越論現象學的過渡過程劃分爲五個階段：
(1) 心理一生理的心理學；(2) 抽象純粹的心理學；(3) 本質心理學；(4) 超越論
心理學；(5) 超越論現象學。　③參閱：Husserl: *Phän.Psych.* Hua IX (Den Haag
1962) 44 以及 *Ideen* I/2, Hua III/2 (Den Haag 1976) 642.　④參閱：*F. u. tr. Logik*
Hua XVII (Den Haag 1974) 261f.

【文獻】A. Gurwitsch: "Phänomenologie der Thematik und des reinen Ich. Studien über
Beziehungen von Gestalttheorie und Phänomenologie"，載於：*Psychologische
Forschungen* 12 (1929) 279-381.　F. J. J. Buytendijk: "Die Bedeutung Husserls
für die Psychologie der Gegenwart"，載於：H. L. Van Breda/J. Taminiaux (Hrsg.):
Husserl et la Pensée Moderne/Husserl und das Denken der Neuzeit (Den Haag
1959).　E. Ströker: "Phänomenologie und Psychologie. Die Frage ihrer Beziehung
bei Husserl"，載於：*Zeitschrift für philosophische Forschung* 37 (1983) 3-19.　H.
Drüe：參見：注釋①。

【相關詞】analytische Psychologie 分析心理學，apriorische Psychologie 先天心理學，
beschreibende Psychologie 描述心理學，deskriptive Psychologie 描述心理學，
dualistische Psychologie 二元論心理學，eidetische Psychologie 本質心理學，
empirische Psychologie 經驗心理學，empiristische Psychologie 經驗主義心理
學，erklärende Psychologie 說明心理學，experimentelle Psychologie 實驗心理
學，historische Psychologie 歷史心理學，immanente Psychologie 內在心理學，
induktive Psychologie 歸納心理學，intentionale Psychologie 意向心理學，nat-
uralistische Psychologie 自然主義心理學，objektive Psychologie 客觀心理學，
phänomenologische Psychologie 現象學的心理學，physiologische Psychologie
生理心理學，positive Psychologie 實證心理學，rein deskriptive Psychologie 純
粹描述心理學，sensualitische Psychologie 感覺主義心理學，transzendentale
Psychologie 超越論心理學，psychologisch 心理學的，Psychologisierung 心理
學化。

-phänomenologische Psychologie＊＊ 現象學的心理學：

在胡塞爾那裡，現象學的心理學是指一門與超越論現象學「在方法上和內容上相平行的心理學學科」①，它作為一門透過現象學還原和本質還原而在方法上得到保證的先天純粹意向心理學而「要求成為原則性的方法基礎，唯有在此基礎上才能建立起一門在科學上嚴格的經驗心理學」②。由於在現象學的心理學中，心理之物還帶有世界現存之物的存在意義③，因此它始終是一門在自然觀點中的科學，並且，它僅只意味著本真的，亦即超越論的現象學的一個前階段，誠然，這個前階段對於進入現象學具有引導入門的作用④。要想將現象學的心理學改變為超越論現象學，就需要進行在現象學還原和本質還原基礎上的超越論還原，需要對反思者的觀點進行澈底的和習性化的改變⑤。這種超越論還原在於，反思者將那種在素樸自明性中與純粹心理學的自身經驗相連結的自身統覺，即那種將自己統攝為人的統覺懸擱起來，反思者將自己理解為超越論的旁觀者⑥；以此方式，反思者所具有的人的自我便成為他的超越論自我的現象，人化的自身客體化被理解為從屬於本己超越論自我之絕對存在的構造性成就⑦。如果不區分超越論現象學和現象學的心理學，現象學就會面臨墮入心理主義的危險⑧。

【注釋】① E. Husserl: *Phän. Psych.* Hua IX (Den Haag 1962) 277，參閱：343ff.; *CM* Hua I (Den Haag ²1963) 70. ② *Phän. Psych...* 同上書，277；*CM ...* 同上書，107. ③ *Phän. Psych...* 同上書，277；*CM ...* 同上書，107. ④ *Phän.Psych...* 同上書，335ff. ⑤ 同上書，336ff. ⑥ 同上書，341f. ⑦ 同上書，343. ⑧ *F. u. tr. Logik* Hua XVII (1974) 257; *CM ...* 同上書，70；*Krisis* Hua VI (Den Haag ²1962) 247ff.

【文獻】H. Drüe: E. *Husserls System der phänomenologischen Psychologie* (1963). A. Arlt: "Transzendentalphilosophie und Psychologie. Zum Begriff der 'phänomenologischen Psychologie' bei Husserl"，載於：*Perspektiven der Philosophie* 10 (1984) 161-179. (K. Held)

-rein deskriptive Psychologie＊ 純粹描述心理學：

「純粹描述心理學」在胡塞爾的術語中基本上是「現象學心理學」的同義

詞①。在布倫塔諾的影響下，胡塞爾在《算術哲學》（1891 年）時期便開始運用
「描述心理學」的概念。後來在《邏輯研究》中，胡塞爾也將他的現象學稱作「描
述心理學」。但他很快便對「描述心理學」的概念做出劃分：一般意義上的「描
述心理學」是經驗立場上的心理學，或者說，是「經驗現象學」②。它不同於「**純
粹的**描述心理學」，後者是一門「抽象純粹地自身自爲地被考察的心靈的心理
學」，而這種考察是「根據相應純粹地被理解的心靈經驗來進行的」③。「純粹
描述的心理學」和超越論現象學一樣可以作爲先天科學而得到實施，但它因爲缺
乏現象學的還原，而仍然具有與身體性（Leiblichkeit）的聯繫，從而不能獲得超
越論的意義④。這樣，胡塞爾所建立的「純粹描述心理學」一方面不同於傳統的
（布倫塔諾、狄爾泰、馬赫等人的）經驗描述心理學，另一方面也有別於他本人
的超越論現象學設想。胡塞爾在後期也將「純粹描述心理學」等同於「現象學的
心理學」、「本質心理學」、「理性心理學」、「先天心理學」或「純粹心理學」
等等⑤。

【注釋】①較爲詳細的說明可以參閱「現象學心理學」條目。　② E. Husserl: Ms. B II
　　　　2, 25f.　③ *F. u. tr. Logik* Hua XVII (Den Haag 1974) 261.　④ 同上書，262.
　　　　⑤參閱：*Phän. Psych.* Hua IX (Den Haag 1962) 237f., *F. u. tr. Logik* Hua XVII (Den
　　　　Haag 1974) 261f., *Aufs. u. Vort. (1911-1921)*, Hua XXV (Dordrecht u. a. 1987)
　　　　117f. 以及其他各處。

-transzendentale Psychologie 超越論心理學：

　　在胡塞爾後期著述中經常出現的①「超越論心理學」概念是一個相當矛盾的
表達。這一方面是因爲通常意義上的「心理學」，包括胡塞爾通常所說的「心理
學」，是指與人的心理或人類心理有關的學科，而胡塞爾的「超越論」概念則又
意味著一種擺脫了人類事實的、與世間概念相對的純粹可能性範疇；另一方面，
這種矛盾性還表現在胡塞爾有時將「超越論心理學」等同於「超越論哲學」②，
有時又將它理解爲「意向心理學」③。它們從某種程度上反映出胡塞爾在「心理
學」與「現象學」關係問題上的動搖。從整體上看，「超越論心理學」的概念基
本上接近於胡塞爾的「發生現象學」概念。

【注釋】①參閱：E. Husserl: *Krisis* Hua VI (Den Haag ²1962) 261, 265, 268, Ms. A IV 2, 21ff. ② *Krisis...* 同上書，261. ③ Ms. A IV 2, 21.

【文獻】 E. Ströker: "Phänomenologie und Psychologie. Die Frage ihrer Beziehung bei Husserl"，載於：*Zeitschrift für philosophische Forschung* 37 (1983) 3-19.

Psychologismus**心理主義：（英）psychologism（日）心理主義

「心理主義」是一個論戰性的概念，它首先可以被用來標識在唯心主義之後十九世紀的某些哲學立場，這些哲學立場早在作爲個別科學的心理學建立之前便主張，心理學的任務就在於：爲其他的科學奠定基礎。「心理主義」的概念可以被普遍地運用，並且涉及各個不同的實事領域：形上學、認識論、邏輯學、倫理學、美學（廣義上的心理主義），但它也可以被用來標識某個邏輯學的觀點（邏輯心理主義、狹義上的心理主義）。

在十九世紀下半葉流行的（公開的或隱蔽的）邏輯心理主義，已經在新康德主義那裡找到論戰的對手。洛采（H. Lotze）也已經規定了邏輯之物的基本特徵，它是與心理之物完全不同的。此後，弗雷格（G. Frege）與胡塞爾結束了邏輯心理主義的統治地位。弗雷格在《算術基礎》中嚴格地區分思想的起源和思想本身①。邏輯學與數學的對象是思想以及它們之間的連結，但與此相反，邏輯學與數學的對象並不是人們通常對這些思想進行思考時所需的心理條件。爲了避免心理主義，弗雷格趨向於一種客觀的邏輯主義，但這種作爲心理主義之對立極的客觀邏輯主義恰恰重新給心理主義開關活動場所，這種情況在十九世紀已經發生過。而（後期）胡塞爾的現象學則相反，它試圖透過對主觀之物的特別關注來阻止心理主義。

透過弗雷格和其他人對《算術哲學》中心理主義趨向的批評，胡塞爾決心對心理主義進行清算，這個清算可以在《邏輯研究》的第一卷中找到②。胡塞爾將心理學規定爲一門事實科學，它只能獲得關於意識—「事實」的、在經驗上被論證的規則（「自然規律」），以此方式，胡塞爾便對心理主義與其對手之間的爭論做出了最終的裁定③。他證明，將邏輯學觀念的、超時間的含義統一還原爲心理發生的實在個別性，這樣一種企圖最終會導致一門理論的悖謬，這門理論違背

了一般理論可能性的條件，並且最終會以懷疑論的相對主義而告終④。胡塞爾之所以能夠得出這個證明，是因為他區分了實在的心理體驗（「判斷行為」）和這些心理過程的觀念內涵。一個邏輯定理作為心理體驗是一個在時間中產生和結束的發生，它在許多不同的個別判斷行為中進行，這一點可以在自身感知中得到確定⑤。與此完全不同的是，這個邏輯定理所陳述的東西，是它的內涵。邏輯定理的內涵在雜多的、時間個體性的心理進行中始終是同一個東西，它不會開始和終結。它是觀念的—同一的、全時的—超時的⑥。

　　胡塞爾在後期現象學地回復到邏輯意義構成於其中的「體驗」之上，這種回復展示了一種將主體性（以及從屬於它的心理之物）與客體性合為一體的可能性，這種可能性已不再能夠被納入到心理主義的概念之中⑦。

【注釋】 ① G. Frege: *Die Grundlagen der Arithmetik* (1884); H. Lotze: *Logik* (1874). ② Frege: "Rezension von: E. G. Husserl, Philosophie der Arithmetik"，載於：*Zeitschrift für Philosophie und philosophische Kritik* N. F. 103 (1894) 313-332 bzw. *Kleine Schriften*, hrsg. v. I. Angelelli (Darmstadt 1967) 179-192. ③ E. Husserl: *LU* I: *Prolegomena zur reinen Logik* (1900) 77. ④ 同上書，118ff. ⑤ 同上書，133ff. ⑥ 同上書，173ff. ⑦ "Philosophie als strenge Wissenschaft" (1910); *F. u. tr. Logik* Hua XVII (1974) 177ff.

【文獻】 G. Frege: 參見：注釋①、②。　E. Husserl: 參見：注釋③。(P. Janssen)

補充　胡塞爾對當時在哲學領域占主導地位的「心理主義」（這也是他自己過去的立場）各種表現形式的批判，尤其是對「邏輯心理主義」的批判，起始於《邏輯研究》第一卷。此後，這種批判又在他的「現象學的心理學」講座、〈哲學作為嚴格的科學〉論文以及《形式的與超越論的邏輯學》、《笛卡兒的沉思》和《歐洲科學的危機與超越論現象學》著述中得到不斷的表露。從整體上說，胡塞爾一再反對任何一種從心理學的認識論出發來對邏輯學進行論證的做法，他要求嚴格區分純粹邏輯學對象和這些對象的心理學被給予方式，即區分判斷的邏輯內容與判斷的心理過程。而「心理主義的邏輯學家們忽視了在觀念規律與實在規律之間、在規範性規定與因果規定之間、在邏輯必然性和實在必然性之間、在邏輯基礎與實在基礎之間所具有的那種根本性的、永遠無法消除的差異」①。

胡塞爾的這些批判在當時結束了心理主義的統治，而且在今天，無論人們把邏輯定理看作是分析的還是綜合的，這些批判仍然還保持著它們的有效性。可以說，在胡塞爾的批判之後，心理主義這種形式的懷疑論連同有關心理主義的討論在哲學史上最終被歸入了檔案。

通常的觀點認為，胡塞爾本人從心理主義到反心理主義的轉變得益於弗雷格對他的《算術哲學》的批判[2]，這個批判糾正了胡塞爾混淆心理學與邏輯學的做法，並引導胡塞爾走向對「概念」、「含義」與「對象」的明確劃分。這個觀點應當在兩個方面受到糾正：一方面，雖然胡塞爾本人在《邏輯研究》中公開承認，弗雷格的《算術基礎》和《算術的基本規律》對他具有推動力[3]；但他在第一卷的〈前言〉中同時也強調，這個從心理主義到反心理主義的轉變是**獨立地**做出的，從心理主義立場中產生出的一些不可避免的矛盾和困難，迫使胡塞爾放棄這個立場；「確切地說，我自身的發展進程引導我，一方面在邏輯學的基本信念上遠離開那些曾是我科學先師的人與著作，另一方面則密切地接近了其他一些研究者，以往我未能充分地估價他們的著述，因而在工作中也未曾從這些著述中得到足夠的啟迪」[4]。另一方面，從胡塞爾對概念的心理學起源之研究的歷史發展來看，胡塞爾在弗雷格的批評發表前三年（1891 年），便已經注意到了對「含義」與「表象」、「含義」與「對象」做嚴格的區別[5]，因而胡塞爾對「範疇對象、形式概念」與構造它們的意識行為的劃分並不能歸功於弗雷格。根據現有的研究結果可以確定的是，弗雷格對胡塞爾的影響主要表現在，弗雷格看到了算數運算與邏輯運算的純粹邏輯學奠基。這使胡塞爾放棄了他對「邏輯學」作為「工藝論」的布倫塔諾式定義[6]。但胡塞爾並不僅僅侷限於將形式—邏輯對象與規律從心理學的規定中解放出來——這是在胡塞爾與弗雷格的心理主義批評之間的一個主要區別所在——而是由此出發去理解在純粹邏輯學與心理思維過程、觀念的認識條件與時間性的個體思維行為之間的聯繫。在這個意義上，可以將《純粹邏輯學導引》（《邏輯研究》第一卷）看作是對《算術哲學》的提問的繼續[7]。

【注釋】 ① E. Husserl: *LU* I, A68/B68. ②參閱：Frege: "Rezension von: E. G. Husserl, Philosophie der Arithmetik"，載於：*Zeitschrift für Philosophie und philoso-phische Kritik* N. F. 103 (1894) 313-332 bzw. *Kleine Schriften*, hrsg. v. I. Angelelli (Darmstadt 1967) 179-192. ③ Husserl: *LU* I, A169/B169 以及 Frege: *Die Grund-lagen der Arithmetik* (Breslau 1884), *Die Grundgesetze der Arithmetik* (Jena 1893). ④ 參閱：Husserl: *LU* I, AVII/BVII. ⑤參閱：*Aufs. u. Rez.* Hua XXII (The Hague u. a. 1979): "[Rezension von] Schröder, Ernst, *Vorlesung über die Algebra der Logik...*", 3-43. ⑥參閱：R. Bernet/I. Kern/E. Marbach: *Edmund Husserl: Darstellung seines Denkens* (Hamburg 1989) 12ff. ⑦參閱：同上書，25.

【文獻】 R. Bernet/I. Kern/E. Marbach：參見：注釋⑥。 J. N. Mohanty: "Husserl and Frege. A new Look at their Relationship"，載於：*Research in Phenomenology* IV (1974) 51-62.

Punkt 點：

　　這個概念主要被胡塞爾用在時間意識的分析上，現在、滯留、前攝是時間意識中的點。它們代表了意識流中的最小單元。因而意識的流動可以說是「點狀的」（punktuell）。當然，對各個點的確定實際上是一種理論的抽象，在現實的時間意識中，它們三者是不可分割的，並共同構成一個時間性的統一。胡塞爾也用「時段」概念來標識「點」，所以他也說「點狀的時段」①。而「每一個時段都是一個意向的體驗」。「在絕對時間流動的同時，意向時段也在推移，但卻是如此地推移，以至於它們以同屬一體的方式構造起統一，相互地過渡」②。

【注釋】 ①參閱：E. Husserl: *Zeitb*. Hua X (Den Haag 1966) [398].對此也可以參閱「時段」條目。 ②同上書，[470].

Q

Qualität＊＊ **質性：**（英）quality（法）qualité（日）性質

　　「質性」是胡塞爾在意向分析中使用的一個重要概念。他始終認爲，一個意識行爲的「意向本質」（das intentionale Wesen）是由「質性」與「質料」一同構成的：「在我們看來，質性和質料是一個行爲的極爲重要的、因而永遠必不可少的組成部分，所以，儘管這兩者只構成一個完整行爲的一個部分，我們把它們稱之爲行爲的意向本質仍然是合適的」①。

　　這個意義上的「質性」概念具有兩個含義。首先，「質性」是指一種使某種行爲能夠成爲這種行爲的東西，例如：它使表象成爲表象，它使意願成爲意願。胡塞爾也將這種「質性」稱之爲「行爲特徵」(Aktcharakter)②。一個表象之所以不同於意願，是因爲表象作爲一類行爲具有自己的特殊特點：「如果我們例如將某一個體驗稱之爲判斷，那麼必定有某種內在的規定性，而不是某種依附在外表上的標記，將這個體驗與願望、希望以及其他種類的行爲區別開來」③。胡塞爾在這裡所說的內在規定性就是指「質性」。換言之，表象與判斷各自所具有的「質性」一旦喪失，表象也就不再是表象，判斷也就不再是判斷。「質性」在這裡意味著一種類型的行爲所共同具有的本己共性。

　　其次，在胡塞爾那裡，「質性」還意味著這樣一種東西，它決定著一個行爲是否帶有「存在設定」。一個行爲或者具有「設定的（setzend）質性」，或者具有「不設定的（nichtsetzend）質性」，「前者是指在某種程度上對存在的意指；……後者則將存在置而不論」④。因此，「設定」這個概念與「存在信仰」是同義的。從理論上說，每一個意識行爲都可以是設定性的，也可以是不設定的。每一個設定行爲原則上都可以有一個不設定的行爲與之相對應⑤。從設定的行爲向不設定的行爲的過渡，被胡塞爾標誌爲一種「變異」。由於這種變異與行爲的「質性」有關，所以胡塞爾在《邏輯研究》中也將它明確地稱之爲「質性變異」⑥。

除此之外，胡塞爾在其著述中也經常提到「第一質性」和「第二質性」[7]，但這已經是在洛克的傳統意義上，即在「可以感性地經驗到的質性」[8]的意義上使用「質性」概念了。這個意義上的「質性」概念也被胡塞爾稱作「充盈質性」或「感性質性」[9]。它實際上已經與胡塞爾所說的「感覺材料」或「充盈」是同義的了。

【注釋】① E. Husserl *LU* II/1, A443/B₁475.　②同上書，A386f./B₁411.　③同上書，A400/B₁426.　④同上書，A447f./B₁479f.　⑤參閱：同上書，*LU* II/1, A447f./B₁480f.　⑥同上書，5. Unters. §§ 39, 40.　⑦例如：*Ideen* I, Hua III (Den Haag ³1976) § 40 等等。　⑧參閱 *Inters.* III, Hua XV (Den Haag 1973) 156 u. *Aufs. u. Vort. (1911-1921)*, Hua XXV (Dordrecht u. a. 1987) 74.　⑨ *Krisis* Hua VI (Den Haag ²1962) 27, 31, 33f., 37 以及其他各處。

【文獻】 M. Merleau-Ponty: *Phénoménologie de la perception* (Paris 1945).　H. U. Asemissen: *Strukturanalytische Probleme der Wahrnehmung in der Phänomenologie Husserls* (Köln 1957).　U. Melle: *Das Wahrnehmungsproblem und seine Verwandlung in phänomenologischer Einstellung. Untersuchungen zu den phänomenologischen Wahrnehmungstheorien von Husserl, Gurwitsch und Merleau-Ponty* (Den Haag 1983).　L. Ni: *Seinsglaube in der Phänomenologie Edmund Husserls* (Dordrecht u. a. 1999).

【相關詞】qualitativ 質性的，Qualitätsgattung 質性屬，Füllequalität 充盈質性，Sinnesqualität 感性質性。

Qualitätsgattung 質性屬：

「質性屬」是指比「質性」更高一層的行為特徵，例如：「客體化行為」，它本身包含「表象」和「判斷」的行為種類，它也被胡塞爾稱作一個「質性屬」。所有客體化行為都具有同一個屬質性[1]。與此相對，所有「非客體化行為」則屬於另一個「質性屬」。

此外，當胡塞爾在傳統意義上使用「質性」概念時，「質性屬」便意味著較高一級的質性種類[2]；例如：比「紅」這個「質性」更高的是「顏色」的「質性屬」。

【注釋】① E. Husserl: *LU* II/1, 5. Unter., 5. Kapitel.　②參閱：同上書，5. Unter., § 24.

quasi- 擬一：（英）quasi-（法）quasi-（日）准一

胡塞爾通常在兩種意義上使用「擬一」的前綴：(1)它意味著「變異了的」，更確切地說，「經歷了想像變異的」。例如：「單純想象」被胡塞爾稱作「經歷了變異的行爲」，「變異爲擬一行爲，想像行爲」[①]；「擬一感知」，「擬一感知」在胡塞爾的現象學術語中，也基本上等同於「素樸的想像」[②]；而「擬一信仰意向」則意味著「再造性的意向」[③]。(2)「擬一」的前綴還可能是指「虛假的」（Trug-）。例如：「擬一充實」意味著「虛假充實」，它實際上是一種「失實」[④]。

【注釋】①參閱：E. Husserl: *Ph. B. Er.* Hua XXIII (Den Haag 1980). ②同上書，225. ③同上書，444. ④ *LU* II/2, A599/B₂127.

【相關詞】 quasi-Erfüllung 擬一充實，quasi-Glaubensintention 擬一信仰意向，quasi-Konstitution 擬一構造，quasi-Setzung 擬一述定，quasi-Stellungnahme 擬一執態，quasi-Wahrnehmung 擬一感知，quasi-Wertung 擬一評價，quasi-Wirklichkeit 擬一現實，quasi-Wollen 擬一意願。

quasi-Setzung 擬一設定：

「擬一設定」是對存在之不設定（Nichtsetzung）的一種，即在單純想象中的不設定。例如：我想像我在月球上散步。當我沉浸在這種想像中時，我彷彿相信周圍的一切都是眞實的。但只要我在某種程度上從這想像中脫身出來，我就不會再堅持原先的存在信仰。因此，從嚴格意義上說，這種「彷彿一相信」既不是一種對存在的設定，也不是一種對存在的不設定，因而在胡塞爾看來只能是「擬一設定」。但在術語上，胡塞爾仍然將它歸入「不設定」的範疇[①]。

【注釋】① E. Husserl: *Ph. B. Er.* Hua XXIII (Den Haag 1980) 359.

【文獻】 L. Ni: *Seinsglaube in der Phänomenologie Edmund Husserls* (Dordrecht u. a. 1999).

quasi-Stellungnahme 擬—執態：

胡塞爾將「擬—執態」與「擬—設定」做同義語使用，它是指在當下化行為之中進行的對存在的「執態」[1]。

【注釋】 ① E. Husserl: *Ph. B. Er*. Hua XXIII (Den Haag 198U) 444, Anm.1.

R

rational 合理的：

「合理的」概念在胡塞爾術語中較少出現。除了通常的意義之外，胡塞爾也將它等同於「本質的」（eidetisch）[1]。

【注釋】[1]參閱：E. Husserl: *Phän. Psych*. Hua IX (Den Haag 1962) 347.
【相關詞】Ratio 理性，rational 合理的，Rationalisierung 合理化，Rationalismus 理性主義，Rationalität 合理性。

Rationalismus 理性主義：（日）合理主義

胡塞爾認為，超越論現象學克服了傳統哲學中的各種對立，包括「經驗主義」與「理性主義」的對立。他不僅反對「經驗主義」，而且同時也反對在傳統意義上「有侷限的、獨斷論的理性主義」，並且將自己的超越論現象學稱之為「最普全的、對超越論主體性、自我、意識以及被意識的對象性進行本質直觀的理性主義」[1]。

【注釋】[1] E. Husserl: *Phän. Psych*. Hua IX (Den Haag 1962) 300，參閱：*Krisis* Hua VI (Den Haag [2]1962) 13f.

Rätsel 謎：（英）enigma
-transzendentales Rätsel 超越論的謎：

儘管胡塞爾將「出生」、「死亡」等等稱之為「超越論的謎」[1]或者「原霧」

（Urnebel）[2]，並且偶爾也將意識的「意向性」稱作「謎」[3]。寬泛地說，在自然觀點中的「自明性」到超越論觀點中都會成為「謎」[4]。但「謎」在胡塞爾的哲學中不是一個特定的術語和對象。只是後來的列維納斯（E. Levinas）才將「謎」作為一個意識現象、一種與胡塞爾所探討的「問題」、「懷疑」等等相似的信仰樣式來加以探討[5]。

【注釋】①參閱：E. Husserl: Ms. A V 20, 23. ②也可以參閱「原霧」概念。 ③參閱：*Logik u. Wiss.* Hua XXX (Dordrecht u. a. 1996) Beil. V, 341. ④參閱：*Aufs.u. Vort. (1922-1937)*, Hua XXVII (Dordrecht u. a. 1989) 167. ⑤參閱：E. Lévinas: *Die Spur des Anderen. Untersuchungen zur Phänomenologie und Sozialphilosophie* (Freiburg/München 1983) 236ff.

Raum** 空間：（英）space（法）espace（日）空間

「空間」觀念在胡塞爾的意向分析中始終與「事物」概念聯繫在一起，「空間之物」與「事物」在他那裡基本上是同義詞。

胡塞爾的現象學把空間意識的研究視為自己的主要任務之一。在其哲學研究的初期，胡塞爾就考慮過空間現象學的問題。關於空間的思考不僅導向客觀空間和現象空間的區分，也導致對直觀空間和幾何學空間的區分，後者又最終導向對幾何學起源問題的分析。這個方向上的工作從早期的手稿開始，到中期的講座《事物與空間》與《純粹現象學與現象學哲學的觀念》第一、二卷，最後一直延續到胡塞爾後期《歐洲科學的危機與超越論現象學》中。

胡塞爾在 1913 年的《觀念》第一卷中說，「『**空間表象的起源**』問題所具有的最深層現象學意義從未得到過把握，這個問題可以還原到對所有意向相關項現象（或意向活動現象）的現象學**本質**分析之上，在這些現象中，空間以直觀的方式展示出自身，並且作為現象的統一、空間事物的描述性展示方式的統一而『構造』起自身」[1]。

此前他在 1907 年的《事物與空間》講座中，集中討論「空間構造」的問題。此後則在《觀念》第二卷的第一編中討論「物質自然的構造」，以及「廣延事物

構造」的問題。《事物與空間》的構造分析實際上構成《觀念》第二卷第一編的一個有機組成部分②。

最後，在《危機》中，胡塞爾結合生活世界的觀念提出，在自然觀點中的「空間」觀念植根於生活世界的空間表象之中，它後來也構成自然科學理想化了的空間觀③。這樣，生活世界的空間觀、自然科學的空間觀和與此相對的現象學哲學的空間觀，便形成一個三足鼎立之勢，分別代表著在空間問題上的生活世界態度、自然科學態度和現象學哲學的態度。

在現象學的意義上，「空間」是所有事物的統一構形（Gestalt），並且具有交互主體的有效性④。在這個基礎上，胡塞爾進一步區分「顯現著的構形」與「構形本身」，前者是指顯現的現象所具有的空間範圍和地點，後者是指範圍和地點本身⑤。換言之，同一個「空間」或「空間本身」始終必然地作為所有可能事物的不變形式而顯現出來⑥。它構成所有事物（空間之物）的地點系統（Ordnungssystem），在這個系統中也容納著所有事物性的質性和事物性的變化⑦。

【注釋】① *Ideen* I, Hua III (Den Haag ³1976) 351.　②對此可以參見：U. Claesges, "Einleitung des Herausgebers", in *Ding u. Raum.* Vorlesungen 1907, hrsg. von U. Claesges, Hua XVI, Den Haag 1973, S. XX.　③參閱：*Krisis* Hua VI (Den Haag ²1962) 19, 30.　④參閱：*Ideen* I, Hua III, 82f.　⑤同上書，83.　⑥同上。　⑦同上書，84。

【文獻】U. Claesges: *Edmund Husserls Theorie der Raumkonstitution* (Den Haag 1964).

【相關詞】Raumdingliches 空間之物，Räumliches 空間事物，Raumfigur 空間形態，Raumgegenstand 空間對象，Raumgestalt 空間構形，Räumlichkeit 空間性，Raumphantom 空間幻象，Raumstelle 空間位置，Raumzeit 空間時間，Raumzeitform 空間時間形式，Raumzeitlichkeit 空時性，Raum-Zeit-Sphäre 空間—時間—領域。

real* 實在的：（英）real（法）réel（日）実在的

「實在的」概念不是胡塞爾自己的現象學術語，他只是在傳統的意義上用它來標識在自然觀點中，被看作在感性感知中時空地被給予之物的存在方式，亦即

個體之物的存在方式[1]。胡塞爾本人始終試圖用「實項的」（reell）概念來取代「實在的」。後者已經隱含著對意識內容的超越，而前者僅僅意味著對感性材料的內在擁有。在這個意義上，胡塞爾在完成超越論現象學的突破之後，便要求將「實在的內在」還原爲「實項的內在」[2]。在現象學中被理解爲「實項的」東西，也就是在物理學和心理學等自然科學中被看作「實在的」東西，即事物性的實在和心靈性的實在，前者是指人的意識之外的實在，即實在物理現象中的實在；後者是指人的意識之內的實在，即心理現象中的實在[3]。

【注釋】 ① E. Husserl: *LU* II/1, A107/B₁107. ②參閱：*Idee d. Phän.* Hua II (Den Haag ²1958) 7. ③參閱：同上書，以及 *LU* II/1, 5. Unters. § 11；對此還可以參閱「實在」條目。

【相關詞】 Reales 實在之物，Realgesetz 實在規律，Realgrund 實在根據，Realismus 實在論，Realisierung 實在化，Realwissenschaft 實在科學。

Realität＊＊ 實在：（英）reality（法）réalité（日）実在性

「實在」概念在胡塞爾術語中具有雙重含義，一方面在現象學還原前的「實在」概念保留了其原有的傳統意義，它意味著「在世界之中的存在」[1]，亦即在意識之外並與意識相對應的存在。胡塞爾透過意向分析而指出「實在」與「意識」的被給予方式差異：「在意識與實在之間存在著一個眞正的意義鴻溝。實在是一種映射性的、永遠無法絕對給予的、僅只是偶然的和相對的存在；而意識則是一種必然的和絕對的存在，它原則上無法透過映射和顯現而被給予」[2]。另一方面，在現象學還原之後，「實在」概念則意味著由意識所構造的，並內在於「意識的相關項」，在這個意義上，「所有實在都是透過『意義給予』而存在」，「所有實在的統一都是『意義的統一』」[3]。胡塞爾在《純粹現象學與現象學哲學的觀念》第二卷中所探討的「實在」是後一種意義上的「實在」，亦即在主體性意識中被構造起來的「實在」[4]。這個意義上的「實在」概念還可以進一步擴展到交互主體性中的「實在」構造之上[5]，交互主體的事物實在和心靈實在也就意味著「物質自然的實在」和「精神世界的實在」，亦即自然與精神的整體[6]。

最後，在最寬泛意義上的被構造的「實在」不僅包括「物質實在」和「心靈實在」的實體（被具體地理解爲最寬泛意義上的事物），而且也包括「實在的特性」、「實在的狀態」和「實在的因果性」等等[7]。而相對於所有其他實在而言，物質實在作爲最底層的實在具有基礎性質[8]。但對各種實在類型的本質直觀表明，任何一種實在都不能被還原爲其他的實在。因此，每一種特殊的實在類型都帶有其本己的構造現象學，亦即都帶有一門新的、具體的理性學說。現象學的任務在於：使這個構造著所有客觀實在之本原被給予性的整個意識構形系統連同其所有階段和層次都得到認識[9]。

【注釋】① E. Husserl: *Ideen* I, Hua III (Den Haag ³1976) § 7. ②同上書，§ 49. ③同上書，§ 55. ④參閱：*Ideen* II, Hua IV (Den Haag 1952) § 31: "Formalallgemeiner Begriff der Realität". ⑤ *Ideen* I, Hua III (Den Haag ³1976) § 7. ⑥同上書，§ 55. ⑦參閱：*Ideen* II ... 同上書，126. ⑧同上書，354f. ⑨參閱：同上書，355.

【文獻】 R. Boehm: "Das Absolute und die Realität"，載於：*Vom Gesichtspunkt der Phänomenologie E. Husserl-Studien* (Den Haag 1968) 72-105.

【相關詞】 Realitätsgehalt 實在內涵，Realitätssphäre 實在領域，Realwissenschaft 實在科學。

Reduktion** 還原：（英）reduction（法）réduction（日）還元

自胡塞爾在 1913 年公開完成向超越論現象學的突破之後，「還原」便成爲他的現象學方法論的一個核心概念，諸多的方法內涵都彙集在這個標題之下[1]。

從術語上看，「還原」概念並不是胡塞爾的獨創，例如在數學中，「reduction」也被譯作「約分」，它是數學的基本方法之一。而在哲學中，經驗主義也用「還原」概念來要求回溯到關於「直接被給予之物」或「直接經驗」，以及關於它們的概念與陳述之上[2]。無論在何種情況下使用「還原」概念，這個概念的語義本身都一方面意味著對某些事物（非本質性的事物）的排斥，另一方面則表明向某些事物（本質性的事物）的回歸。

胡塞爾也是在上述基本意義上使用「還原」概念。這個概念與現象學運動

的共同口號「面對實事本身」，以及胡塞爾現象學的「無前提性原則」是一致
的。後來的海德格也是在這個意義上理解現象學的方法，它是一種現象學的看
（Sehen），同時又是一種不看（Absehen），即不去使用未經檢驗的哲學認識[3]。

但是，一旦問題涉及到被還原的是什麼（在還原過程中被排斥的是什麼）以
及還原到什麼上去（在還原後被保留下來的是什麼），這時胡塞爾的「還原」概
念便顯示出其特有的內涵。

此外，胡塞爾在一般地論及現象學方法時，常常使用複數的「還原」
（Reduktionen）概念，這是因爲他在「現象學還原」的標題下進行多種內容不同
的操作：如「本質還原」、「超越論還原」等等[4]。耿寧曾對「還原」做過如下
的整體特徵刻畫：「現象學把它的興趣唯一地朝向本己個體和陌生個體的主體之
面，並因此抽象地把這個面從所有客觀的自然因果關聯中剝離下來。這樣，現象
學的各種還原便成了抽象化的各種類型」[5]。

【注釋】 ① E. Husserl: *Ideen* I, Hua III (Den Haag ³1976) § 61. ②對此也可以參閱：R.
Carnap: *Der logische Aufbau der Welt* (1961). ③參閱：M. Heidegger: *Zur Sache
des Denkens* (Tübingen ²1976) 86. ④ Husserl: *Ideen* I ... 同上書，§ § 61、135 等
等。 ⑤耿寧：〈胡塞爾論「自然與精神」〉，Iso Kern, "Book Review-Edmund
Husserl, *Natur und Geist*", in *Husserl Studies*: 19:167-177, 2003, 176.

【文獻】 A. Aguirre: *Genetische Phänomenologie und Reduktion. Zur Letztbegründung
der Wiss. aus der radikalen Skesis im Denken E. Husserls* (Den Haag 1970).
E. Fink: "Reflexion zu Husserls phänomenologischer Reduktion"，載於：*Tijd-
schrift voor Filosofie* 33 (1971) 540-558. K. Hartmann: "Abstraction and exis-
tence in Husserl's phen. Reduction"，載於：*J. Brir. Soc. Phen.* 2 (1971) 10-18.
I. Kern: "Die drei Wege zur transzendental-phänomenologischen Reduktion in der
Philosophie Edmund Husserls"，載於：*Tijdschrift voor Filosofie* 24 (1962) 303-
349.

-eidetische Reduktion (Ideation) * * 本質還原：

「本質還原」在胡塞爾現象學中是在方法上得到保證的本質直觀過程[1]。它
的目的在於把握作爲「本質」的先天[2]。與對經驗普遍性的經驗一樣，本質還原

也以單個事物爲出發點。與前者不同的是，本質還原擺脫眾多個體的事實性出現（經驗變更）③。它在現象學懸擱的範圍內以一個作爲範例而被設定的現實的或想像的個體對象爲出發點，並且在自由的、想像的變更中製作出對普遍性的把握來說必要的雜多性④。這個範例從一開始就被看作是無限多可能變項中的一個變項，以想像的方式而製作出的雜多變項（本質變更）是本質還原的第一步⑤。而本質還原的第二步在於，關注這個被製作出的變項雜多性之整體。對這個雜多性的堅持會導致一種遞推的相合性，在這種相合性中，所有變項都顯現爲相互間的變化。在某些規定性方面，所有的變項都達到一致，而在其他一些相互對立的規定性方面，它們之間又相互區別開來⑥。本質還原的第三步僅僅在於，使那些在所有變更中都保持不變的規定性的總和作爲所有變項的必然內涵，即作爲本質⑦，而被直觀到⑧。在這個本質中並不蘊含著一個本質的一個事實個體，因爲這種使本質把握得以可能的變更是在想像中進行的。本質是純粹的可能性，它同時也意味著本質必然性⑨。

【注釋】 ① E. Husserl: *Ideen* I, Hua III (Den Haag ³1976) 6. ②同上書，14；參閱：*F. u. tr. Logik* Hua XVII (1974) 219 und *Phän. Psych.* Hua IX (Den Haag 1962) 72ff. ③ *F. u. tr. Logik* ... 同上書，219. ④同上。 ⑤ *Phän. Psych* ... 同上書，77f. ⑥ *EU* (Hamburg ³1964) 418；參閱：*Phän. Psych* ... 同上書，77f. ⑦ F. u. tr. *Logik* ... 同上書，219. ⑧ *Phän. Psych* ... 同上書，78；參閱：*EU* ... 同上書，419. ⑨ *CM* Hua I (Den Haag ²1963) 105；參閱：*Ideen* I ... 同上書，§§6、19.

【文獻】 J. Bednarski: "The eidetic reduction"，載於：*Philos. today* 6 (1962) 14-24. F. Montero Moliner: "El analisis del lenguaje y la red. eid."，載於：*Convivium* 34 (1971) 5-22. J. Palermo: "Apodictic truth: Husserl's eid. red. visus induction"，載於：*Notre Dame J. formal. Logic* 19 (1978) 69-80. (U. Claesges)

補充 胡塞爾的「本質還原」概念通常被看作是「本質直觀」或「觀念化」的同義詞①。但就術語的使用範圍而言，胡塞爾本人將確切意義上的「本質還原」定義爲一種「從心理學的現象向純粹『本質』，或者說，在判斷思維中從事實性的（『經驗的』）一般性向『本質』一般性」的還原②。根據胡塞爾的這一定義，「本質還原」的表達應當是一個比「本質直觀」表達更爲廣泛的概念，它不但可以是指「本質直觀」，而且也可以意味

著「本質判斷」。更確切地說，透過「本質還原」所獲得的不僅僅是與**本質直觀**有關，並構成其相關項的一般對象或一般實事（Sache），而且也可以是與**本質判斷**有關，並構成其相關項的普遍事態（Sachverhalt）③。

【注釋】①對此還可以進一步參閱「本質直觀」、「觀念化」條目。 ② E. Husserl: *Ideen* I, Hua III (Den Haag ³1976) 6. ③參閱「事態」條目。

-phänomenologische Reduktion *** 現象學還原：（日）現象學的還元

「現象學還原」是胡塞爾現象學的一個中心方法概念，但他是在雙重的含義上使用這個概念：(1) 與「現象學懸擱」同義；(2) 與「超越論還原」同義。舍勒接受了這個概念，但卻在另一種意義上使用這個概念。「現象學還原」在他那裡意味著「不顧及對實在系數之特殊性的所有設定（信仰和非信仰）」①，就這一點而言，它與胡塞爾的「現象學懸擱」概念相近。但「現象學懸擱」在胡塞爾那裡還具有以純粹意識爲課題的意義②，而「現象學還原」在舍勒那裡則是對被給予之物的純粹如此存在（本質）的把握③。因此，「現象學還原」對舍勒來說意味著本質直觀的方法。

【注釋】① M. Scheler: *Schriften aus dem Nachlaß 1: Zur Ethik und Erkenntnislehre* (²1957) 394. ② E. Husserl: *Ideen* I, Hua III (Den Haag ³1976) 68. ③ Scheler: 同上書，394；參閱："Idealismus- Realismus"，載於：*Philos. Anz.* 2 (1927/28) 282.

【文獻】H. Winthrop: "The constitution of error in the phen. red."，載於：*Philos. pheno Res.* 9 (1949) 741-748. J. Bednarski: "Two aspects of Husserl's reduction"，載於：*Philos. today* 4 (1960) 208-223. R. Boehm: "Basic reflection on Husserl's phen. red."，載於：*Int. philos. Quart.* 5 (1965) 183-202. A. Aguirre: *Genet. Phänomenol. und Reduktion. Zur Letztbegründung der Wiss. aus der radikalen Skesis im Denken E. Husserls* (Den Haag 1970). E. Fink: "Reflexion zu Husserls phänomenologischer Reduktion"，載於：*Tijdschrift voor Filosofie* 33 (1971) 540-558. K. Hartmann: "Abstrction and existence in Husserl's phen. Red."，載於：*J. Brir. Soc. Phen.* 2 (1971) 10-18. I. T. Shouery: "Redction in Sartre's ontology"，載於：*Southwest J. Philos.* 2 (1971) 47-53. H. Spiegel-

berg: "Is the reduction necessary for phen.: Husserl's and Pfänder's replies",
載於：*J. Brir. Soc. Phen.* 4 (1975) 3-15. J. J. Drummond: "Husserl on the
ways to the performance of the reduction", in *Man World* 8 (1975) 47-69.
F. F. Seeburger: "Heidegger and the phen. red.",載於：*Philos. phen. Res.* 36
(1975) 212-221. S. Cunningham: *Language and the phen. red. of E. Husserl* (Den
Haag 1976). Q. Smith: "Husserl's theory of the phenomenological in the *Logical
Investigation*", *Philos. phen. Res.* 39 (1979) 433-437. T. W. Busch: "Sartre's use
of the reduction",載於：H. J. Silverman (Hrsg.): *Jean-Paul Sartre* (Pittsburgh
1980) 17-29. S. Panou: "Reduktion und Bewußtsein: Zur Kritik des Psychischen
bei Husserl",載於：*Philosophia* 10-11 (1980/81) 192-199. G. Scrimieri: "I
problemi della rid. fenomenol. tra M. Heidegger ed E. Husserl",載於：*Raccolta
studi Ricerche* 4 (1983) 177-210. J. -F. Courtine: «L' idée de la phénoménologie
et la problématique de la réduction»,載於：J. -L. Marion/G. Panty Bonjour (Hrsg.):
Phénoménologie et métaphysique (Paris 1984) 211-245. (U. Claesges)

-phänomenologisch-psychologische Reduktion＊＊ 現象學—心理學的還原：（日）現象学的心理学的還元

　　胡塞爾自1920年代起，一再討論現象學還原所要達到的「兩方面的純粹化」或「兩方面的純粹性」[1]問題。這裡所說的「兩方面」分別是指「現象學—心理學的還原」和「超越論現象學的還原」（也被簡稱爲「超越論還原」）[2]，它們意味著在雙重的方向上進行「對存在設定、對存在之物之意指的『排斥』和『判爲無效』」[3]；這兩種還原的共同之處在於，它們都是一種普遍的懸擱，它們都意味著排斥世界和關於世界的信仰，還原到純粹意識體驗上去。

　　但是，在「現象學—心理學的還原」與「超越論現象學的還原」仍然存在著本質區別。這個區別首先在於，「超越論現象學的還原」是「一種絕對並且澈底純粹的無興趣性」，而「現象學—心理學的還原」只是一種「相對的無興趣性」[4]，它不是對世界的澈底排斥，**它最終還是建立在普遍的世界信仰的基礎上**。也就是說，在進行了這個還原之後，世界信仰仍然在暗中起作用，因爲現象學的心理學家最後還是將他的研究對象理解爲是「他的」或「人的」心理。我們因此可以確定在超越論還原和心理學還原之間的第一個原則區別，即：超越論現

象學家可以將「超越論純粹的主體性」作爲自己的研究對象，而現象學的心理學家只能以「心理純粹的主體性」爲研究課題⑤。

其次，在「現象學—心理學的還原」與「超越論現象學的還原」之間的第二個原則區別與方法有關。「超越論現象學的還原」雖然也和「現象學—心理學的還原」一樣，被胡塞爾稱之爲「通道方法」（Zugangsmethode），但它與後者又是不同的。它不僅開闢了一條通向一個特定領域的道路，而且它還意味著一種**新的習性的形成**以及**對這個習性的堅持**，這個習性與心理學，包括現象學的心理學以及現象學—心理學的還原所具有的自然觀點習性是在澈底的意義上不相同的⑥。被胡塞爾稱之爲新習性或新觀點的「超越論現象學習性」，首先是透過它的構造特徵而區別於自然習性。換言之，對於具有超越論習性的現象學家來說，「作爲現存有效的判斷基礎的世界萬物」的「完全不存在」，並不意味著「世界萬物」的完全消失；毋寧說，這種「完全不存在」是指對世界萬物之存在的重新發現，即發現它們只是在意識中被構造出來的東西。簡言之，現象學的心理學家將對象（客體）的客體性置而不論，並且同時將目光集中在主體性上；而與此不同的是，超越論現象學家則試圖將客體性解釋成爲一種在超越論的主體性中構造出來的產物。

在以上意義上可以說，「現象學—心理學的還原」與「超越論現象學的還原」之間最重要的區別在於：後者是對前者的**澈底化**。具體地說，在對自然的世界意識的質疑問題上，「現象學—心理學的還原」沒有能達到，也不需要達到「超越論現象學的還原」所達到的那種澈底性⑦，它是獨立的，同時又可以構成「超越論現象學的還原」的前階段。

【注釋】①參閱：E. Husserl: *Ideen* I/2, Hua III/2 (Den Haag 1976) 643ff. ②同上書，643. ③同上書，645. ④參閱：*Erste Philos*. II, Hua VIII (Den Haag 1959) 142f., *F. u. tr. Logik* Hua XVII (Den Haag 1974) 261f. ⑤ *Ideen* I/2 ... 同上書，642. ⑥同上書，649. ⑦參閱：「超越論還原」條目。

-primordiale Reduktion＊＊ 原眞還原：

「原眞還原」是胡塞爾中、後期在交互主體性現象學中提出的一個方法概念。胡塞爾的超越論現象學在超越論現象學的論證方案中，從一開始便包含著主體複數化問題的內在發生問題，因此，超越論現象學顯然面臨一個十分艱巨的任務。但只有在這個問題得到回答之後，現象學才能將其「唯我論」的開端發展成爲對我們的知識的可能性和形態的理解，一種有能力滿足哲學的大全要求的理解。

胡塞爾對「交互主體性」及其超越論功能問題的分析和解答，首先從「原眞還原」或「原眞抽象」開始。這種「原眞還原」與胡塞爾通常所說的「超越論現象學還原」既有相同之處，也有相異之處。胡塞爾自己將它稱作「一種特殊的課題懸擱」①。撇開「原眞還原」所強調的還原之重點不論，它在某種程度上可以說是對在笛卡兒道路上的「超越論還原」的重複，它們都最終回溯到並依據於對「原本意識」和「非原本意識」的劃分②。

所謂「原眞還原」，是指還原到本己自我的最原初、最本己的領域中去③。它的基本特徵在於：「爲了正確地進行操作，在方法上的第一個要求是：我們首先在超越論的普遍領域中進行一項特殊的懸擱。我們現在將所有可疑的東西從我們的課題範圍中排除出去，這就是說，我們不去考慮所有那些與異己主體有直接或間接關係的意向性的構造成就，而是將範圍限制在這樣一些現時和可能的意向性的整體聯繫上，在這些意向性中，自我是在它的本己性之中構造出自身，構造出與它不可分割的，即屬於它的本己性的綜合統一」④。簡言之，胡塞爾對這個還原的理解是排除所有那些在超越論構造中對我來說異己的東西，還原到我的超越論本己領域上去；在這裡，被排除的是對我而言的「異己之物」（Mir-Fremdes），被保留下來的則是對我而言的「本己之物」（Mir-Eigenes）。一個超越論的單子主體（超越論本我論）因而是胡塞爾爲超越論交互主體性分析所設定的一個阿基米德之點；換言之，它是一個超越論的「魯賓遜」連同其體驗視域，這個「魯賓遜」從未聽說過其他的主體和其他主體對世界的看法⑤。其他的主體和其他主體對世界的看法對於這個本己自我來說是異己的，也是可疑的，它們在還原的過程中作爲不確然的東西而遭到排斥，它們在超越論交互主體性的分析中不能成爲前提，不能受到任何方式的運用。

這個阿基米德之點類似於笛卡兒意義上的我思（cogito）；但在「原眞還原」中被強調的是相對於「他人」及其世界的排斥。對這個點的把握意味著一個開端，在這裡，「本己之物」和「異己之物」、「內在之物」和「超越之物」、「原本之物」和「非原本之物」得到劃分。從這個點出發，這個單子主體在本己的、內在的體驗領域中，藉助於意向功能而超越出這個領域，構造出他人或其他的主體，並進一步構造出對於這個主體和其他主體來說共同的社會世界、精神世界、文化世界以及如此等等⑥。

【注釋】① E. Husserl: *CM* Hua I (Den Haag ²1963) 124. ②參閱：M. Theunissen: *Der Andere. Studien zur Sozialontologie der Gegenwart* (Berlin 1965) 56f. ③因此，「原眞還原」在胡塞爾那裡也被稱作「本己還原」（Eigenheitsreduktion）；對此還可以參閱「原眞領域」和「本己的」等條目。 ④ *CM* Hua I (Den Haag ²1963) 124f. ⑤參閱：K. Held: "Das Problem der Intersubjektivität und die Idee einer phänomenologischen Transzendental philosophie"，載於：U. Claesges/K. Held (Hrsg.): *Perspektiven transzendental phänomenologischer Forschung. Ludwig Landgrebe zum 70. Geburtstag* (Den Haag 1972) 49. ⑥參閱：*CM* ... 同上書，169.

【文獻】 L. Landgrebe: "Reduktion und Monadologie-die umstrittenen Grundbegriffe von Husserls Phänomenologie"，載於：*Faktizität und Individuation. Studien zu den Grundfragen der Phänomenologie* (Hamburg 1982) 88-110. K. Held：注釋④。M. Theunissen：注釋①。 G. Römpp: *Husserls Phänomenologie der Intersubjektivität. Und ihre Bedeutung für eine Theorie intersubjektiver Objektivität und die Konzeption einer phänomenologischen* (Dordrecht u. a. 1991).

-solipsistische Reduktion＊＊ 唯我論還原：

胡塞爾在《笛卡兒的沉思》中並沒有涉及「唯我論還原」，但透過「原眞還原」而達到的所謂「原眞領域」在那裡明顯具有雙重含義①。胡塞爾在其研究手稿中，將這兩層含義區分為「唯我論領域」和「原眞領域」，並因此也將「唯我論還原」區別於「原眞還原」：**「經過唯我論還原的世界不能被混同於原眞世界，或者，唯我論還原不能被混同於原眞還原。因為原眞還原是將我從經驗上視為有效的世界的那一部分還原到我原本經驗到、並且原本可經驗到的世界的那一**

部分上。由此，我將我自己還原到我的原眞自我上，它是我的具體自我的層次。我的所有同感的經驗體驗都屬於原眞之物，但在其中哪怕是合理地被經驗到的他人則不屬於原眞之物[②]。概括地說，「唯我論還原」所回溯到的領域較之於「原眞領域」更爲狹窄：在原眞領域中雖然不存在他人，但已經包含著同感的動機，而在「唯我論領域」中則只有自然客體、空間事物，包括他人和本己的物理軀體，它們在這個層次上都還不具有交互主體的意義。

【注釋】①詳細說明可以參閱「原眞領域」條目以及 R. Bernet/I. Kern/E. Marbach: *Edmund Husserl: Darstellung seines Denkens* (Hamburg 1989) 145ff. ② E. Husserl: *Inters*. III, Hua XV (Den Haag 1973) 51.

【文獻】R. Bernet/I. Kern/E. Marbach: 參見：注釋①。

-transzendentale Reduktion * * * 超越論還原：（英）transcendental reduction（日）超越論的還元

胡塞爾一生都在努力對「超越論還原」這個概念做出充足的本質規定。在嚴格意義上的「超越論還原」概念標誌著通向超越論主體性的方法通道。在胡塞爾的哲學發展過程中，我們原則上可以劃分出兩種對還原的理解：(1) 胡塞爾首先將還原的概念作爲「認識論的還原」或「現象學的還原」與「現象學的懸擱」完全同義地加以使用[①]；(2) 由於胡塞爾明察到，這種懸擱雖然使純粹意識領域的開關得以可能，但這個領域並不必然具有超越論主體性的意義，因此，胡塞爾從這時起，將嚴格意義上的超越論還原與超越論懸擱或現象學懸擱區分開來[②]。後者使一門純粹的現象學心理學得以可能，就此而言，懸擱又被稱作「現象學—心理學的還原」[③]。

「超越論還原」作爲通向超越論主體性的通道，首先以對現象學懸擱的澈底化爲前提。這種澈底化不僅延伸到純粹意識的所有視域隱含上，而且也延伸到意識的「世界化的（世間的）自身統覺」上[④]，或者相關地說，延伸到「世界的基地有效性」之上[⑤]。這時，「超越論還原」就是一種澈底的轉釋，即把純粹意識的「無基地化了的」[⑥]內部性理解爲超越論的主體性[⑦]。透過這種方式，至此爲止

由世界基地和世間的自身統覺所承載的純粹意識才成爲世界的構造性起源⑧。超
越論還原由此而使嚴格意義上的超越論經驗得以可能，這種超越論經驗的展開作
爲超越論主體性的自身認識就是超越論（靜態的和發生的）構造的理論⑨。

【注釋】① E. Husserl: *Idee d.* Phän. Hua II (Den Haag ²1958) 43f.；參閱：*Ideen* I, Hua III
(Den Haag ³1976) 68f. ② *Krisis* Hua VI (Den Haag ²1962) 154；參閱：*Phän.*
Psych. Hua IX (Den Haag 1962) 292ff. ③ *Krisis* ... 同上書，239；參閱：*Erste*
Philos. II, Hua VIII (Den Haag 1959) 276. ④ *CM* Hua I (Den Haag ²1963) 130.
⑤ *Krisis* ... 同上書，265. ⑥同上書，Beil. XXIX, 514. ⑦同上書，259、155f.
⑧同上。 ⑨參閱：「構造」條目。

【文獻】 M. Merleau-Ponty: *Le Visible et l'Invisible* (Gallimard 1964); Deutsch: *Das*
Sichtbare und das Unsichtbare (München ²1994). E. Fink: "Die phän-
omenologische Philosophie. E. Husserls in der gegenwärtigen Kritik"，載
於：*Studien zur Phänomenologie* 1930-1939 (Den Haag 1966) 79-156.
R. Schmitt: "Husserl's transcendental phenomenological reduction"，載於：
Philos. phen. Res. 20 (1959) 238-245. L. Landgrebe: "Phänomenol. Bewußt-
seinsanalyse und Metaphysik"，載於：*Der Weg der Phänomenologie* (Güter-
sloh ²1967) 75-110. C. Macann: "Genetic production and the transc.red."，
載於：*J. Brir. Soc. Phenomenol.* 2 (1971) 28-34. R. J. Devettere: "Merleau-
Ponty and the Husserlian reductions", *Philos. today* 17 (1973) 297-308.
H. Spiegelberg: " 'Epoché' without reduction: Some replies to my critics"，載於：*J.*
Brir. Soc. Phen. 5 (1974) 256-261. M. Tavuzzi: *Existential judgement and transc.*
red. A. crit. analysis of E. Husserls 'Phänomenolog. Fundamentalbetrachtung'
(*Ideen* I 27-62) (Mailand 1982). T. J. Stapleton: "The 'logic' of Husserls transc.
red."，載於：*Man World* 15 (1982) 369-382. T. L. Mazurak: *Toward the transc.*
red. A reading of E. Husserl's 'Ideas', University microfilms International 1984.
(U. Claesges)

補充 「超越論還原」是「超越論現象學還原」的簡稱。

reell* 實項的：（英）reell（日）実的

「實項的」一詞在日常用語中和在哲學文獻中的意義與「實在的」（real）

相同。但在胡塞爾現象學中，這個詞有其特殊的術語框架。「實項的」在這裡是指意識生活的意向活動內涵的存在方式，更確切地說，這種存在方式作爲權能化反思的同一個體客體在內在時間的一個特定現在上（或一個現在序列上）是現存的，並且在這個意義上是「現實的」①。「實項的」在胡塞爾那裡不同於「實在的」②，後者是被用來標識時空地在感性感知中被給予之物的存在方式；「實項的」在他那裡同樣也有別於「觀念的」，後者被用來標識那種可以從本質上把握到東西的存在方式，它們不定位在某一個時間段上，而是全時性的（Allzeitlichkeit）③。實在之物與觀念之物對立於實項之物，前者是兩個意識相關物領域，後者則屬於意向活動的方面。

【注釋】 ① E. Husserl: *Ideen* I, Hua III (Den Haag ³1976) § 88, 202ff.　②同上書，§ 49、104ff.　③ *EU* (Hamburg ²1954) 309ff. (K. Held)

補充 胡塞爾所說的「實項的」可以被理解爲一種對感性材料的**內在擁有**方式。意識體驗在胡塞爾看來是由「實項的」和「意向的」組成部分構成，而「體驗的**實項**組成部分」就意味著體驗的「材料的」（stofflich）與「意向活動的」（noetisch）組成部分。而「體驗的意向組成部分」則由「意向相關項」組成①。就此而論，「實項的」與「意向的」相對立，也與「超越的」相對立②。

胡塞爾在《邏輯研究》的第一版（1900 / 01 年）中經常使用「現象學的」或「主觀的」、「現象的」一詞來標識意向活動的主觀方面，因爲此時胡塞爾還認爲，現象學的主要任務是對意識的意向活動進行分析。但在經他本人修改後的第二版（1913 年）中，「現象學的」等等形容詞則被「實項的」一詞所取代③。其原因在於，胡塞爾在此期間認識到，現象學也需要關注意識的意向相關項方面。在這個意義上，「現象學的」已經不再等同於「實項的」，即「材料方面的」，而且它還包含著「意向的」，即「意向相關項的」含義。

與此同時，胡塞爾還將「實項的」概念運用在另一個論題上：現象學反思的對象是意識行爲連同其在自身中被意向地構造起來的意識對象；而意識行爲連同意識對象作爲被反思者是「實項地包含在」反思之中④。這

個術語的運用表明，胡塞爾將現象學的反思區別於一般意義上的意向構造，它不是構造自己的反思對象，而是如實地描述、澄清、發現它的對象所具有的各個因素以及它們之間的本質關係。在這個意義上，現象學反思不能被等同於「關於某物的意識」，它不是**構造**，而是**發現**⑤。

最後還要注意的是，「實項的」概念的使用也使胡塞爾能夠在術語運用上與心理學區別開來，在現象學中被稱作「實項」的東西，在心理學中常常被看作是「實在」的東西⑥。

【注釋】 ① E. Husserl: *Ideen* I, Hua III (Den Haag ³1976) 226.　②對此還可以參閱「內容」條目下的「實項內容與意向內容」子條目。　③ *LU* II/1, A375/B₁398f.　④ *Ideen* I...a. a. O. 78f.　⑤對此的兩種對立解釋可以參閱：H. U. Asemissen: *Strukturanalytische Probleme der Wahrnehmung in der Phänomenologie Husserls* (Köln 1957) 32 以及 L. Landgrebe: *Faktizität und Individuation. Studien zu den Grundfragen der Phänomenologie* (Hamburg 1982) 122f.　⑥參閱：*LU* II/1, 5. Unters., § 11.

Reflexion＊＊＊ 反思：（英）reflction（法）réfexion（日）反省

「反思」在胡塞爾的超越論現象學中是一個重要的研究課題。一方面，「反思」涉及到現象學的方法論，即「現象學反思」的方法，現象學分析本身就是在「反思」中進行的。在這第一個意義上，「反思是對於一般意識的認識而言的意識方法之標題」①；另一方面，「反思」本身作為一種意識體驗也是現象學意向分析的一個重要對象，在這第二個意義上，「反思也是本質共屬的體驗種類的標題，亦即現象學的一個主要章節的課題」②。因此，胡塞爾將此看作是他現象學研究的一個任務：區別不同的「反思」，並在系統的整理中對「反思」進行完整的分析③。

前一種「反思」是指「現象學反思」或「超越論反思」④。而後一種「反思」也就是通常意義上的反思或「自然反思」，即：「將目光從直向可把握的對象性回轉到本己的體驗之上」⑤。按照胡塞爾的定義，它是一種「認識活動（哪怕它是素樸的感知），它將興趣課題性從一個主導性意識活動回折到另一個主導性

意識之中，但這種認識活動是以這樣一種方式進行的，即：這個新的課題方向在本質上只有透過這樣一種回折才能被獲得，因此，在通常的話語中，任何一個思考、任何一個後思（Nach-Denken）都是反思[6]。在這個意義上，「反思」已經不是原本性意識，而是一種「意識變異」了[7]，它大致意味著對已思考過的東西再進行回問：這些想法是否真實？是否可以再做進一步的論證？以及如此等等。胡塞爾甚至認為，「任何一個合理性的問題都是反思的問題，它都可以或是回指到理論行為、或是回指到評價行為和實踐行為之上」[8]。「反思」因而始終是指「向以往體驗的回溯」[9]。

「反思」的一個普遍特徵在於，它本身又是意識行為，因而可以作為意識行為而成為新的反思的基質，並且如此無限地進行下去[10]。

胡塞爾對反思所做的分析表明，意識行為之所以能夠被反思，或者說，反思之所以得以可能，是因為所有意識行為在進行的過程中都自身被感知到，都伴隨著自身意識。在這個意義上，胡塞爾認為：「反思……具有這樣一種奇特的特點：在反思中感知地被把握之物原則上可以被描述為這樣一種東西，它不僅存在著並且在感知目光之內持續著，而且在這個目光朝向它時，它**已經存在著了**」[11]。這意味著，「反思」的可能性條件是意識行為的「自身意識」。

在胡塞爾現象學所運用和探討的「反思」範疇中，《算術哲學》的「反思」是數字概念的心理學起源[12]；而《純粹現象學與現象學哲學觀念》第一卷的「內在感知」則是反思的另一種類型[13]，它特別被用來指稱「現象學的反思」。

除此之外，「回憶」以及「對回憶的回憶」[14]、自我批評的行為[15]、心理學的反省[16]、由文化客體所引起的對文化主體的「回憶」[17]等等，都屬於反思行為的各種類型。這當然也使「反思」作為現象學術語的合適性受到懷疑。胡塞爾本人便曾在手稿中提出過這方面的疑慮：「如果考慮到**行為**、體驗如何成為對象的方式，以及**意向之物**和顯象之物如何成為對象的方式是根本不同的……那麼『反思』這個統一的術語便要受到指責」[18]。

【注釋】 ① E. Husserl: *Ideen* I, Hua III (Den Haag ³1976) § 78. ②同上。 ③同上。 ④ *CM* Hua I (Den Haag ²1963) 72ff；對此還可以參閱下面的「現象學反思」條目。 ⑤ *EU* (Hamburg ⁴1972) 55, Anm. 1; *CM* ... 同上書，73. ⑥ *Aufs. u. Vort. (1911-1921)*, Hua XXV (Dordrecht u. a. 1987) 208. ⑦ *Ideen* I, Hua III (Den

Haag ³1976) § 78.──當然，胡塞爾有時還是會將「純粹反思」理解爲原本意識，例如：理解爲「超越論還原了的感知」、「相即的現象學的感知」或「現象學還原了的感知」。參見：*Aufs. u. Vort.*, 同上書，220、215、222. ⑧ *Aufs. u. Vort.,* 同上書，208. ⑨ *CM...* 同上書，73. ⑩ 參閱：*Ideen I...* 同上書，§ 77. ⑪ 同上書，§45. ⑫ 參閱：*Philos. Arithm.* Hua XII (Den Haag 1970) 330ff. ⑬ 參閱：*Ideen* I.... 同上書，168；如上所述，「反思」並不是感知，因爲「被反思的活動（被反思的意識）永遠不會是直接的當下。所以，將行爲反思說成是一種感知的做法是悖謬的」〔I. Kern: *Idee und Methode der Philosophie. Leitgedanken für eine Theorie der Vernunft* (Berlin 1975) 248〕。 ⑭ 參閱：同上書，§§38、69. ⑮ 參閱：*Erste Philos.* II, Hua VIII (Den Haag 1959) 154. ⑯ 參閱：*Aufs.u. Vort.,* 同上書，"Phänomenologie und Psychologie", 82-124. ⑰ 參閱：*EU ...* 同上書，55, Anm. 1. ⑱ Ms. A VI 8 I, 148a.

【文獻】 M. Farber: "On the meaning of radical reflection"，載於：H. L. Van Breda/J. Taminiaux (Hrsg.): *Edmund Husserl 1859-1959* (Den Haag 1959) 154-166. G. Funke: Bewußtseinswissenschaft. Evidenz und Reflexion als Implikate der Verifikation"，載於：*Kant-Studien* 61 (1970) 433-466. Th. Seebohm: *Die Bedingungen der Möglichkeit der Transzendentalphilosophie. Edmund Husserls transzendentalphänomenologischer Ansatz, dargestellt im Anschluß an seiner Kant-Kritik* (Bonn 1962). I. Kern: 參見：注釋⑩。 K. Wüstenberg: *Kritische Analysen zu den Grundproblemen der transzendentalen Phänomenologie Husserls. Unter besonderer Berücksichtigung der Philosophie Descartes'* (Leiden 1985) 4. 1: "Das Problem der Reflexion bei Husserl und Descartes", 108-112.

-objektivierende Reflexion 客體化反思：

「客體化反思」（或「對象化反思」）是胡塞爾在《邏輯研究》（第一卷）中偶爾使用的概念。他在第五研究中認爲：「描述是在客體化反思的基礎上進行的；在這種反思中，對自我的反思與對行爲體驗的反思連結成爲一個關係行爲，自我本身在這個行爲中顯現爲一個藉助於其行爲而與行爲對象發生關係的自我。顯然，隨此而發生了一個本質描述性的變化。尤其是原初的行爲不再是簡單地在此存在了，我們不再生活於其中，而是**對它進行關注**，並且**對它進行判斷**。」①。在第六研究中，他又指出：「『反思』就意味著，我們所反思的東西、現象學的體驗，對我們成爲對象性的（被我們內感知到），並且它從這個對象性內容中實

在地給出那些須被整體化的規定。」② 在這裡，由於胡塞爾本人一再反對將反思等同於「內感知」（它的對象才是「內客體」──自我和它的體驗）③，並且由於反思的特徵與自我是否屬於反思的構造對象這個問題有關，而胡塞爾在《邏輯研究》對自我的看法，又很快便受到他本人的修正，故而在他的有關論述中包含矛盾，無法找到對反思的客體化性質問題的定論。

【注釋】①參見：E. Husserl: *LU* II/1, A356/B₁377. ② *LU* II/2, A612/B₂140. ③參見：*LU* II/2, A610f. /B₂138f.

-phänomenologische Reflexion＊＊＊ 現象學反思：

「現象學反思」是胡塞爾現象學方法論的整體標題。它既包含現象學心理學的反思，也包含超越論現象學和現象學哲學的反思。

在胡塞爾現象學研究的一開始，即在《邏輯研究》中，他便確定了現象學研究的性質：現象學的分析要求一種「反自然的直觀方向和思維方向。我們不是去進行那些雜多的、相互交迭的意識行為……而是要進行『反思』，也就是說，使這些意識行為本身和其內在的意義內涵成為對象」①。「現象學描述是在對個體意指和種類意指之體驗的反思中進行的」②。

在 1913 年完成了向超越論現象學的突破之後，現象學的反思性質繼續得到堅持：「純粹現象學是關於純粹意識的科學。這說明，它僅僅來源於純粹反思」③。儘管超越論現象學現在不是以經驗主體的意識行為，而是以超越論的意識為研究對象，但對超越論意識的把握在胡塞爾看來只能以對單個經驗主體的反思直觀為出發點。

直至胡塞爾的思想發展後期，在他對交互主體性現象學的研究中，胡塞爾仍然強調：「所有主體之物，也包括異己的主體之物，都只有透過反思才可達及」④。這也就是說，所有異己主體的建構都奠基於本己主體的原真性領域，因而都只有透過對本己主體性的反思直觀，才能被現象學的目光所把握。就此而言，無論是純粹現象學（第一哲學），還是現象學的哲學（第二哲學）或現象學的心理學（第一心理學），它們都毫無例外地以主體意識（超越論主體或經驗主

體）爲研究對象。「反思」因而是貫穿在胡塞爾現象學之始終的方法特徵，也是他的整個現象學研究的統一前提。在一定的意義上，胡塞爾甚至將「反思」等同於「超越論的」：「我們……將自己理解爲超越論主體性；超越論在這裡無非意味著由笛卡兒所開啟的原本動機，即：對所有認識構成的最終源泉的回問，認識者對自己及其認識生活的自身沉思」⑤。

「現象學反思」與其他類型反思行爲的相同之處在於，它們都屬於再造性的意識行爲，也就是說，都是「後思」（Nach-Denken）。

而「現象學反思」與其他類型反思的首要區別在於，「現象學反思」是一種方法性的反思。這一點首先表現在「現象學反思」是一種本質直觀的反思，它要求在反思中對反思對象進行本質直觀的把握。其次，使「現象學反思」區別於其他類型反思的另一個重要因素在於：現象學反思是一種不設定的反思，它以中立的或懸擱的態度來對待在反思對象中呈現出來的東西。

當然，在「現象學反思」本身之中也存在著種類的差別，即：「現象學心理學還原」與「超越論現象學還原」的差別。前者以「心理純粹的主體性」；後者則以「超越論心理純粹的主體性」爲反思的對象⑥；前者仍屬於「自然反思」的範疇⑦，後者則最終超越了這個範疇。因而這兩者的本質區別在於：「在對日常生活的**自然反思**中……我們立足於作爲存在著的而在先被給予的世界之基地上」，而「在**超越論現象學的反思**中，我們透過懸擱而在這個世界的存在與不存在方面超脫出這個基地之上」⑧。

【注釋】 ① E. Husserl: *LU* II/1, A10/B₁10.　②同上書，A140/B₁141.　③ *Aufs. u. Vort. (1911-1921)*, Hua XXV (Dordrecht u. a. 1987) 75.　④ *Aufs. u. Vort.*, 同上書，425.　⑤ *EU* (Hamburg ⁴1972) 48；也可以參閱：*Krisis* Hua VI (Den Haag ²1962) 100f.　⑥ 參閱：*Ideen* I/2, Hua III/2 (Den Haag 1973).　⑦ 對這兩種「現象學反思」的論述還可以進一步參閱「不設定」（Nichtsetzen）條目中關於第三種和第四種「不設定」類型的較爲詳細說明。　⑧ *CM* Hua I (Den Haag ²1963) 72.

【文獻】 G. Funke: "Bewußtseinswissenschaft. Evidenz und Reflexion als Implikate der Ver-ifikation"，載於：*Kant-Studien* 61 (1970) 433-466.　B. Waldenfels: *Das Zwischenbereich des Dialoges. Sozialphilosophische Untersuchungen in Anschluß an Edmund Husserl* (Den Haag 1971).　I. Kern: *Idee und Methode der Philosophie. Leitgedanken für eine Theorie der Vernunft* (Berlin 1975).　E. Ströker: *Husserls transzendentale Phänomenologie* (Frankfurt a. M. 1987).

rein (Reinheit) * * **純粹的（純粹性）**：（英）pure（日）純粹的

「純粹的」或「純粹性」標誌著胡塞爾對其現象學所做的最基本規定，它們同時也意味著胡塞爾作為哲學家對自己的哲學生活所提出的最基本要求。在這個意義上，任何形式的現象學還原方法最終都是爲了達到同一個目的：研究對象與研究方法的「純粹性」。沒有這個目的的設定，胡塞爾現象學所提出的「最終論證」之意圖的是不可想像的。

胡塞爾的純粹現象學所要達到的「純粹性」，不僅僅是純粹數學所具有的那種純粹性[①]，而且還意味著純粹反思的純粹性。因此，這種純粹性是兩方面的：一方面，這種「純粹性」是指一種擺脫了經驗事實的「純粹」。另一方面，這種純粹也是指一種獨立於外在實在的「純粹」。胡塞爾認爲，達到這個兩方面的「純粹性」之通道方法是「現象學—心理學的還原」和「超越論現象學的還原」[②]。

如果將胡塞爾的「純粹」概念的這兩個含義結合在一起，那麼它在很大程度上與他的「超越論」概念同義[③]。

【注釋】①參閱：E. Husserl: *Aufs. u. Vort. (1911-1921)*, Hua XXV (Dordrecht u. a. 1987) 79.　② *Ideen* I, Hua III/2 (Den Haag ³1976) 646.　③胡塞爾本人也經常將這兩個概念等義使用；參閱：*Ideen* I, Hua III (Den Haag ³1976) § 33；也可以參閱「超越論」條目中「超越論」概念的雙重含義。

Reinigung * **純化：**

「純化」概念被胡塞爾用來標識達到「純粹性」的方法或過程。由於「純粹性」是兩方面的「純粹性」，因而「純化」也應當在兩個方面進行[①]：「現象學—心理學的純化」和「超越論現象學的純化」，它們意味著「在雙重的方向上進行對存在設定、對存在之物之意指的『排斥』和『判爲無效』」[②]；這兩種還原的共同之處在於，它們都是一種普遍的懸擱，它們都意味著排斥世界和關於世界的信仰，還原到純粹意識體驗上去；而這兩者的區別在於，後者是對前者的徹底化[③]。

【注釋】 ① E. Husserl: *Ideen* I, Hua III (Den Haag ³1976) 643. ②同上書，645. ③較爲
詳細的說明可以參閱「現象學—心理學的還原」與「超越論（現象學）還原」
條目。

Rekonstruktion * 再構、再構造：

「再構」概念是胡塞爾從納托普（P. Natorp）那裡接收而來的一個術語。胡
塞爾在多種環境下運用這一術語①，一方面，「再構」與現象學的「自我」問題
密切相關。在這裡，與「再構」概念相對的主要是「原構」（Urkonstruktion）概
念，「再構」意味著向自我之「原構」的回溯②。胡塞爾認爲，最原初的自我無
法作爲對象而被直觀地把握到，它只能透過反思而被再構出來③。另一方面，胡
塞爾也用「**超越論再構**」這個術語來標識「科學客體性」向「前科學對象性」
的回溯，這個回溯包含在關於客體性之可能性條件的超越論問題之中④。除此之
外，胡塞爾還在另一種意義上談到「再構」：整個「潛隱的」（latent）存在領
域，如無夢的睡眠、主體性的出生形態、出生前的、死亡的和死亡之後的存在
等等，都屬於「再構」的存在領域⑤；「再構」在這個意義上是指從「彰顯的」
（patent）存在向「潛隱的」存在的回溯。

【注釋】 ①參閱：I. Kern: *Husserl und Kant. Eine Untersuchung über Husserls Verhältnis zu
Kant und zum Neukantianismus* (Den Haag 1964) 371f. ②參閱「原構」條目。
③參閱：E. Husserl: *Ideen* II, Hua IV (Den Haag 1952) 371f. 對此還可以參閱「隱
匿的」條目。 ④參閱：Ms. A I 36, 163a/b. ⑤參閱：Ms. A V 22, 24b；對此還
可以參閱「潛在的」和「彰顯的」條目。
【文獻】 I. Kern：參見：注釋①。

Relativismus * * 相對主義：（英）relativism、relativeness（日）相對主義

胡塞爾的一生可以被看作是與相對主義做鬥爭的一生。他所抱有的「哲學
就是指向絕對認識的意向」①的哲學信念，從一開始便決定了他的反相對主義立

場。因此，一方面，在他的所有重要著作中，對各種形式的相對主義的批判和克
服都是一個中心課題，無論這些相對主義是以個體相對主義，還是以種類相對主
義的形式出現②；無論他的批判是與心理主義、主體主義或人類主義有關，還是
與自然主義、經驗主義或客體主義有關③。另一方面，胡塞爾現象學的所有主導
動機都與反相對主義有關，對作爲意識之本質結構的意向性的把握，構造思想的
提出作爲克服主客體二元的途徑，現象學直觀與還原方法的引入作爲分離絕對與
相對的手段，以及如此等等。包括胡塞爾後期對生活世界的思考，也可以並且應
當看作是一種克服相對主義的嘗試。他認爲，「生活世界」作爲「自然的興趣基
地」是主觀相對的，但「這個處在其所有相對性之中的生活世界具有其**普遍的結
構**……這個與所有相對存在者連結在一起的普遍結構本身不是相對的」④。

　　胡塞爾認爲，「相對主義只有透過超越論現象學的最普全的相對主義才能得
到克服，超越論現象學將所有『客觀』存在的相對性都闡明爲超越論地被構造的
存在的相對性，但也與此一致地闡明了最澈底的相對性，即超越論主體性相對於
其自身的相對性。然而這正表明了『絕對』存在的唯一可能意義……即超越論主
體性的『自爲存在』」⑤。將相對主義澈底化，由此而導向一個絕對的、超越論
的、非主體主義的主體性，這是胡塞爾超越論現象學的一個重要思路。從這個角
度來看，胡塞爾的哲學是柏拉圖思想的延續、改造與發展。他爲歐洲思想史提供
了一個新的反相對主義傳統⑥。

【注釋】① E. Husserl: Ms. B II 19, 42.　② *LU* I, § 35f.　③ *Phän. Psych*. Hua IX (Den
　　　　Haag 1962) 300f.　④ *Krisis* Hua VI (Den Haag ²1962) 142.　⑤ *Phän. Psych*.... 同
　　　　上書，300.　⑥對此還可以參閱「主觀主義」、「心理主義」、「客觀主義」、
　　　　「人類主義」、「歷史主義」等條目。

【文獻】A. Metzger: *Phänomenologie und Metaphysik. Das Problem des Relativismus und
　　　　seiner Überwindung* (Pfullingen 1966).　J. N. Mohanty: "Phänomenologische
　　　　Rationalität und die Überwindung des Relativismus"，載於：*Phänomenologische
　　　　Forschungen* 19 (1986) 53-74.　G. Soffer: *Husserl and the Question of Relativism*
　　　　(Dordrecht u. a. 1991).

【相關詞】relativ 相對的，Relativität 相對性，relativistisch 相對主義的。

Religion 宗教：（英）religion

日常意義上的「宗教」在胡塞爾現象學中是被現象學還原排斥的對象[1]，儘管他也在另一種意義上接受「宗教」：「對我來說，哲學就是我通向宗教的非宗教之路，可以說是我通向上帝的無神論之路」[2]。

除此之外，胡塞爾後期也經常談及另一種意義上的「宗教」，即「作為一種相對於科學而言的普全世界意向（Weltintention）的宗教」[3]。

【注釋】①參閱：E. Husserl: *Ideen* I, Hua III (Den Haag ³1976) § 58. ② B IX, 124. ③ Ms. A VII 9, 18.

【文獻】 J. G. Hart: "I, We, and God: Ingredients of Husserl's Theorie of Community"，載於：S. IJsseling (Hrsg.): *Husserl-Ausgabe und Husserl-Forschung* (Dordrecht u. a. 1990) 125-149. K. Schuhmann: *Husserls Staatsphilosophie* (Freiburg/München 1988).

Repräsentant* 被代現者：

「被代現者」的概念在胡塞爾現象學中與「代現性的內容」[1]，亦即「充盈」[2]同義。它們都是指感覺內容，是「客體化行為表象的組成部分」[3]。「被代現者」透過意向活動、透過代現而被賦予意義、得到統攝，從而使一個對象在此基礎上產生出來。

【注釋】① E. Husserl: *LU* II/2, A562/B₂90. ②同上。 ③同上書，A549/B₂77、A569/B₂97.

-eigentlicher und uneigentlicher Repräsentant 本眞的和非本眞的被代現者：

「本眞的」和「非本眞的被代現者」在胡塞爾那裡分別意味著「直觀行為」與「符號行為」所具有的感性材料[1]。胡塞爾確定，符號行為雖然也需要感性材

料，例如：被寫在紙上的某個字母或被說出的某個音符，但這些感性材料只是隨意的、偶然的中介，在「被代現者」與「代現」之間並不存在本質的、必然的聯繫[2]，因而符號行為所具有的感性材料不是真正意義上的「被代現者」。

【注釋】① E. Husserl: *LU* II/2, A643/B₂171. ②同上書，A647/B₂175.

Repräsentation＊＊代現、展現：（英）representation（日）代表象

「代現」在胡塞爾現象學的術語中是與「立義」概念基本同義的[1]，「代現形式」也就意味著「立義形式」[2]，它可以是感知性的，也可以是想像性的或符號性的等等。除去質性以外，意識行為的全部內涵都屬於「代現」範疇[3]，它包括「立義形式」、「立義質料」、「被立義的內容」（感性材料）[4]。「因此，只要在質料與被代現者之間的現象學統一賦予後者以被代現者的特徵，我們就將這個統一稱作**代現的形式**，而將這兩個因素的整體稱作**絕然的代現**」[5]。「代現」構成所有行為中的必然表象基礎[6]，也就是說，透過「代現」，客體才得以構成。在這個意義上，「代現」是客體化行為的必然特徵。

當然，胡塞爾有時也在「再現」（Re-präsentation）的意義上使用「代現」概念[7]。

【注釋】①參閱：E. Husserl: *LU* II/2, A562/B₂90. ②同上書，A563/B₂91. ③參閱：*LU* II/1, A464/B₁499. ④參閱：*LU* II/2, A566/B₂94. ⑤同上書，A563/B₂91. ⑥同上書，A566/B₂94. ⑦例如參閱：*Zeitb*. Hua X (Den Haag 1966) 35.

Re-präsentation 再現：（英）re-presentation

胡塞爾將「再現」定義為「想象的特徵」[1]。作為「類比的映像」[2]，「再現」、「不是將一個客體本身置於眼前，而是將它當下化」[3]。在這個意義上，胡塞爾的「再現」概念從本質上有別於「代現」（Repräsentation）。胡塞爾

在「再現」概念上一般特別突出前綴「Re-」，即強調它是特指在當下化行爲（Vergegenwärtigung）中進行的「代現」，它意味著對在感知行爲中被原造的對象的再造，因而可譯作「再現」④。這樣，「再現」一方面可以明確地區別於在感知行爲中發生，並構成感知之特徵的「體現」（Präsentation）；另一方面，「再現」也區別於具有混合性質的「共現」（Appräsentation）⑤。

【注釋】① E. Husserl: *LU* II/2, A551/B$_2$79.　②同上。　③ *Zeitb.* Hua X (Den Haag 1966) 400f.　④但胡塞爾在術語使用上並沒有始終嚴格區分「代現」（Repräsentation）與「再現」（Re-präsentation），例如參閱：*Zeitb.* Hua X (Den Haag 1966) 35；在這裡，作爲想象的「再現」被寫作「Repräsentation」。　⑤對此還可以參閱「體現」與「共現」條目。

【文獻】　B. Rang: "Repräsentation und Selbstgegebenheit. Die Aporie der Phänomenologie in den Frühschriften Husserls"；載於：*Phänomenologische Forschungen* 1 (1975) 105-137.

Reproduktion* 再造：（英）reproduction（法）reproduction（日）再生產

「再造」在胡塞爾的現象學術語中，是指對一個已有的、已經進行了的意識體驗的再造①，因而它應當是「回憶」的同義詞。但胡塞爾經常在寬泛的意義上使用「再造」概念，將它等同於「當下化」的概念，亦即廣義上的「想象」概念②。在這個意義上，胡塞爾說：「我用『再造』來定義『印象』」③（後者是「原造」的同義詞）。胡塞爾在 1911 年或 1912 年期間曾得出「確切的『再造』概念」，並將它區分於「當下化」：「內當下化的所有對象＝再造」④。這也就是說，「再造」應當被用來指稱對一個體驗的「當下化」，而「對一個事物性過程的當下化則不能被稱作再造」⑤。

【注釋】①參閱：E. Husserl: *Ph. B. Er.* Hua XXIII (Den Haag 1980) 347：「再造本身是一個現實的體驗，在這個體驗中，一個不現實的體驗，即一個被再造的體驗被再造出來。」　② *Ph. B. Er...* 同上書，315.　③參閱：同上書，321、575；*Ideen* I, Hua III (Den Haag ³1976) 250；對此還可以參閱 E. Tugendhat: E. Tugendhat,

Wahrheitsbegriff bei Husserl und Heidegger (Berlin 1967) 67, Anm. 77. ④ *Ph. B. Er ...* 同上書，310, Anm. 1. ⑤同上書，310.

【文獻】E. Tugendhat：參見：注釋②。 E. Marbach: "Einleitung des Herausgebers"，載於：Husserl: *Ph. B. Er.* Hua XXIII (Den Haag 1980) XXV-LXXXII.

【相關詞】reproduktiv 再造的，Reproduktivität 再造性，reproduzieren 再造。

-schlichte Reproduktion 素樸再造：

「素樸再造」在胡塞爾的術語中基本與「單純想象」同義，它意味著「不設定的（擬一設定的）再造」①。

【注釋】① E. Husserl: *Ph. B. Er.* Hua XXIII (Den Haag 1980) 467.

Residuum＊＊ 剩餘：（日）残余

在進行現象學還原之後，超越的實在世界之有效性連同對這個世界的存在信仰都被排除出去，被判爲無效，胡塞爾也將這種還原稱之爲「世界之消滅」（Weltvernichtung）。在此之後的「剩餘」是「現象學的剩餘」，亦即現象學的研究課題和研究領域。這個「剩餘」對胡塞爾來說就是「純粹自我」及其「絕對意識」，它屬於內在存在，因而具有絕對的確然性①。「現象學的剩餘」標誌著「實在存在」向「意向存在」的轉化。

【注釋】① E. Husserl: *Ideen* I, Hua III (Den Haag ³1976) § 49.

Retention＊＊ 滯留：（法）rétention（日）過去把持

「滯留」（也被稱作「第一性回憶」①）在胡塞爾的內時間意識現象學分析中標誌著意向性的一個基本種類，與另外兩個經驗的時間性原形式，即原印象和

前攝一樣，它不能回歸爲其他的意向性種類[2]。作爲對剛沉入到過去之中的東西的尚意識到（Noch-Bewußthaben），滯留是一種與剛從現前領域過渡到過去之中的被意識之物的本原的、去除當下的[3]和滯留性的意向關係。它是對現前之物在其最初滑脫中的邊緣期的非課題性[4]一同意識到。作爲這樣一種一同意識到，它既不能被解釋爲是一個削弱了的原印象的體現[5]，或被解釋爲是一個透過符合或圖像的中介而形成的依賴性意識[6]，也不能被混同於那種對過去之物明確的課題性的當下化行爲[7]。唯有當意識的過去視域在現象學懸擱的進行中被加了括號，與這個視域意識相連結的關於過去之物的存在意義的成見被判爲無效時，滯留才能夠作爲一種自成一體的意向性[8]而得到描述性的指明[9]。

另一方面，這個視域的構造以及——在進一步的構造序列中——普全的時間形式的構造[10]，也只有透過對滯留的指明才能得以理解；因爲對過去之物的明確意識，亦即課題性的、客體化的重新回憶是奠基於滯留之中的[11]。只有透過這種方式，即：過去客體在一個特定的意識當下中的本原出現，被直接地保留在連續銜接的滯留之中，而這個滯留連同其內容又被保留在連續連結的滯留之中，以及如此等等，只有這樣，這些過去的客體才能作爲同一的和個體的客體，而在一個特定的時間位置上（或時間序列上）重新在回憶中被找到[12]。唯有這種被胡塞爾在一個著名的時間圖表中[13]直觀地標示出來的對滯留在每一個意識生活的當下中的無限蘊含，才爲意識提供這樣一種可能性（權能性，在「我能」的標題下被探討）[14]，即：在明確的、課題化的回顧中「喚起」或再造某些「積澱的」或「沉睡的」過去對象。這個透過連續滯留的蘊含而構成的權能性活動空間就叫做過去視域。

【注釋】 ① E. Husserl: *Zeitb*. Hua X (Den Haag 1966) 30, 35. ②對此整個問題可以參閱：同上書，§§ 12-14、31ff.、80ff. 以及其他各處；還可以參閱：*Krisis* Hua VI (Den Haag ²1962) 189. ③參閱：E. Fink: "Vergegenwärtigung und Bild"，載於：*Studien zur Phänomenologie* 1930-1939 (Den Haag 1966) 23; M. Merleau-Ponty: *Phénoménol. de la perception* (Paris 1945) 484. ④ Husserl: 同上書，118. ⑤同上書，31. ⑥同上。 ⑦同上書，35ff. ⑧同上書，§ 12、31ff. ⑨參閱：同上書，4ff. ⑩同上書，§ 32、69ff. ⑪同上書，14、25ff.；*Analysen* Hua XI (Den Haag 1966) 326f., 365ff. ⑫ *Zeitb* ... 同上書，§ 31、64ff.；Beil. IV，同上書，107ff. ⑬同上書，28f；也可以參閱：同上書，330f. ⑭同上書，42ff.

【文獻】 K. Held: *Lebendige Gegenwart. Die Frage nach der Seinsweise des transzenden-*

talen Ich bei E. Husserl, entwickelt am Leitfaden der Zeitproblematik (Den Haag 1966). E. W. Orth (Hrsg.): *Zeit und Zeitlichkeit bei Husserl und Heidegger* (1983). M. Sommer: *Lebenswelt und Zeitbewußtsein* (1990). (K. Held)

Rezeptivität * 接受性：（日）受容性

「接受性」被胡塞爾稱之為「現象學的必要概念」[1]，它意味著自我在直觀領域中對事物的接受能力：「只要自我在朝向中接受了那個透過侵襲性的刺激而在先被給予它的東西，我們在這裡就可以談論**自我的接受性**」[2]。在這個意義上，胡塞爾並不將「接受性」作為「主動性」的對立概念來使用；相反地，「接受性」在胡塞爾那裡更應當被看作是「主動性」的最低階段[3]。

與「接受性」概念處在對應之中的是「自發性」（Spontaneität）概念。胡塞爾認為，在「自發性」與「接受性」的相互關係中，「自發性以接受性為前提」[4]。這與「主動性」和「被動性」之間的關係是相符的。

此外，胡塞爾有時也將「接受性」作為與「原造性」（Produktivität）相對應的概念來使用[5]；但實際上後者更多是與「再造性」概念（Reproduktivität）相對應。

【注釋】 [1] E. Husserl: *EU* (Hamburg ⁴1972) 83. [2]同上。 [3]同上；還可以參閱：Ms. D 19, 7a. [4] Mr. A VI 8/1, 36. [5]參閱：*EU* (Hamburg ⁴1972) 89.

Richten * 指向：（英）to address to

「指向」是「指向（狀態）」（Gerichtetsein）的動詞原形，也是它的同義詞[1]。它與意識的意向性能力有關，意味著自我對意識對象的意指和關注。「指向」概念與「朝向」（Zuwendung）和「趨向」（Tendenz）概念有相合的部分，但不是這兩個概念的同義詞[2]。

【注釋】 [1]參閱「指向（狀態）」條目。 [2]較為詳細的說明可以參閱「朝向」與「趨向」概念。

S

Sache ＊＊ **實事**：（英）matter（法）chose（日）事相、事象

由於現象學運動的公認口號是「面對實事本身！」（Zur Sache selbst!），因此「實事」概念在胡塞爾現象學中也成爲關注的課題。胡塞爾本人在現象學口號意義上使用的「實事」或「實事本身」概念具有兩方面的內涵：一方面，「實事」無非是指被給予之物、直接之物、直觀之物，它是在自身顯示（顯現）中，在感性的具體性中被把握的對象；另一方面，「實事」還意味著哲學所應探討的實際問題本身；更進一步說，它是指所有那些以自身被給予方式展示出來的實際問題，從而有別於那些遠離實際問題的話語、意見與成見①。

除此之外，胡塞爾也在專門的意義上使用「實事」概念。

首先，這個意義上的「實事」帶有強烈的「實質」或「基質」（Substrat）含義。他在《純粹現象學與現象學哲學的觀念》第一卷中主張，在奠基性行爲（客體化行爲）中，「實事」與「意向客體」沒有區別；但在被奠基的行爲（如評價行爲、意願行爲等）中，「完整的意向客體」與「實事」則相互區分開來②：後者無非是「素樸可表象的對象性」，前者則將後者與其他特徵都包含在自身之中，例如：「意向客體」不僅包含「單純實事」，也包含這個實事的「價值」。在這個意義上，「實事表象行爲」是以「單純的實事」爲意向對象，而「實事評價行爲」則是以「實事的價值」爲意向對象③。此外，「實事」的「基質」含義還表現在「圖像意識」中，胡塞爾將那些在圖像表象中被展示、被映射的，但本身卻不在圖像表象中顯現的「圖像主體」稱之爲「實事」④。

其次，「實事」概念在胡塞爾那裡也常常會代表「內容」、「質料」等。這與它的日常含義相接近。例如：胡塞爾對「形式邏輯」和「實事邏輯」的區分便與它的這個含義有關⑤。

【注釋】①參閱：E. Husserl: *Ideen* I, Hua III (Den Haag ³1976) § 19.　②同上書，§ 37.　③同上。　④ *Ph. B. Er.* Hua XXIII (Den Haag 1980) 138. 較爲詳細的說明可以參

閱「圖像意識」條目。 ⑤參閱：*Aufs. u. Vort. (1911-1921)*, Hua XXV (Dordrecht u. a. 1987) 134.

【文獻】 E. Fink: "Die intentionale Analyse und das Problem des spekulativen Denkens"，載於：*Nähe und Distanz. Phänomenologische Vorträge und Aufsätze* (Freiburg/München 1976) 139-157.

【相關詞】 Sachbewußtsein 實事意識，Sachlage 事況，Sachverhalt 事態，Sachvorstellen 實事表象，Sachwerten 實事評價，sachlogisch 實事邏輯的。

sachhaltig 含有實事的：（英）with a material content

「含有實事的」不是胡塞爾現象學的特有概念，但胡塞爾有時也賦予這個形容詞以特殊的含義：當它被運用在意向相關項方面時，它是指「可感知的」①；而當它被運用在意向活動方面時，它便意味著相對於「形式的」而言的「質料的」②。此外，與「實事」概念的含義一致，胡塞爾也在一般的意義上將「含有實事的」與空乏的「形式一般的」相對立。「含有實事性（Sachhaltigkeit）這個概念透過與邏輯本質的不含有實事性、與某物一般之模式的不含有實事性的對比而得到規定」③。

【注釋】 ① E. Husserl: *LU* II/1, A276/B$_1$284. ②同上書，A246/B$_1$252 und *Aufs. u. Vort. (1911-1921)*, Hua XXV (Dordrecht u. a. 1987) 132. ③ *Aufs. u. Vort. (1911-1921)*, Hua XXV (Dordrecht u. a. 1987) 134.

Sachverhalt* 事態：（英）predicatively formed affair-complex、state of affairs（法）état de chose（日）事態

「事態」作為哲學概念在胡塞爾這裡最初是在他的老師卡爾 · 斯圖姆夫的意義上被使用。後來胡塞爾也發展出他自己的「事態」概念①。

確切地看，「事態」（Sachverhalt）概念與「實事」（Sache）概念所表達的是不同的東西。所謂事態，是指對象的狀況或對象之間的聯繫，簡言之，「實事

的狀態」。因而，事態（無論是個別的還是普遍的事態）必然奠基於相應的對象（實事）之上②。與「對象」相對應的是「表象」的行為，與「事態」相對應的則是「判斷」行為③。因此，與此相應，判斷（無論是個別的還是普遍的判斷）都奠基於相應的表象之上④。

【注釋】① R. D. Rollinger, "Einleitung des Herausgebers", in E. Husserl, *Untersuchungen zur Urteilstheorie. Texte aus dem Nachlass (1893-1918)*, Hua XL, Dordrecht 2009, S. XXI. ② E. Husserl: *Ph. B. Er.* Hua XXIII (Den Haag 1980) 462. ③ *Ideen* I, Hua III (Den Haag ³1976) § 94. ④同上。

Satz＊＊定句（定理、語句）：（英）proposition、sentence（法）proposition（日）命題、定立

胡塞爾現象學中意向分析與語言分析的交織決定了「Satz」一詞在胡塞爾的術語中（與在日常使用中一樣）具有多種複合意義：「語句」與「定理」是其中的兩個基本含義。胡塞爾（主要是在《純粹現象學與現象學哲學的觀念》第一卷中）所使用的「Satz」概念既包括這兩個含義，也具有其特別的意義，因此譯作「定句」。

首先，「定句」的特別含義在於它與「設定」概念（Setzung）的對應性：「設定」是指在意向活動方面對對象之存在與否的「設定」①，而「定句」則與意向相關項有關，它意味著**被設定的**存在之物②，更確切地說，它也就是「意義核心與存在特徵的統一」③；這種統一與他在《邏輯研究》中所說的作為「質料與質性的統一」的「合含義的本質」是基本一致的④。

另一方面，胡塞爾還將「定句」概念做了特別擴展，使它自身包含「單項（命題）句」和「多項（綜合）句」的劃分。前者是指在感知和直觀等客體化行為中的「設定」，後者則意味著在判斷以及願望、命令等非客體化行為中的「設定」。在這個意義上，胡塞爾的「定句」概念仍然保留在一個至關重要的本質統一的範圍內，它意味著：定句「自身不含有任何表達和概念含義，但另一方面卻將所有表達語句或語句含義包含在自身之中」⑤。這個意義上的「定句」已經不

是通常意義上的語句，因爲它們已經不再侷限於以事態爲對象的述謂判斷領域，而是伸展到前述謂判斷的經驗領域。更確切地說，胡塞爾所劃分出的兩種「定句」可以出現在所有行爲領域之中。「定句」不只是「語句」或「定理」，而是最寬泛意義上的「命題」或「設定」：它既可以是存在設定，也可以是價值設定；既可以是對實事的設定，也可以是對事態的設定。

【注釋】①參閱「設定」條目。　②參閱：E. Husserl: *Ideen* I, Hua III (Den Haag ³1976) 241, 316.　③參閱：同上書，316.　④對此可以進一步參閱「質料」、「質性」、「合含義的本質」等條目。　⑤ *Ideen* I ... 同上書，§ 133.

【文獻】P. Janssen: *Edmund Husserl - Einführung in seine Phänomenologie* (Freiburg/München 1976).

【相關詞】Satzcharakter 定理特徵，Satzform 語句形式，Satzganzes 定理整體，Satzgebilde 定理構成物，Satzmaterie 定理質料，Satzsinn 定理意義，Satzverständnis 語句理解。

Schein* 顯象、假象：（英）illusion（法）simulacre（日）仮象

在德國古典哲學中，「Schein」這一概念通常被賦予「假象」的否定性含義。但由於這個概念實際上是一個與「顯現」（Erscheinung）相平行的中性術語，因而胡塞爾同時在這兩種含義上使用它。中譯可以對應不同的情況而選擇「顯象」或「假象」。作爲「假象」，它是「現實」或「眞實」的對應概念①。由於「假象」與「現實」最終都屬於不同方式的意向構造之結果，因而對「假象構造」與「存在構造」的劃分，包括對「假象實在」與「眞實實在」、「假象價值」與「眞實價值」的劃分，構成胡塞爾現象學意向分析的重要課題之一②。從自然觀點看，「顯象」往往是指圖像意識中的「圖像」（Bild），如「感知圖像」、「回憶圖像」等等。這些圖像並不是實事（基質）本身，但卻展示著實事（基質），例如：一張房屋的照片可以說是關於這個房屋的「顯象」。而在嚴格的現象學意義上，胡塞爾不是將「圖像」，而是將圖像所表現的實事（基質）本身看作「假象」：「『感知圖像』、回憶圖像、意向客體本身不是一個假象，絕然的被感知之物、被回憶之物等等才是假象，那些在對同一個事物的事物感知、回憶之進程中被設

定爲同一之物的東西，並以不變的方式被設定爲同一之物的東西才是假象」③。胡塞爾在這裡所說的「同一之物」也就是被他稱作「絕然對象」④的東西。從自然的觀點來看，「假象」是不具有實在基質的表面現象；而從現象學還原的觀點看，恰恰是在事物感知中被意指的那個統一的對象，即作爲無數規定性之載體或作爲各個映射之基質的 X，才眞正具有「假像」的含義。

【注釋】①參閱：E. Husserl: *Ideen* I, Hua III (Den Haag ³1976) § 86.　②同上。　③ *Ph. B. Er* ... 同上書，584.　④參閱：*Ideen* I, Hua III (Den Haag ³1976) § 91.

【文獻】H. R. Sepp: "Intentionalität und Schein"，載於：J. Bloss/W. Strózewski /J. Zumr (Hrsg.): *Intentionalität, Werte, Kunst* (Praha 1995) 54-58.

【相關詞】Scheinevidenz 顯象明見性，Scheinrealität 顯象實在，Scheinwert 顯象價值，Scheinwissenschaft 顯象科學。

Schlaf 睡眠：

　　「睡眠」現象在胡塞爾那裡至少在兩個方面受到探討：首先，在胡塞爾後期的「第二哲學」（超越論事實科學）研究中，「睡眠」作爲正常生活的間斷屬於個體的「不正常性」範疇①；其次，「睡眠」在發生現象學研究中屬於「無意識」的領域②。

【注釋】①參閱：E. Husserl: *Inters.* III, Hua XV (Den Haag 1973) 154；對此可以進一步參閱「正常性」和「不正常性」條目。　②同上書，608；對此可以進一步參閱「無意識」條目。

schlicht (Schlichtheit) * 素樸的（素樸性）：（英）simply、unqualified（法）simple

　　「素樸性」在胡塞爾的意向分析中至少包含以下兩種含義：(1) 在現象學的基本考察中，「素樸的」與「天眞的」、「自然的」相平行，與「反思的」、

「哲學的」相對應。它標識出「自然觀點」的直向特徵：自然觀點是素樸的，現象學的（哲學的）觀點則是反思的[1]；(2)在具體的現象學意向分析中，「素樸性」則是指一種特定的「直接性」[2]，例如：與對象的素樸關係就是指與對象的直接關係。

【注釋】①參閱：E. Husserl: *Ideen* I, Hua III (Den Haag ³1976) §§ 30f.　②*LU* II/2. A637/B₂165.

Sedimentierung* 積澱：（日）沉澱

胡塞爾在其後期發生現象學研究中探討意識的「積澱」問題。他把在超越論自我「原開端」上的天生「原本能」（Urinstinkt）定義爲先輩人所具有的先前經驗之「積澱」[1]，在這個意義上，「積澱」首先是一種遺傳。在超越論自我的進一步展開過程中，每一個具體的經驗都「積澱」成爲實踐的可能性，這種可能性會透過「聯想」（Assoziation）而變爲現實。由此，「積澱」與「聯想」之間有著密不可分的聯繫：「如果沒有聯想進行，積澱也就無從成立」[2]。因此，超越論自我在超越論經驗方面的「積澱」，構成超越論自我的發展史；而作爲超越論自我之現實化的人類歷史也「從一開始就無非是原初的意義構成與意義積澱相互並存、相互包含的活的運動」[3]。

【注釋】①參閱：E. Husserl: Ms. K III 11, 4；對此也可以參閱「本能」條目。　②Ms. C16 V, 8.　③*Krisis* Hua VI (Den Haag ²1962) 380，參閱：同上書，381, Anm. 1.

Seele* 心、心靈：（英）psyche（法）âme（日）心

「心靈」概念在胡塞爾的意向分析中從屬於「實在」的範疇，它意味著在世界之中的人所具有的「心靈實在」。因此，它也屬於意識構造的成就，並因而屬於現象學構造分析的研究客體。胡塞爾將「心靈」視爲「建基於低層感性權能

（Vermögen）上的『精神』權能」[1]。但「心靈」不等同於「精神」，而是僅僅含有「精神」的因素[2]。與「精神」相對的是「自然」，在這兩極之間才是「心靈」與「身體」的對立。胡塞爾將「心靈」與實在現實的依賴性分做三個層次：(1) 心理物理的方面，亦即心靈對身體的依賴性；(2) 生成心理的方面，它意味著心靈的歷史依賴性；(3) 心靈實在的交互主體依賴關係，也就是心靈之間的依賴性[3]。

【注釋】① E. Husserl: *Ideen* II, Hua IV (Den Haag 1952) 123.　②對此也可以參閱「精神」條目。　③參閱：*Ideen* II ... 同上書，135.

【相關詞】Seelenleben 心靈生活，Seelensubstanz 心靈實體，Seelisches 心靈之物。

Sein＊＊ 存在：（英）being（法）être（日）存在

「存在」概念在胡塞爾的現象學分析中基本帶有兩種含義：一方面，胡塞爾常常在傳統的意義上使用「存在」概念，即實在意義上的「存在」，作為事物的「存在」[1]，這也是自然觀點中存在信仰或存在設定的相關物。但另一方面，胡塞爾也在他自己的意義上運用「存在」概念，即作為體驗的「存在」[2]，在這一個意義上，「存在」是指「純粹體驗」、「純粹意識」，它既包含「意識的純粹意識相關物」，也包含「意識的『純粹自我』」[3]。在這兩種存在之間有一個本質性的、原則性的區別：前一種意義上的存在只能透過「映射」的方式而被意識到，而後一種存在則只能透過反思（胡塞爾也將反思稱作內在感知）被內在地感知到[4]。與這個區別相關，「作為意識的存在」和作為「實在的存在」的區別還表現在：前者是「內在之物的存在」，後者是「超越之物的存在」；前者才是哲學本體論的對象；而後者是實證科學意義上的本體論對象，因而受現象學還原的排斥[5]。

胡塞爾的構造現象學分析進一步表明，這兩種意義上的「存在」之間的關係在於，作為實在的存在是在作為意識的存在之中被構造起來的[6]。或者說，前者（客觀存在）可以消融在後者（主觀存在）之中[7]。「所有實在都是透過『意義給予』才存在」，「所有實在的統一都是『意義的統一』」[8]。據此，實在的大

全不能等同於存在的大全，而只構成其中的一個部分⑨。更確切地說，實在的存在只是意識賦予其對象的多種意義中的一種意義，是一種「意向相關項的抽象形式」⑩。它作爲「超越之物的單純現象存在」區別於在意識中的「內在之物的絕對存在」⑪。

因此，胡塞爾強調：「唯一的絕對存在是主體—存在，作爲自爲地自身構造起來的存在（Konstituiertsein），而整體的絕對存在是各個相互處在現實的和可能的共同體中的超越論主體的普全（Universum）」⑫。

與「存在」概念相對應的是「非存在」（Nichtsein）概念⑬。而在「存在」概念本身之中又可以區分「如在」（Sosein）和「此在」（Dasein）⑭。

【注釋】① E. Husserl: *Ideen* I, Hua III (Den Haag ³1976) 86. ②同上。 ③同上書，67. ④參閱：同上書，§ 42；對此還可以進一步參閱「映射」和「反思」條目。⑤同上書，§ 44. ⑥同上書，§ 86. ⑦參閱：W. Biemel: "Einleitung des Herausgebers"，載於：Husserl: *Idee d. Phän.* Hua II (Den Haag ²1958) VIII. ⑧ *Ideen* I ... 同上書，§ 55. ⑨參閱：同上。 ⑩同上書，273. ⑪同上書，91. ⑫ *Erste Philos*. II, Hua VIII (Den Haag 1959) 190. ⑬ *LU* II/2, A599/B₂ 127. ⑭對此可以進一步參閱「如在」與「此在」條目。

【文獻】E. Fink: *Sein, Wahrheit, Welt. Vor-Fragen Zum Problem des Phänomen-Begriffs* (Den Haag 1958). J. R. Mensch: *The Question of Being in Husserl's "Logical Investigations"* (Dordrecht u. a. 1981).

【相關詞】seiend 存在著的，Seiendes 存在者、存在之物，Seinsall 存在大全，Seinsart 存在種類，Seinsausweisung 存在指明，Seinsbewährung 存在證明，Seinsbewußtsein 存在意識，Seinsboden 存在基地，Seinscharakter 存在特徵，Seinserfassung 存在把握，Seinserkenntnis 存在認識，Seinsfrage 存在問題，Seinsgeltung 存在有效性，Seinsgewißheit 存在確然性，Seinsglaube 存在信仰，Seinshorizont 存在視域，Seinsinteresse 存在興趣，Seinskategorie 存在範疇，Seinskonkretion 存在的具體化，Seinskonstitution 存在構造，Seinslehre 存在論，Seinsmaterie 存在質料，Seinsmeinung 存在意指，Seinsmodus 存在樣式，Seinsmodalität 存在樣式，Seinsmöglichkeit 存在可能性，Seinsnotwendigkeit 存在必然性，Seinsobjekt 存在客體，Seinsordnung 存在秩序，Seinsprätention 存在要求，Seinsregion 存在區域，Seinssetzung 存在設定，Seinssinn 存在意義，Seinssinnfunktion 存在的意義功能，Seinssphäre 存在領域，Seinsstil 存在風格，Seinsvorzug 存在之優先，Seinswahrheit 存在眞理，Seinsweise 存在方式，Seinszusammenhang 存在聯繫。

Seinscharakter/Seinsmodalität＊＊ 存在特徵／存在樣式：（英）characteristic of being/modality of being（法）caractère d'être（日）存在性格／存在樣態

胡塞爾所使用的「存在特徵」概念基本上與「存在樣式」概念同義[1]。它意味著「可疑性的存在」、「疑問性的存在」、「猜測性的存在」以及「不存在」等等。「不存在」也是「存在特徵」的一種[2]。

【注釋】 [1]參閱：E. Husserl: *Ideen* I, Hua III (Den Haag ³1976) 241. [2]參閱：同上書，§ 105，*Analysen* Hua XI (Den Haag 1966) 1. Abschnitt, *EU* (Hamburg ⁴1972) § 21 等等。

Seinsglaube (Seinbewußtsein)＊ 存在信仰（存在意識）

「存在信仰」或「存在意識」是指關於存在的信仰與意識。它在胡塞爾的意識分析中與「時間意識」、「感知」、「想象」等概念一樣具有核心的地位。但在胡塞爾的術語中，「存在信仰」或「存在意識」是與「信仰」（Glaube, belief）等義的。他大都把「存在信仰」簡稱爲「信仰」[1]。

【注釋】 [1]對此概念的具體闡述可以參閱「信仰」條目。
【文獻】 E. Fink, "Reflexionen zu Husserls Phänomenologischer Reduktion", in: *Nähe und Distanz Phänomenologische Vorträge und Aufsätze* (Freiburg 1976). L. Ni, *Seinsglaube in der Phänomenologie Edmund Husserls* (Dordrecht u. a. 1999).

Selbst 自己：（英）self（法）soi（日）自己

胡塞爾在 1921 年的一篇研究文稿中專門談及「自己」概念，將它定義爲「非奠基的統一」[1]。這個概念與原初的、具體的、經驗的、發生的「自我」（Ich）有關。他在研究文稿的一開始便說：「或許我必須始終不說『自我（Ich）』而說『自己（Selbst）』會更好些。」因爲，「純粹自我、作爲自我的自我，在不

同的時段中並不具有不同的內涵，它在所有時段中都是絕對同一的，即作爲純粹自我。然而，在各個具體狀況中的自己（Selbst in concreto）則具有一個變換不定的內涵，但在這裡走在前面的是自我的同一性，作爲爲這個自我的所有內涵創造統一的同一性，自己的統一、甚至人格的統一，都不僅僅是一個在時段的變化、變換中的同一性」[2]。

胡塞爾在這裡一方面將「純粹自我」與「自己」加以對立，儘管兩者都意味著諸意識體驗的統一，但前者是抽象的，後者是具體的，前者不具有不同的內涵和不同的時段，後者則反之；另一方面他也試圖將「自己」區別於洛克的「人格」（Person）或萊布尼茲的「單子」（Monade）概念。從所有跡象來看，胡塞爾所理解的「自己」，與他所說的「自身意識」（Selbstbewußtsein）比較接近[3]。

【注釋】① *Inters.* 11, Hua XIV (Den Haag 1973) 48-50. ② a. a. O., 48-49.——這裡可以參考阿多諾對胡塞爾「自我」問題現象學分析的一個批評：「如果超越論自我被完全地分離於動物或智性，那麼還把它稱作『自我』的權利就是有問題的。」(Th. W. Adorno, *Zur Metakritik der Erkenntnistheorie. Studien über Husserl und die phänomenologischen Anatomoie*, Frankfurt a. M.: Suhrkamp Verlag, 1990, 228). ③對此可以進一步參閱：I. Kern, "Zwei Prinzipien der Bewusstseinseinheit: Erlebtsein und Zusammenhang der Erlebnisse", in *Facta Philosophica* 2, 2000, 51-74.

selbst- 自身一：（英）self-（法）soi-（日）自己

「自身」概念在奧伊肯（R. Eucken）的思想中起著重要作用，而他在本世紀初曾對胡塞爾產生過一定的影響①。從某種程度上說，胡塞爾所處的時代是一個從「神主」向「自主」過渡的時代。加上胡塞爾的現象學是以純粹意識爲對象，以純粹反思爲手段的純粹現象學，因此，「自身一」概念在現象學中更是具有重要的含義。一方面可以說，所有現象學的分析都是對主體「自身」、意識「自身」、自我「自身」進行的。現象學因而具有「對所有認識構成的最終根源進行回問（Rückfragen）之動機」②。就此而言，「自身一」這個前綴與「回一」（rück-）的前綴一樣，它們是對胡塞爾現象學研究對象與研究方法的基本寫照：「自身一」在這裡意味著一種返回或反身的方向。另一方面，胡塞爾的現象學

要求把握認識的本原，要求成為具有絕對自身論證能力的學說：「哲學應當是這樣一種認識，這種認識完全來源於最高的和最終的認識者之自身沉思、自身理解、自身負責」③。在這個意義上，「自身—」的前綴又與「原—」（ur-）的前綴相同，它們是對胡塞爾哲學信念和認識意向的基本寫照④。此外，在其實際的意向分析中，胡塞爾也在後一個意義上運用「自身—」的前綴，如「自身被給予性」、「自身圖像」、「自身當下」等等。「自身」在這裡的含義相當於「原本的」或「切身的」。

【注釋】①參閱：E. Husserl: *Aufs. u. Vort. (1922-1937)*, Hua XXVII (Dordrecht u. a. 1989) "Die Phänomenologie und Rudolf Eucken" (1927), 127；也可以參閱：K. Schuhmann: *Husserls Staatsphilosophie* (Freiburg/München 1988) 86f. ② *Krisis* Hua VI (Den Haag ²1962) 100. ③ *Erste Philos*. II, Hua VIII (Den Haag 1959) 3. ④參閱「原—」條目。

【文獻】E. Husserl: "Brief XIX"，載於：*Berief an Roman Ingarden* (Den Haag 1968) 25ff. P. Ricoeur: *Husserl. An analysis of his phenomenoloy* (Evanston 1967).

【相關詞】Selbstabschattung 自身映射，Selbstabwandlung 自身變化，Selbstanschauung 自身直觀，Selbstapperzeption 自身統覺，Selbstauslegung 自身闡釋，Selbstaufhebung 自身揚棄，Selbstbegründung 自身論證，Selbstbeobachtung 自身觀察，Selbstbesinnung 自身沉思，Selbstbestimmung 自身規定，Selbstbetrachtung 自身考察，Selbstbildung 自身構成，Selbst-da 自身在此，Selbstdarstellung 自身展示，Selbstdenker 自身思維者，Selbsteigen 自身占有，Selbsteigenes 自身本己之物，Selbsteigenheit 自身本己性，Selbstenthüllung 自身揭示，Selbsterfahrung 自身經驗，Selbsterfassung 自身把握，Selbsterkenntnis 自身認識，Selbsterscheinung 自身顯現，selbstgeben 自身給予，Selbstgebung 自身給予，selbstgegeben 自身被給予的，Selbstgegebenheit 自身被給予性，Selbstgegenwart 自身當下，selbstgegenwärtig 自身當下的，Selbsthabe 自身擁有，Selbstheit 自身性，Selbstkonstitution 自身構造，Selbstobjektivation 自身客體化，Selbstoffenbarung 自身啟示，Selbstreflexion 自身反思，Selbstsein 自身存在，Selbstsetzung 自身設定，Selbststimmigkeit 自身一致性，Selbstwahrnehmung 自身感知，Selbstverantwortung 自身負責，Selbstverantwortlichkeit 自身責任性，Selbstverständnis 自身理解，Selbstvergangenheit 自身過去，Selbstvergessenheit 自身遺忘性，Selbstzeitigung 自身時間化。

Selbstbesinnung 自身思義：

胡塞爾在其後期著作中，將現象學理解為人類對其絕對生活的超越論源泉的普全自身思義①。自身思義展示出一個作為「人類行政者」②的哲學家所要承擔的倫理學任務③，因此，哲思者要在澈底的自身負責中被回指到他的存在的超越論基礎上，並且從這個基礎出發而「具有對人類真實存在的責任，這個存在只是作為存在而朝向一個目的，並且只有透過哲學而得到實現」④。這是使當前危機能夠得到克服的一條途徑。

【注釋】① E. Husserl: *Krisis* Hua VI (Den Haag ²1962) § 73, 269; A. Diemer: *E. Husserl. Versuch einer systematischen Darstellung seiner Phänomenologie* (Meisenheim a. G. ²1965) 324.　② Husserl: *Krisis*...§ § 7, 15.　③參閱：*Erste Philos* I, Hua VII (Den Haag 1956) 204f.　④ *Krisis*...§ § 73, 269.

【文獻】Pfafferot, G., "Die Bedeutung des Begriffs Selbstbesinnung bei Dilthey und Husserl", in: E. W. Orth (Hrsg.), *Dilthey und die Philosophie der Gegenwart* (Freiburg/München 1985) §. 351-380. (P. Jassen)

Selbstbewußtsein＊＊ 自身意識：

「自身意識」在胡塞爾的現象學分析中已經偏離它的日常語義，不再具有「自我感覺」或「自信」的含義，而是被用來標識意識行為的一個本質特徵：對自身的「意識到」①。也就是說，所有意向體驗不僅是關於某物的意識，而且「所有體驗都是被意識到的……它們作為非反思的『背景』存在於此」②。這個意義上的「自身意識」也被胡塞爾稱作「內意識」或「內感知」：「每一個行為都是關於某物的意識，但每一個行為也被意識到。每一個體驗都是內在地『被感知到』（被內意識到）……內感知並不是一個在同樣的意義上的體驗。它本身並不重新被內感知到」③。

正是因為意識行為具有這種「自身意識」的功能，它們才能透過確切意義上的反思而被再造出來：「**體驗的存在方式就在於，它原則上可以透過反思的方式而被感知到**」④。但意識對自身的「自身意識」不同於意識對自身的「自身反思」。「反思」是在直向的意識行為進行之後而進行的第二個意識轉向自身的行

爲；而「自身意識」不是一個行爲，而是伴隨著每一個意向行爲的內部因素，意識透過這個因素而**非對象地**（非把握性地）意識到自身。因此，這種「自身意識」不是胡塞爾通常所說的「反思」，而是「反思」得以可能的前提。它有別於「反思」之處就在於，「反思」是對象性意識，而「自身意識」是非對象性意識；它是對意識行爲進行的「意識到」，但並不以意識行爲的進行爲對象。

在這個意義上，「自身意識」在胡塞爾的現象學術語中是與「原意識」、「內意識」以及特殊意義上的「內感知」基本同義的概念⑤。

除此之外，胡塞爾有時也在另一種意義上使用「自身意識」概念，即在與「異己意識」或「世界意識」相對立的意義上⑥。「自身意識」在這裡是指單個自我的「本己意識」，更確切地說，自我本身作爲在世界中存在著的自我的意識⑦。在這個意義上，胡塞爾談及「自身意識」的本體論和「世界意識」的本體論⑧。

此後，沙特（J. -P. Sartre）所說的「自身意識」（conscience de soi）和「自身認識」（connaissance de soi）基本上相當於胡塞爾所說的非對象性的「自身意識」與對象性的「反思」⑨。

【注釋】① Vgl. E. Husserl: *Ph. B. Er.* Hua XXIII (Den Haag 1980) 352. ② *Ideen* I, Hua III (Den Haag ³1976) § 45, *Zeitb.* Hua X (Den Haag 1966) 126f. ③ *Zeitb.* Hua X (Den Haag 1966) 126f. ④ *Ideen* I ... 同上書，§ 45. ⑤參閱：*Zeitb*... 同上書，119。對此還可以參閱「內意識」、「原意識」、「內感知」條目。 ⑥參閱：*Krisis* Hua VI (Den Haag ²1962) 256. ⑦同上書，255. ⑧同上書，256. ⑨對此可以參閱：J. -P. Sartre: «Conscience de soi et connais-sance de soi»，載於：*Bulletin de la Société de Philosophie* XLII (1948).

【文獻】J. -P. Sartre：參見：注釋⑧。 I. Kern: "Selbstbewußtsein und Ich bei Husserl"，載於：G. Funke (Hrsg.): *Husserl-Symposium Mainz* (27. 6/4. 7. 1988)(Stuttgart 1989) 51-63. M. Frank: "Fragmente einer Geschichte der Selbstbewußtseins-Theorie von Kant bis Sartre" in: ders. (Hrsg.), *Selbstbewußtseinstheorie von Fichte bis Sartre* (Frankfurt a. M. 1991) 413-599，尤其是：526-546. K. Bort: *Personalität und Selbstbewußtsein Grundlagen einer Phänomenologie der Bezogenheit* (Tübingen 1993).

Selbstbild 自身圖像：

「自身圖像」在胡塞爾意向分析中與「原圖像」（Urbild）同義，它們的對應概念是「回憶圖像」或「當下化圖像」①。

【注釋】① E. Husserl: Ms. M III 3 III 1 II, 15ff.
【文獻】 E. Fink: *Studien zur Phänomenologie* 1930-1939 (Den Haag 1966).

Selbsterfahrung 自身經驗：（英）self-experience

「自身經驗」在胡塞爾的術語中與「絕對經驗」同義①。它是指在經驗中對自身被給予之物的直接把握。

【注釋】①參閱「絕對經驗」條目以及 E. Husserl: *Krisis* Hua VI (Den Haag ²1962) 146f., 188f.

Selbstgegebenheit** 自身被給予性：（英）itself-givenness（日）自己所与性

「自身被給予性」是指在直觀、感知中的事物之被給予性。它意味著一種原本的、直接的被給予性，一種在直觀中的充實①。在這個意義上，胡塞爾也將「自身被給予性」等同於「明見性」②。

【注釋】① E. Husserl: *Ideen* I, Hua III (Den Haag ³1976) 11, 41.　②參閱：*Idee d. Phän* Hua II (Den Haag ²1958) 51.
【文獻】 B. Rang: "Repräsentation und Selbstgegebenheit. Die Aporie der Phänomenologie in den Frühschriften Husserls"；載於：*Phänomenologische Forschungen* 1 (1975) 105-137.

Selbstwahrnehmung 自身感知：

胡塞爾所說的「自身感知」基本上是「反思」的同義語，它是指「純粹自我的自身反思」，因而本質上須以非反思的、直向的意識爲前提[1]。從嚴格的意義上說，「自身感知」作爲「反思」不是一種「感知」，而是一種當下化的行爲[2]。

【注釋】① E. Husserl: *Ideen* II, Hua IV (Den Haag 1952) 248. ②對此可以進一步參閱「反思」條目。

Selbstzeitigung 自身時間化：

胡塞爾在後期研究手稿中運用「自身時間化」概念來標識自我的「反思」能力。反思本身是一種時間化，它以自我爲課題，並揭示出自我的時間性，因爲被反思的自我始終已經是過去的自我。同時，反思本身也在時間性中進行。因此，反思具有雙重的被動性：它反思在被動的時間性中展開的自我，同時，反思本身作爲主動的揭示也是在被動的時間性中展開著自身。自我在這裡是一種「反思著—被反思的自我」[1]，它具有同一性；而「自身時間化」則意味著自我對其自身進行認同和確定的能力。胡塞爾在這裡強調：「『自身時間化』作爲原先的流動能力是一個危險的字眼。流動本身並不時間化……」[2]。這意味著，原流動的自我並不是透過反思的認同才形成，而是始終已經具有「前時間化」（Vor-Zeitigung）的存在方式[3]。「自身時間化」僅僅表明自我的自身認同的可能主動性。

【注釋】①參閱：G. Brand: *Welt, Ich und Zeit. Nach unveröffentlichten Manuskripten E. Husserls* (Den Haag 1969) 71ff. ② E. Husserl: Ms. C 7 I, 18. ③參閱：Ms. C 17 IV, 4.

Setzung (setzend) * * 設定（設定的）：（英）position（法）position、poser（日）定立、措定

　　「設定」概念在胡塞爾現象學中是一個與「立場」（Position）同義的[1]術語。因此，胡塞爾也將它與「命題」（Thesis）、「執態」（Stellungnahme）、「信念」（Doxa）等相應概念等義使用，它們被用來規定一個意識行為在進行時是否帶有對意識對象的存在信仰[2]。這種存在信仰並非是指對事物之存在與否的設定；嚴格地說，設定對象的存在或設定它的不存在，這兩種設定都已經是存在設定。因此，「設定」自身包含著存在與不存在的對應[3]；而與「設定」相對應的毋寧說是「不設定」（Nichtsetzung），即對事物之存在與否的保持中立、不設定、不執態。相對於「不設定的行為」而言，「設定性的行為」是奠基性的行為，它的「原初權利基礎是在本原的被給予性之中」[4]，因此胡塞爾也將「設定性行為」稱作「基質行為」（Substrat-Akte）或「未變異的行為」（unmodifizierte Akte）[5]；而「不設定的行為」則是「在質性上變異了的行為」（qualitativ modifizierte Akte）[6]。

【注釋】① E. Husserl: *Ph. B. Er.* Hua XXIII (Den Haag 1980) 409, Anm.　②對此可以參閱有關條目，尤其是「信仰」（Glaube）條目。　③ *LU* II/2, A599/$B_2$127；對此還可以參閱「信仰樣式」條目。　④ *Ideen* I, Hua III (Den Haag [3]1976) 316.　⑤「不設定」的行為奠基於「設定性」的行為之中，這在《邏輯研究》中已經得到表現：胡塞爾在其中將「不設定的行為稱作在設定方面『未變異的行為』」（*LU* II/1, A449/$B_1$481）。對此還可參閱：*Ph. B. Er.* Hua XXIII (Den Haag 1980) 459，以及 E. Tugendhat, *Wahrheitsbegriff bei Husserl und Heidegger* (Berlin 1967) 41.　⑥對此可以進一步參閱「變異」條目下的「質性變異」子條目。

【文獻】 L. N: *Seinsglaube in der Phänomenologie Edmund Husserls* (Dordrecht u. a. 1999).

【相關詞】 Setzbarkeit 可設定性，Setzen 設定，Setzungsaktualität 設定現時性，Setzungsart 設定種類，Setzungscharakter 設定特徵，Setzungskorrelat 設定相關項，Setzungsmaterie 設定質料，Setzungsmodalität 設定樣式，Setzungsmodus 設定樣式，Setzungsqualität 設定質性，Setzungszusammenhang 設定聯繫，Vernunftsetzung 聯繫設定。

Signifikation (signitiver Akt)＊＊ 符號行爲：（英）signification （日）所作的意味

「符號行爲」是指以「符號意向」① 爲行爲特徵的意識行爲。胡塞爾將所有意識行爲劃分爲「客體化行爲」與「非客體化行爲」，而所有「客體化行爲」又可以進一步劃分爲「符號行爲」與「直觀行爲」②。由於「直觀行爲」自身由「感知行爲」和「想像行爲」所組成，因此整個「客體化行爲」便可以劃分爲「感知行爲」、「想像行爲」和「符號行爲」。胡塞爾曾經從兩個角度出發來考察「符號行爲」所具有的不同於其他「客體化行爲」的本質特徵。

一方面，胡塞爾在《邏輯研究》期間認爲，「符號行爲」與「直觀行爲」之間的差異要大於「感知行爲」與「想像行爲」之間的差異，因爲後者是「直觀行爲」種屬本身之中的差異，而前者已經超出這個種屬的範圍以外。「符號行爲」與「直觀行爲」的本質差異具體表現在：(1)「符號行爲」本身不具有自己的感性材料，「純粹符號性的意向是『空乏』意向，它缺乏充盈的因素」③，「符號行爲」的感性內容必須藉助於它奠基於其中的直觀行爲。例如：符號 A 必須是一個發出的可聽見的聲音或一個寫下的可看見的文字，否則關於 A 的符號行爲便不能成立。(2) 由於「符號行爲」不具有自己的感性內容，因而具體的符號行爲永遠不可能是獨立的，它必須依賴於「直觀行爲」並奠基於「直觀行爲」之中。(3) 在符號行爲中，在直觀的代現性內容與質料（意義）之間不存在必然的聯繫：「符號性的質料只需要某個支撐性的內容，但我們在它的種類特性與它的本己種類組成之間找不到必然的紐帶」④。例如：寫在黑板上的字母 A 可以是指一個具體的感性事物，也可以是指一個抽象的邏輯符號。

另一方面，胡塞爾在《邏輯研究》之後的研究手稿，以及在純粹現象學與現象學哲學的觀念第一卷中，又對「符號行爲」以及「直觀行爲」提出另一種新的規定方法，即把所有表象（客體化行爲）劃分爲「本眞的表象」與「非本眞的表象」。前者包括「體現」（感知）和「再現」（想象）；後者則包括「圖像表象」和「符號立義」⑤。根據這個劃分，「圖像意識」與「符號意識」（符號行爲）的本質相似性恰恰在於它們的「非本眞性」（Uneigentlichkeit）或「象徵性」。正是在這個意義上，胡塞爾將「圖像意識」也稱作「圖像象徵的表象」，將「符號行爲」稱作「符號象徵的表象」⑥。

此外，在術語使用上，胡塞爾曾說明，「我對這個表達的使用不帶有特殊的術語指示，因爲它只是對『含義』的翻譯。我同樣也會經常談到**符號性的**（signifikativ），或者簡稱地談到**符號的**（signitiv）行爲，而不使用含義意向行爲、意指行爲等等。由於**表達**通常被稱之爲意指的主語，因此，『**意指行爲**』（bedeutende Akte）不是一個好的說法。『符號性』一詞也在術語上提供了一個與『**直觀性**』概念的合適對立。與『**符號的**』同義的是『**象徵的**』（symbolisch），因爲在近代曾受到康德抨擊過的那種濫用已經蔓延開來，這種濫用在於：違背『象徵』一詞所具有的原初的、並且即使在今天也不可或缺的意義，而將它作爲『符號』的等值概念加以使用」[7]。

【注釋】 ① E. Husserl: *LU* II/2, A525/B$_2$53.　②同上。　③同上書，A568/B$_2$96.　④同上書，A564/B$_2$92.　⑤ *Ph. B. Er.* Hua XXIII (Den Haag 1980) 139f.　⑥ *Ideen* I, Hua III (Den Haag ^{3}1976) 78f. 以及 210.　⑦ *LU* II/2, A506/B$_2$34, Anm. 1.

-bloße Signifikation 單純符號行爲：

「符號行爲」由於不具有本己的感性材料，而必須藉助於直觀行爲才能具體地成立[1]，在這個意義上可以說，不存在具體的「純符號行爲」。胡塞爾所說的「單純符號行爲」是一種理論上的抽象，它意味著一種完全空泛的、未得到直觀充實的符號性意指。也可以說這就是康德意義上的、與「直觀」相對應的「思維」[2]。

【注釋】 ①對此可以參閱「符號行爲」條目。　②參閱：E. Husserl: *LU* II/2, A505/B$_2$33.

Sinn＊＊ 意義：（英）sense（法）sens（日）意味

「意義」概念是胡塞爾意向分析中的中心概念。胡塞爾本人曾闡述過這個概念的雙重含義：「(1) 意義可以是指感知的完整內容，也就是說，意向對象連同

其存在樣式（設定）。(2) 但『意義』也可以是指這樣一個單純的意向對象，人們能夠從那些可能變化的存在樣式中強調出這個單純的意向對象」[1]。

一方面，意義概念與對象概念在胡塞爾那裡是密切相關的。每個對象都必須回歸到構造出它們的超越論意識之上，就這點而言，對象就是意義[2]。

另一方面，從整體上看，「意義」概念與「含義」概念在胡塞爾那裡顯然是同義詞。胡塞爾曾多次說明：「『含義』對我們來說是與『意義』同義的」；「『意義』——這個詞一般與『含義』等值使用」[3]。雖然胡塞爾在研究手稿中也曾流露出區分「含義」與「意義」的想法[4]，但那只是偶爾的閃念，不足以代表胡塞爾的主導思想。

當然，仍需要注意的是，胡塞爾在對這兩個概念的使用上始終各有偏重。由此而引出一個並非無關緊要的論點：在胡塞爾那裡，含義概念更適用於語言邏輯分析，而意義概念則更適用於意識行為分析；與含義相關的是「表達」，而與意義相關的則是「行為」[5]。

在這兩個概念上的另一個細微區分也須得到指明：「含義」應當與形式本體論有關，含義應當是指對象一般的形式的含義；「意義」則應當與質料本體論有關，意義是指對象一般的質料的意義。胡塞爾說，「如果將對象一般的形式觀念（按照我的《純粹現象學與現象學哲學的觀念》）與質料對象區域相對置，那麼與『分析的』或**『形式的』本體論與含義論**相對應的便是一系列**質料的本體論或意義論**，它們合乎那些因為引入可能對象性的『質料』，而形成並曾被我稱作『區域的』基本劃界」[6]。

這一確認的意義實際上已經超出了單純概念定義的範圍。因為，胡塞爾並不把語言邏輯分析看作是與意識行為分析相並列的研究課題，而是認為前者必然奠基於後者之中。由此可以得出，任何「含義」都是有意義的，但並不一定任何「意義」都具有含義。胡塞爾本人在《邏輯研究》中偏重使用「含義」概念，因為在那裡首先要解決的是「邏輯」問題；在《純粹現象學和現象學哲學的觀念》第一卷中，「含義」概念則退到後臺，取而代之的是「意義」概念。

根據以上對「意義」的規定，「意義」這個概念所標識的是意識行為的「意向相關項的核心」[7]，它是一種「在某些行為中對我們展示出來的客觀統一」[8]。

【注釋】 [1] E. Husserl: *Analysen* Hua XI (Den Haag 1966) 352. [2] 參閱「對象」條目。

③ *LU* II/2, A53/B₂52; *Ideen* I (1913)256.　④ *Bedeutungl*. Hua XXVI (Dordrecht u. a. 1988) 178.　⑤參閱 E. Tugendhat: *Der Wahrheitsbegriff bei Husserl und Heidegger* (Berlin 1967) 36, Anm. 44; E. W. Orth: *Bedeutung, Sinn, Gegenstand Studien zur Sprachphilosophie E. Husserls und R Hönigswalds* (Bonn 1967) 207.　⑥ Hua XX/1 (Den Haag 2002), 287.　⑦ Husserl: *Ideen* I, Hua III (Den Haag ³1976) 305.　⑧ *LU* II/1 (⁵1968) 407.

【文獻】E. Tugendhat: 參見：注釋⑤。　E. W. Orth. 參見：注釋⑤。

【相關詞】Sinnaufbau 意義構建，Sinnauslegung 意義闡釋，sinnbeleben 意義啟用，Sinnbereicherung 意義豐富，Sinnbeziehung 意義關係，Sinnbildung 意義構成，Sinneinheit 意義統一，Sinnerfüllung 意義充實，Sinnesanalyse 意義分析，Sinnesausweisung 意義指明，Sinnesbestimmung 意義規定，Sinnsesdimentierung 意義積澱，Sinnesentwicklung 意義發展，Sinneserbschaft 意義繼承，Sinneserforschung 意義研究，Sinnesexplikation 意義展顯，Sinnesfundament 意義基礎，Sinneshorzont 意義視域，Sinneskern 意義核心，Sinnesklärung 意義澄清，Sinneskomplexion 意義複合，Sinneskonstitution 意義構造，Sinneskorrelat 意義相關項，Sinnesleistung 意義成就，Sinnesmaterie 意義質料，Sinnesmodifikation 意義變異，Sinnesobjekt 意義客體，Sinnesqualität 意義質性，Sinnesrahmen 意義範圍，Sinnesschicht 意義層次，Sinnessubjekt 意義主體，Sinnesstruktur 意義結構，Sinnesübertragung 意義轉遞，Sinnvoraussetzung 意義預設，Sinnesvorzeichnung 意義前示，Sinneswandlung 意義變化，Sinngebilde 意義構成物，Sinngebung 意義給予，Sinngehalt 意義內涵，Sinngeschichte 意義史，Sinnlosigkeit 無意義性，Sinnstiftung 意義創造，Sinntradition 意義傳統，Sinnüberdeckung 意義交疊，Sinnumwandlung 意義變化，Sinnverschiebung 意義推移，Sinnverwandlung 意義變化，Sinnzusammenhang 意義聯繫。

Sinnesqualität 感性質性：（日）感官性質

「感性質性」在胡塞爾那裡被用來指稱傳統意義上的，即洛克意義上的質性。它意味著「例如：聲音質性、空間事物的質性以及如此等等」①。

【注釋】① E. Husserl: *LU* II/2, A698/B₂226.

Sinngebung (Sinnverleihung)＊＊意義給予（意義賦予）：

（英）sensebestowing（法）donation de sens（日）意味付与

「意義給予」是對意識的「立義」、「統攝」功能或意識的「意向活動」進行說明的概念：一堆感覺材料在統攝的過程中被賦予一個意義，從而作爲一個意識對象而產生出來，面對意識成立。在這個意義上，胡塞爾認爲，「所有實在都是透過意義給予而存在」①。

【注釋】① E. Husserl: *Ideen* I, Hua III (Den Haag ³1976) § 55.

Sinnlichkeit＊＊感性：（法）sensibilité（日）感性

胡塞爾區分狹義的和廣義的「感性」概念：狹義的「感性」，也是現象學還原後的「感性」概念，意味著在通常的外感知中透過感官中介而提供的東西①；這個意義上的「感性」是一個專有的現象學「屬本質」或「屬概念」②。胡塞爾在《邏輯研究》中也將這個意義上的「感性」等同於現象學意義上的「實項」或「實在」概念③。廣義上的「感性」則一方面包括感性的感情和本欲，另一方面也將狹義上的「感性」概念包含在自身之中④。但是，「感性」（Sinnen）與「意義」（Sinn）雖然表明的是一個根本性的對立，但卻源自同一個詞根，從而在術語上帶有含糊性。例如：「Sinngehalt」既可以是指「感性內涵」，也可以是指「意義內涵」。有鑑於此，胡塞爾力圖放棄「感性」概念，用「材料」（Stoff）、「原素」（Hyle）、「素材」（Daten）取而代之⑤。

【注釋】① E. Husserl: *Ideen* I, Hua III (Den Haag ³1976) § 85. ②同上。 ③ *LU* II/2, A618/B₂145, *LU* II/2, A623/B₂151. ④參閱：*Ideen* I... 同上書，§ 85. ⑤參閱：同上。

【相關詞】Sinnesdaten 感性材料，Sinnending 感性事物，Sinnesfeld 感性領域，Sinnesgehalt 感性內涵，Sinnesqualität 感性質性，Sinnenraum 感性空間，Sinnenwelt 感性世界，Sinnestranszendenz 感性超越，sinnlich 感性的。

Sosein 如在：（英）being thus、thusness（法）être-tel（日）相存在

　　「如在」概念在胡塞爾現象學中具有雙重含義：一方面，「如在」可以是指如此地存在，而非以其他的方式存在。在這個意義上，「如在」與「它在」（Anderssein）相對立①；另一方面，「如在」概念又可以是指一種本質的存在，而非事實的存在，在這個意義上，「如在」與「此在」（Dasein）相對立②。

【注釋】 ① E. Husserl: *Ideen* I, Hua III (Den Haag ³1976) 100.　②同上書，586。這個對立也就相當於「實存」（Essenz）與「生存」（Existenz）的對立。

Spezies (speziell、spezifisch) * * **種類（種類的、特殊的）：**（英）species、specifically（法）espèce

　　「種類」或「種類的」在胡塞爾的現象學術語中是一個與「觀念」（Idee）或「觀念的」（ideell）基本同義的概念。換言之，一個種類就是一個本質、一個實質①或一個「普遍對象」②。但胡塞爾還進一步區分作為「概念」的「種類」與作為「含義」的種類：「我們曾說過，諸含義構成**一組**『普遍對象』或種類。儘管在我們想談到種類時，每個種類都以一個含義為前提，它在這個含義中被表象出來，而這個含義本身又是一個種類。但一個種類在其中被思考的那個含義，以及這個含義的對象，即這個種類本身，這兩者不是同一個東西。我們在個體領域中，例如：對俾斯麥本身和對他的各種表象，如『俾斯麥——最偉大的德國政治家』等等進行區分，與此完全相同，我們在種類領域中，例如也對 4 這個數和對關於這個數的各種表象，如『數字 4——在數列中的第二個偶數』等等進行區分。也就是說，我們所思考的那個普遍性並不溶解在那些我們在其中思考它的含義普遍性之中。無論含義本身是否是普遍對象，它們在**它們所涉及的對象**方面都分為**個體含義**和**種類含義**；出於可以理解的語言原因，我們也可以將種類含義稱作**整體含義**。因此，例如：作為含義統一的個體表象是整體性的，而它們的對象則是個體性的」③。

【注釋】① E. Husserl: *LU* II/2, A579/B₂107. ② *LU* II/1, A102/B₁102. ③同上書，A102f./B₁102f.

Spontaneität * **自發性：**（法）spontanéité（日）自発性

「自發性」是指自我意識行爲之進行的自發性或主動性。胡塞爾在《算術哲學》（1891年）中便已使用「自發性」概念①。但在後期著作中，這個概念較少出現，取而代之的是「主動性」概念②。在某種程度上，「自發性」在胡塞爾的發生現象學分析中是一個與「主動性」相平行，甚至是同義的概念。從許多跡象來看，胡塞爾習慣於用它來標識一種理性的主動行爲，例如：範疇感知或述謂判斷的主動進行③。具體地說，它包括「研究的考察、展顯、在描述中的概念化、比較與劃分、相加與計數、前提與推理，簡言之，各種形式和層次的理論化意識」④，而「最底層的自發性就是把握」⑤。在這個意義上，「自發性」是「主動性」的一種類型。與「自發性」相對應的概念是「接受性」或「被動性」⑥。自發的行爲一旦完成，它便過渡爲「被動性」⑦。但與「主動性」和「被動性」的關係一樣⑧，「自發性」與「接受性」的關係中，「自發性以接受性爲前提」⑨。

【注釋】①參閱：E. Husserl: *Philos Arithm. Hua* XII (Den Haag 1970) 23. ②在胡塞爾的《經驗與判斷》手稿中可以看到，他在對《經驗與判斷》的修改過程中，甚至將「自發性」全部改爲「主動性」。 ③參閱：Husserl: *F. u. tr. Logik* Hua XVII (Den Haag 1974) 267, 270; *Ph. B. Er.* Hua XXIII (Den Haag 1980) 459; *Ideen* I, Hua III (Den Haag ³1976) § 23. ④ *Ideen* I ... § 28. ⑤ *Ideen* II, Hua IV (Den Haag 1952) 23f. 同時可以參閱「把握」條目。 ⑥對此也可以參閱「接受性」、「被動性」、「主動性」等條目。從整體上看，「自發性」與「接受性」的對立在胡塞爾那裡並不像在康德那裡一樣是一個絕對的對立。 ⑦ *Ideen* II... 同上書，12. ⑧參閱「主動性」與「被動性」條目。 ⑨ Mr. A VI 8/1, 36.

Sprache * **語言：**（英）language（日）言語

胡塞爾在早期《邏輯研究》中對「表達與含義」的探討涉及到廣義上的語言，

它不僅是指日常所理解的、具有交往功能的語言[1]，而且也包括自言自語的思維者在孤獨心靈生活中所使用的「語言」[2]。後一種「語言」可以說是廣義上的「思維」或「意指」。在這個意義上，對「語言」的理解可以是一種「符號意識」，也完全可以是一種「直觀行為」[3]。

此外，在後期的《歐洲科學的危機與超越論現象學》中，胡塞爾指出在自然觀點中的素樸性日常語言與在超越論觀點中的「新型的」[4]、「現象學的語言」[5]之間的差異，這也是他在《純粹現象學與現象學哲學觀念》第一卷中對現象學術語問題和困難之思考[6]的繼續。

【注釋】 ① E. Husserl: *LU* II/1, A32ff./B₁32ff. ②同上書，A35ff./B₁35ff. ③ *LU* II/2, A568/B₂96：「我對『理解』一詞的使用並不是在那種限定的意義上，也就是說，它不僅僅只是表明一個說者和一個聽者之間的關係。自言自語的思維者也理解他的語詞，而這種理解簡單地說就是現時的意指。」 ④參閱：*Krisis* Hua VI (Den Haag ²1962) 214. ⑤同上書，192. ⑥參閱：*Ideen* I, Hua III (Den Haag ³1976) 9.

【文獻】 H. Hülsmann: *Zur Theorie der Sprache bei Edmund Husserl* (München 1964). J. Derrida: *La voix et le phénomène. Introduction au problème du signe dans la phénoménologie de Husserl* (Paris 1967).

Staat 國家：

「國家」在胡塞爾現象學中不僅不是一個主要問題，而且甚至也不屬於現象學的「邊緣問題」。在《純粹現象學與現象學哲學的觀念》第一卷中，胡塞爾已經明確強調，國家、道德、法律、宗教這樣一類現實「當然」也必須被排斥在純粹現象學的領域之外[1]。但必須注意，作為一個具有最普全要求和最寬泛意圖的哲學家，胡塞爾在理論上和原則上始終堅信，「至今為止的哲學所考慮的任何一個有意義的問題，任何一個可想像的存在問題一般，都會為超越論現象學在其道路上所達及」，這些問題也包括「在社會性中、在較高層次的人格性中的人類此在的本質形式」等等[2]。因此，在胡塞爾後期所嘗試的「第二哲學」或「形上學」中，即在將本質現象學轉用於經驗現象學的過程中，他零星但前後一致地談及和

討論國家現象，將它看作是「一個普遍的興趣視域」，一個「以相同的方式對每一個人而言的興趣對象」③。

　　國家在胡塞爾的整個社會本體論構想中只是一個過渡性的現象。胡塞爾所看到的交互主體世界的發展是以理性的完善自主為目標的。但由於這種目的論在實踐領域中受到主體間不和諧因素的威脅，所以國家便獲得了這樣一個任務：在一個法律系統中透過制止衝突和合理地緩解衝突來為交互主體世界的目的論發展提供保障。但國家作為一種消極性的主管機構，在未來將會由哲學（現象學）的執政者（Archonten）所取代。後者的任務在於將一個有哲學基礎的文化觀念付諸實現，在這個文化中的所有共同體的決定都建基於最終的明察之中。

　　儘管胡塞爾的國家學說以對理性全能的信念為前設，但胡塞爾仍將國家看作是在個體自身發展過程中所經歷的一個受道德規範束縛的有限範圍，因而，這種國家觀仍然不失其現時的有效性。此外，就其思想淵源來看，胡塞爾的國家哲學設想在一定程度上受到柏拉圖、霍布斯和叔本華國家觀的影響。

【注釋】① E. Husserl: *Ideen* I, Hua III (Den Haag ³1976) 122.　② *Krisis* Hua VI (Den Haag ²1962) 191f.　③ *Inters*. III, Hua XV (Den Haag 1973) 409.

【文獻】K. Schuhmann: *Husserls Staatsphilosophie* (Freiburg/München 1988).　R. Toulemont: *L'essence de la société selon Husserl*. (Paris 1962).　St. Strasser: "Grundgedanken der Sozielontologie Edmund Husserls"，載於：*Zeitschrift der phänomenologischen Forschung* 29 (1975) 3-33.　E. Stein: "Eine Untersuchung über den Staat"，載於：*Jahrbuch für Philosophie und phänomenologische Forschung*, Bd. VII (1925) 1-123.

【相關詞】staatlich，國家的，Staatsbewußtsein 國家意識，Staatsgesetz 國家規律，Staatsverfassung 國家基本狀態，Staatsvolk 國民，Staatswille 國家意願。

-natürlich und künstlich gestifteter Staat 自然創立的國家與人為創立的國家：

　　在其國家學說中，胡塞爾在國家起源問題上確定兩種可能性：自然生成的國家和人為生成的國家。前者是指「從一個自然的種源共同體中產生的國家」，它

是國家的自然開端，屬於「自然形成的共同體」①；後者是指「專斷地」、「人為地」創立的國家②，屬於「人為創立的共同體」③。這兩種國家的共同之處在於，它們都是一種將意願屈從於權威的共同體，它們都起源於一種起先是個體的、然後共同體化了的意願趨向，亦即國家意願④。

【注釋】① E. Husserl: *Inters*. I, Hua XIII (Den Haag 1973) 108ff. ② *Inters*. III, Hua XV (Den Haag 1973) 57. ③ *Inters*. II, Hua XIV (Den Haag 1973) 181f. ④ K. Schuhmann: *Husserls Staatsphilosophie* (Freiburg/München 1988) 88-96.

Stellungnahme＊＊ 執態：（英）taking a position（法）prise de position

「執態」概念在胡塞爾的現象學術語中含義較為寬泛和模糊①，它的使用範圍大致可以分為兩個方面。

一方面，也是最主要的方面，胡塞爾在其對存在信仰的分析中使用這個概念。在這種情況下，「執態」具有兩層意義：胡塞爾通常所使用的是狹義上的「執態」概念，它意味著對存在進行設定，對存在持有立場，亦即設定意識的對象（主要是客體化意識的對象）是存在著的或不存在的；與狹義的「執態」相對應的概念是「中立性」或「不設定」。此外，胡塞爾有時也使用廣義上「執態」概念，它是一個比「設定」或「存在信仰」更為寬泛的概念，它既包括「設定」（立場性），也包括「不設定」（中立性）②；因為，在嚴格的意義上，不執態也是一種執態。

另一方面，胡塞爾還在一般意識分析中運用「執態」概念。在這種情況下，這個概念仍然具有雙重含義。廣義上的「執態」意味著一個行為已經進行；任何已經進行的感知、判斷、評價都是一個執態或執態的行為③。而狹義上、也是確切意義上的「執態」，則回溯到某些被奠基的行為（非客體化行為）之上，例如：「愛的執態」或「恨的執態」，它們分別是對已經形成的（已經對象化了的）客體的「執態」④。

【注釋】①胡塞爾本人在手稿中也常常自問：「什麼叫做執態？」〔參閱：E. Husserl:

Ph. B. Er. Hua XXIII (Den Haag 1980) 422f.〕。 ②參閱：同上書，359；胡塞爾在這裡合理地指出，「中止執態」的行爲本身也是一種執態，即：非評價的（anaxiotische）執態。 ③ *Ideen* I, Hua III (Den Haag ³1976) § 115. ④參閱：同上書，263.

Stellungsfreiheit 無態：

「無態」在胡塞爾現象學中，大多是指對世界之存在的「不執態」、「不設定」，即指存在命題的缺失①。

【注釋】①參閱：E. Husserl: *Ph. B. Er.* Hua XXIII (Den Haag 1980) 259 u. Anm. 1, 2.

Stoff＊＊ 材料：（英）stuff（法）matière（日）素材

胡塞爾所說的「材料」是對「感覺材料」的簡稱①，它在《算術哲學》和《邏輯研究》中也被稱作「第一性內容」②。「材料」構成意識的最內在因素，或者說，意識的實項內容③。與「材料」相對應的是「形式」④，在被構形（被賦予形式或意義、被統攝）之前，「材料」是非對象性的⑤。在這個意義上，胡塞爾從理論上區分「無形式的材料」和「無材料的形式」⑥。但是，這種「材料」與「形式」的對立完全不同於「質料」與「質性」的對立。這兩種對立都會使人聯想到自亞里斯多德以來的傳統的「質料—形式」之對立⑦。因此，胡塞爾在《邏輯研究》中便強調：「我們在這裡要明確指明，通常所說的與範疇形式相對立的質料，根本不是與行爲質性相對立的質料；例如：我們在含義中將質料區分於設定的質性或單純擱置的質性，這裡的質料告訴我們，在含義中對象性被意指爲何物，被意指爲如何被規定和被把握的東西。爲了便於區分，我們在範疇對立中不說質料，而說材料；另一方面，在談及至此爲止的意義上的質料時，我們則著重強調意向質料或立義意義」⑧。

【注釋】① E. Husserl: *Ideen* I, Hua III (Den Haag ³1976) 191ff. ②參閱：同上。 ③同

上書，§ 88.　④參閱：*LU* II/2, A608/B₂136.　⑤ *Ideen* I，同上書，229.　⑥同
上書，193.　⑦除此之外，胡塞爾有時也將「Material」理解爲與「Stoff」同義
的「材料」；而另一方面，胡塞爾又常常談及「立義形式」與「立義質料」的
對立等等。所有這些都會或多或少地引發對相關概念的不解和誤解。對此還可
以進一步參閱其他相關條目。　⑧ *LU* II/2, A608/B₂136.

Streben * 追求：（英）to endeavor

作爲哲學術語，「追求」是胡塞爾在發生現象學分析中經常使用的一個概
念。胡塞爾認爲，在正常感知的本質中包含著「追求」的因素①。這種「追求」
是指感知行爲在進行的過程中「更切近對象，更完善地占據對象自身的追求」②。
它屬於感知中「趨向」（Tendenz）或「興趣」（Interesse）的一部分。但「追求」
並不始終會被現時化，它往往只是潛在的可能。確切地說，只有當我在感知中不
僅僅具有廣義的「興趣」，不僅僅朝向「對象」，而是具有狹義上的「興趣」，
即朝向作爲「課題」的「對象」時，這種「追求」才會形成③。此外，較高階段
上的「追求」在胡塞爾看來是一種「帶有目的設定的**認識意願**」④。在上述意義
上，整個意識活動及其意向相關項都可以被看作是「追求」（作爲「功能」），
以及這種「追求」的結果（作爲「成就」）。因此，胡塞爾認爲：「在行爲生活
中貫穿著一個連續的追求（Streben）：作爲能力（Leistung）的行爲，作爲在我
的主動性基礎上的成就（Leistung）的行爲」⑤。

【注釋】①參閱：E. Husserl: *EU* (Hamburg ⁴1972) 91.　②同上書，92f.　③同上書，
92.　④同上。　⑤ Ms. C 11 I, 1.

streng (Strengheit) * 嚴格的（嚴格性）：（英）strict、strictly （法）rigoureux（日）嚴密性

在胡塞爾「哲學作爲嚴格的科學」的著名論述中①，「嚴格的」這一定語被
用來規定在眞正意義上的「科學」之特徵，哲學應當屬於這樣一種科學。在《邏

輯研究》中，胡塞爾也將數學看作是這樣一種意義上的科學②，但自《純粹現象學與現象學哲學的觀念》第一卷起，胡塞爾便將以數學爲代表的近代自然科學稱作「精確的理想科學」（Idealwissenschaft），它們的方法標誌在於「精確化」和「理想化」③。與這些科學相對應的是超越論現象學，它的方法標誌在於「嚴格性」和「描述性」④。與數學的自然科學相比，超越論現象學是完全不同的另一種本質科學，它們甚至是不可比的⑤。

在這個問題上，海德格也持相近的態度。他甚至將「嚴格」與「精確」看作是「精神科學」與「自然科學」各自的標誌：「『精神科學』爲了嚴格，必須是不精確的。這不是它的缺陷，而是它的特長」⑥。

【注釋】①參閱：E. Husserl: "Philosophie als strenge Wissenschaft"，載於：*Aufs.u. Vort. (1911-1921)*，Hua XXV (Dordrecht u. a. 1987) 3-62. ②參閱：*LU* I, A252/B252. ③參閱：*Ideen* I, Hua III (Den Haag ³1976) §§ 73ff. 以及「精確」條目。 ④同上。 ⑤參閱：同上。對此還可以進一步參閱「心理主義」條目的「補充」部分。 ⑥參閱：M. Heidegger: *Beiträge zur Philosophie (Vom Ereignis)*, GW 65 (Frankfurt a. M. ²1988) 150.

【文獻】E. Husserl: 參見：注釋④。 W. Szilasi: "Nachwort" zu E. Husserl: *Philosophie als strenge Wissenschaft* (Frankfurt a. M. 1965) 87-101. M. Heidegger: 參見：注釋④。

strömen 流動：（英）flowing

胡塞爾現象學意義上的「流動」是指意識的「流動性」。胡塞爾認爲，「流動是一個原現象（Urphänomen）」①，它「實際上不是當下，而是原初的時間化」②。意識所具有的這種「流動」特徵是時間意識形成的基本前提，同時也是時間意識現象學和發生現象學研究的重要課題。

【注釋】① E. Husserl: Ms, C4, 6f. ②同上書，30f.

Struktur * 結構：（英）structure（法）structure（日）構造

胡塞爾在多種角度上談及「結構」問題，例如：「世界的結構」、「生活世界的結構」①以及「感性的結構」②、「主體性的結構」③等等。從整體上看，所有類型的「結構」在胡塞爾那裡都可以回溯到意識的基本結構之上，亦即可以回溯到「實項的─意向的」和「意向活動─意向相關項的結構」之上④，這個基本結構貫穿在所有意向結構之中，並且構成現象學研究的主要課題和現象學方法論的主導動機⑤。因此胡塞爾也將「意向性」稱作「現象學的結構」⑥。在這個意義上，胡塞爾的「結構」概念可以被理解為在意識的本質因素之間的先天本質聯繫。

【注釋】①參閱：*Krisis* Hua VI (Den Haag ²1962) 38, 142. ②參閱：*Erste Philos*. I, Hua VII (Den Haag 1956) 196. ③ *Erste Philos*. II, Hua VIII (Den Haag 1959) 164. ④ *Ideen* I, Hua III (Den Haag ³1976) 295. ⑤同上。 ⑥同上書，188.

【文獻】E. Holenstein: "Jakobson und Husserl. Ein Beitrag zur Genealogie des Strukturalismus"，載於：*Tijdschrift voor Filosofie* 35 (1973) 560-607.

【相關詞】Strukturbegriff 結構概念，Strukturenlehre 結構論，Strukturgesetzmäßigkeit 結構的合規律性。

Stück 塊片：（英）piece（日）斷片

胡塞爾主要是在《邏輯研究》關於「整體與部分」（意識的抽象內容與具體內容、獨立部分與不獨立部分）的探討中運用「塊片」概念。他用「塊片」一詞來表達在整體之中的各個部分，這些部分不同於在心理學中被稱作「因素」的東西：所謂「因素」是指「特徵」、「內在屬性」，或者說，「一個直觀內容的各種不同的、相互不可分割的方面」，例如色彩、形式等等①，它們只能抽象地被考察，卻不能獨立地、自為地顯現出來。而「塊片」則意味著「具體的部分內容」②，它們是「真實的部分」，即那種「也可以自為地有分別地顯現出來的部分」③。例如：意識的「實項內容」（感覺材料）便被胡塞爾稱作「實項塊片」④。

【注釋】① E. Husserl: *LU* II/1, A192/B₁194. ②同上書，A201/B₁202. ③同上書，A192/B₁194. ④參閱：*Ideen* I, Hua III (Den Haag ³1976) 123.

【相關詞】Unzerstückbarkeit 不可分片性（不可分割性），Zerstücken 分片（分割）。

Subjektivismus** 主體主義（主觀主義）：（英）subjectivism（日）主觀主義

胡塞爾在《邏輯研究》第一卷中，對「主體主義」的批判是與對「相對主義」批判聯繫在一起的。普羅達哥拉斯的公式「人是萬物的尺度」是主體主義的原初概念，也是相對主義的基本命題：所有真理都是相對的，即相對於主體而言的真理。如果將這裡的「人」或「主體」理解為單個的，它便構成「個體相對主義」的形式，如果將這裡的「人」或「主體」理解為種類的，即人類主體，它便構成「種類相對主義」的形式①。在《邏輯研究》第二卷以及在後來的其他著述中，胡塞爾一再強調，對主體主義的克服必須立足於對主體性的深入分析。所謂「主體主義只有透過最普全的和最澈底的主體主義（超越論主體主義）才能得到克服」②之說法意味著：透過對主體性的深入分析，我們可以達到一種絕對的主體性，這種主體性表明了「『絕對』存在的唯一可能意義……即超越論主體性的『自為存在』」③，它構成絕對認識判斷的最終基礎。在這個意義上，胡塞爾的超越論現象學是一種用極端的主體主義來克服不澈底的主體主義的努力。

【注釋】 ① E. Husserl: *LU* I, § 34.　② *Phän. Psych.* Hua IX (Den Haag 1962) 300.　③同上。

Subjektivität** 主體性：（英）subjectivity（法）subjectivité（日）主觀性

「主體性」是對「主體」概念的抽象化，它在傳統哲學的意義上是指相對於客體性而言的整個主體領域，是對主體及其心境和能力的總稱。胡塞爾也是在這個意義上使用「主體性」概念。在他看來，心理學的還原是導向對「主體性」之研究的通道①。但胡塞爾並不始終是在這種心理學的意義上使用「主體性」概念。他也在超越論現象學的意義上使用「主體性」概念，即他所說的「普全的主體性」、「純粹的主體性」或「超越論主體性」。「心理的主體性」是不澈底的、不普全的主體性，它仍處在與客體性的二元對立之中；而「純粹主體性」則意味著「普全的主體性」，它克服了主客體的二元，既意味著「關於世界的所有超越論構造的主體性」，也意味著「貫穿在自我的自身變異中的不變結構」②。

【注釋】① E. Husserl: Ms. A IV 2, 21ff. ② Ms. C 11 I, 2ff.；較爲詳細的說明還可以進一步參閱「超越論主體性」條目。

【文獻】Q. Lauer: "The subjectivity of objectivity"，載於：H. L. Van Breda/J. Taminiaux (Hrsg.): *Edmund Husserl 1859-1959* (Den Haag 1959) 167-174.

【相關詞】Subjekt 主體，Subjektgegenstand 主體對象，Subjektgemeinschaft 主體共同體，subjektiv 主體的、主觀的，Subjektives 主體之物，Subjektivismus 主體主義，Subjekt-Objekt-Korrelation 主客體相互關係，Subjektpol 主體極，Subjektsein 主體存在。

-transzendentale Subjektivität*** 超越論主體性：

在胡塞爾現象學中，「超越論主體性」是指在現象學懸擱中成爲課題的純粹意識，它具有意向活動—意向相關項的結構①，它表明自身是「所有意義給予和意義證實的原住所」②。在這個意義上，「超越論主體性」也就意味著「絕對的主體性」③，因爲所有被構造之物都相關地依據於超越論主體性，也就是說，所有被構造之物的意義和存在都依據於超越論的主體性。

胡塞爾的超越論主體性概念在兩個規定性上脫離傳統的超越論主體性概念。超越論主體性在任何意義上都不是「意識一般」，而是我的——哲思者的——主體性④，因此它也被稱作「超越論本我」⑤。此外，超越論主體性「不是思辨構造的一個產物」，而是「直接經驗」、「超越論經驗的一個絕對獨立的王國」⑥。

超越論主體性的概念可以透過兩個劃分而得到精確的說明。根據對「現象學—心理學的還原」與「超越論還原」⑦的劃分，純粹意識只有透過「超越論還原」才獲得超越論主體性的意義，因爲「超越論還原」將意識的世間自身統覺判爲無效⑧。第二個對超越論主體性來說關鍵性的劃分是對「靜態」現象學和「發生」現象學的劃分。靜態現象學研究對象區域的構造，在這門現象學中，超越論主體性表明自身是一個「規則結構」的系統⑨，是一個「構造性先天」的領域⑩。在發生現象學中，超越論主體性在其時間性結構方面成爲課題。這樣，它一方面被回歸到它的構造性起源上，即回歸到「絕對的時間構造意識流」上⑪；另一方面，超越論主體性與此相關地表明，時間性進行的意向生活具有內在歷史的特徵⑫，

在這個內在歷史中，超越論主體性作爲「單子」而獲得其完整的具體性[13]。胡塞爾在後期相信，他在「生動當下」的概念中，找到了對超越論主體性的充足的發生規定[14]。

　　超越論主體性最終可以超越出各個我的超越論本我，而被理解爲超越論的交互主體性（各個超越論本我的共體化）[15]，它可以被看作是同一個客觀世界的構造性基礎[16]。

【注釋】①參閱：E. Husserl: *Ideen* I, Hua III (Den Haag 1950) 114ff.　②Husserl: *Ideen* III, Hua V (Den Haag 1952) 139.　③*Zeitb*. Hua X (Den Haag 1966) 73ff.；參閱：*Ideen* I ... 同上書，114ff.、198.　④參閱：*Erste Philos*. II, Hua VIII (Den Haag 1959) 173, 242.　⑤參閱：*CM* Hua I (Den Haag ²1963) 58, 90.　⑥*Ideen* III ... 同上書，141.　⑦*Krisis* Hua VI (Den Haag ²1962) 239；參閱：*Erste Philos*. II ... 同上書，276.　⑧參閱：*CM* ... 同上書，130；*Ideen* III... 同上書，141.　⑨*CM* ... 同上書，22、90；參閱：*Phän. Psych*. Hua IX (Den Haag 1962) 475.　⑩*F. u. tr. Logik* Hua XVII (1974) 218, 220.　⑪*Zeitb* ... 同上書，73ff.　⑫*F. u. tr. Logik* ... 同上書，221；*CM* ...同上書，109.　⑬同上書，102；參閱：*Ideen* I, Hua III (Den Haag 1952) 111.　⑭K. Held: *Lebendige Gegenwart. Die Frage nach der Seinsweise des transzendentalen Ich bei E. Husserl, entwickelt am Leitfaden der Zeitproblematik* (Den Haag 1966) 61ff.　⑮*Erste Philos* ... 同上書，173ff.；*Krisis* ... 同上書，188.　⑯參閱：*CM* ... 同上書，149ff.

【文獻】R. Boehm: "Zum Begriff des 'Absoluten' bei Husserl", *Zeitschrift für philosophische Forschung* 13 (1959) 214-242.　E. Fink: "Die phänomenologische Philosophie Husserls in der gegenwärtig. Kritik"，載於：*Studien zur Phänomenologie 1930-1939* (Den Haag 1966) 79-156.　L. Landgrebe: "Husserls Abschied vom Cartesianismus"，載於：*Der Weg der Phänomenologie* (1962) 163-206. (U. Claesges)

【補充】「超越論主體性」對於胡塞爾來說，要先行於「所有客觀實在性，也先行於所有人類主體」[1]。因爲前者是「超越論主體性」構造的結果，它們與「超越論主體性」的關係是超越論功能與其成就的關係，而後者則是「超越論主體性」的一個現實化：「人類主體性」，它們兩者的關係是可能性與現實的關係。

【注釋】① E. Husserl: *F. u. tr. Logik* Hua XVII (Den Haag 1974) 178.

Substanz* 實體：

傳統哲學的實在意義上的「實體」在現象學中是被懸擱的。胡塞爾所討論的「實體」是現象學的實體：「正如時間是前經驗的、現象學的時間一樣，這裡所說的實體也是前經驗的、現象學的實體。這個實體是同一之物，是變換之物或持恆之物的『載者』，諸如持恆的質性和變換的強度或不斷改變的質性和斷續改變的強度等等的載者。在談及『實體』時，目光指向這個相對於隨時間流的逐個時段而變換、時而相同、時而不同的時間內容而言的同一之物。它是一個同一之物，透過共同本質的統一，即種屬的共同之物的統一而將此河流的所有時間時段都統合在一起⋯⋯ 」，因此，在胡塞爾現象學中，「實體並不被理解爲實在的實體，實在特性的載者，而僅僅被理解爲幻象感知的同一基質[1]」[2]。

【注釋】①參見「基質」條目。　② E. Husserl: *Zeitb*. Hua X (Den Haag 1966) 125.

Substrat* 基質：（英）substrate（法）substrat（日）基体

「基質」概念在亞里斯多德—經院哲學中被用來指稱一種基礎性的東西，它意味著各種特性的載體。這個含義在胡塞爾現象學中得到保留，並得到多方面的運用。從意向活動方面來看，「同一的自我極」構成整個意向體驗流的「基質」，亦即「各種恆久特性」、「各種習性的同一基質」。在這裡，「中心化的自我不是一個空泛的同一極，相反地，藉助於一種『超越論發生』的規律性，自我會隨著它所發出的每一個新的對象意義的行爲而獲得一個新的恆久特性」[1]。從意向相關項方面來看，「基質」則可以說是與「同一的對象極」有關。這種同一的對象極意味著：當一個對象的各個局部或各個規定性受到特殊的感知考察時，這個對象本身始終作爲背景而處在視域之內，成爲整個感知過程的「基質」（Substrat）[2]；對其局部或規定性的考察最終是對這個「基質對象」之意義的豐富[3]。

此外，在胡塞爾的現象學術語中，「基質」也常常具有「奠基性」的含義。例如：相對於「不設定的行爲」而言，具有存在信仰的行爲，亦即「設定性的行

爲」便是一種「基質一行爲」④；而相對於「述謂判斷」而言，「前述謂經驗」是「最終的基質」⑤。

【注釋】① E. Husserl: *CM* Hua I (Den Haag ²1963) § 32. ②參閱：*Ideen* I, Hua III (Den Haag ³1976) § 37; *EU* (Hamburg ⁴1972) 126；這個意義上的「基質」也被胡塞爾稱作「基質對象」（參閱：同上書，127）。 ③對此還可以進一步參閱「展顯」條目。 ④參閱：*Ph. B. Er.* Hua XXIII (Den Haag 1980) 459. ⑤參閱：*EU...* a. a. O. 18f.

【相關詞】Substrat-Akt 基質一行爲，Substratgegenstand 基質對象，Substratkategorie 基質範疇，Substratsinn 基質意義。

Sukzession 順延：

「順延」在胡塞爾那裡是與「並存」相對應的概念①，它意味著幾個原印象或對象的「並存」樣式的順延。胡塞爾用這對概念來表達意識領域中最原初的被動綜合之「秩序形式」（Ordnungsform）：「在每一個活的流動當下領域中，全部並存構成一個唯一的順延（Aufeinanderfolge）秩序」②。一旦這個活的當下透過被動綜合而被構造出來，所有積澱的個別性便都可以納入到其中③。因此，「最原初的統一是產生於並存的連續性之中的統一」④。

【注釋】①參閱「並存」條目。 ②參閱：E. Husserl: *Analysen* Hua XI (Den Haag 1966) 139. ③同上書，127. ④同上書，139.

symbolisch (Symbol)＊＊ 象徵的（象徵）：（英）symbol

胡塞爾根據通常的用語習慣而將「象徵」概念與「符號」概念做等義使用①。例如「象徵表象」也就意味著：透過符號而進行的表象②。「象徵」一詞意味著，一個圖像或符號與它所展示的對象本身處在一種外在的③、「非本眞的」④關係之中。「一個象徵表象是一個被奠基的表象。一個透過素樸表象來中介的表象，並

且是一個空乏表象」⑤。儘管如此，胡塞爾仍然批評將「象徵」與「符號」等義使用的做法違背了「象徵」一詞的原初意義⑥。

【注釋】 ①參閱：E. Husserl: *Ph. B. Er.* Hua XXIII (Den Haag 1980) 34. ②參閱：*Zeitb.* Hua X (Den Haag 1966) 101. ③ *Ph. B. Er* .... a. a. O., 35. ④同上書，140. ⑤ *LU* II/2, A506/B₂34, Anm 1. ⑥ *Zeitb* ... a. a. O., 102；關於這個批評的詳細內容還可以參閱「符號行爲」條目。

syntaktisch (Syntax) * 句法的（句法）：（英）syntax（法）syntaxe（日）命題構成式

胡塞爾在其意向分析中經常使用「句法」或「句法的」概念①。他在後期的《經驗與判斷》中指明，在那裡使用的「句法的」概念，與在《純粹現象學與現象學哲學的觀念》第一卷和在《形式的與超越論的邏輯學》中一樣，是「範疇的」概念的同義詞②。他同時強調，與邏輯形式有關的「句法」概念不應被混同於語言學上的「句法」或「句法形式」概念③。儘管「句法」概念帶有與語言學有關的雙重意義，他仍然將它與「範疇」交替使用，因爲它有可能構成像「句法範疇」這樣的複合概念等等④。

【注釋】 ①參閱：E. Husserl: *LU* II/1, A180/B₁181, B₁483, *Ideen* I, Hua III (Den Haag ³1976) 278, *F. u. tr. Logik* Hua XVII (Den Haag 1974) 77 等等。 ② *EU* (Hamburg ⁴1972) 247, Anm. 1. ③同上。 ④同上。
【文獻】 L. Eley: "Phänomenologie und Sprachphilosophie", Nachwort zu Husserl: *Erfahrung und Urteil. Untersuchung zur Genealogie der Logik* (Hamburg 1985) 479-518.

Synthese (Synthesis) * * 綜合：（英）synthesis（法）synthèse（日）綜合

「綜合」概念在胡塞爾那裡涉及到最寬泛意義上的意識統攝能力，或者說，將「顯現的雜多性」認同爲「綜合的統一性」的能力。它在一定程度上意味著意

識的「構造」權能①。在《邏輯研究》對「感性感知」與「範疇感知」的分析中，已經包含對兩種不同的「綜合」現象的研究：對感性個別對象的綜合與對觀念範疇形式的綜合，後者奠基於前者之中②。在《內時間意識現象學》與《純粹現象學與現象學哲學的觀念》的第一、二卷中，意識的綜合被胡塞爾在整體上劃分為被動的與主動的綜合③。在胡塞爾後期的發生現象學中，綜合問題又得到進一步深入的探討④：「主動綜合」是指在意識「行動」（aktiv）的情況下發生的綜合活動，「被動綜合」的情況則反之；它是一種即使在「自我不做」（ohne Tun des Ich）時也發生的綜合行為。之後，在「被動綜合」的標題下，胡塞爾進一步區分「原綜合」與「第二性的綜合」。前者意味著自我主體性有能力透過內時間意識而構造出它的體驗的原初統一，後者則是指自我會不斷地回溯到它在構造過程中積累下來「習得」之上。此外，在胡塞爾後期的交互主體性現象學中，「綜合」分析還延伸到作為「同感」的綜合（「異己經驗的被動綜合」）之上⑤；這裡的「綜合」主要是指對作為「事物實在」與「心靈實在」之統一的「他人」的構造能力。

【注釋】 ① E. Husserl: *Ideen* I, Hua III(Den Haag ³1976) § 86.　②參閱：*LU* II/26. Kapitel.　③參閱：*Zeitb*. Hua X (Den Haag 1966) Teil I, *Ideen* I ... 同上書，§ 118, *Ideen* II, Hua IV (Den Haag 1952) § 9；對此還可以進一步參閱「被動性」與「主動性」條目。　④參閱：*Analysen* Hua XI (Den Haag 1966) § § 1ff., *EU* (Hamburg ⁴1972) § 8.　⑤參閱：*CM* Hua I (Den Haag ²1963) § 50.

T

Tatsache * * 事實：（英）matter of fact（法）fait（日）事実

「Tatsache」與「Faktum」在胡塞爾現象學術語中是同義詞，它們都意味著相對於「本質」而言的「事實」[1]。胡塞爾曾解釋說：「在我這裡叫做事實的東西，也就是休謨意義上的『實際的事情』（matter of fact）」[2]。

【注釋】①較爲詳細的說明可以進一步參閱「事實」（Faktum）條目。　②胡塞爾 1914 年致奧古斯特·梅塞爾的一封信稿，載於：Husserl: *Aufs. u. Vort. (1922-1937),* Hua XXVII (Dordrecht u. a. 1989) 250.

【相關詞】Tatsachenforscher 事實研究者，Tatsachengeschichte 事實歷史，Tatsachenwissenschaft 事實科學，tatsächlich 事實的，Tatsächlichkeit 事實性。

Teleologie * * 目的論：（日）目的論

在某種意義上可以說，胡塞爾的整個現象學研究都致力於對主體性的自身構造的描述。這裡的主體性既是指單個的主體性，也是指交互的主體性。胡塞爾的現象學因此可以被看作是一門主體性自身發展的「目的論」，它探討主體性的意向結構，也揭示主體性的各種具體意向和可能的最終意向。

胡塞爾的分析表明，主體性自身發展或構造的目的論趨向從其產生的一開始就表現得明確無疑。正是主體性的流動，亦即意識的流動，才導致主體與自身形成「原差異」。這種「原差異」是自身覺知的前提，自我的本己自身從最初始時便必然具有其對立面[1]。這也就是說，最初的時間意識構造已經構成對象性之構造的「原住所」（Urstätte）[2]，「聯想性時間化的成就之進行就已經具有目的論的含義，它已經是一種「朝向」（angelegt-auf）」[3]。

主體性目的論的進一步發展在於，個體單子的內在目的生活（Zweckleben）

在其逐步的共同體化過程中，導向「交互單子」的共同體和「大全單子」的共同體，個體性逐步展開，成爲越來越大的社會性。就主體性目的論發展的最終目標而言，胡塞爾深信：「人類理論自主的最高階段是超越論現象學和現象學科學。人類實踐自主的最高階段是絕對理性的階段，或在絕對理性觀念指導下的生活階段，這就是受到現象學論證的生活」④。他也將這個終極階段上的人類社會稱作「愛的共同體」⑤。

【注釋】①參閱：K. Held: *Lebendige Gegenwart. Die Frage nach der Seinsweise des transzendentalen Ich bei E. Husserl, entwickelt am Leitfaden der Zeitproblematik* (Den Haag 1966) 81, 89. ② E. Husserl: *Zeitb.* Hua X (Den Haag 1966) 128. ③ Ms. E III 9, 5a. ④ Ms. E III 4, 9b. ⑤參閱「愛的共同體」條目。

【文獻】K. Schuhmann: *Husserls Staatsphilosophie* (Freiburg/München 1988). K. H. Lembeck: *Gegenstand Geschichte. Geschichtswissenschaftstheorie in Husserls Phänomenologie* (Dordrecht u. a. 1988). G. Hoyos Vásquez:"Zum Teleologiebegriff in der Phänomenologie Husserls"，載於：U. Claesges/K. Held (Hrsg.) *Perspektiven transzendental phänomenologischer Forschung* (Den Haag 1972) 61-84; ders: *Intentionalität als Verantwortung. Geschichtsteleologie und Teleologie der Intentionalität bei Husserl* (Den Haag 1976). St. Strasser: "Monadologie und Teleologie in der Philosophie Edmund Husserls"，載於：*Phänomenologische Forschungen* 22 (1989) 217-235.

【相關詞】Teleo 目的，teleogisch 目的論的，Zweck 目的，Zweckidee 目的觀念，zwecklos 無目的的，zweckmäßig 合目的的，Zweckmäßigkeit 合目的性，Zwecksetzen 目的設定，Zwecksetzung 目的設定，Zwecksinn 目的意義，Zwecktätigkeit 目的活動，Zweckzusammenhang 目的聯繫。

Tendenz* 趨向：（英）tendency

「趨向」是胡塞爾通常在發生現象學分析中使用的一個概念。這個概念與「意向」一樣，是一個比較寬泛的範疇。與「趨向」同義或包含在它之中的概念還有「自我趨向」、「感知趨向」、「來自自我的趨向」等等。

「趨向」概念所表明的主要是自我行爲進行的發生性、連續性和統一性。胡塞爾首先區分「我思（Cogito）前的趨向」和「作爲我思的趨向」；前者意味

著自我的潛能行爲進行，後者則意味著自我的實際行爲進行①。在「我思前的趨向」之中，胡塞爾進一步區分出「對自我的侵入」和「從自我發出的趨向」，它們在某種程度上可以改寫爲「刺激」和「反應」。這種「在我思之前的趨向」還不是行爲，至少不是有對象的行爲，但它一直延續到行爲之中，亦即延續到「作爲我思的行爲」之中。在「作爲我思的趨向」中，胡塞爾再區分出狹義的和廣義的「興趣」（Interesse）概念或「朝向」（Zuwendung）概念，前者是指自我行爲具有一個特定的課題、一個注意力的對象，後者則被用來指稱所有具有對象的行爲②。

換言之，對「趨向」的發生描述涉及到意識行爲的不同考察方面：被動性、主動性，或接受性、自發性。「趨向」本身既包含非意向，即引發意向的部分，也包含意向的兩個部分：「瞄向」（Abzielen）和「射中」（Erzielen）；前一部分僅僅是一種「單純的意指」，後一部分則包括「意向的充實」③。

此外，「趨向」概念在胡塞爾的用語中還可以包容更寬泛的內涵。在意向得到部分充實之後，「朝向的趨向還會作爲對完善充實的趨向而繼續前行下去」，因而它「不僅是一種繼續前行著的意識到，而且是一種向著新的意識的不斷前行」，是一種「超出被給予之物及其暫時的被給予樣式之上，而向一個繼續前行的『此外』（plus ultra）的趨向」④。但這種持續的前行並不是「盲目地」趨向於新的對象，而是始終帶有「期待意向」（Erwartungsintention）。當這些「期待意向」受到阻礙時，對意識對象之存在信仰便有可能發生「信仰變式」（Glaubensmodalisierung），因而，對趨向的阻礙就意味著「確然性變式的起源」⑤。

【注釋】①參閱：E. Husserl: *EU* (Hamburg ⁴1972) 82.「作爲我思的趨向」是筆者的解釋性定義而不是胡塞爾自己的用語，他本人所用的是「作爲趨向之結果的朝向」(die Zuwendung als Folgeleisten der Tendenz)。 ②同上書，§ 20. ③參閱：*LU* II/1, A358/B₁379. ④參閱：*EU* ... 同上書，87. ⑤同上書，93ff.

Thaumázein 驚異：（希）θαυμάζειν

胡塞爾在具有《歐洲科學的危機與超越論現象學》雛形的維也納講演「歐洲人類危機中的哲學」中，曾特別提及「驚異」在哲學的、理論的觀點之原初形成過程中的作用，它是一種「非實踐的觀點」：「希臘哲學第一次高峰時期的偉大人物柏拉圖和亞里斯多德，就把哲學的起源回溯到這種態度之上。世界觀察和世界認識的激情抓住了人。這種激情背離所有實踐興趣，而且在它的認識活動的封閉圈子中以及在獻身於這些認識活動的時代中，它除了純粹的理論（Theoria）以外，一無所獲、一無所求」[1]。換言之，在胡塞爾看來，「驚異」意味著哲學和理論產生的人類學根源所在。

【注釋】[1]E. Husserl: *Krisis* Hua VI (Den Haag [2]1962) 332. 關於這段論述，K. Held 認為，胡塞爾在這裡將「驚異」看作是與「好奇」（curiositas）同屬一體的範疇，它們都具有對於哲學和科學之產生的積極意義；在這一點上胡塞爾有別於海德格。海德格屬於那種拒斥「好奇」的思想傳統，他在《存在與時間》的第 36 節中便申言：「好奇同嘆為觀止地考察存在不是一回事，同 thaumázein（驚異）不是一回事」（Heidegeer: *Sein und Zeit*, Tübingen 1979, 172）。以及參閱：K. Held:"Husserl und die Griechen", in: *Phänomenologische Forschungen* 22 (1989) 137-176.

Thema** 課題：（英）theme（日）主体

除了通常的意義之外，「課題」概念在胡塞爾那裡還具有特殊的術語含義。它首先涉及自我對其對象的「清醒地意識到」。這種「意識到」大都是指以直向方式進行的自然觀點。「課題」在這裡是指意識活動的結果，在意識中被構造的意識對象：「課題性的生活就是作為自我清醒地生活；課題始終已經是被構造的、對於自我來說存在著的東西」[1]。在這個意義上，超越論觀點與自然觀點具有不同的課題性。例如，胡塞爾認為，雖然我們生活在自然的被給予性和功能成就之中，但它們本身在自然觀點中不會成為我們的「課題」，而是一個「隱匿的」、「課題外的」問題領域；只有在超越論的觀點中，這個領域才能被課題化並得到揭示[2]；與「課題性」相對應的因而是「隱匿性」[3]。

其次，「課題」概念還被胡塞爾用來標識意識自我對其對象的一種特殊的意指方式：「如果我僅只是朝向對象，那麼這種深入到對象之中的追求以及在對象自身的充實上得到的滿足並不會形成，只有當我在特殊的課題意義上朝向對象時，這種追求和滿足才會形成」④。在這個意義上，「課題」不是指一般的意指或朝向之對象，而是意味著某種可以被關注地把握、可以在意指中得到進一步展顯（Explikation）的對象⑤。

【注釋】① E. Husserl: Ms. C 17 IV, 7. ②參閱：*Krisis* Hua VI (Den Haag ²1962) 209.
　　　　③對此也可以參閱「隱匿的／隱匿性」條目。 ④ *EU* (Hamburg ⁴1972) 92.
　　　　⑤參閱「展顯」條目。

【相關詞】außerthematisch 課題外的，thematisch 課題的，Thematik 課題性，thematisier-
　　　　en 課題化，Thematisierung 課題化。

Theorie * * 理論（希）θεωρία

「理論」在胡塞爾眼中是處在希臘傳統中的西方哲學的特殊標記。「理論的觀點在希臘人那裡有其歷史的起源」①。在對歐洲哲學—科學起源所做的回顧中，他認為，雖然在當時的其他文化中（例如在中國、印度、埃及、巴比倫等文化中）也出現對世界做普遍認識的興趣，但它們基本上都朝著實踐智慧的方向發展，「只有在希臘人那裡，我們才發現一種本質上新型的純粹『理論』觀點形態中的普全的（『宇宙論的』）生活興趣。」因此可以說，「理論」觀點構成「在希臘—歐洲的科學（普全地說，這就是哲學）與具有同等價值的東方『諸哲學』之間的原則區別」②。

胡塞爾將這種新型的理論觀點的出現看作是對原初人類生活於其中的自然觀點的根本改變（Umstellung）③。這種觀點的改變與人類所具有的「驚異」與「好奇」本能有關④。在此觀點變化完成之後，新產生的理論觀點有兩種可能的發展方向。一方面是它有可能為自然的實踐興趣服務，這樣，理論的觀點會重新成為一種自然的、實踐的觀點，即使是更高層次上的自然、實踐觀點。胡塞爾認為這也是近代西方的自然科學所實際採納的方向。另一方面，從這種新的理論觀點中可以發展出一種「完完全全非實踐的觀點」，它建立在一種對自然觀點、包括更

高層次自然觀點的懸擱基礎上。⑤這個方向是作為哲學、作為理論的現象學所選擇的方向。在這裡，自然—實踐的觀點、科學—理論的觀點和超越論現象學—理論觀點形成三足鼎立之勢。

但是，胡塞爾並不將自己所倡導的現象學理論觀點看作是反實踐的或非實踐的。因為隨著新的理論觀點的形成和確立，理論和實踐這兩種對立興趣的綜合也在原則上成為可能。胡塞爾將它稱作「從理論觀點向實踐觀點的過渡」。這個意義上的「實踐」，是與理論相綜合的新實踐。這種實踐就意味著「對所有生活、生活目標的普全批判，對所有產生於人類生活之中的文化構成與文化系統的普全批判，以及對人類本身和那些明確或不明確地引導著人類的價值的批判」；這種實踐的目的在於，「透過這種普全的科學理性而將人類在所有形式的真理規範方面加以提升，將人類改變為一種根本上全新的人屬（Menschtum），這種新人屬有能力在絕對理論明察的基礎上做到絕對的自身負責」⑥。在這個意義上，「新的（理論）觀點本身就是一種實踐觀點」⑦。

在這個從實踐觀點到理論觀點、再到實踐觀點的三部曲中，可以說是包含了胡塞爾對哲學理論與哲學發展以及哲學功能的基本理解。

【注釋】① E. Husserl: *Krisis* Hua VI (Den Haag ²1962) 326ff. ②同上。 ③參閱：同上書，326f. ④參閱：「驚異」與「好奇」條目，以及參閱：K. Held: "Husserl und die Griechen", in: *Phänomenologische Forschungen* 22 (1989) 137-176. ⑤參閱：Husserl: *Krisis* ... 同上書，328. ⑥同上書，329. ⑦同上書，328.

These (Thesis)＊＊命題：（英）thesis（法）thèse（日）定立
（希）θέσις

「Thesis」起源於希臘文（θέσις），它與源自拉丁文的「Position」基本同義。胡塞爾既在通常的意義上，也在特殊的意義上使用「命題」概念。特殊意義上的「命題」是指對意識對象的存在與否進行「設定」或「執態」①。這個意義上的「命題」與「立場」、「信仰」、「定句」等等是同義的。「命題」意識的對立面是「中立意識」②。對所有對象之總和的世界之存在的設定，也被胡塞爾稱作自然

觀點的「總命題」（Generalthesis）③。胡塞爾的現象學要求透過現象學的還原，將包括「總命題」在內的各種自然觀點中的「命題」判爲無效④。

【注釋】① E. Husserl: *Ideen* I, Hua III (Den Haag ³1976) 63f. ②同上書，258. ③參閱：同上書，§ 30；也可以參閱「總命題」條目。 ④參閱：同上書，64.

Tod 死亡：（英）death（日）死

在胡塞爾超越論現象學中，「死亡」作爲世間的問題性受到排斥，胡塞爾自始至終堅持超越論本我的「不死性」①。即使在胡塞爾的第二哲學的設想中，「死亡」也不是一個突出的問題②。胡塞爾在這個問題上的思考，大致表現在兩個方向上：「死亡」一方面屬於「世代性」（Generativität）的現象範疇，它是「超越論的謎」、「超越論的問題」③；另一方面，「死亡」與「無意識」（Unbewußtes）或「意識的積澱下來的底層」有關，它同樣屬於發生現象學研究的課題④。

【注釋】①參閱：Sh. Nuki: "Das Problem des Todes bei Husserl. Ein Aspekt zum Problem des Zusammenhangs zwischen Intersubjektivität und Zeitlichkeit"，載於：H. Kojima (Hrsg.): *Phänomenologie der Praxis im Dialog zwischen Japan und dem Westen* (Würzburg 1989) 155. ②參閱：K. Shumann: "Malvine Husserls 'Skizze eines Lebensbildes von E. Husserl'，載於：*Husserl Studies* 5 (1988) 125, Anm. 78. ③參閱：E. Husserl: Ms. A V 20, 23, AVI 14, 1. ④參閱：*Intes*. III, Hua XV (Den Haag 1973) 608.
【文獻】Sh. Nuki：參見：注釋①。

Traditionalität 傳統性：（英）traditionariness（日）傳統性

在胡塞爾後期對社會、歷史的分析中，「傳統性」概念與「歷史性」、「世代性」等概念一樣具有雙重性。它一方面意味著積澱的歷史與它的現時化；在這個意義上，胡塞爾劃分積澱的傳統與現時的傳統①。這兩種傳統都是習慣意義

上的傳統，即自然觀點中的傳統。另一方面，胡塞爾還一再指明一種「新型的傳統性」②，這是一種起源於古希臘的理論傳統性，在超越論主體性的目的論發展中，它將成爲「人類共同體的傳統性」③。

【注釋】 ① E. Husserl: *Krisis* (E) Hua XXIX (Dordrecht u. a. 1993) 13.　②同上書，15.　③同上書，16.

【文獻】 K. Schuhmann: *Husserls Staatsphilosophie* (Freiburg/München 1988).　K.　H. Lembeck: *Gegenstand Geschichte. Geschichtswissenschaftstheorie in Husserls Phänomenologie* (Dordrecht u. a. 1988).

transient 瞬變的：

胡塞爾在講座和研究手稿中曾提出「瞬變的」概念，用它來定義一種類型的感知活動，並將這類感知區分於「實項的 (reell) 感知」和「超越的 (transzendent) 感知」。在一份與時間意識分析有關的文稿中，他提到：「每個瞬變的感知都以經歷著本原立義的感覺爲前提；每個瞬變的想象表象都以經歷著想像立義的想象材料爲前提；每個瞬變的回憶都以經歷著回憶立義的回憶爲前提。」此外，還可以參見他在另一份文稿中更爲明確的定義：「我們將這樣一些感知稱作『實項內在的感知』，這些感知的本質在於：實項地把握被感知之物，並因此而實項地與它成爲一體。即是說，我們在各種例子中從各個思維活動 (cogitationes) 中，作爲感知而了解到的那些相即 (adäquat) 感知，同時也就是實項內在的感知。那些並不在上述意義上實項地把握其客體的感知，被我們稱之爲瞬變的 (transiente) 感知。如果它們的本質在於：只是以非相即的和瞬變的方式把握其對象，那麼我們就將這些感知稱作『超越的』（transzendent）」①。

【注釋】 ① E. Husserl: *Zeitb*. Hua X (Den Haag 1966) 291.

transzendent (Transzendenz) ＊＊ **超越的（超越）：**（英）transcend-ence、transcendent（法）transcendance（日）超越、超越的

胡塞爾現象學的「超越」概念帶有特定的含義。他本人在後期曾強調，現象學的「超越」概念「唯獨只能從我們哲學的沉思境況中吸取」①。

超越論現象學的「超越」概念首先處在與「內在」（Immanenz）概念的對應性中。在這個對應性中，「內在」與「超越」又都具有雙重的意義：「超越」一方面意味著對意識的超越、對「非實項內容的超越」②；它是傳統認識論困境產生的根源：「認識如何能夠超出自身而達到在它之外的東西？」③爲擺脫這一認識論的困境，胡塞爾的現象學要求排斥（懸擱）一切超越的設定，始終停留在意識的內在之中：「**內在是所有認識論認識的必然特徵**」④。另一方面，「超越」在胡塞爾那裡還可以意味著「實項的超越」。它是指對意識的實項因素（感性材料）的超越。透過這種「超越的統攝」，一堆雜亂的感性材料被立義爲一個意識對象⑤。這個意義上的「超越」並不表明對意識的超越，但它是對意識之超越的起源。可以說，意識透過統攝的能力而**超越出**實項的內容（感覺材料）構造起一個對象（連同其世界視域），然後又將這個對象（連同其世界視域）看作是**超越出**意識之外、與意識相對立的東西。

與「超越」相對應的另一個概念是「超越論」⑥。胡塞爾在後期的《笛卡兒的沉思》中強調「超越論自我」與「超越世界」的相關性：「正如被還原的自我不是世界的一個部分一樣，反過來，世界以及每一個世界客體也不是我的自我的部分，它們不是作爲實項的部分、作爲感覺材料或行爲實項地處在我的意識生活之中的東西」⑦。因此，「在世界之物的本己意義中包含著**超越**」⑧。在這個意義上，「如果在世界的意義中包含著對非實項的包容性的這種**超越**，那麼承載著作爲有效意義之世界，並且被這個有效意義所必然預設的自我本身就在現象學的意義上是**超越論的**」⑨。

【注釋】 ①參閱：E. Husserl: *CM* Hua I (Den Haag ²1963) 65.　②同上書，65.　③ *Idee d. Phän.* Hua II (Den Haag ²1958) 35f.　④同上書，33.　⑤參閱：*Analysen* Hua XI (Den Haag 1966) 17, *Idee d. Phän.* Hua II (Den Haag ²1973) 9.　⑥參閱：*CM* ... 同上書，65.　⑦同上。　⑧同上。　⑨同上。

【文獻】 R. Ingarden: "Die vier Begriffe der Transzendenz und das Problem des Idealismus

bei Husserl"，載於：*Analecta Husserliana* 1 (1971) 36-74. ders.: "Kritische Be-
merkungen von Prof. Dr. R. Ingarden"，載於：*CM* Hua I (Den Haag ²1963) Beil.,
203-218. R. Boehm: "Immanenz und Transzendenz"，載於：*Vom Gesichtspunkt
der Phänomenologie E. Husserl-Studien* (Den Haag1968) 141-185. ders.: "Inten-
tionalität und Transzendenz. Zur Konstitution der materiellen Natur"，載於：*Ana-
lecta Husserliana* Bd. 1 (Dordrecht 1971) 91-99.

transzendental(das Transzendentale)＊＊ 超越論的（先驗的）：
（英）transcendental（法）transcendantal（日）超越論的

在至今爲止對「transzendental」一詞的漢語譯介中，這個爲康德從經院哲學①
中吸收並加以改造而形成的哲學概念大都被譯作「先驗的」。

康德本人對此概念有兩方面的定義②，他首先用這個概念來指明一種哲學的
提問取向：一門「先驗哲學」所涉及的應當是這樣一種認識，這種認識「所探
討的並不是對象，而是我們對先天可能之對象的普遍認識方式」。其次，康德用
這個概念所表明的「不是對所有經驗的超越」，而是某種「雖然先於經驗（先
天的）」，「但卻能使經驗認識（Erfahrungserkenntnis）得以可能」的東西。就
此而論，中譯名「先驗的」有一定的合理性，它暗示了「先驗」的後一種含義，
即它與「感性經驗」（empirisch）的對立。但是，更確切地看，後一種含義實際
上只是對前一種含義的有關可能的回答。因此，「先驗」並不是一個能反映出
「transzendental」全面意義的中譯。而日譯名「超越論的」③在這裡則能體現出這
個概念的第一個重要內涵，因而值得借鑑和採納。

胡塞爾本人一再強調，他所創立的眞正意義上的現象學是「超越論的」現象
學，並且自 1908 年以後便始終用「超越論」概念來規定自己的現象學特徵。因
此，「超越論」概念對理解胡塞爾的現象學具有至關重要的意義。在完成向「超
越論現象學」的突破之後，胡塞爾指出，他自己的「超越論」概念與康德的「先
驗」概念在這樣一種意義上具有淵源關係：「事實上，儘管我在基本前提、主導
問題和方法上遠離康德，但是我對康德『先驗』一詞的接受卻從一開始就建基於
這樣一個得到充分論證的信念之上，所有那些在理論上爲康德與他的後繼者在先
驗標題下所探討過的有意義的問題，最終都可以回溯到（純粹現象學）這門新的

基礎科學之上」④。但胡塞爾後期在《笛卡兒的沉思》中卻又強調現象學「超越論」概念的本己性：「超越論這個概念……唯獨只能從我們哲學的沉思境況中吸取」⑤。這裡隱含的矛盾主要起源於「超越論」概念在胡塞爾哲學中所具有的雙重含義。

嚴格地說，胡塞爾對康德「先驗」概念接受，主要還是在康德「先驗」概念的第一個含義方面。胡塞爾本人的「超越論」概念也相應地具有以下兩層主要含義：(1)「超越論的」首先被他用來指稱一種「對所有認識構成之最終源泉的進行回問，認識者對自己及其認識生活進行自身沉思的動機」⑥。這個意義上的「超越論動機」最初發端於笛卡兒：「笛卡兒從在先被給予的世界向**經驗著世界的主體性**以及向意識主體性一般的回溯喚起了一個科學發問的全新維度」，即「超越論的維度」⑦。因此，這個意義上的「超越論的」概念與康德本人賦予「超越論」概念的第一個主要含義有淵源關係：它在胡塞爾那裡首先是一種**提出問題和考察問題的方式，一種哲學態度**。「超越論問題」、「超越論哲學」、「超越論現象學」等等表達便是與這個意義上的「超越論」有關。(2)「超越論」概念在胡塞爾的現象學中，同時也表明一種在純粹主體性本身之中尋找客觀認識可能性的具體做法。「超越論自我」、「超越論意識」、「超越論主體性」等等意義上的「超越論」便是與這個含義有關。在胡塞爾看來，這是從前一個「超越論」概念中所導出的必然結果。而後一個「超越論」概念所指明的已經不再是對主體性中的客觀認識，或者說，超越主體的認識如何可能的提問，而是更多地關係到從**主體性或從主客體相互關係的維度出發對此提問的回答**。

胡塞爾自己認為，「康德試圖在主體性中，或者說，在主體性與客體性的相互關係中尋找對客體性意義的最終的、透過認識而被認識的規定。就此而論，我們與康德是一致的……」⑧；雖然康德所探討的是先天認識之可能性的問題，而非客觀性如何可能的問題，但胡塞爾認為，這兩種提問原則上是同一的：康德的先天認識是一種本體論認識，而他自己所說的客體性也就是認識的客觀性⑨。

儘管如此，在後一個含義上，胡塞爾與康德各自的「超越論」概念仍存在著明顯的分歧。例如：與康德後一個意義上的「超越論」概念相對立的是「（感性）經驗」，而與胡塞爾的後一個「超越論」概念相對應的相關概念則是「超越」，或者說，「世間」（mundan）或「世界」（weltlich）：「在一切世界之物的本己意義中都包含著超越……如果這種對非實在包含的超越屬於世界的本己意義，

那麼自我，即這個自身承載著作爲有效意義之『超越』，並且本身又是這個有效意義之前設的自我本身，在現象學的意義上便叫做超越論的；從這個相關性（超越論—超越的相關性）中產生的哲學問題，便與此相應地叫做超越論—哲學的問題」[⑩]。與此本質相關的差異還進一步表現在：在胡塞爾的「超越論」概念中已經包含著「超越論經驗」的內涵，而康德則因爲缺乏「本質還原」的方法而忽略了「超越論經驗」的可能性。

【注釋】①這個概念起源於經院哲學的「Transzendentalien」，即：一種超越出任何範疇規定而直接屬於存在本身的存在規定。　②「我將所有那些不是與對象有關，而是與我們關於對象之認識方式有關的認識，只要它們是先天可能的，都稱作『transzendental』」（I. Kant: *Kritik der reinen Vernunft*, Einleitung, VII），「『transzendental』……並不意味著某種超越出一切經驗的東西〔不是『超越的』（transzendent）〕，而是某種雖然先於經驗的（『先天的』），但除了僅僅使經驗成爲可能以外，還沒有得到更進一步規定的東西」（I. Kant: *Prolegomena,* Anhang, Anm. 1）。　③參閱：木田元等（編）：《現象學事典》，東京，1994 年，頁 330。　④ E. Husserl: *Erste Philos.* I, Hua VII (Den Haag 1956) 230.　⑤ *CM* Hua I (Den Haag ^{2}1963) 65；因此，L. Landgrebe 認爲，任何從傳統含義出發對胡塞爾「超越論」概念的解釋都是錯誤的；參閱：L. Landgrebe: "Die Phänomenologie als transzendentale Theorie der Geschichte"，載於：*Phänomenologische Forschungen* 3 (1976) 17.　⑥ Husserl: *Aufs. u. Vort. (1922-1937),* Hua XXVII (Dordrecht u. a. 1989) 167f.　⑦ *Krisis* Hua VI (Den Haag ^{2}1962) l00f.；同一句話也出現在他最後整理發表的著作《經驗與判斷》中：「我們……將自己理解爲超越論主體性；超越論在這裡無非意味著由笛卡兒所開啟的原本動機，即：對所有認識構成的最終源泉的回問，認識者對自己及其認識生活的自身沉思」〔*EU* (Hamburg ^{4}1972) 48〕。　⑧ *Erste Philos.* I ... 同上書，386。　⑨ *Krisis* ... 同上書，§ 15。　⑩參閱：*CM* ... 同上書，65 以及 E. Fink: "Die phänomenologische Philosophie Edmund Husserl in der gegenwärtigen Kritik"，載於：*Kant-Studien*, 38 (1933) 376.

【文獻】I. Kern: *Husserl und Kant. Eine Untersuchung über Husserls Verhältnis zu Kant and zum Neukantianismus* (Den Haag 1964).　E. Fink: "Die phänomenologisphe Philosophie Edmund Husserl in der gegenwärtigen Kritik"，載於：*Kant-Studien* 38 (1933) 319-383.　R. Ingarden: "A priori knowledge in Kant versus a priori knowledge in Husserl"，載於：*Dialectics and humanism* 1 (1973) 5-18.　L. Landgrebe：參見：注釋⑤以及 "Ist Husserls Phänomenologie eine Transzendentalphilosophie?"，載於：H. Noack (Ursg.): *Husserl* (Darmstadt 1963) 316-324.

【相關詞】transzendental-fungierend 超越論作用著的，Transzendentalismus 超越論主義，Transzendentalität 超越論性，transzendental-phänomenologisch 超越論現象學的，transzendentalphilosophisch 超越論哲學的，transzendental-psychologisch 超越論心理學的，Transzendentalwissenschaft 超越論科學。

Trieb * 本欲：（英）drive、impulse（法）impulsion（日）衝動

胡塞爾在其後期發生現象學的研究中探討超越論發生的原開端問題，或者說，超越論意識的原構造（Urkonstitution）問題，其中也包含對「本能」（Instinkt）與「本欲」的分析。從術語上看，「本欲」與「本能」在胡塞爾那裡基本同義，它們都意味著盲目的欲求能力，都是超越論發生現象學的研究對象[1]。但「本欲」的內涵較之於「本能」要更為寬泛一些，它可以是指較高的欲求（Bedürfnis）[2]，因而已經接近於更為寬泛的、包含理論欲求在內的「追求」（Streben）和「興趣」（Interesse）概念。

【注釋】①參閱：E. Holenstein: *Phänomenologie der Assoziation. Zur Struktur und Funktion eines Grundprinzips der passiven Genesis bei E. Husserl* (Den Haag 1972) 323.　②參閱：E. Husserl: *Analysen* Hua XI (Den Haag 1966) 178.
【文獻】E. Holenstein；參見：注釋①。　I. Yamaguchi：*Passive Synthesis und Intersubjektivität bei Husserl* (Dordrecht u. a. 1982).　N. Lee：*Edmund Husserls Phänomenologie der Instinkte* (Dordrecht u. a. 1993).
【相關詞】Triebassoziation 本欲聯想，Triebgcfühl 本欲感覺，Triebintentionalität 本欲意向性，Triebverlauf 本欲進程。

Typus * 類型：（英）type（日）類型、典型

胡塞爾區分兩種「類型」概念：本質的類型與非本質的類型[1]。但在胡塞爾的術語運用中，「類型」首先並且主要是意味著「非本質類型」，它們與前科學的「自然經驗的統覺」有關：「經驗的事實世界是以類型化了的方式被經驗到的」[2]。而「本質類型」所指的首先是經驗的普遍性，亦即一般科學意義上的「本

質」：「科學的特徵概念試圖透過系統的和方法的經驗來規定本質的類型」③。

除此之外，胡塞爾還在另一種意義上談及「類型」或「類型學」：作爲「模糊的構形類型（Gestalt-Typen）」、「類型本質」或「形態學本質」的「類型」，它是「一種原則上模糊的東西」、「不精確」，因而在根本上有別於數學自然科學的精確概念和理想本質。但這種「類型本質」正是超越論現象學所要把握的東西，即：「屬概念或屬本質」，它們的範圍是流動的，但卻是確定的、純粹可區分的。在這個意義上，超越論現象學的「嚴格性」與近代自然科學的「精確性」形成鮮明的對照④。

【注釋】①參閱：E. Husserl: *EU*(Hamburg ⁴1972) § 83. ②同上書，398；還可以參閱：同上書，386，*Ideen* I, Hua III (Den Haag ³1976) § 47, § 144. ③ *EU* ... 同上書，402. ④參閱：*Ideen* I ... 同上書，§ 74。對此還可以參閱「嚴格性」條目以及海德格對自然科學之「精確性」與精神科學之「嚴格性」的劃分：「『精神科學』爲了嚴格，必須是不精確的。這不是它的缺陷，而是它的特長」〔M. Heidegger: *Beiträge zur Philosophie (Vom Ereignis)*, GW 65 (Frankfurt a.M. ²1988) 150〕。

【文獻】A. Schütz: "Type and eidos in Husserl's late philosophy"，載於：*Philosophy and Phenomenological Research* XX (1959-1960) 147-165. R. Grathoff: "Metaphorik und Apriori lebensweltlicher Forschung. Intersubjektivität, Typik und Normalität"，載於：H. Kojima (Hrsg.): *Phänomenologie der Praxis im Dialog zwischen Japan und dem Westen* (Würzburg 1989) 53-72.

【相關詞】Gesamttypus 整體類型，Gestalt-Typus 構形類型，Sondertypik 特殊類型學，Totalitätstypik 整體類型學，Typik 類型學，typische 類型的、典型的，typisieren 類型化，Typisierung 類型化。

U

überhaupt 一般、完全：

這個用語並非胡塞爾哲學的專門術語，而是整個德國哲學的專用術語。以往的中文基本上都譯做「一般」。

胡塞爾曾給出一個概念解釋：「這個『一般』是在純粹普遍性的意義上被理解的」[1]。他也將它等同於「本質普遍性」[2]。

需要注意的是，「一般」作爲副詞跟在名詞後面，如自然一般（die Natur überhaupt）、精神一般（der Geist überhaupt）。它們並不完全等同於作爲形容詞使用的「一般」或「普遍」（allgemein）。因此，「自然一般」或「精神一般」並不完全等於「一般自然」（die allgemeine Natur）或「一般精神」（der allgemeine Geist）。嚴格說來，在「自然一般」的概念中，既包含了純粹普遍的自然共相，也包含了它的各種具體殊相，因此是一個總全的概念。但在「普遍自然」或「一般自然」的概念中卻不包含具體的殊相，它反而構成具體殊相（如特殊自然、個別自然）的對立項。

【注釋】 [1] E. Husserl: *Aufs. u . Vort. (1922-1937)*, Hua XXVII (Dordrecht u. a. 1989) 155. [2]同上書，157。

übersinnlich* 超感性的：

胡塞爾所使用的「超感性的」概念與「範疇的」（kategorial）[1]或「觀念的」（ideal）[2]基本同義。

【注釋】 [1] E. Husserl: *LU* II/2, A617f./$B_2$145f. [2]同上書，A617/$B_2$145.

Umgebungsintention 環境意向：

每一個意識行為都含有一個主要意向，一般是朝向對象的意向，無論這對象是內在的還是超越的。但同時每一個行為還會帶有一些環境意向，例如：對此對象的時間位置的確定等等。這是胡塞爾在時間意識分析中確定的一個重要事實。他認為，「對對象的整體立義包含著兩個成分：一個成分是根據客體的時間以外的規定性來構造客體，另一個成分是創造時間位置：現在存在、曾經存在等等」[1]。在涉及對與時間相關的環境意向的具體分析時，他進一步描述說：「這個意向是一個非直觀的意向，一個『空乏的』意向，而它的對象之物是各個事件的時間系列，並且這個時間系列是這個現時的再回憶的模糊環境（Umgebung）。『環境』的特徵不就在於：一個統一的意向，它與許多相互聯繫的對象性相關，並且在它們的不同的、多重的、漸次的被給予性中得到充實？空間背景（Hintergrund）的情況也是如此。因而在感知中的每一個事物也都具有其作為背面的背景（因為這裡所涉及的不是注意力的背景，而是立義的背景）。『非本真感知』這個成分是作為本質的組成部分而從屬於每個超越的感知的，它是一個『複合的』意向，這個意向是可以在特定類型的聯繫中、在被給予性的聯繫中得到充實的」[2]。

【注釋】[1] E. Husserl: Hua X, 419.　[2]參閱：同上書，412、417.

Umwelt * 環境世界：（英）surrounding world（法）monde environnant、environnement（日）環境世界

對於每一個具體的自我來說，我所置身於其中並且我所從屬的這個世界，同時也就是我的「環境世界」[1]。「環境世界」特別強調出自我的置身性和從屬性，或者也可以說，它特別強調出世界的視域性。「環境世界」可以是指「自然的環境世界」[2]，也可以是指「歷史的」[3]或「文化的環境世界」[4]以及「日常的環境世界」[5]。

【注釋】[1]參閱：E. Husserl: *Ideen* I, Hua III (Den Haag ³1976) 58f.　[2]參閱：同上書，58.

③ *Aufs. u. Vort. (1922-1937)*, Hua XXVII (Dordrecht u. a. 1989) 163.　④ *Krisis* Hua VI (Den Haag ²1962) 96.　⑤ *CM* Hua I (Den Haag ²1963) 135f.

【文獻】 R. Welter: *Der Begriff der Lebenswelt. Theorien vortheoretischer Erfahrungswelt* (München 1986).

unbekannt (Unbekanntheit) * 未知的（未知性）：（英）unacquainted

「未知性」是「已知性」的對應概念。胡塞爾認為，「任何一個（事物）感知的被給予性都始終是一個已知性和未知性的混合」①，也就是說，每一個感知的被給予性都是由已知部分和未知部分所構成的，而且這種結構也就是「世界意識的基本結構」②。由於世界的存在已經作為「最普全的被動在先被給予性」③而成為我們的「普全信仰基地」④，因此，從被動在先被給予領域中對我們發出逼迫和刺激的觸發者⑤從來就不會是一個完全空泛的某物、一個無任何意義的材料、一個絕對未知的東西；在這個意義上，「未知性在任何時候都同時也是已知性的一個樣式」⑥。

【注釋】 ① E. Husserl: *Analysen* Hua XI (Den Haag 1966) 11.　② *EU* (Hamburg ⁴1972) 33.　③同上書，26.　④同上書，§7.　⑤對此可以參閱「逼迫」、「刺激」、「觸發」和「被動性」條目。　⑥同上書，34.

Unbewußtes 無意識：（英）unconscious（日）無意識

佛洛伊德意義上的「無意識」雖然也被胡塞爾看作是「超越論的問題」或「超越論的構造問題」①，但卻並未受到他特別的關注和探討。他在《邏輯研究》中明確地說：「任何一門想成為**認識論**的，即想進行認識解釋的抽象學說，如果它不是去描述那種在其中種類之物為我們所意識到的直接性的、描述性的事態，藉助於這種事態去解釋屬性名稱的意義，並且進一步去明證地解決種類本質所遭受的誤釋，而是迷失在對抽象過程的因果性的、經驗心理學的分析之中，對抽象意識的描述性內涵一掠而過，將其興趣主要朝向無意識的心境、朝向假定性的聯想

混合體——那麼這門抽象理論從一開始就偏離了自己的目標」②。

只是在其後期發生現象學研究中，胡塞爾才在對「聯想」、「觸發」等等現象的研究中涉及到「無意識」概念，甚至還談及一門「無意識的現象學」③。「無意識」在這裡是指「意識的積澱下來的底層」，它包括「無夢的睡眠、主體性的出生形態，或者說，在出生前的問題性存在、死亡和『死亡之後』」等等現象④。胡塞爾也將「無意識」稱作「潛隱的存在領域」或「潛隱意識」，它們可以透過與「彰顯存在領域」或「彰顯意識」的類比而得到再構⑤；這個意義上的「無意識」概念也被胡塞爾描述爲「沉睡的聯想」⑥，但它顯然已經不是佛洛伊德的「無意識」了。此外，胡塞爾在研究手稿中也曾將「無意識」稱作「超越論的謎」或「原霧」，並對此加以時斷時續的思考⑦。

實際上，對胡塞爾在「無意識」分析方面上所持基本立場的整體表達，是由另一位現象學家 E. 芬克給出的：「只有在對『有意性』進行先行的分析之後，在『無意識』標題下所表露的問題，才能在其本眞的問題特徵中得到領會，並且在方法上得到充分的闡釋。」⑧

【注釋】①參閱：E. Husserl: *Inters.* III, Hua XV (Den Haag 1973) 608 以及 *Krisis* Mua VI (Den Haag ²1962) 192. ②*LU* II/l, A 120/B₂121. ③參閱：*Analysen* Hua XI (Den Haag 1966) 152. ④參閱：Ms. A V 22, 24b. ⑤ C 17 V, 47. ⑥參閱：Ms. A VI 14, 1. ⑦參閱：Ms. A V 20, 23ff. ⑧參閱：E. Fink: "Beilage zum Problem des 'Unbewussten' "，載於：Husserl, *Krisis* Hua VI (Den Haag ²1962) Beilage XXI, zu § 46, S. 473-475.

【文獻】E. Fink: "Finks Beilage zum Problem des 'Unbewußten' "，載於：*Krisis* Hua VI (Den Haag ²1962) Beil. XXI, 473f.

Unterscheidung/Unterschied* 區分／區別：（英）distinction

「區分」或「區別」概念在胡塞爾的術語中，基本上沒有偏離其通常的意義。但在其現象學的意向分析中，胡塞爾至少還在兩種特別的意義上使用「區分」概念：首先，「區分」意味著，一個意向沒有在直觀中得到相應的充實：「直觀與含義意向不一致，與它發生爭執」①，或者說，被意指的客體

與被直觀的客體相互「區分」開來，不能達成相合或相應②。在這個意義上，「區分」一方面與「認同」（Identifizierung）相對立③，另一方面又與「比較」（Vergleichung）相對立④。其次，「區分」還可以意味著意識在「立義」或「統攝」的過程中，將一個意向相關物區別於它所處的背景過程。在這個意義上，「區別」同時也是「認同」的過程⑤。

【注釋】① E. Husserl：*LU* II/2, A514/B₂42. ②參閱：同上書，A507/B₂35. ③同上書，A514/B₂42. ④同上。 ⑤參閱「認同／同一」條目。

【相關詞】Unterschied 區別，Unterschiedsrelation 區分的相關性，Unterschiedsvorstellung 區分的表象。

ur- 原一：（英）primal、proto-（法）proto-（日）根原

胡塞爾畢生的哲學努力都在於尋求和把握最終的確然性。哲學在他看來就是一種「朝向絕對認識的意向」①。現象學是一種起源研究，它具有「對所有認識構成的最終根源進行回問之動機」②。這種信念也在他的術語中表現出來：「原一」的前綴就是對此的例證之一。在胡塞爾的哲學概念中，有許多被他附加了「原一」的前綴，如「原自我」（Ur-Ich）、「原印象」（Urimpression）、「原確然性」（Urgewißheit）、「原意見」（Urdoxa）、「原基地」（Urboden）、原構（Urkonstruktion）等等③。

【注釋】① E. Husserl：Ms. B II 19, 15. ② *Krisis* Hua VI (Den Haag ²1962) 100. ③對此可以進一步參閱「原初性」條目。

【文獻】E. Musserl: "Brief XIX"，載於：*Berief an Roman Ingarden* (Den Haag 1968) 25ff. L. Landgrebe: "Das Problem des Anfangs der Philosophie in der Phänomenologie Husserls"，載於：*Faktizität und Individuation. Studien zu den Grundfragen der Phänomenologie*(Hamburg 1982) 21-37.

【相關詞】Urabwandlung 原變化，Uraffektion 原觸發，Uranfang 原開端，Urarche 原方舟，Urbedürfnis 原欲求，Urbegriff 原概念，Urbewußtsein 原意識，Urbild 原圖像，Urboden 原基地，Urerfahrung 原經驗，Urevidenz 原明見性，Urform 原形式，Urgegenständlichkeit 原對象性，Urgrund 原基礎，Urimpression 原印

象，Urinstinkt 原本能，Urintcntionalität 原意向性，Urkonstitution 原構造，Urmethode 原方法，Urmodalität 原樣式，Urmodus 原樣式，Urmoment 原因素，Urmonade 原單子，Urnebel 原霧，Uroriginalität 原－原本性，Urpassivität 原被動性，Urphänomen 原現象，Urphantasma 原想象材料，Urpräsenz 原現前，Urqucllc 原源泉，urquellend 原起源的，Urschöpfung 原創作，Urseiendes 原存在者，Ursetzung 原設定，Urstätte 原住所，Urstiftung 原創造，Urstiftungssinn 原創造意義，Ursynthese 原綜合，urtemporal 原時間性的，Urthesis 原命題，Urtranszendenz 原超越，Urtrieb 原本欲，Urtümlichkeit 原先性，Urvermögen 原能力，urwüchsig 原生的，Urzeugung 原製作。

Urbewußtsein ＊＊ 原意識：（日）根原意識

「原意識」在胡塞爾的現象學術語中基本與「自身意識」同義①。它所指的是意識活動在進行的同時，對自身活動的意識到：「意識必然在其每一個時間階段上都是意識。正如滯留的階段意識到現有的階段，但卻不以它為對象一樣，原素材（Urdatum）也被意識到……但卻沒有成為對象。向滯留的變異過渡著的正是這種原意識……如果沒有這種原意識，那麼滯留也就無法想像」②。換言之，這種對意識行為本身的「意識到」或「自身意識」始終伴隨著意識活動的進行，但它本身不是第二個與其並行的行為，而是每一個意向體驗的內部因素；意向體驗透過這個因素而能夠意識到自身。正是這種「原意識」的存在，才使得意識的時間性、流動性得以被把握到③。

另外，原意識在胡塞爾那裡還意味著「自身意識」（Selbstbewußtsein），或者說「內意識」（inneres Bewußtsein）。它首先涉及到一個被意識到的「內容」或一個意識。如前所述，被意識到的乃是意識體驗在其自己進行的過程中的自身進行活動本身。意識進行的這種被意識到狀態，可以說是構成了任何可能的後補性反思的前提。因此，倘若我們不具有原意識，我們也就不可能進行反思④。

這裡還須提到的是：這兩個原意識概念都不是指一種對象性的行為，並且因此也都不是指一種通常意義上的意向性，而僅僅是指「特殊的意向性」，或者說「特有種類的意向性」⑤。

【注釋】①與「原意識」同義的概念還有「內意識」、「內感知」等等。　②參閱：E. Husserl: *Zeilb.* Hua X (Den Haag 1966) 119.　③對此還可以參閱：*Ideen* I, Hua III (Den Haag ³1976) § 45.　④參見：胡塞爾，《全集》四，318，以及倪梁康，〈胡塞爾哲學中的原意識與後反思〉，載於：《哲學研究》，1998 年，第一期。⑤《全集》十，31、118.

【文獻】I. Kern: "Selbstbewußtsein und Ich bei Husserl"，載於：G. Funke (Hrsg.): *Husserl-Symposium Mainz 27.6/4. 7. 1988* (Stuttgart 1989) 51-63.

Urbild * 典範、原圖像：（英）prototype

「Urbild」在德文中的通常含義是「典範」。胡塞爾也在這個意義上運用此概念，例如他便將笛卡兒的沉思稱作「哲學自身反思的典範（Urbild）」①。

但胡塞爾也在特殊的意義上使用「Urbild」概念。特殊意義上的「Urbild」可以被譯作「原圖像」，它是指事物在感知中的「自身顯現」或「自身被給予」，胡塞爾也將它標識爲「自身圖像」（Selbstbild），它對立於「回憶圖像」或「當下化圖像」，即在想像中被再造的圖像②。

【注釋】① E. Husserl: *CM* Hua I (Den Haag ²1963) § 1.　② Ms. M III 3 III 1 II, 15ff.

Ur-Ich * 原自我：（日）原自我

「原自我」是胡塞爾後期現象學的重要概念，它與「活的當下的理論」有關①。胡塞爾所說的「原自我」是指「原初起作用的自我」，它「已經被意識到，但同時又是隱匿的」②。胡塞爾認爲，「原自我」構成「所有有效性的原基地」③，它作爲「有效性的起源」與作爲「發生起源」的「前自我」（Vor-Ich）一同構成「超越論自我」概念的本質內涵。

【注釋】①參閱：「活的當下」條目。　② E. Husserl: Ms. C2 I, 3, 10.　③ Ms. E III 9, 4a.
【文獻】K. Held: *Lebendige Gegenwart. Die Frage nach der Seinsweise des transzenden-*

talen Ich bei E. Husserl, entwickelt am Leitfaden der Zeitproblematik (Den Haag 1966).　E. Marbach: *Das Problem des Ich in der Phänomenologie Edmund Husserls* (Den Haag 1974).　N. Lee: *Edmund Husserls Phänomenologie der Instinkte* (Dordrecht u. a. 1993).　汪文聖：《胡塞爾與海德格》（臺北，1995 年）。Deutsch: *Das Dasein und das Ur-Ich. Heideggers Position hinsichtlich des Problems des Ur-Ich bei Husserl* (Frankfurt a. M. 1994).

Urimpression＊＊ 原印象：（英）originary impression（日）原印象

「原印象」在胡塞爾的現象學內時間意識分析中標誌著一個與滯留和前攝相並列的意向性基本種類，它可以從兩個方面得到描述①。首先，在由「滯留」、「原印象」和「前攝」所構成的體現統一之內，「原印象」是一個被給予之物的最大現前期，這個現前期是流動的並且只能抽象地得到突出，就此，「原印象」意味著時間意識的最原初樣式②。其次，「原印象」作爲最大的現前期，同時也是意識與被意識之物的原交遇期，因此它也被標識爲「原感情」或「原感覺」③。胡塞爾在後期明察到，意識的最被動的印象也已經貫穿著主動性的原形態，因此，他對「原印象」這個在與感覺主義傳統之聯繫中構成的概念產生疑問。

【注釋】① E. Husserl: *Zeitb.* Hua X (Den Haag 1966) 29ff., 64ff., 88ff., 99ff.　② *Ideen* I, Hua III (Den Haag 1950) 183.　③ *Zeitb* ... 同上書，67. (K. Held)

Urkonstitution 原構造：（日）原構成

胡塞爾用「原構造」這個概念來指稱內在時間及其原生內容的被動構造①。在被動綜合的領域中包含著原印象（感覺材料）的滯留性變化和前攝性變化②，包含著原印象的變式③以及它的聯想連結的形式④。

【注釋】① E. Husserl: *Analysen* Hua XI (Den Haag 1966) XIV.　②同上書，125ff.　③同上書，25ff.　④同上書，117ff. (K. Held)

Urnebel 原霧：

在其研究手稿中，胡塞爾常常用「原霧」一詞來指稱「在意識甦醒之前的世界」[1]，這個世界與神祕的物質自然之「自在─存在」有關[2]。

【注釋】① E. Husserl: Ms. B II 2, 1.　② *Inters.* I, Hua XIII (Den Haag 1973) 15f.

ursprünglich (Ursprung、Ursprünglichkeit)＊＊原初的（起源、原初性）：（英）origin（法）origine

「原初性」概念是胡塞爾構造現象學的中心概念。它意味著在任何一個奠基關係中起**奠基性**作用的（fundierend）環節。由於對奠基關係既可以做有效性方面的理解，也可以做發生性方面的理解，因此，「原初性」概念在胡塞爾現象學中也具有雙重含義：靜態現象學方面的含義和發生現象學方面的含義。靜態現象學方面的「原初性」是指「有效性的起源」，它與「**超時間的有效性奠基**」密切相關；發生現象學方面的「原初性」則意味著「發生的起源」，因而涉及到「**時間性的發生奠基**」[1]。這兩個起源是構造現象學的兩個相互獨立的基本範疇，它們展示出「現象學的兩面」[2]。

【注釋】①胡塞爾也將這兩種起源稱之為「現象學的起源」和「心理學的起源」，參閱：E. Husserl: *Inters.* I, Hua XIII (Den Haag 1973) 351.　② *Inters.* III, Hua XV (Den Haag 1973) 617.

【文獻】E. Husserl: "Über Ursprung. Die reine Psychologie und die Aufgabe einer Ursprungserklärung unserer Ideen (1930)"，載於：*Aufs. u. Vort. (1922-1937)*, Hua XXVII (Dordrecht u. a. 1989) 127-163.　G. A. de Almeide: *Sinn und Inhalt in der genelischen Phänomenologie E. Husserls* (Den Haag 1972) 18ff.　N. Lee: *Edmund Husserls Phänomenologie der Instinkte*(Dordrecht u. a. 1993) 24-28.　L. Landgrebe: "Die Phänomenologie als transzendentale Theorie der Geschichte"，載於：*Phänomenologische Forschungen* 3 (1976) 32.

【相關詞】Ursprungsanalyse 起源分析，Ursprungsbegründung 起源論證，Ursprungsechtheit 起源的眞正性，Ursprungsevidenz 起源的明見性，Ursprungsforschung 起源研究，Ursprungsfrage 起源問題，Ursprungsmotivation 起源動機引發，Ursprungssetzung 起源設定，Ursprungssinn 起源意義，Urtümlichkeit 原先性。

Urstiftung * * 原創造：（英）primal instituting（日）原創設

胡塞爾在其後期著作中一再談到「原創造」[1]。除了在通常意義上的「原初形成」（即對意向相關項的客體化原造）之含義以外，他所說的「原創造」主要是指「歐洲精神」乃至「眞正人類精神」的「原創造」。這種「原創造」同時也體現著超越論主體性之目的論的起源：「在希臘的原創造中包含著**目的論的開端**，包含著整個歐洲精神的眞正誕生地」[2]。因此，對歐洲歷史的目的論發展之澄清必須透過對其目的的「原創造」的反思來進行[3]。

【注釋】① E. Husserl: *Krisis* Hua VI (Den Haag ²1962) l0f., 72f., 114, *CM* Hua I (Den Haag ²1963) 113, 142, *F. u. tr. Logik* Hua XVII (Den Haag 1974) 167, 172f., *Erste Philos.* II, Hua VIII (Den Haag 1959) 151, 181 以及其他各處。 ② *Krisis...* 同上書，72. ③參閱：同上。

Ursynthese * 原綜合：

胡塞爾所說的「原綜合」是「被動綜合」的一種形式，它也可以被稱作是「第一性的被動綜合」[1]。「原綜合」是指在內時間意識中進行的原初綜合，它爲一條體驗流中所有體驗提供有關全面的統一。它先於所有其他在意識行爲中進行的綜合，例如：「主動綜合」和「第二性的被動綜合」[2]。

【注釋】①參閱：L. Landgrebe: "Das Problem der passiven Konstitution"，載於：*Faktizität und Individuation. Studien zu den Grundfragen der Phänomenologie* (Hamburg 1982) 72；也可以進一步參閱「被動性」條目。 ②參閱：E. Husserl: *Zeitb.* Hua X (Den Haag 1966) Teil I，也可以進一步參閱「時間」、「時間分析」條目。

Urteil * * 判斷：（英）judgment（法）jugement（日）判斷

在胡塞爾的哲學發展過程中，「判斷」始終是其現象學分析的一個主要課題。在《邏輯研究》對心理主義的批判中，胡塞爾爲避免在通常意義上的「判

斷」一詞所具有的「危險的雙重意義」①，而將「判斷」嚴格區分爲「判斷過程」和「判斷內容」這樣兩個方面。前者是指「作爲眞正的、合乎眞理的判斷行爲的眞實判斷」，後者是指「直觀判斷的眞理或眞實的判斷內容」②。在《純粹現象學與現象學哲學的觀念》第一卷中，胡塞爾也將它們稱之爲「判斷的意向活動」（Urteilsnoesis）和「判斷的意向相關項」（Urteilsnoema）③。胡塞爾認爲，混淆這兩者是心理主義得以產生的重要原因之一④。

胡塞爾的意向分析表明，「判斷」屬於「客體化的行爲」（objektivierender Akt），它與「表象」一同構成「客體化行爲」的總屬，同時也構成所有其他非客體化意識行爲（如意願行爲、評價行爲等等）的基礎⑤。同時，「表象」和「判斷」在《邏輯研究》中，又被分別稱作「稱謂性的（nominal）客體化行爲」和「論題性的（propositional）客體化行爲」⑥。據此可以說，「判斷」區別於「表象」的關鍵在於：「表象」只是對一個實事（Sache）的指稱或感知，而「判斷」則是對一個事態（Sachverhalt）的「表象」或陳述。換言之，「判斷」意味著「綜合性的把握」，而「表象」僅只意味著「素樸性的把握」⑦。

儘管在其思想發展的後期，胡塞爾更多地強調在意識行爲中「判斷」與「經驗」的對應關係⑧，但「判斷」與「表象」、「感知」或「經驗」之間的奠基關係在胡塞爾那裡始終未改變。在《邏輯研究》之前，胡塞爾便「尤其相信可以這樣認爲：任何一個判斷，只要它不是建立在對直觀和體現之間的描述性和發生性關係的深入研究的基礎上，這個判斷就不可能與事實相符合」⑨。而從胡塞爾後期在《經驗與判斷》中所致力的「現象學的發生的判斷理論」來看，前述謂判斷經驗的理論尤其構成前者的首要前提。在這個意義上，胡塞爾強調：「經驗的明見性是我們所尋求的最原初明見性，因而也是對述謂判斷之起源澄清的出發點」⑩。

此外，胡塞爾時常也在布倫塔諾的意義上⑪運用「判斷」概念，即將「判斷」理解爲對存在的信仰或設定⑫，儘管如此，他還是意識到並且說明，這個「判斷」的概念是「不合適的」⑬。

【注釋】① E. Husserl: *LU* I, A117/B117.　②同上書，A66/B66、A117/B117.　③ *Ideen* I, Hua III (Den Haag ³1976) § 94.　④參閱：*LU* I, A66/B66, A117/B117.　⑤ *LU* II/1, A459/B₁494.　⑥同上書，A434/B₁463f.　⑦參閱：*Ph . B. Er.* Hua XXIII (Den

Haag 1980) 462. ⑧正如胡塞爾後期著作《經驗與判斷》之標題所顯示的那樣。
⑨ *Aufs. u. Rez.* Hua XXII (Den Haag 1979) 120. ⑩ *EU* (Hamburg ⁴1972) 21.
⑪參閱：F. Brentano: *Psychologie vom empirischen Standpunkt* (Hamburg 1959),
Bd. II, 2. Buch, Kap. 7, § 2. ⑫ E. Husserl: *Ph. B. Er* ... 同上書，409 以及 *Aufs. u.*
Vort. (1922-1937), Hua XXVII (Dordrecht u. a. 1989) 74 等等。 ⑬參閱：*Ideen* I,
Hua III (Den Haag ³1976) 241.

【相關詞】urteilen 判斷，Urteilen 判斷，urteilend 判斷著的，urteilend-erkennend 判斷
著一認識著的，Urteilsakt 判斷行為，Urteilsaktion 判斷行動，Urteilsarbeit 判
斷工作，Urteilsausdruck 判斷表達，Urteilsaussage 判斷陳述，Urteilsbedeu-
tung 判斷含義，Urteilsbegriff 判斷概念，Urteilsbcstandstück 判斷的組成部
分，Urteilsbewußtsein 判斷意識，Urteilsbildung 判斷構成，Urteilsboden 判
斷基地，Urteilseinheit 判斷統一，Urteilseinstellung 判斷態度，Urteilsenthal-
tung 中止判斷，Urteilsentscheidung 判斷決定，Urteilsergebnis 判斷結果，
Urteilserlebnis 判斷體驗，Urteilsevidenz 判斷明見性，Urteilsform 判斷形式，
Urteilsgebiet 判斷領域，Urteilsgebilde 判斷構成物，Urteilsgegenstand 判斷
對象，Urteilsgegenständlichkeit 判斷對象性，Urteilsgemeinschaft 判斷共同
體，Urteilsgestalt 判斷構形，Urteilsgewißheit 判斷確然性，Urteilsinhalt 判
斷內容，Urteilsintentionalität 判斷意向性，Urteilskomplexion 判斷組合，
Urteilskonsequenz 判斷結論，Urteilslehre 判斷學說，Urteilsleistung 判斷成
就，Urteilslogik 判斷邏輯，urteilsmäßig 合判斷的，Urteilsmaterie 判斷質料，
Urteilsmeinung（urteilende Meinung）判斷意指，Urteilsmodalität 判斷樣式，
Urteilsnoema 判斷意向相關項，Urteils 判斷意向活動，Urteilsproblem 判斷問
題，Urteilsprozeß 判斷過程，Urteilsrichtigkeit 判斷的正確性，Urteilssatz 判
斷定理，Urteilsschritt 判斷步驟，Urteilssetzung 判斷設定，Urteilssinn 判斷
意義，Urteilsspähre 判斷領域，Urteilsstufe 判斷階段，Urteilssynthese 判斷綜
合，Urteilstätigkeit 判斷活動，Urteilstheorie 判斷理論，Urteilstypik 判斷類型
學，Urteilsunterscheidung 判斷區別，Urteilsverhalt 判斷狀態，Urteilsvollzug
判斷進行，Urteilswahrheit 判斷眞理，Urteilsweise 判斷方式，Urteilszusam-
menhang 判斷聯繫，Urteilszusammensetzung 判斷合成。

Urteilsenthaltung＊＊ 中止判斷：（英）abstention from judgment

「中止判斷」是「懸擱」（Epoché）的德文解釋，它在胡塞爾那裡意味著「對
存在信仰的擱置」①。這裡的「判斷」實際上不是胡塞爾意義上的判斷，而是布
倫塔諾意義上的判斷②。

【注釋】① E. Husserl：*Ph. B. Er.* Hua XXIII (Den Haag 1980) 576.　②對此可以進一步參閱「判斷」條目中的第二種判斷含義。

【相關詞】Enthalten 中止（判斷），Epoché 懸擱。

Urteilsinhalt＊ 判斷內容：（英）judgment-content

在將「判斷」區分為「判斷行為」與「判斷內容」這樣兩個方面之後，胡塞爾還進一步區分「判斷內容」的「兩個基本概念」：一種意義上的「判斷內容」是指「**判斷行為**的，即具體判斷體驗的意向相關項」，它就是「被做出的判斷本身」①，從而對應於「判斷行為」本身；另一種意義上的「判斷內容」則包含在上述意義上的「判斷內容」之中，它意味著在判斷內容中某些與「確然性樣式」相關、本身不獨立於「判斷內容」的特徵②。例如：「S 是 P」是一個判斷內容，但這個判斷內容可以帶有「確然的」、「可能的」或「或然的」內容特徵。「判斷內容」在胡塞爾這裡所具有的雙重含義起源於他的「判斷」（Urteil）概念的多重含義③。

【注釋】① E. Husserl: *Ideen* I, Hua III (Den Haag ³1976) § 94.　②參閱：同上。　③參閱「判斷」條目，胡塞爾在對「判斷」概念的運用中保留了布倫塔諾的「判斷」概念：對存在的信仰或設定。

V

Variant* 變項：

「變項」概念與胡塞爾的本質直觀方法有關，他在後期也將這種方法稱作「自由想像的本質變更」①。「變項」在這裡意味著在自由想像過程中出現的事實性之物，它是在本質變更過程中必須被忽略的東西，以便精神的目光能夠集中到作爲「常項」的本質之上②。

【注釋】①參閱：E. Husserl: *Phän. Psych.* Hua IX (Den Haag 1962) §9；較爲詳細的說明可以參閱「變更」條目。　②參閱「常項」條目。

Variation** 變更：（英）variation（日）変更

胡塞爾在「現象學的心理學」講座中首次對現象學的本質直觀方法本身進行論述，並將這種方法具體地定義爲「透過自然想像而進行的本質變更」①，它是一種「透過想像來擺脫事實之物的關鍵步驟」②。在素樸的經驗，例如對一張紅紙的感知，爲我們提供了一個出發點，一個「前像」（Vorbild）之後，想像便在以後的操作中起著主導作用。我們可以根據這個經驗進行自由的想像，也就是說，可以創造出任意多的「後像」（Nachbild），即任意多的與「前像」相關的「變項」。譬如我們設想各種各樣的事物，在此同時關注這些事物中的那個在「前像」中已經引起我們興趣的紅的因素。這個紅的因素是在「後像」中的共同之物，或者說，是在變項之中的「常項」，它就意味著普遍的紅，即紅的「埃多斯」、本質的紅③。

【注釋】①參閱：E. Husserl: *Phän. Psych.* Hua IX（Den Haag 1962）§9；胡塞爾在《邏輯研究》第一卷中，已經將「變更」概念運用在與本質直觀有關的領域（參閱：

LU I, A245/B247），但它尚未成爲一種確定方法的標題。　②同上書，72.
③同上書，§9.

【相關詞】Invariables 常項，Invarianz 恆常性、不變更性，Variant 變項，Variabilität 可
變更性，variierbar 可變更的。

-eidetische Variation＊＊ 本質變更：

「本質變更」在胡塞爾現象學中是本質直觀（本質還原）方法的一個本質組
成部分。它作爲對一個範例的自由想像變更是把握本質（埃多斯）的必然前提[1]。

【注釋】① E. Husserl: *Phän. Psych.* Hua IX (Den Haag 1962) 77ff. (U. Claesges)

Veranschaulichung＊ 直觀化：（英）intuitional illustration

對於胡塞爾來說，「直觀化」意味著一個使對象被直觀的過程，也就意味著
「眞正意義上的充實」[1]：一個空乏的意向含義在直觀中得到意向充實。因此胡
塞爾也說，「直觀化」就是「一個空乏意向的充實性證實」[2]。他認爲：「**眞正
的直觀化在每一個間接意向的充實中以及在這個充實的每一個步驟中都起著本質
性的作用**」[3]。胡塞爾還將「直觀化」進一步區分爲「本眞的直觀化」和「非本
眞的直觀化」。前者是「本眞的充實」，亦即「直觀性的直觀化」；而後者則是
「非本眞的充實」，意味著「符號性的直觀化」[4]。

【注釋】① E. Husserl: *LU* II/2, A545/B$_2$73f.　② *Analysen* Hua XI (Den Haag 1966) 10.
③ *LU* II/2, A545/B$_2$73.　④同上書，A546/B$_2$74.

Verantwortung＊ 責任：（英）responsibility

「責任」概念在胡塞爾現象學中與超越論主體性的目的論發展有關。

胡塞爾在他的意向分析中不僅將意向的認識追求（康德的狹義上的理性）理解爲一種對最終判斷論證的追求，而且也將它看作是一種對「責任」的追求[1]。對單個的超越論主體或「原一自我」的分析表明，由於單個超越論自我的事實性構成歷史事實性的基礎，因此整個人類發展的歷史最終應當是自身負責（Selbstverantwortung），而對自身負責的認識需要透過自身思義（Selbstbesinnung）[2]，亦即對主體性生活的「最終目的」[3]的沉思才能獲得。

【注釋】① E. Husserl: *Krisis* Hua VI (Den Haag ²1962) 15. ②同上書，50. ③同上書，185.

【文獻】G. Hoyos Vásquez: *Intentionalität als Verantwortung. Geschichtsteleologie und Teleologie der Intentionalität bei Husserl* (Den Haag 1976). R. P. Buckley: *Husserl, Heidegger and the Crisis of Philosophical Responsibility* (Den Haag 1992). K. Held: "Edmund Husserl: Transzendentale Phänomenologie: Evidenz und Verantwortung"，載於：M. Fleischer (Hrsg.): *Philosophien des 20. Jahrhunderts* (Darmstadt 1995) 79-93. F. Kuster: *Wege der Verantwortung. Husserls Phänomenologie als Gang durch die Faktizität* (Dordrecht u. a. 1996).

【相關詞】Selbstverantwortung 自身責任，verantwortlich 有責任的，Verantwortlichkeit 責任性，Verantwortungsbewußtsein 責任意識。

Verbildlichung* 圖像化：（英）pictorialize

「圖像化」是包含在「直觀化」之中的概念，它也是一種直觀的充實，但不是直接的、原本的充實，而是藉助於圖像進行的充實。在這個意義上，「圖像化」也就意味著「想象表象或圖像意識」[1]。

【注釋】① E. Husserl: *Ph . B. Er.* Hua XXIII（Den Haag 1980）16.

Vergegenständlichung/Gegenständlichung * **對象化：**（英）objec-
tification（法）objectivation（日）対象化

「對象化」概念在胡塞爾的術語中是「客體化」（Objektivierung, Ob-
jektivation）①的同義詞，它意味著意識活動對其客體或對象的原初構造②。

【注釋】①參閱：*Ideen* I, Hua III (Den Haag ³1976) 76；也可以參閱「行爲」條目下的「客
體化行爲與非客體化行爲」子條目。　②*Ideen* I ... 同上書，272.

Vergegenwärtigung * * **當下化：**（英）representation（法）modifica-
tion（日）準現在化

「當下化」是胡塞爾自《純粹現象學與現象學哲學的觀念》第一卷（1913年）
開始使用的意向分析術語。它在絕大多數情況下是指「直觀性的當下化」，被
用來描述廣義上的「想象」或「再現」、「再造」的行爲①，這幾個概念在不同
的程度上與「當下化」同義。而與「當下化」概念直接對應的則是「當下擁有」
（Gegenwärtigung, Gegenwärtighaben），後者意味著具有原本給予能力的「感知」
或「體現」（Präsentation）行爲②。

在「當下化」行爲中，包含著各種意義上的「想像」行爲。例如：「再
當下化」（Wiedervergegenwärtigung）意味著「回憶」行爲；「前當下化」
（Vorvergegenwärtigung）意味著「期待」行爲；而「不設定的當下化」（die
nichtsetzende Vergegenwärtigung）則意味著「單純的想象」③。從整體上說，「當
下化」行爲自身根據存在信仰特徵的不同可以被劃分爲兩種：具有存在設定的當
下化和不具有存在設定的當下化。前者是指回憶和期待的行爲，後者是指單純想
象的行爲。接下來，「當下化」還可以從另一個角度被劃分爲兩種類型：它或者
是指純粹當下化的行爲（再造）④，或者意味著透過圖像中介而進行的當下化行
爲（圖像意識）⑤。這兩種劃分相互交錯，例如：在純粹當下化的行爲中便包含
著設定性的當下化和不設定的當下化之區別。

除此之外，胡塞爾還在另一種意義上使用「當下化」，即在「共現」的
意義上：當一個空間事物被給予我時，它不僅僅是作爲被我看到的事物正面，

而且是作爲一個連同其未被看到的背面的整體顯現出來；這個背面的「共現」（Appräsentation）或「一同被給予」（Mitgegebenheit）也被胡塞爾稱作「當下化」或「一同當下擁有」（Mitgegenwärtigung）⑥。這個意義上的「當下化」意味著一種包含在「當下擁有」（感知）之中的「當下化」。

【注釋】①參閱：E. Husserl: *Ph. B. Er.* Hua XXIII (Den Haag 1980) 87；還可以參閱「想像」與「再現」條目。 ②也可以參閱「當下擁有」與「感知」、「體現」條目。 ③ *Ph. B. Er.* Hua XXIII 270. ④胡塞爾在具體使用中也常常將「當下化」與「再造」作爲同義詞使用，但他在術語原則上區分「再造」和「當下化」：「再造」是指對一個體驗的「當下化」，而「對一個事物性過程的當下化則不能被稱作再造」（*Ph. B. Er. ...* 同上書，310）。 ⑤參閱：E. Marbach: "Einleitung des Herausgebers"，載於：Husserl: *Ph. B. Er. ...* 同上書，XXX. ⑥ *Inters.* II, Hua XIV (Den Haag 1973) 513.

【文獻】 E. Fink: "Vergegenwärtigung und Bild-Beiträge zur Phänomenologie der Un-wirklichkeit (1930)"，載於：*Studien zur Phänomenologie* 1930-1939 (Den Haag 1966). E. Marbach：參見：注釋④。

【相關詞】 Vergegenwärtigungsbewußtsein 當下化意識，Vergegenwärtigungsbild 當下化圖像，Vergegenwärtigungsich 當下化自我，Vergegenwärtigungswelt 當下化世界。

Vergemeinschaftung 共同體化：（英）communalization

胡塞爾的現象學始終以單個主體自我爲出發點，每一個他我，或者說，每一個交互主體性必須首先在單個主體中得到證明，然後才能被承認爲是他我。這種證明、承認的過程，同時也是主體間共同體化的過程。胡塞爾認爲，這種「共同體化」最終可以追溯到單個人類個體的原被動（urpassiv）趨向上，單子之間的相互理解起源於「一種朦朧的對同類的好感」①上。這是一種一直滲透到人類社會性最底層的本性或本能。在這個意義上，人類是一種「共生的共同體」②。胡塞爾有時以父母對子女的關懷來說明人類的這種本性或本能③。「共同體化」的終極形式在胡塞爾看來是一種「愛的共同體」（Liebesgemeinschaft）。

【注釋】① E. Husserl: *Inters*. I, Hua XIII (Den Haag 1973) 166. ②同上書，107. ③ *Inters*. II, Hua XIV (Den Haag 1973) 166.

【文獻】K. Schuhmann: *Die Fundamentalbetrachtung der Phänomenologie. Zum Weltproblem in der Philosophie Edmund Husserls.* (Den Haag 1971).

Vermeinen＊＊ 意指：（英）supposition（法）viser

「意指」在胡塞爾現象學中是一個大標題，它指所有形式的對意向對象之擁有，而意識則被理解爲這種意向對象之擁有的進行。根據意識的意向基本狀態來看，意識始終是關於某物的意識，更進一步說，意識隨時都以某種形式依賴於對象意識的一個本原經驗。在這個意義上，「意指」就意味著「意向指向」（intendieren）①。

【注釋】① E. Husserl: *Ideen* I, Hua III (Den Haag 1950) 357. (K. Held)

Vermöglichkeit＊＊ 權能性：（英）facultative possibility（日）能力

在胡塞爾現象學中，「權能性」概念在意向活動方面與視域概念相一致，視域是指可能性的活動空間①。「權能性」並不意味著空泛的能力，而是一個在最寬泛意義上的積極的「我能做」，這種「我能做」不斷地在所有經驗和反思中現時化，並且，它始終準備著向行動過渡②。「權能性」的我能「意向地」朝向視域意向向自身給予的轉渡。因此，從自我出發來看，每個視域作爲可能性的活動空間意味著一個「權能性」的活動空間③。

在生命流中構造著的自我統一性是作爲「『我能』的體系」④而構造起自身的。在自我「權能主體」的自我中必須區分兩種「我能」：一方面是身體—動覺的和以身體的方式進行中介的「我能」，另一方面是精神—人格的「我能」⑤。精神—人格的自我分層次地的構造起自身，即作爲本能的自我、被動受規定的自我，以及較高的、自主的自我，後者可以受理性動機的引導，並且，它本身不僅是理論性的自我，而且也是評價著的和意願著的自我⑥。

此外，還要區分「實踐的」可能性和「信念的─邏輯的」可能性，亦即區分對「我能」作爲一個「我確實能做」的設定和某物的信念的─邏輯的可能，後者是指，這個某物可以「來自直觀表象的單純可能性」爲依據⑦。「我能」在經驗中區別於「我不能」，後者是在遇到一個不可克服的抵抗時「我能」的極端變異⑧。

【注釋】① E. Husserl: *CM* Hua I (Den Haag ²1963) 82f. ②同上書，82；參閱：*Ideen* II, Hua IV (Den Haag 1952) 255. ③ *EU* (Hamburg ³1964) 26. ④ *Ideen* II ... 同上書，253ff. ⑤同上書，253f. ⑥同上書，255ff. ⑦同上書，261ff. ⑧同上書，258f. (P. Janssen)

Vermutung* 揣測：（英）uncertain presumption（法）conjecture（日）推測

除了通常的含義之外，胡塞爾還在特殊的意義上運用「揣測」概念：「揣測」作爲信仰樣式的一種①。「揣測」和「猜測」（Anmutung）一樣，都屬於「信仰趨向」，處在與「開放的可能性」的對應之中②。

【注釋】①參閱：E. Husserl: *Ideen* I, Hua III (Den Haag ³1976) 239f. 對此還可以進一步參閱「變式」、「信仰樣式」與「確然性樣式」條目。 ② *Analysen* Hua XI (Den Haag 1966) 39ff., *EU* (Hamburg ⁴1972) 105f.；也可以參閱「猜測」條目。

Vernunft** 理性：（英）reason（法）raison（日）理性

在康德的傳統上，胡塞爾一再將他自己的現象學標識爲「理性批判」或「理性現象學」①。它的任務在於全面地解決構造問題，這種解決既顧及到意識的意向活動層次，也顧及到它的意向相關物層次。一門完整的理性現象學不僅要探討所有理性的形式構形和質料構形，而且還要探討理性的正常（積極─理性）構形和不正常（消極─理性）構形②。在這個意義上，一門完整的理性現象學也就可

以說是現象學一般的代名詞③。

胡塞爾所說的理性自然不是或不僅僅是具體的人類理性：「**理性不是偶然一事實的權能**，不是可能偶然事實的標題，毋寧說，它標誌著**超越論主體性一般所具有的一個普全的、本質的結構形式**。理性指明著證實的可能性，而這種證實最終又指明著明見化（Evident-machen）和明見地擁有（Evident-haben）」④。

胡塞爾的理性概念同時也體現著他對其哲學家之生存的道德誠實性⑤。

【注釋】 ① E. Husserl: *Ideen* I, Hua III (Den Haag ³1976) Vierter Abschnitt, 2. u. 3. Kapitcl，尤其是 § 153.　②參閱：同上。　③參閱：同上。　④ *CM* Hua I (Den Haag ²1963) 92.　⑤對此可以參閱：E. Fink: *Nähe and Distanz. Phänomenologische Vorlräge und Aufsätze* (Freiburg/München 1976) 96.

【相關詞】 Vernunftart 理性種類，Vernunftbewußtsein 理性意識，Vernunftcharakter 理性特徵，Vernunftkritik 理性批判，Vernunftlehre 理性學說，Vernunftsetzung 理性設定，Vernunftsphähre 理性領域，Vernunfttheorie 理性理論，Vernunftthesis 理性命題。

Verstand 知性：（英）understanding

胡塞爾基本上是在康德的意義上使用「知性」概念，它意味著一種與感性相對應的「理智」，亦即一種「範疇行為」或「範疇行為的權能」①。

【注釋】 ① E. Husserl: *LU* II/2, A476/B₂4.

【相關詞】 Verstandes-Sphäre 知性領域，Verstandesakt 知性行為，Verstandesinteresse 知性興趣，Verstandesproblem 知性問題，Verstandestheorie 知性理論。

Verstehen＊＊ 理解：（英）to understand（日）理解

「理解」作為一種意識行為在胡塞爾的術語中涉及到在意向構造中與「客體化立義」相近的「理解立義」：「客體化」與一個感性客體在直觀中的被意指、被構造有關，而「理解」則意味著一個抽象的符號在符號意識中的被意指、被把

握①。但胡塞爾認為，在「理解立義」與「客體化立義」之間還存在著在現象學
結構方面的重要的區別②。胡塞爾因而也將「對象化立義」稱作「第一性立義」，
將「理解立義」稱作「第二性立義」③，因為符號行為（理解）本身必須奠基於
直觀行為（客體化）之中④。這兩種立義在胡塞爾那裡一般被等同於「表象」與
「理解」的對應。胡塞爾同時指明：「我對『理解』一詞的使用並不是在那種限
定的意義上，也就是說，它不僅僅只是表明一個說者和一個聽者之間的關係。自
言自語的思維者也理解他的語詞，而這種理解簡單地說就是現時的意指」⑤。

【注釋】① E. Husserl: *LU* II/l, A74/B₁74；也可以進一步參閱「立義」條目中的「對象化
立義與理解立義」子條目。　②同上書，A74/B₁75.　③同上書，A76/B176.
④參閱：*LU* II/2, A568/B₂96.　⑤同上書，A568/B₂96, Anm.

-bloßes Verstehen * 單純理解：

「單純理解」意味著對被理解之物的「擱置」①，也就是說，在這裡進行的
僅僅是理解而已，不帶有對被理解之物的執態。「單純理解」與「單純表象」
在胡塞爾的術語使用中是相互平行的概念②，前者意味著對符號對象的不設定統
攝，後者意味著對感性對象的不設定統攝。

【注釋】① E. Husserl: *LU* II/l, A424/B₁ 452, A426/B₁456.　②同上書，A424/B₁452.

Verweisen/Hinweisen ** 指明、依託：（英）to refer

「Verweisen」或「Hinweisen」的表達在德語中帶有雙重含義，它一方面意
味著在事物之間所存在的指示性關係，另一方面也意味著它們之間的依賴性關
係。胡塞爾對這個概念的使用主要是在第一種意義上，因此這個概念一般可以譯
作「指明」，但在「指明」的含義中並不排斥「依託」的成分。

胡塞爾對感知的分析，最明顯地揭示出在意識對象的各個部分之間或各個

意識對象之間所存在的「指明」的特徵。他認為，「從意識活動方面來看，感知是一種真實的展示（它使被展示之物在原本展示的基礎上直觀化）與空乏的指示（它指明可能的新感知）之間的混合。從意識相關項方面來看，被感知之物是這樣一種以映射方式顯現的被給予之物，以致各個被給予的面指明了其他未被給予的東西，這些未被給予的東西被當作是同一個對象未被給予的面」[1]。「指明關係」在這裡意味著在感知視域中前項與背景之間的指明關係，亦即意味著「內視域」的存在狀態[2]。另一方面，「指明關係」也體現出「外視域」的存在狀態：一個事物原則上指明著一個和多個與它相關的事物：「這種指明同時也是趨向，是一種不斷地向尚未被給予的現象邁進的指明趨向。但它們不是個別的指明，而是整個指明系統，是指明的放射系統，它們預示著相應的雜多現象系統」[3]。將這個「指明系統」做寬泛的理解，它就意味著每一個意識活動主體所可能帶有的「普全視域」，亦即「世界視域」。所謂「世界」也就是各種意識對象的「指明關係」之總和[4]。

【注釋】 [1] E. Husserl: *Analysen* Hua XI（Den Haag 1966）5f.　[2]參閱：同上以及「內視域」條目。　[3]參閱：同上以及「外視域」條目。　[4]參閱：同上以及「世界」、「世界視域」條目。

Voraussetzungslosigkeit/Vorurteilslosigkeit * * **無前設性／無成見性：**（日）無前提性

「無前設性」或「無成見性」是胡塞爾現象學所遵循的一個重要原則，也是後來現象學運動各個重要成員，如海德格、梅洛—龐蒂等人所堅持的一個統一基礎。它意味著一種**排斥任何間接的中介而直接把握實事本身**的要求，無論這種中介是來自權威，還是源於習性。「研究的動力不應以各種哲學，而須以實事和問題為出發點」[1]。「無前設性」或「無成見性」無疑是現象學精神的一個重要內涵，作為一種思維態度，它使現象學能夠有別於哲學史上任何一個其他的哲學流派和思潮。

【注釋】 [1] E. Husserl: *Aufs. u. Vort. (1911-1921)*, Hua XXV (Dordrecht u. a. 1987) 61.

Vorbild 前像：（英）pattern（日）典型

「Vorbild」在通常的意義上是指「模範」、「範例」。在胡塞爾現象學的術語中，它是一個專門與「本質直觀變更法」有關的概念①。它的日常含義被保留下來，但同時被賦予一個特殊的含義，即意味著本質直觀之進行所必須的一個經驗出發點，因而可以譯作「前像」。一旦這個出發點被獲得，自由的想像便可以加入，從而創造出無數個與它相關的「後像」（Nachbild）②。在「前像」與「後像」中被把握到的「共同之物」，便是「本質直觀」的對象：「本質」。

【注釋】①參閱：E. Husserl: *Phän. Psych.* Hua IX (Den Haag 1962) §9；也可以參閱「變更」、「本質變更」等條目。　②參閱「後像」條目。

Vordergrund 前項：（英）foreground（日）前景

「前項」在胡塞爾的意向分析中是一個與背景（Hintergrund）、視域相對應的概念。處在「前項」中的東西也就意味著現時地被關注、被把握的東西，而不屬於潛能的或權能的存在對象①。

【注釋】①對此也可以相應地參閱「視域」、「背景」條目。

Vordeutung/Vorzeichnung/Vorweisung 前示（先示）：
（英）premilinary indication（日）予描

在對意識的發生分析中，胡塞爾將意識行為進行過程中一個對象對另一個可能對象，或者，對象的一個部分對另一個可能的部分的在先「指明」稱作「前示」：它意味著「有一個空的意向在此，這個意向帶有其普遍的意義範圍。這種空泛意向的本質中在於，在選擇了適當的、相關的感知方向的情況下，必定會出現或是充實性的進一步規定，或者相反地出現失實」①。「前示」的可能性是視域擴展的可能性之前提。

【注釋】① E. Husserl: *Analysen* Hua XI (Den Haag 1966) 23.

Vorerinnerung 前回憶：（英）anticipation（法）pro-souvenir

胡塞爾所說的「前回憶」就是指「期待」（Erwartung）[1]，即對將來之物的設定性想像。胡塞爾之所以將「期待」看作是前攝性的「回憶」，乃是因為他時常將最寬泛意義上的「回憶」等同於「想象」或「當下化」行為[2]。

【注釋】 [1]參閱：E. Husserl: *Ideen* I, Hua III (Den Haag ³1976) 163, *Krisis* Hua VI (Den Haag ²1962) 172.　[2]參閱「回憶」條目；也可以參閱：E. Tugendhat: *Der Wahrheitsbegriff bei Husserl und Heidegger*(Berlin 1967) 67, Anm. 77.

Vorerwartung 前期待：

儘管胡塞爾認為，「前攝（Protention）具有持續的前期待的形態」[1]，「前期待」在他那裡仍然不能被等同於「前攝」。這是因為「前期待」不是單純的形態，而是具有具體內容的意向，它有可能在進一步的感知中經歷「失實」（Enttäuschung）[2]。另一方面，「前期待」在胡塞爾的意向分析中也有別於「期待」（Erwartung）。它不像「期待」那樣自身能夠構成一個當下化的行為，而僅只是感知行為本身之中的一個部分意向，在這個意義上，「前期待」與胡塞爾使用的「期待意向」（Erwartungsintention）或「前攝性的期待」（protentionale Erwartung）等等術語是同義詞[3]。

【注釋】 [1] E. Husserl: *Analysen* Hua XI (Den Haag 1966) 8.　[2] *EU* (Hamburg ⁴1972) §21.　[3]參閱「前期待」、「期待意向」條目。

Vorgegebenheit* 在先被給予性：（英）prior givenness

「在先被給予性」在胡塞爾那裡首先具有兩種含義，它或者是指先於自然科學的世界觀而被給予的東西：「生活世界」或「世界本身」的在先被給予性[1]；它也可以是指先於述謂判斷而被給予的東西：前述謂經驗的對象[2]。

　　儘管在這兩種「在先被給予性」（世界的在先被給予性與對象的在先被給予性）之間存在著一定的聯繫③，胡塞爾本人在後期所討論的「在先被給予性」主要還是世界的（生活世界的）「在先被給予性」。因為，「這種在先被給予性的意義就在於，在這個在先被給予我們這些當代成年人的世界中包含著所有那些近代自然科學對存在之物所做的規定」④。換言之，生活世界的「在先被給予性」也就意味著它對於客觀世界而言所具有的基地作用。對生活世界的「在先被給予性」的把握，可以有助於人們對當代主宰世界的自然科學的理解。在這個意義上，現象學，更確切地說，生活世界的現象學是一門「新型的科學，相對於所有到此為止被構想的、立足於世界基地之上的客觀科學而言，這門科學是關於世界的普全在先被給予方式的科學，也就是說，這門科學所探討的是：對於任何客觀性而言，世界所具有的普全基地存在。這意味著，創造一門源自最終根據的科學，所有客觀論證都必須從這些最終根據中、從它們的最終意義給予中吸取其真實的力量」⑤。生活世界的「在先被給予性」作為最原初的明見性為其他的明見性提供了最終的基礎。

　　此外，胡塞爾在其發生現象學的分析中還常常涉及到另一種意義上的「在先被給予性」。這種在先被給予性後來也被現象學的研究者們稱作「前意向的」（vorintentional）或「前反思的」（präreflexiv）⑥。它意味著在意向構造進行之前、在主客體分離的狀況發生之前，意識便已經具有的原初基本結構。「在先被給予性」在這裡是指先於自我主體和對象客體而被給予的東西，或者說，先於「自然的直向思維」和「直向的反思思維」而進行的東西。「如果我在超越論還原中反思我自己，反思超越論自我，那麼我對於我來說是合乎感知地被給予的，並且是在把握性的感知中被給予。我也覺悟到，對我來說，我在此之前就始終已經**在先被給予了**，但卻是以一種未把握到的、原本直觀的（在最寬泛意義上感知到的）方式。」⑦

【注釋】①參閱：E. Husserl: *Krisis* Hua VI (Den Haag ²1962) 151.　② *EU* (Hamburg ⁴1972) 13.　③同上書，§ 10，這兩者在《經驗與判斷》的〈引論〉中也被看作是一致的：向經驗明見性的回溯也就意味著向生活世界明見性的回溯。但必須注意：《經驗與判斷》的〈引論〉（該書的第 1-14 節），主要由 L. Landgrebe 執筆撰寫。而胡塞爾本人在《歐洲科學的危機與超越論現象學》對生活世界的闡述中，並不認為生活世界是前述謂經驗的，因為在生活世界中也進行著判斷，

亦即進行著自然、素樸的判斷。　④ *EU* ... 同上書，39.　⑤ *Krisis* ... 同上書，149.　⑥對此可以進一步參閱「原意識」和「自身意識」條目。　⑦ Husserl: *CM* Hua I (Den Haag ²1963) 132.

【文獻】 E. Ströker (Hrsg.): *Lebenswelt und Wissenschaft in der Philosophie Edmund Husserls* (Frankfurt a. M. 1979).

【相關詞】 Vorgegebenes 在先被給予之物，Vorgegebenheitssphäre 在先被給予性領域，Vorgegebenheitsweise 在先被給予方式，Vorgegebensein 在先被給予的存在（狀態）。

Vor-Ich 前自我：

「前自我」是胡塞爾在後期發生現象學研究中提出的一個概念，它具有雙重含義：一方面，「前自我」是指一個新的超越論自我生活的原開端的出生形態，是「無意識」或「意識的積澱下來的底層」①，它構成在超越論發生的原開端上的「中心」——「觸發中心」，但它「還不是『個人』，更不是通常意義上的個人」②；另一方面，「前自我」在胡塞爾那裡還意味著在原被動的時間流中的有意識底層。後一種「前自我」在發生上後於前一種「前自我」，是從前一種「前自我」中進一步發展出的形態③。

「前自我」不同於「原自我」（Ur-Ich），前者是發生的（Genese）最終起源，後者是有效性的（Geltung）最終起源④。它們一同構成「超越論自我」的結構統一。

【注釋】 ① E. Husserl: *Inters.* III, Hua XV (Den Haag 1973) 608.　② Ms. C 16V, 18f.　③參閱：N. Lee: *Edmund Husserls Phänomenologie der Instinkte* (Dordrecht u.a. 1993) 164.　④對此可以進一步參閱「原自我」條目。

【文獻】 K. Held: *Lebendige Gegenwart. Die Frage nach der Seinsweisce des transzenclentalen Ich bei E. Husserl, entwickelt am Leitfaden der Zeitproblematik* (Den Haag 1966).　E. Marbach: *Das Problem des Ich in der Phänomenologie Edmund Husserls* (Den Haag 1974).　N. Lee：參見：注釋③。

Vorschwebend habend 浮現地擁有：

所謂「浮現地擁有」，也就是指當下化（Vergegenwärtigung）行爲的進行，即生活在想像之中。這也就意味著：在想像中或是構造（臆想）想像對象，或是再造（回憶）想像對象①。

【注釋】①參閱：E. Husserl: *LU* II/1, A427/B₁456f.

Vorstellung** 表象：（英）objectivation（法）représentation

傳統的「表象」概念由於帶有雜多且不易區分的含義，而從一開始便被胡塞爾視爲「不可堅持的」概念①。他在《邏輯研究》中便已區分出傳統「表象」概念所帶有的四個基本含義，以及其他九個進一步的含義②。

儘管如此，胡塞爾始終沒有放棄使用這個概念。從整體上看，胡塞爾將「表象」的本質定義爲「質料」③，也就是說，「表象」是一種能夠賦予質料（給予意義）的行爲。這也是「客體化的行爲」的基本特徵④。但胡塞爾同時又區分狹義的和廣義的「表象」，廣義的「表象」可以是指整個「客體化行爲」，而狹義的「表象」則僅僅構成「客體化行爲」的一個部分，即其中的「稱謂行爲」⑤。它可以是一種「直觀表象」（包括「感知表象」、「回憶表象」、「想象表象」、「圖像表象」等等⑥），也可以是一種「符號表象」。就「直觀表象」而言，在它之中「一個對象或是以想像的方式，或是以感知的方式被意指」⑦；換言之，在表象中總會有一個對象顯現出來，這個對象「或者就是被表象的對象本身，或者是它的圖像」⑧；而「符號表象」則奠基於「直觀表象」之中，因爲前者由於不具有本己的感性材料而必須藉助於直觀表象才能進行立義的活動⑨。胡塞爾後來還從另一個角度出發，對這種狹義上的「表象」進行新的理解，即將它劃分爲「本眞表象」與「非本眞表象」⑩。

這個意義上的「表象」（作爲「稱謂行爲」）與「判斷」（作爲「論題行爲」）一起構成「客體化行爲」的整體⑪。

除此之外，胡塞爾也在更爲寬泛和含糊的意義上使用「表象」概念，例如，胡塞爾所說的「時間表象」、「世界表象」⑫等等，已經是將「表象」作爲一般

意義上的「意識」概念來使用了。

【注釋】① E. Husserl: *LU* II/l, A471/B₁507；還可以參閱胡塞爾對布倫塔諾「表象」概念的批判：*Ph. B. Er.* Hua XXIII (Den Haag 1980) 8f. ② *LU* II/l, A471ff./B₁499ff. ③同上書，A471ff./B₁499ff. ④參閱：同上書，A447/B1479；參閱「行爲」條目下的「客體化行爲與非客體化行爲」子條目。 ⑤同上。 ⑥參閱：*LU* II/1，同上書，A412/B₁438、A453/B₁488，*Ph. B. Er ...* 同上書，1、43 等等。 ⑦ *LU* II/2, A551/B₂79. ⑧ Ms. F I 19, 174a. ⑨參閱：*LU* 11/2, A568/B₂96. ⑩參閱「本眞表象與非本眞表象」條目以及 *Ph. B. Er.* Hua XXIII (Den Haag 1980) 139f. ⑪ *LU* II/l, A447/B₁479. ⑫參閱：*Philos. Arithm.* Hua XII (Den Haag 1970) 3 以及 *Krisis* Hua VI (Den Haag ²1962) 182, 210.

-allgemeine Vorstellung 普遍表象：（英）objectivation of a universal

胡塞爾有時也使用「普遍表象」概念，它基本上與「普遍直觀」同義，即意味著對「普遍對象」、「觀念統一性」的直觀或「關於普遍之物的意識」①。它作爲「概念表象」而對應於「直觀表象」②。

【注釋】① E. Husserl: *LU* II/l, A169/B₁ 170f. ②同上書，A114/B₁114.

-bloße Vorstellung* 單純表象：

胡塞爾將「客體化行爲」的總屬一方面劃分爲「稱謂行爲」和「論題行爲」，另一方面也劃分爲「信仰的行爲」和「變異的行爲」①。所謂「變異的行爲」，是指在行爲質性方面發生的變異，這種變異可以「使任何一個設定的稱謂行爲過渡爲對同一個質料的單純表象」②。在這個意義上，「單純表象只能是：一個感知，但一個絕對未被納入的感知，它缺乏與『這裡』的聯繫，缺乏信仰。另一方面，單純感知還可以是純粹想像：它不具有與『這裡』和『現在』的聯繫。它缺乏信仰」③。換言之，「單純表象」是一種不帶有存在信仰的直觀行爲。

【注釋】① E. Husserl: *LU* II/l, A449/B₁481；這兩個劃分是相互交疊的：稱謂行爲可以劃分爲「信仰的」和「變異的」，論題行爲亦是如此。 ②同上書，A448/B₁480；與此相同，這種變異也可以使任何一個「論題行爲」（判斷）過渡爲對一個論題內容的「單純理解」（對此還可以參閱「理解」條目下的「單純理解」子條目）。 ③ *Ph. B. Er.* Hua XXIII (Den Haag 1980) 217.

-eigentliche und uneigentliche Vorstellung* 本眞表象與非本眞表象：

「本眞的」與「非本眞的」這對概念最初源自弗蘭茨·布倫塔諾，大都被他運用在「表象」概念上，如「本眞表象與非本眞表象」。胡塞爾在早期的《算術哲學》中就已經說明：「弗蘭茲·布倫塔諾在其大學講座中素來便極爲強調『**本真的**』和『**非本真的**』或『**象徵的**』**表象**的區別。我要感謝他使我更深刻地理解了非本眞表象對於我們心理生活的重要意義，據我所知，在他之前，還沒有人完全地把握到這個意義」①。

胡塞爾在《邏輯研究》中已經提到「本眞表象」與「非本眞表象」，並將它們看作是與「直觀表象」與「符號表象」同義的概念對應，但未做進一步的展開②。在後來的研究手稿中，胡塞爾對「本眞表象」與「非本眞表象」這對概念進行細緻的劃分，並因而提供了對意識行爲分類的另一個不同於《邏輯研究》的角度③：

「**本真**表象」或「本眞立義」被理解爲「直接的直觀」，它包括「感知表象」和「想象表象」，更確切地說：

(1)「**體現性**表象」（本眞的體現性表象）。胡塞爾將它描述爲「現在之中的現在」，因爲這種表象的客體是現在的，表象的行爲也是現在進行的，「行爲」與「對象」都是當下的。

(2)「**再現性**表象」（本眞的再現表象）。這種表象的特徵在於「非現在在現在中被當下化」，換言之，表象行爲是當下進行的，但被表象的對象則不是當下的，而是被當下化的。

而「**非本真**表象」或「非本眞立義」則包括「圖像表象」和「符號表象」：

(1)「**圖像**表象」（眞實、嚴格意義上的圖像表象）。它自身還可以劃分爲：

A. 透過體現性的圖像，在感知基礎上進行的「圖像表象」，例如看一張照片或一幅繪畫；B. 透過再現性圖像，在想像基礎上進行的「圖像表象」，例如想像一個關於某物的圖像。

(2)「**象徵**表象」，亦即「符號表象」，例如對一個符號的感知或想像。

【注釋】 ① E. Husserl: *Philos. Arithm.* Hua XII, 193.　② E. Husserl: *LU* II/2, A665/B$_2$193.　③ *Ph. B. Er.* Hua XXIII (Den Haag 1980) 139f.

W

Wahrheit＊＊ 眞理：（英）truth（日）眞理

胡塞爾的「眞理」概念與他對現象學的構想處在密切的、相互論證的關係之中。隨著胡塞爾現象學觀念的不斷改變，他的眞理觀也在其思想發展的過程中經歷了不斷的變化，這些變化大致可以劃分爲以下三個階段：

(1) 在早期的《算術哲學》中，胡塞爾認爲，對事實性的計數行爲的表象是數字概念形成的基礎；在這個意義上，邏輯「眞理」建基於邏輯判斷的行爲之中[①]。

(2) 但胡塞爾很快便放棄了這個心理主義立場而轉向它的對立面。他在《邏輯研究》中對心理主義的批判以一種靜態的眞理觀爲前提：「眞理本身是超越於所有時間性之上的，就是說，賦予它以時間上的存在、形成或消亡，這種做法是無意義的」[②]。「每一個眞理都是……存在於觀念的非時間王國中的有效性統一」[③]。眞理的觀念性和超時性特徵在這裡得到明確的強調。

(3) 在後期的發生現象學研究中，「眞理」則進一步獲得了發生的意義。胡塞爾探討眞理意義的歷史相對性問題。儘管眞理意義在這裡被理解爲超越論主體性的構造物並且內涵於其意向性之中，但眞理並不因此而喪失其無限的有效性或「全時性」。換言之，胡塞爾認爲眞理的歷史發生與眞理的普全有效性實際上是一致的，認識論的任務同時也可以被理解爲「本眞的歷史任務」[④]。這個意義上的「眞理」概念提供了一個從胡塞爾的眞理觀向海德格的眞理觀過渡的可能[⑤]。

從整體上說，胡塞爾的眞理觀的特徵在於，以較爲狹窄的邏輯問題爲出發點，然後由此而不斷深入地穿透到一個整體的哲學構想之中。

除此之外需要注意的是，在後期的胡塞爾看來，通常的、自然科學意義上的「客觀眞理」、「只屬於自然—人類的世界生活的觀點。它原初產生於人類實踐的需求之中，作爲一種意圖，即在確然性的可能變異面前確證那些作爲存在而素樸被給予的東西（在存在確然性中持恆地被預設的對象極）[⑥]。

【注釋】①參閱：E. Husserl: *Philos. Arithm.* Hua XII (Den Haag 1970) 335. ② *LU* I, A77/B77. ③ *LU* II/l, A128/B128, A147/B₁47. 在這個時期，胡塞爾具體地賦予「眞理」概念以四種含義：(1) 對象意義上的「眞理」：一個「同一性的狀態」，即「被意指之物與被給予之物本身之間的完全一致」；(2) 行為意義上的「眞理」：一種「觀念的狀況」、一個從屬於行為形式的本質；(3) 充盈意義上的「眞理」，眞理就是原本的感覺材料本身，它構成一個意向的基礎；(4) 意向意義上的「眞理」，眞理就是指意向的正確性，例如：一個邏輯定理意義上的判斷的「眞」（參閱：*LU* II/2, A123/B₂595）。 ④ *Krisis* Hua VI (Den Haag ²1962) 379. 對此，E. Tugendhat 認為，這種眞理觀雖然與胡塞爾原初的構造理論相符合，但它導致對與同一對象有關的兩種「眞理方式」（Wahrheitsweisen）的劃分，並且可以進一步引出關於眞理意義之「眞理」的問題〔參閱：E. Tugendhat: *Der Wahrheitsbegriff bei Husserl and Heidegger* (Berlin 1967) 251f.〕。 ⑤例如參閱：E. Tugendhat ... 同上書，252f. ⑥ Husserl: *Krisis* ... 同上書，179。

【文獻】E. Tugendhat：參見：注釋④。 G. Patzig: "Kritische Bemerkungen zu Husserls Thesen über das Verhältnis von Wahrheit und Evidcnz"，載於：*Nene Hefte für Philosophie* 1 (1971) 12-32.

【相關詞】Wahrheitsbegriff 眞理概念，Wahrheitsgebiet 眞理領域，Wahrheitsgesetz 眞理規律，Wahrheitskriterium 眞理標準，Wahrheitslehre 眞理論，Wahrheitslogik 眞理邏輯，Wahrheitsmodi 眞理樣式，Wahrheitsprinzip 眞理原則，Wahrheitsproblem 眞理問題，Wahrheitssinn 眞理意義。

wahrmachen 使之為眞：

「使之為眞」是胡塞爾生造的一個詞，它相當於他所說的「證實」（bestätigen）。胡塞爾也將它等同於「相應的充實」（adäquat erfüllen）①。

【注釋】① E. Husserl: *LU* II/2. A595/B₂122, A598/B₂126.

Wahrnehmung** 感知：（英）perception（法）perception（日）知覚

胡塞爾的意向分析表明，「感知」是最具奠基性的意識行為，這也就是說，所有意識行為最終都可以回溯到「感知」之上。但是，首先必須注意的是，「感

知」在胡塞爾那裡至少具有「感性感知」和「範疇感知」這樣一個基本區分，它們分別是指對「實在對象」和「觀念對象」的感知[①]。此外，「感知」還可以進一步劃分為「內感知」與「外感知」、「內在感知」與「超越感知」、「個體感知」與「普遍感知」、「本己感知」與「異己感知」等等。當胡塞爾僅僅使用無定語的「感知」概念時，他所指的大都是「感性感知」，而且是通常意義上的「外感知」或「事物感知」[②]。

就這個意義上的「感知」而言，「感知」是第一性的行為，它與「想像」一同構成「直觀」的行為類型。而「直觀」行為又與「符號」行為一起進一步構成「表象」的行為類型。而後，「表象」再與「判斷」一同構成「客體化行為」的類型。最後，與「客體化行為」相對立的是「非客體化行為」類型[③]。整個意識行為的總屬據此可以說是由「客體化行為」和「非客體化行為」共同組成的。

在胡塞爾那裡，「感知」行為本身的特徵主要表現在以下兩個方面：

(1)「完全一般地說，感知是**原本意識**（Originalbewußtsein）」[④]。「感知」的這個第一性特徵主要與它的立義形式有關，即感知性的（perzeptiv）立義形式。胡塞爾認為，所有意識行為要麼是原本的行為，要麼就是非原本的行為。在感性行為的領域中，「原本性」所標識的是構成一個行為之基礎的體現性內容，即感性材料或感覺（Empfindung）。在這個意義上，胡塞爾也將「感知」定義為「對感覺的體驗」[⑤]。

所謂「感知」的原本性是指，「每一個感知都在對其對象進行自身的或直接的把握」[⑥]。但胡塞爾的分析進一步表明，「感知」的原本性並不是絕對的。在「感知」中真正具有原本性的實際上只是在感知中被體現出來的（präsentiert）那個部分，例如：被看到的桌子的正面。而在感知中被共現的（appräsentiert）部分，例如：未被看到的但在感知中一同被給予的桌子的背面，只是被一同當下化而已，因而並不是本真意義上的「原本性」。因此，「感知」本身實際上是由「原本的」和「非原本的」兩個部分所組成的。在這個意義上，「感知」，尤其是外感知，即對事物的感知和對他人的感知，都可以說是「一種不斷的偽稱，即偽稱自己做了一些根據其固有的本質來說無法做到的事情」，因而在某種程度上可以說，在感知的本質中「包含著一個矛盾」[⑦]，一個與它的「原本性」特徵不相符合的東西。

(2)「**感知是存在意識**（Seinsbewußtsein），是關於存在著的對象的意識，並且是關於現在存在著……這裡存在著的對象的意識」⑧。「感知」的第二個特徵規定涉及到「感知」行為所具有的質性：「感知」是一個帶有設定性（setzend）質性的行為類型。由於胡塞爾從一開始便深信這樣一個規律，在客體化行為的類型之內，每一個設定性的行為都有一個不設定的行為與之相對應，反之亦然⑨。因此，「感知」也會有其不設定的對應行為，也可以經歷「質性變異」。胡塞爾在早期從概念上或是將這種對應行為標誌為「單純感知」⑩，或是將它標誌為「狹義上的感知」，即「感知表象」⑪，在後期則透過發生分析而區分出感知前的「感知趨向」與確切意義上的「感知」本身⑫，前者是不設定的，後者是設定性的。「感知表象」、「感知趨向」都意味著一種「不設定的感知」。

因此，儘管胡塞爾在這個問題上時常表現出猶豫不決，但總的說來，「感知」在其第二個特徵規定方面也受到一定的限制。

除了對最狹窄意義上的「感知」的分析之外，胡塞爾還對最寬泛意義上的各種感知類型進行了細微的本質分析⑬；其中包括對自我「在原本顯現中的單純意識到」（Bewußthaben）的「被動性感知」和作為「對對象之主動把握」（Erfassen）的「主動性感知」等等⑭。

對「感知」的本質描述分析是胡塞爾現象學在思想史上所遺留下來的最具影響力的精神遺產之一，這已經成為一個公認的事實。

【**注釋**】①參閱：*LU* II/2, § 46.　②胡塞爾本人將感性的「感知」稱作「狹義的感知」：「在最寬泛的意義上也可以說，普遍的實事狀態被感知到（『被明察到』，在明見性中『顯現出來』）。在較狹窄的意義上，感知則僅僅涉及個體的，即時間性的存在」（*LU* II/2, A616/B₂144）。　③對此較為詳細的說明可以參閱「奠基」（Fundierung）條目。　④ *Analysen* Hua XI (Den Haag 1966) 4.　⑤ *LU* II/1, A360f./B₁381f.　⑥參閱：*LU* II/2, A617/B₂145.　⑦ *Analysen* ... 同上書，3；胡塞爾在這裡所指的雖然僅只是「外感知」，但在進行了一定的修正之後，這個確認對較為寬泛意義上的「感知」，亦即「感性感知」、「異己感知」等等也有效。　⑧ *Ph. B. Er.* Hua XXIII (Den Haag 1980) 286.　⑨參閱：*LU* II/1, A447f./B₁479f.　⑩參閱：同上書，5. Unters. § 27.　⑪參閱：*EU* (Hamburg ⁴1972) 92.　⑫同上書，§ 19.　⑬對此還可以參閱相關的「個體感知與普遍感知」、「外感知與內感知」、「內在感知與超越感知」、「異己感知」等等條目。　⑭參閱：*EU* ... 同上書，§ 17 等等。

【文獻】 M. Merleau-Ponty：*Phénoménologie de la perception* (Paris 1945). H. U. Ase-missen: *Strukturanalytische Probleme der Wahrnehmung in der Phänomenologie Husserls* (Köln 1957). A. Gurwitsch: "Beitrag zur phänomenologischen Theorie der Wahrnehmung"，載於：*Zeitschrift für philosophische Forschung* 13 (1959) 419-437. R. Bernet: "Perception as a Teleological Process of Cognition"，載於：*Analecta Husserliana* IX (1979) 119-132. U. Melle: *Das Wahrnehmungsproblem und seine Verwandlung in phänomenologischer Einstellung. Untersuchungen zu den phänomenologischen Wahrnehmungstheorien von Husserl, Gurwitsch und Merleau-Ponty* (Den Haag 1983). L. Ni: *Seinsglaube in der Phänomenologie Edmund Husserls* (Dordrecht u. a. 1999).

【相關詞】 Perzeption 知覺，perzeptiv 知覺性的，wahrnehmbar 可感知的，Wahrnehmen 感知，wahrnehmen 感知，Wahrnehmender 感知者，Wahrnehmungsakt 感知行為，Wahrnehmungsauffassung 感知立義，Wahrnehmungsaussage 感知陳述，Wahrnehmungsausweisung 感知證實，Wahrnehmungsbereitschaft 感知準備，Wahrnehmungserlebnis 感知體驗，Wahrnehmungserscheinung 感知顯現，Wahrnehmungsfeld 感知領域，Wahrnehmungsgegenstand 感知對象，Wahrnehmungsglaube 感知的信仰，Wahrnehmungsinhalt 感知內容，wahrnehmungsmäßig 合感知的，Wahrnehmungsnoema 感知的意向相關項，Wahrnehmungsnoesis 感知的意向活動，Wahrnehmungsphantasie 感知想象，Wahrnehmungsqualität 感知的質性，Wahrnehmungssingularität 感知的單一性，Wahrnehmungssinn 感知意義，Wahrnehmungstcndenz 感知趨向，Wahrnehmungsurteil 感知判斷，Wahrnehmungsvorstellung 感知表象，Wahrnehmungszusammenhang 感知聯繫。

-adäquate und inadäquate (evidente und nicht-evidente) Wahrnehmung＊＊ 相應的（明見的）感知與非相應的（非明見的）感知：

　　胡塞爾在《邏輯研究》中提出對「相應感知」與「非相應感知」（也被定義爲「明見的感知」與「不明見的感知」）的劃分，用它來取代傳統對「內感知」與「外感知」的劃分。他認爲，在對「相應感知」與「非相應感知」的劃分中，「包含著人們所尋找的在內感知和外感知之間認識論差異的本質」①。「完全可以肯定，內感知和外感知、明見的感知和不明見的感知這兩對概念是不相一致的。第一對概念是對物理之物和心理之物的規定，無論人們現在如何來劃分它們；第二對概念則帶有認識論的基本對立的性質，……它是指在相應性感知與只

是誤想的、非相應性的感知之間的對立，前者的感知意向僅僅朝向它的眞正現前的內容，後者的意向則不是在現前的內容中找到充實，而毋寧說是穿過這個內容去構造一個超越之物的切身被給予性，這個被給予性始終是單面的和推測性的」②。這裡的所謂「相應」，是指「被感知的內容」與「感知對象」的相應，或者說，在感知中被感覺到的內容也就是在其中被意指的對象：「感知與被感知之物構成一個無中介的統一」③。而在「非相應性感知中情況則相反，被感覺到的內容與被意指的對象相分離。內容所體現的是一種不包含在它本身之中，但卻在它之中「被展示」的，並因此（如果我們只限制在直觀之物的範圍內）而在某種意義上與它相似的東西，就像感覺顏色與物體顏色在某種意義上是相似的一樣」④。

【注釋】 ① E. Husserl: *LU* II/2, A710/B₂239. ②同上。 ③ *Ideen* I, Hua III (Den Haag ³1976) 78. ④ *LU* II/2. A711/B₂ 239.

-immanente und transzendente Wahrnehmung** 內在感知與超越感知：

胡塞爾在《邏輯研究》中初次提出，並在《純粹現象學與現象學哲學的觀念》第一卷中詳細論述對「內在感知」與「超越感知」之劃分雖然與「內感知」與「外感知」的劃分相平行，但並不完全相合①。所謂「超越感知」，是指意向地朝向意識之外客體的感知，被感知的對象不被感知爲包含在自身之中的對象，感知所感知的對象是超越出意識之外的客體②。而「內在感知」在胡塞爾現象學中則是指一種只具有內在意向朝向的感知，這種感知的對象是在意識本身之中直接自身被給予的，在這個對象上沒有任何部分或因素是超越出意識之外的，在這裡，「感知與被感知之物構成一個無中介的統一」③。因此，胡塞爾也將「純粹內在的感知」等同於「相應的感知」④。他認爲，眞正的「內在感知」只有作爲「現象學的反思」才是可能的⑤。可以說，在日常的感知中，世界是感知的對象。而在內在感知中，日常感知的行爲連同作爲其對象的世界都成爲內在感知的對象，因此，世界可以說是「在」內在感知「之中」。

【注釋】①參閱：E. Husserl: *LU* II/2, A711/B₂240. *Ideen* I, Hua III (Den Haag ³1976) § 38. ②*Ideen* I ... 同上書，78. ③同上。 ④*LU* II/2, A711/B₂ 240；當然，對意識體驗之內在性和相應性的強調是胡塞爾超越論現象學思維的特徵：在早期的描述心理學中，例如在《邏輯研究》第一版（1900／01 年）中，胡塞爾還認爲，「人們可以感知根本不存在的本己體驗」（*LU* II/2, A713），因而所謂內感知（實際上是內在感知）可以是虛假的。 ⑤*Ideen* I ... 同上書，78.

-individuelle und allgemeine Wahrnehmung* 個體感知與普遍感知：

「普遍感知」在胡塞爾現象學中意味著「對普遍之物的感知」①，也就是作爲現象學基本方法的「本質直觀」；而「個體感知」則意味著傳統哲學對感知的理解：對個體、感性之物的感知。

【注釋】①參閱：E. Husserl: *LU* II/2, § 52.

-innereund äußere und innere Wahrnehmung* 內感知與外感知：

「內感知」與「外感知」是傳統哲學對感知的基本劃分。例如在布倫塔諾那裡，「內感知」與「外感知」的區別首先在於明見性：前者是明見的，後者則不是。胡塞爾也將這個意義上的「外感知」和「內感知」分別定義爲對物理現象和心理現象的感知①，但他認爲這種「外感知」與「內感知」的區分不具有認識論的意義②。這裡的關鍵在於「內感知」的概念。由於傳統意義上的內感知之明見性，例如笛卡兒的「我思」的明見性，實際上是指反思性的內在本質直觀的明見性而非心理現象的明見性③，所以，人們雖然可以說，一個明見的感知只可能是一個內感知，但反過來卻不能說，一個內感知必定就是一個明見的感知④，其原因在於，一方面在「內感知」中也可以含有非相應的因素，心理現象也可以超越地被感知⑤，因而可以是不明見的；另一方面，「外感知」也可以擁有相應的成分，並且在這個意義上可以稱作明見的，儘管不是相應明見的⑥。胡塞爾認爲，「相應（明見）感知」與「非相應（不明見）的感知」之劃分才具有認識論基礎

性劃分的本質[7]。儘管如此，胡塞爾在此後的研究中始終沒有放棄對「內感知」與「外感知」這對概念的使用[8]。

此外，胡塞爾還在另一種意義上使用「內感知」概念，即在「內意識」的意義上。它意味著對意識活動本身之進行的意識到[9]。胡塞爾早期還將這個意義上的「內感知」與「幻想」一同標識為一種「內感性」[10]。

【注釋】① E. Husserl: *LU* II/2, A699/B$_2$227. ②參閱：同上書，Beil.，第 6 節的標題：「因而將對認識論上無意義的內、外感知之對立混同於認識論上基本性的相應感知與不相應感知之對立」（該標題與附錄中的其他標題一樣只列在《邏輯研究》第二卷的目錄中）。 ③ *LU* II/1, B$_1$440. ④參閱：同上書，A333/B$_1$335. ⑤參閱：*LU* II/2, A704/B$_2$232. ⑥同上書，A712/B$_2$241. ⑦同上書，A710/B$_2$239；對此也可以進一步參閱「相應感知與非相應感知」條目。 ⑧參閱：*Analysen* Hua XI (Den Haag 1966) 3ff., *EU* (Hamburg ^{4}1972) 66f., 73ff. 等等。⑨對此可以進一步參閱「內意識」與「原意識」條目。 ⑩參閱："Selbstanzeige" zu *LU,* II. Teil，載於：*LU* II/2, Hua XIX/2 (The Hague u. a. 1984) 782.

-phiänomenologische Wahrnehmung 現象學的感知：

「現象學的感知」這一概念在胡塞爾那裡出現較少，它基本上與「現象學的反思」同義。在《邏輯研究》和《純粹現象學與現象學哲學的觀念》第一卷中，現象學的反思意味著「相應感知」或「內在感知」[1]。此後胡塞爾又在術語上做了修改：「本質性的東西首先不在於相應性，而在於現象學的還原和執態。現象學的感知關係到**這個還原的純粹現象**，在現象學感知中被感知到的東西**在客觀空間中沒有位置，但在客觀時間中也沒有位置**。沒有任何超越的東西被一同設定：這個純粹現象是一個純粹絕然的此物，一個絕對的被給予性和無疑性」[2]。

【注釋】① E. Husserl: *Ideen* I, Hua III (Den Haag ^{3}1976) 168 u. *Erste Philos.* II, Hua VIII (Den Haag 1959)109. 也可以參閱「反思」條目以及該條目下的「現象學反思」子條目。 ② *Logik u. Erkennt.* Hua XXIV (Dordrecht u. a. 1984) 371.

【文獻】 R. Bernet/I. Kern/E. Marbach: *Edmund Husserl: Darstellung seines Denkens* (Hamburg 1989) 59.

-setzende und nichtsetzende (bloße) Wahrnehmung* 設定性感知與不設定的（單純的）感知：

胡塞爾在整體上將「感知」定義爲「存在意識」[1]。這個規定涉及到感知行爲的質性：它是一種帶有對其對象之存在與否的設定。因此，「感知」原則上是「設定性的感知」。但胡塞爾在這個問題上有過長時間的動搖，感知是否只能具有唯一的一個質性，即設定的質性或具有存在設定的質性，或者，是否也存在著一種不具有存在設定的感知，即「不設定的感知」[2]。胡塞爾在對這些問題的思考中所表現出來的這些動搖不定，實際上關係到他本人在《邏輯研究》中所提出的意識行爲的本質規律：所有客體化的行爲都可以劃分爲具有存在設定的和不具有存在設定的意識行爲，這兩種行爲是相互對應的；也就是說，只要有一個設定的行爲，那麼必然就有一個不設定的行爲與它相對應[3]。胡塞爾在後期《經驗與判斷》的發生現象學分析中，才提供了對這個問題做最終回答的可能性：廣義上的感知可以區分爲「感知」和「感知趨向」，前者必然是「設定性的」，而後者則可以是「不設定的」。在這個意義上，「不設定的感知」意味著「感知趨向」的特徵[4]。

【注釋】① E. Husserl: *Ph. B. Er.* Hua XXIII (Den Haag 1980) 286. ②對這個問題的詳細說明可以參閱：倪梁康：《現象學及其效應》（臺北，2021 年）頁 50-56。
③參閱：*LU* II/1, A447f./B₁479f. ④參閱：*EU*(Hamburg ⁴1972) 1. Kapitel；對這個問題的進一步說明可以參閱「感知趨向」與「感知表象」條目。

【文獻】 L. Ni：參見，注釋②。

Wahrnehmungsglaube* 感知信仰：（英）perceptual belief

「感知信仰」是指在感知行爲中對感知對象之存在的設定。胡塞爾在早期的意向分析沒有能夠得出對此有把握的確定：「感知信仰」是否是感知行爲中不可或缺的本質因素[1]。透過後期的發生分析，胡塞爾最終得出結論：「感知信仰」並不出現在作爲「對原本顯現的單純意識到」的感知行爲中，而僅只出現在「對對象的主動性把握中」[2]。對「感知信仰」的分析構成感知現象學中的重要環節。

後來的梅洛一龐蒂在這個問題上做了進一步的展開。他認爲，「感知信仰」是自然科學的前提，但自然科學並沒有澄清這個前提[3]。

【注釋】①參閱「感知」條目中的第2點。　② E. Husserl: *EU*(Hamburg ⁴1972) 83.　③ M. Merleau-Ponty: *Le Visible et l'Invisible* (Gallimard 1964); Deutsch: *Das Sichtbare und das Unsichtbare* (München ²1994) 31ff.

【文獻】 M. Merleau-Ponty：參見：注釋③。

Wahrnehmungstendenz* 感知趨向：

「感知趨向」這一概念雖然在胡塞爾思想發展的早期也出現，但這時的「感知趨向」僅只意味著「信仰趨向」（Glaubenstendenz），即對存在的信仰趨向[1]。在胡塞爾後期的發生現象學分析中，「感知趨向」概念獲得了重要的意義。

狹義上的「感知趨向」被胡塞爾用來描述眞正意義上的「感知」形成之前的「朝向感知的趨向」[2]。這種感知不是眞正的感知，因爲它還沒有朝向對象，不帶有對對象的興趣，不帶有對對象的存在信仰，但眞正意義上的「感知」、「正常的感知」便恰恰是由這種「感知趨向」所「啟用」的[3]。

而廣義上的「感知趨向」則意味著一個將「感知」本身包含在自身之中，因而比眞正意義上的「感知」更爲寬泛的概念[4]。整個感知過程，從「感知前的趨向」，到「單純的瞄向」，再到「意向的初步充實」以及「進一步充實」，在這個意義上都屬於「感知趨向」的範疇，屬於「感知趨向」的連續、統一增長過程[5]。

【注釋】① E. Husserl: *LU* II/1, A416/B₁444.　② *EU*(Hamburg, ⁴1972) §§ 17-20.　③同上書，90.　④同上書，87.　⑤參閱：同上書，85.

【文獻】 D. Welton: "Husserl's genetic phenomenology of perception"，載於：*Research in phenomenology* 12 (1982) 59-83.

Wahrnehmungsvorstellung 感知表象：

胡塞爾在《邏輯研究》中用「感知表象」來標識狹義上的感知[1]。廣義的感知具有「原本意識」和「存在意識」這樣兩個本質特徵，而「感知表象」僅僅意味著一種「原本意識」，一種「知覺性的臆想」[2]，或者說，一種無存在設定的「感知」。但在此之後，胡塞爾便放棄這一看法，也不再使用「感知表象」的概念。

【注釋】 ① E. Husserl: *LU* II/1, 5. Unters., § 27, "Das Zeugnis der direkten Intuition. Wahrnehmungsvorstellung und Wahrnehmung". ②同上書，A416/B₁444.

Welt＊＊ 世界：（英）world（法）monde（日）世界

「世界」在胡塞爾現象學中所具有的基本含義是意識生活的相關者。它意味著一個普全的（universal）現象，亦即普全描述的對象。

胡塞爾對「世界」現象的研究與分析至少具有雙重意義：這種研究不僅有助於澄清和深化在具體科學中出現的世界概念，而且也有助於對古代哲學之世界問題的重新理解和解釋。

早在《邏輯研究》（1900 / 01 年）和《純粹現象學與現象學哲學的觀念》（1913 年）期間，胡塞爾就已經從兩個方面進行著與世界問題有關的研究（儘管在這種研究中並沒有明確地將「世界」概念本身稱作課題）。

一方面胡塞爾在對感知的具體分析中涉及世界問題，即涉及被感知事物的世界性結構。任何一個事物都不會是孤立地被感知到的，而是始終在一個背景視域中顯現出來，這個背景又具有空間和時間的延展。也就是說，一個事物具有一個視域，這個視域又具有進一步的視域，如此類推[1]。胡塞爾由此而從對個別事物感知的分析中得出一個整體結構，他在後期也將這個視域性結構稱之為「普全視域」（Universalhorizont）、「整體視域」或「世界視域」[2]；它具有世界的功能和規定，它是所有可經驗的個別實在的視域，即所有經驗的整體視域。**世界的基本結構**在這個意義上被定義為「**所有已知性和未知性的結構**連同其所屬的貫穿的相對性，以及同樣貫穿的對不確定的普遍性和確定的特殊性的相對劃分」[3]。

另一方面，現象學的還原也與世界問題密切相關；在這個關係中還可以找到胡塞爾本人在 1924 年以後仍然不斷詳盡而深入探討世界問題的動機。將世界視爲普全視域的看法在胡塞爾向現象學還原突破的過程中獲得了重要的意義。胡塞爾的超越論現象學要求透過現象學的還原排斥自然觀念，反思地面對「被意指之物」本身。如果每一個個別的感知都具有其視域，並且——就像意向分析所表明的那樣——如果對個別意向對象的否定並不會導致對其整體背景視域的否定，那麼現象學還原所要懸擱的就不僅是在感知中被構造的意向對象連同其信仰設定，而且也要擱置與這個對象一同被給予的背景視域及其存在設定。胡塞爾正是在這個意義上強調對「自然觀點總命題」或「自然觀點世界」的排斥④。世界在這裡被定義爲**「任何一個對個別對象之經驗的普全信仰基地」**，它**「作爲存在的世界是所有判斷活動的、所有投入的理論興趣的在先被給予性，這種在先被給予性是普全的、被動的」**⑤。因此，人所具有的所有天生的和習得的習性都是建立在世界信仰的基地之上。就此而論，對「自然觀點世界」的中止判斷是超越論現象學還原區別於其他中立性變異（包括心理學還原）的一個關鍵點。

自 1920 年代以後，隨著胡塞爾對現象學還原問題的研究深入，世界概念在他那裡也獲得了更爲具體的、而且各不相同的內涵。由於超越論現象學將世界看作是意識構造的產物，因此對於胡塞爾來說很顯然，對世界的眞正理解就意味著：回到世界本身在意識成就中的起源，從這個起源出發來理解世界。換言之，現象學者必須排斥自然科學對自在世界的「客觀」解釋，回溯到前科學的「主觀」經驗世界，即「生活世界」之上。相對於自然科學的世界而言，生活世界是直接、原初的被給予性，它構成所有科學規定的根本基礎⑥。自然科學的世界本身僅僅是從生活世界中發展出來的諸多世界類型之一，儘管是一個在當代占主導地位的類型。

由此出發，胡塞爾一方面對精確的自然科學方法的起源展開歷史和系統的研究，分析並揭示在這種方法中進行的「理想化」（Idealisierung）⑦過程的意義；另一方面，他對「生活世界」的各種類型進行分析，指明在其中所包含的各種類型特徵，如「家鄉世界」（Heimwelt）、「異己世界」（Fremdwelt）⑧等等。

【注釋】①參閱：E. Husserl: *LU* II/1, 3. Unter.: "Zur Lehre von den Ganzen und Teilen". ② *EU* (Hamburg ⁴1972) 30f. ③同上書，33. ④ *Ideen* I, Hua III (Den Haag

³1976) §§ 27ff. ⑤ *EU* ... 同上書，23、26. ⑥對此可以進一步參閱「生活世界」條目。 ⑦參閱：*Krisis* Hua VI (Den Haag ²1962) 48ff.；對此還可以進一步參閱「理想化」條目。 ⑧參閱：同上書，18ff.、105ff.、349ff.；*CM* Hua I (Den Haag ²1963) §§ 55f.；對此可以進一步參閱「異己世界」、「家鄉世界」條目。

【文獻】 L. Landgrebe: "Welt als phänomenologisches Problem"，載於：*Der Weg der Phänomenologie* (Hamburg ²1967) 41-62. K. Schuhmann: *Die Fundamental-betrachtung der Phänomenologie. Zum Weltproblem in der Philosophie Edmund Husserls* (Den Haag 1971). G. Brand: *Welt, Ich und Zeit. Nach unveröffentlichten Ms. Edmund Husserls* (Den Haag 1955). St. Strasser: "Der Begriff der Welt in der phänomenologischen Philosophie"，載於：*Phänomenologische Forschungen* 3 (1976) 151-179. K. Held: "Die Endlichkeit der Welt. Phänomenologie im Über-gang von Husserl zu Heidegger"，載於：B. Niemeyer (Hrsg.): *Philosophie der Endlichkeit* (Würzburg 1992); ders: "Heimwelt, Fremdwelt, die eine Welt"，載於：*Phänomenologische Forschungen* 24/25 (1991) 305-337. E. Fink: "Welt und Ge-schichte"，載於：H. L. Van Breda/J. Taminiaux (Hrsg.): *Husserl et la Pensée Mod-erne/Husserl und das Denken der Neuzeil* (Den Haag 1959) 143-159. T. E. Klein: *The world as horizon. Husserl's constitutional theory of the objective world* (London 1977). M. Köppel: *Zur Analyse von Husserls Welt-Begriff* (Diss. Zürich 1977).

【相關詞】 Weltall 世界大全，Weltanschauung 世界觀，Weltapperzeption 世界統覺，Welt-bewußtsein 世界意識，weltbezogen 與世界相關，Weltbezogenheit 世界相關性，Weltboden 世界基地，Welterfahrung 世界經驗，Weltgeltungsgemeinschaft 世界有效性的共同體，Weltgrund 世界根據，Welthorizont 世界視域，Weltint-ention 世界意向，weltlich 世界性的，Weltlichkeit 世界性，Weltobjekt 世界客體，Weltvorstellung 世界表象，Weltwahrheit 世界真理，Weltzeit 世界時間。

Weltbewußtsein 世界意識：（日）世界意識

「世界意識」是「世界」的相關項，它意味著「所有可經驗的個別實在之物的視域」，它的基本結構也就是世界的結構，即「**所有已知性和未知性的結構**連同其所屬的貫穿的相對性以及同樣貫穿的對不確定的普遍性和確定的特殊性的相對劃分」①。在這個意義上，「世界意識」與「世界」之間的關係類似於「時間意識」與「時間」之間的關係②。但「世界意識」在胡塞爾術語中還有另一層含義，即意味著「在信仰確然性樣式中的意識」③；更確切地說，它是關於一個統一「世界」之存在的確然性信仰。

【注釋】① E. Husserl: *EU* (Hamburg ⁴1972) 33；較爲詳細的說明還可以參閱「世界」與「世界視域」條目。 ②參閱「時間（時間意識）」條目。 ③ *EU* ... 同上書，25.

Welthorizont * 世界視域：（日）世界地平

胡塞爾的現象學分析表明，每一個經驗都具有其經驗視域；這意味著；從被經驗的對象來看，存在著這樣一種可能性，或者說，從經驗著的自我來看，存在著這樣一種權能性（Vermöglichkeit），即：透過在時間和空間上對視域的不斷獲得、不斷積累和不斷擴展，一個在時間和空間上連續伸展的「一個關於同一之物的唯一的、開放無限的經驗」，亦即在歷史和現實世界意義上的「世界視域」可以對我顯現出來①。因此，意識結構的「視域性」（Horizonthaftigkeit）是個體的和交互主體的「世界視域」得以產生的根本原因。透過這個可變化的、但始終一同被設定的世界視域，世界的命題才獲得其本質的意義②。換言之，我們視之爲客觀自在的世界本質是建立在我們主觀的世界視域的基礎之上：「每一個世界性的（weltlich）被給予性都是在一個視域的如何之中的（im Wie des Horizontes）被給予性，在視域中還隱含著進一步的視域，而且，這些視域作爲世界性的被給予之物最終都會帶有一個世界視域，並因此作爲世界性的而被意識到」③。這個由主體構造出來的、並且始終與主體有關的「世界視域」，也被胡塞爾稱作「生活世界」，它是所有客觀世界的始基。如此，現象學的世界概念與客觀科學的世界概念便在某種程度上形成對立。

【注釋】① E. Husserl: *EU*(Hamburg ⁴1972) 27. ② *Ideen* I, Hua III (Den Haag ³1976) § 47. ③ *Krisis* Hua VI (Den Haag ²1962) 267；在這個意義上，H. -G. 高達美認爲，胡塞爾的「這個無所不包的世界視域是透過意向性而被構造出來的」〔H. -G. Gadamer: *Hermeneutik I. Grundzüge einer philosophischen Hermeneutik* (Tübingen 1986) 251〕；E. 芬克對此也持同樣的觀點，他認爲，在胡塞爾那裡，「世界本身被理解爲各種被構造的對象所具有的被構造的視域」〔E. Fink: "Welt und Geschichte"，載於：H. L. Van Breda/J. Taminiaux (Hrsg.): *Husserl et la Pensée Moderne/Husserl und das Denken der Neuzeit* (Den Haag 1959) 150〕。

【文獻】E. Fink: "Bewußtseinsanalytik und Weltproblem"，載於：*Nähe und Distanz. Phänomenologische Vorträge und Aufsätze* (Freiburg/München 1976) 280-298.

Weltnegation/Weltvernichtung* 對世界之否定 / 對世界之毀滅：

胡塞爾所說的「對世界之否定」或「毀滅」[1]是現象學還原的術語，它意味著在超越論現象學的還原中將事物世界的有效性判爲無效、加括號並懸擱起來[2]。在這種「對世界之毀滅」以後作爲「現象學剩餘」而留存下來的是絕對意識[3]。這種做法的結果表明，意識的存在並不依賴於世界的存在，因而是一種絕對的存在；而世界的存在則反過來要依據意識的存在才能成立[4]。

【注釋】①參閱：E. Husserl: *Erste Philos.* II, Hua VIII (Den Haag 1959) 93 以及 *Ideen* I, Hua III (Den Haag ³1976) § 49.　② *Ideen* I ... 同上書，104.　③同上。　④同上。

Wert** 價值：（英）value（法）valeur（日）價值

「價值」這一術語最初由洛采（H. Lotze）引入，此後成爲哲學概念。它原則上是一個與「眞理」相平行的範疇。

胡塞爾本人在《邏輯研究》中強調，對客體之「價值」進行評價的行爲（非客體化行爲）在**邏輯上**首先要奠基於製造客體的行爲（客體化行爲）之中[1]，換言之，「認之爲有價」（評價：wert-nehmen）必須以「認之爲眞」（感知：wahr-nehmen）作爲基礎。「價值」在這裡是指某個客體的價值。客體是價值的載體或基質，價值是客體的質料或屬性。在客體形成之前，價值不可能成立。

但在隨後的《內時間意識現象學講座》中，價值便已經被胡塞爾看作是一個觀念的、超時間的東西：「一個價值不具有時間位置。一個時間客體可以是美的、可愛的、有用的等等，而且可以是在一個特定的時間中是這樣的。但美、可愛等等卻並不具有在自然中和時間中的位置，它們不是在當下擁有或當下化中的顯現者」[2]。而在《純粹現象學與現象學哲學的觀念》第一卷中，胡塞爾更是明確地將「價值」定義爲「評價行爲的完整意向相關項」[3]。「價值」在這裡實際上已被理解爲對象本身。

「價值」概念所具有的這種雙重含義在關於倫理學和價值學的講座中進一步體現出來。胡塞爾在這些講座中強調在形式邏輯學與形式價值學之間的本質相似性，以及在客體化行爲與非客體化行爲之間的結構相似性。他原則上試圖將他對

客體化行爲結構的出色分析，也轉用在對非客體化行爲結構的本質分析之中④。因此，在對「價值構造」的描述分析中，胡塞爾也區分在評價行爲中的行爲、內容與對象，以及作爲行爲內容的質料與作爲行爲樣式的質性。與客體化的行爲不同，內容在評價行爲中是指被賦予一個對象的價值（也被稱作評價的質料），對象在這裡意味著被評價的、被賦予價值的對象。但胡塞爾在這裡已經感覺到了在「價值」概念上存在著的問題：「我們在這裡可惜沒有一對與眞理和謬誤完全相符的語詞。『價值』一詞是多義的；當我們將對象稱作有價時，以及當我們將質料稱作有價時，『價值』的含義是各不相同的」⑤。也就是說，在理論理性的領域中，眞理或定理與質料有關，而對象或事態則與存在有關。但是，在價值論的領域中，「價值」既可以是指具有價值的對象，也可以是指價值本身；它既具有評價定理的意義，也具有評價事態的意義⑥。

除此之外，在後期的《經驗與判斷》中，胡塞爾在分析經驗或感知的被動發生時，還在另一種意義上使用「價值」概念：「價值」和「無價值」在這裡指的是引發自我對對象之興趣，並導致自我朝向對象的東西⑦，因而這個意義上的「價值（感覺）」在**發生上**要先於「客體化意向」。這個觀點與胡塞爾在《邏輯研究》中對客體化行爲與非客體化行爲之奠基關係的確定不完全一致，並且它在一定程度上接近於海德格和後期梅洛—龐蒂的立場。

【注釋】①參閱：E. Husserl: *LU* II/1, A459/B₁494. ② *Zeitb.* Hua X (Den Haag 1966) 98. ③ *Ideen* I, Hua III (Den Haag ³1976) § 37. ④參閱：*Ethik* Hua XXVIII (Dordrecht u. a. 1988) §§ 3,5 等等。 ⑤同上書，89, Anm. 1. ⑥同上書，90f. ⑦參閱：*EU* (Hamburg ⁴1972) 91.

【文獻】A. Roth: *Edmund Husserls Ethische Untersuchungen. Dargestellt anhand seiner Vorlesungsmanuskripte* (Den Haag 1960). U. Melle: "Objektivierende und nicht-objektivierende Akte"，載於：S. IJsseling (Hrsg.): *Husserl-Ausgabe and Husserl-Forschung* (Dordrecht u. a. 1990) 35-50. G. Funke: "Kritik der Vernunft und ethisches Phänomen"，載於：*Phänomenologische Forschungen* 9 (1980) 33-89. Ch. Spahn: *Phänomenologische Handlungstheorie. Edmund Husserls Untersuchungen zur Ethik* (Würzburg 1996).

【相關詞】Wertcharakter 價值特徵，Wertbestimmung 價值規定，Wertewelt 價值世界，Wertfreiheit 無價值，Wertganzes 價值整體，Wertgegebenheit 價值被給予性，Wertgesetz 價值規律，Wertkonstitution 價值構造，Wertlehre 價值學，

wertlich 價值的，Wertobjektivation 價值客體化，Wertobjektivität 價值客觀性，Wertproduktion 價值創造，Wertregion 價值區域，Wertsachverhalt 價值事態，Wertsatz 價值定理，Wertsteigerung 價值增長，Wertsummation 價值總和，Wertvergleichung 價值比較，Wertverhalt 價值狀態。

Wertlehre 價值學：

從術語上看，胡塞爾在其倫理學的研究中完全等義地使用源於希臘文的「價值論」（Axiologie）概念和德文的「價值學」（Wertlehre）概念。他在倫理學講座中所探討的基本問題是關於評價、意願、行為中的理性的問題。因此，「價值論」的問題包含在最寬泛意義上的倫理學領域中[1]。從意向活動與意向相關項兩個方面看，價值學至少應當包含兩個方面的中心內涵：價值現象學與價值認知的現象學。與它相並列的是實踐論（Praktik），亦即意志與意願的現象學。

胡塞爾的價值論觀點建立在他的一個堅定信念的基礎上，即：在邏輯學、倫理學「價值論」之間存在著結構上的相似性。「價值論」是邏輯學的相似物[2]。

【注釋】①參閱：E. Husserl: *Ethik* Hua XXVIII (Dordrecht u. a. 1988) §§ 3, 5 等等。
②參閱：同上。
【文獻】U. Melle: "Einleitung des Herausgebers"，載於：Husserl: *Ethik* Hua XXVIII (Dordrecht u. a. 1988) XIII-XLIX.

Wertnehmen * 價值認知：（日）價值知覺

「價值認知」的概念是胡塞爾在其價值論和倫理學分析中根據「感知」（wahrnehmen）的概念而生造的一個語詞。看起來他很早便使用這個極具特色的概念，但似乎始終只是在手稿中運用它[1]。胡塞爾認為，在形式邏輯學與形式價值學之間有本質相似性，在客體化行為與非客體化行為之間有結構相似性[2]。這種相似性例如也表現在對客體和對客體之價值的認知方面，所謂「價值認知」，是指對客體之「價值」的直接原本把握，就像「感知」是對客體自身的原本把握

一樣。因而胡塞爾也將它稱之爲「價值—感知」（Wert-Wahrnehmung）③。在這個意義上，「價值認知」（Wertnehmen）也可以被理解爲「認之爲有價」（Für-wert-halten），而「感知」（wahrnehmen）也可以被譯作「認之爲眞」（Für-wert-halten）。

這個概念後來也爲馬克斯・舍勒所接受和使用。④

【注釋】①胡塞爾在其生前未發表的《純粹現象學與現象學哲學的觀念》第二卷中寫道：「這個概念標示著一個從屬於感受領域的、與感知（Wahrnehmung）相似的東西，後者意味著在意見（doxisch）領域中原初地（自身把握地）共在（Dabeisein）對象本身。」他還說：「我還在幾十年前便將價值認定這個表達用來說明……最原初的價值構造」。參閱：*Ideen* II (Den Haag 1952) 9。此外還可以參見：Ms. A VI 8 1, 88a。　②參閱：*Ethik* Hua XXVIII (Dordrecht u. a. 1988) §§ 3, 5 等等。「價值認定」概念在這個 1908-1914 年的《倫理學與價值論講座》中，只在附錄中出現一次。參閱：同上書：〈編者引論〉，頁 XXXVI，以及正文，頁 370。而在 1920 年和 1924 年夏季學期的《倫理學引論》中則出現許多次，不僅在講座正文中，也在相關的附錄中。參閱：*Einleitung in die Ethik* Hua XXXVII (Dordrecht u. a. 2004) 72 ff., 86, 113, 120 usw.　③ *Ideen* II, a. a. O., 186.　④參閱：W. Henckmann, *Max Scheier* (München 1998) 104.

【文獻】A. Roth: *Edmund Husserls Ethische Untersuchungen. Dargestellt anhand seiner Vorlesungsmanuskripte* (Den Haag 1960).　U. Melle: "Objektivierende und nicht-objektivierende Akte"，載於：S. IJsseling (Hrsg.): *Husserl-Ausgabe und Husserl-Forschung* (Dordrecht u. a. 1990) 35-50.

【相關詞】Bewertung 評價，Für-wert-Halten 認之爲有價，wertachten 價值關注，Wertabsorption 價值吸收，Wertachtung 價值關注，werten 評價，Werten 評價，wertend 評價的，werthalten 價值認定，Werthallung 價值認定，Wertheit 價值性，Wertkomponente 價值成分，wertnehmen 價值認知，Wertnehmung 價值認知，wertschätzend 價值估定，Wertschätzung 價值估定，Wertsetzen 價值設定，Wertung 評價，Wertungssinn 評價意義，Werturteil 價值判斷，Wertvergleichung 價值比較。

Wesen * * 本質：（英）essence（法）essence（日）本質

在《邏輯研究》發表之後，胡塞爾發現，他在其中所運用的「理念」概念

常常受到誤解，因此，在《純粹現象學與現象學哲學的觀念》第一卷中，爲了將一般的「本質」概念純粹地區分於康德的「理念」（Idee）概念，胡塞爾進行了術語上的更動：「我啟用在術語上尚未被用濫的外來語『**埃多斯**』以及德語『**本質**』，後者依然帶有一些雖不危險，但時常令人惱怒的歧義」[①]。此外，「本質」在胡塞爾那裡又被劃分爲「形式本質」與「質料本質」[②]。

【注釋】① E. Husserl: *Ideen* I, Hua III (Den Haag [3]1976) "Einleitung". ②同上。

【文獻】 J. J. Meister: *Wesen und Bewußtsein. Untersuchung zum Begriff des Wesens und der Wesensschau bei Edmund Husserl* (Diss. München 1967).

【相關詞】Wesenhaftigkeit 本質性，Wesenheit 本質性，Wesenlosigkeit 無本質性，Wesensabwandlung 本質變化，wesensallgemein 本質普遍的，Wesensallgemeinheit 本質普遍性，Wesensanalyse 本質分析，Wesensanschauung 本質直觀，Wesensart 本質類，Wesensaussage 本質陳述，Wesensbedingung 本質條件，Wesensbegriff 本質概念，Wesensbestand (aus) 本質存在（本質組成），Wesensbeziehung 本質關係，Wesenseigenheit 本質本己性，Wesenseigenschaft 本質特性，Wesenseinsicht 本質明察，Wesenserfassung 本質把握，Wesenserforschung 本質研究，Wesenserkenntnis 本質認識，Wesenserschauung 本質觀視，Wesensfassung 本質理解，Wesensform 本質形式，Wesensforschung 本質研究，Wesensgattung 本質屬，Wesensgegebenheit 本質被給予性，Wesensgehalt 本質內涵，Wesensgemeinschaft 本質共同體，Wesensgesetz 本質規律，wesensgesetzlich 本質規律的，Wesensgesetzlichkeit 本質規律性，Wesensgesetzmäßigkeit 本質規律性，Wesensgestalt 本質構形，wesensgleich 本質相同的，Wesensgrund 本質根據，Wesenslage 本質狀況，Wesenslehre 本質學說，wesensmäßig 合本質的，Wesensmöglichkeit 本質可能性，Wesensnotwendigkeit 本質必然性，Wesenssachverhalt 本質事態，Wesensschau 本質直觀，Wesensschauung 本質直觀，Wesenssein 本質存在，Wesenssphäre 本質領域，Wesensstruktur 本質結構，Wesensstudium 本質研究，Wesenstatsache 本質事實，Wesenstypus 本質類型，Wesensumgrenzung 本質劃定，Wesensurteil 本質判斷，Wesensverhalt 本質狀態，Wesenswahrheit 本質眞理，Wesenszusammenhang 本質聯繫，wesentlich 本質的，Wesenswissenschaft 本質科學。

-bedeutungsmäßiges Wesen 合含義的本質：

　　「合含義的本質」是「意向本質」的一種：「只要涉及到那些在表達時作為或可以作為賦予含義的行為而起作用的行為……我們就應尤為特別地談及行為的『合乎含義的本質』。對這個本質的觀念化抽象產生出在我們觀念意義上的含義」[1]。

【注釋】　① E. Husserl: *LU* II/1, A392/B₁417.

-intentionales Wesen * 意向本質：

　　胡塞爾在《邏輯研究》中將意識行為的「意向本質」理解為「質料與質性的統一」：「在我們看來，質性（Qualität）和質料（Materie）是一個行為的極為重要的、因而永遠必不可少的組成部分，所以，儘管這兩者只構成一個完整行為的一個部分，我們把它們稱之為行為的意向本質仍然是合適的」[1]。

【注釋】　① E. Husserl, *LU* II/1, A391f./B₁417；對此還可以進一步參閱「質性」、「質料」條目。

Wesensallgemeinheit * 本質普遍性：（英）eidetic universality

　　「本質真理」在胡塞爾那裡具有不同的普遍性程度，它們既可以與個體的本質有關，也可以與普遍的本質有關[1]。而普遍的本質也被胡塞爾稱作「本質普遍性」。這種普遍性不同於「事實的普遍性」或「經驗的普遍性」。前者具有「絕然的明見性」，並且是「本質必然性」的相關項[2]，後者只意味著「斷然的普遍性」。從後者向前者的方法論過渡也被胡塞爾標識為「本質還原」[3]。

【注釋】　① E. Husserl: *Ideen* I, Hua III (Den Haag ³1976) 12.　②同上書，19.　③同上書，6.

Wesenserschauung * **本質觀視：**（英）seeing an essence（日）本質観取

　　「本質觀視」在胡塞爾的術語中並不完全是「本質直觀」的同義詞。胡塞爾曾特別說明，他在《邏輯研究》中通常是用「觀念化」（Ideation）的概念來標識**本原給予的**「本質觀視」，甚至大都用它來標識**相應的**「本質觀視」。據此可以說，在胡塞爾那裡，「觀念化」或「本質直觀」是包含在「本質觀視」範疇中的概念；「本質觀視」的概念較之於「觀念化」和「本質直觀」要更爲寬泛，它既可以是指「給出本質的行爲」，也可以是指「原本地給出本質的行爲」，甚至可以是指「相應地給出本質的行爲」[①]，因此，這個概念「包容了所有素樸地和直接地朝向一個本質，並且把握和設定這個本質的意識，其中也包括所有『模糊的』，亦即不再是直觀性的意識」[②]。

【注釋】 [①] E. Husserl: *Ideen* I, Hua III (Den Haag [3]1976) 13.　[②]同上書，15, Anm. 1.

Wesensschau * * * **本質直觀：**（英）seeing (of) an essence（日）本質観取

　　現象學的本質直觀（觀念直觀）[①]概念起源於對胡塞爾在《邏輯研究》中所採用的直觀概念的擴展[②]。在個體直觀的基礎上，一個普遍性意識在「觀念化的抽象」中構造起自身，在這個普遍性意識中，這個個體之物的「觀念」、它的普遍之物「成爲現時的被給予」[③]。在這種普遍性意識中，「相對於同一種類的個別因素之雜多性，這個種類本身被看到，並且是作爲同一個種類被看到」[④]。這種觀念、種類——胡塞爾後來也說：這種本質——的被給予不是一種「符號性思維」，而是一種「直觀」，一種「對普遍之物的感知」[⑤]。就其起源而言，本質是一個新型的對象[⑥]，它的存在方式被規定爲觀念性（全時性）[⑦]。

　　由胡塞爾創建的本質直觀概念也被舍勒以及哥廷根、慕尼黑現象學學派所接受，它被等同於一般的現象學方法。在舍勒那裡，本質直觀標誌著一種直接的直觀，在這種直觀中，在將所有設定都忽略不計的情況下，一個實事的本質作爲先天而成爲自身被給予性[⑧]。本質直觀（觀念化）在舍勒的後期還意味著「在某個

相關本質區域的例子上一同把握到世界的實質屬性和建造形式」[9]。賴納赫（A. Reinach）[10]和其他人也將本質直觀運用於在這個意義上的先天之認識。

在其超越論現象學的範圍內，胡塞爾本人在「本質還原」[11]的概念下對本質直觀加以發展，由此而形成了一個在方法上得到完善和保證的本質直觀操作方式；爲了在一個自由選擇的範例上把握到有關區域的本質，我們需要對這個範例進行「本質的變更」[12]。

【注釋】① E. Husserl: "Philos. als strenge Wiss."，載於：*Logos* I (1910) 316；參閱：*Ideen* I, Hua III (Den Haag 1950) 13f. ② *LU* II/2 (¹1901) Kap. 6. ③同上書，634. ④同上。 ⑤同上。 ⑥ *Ideen* I ... 同上書，14. ⑦參閱：*EU* (Hamburg ³1964) 313. ⑧ M. Scheler: *Formalismus in der Ethik und die materiale Wertethik* (Bern ⁴1954) 69. ⑨ *Die Stellung des Menschen im Kosmos* (³1947) 47. ⑩參閱：A. Reinach: *Was ist Phänomenologie* (1951) 31, 53. ⑪ Husserl: *Ideen* I ... 同上書，6. ⑫參閱：*Phän. Psych.* Hua IX (Den Haag 1962) 72ff. (U. Claesges)

Wesenswissenschaft (eidetische Wissenschaft)** 本質科學（埃多斯科學）：（日）本質学

「本質科學」在胡塞爾的現象學中，意味著一門與本質（埃多斯）有關的科學，它有別於「事實科學」。本質在這裡被規定爲「一個個體的自身本己存在，作爲它的何物現存」[1]。這個「何物」具有一個新型對象的特徵[2]，它在先天的意義上透過必然性和普遍性而得到突出的標識[3]。任何一門事實科學的基礎都在於對個體存在的對象的經驗，而本質科學的基礎則在於本質直觀（本質還原），在這種本質還原中，不蘊含任何對個體此在的設定[4]。在事實與本質之不可分性的基礎上——每一個個體對象都具有一個本質，反之，每一個本質都有可能的個體與之相符[5]——事實科學與本質科學的關係得以形成。本質科學完全不依賴於任何事實科學，而反過來，每一門已形成的事實科學都在這樣一種意義上依賴於與它相應的本質科學，即：它必然以本質認識爲前提，並且必然包含本質認識[6]。在胡塞爾的現象學中，所有本體論，無論是形式本體論還是質料本體論，就其特徵而言都是本質科學。只要超越論現象學以「超越論主體性」的本質爲對象，那

麼它本身就也是本質科學[7]。

【注釋】① E. Husserl: *Ideen* I, Hua III (Den Haag 1950) 13. ②同上書，14. ③同上書，
19. ④同上書，17. ⑤同上書，21. ⑥同上書，23. ⑦同上書，6；參閱：
Ideen III, Hua V (Den Haag 1952) 142.

Wille/Wollen* 意願／意欲：（英）will（法）vouloir（日）意欲、意欲作用

胡塞爾通常將「意願」等等行爲與「情感」行爲和「評價」行爲一起歸入到「非客體化行爲」的種屬之中。這些行爲由於自身不具有構造對象的能力，或者說，自身區分指向對象的質料，因而必須奠基於「客體化行爲」之中[1]。

在「意願現象學」的範圍內，胡塞爾區分「最寬泛意義上的意願行爲」、「在通常的、狹義上的意欲」和「否定性的意欲」[2]。在最寬泛意義上的意願行爲之進行中不僅包含著狹義上的意欲：肯定性的意欲（意願確然性），以及否定性的意欲（意願非確然性）；而且還包含著其他多種與信仰樣式有關的因素，例如：在意願活動進行之前的思考行爲；在意願行爲進行中還可以區分尚未活動、但已經決定了的意欲與在活動中將已做的決定付諸實施的意欲等等。

【注釋】① E. Husserl: *LU* II/l, A459/B₁494；對此還可以進一步參閱「行爲」條目中「客體化行爲與非客體化行爲」的子條目。 ② *Ethik* Hua XXVIII (Dordrecht u. a. 1988) 103.
【文獻】 H. Tietjen: *Fichte und Husserl. Letztbegründung, Subjektivitat und praktische Vernunft im transzendentalen Idealismus* (Frankfurt a. M. 1980). Ch. Spahn: *Phänomenologische Handlungstheorie. Edmund Husserls Untersuchungen zur Ethik* (Würzburg 1996).
【相關詞】Willensakt 意願行爲，Willensanalyse 意願分析，Willensanmutung 意願猜測，Willensantwort 意願回答，Willensanspannung 意願緊張，Willensbegriff 意願概念，Willensbegründung 意願論證，Willensentscheidung 意願決定，Willensfrage 意願探問，Willensgebiet 意願領域，Willensgesetz 意願規律，Willensgrund 意願原因，Willenslogik 意願邏輯學，Willensmaterie 意願質料，

Willensmodalität 意願樣式，Willensmotiv 意願動機，Willensmotivation 意願動機引發，Willensphänomenologie 意願現象學，Willensrezeptivität 意願接受性，Willensrichtigkeit 意願正確性，Willenssatz 意願定理，Willenssetzung 意願設定，Willenssphäre 意願領域，Willensspontaneität 意願自發性，Willenszumutung 意願奢求，Willenszweifel 意願懷疑。

Wir＊＊ 我們：

胡塞爾用名詞的「我們」來指稱複數的「自我」或「單子」，它意味著對意義和有效性進行普全構造的複數主體，或者說，它意味著在共同體化中將世界作為多元體系、作為共同體化生活的意向構成物而構造起來的複數主體[1]。「我們」的問題也就是交互主體性的構造問題[2]。

【注釋】①參閱：E. Husserl: *Krisis* Hua VI（Den Haag ²1962）§ 54. ②同上書，186、188.

【相關詞】Wir-Akte 我們一行為，Wir-Alle 我們一所有人，Wir-Einstellung 我們一觀點，Wir-Subjektivität 我們一主體性，Wir-Synthesis 我們一綜合。

Wirklichkeit (wirklich)＊ 現實性（現實的）：（英）actuality （法）réalité、réel（日）現実、現実性

胡塞爾在通常情況下將「現實」與「實在」概念同義使用[1]。它們在胡塞爾的現象學術語中意味著：(1) 在現象學還原之前外在於意識，並與意識相對應的「意識對立面」；(2) 在現象學還原之後為意識所構造，並內在於意識的「意識相關項」。

【注釋】①參閱：E. Husserl: *Ideen* I, Hua III（Den Haag ³1976）355；較為詳細的說明還可以進一步參閱「實在」條目。

【相關詞】Wirklichkeit-als-ob 擬一現實性，Wirklichkeitsanspruch 現實性要求，Wirklichkeitsaussage 現實性陳述，Wirklichkeitsbewußtsein 現實意識，

Wirklichkeitsgeltung 現實性的有效性，Wirklichkeitsmodalität 現實性樣式，Wirklichkeitsphänomen 現實性現象，Wirklichkeitsverhalt 現實性狀態，Wirklichkeitswissenschaft 現實性科學，Wirklich-Sein 現實一存在，Wirklich-Sosein 現實一如在。

Wissen * 知識：（英）knowledge（法）savoir（希）ἐπιστήμη

胡塞爾的「知識」概念在雙重意義上處在與「信仰」的對立之中，一方面胡塞爾從古希臘哲學對「知識」（ἐπιστήμη）與「意見」（δόξα）之對立劃分的角度上來理解「知識」概念，它是「理性」和「哲學」的特徵[1]。另一方面，「知識」也與「信念」（Doxa）[2]概念處在對立之中：「知識」意味著「中止信仰：透過知識來揚棄信仰」[3]。

最後還要注意的是，胡塞爾有時還在特殊的意義上使用「知識」概念，即將它理解爲「對象性的把握」。在這個意義上，被意識到的（bewußt）還並不一定就是被知道的（gewußt），例如：意識行爲的進行是同時被自身意識到，但它只是在後補性的反思中才能被知道[4]。「被知道」在這個意義上又處在與「被意識」的對立之中。

【注釋】①參閱：E. Husserl: *Krisis* Hua VI (Den Haag [2]1962) 70. ②胡塞爾的「Doxa」概念的第二個含義，較爲詳細的說明可以進一步參閱「意見、信念」條目。③ *Ph. B. Er.* Hua XXIII (Den Haag 1980) 240. ④參閱：*Ideen* I, Hua III (Den Haag [3]1976) 170 以及 *Erste Philos.* II, Hua VIII (Den Haag 1959) 88.

【文獻】W. Biemel: "Zur Bedeutung von Doxa und Epistemc im Umkreis der Krisis-Thematik"，載於：E. Ströker (Hrsg.): *Lebenswelt und Wissenschaft in der Philosophie Edmund Husserls* (Frankfurt a. M. 1979) 10-22.

Wissenschaft * * 科學：（英）science（法）science（日）学問

胡塞爾所理解的「科學」從一開始就意味著「客觀眞理的觀念統一」[1]，它具有認識論的本質內涵，即對受到絕對論證的認識之追求[2]。這個意義上的「科

學」與他所說的「嚴格意義上的哲學」是同義的。胡塞爾認為,這也與「科學」
和「哲學」的起始狀況相符合:古希臘是「科學」與「哲學」的誕生地。在此後
的發展中,「科學」成為「歐洲文化的特殊特徵」③。與歐洲人的「科學」或「哲
學」概念相比,儘管古代巴比倫人、埃及人、中國人和印度人對此有相應的表
述,但它們在內容上仍然可以說是「前科學的」或「非科學的」④。「歐洲科學」
在胡塞爾那裡實際上是真正意義上的「科學」之標誌,而所謂「歐洲科學的危
機」則是指這門科學在自近代以來的發展中偏離其原初的觀念,走向客體主義的
極端,從而導致內在困境的產生。超越論現象學試圖回溯到科學觀念的起源上,
找到科學的基礎。在這個意義上,科學可以劃分為精確的自然科學與嚴格的現象
學科學,前者在方法上對經驗進行理想化,後者則以觀念化為其方法特徵⑤。與
這兩種科學相對應的是前科學、非科學的生活世界⑥。

【注釋】① E. Husserl: *LU* I, A210/B210.　②參閱:*Aufs. u . Vort. (1922-1937),* Hua XX-
　　　　VII (Dordrecht u. a. 1989) 73.　③同上。　④同上書,73f.　⑤ *Krisis* Hua VI
　　　　(Den Haag ²1962) 22f.　⑥同上。

【文獻】A. Pazanin: *Wissenschaft und Geschichte in der Phänomenologie E. Husserls* (Den
　　　　Haag 1972).

【相關詞】Wissenschaftlichkeit 科學性,Wissenschaftsbegründung 科學論證,Wissen-
　　　　schaftsgebiet 科學領域,Wissenschaftsideal 科學理想,Wissenschaftsidee 科學
　　　　觀念,Wissenschaftskritik 科學批判,Wissenschaftslehre 科學學說,Wissen-
　　　　schaftstheorie 科學理論。

Z

Zeichen* 符號：（英）sign（法）signe（日）記号

　　胡塞爾區分兩種意義上的「符號」，通常意義上的「符號」僅僅意味著「指號」（Anzeichen），它包括「標號」（Kennzeichen）、「記號」（Merkzeichen）等等。這個意義上的「符號」一般具有兩種功能，一是指示的功能，二是意指的功能①。而眞正意義上的「符號」概念是指在「符號意識」中的「符號」。它是具有含義的「符號」，意味著一個「表達」所具有的物理方面，例如：被說出的語音符號、被寫下的語詞符號等等。胡塞爾認爲，只有當「符號」具有含義，行使意指的功能時，它才進行表達；換言之，只有當「符號」具有含義時，它才可以被稱作「表達」②。

【注釋】① E. Husserl: *LU* II/1, A23/B₁23.　②同上。

【相關詞】Anzeichen 指號，Bezeichenen 標識，Kennzeichen 標號，Merkzeichen 記號，Schriftzeichen 文字符號，Zeichen 符號。

Zeichenbewußtsein** 符號意識：（英）sign-consciousness

　　「符號意識」是「符號行爲」的同義詞①。「『單純的象徵思維』也就是符號意識。」②胡塞爾在《邏輯研究》中將所有意識體驗劃分爲「客體化行爲」與「非客體化行爲」③。在客體化行爲之內，胡塞爾又在立義形式方面進一步區分「直觀行爲」與「符號行爲」④。在《邏輯研究》之後，胡塞爾又從另一個角度將所有表象（或客體化行爲）劃分爲「本眞的表象」與「非本眞的表象」⑤。「符號意識」在這裡屬於「非本眞表象」。

【注釋】①較爲詳細的說明可以參閱「符號行爲」條目。　② E. Husserl: *Philos. Arithm.*

Hua XX/1 (Den Haag 2002), 291.　③ E. Husserl: *LU* II/l, A459/B₁494：「任何一個意向體驗要麼本身就是一個客體化的行爲，要麼就以一個客體化的體驗爲其『基礎』。」　④參閱：*LU* II/2, A566/B₂94.　⑤參閱：*Ph. B. Er.* Hua XXIII (Den Haag 1980) 139f.

Zeit/Zeitbewußtsein＊＊＊ 時間／時間意識：（英）time、time-consciousness（法）temps、conscience de temps（日）時間、時間意識

　　「時間」在胡塞爾現象學中始終是一個中心課題。胡塞爾對「時間」所做的現象學分析實際上是對「時間意識」的分析，更確切地說，是對單個主體和交互主體的「內時間意識」的分析。

　　胡塞爾從一開始便注意到「內時間意識」的視域性特徵：「每一個體驗自身都是一條生成的河流，它本身原初地生產出不變的本質類型；滯留（Retention）和前攝（Protention）的不間斷河流，透過本身流動著的原眞性階段而得到中介，在原眞性的階段中，體驗的活的現在相對於它的『即將』和『而後』被意識到」①。它是對一個體驗的當下的、直接的擁有，而不是透過回憶或期待而被再造、被當下化的東西。例如：我聽一首樂曲，這樂曲中的每一個音符都在「原印象」（Urimpression）的意義上被我感知到；這種「聽」不同於我對這首樂曲的回憶或想像。但是，我對這首樂曲的聽不是一個由各個間斷的、跳躍的音響感知所組成，而是一個連續不斷的感知的「體驗流」。這是因爲在聽的感知中不僅包含著一個當下的「原印象」，它構成這個感知的中心，而且還包含著一個在時間上向前和向後伸展著的「視域」，一個以「原印象」爲中心的、在這個感知中「一同被意指的時間量」。胡塞爾將體驗在時間上向前的伸展稱之爲「前攝」（Protention）或「即將的視域」（Horizont des Vorhin），而將在時間上向後的伸展稱之爲「滯留」（Retention）或「而後的視域」（Horizont des Nachher）②。這是指，每一個感知體驗在時間上都有一個向前的期待和向後的保留。當一個體驗消失，另一個體驗出現時，舊的體驗並不是消失得無影無蹤，而是作爲「滯留」留存在新體驗的視域之中。同樣地，一個更新的體驗也不是突然落到新體驗中，而是先作爲「前攝」出現在新體驗的視域之中。對一首樂曲的體驗流因而是

一個從「前攝」到「原印象」，再到「滯留」的連續過渡過程。新的「即將」隨體驗的流動不斷出現在視域之中，又不斷地轉變成「當下」；「當下」達到了印象強度的頂峰，並不斷變成「而後」；「而後」不斷地削弱，最終脫離視域的範圍。如果沒有這個「視域」，那麼我聽到的就只會是各種不同的音響而已，一首樂曲的旋律便無法得以形成。「體驗」之所以能夠成為一個在時間上連續的過渡，正是因為「視域」在時間上的不斷延伸。這裡的「即將」、「而後」、「現在」便構成感知體驗的「三重體驗視域」③。由於回憶和想象作為「當下化」（Vergegenwärtigung）的行為是對感知的再造，因此，這個「三重視域」的時間性結構對回憶和想像也有效，就是說，當我們在回憶或想像一首樂曲時，回憶或想像的體驗也具有時間上的「三重視域」。

在這個意義上形成的視域性時間是世界和自我本身的形式，簡言之，是經驗著世界的自我生活的形式。

【注釋】① E. Husserl: *Ideen* I, Hua III (Den Haag ³1976) 167. ②同上書，183. ③參閱：*Inters.* III, Hua XV (Den Haag 1973) 362.

【文獻】G. Brand: "Horizont, Welt, Geschichte"，載於：*Phänomenologische Forschungen* 5 (1977) 14-89. W. Bröcker: "Husserls Lehre von der Zeit"，載於：Phil. nat. 4 (1957) 374-379. Gui Hyun Shin: *Die Struktur des inneren Zeitbewußtseins. Eine Studie über den Begriff der Protention in den veröffentlichten Schriften Husserls* (Bern/Frankfurt 1978). M. Sommer: *Lebenswelt und Zeitbewußtsein* (Frankfurt a. M. 1990).

【相關詞】Zeitanalyse 時間分析，Zeitbewußtsein 時間意識，Zeitdauer 時間延續，Zeiteinheit 時間統一，Zeitempfindung 時間感覺，Zeitfeld 時間域，Zeit-Gegenstand 時間─對象，Zeithorizont 時間視域，Zeitlage 時間狀態，zeitlich 時間的，Zeitlichkeit 時間性，Zeitmodalität (Zeitmodus) 時間樣式，Zeit-Präsenz 時間在場，Zeitstelle 時間位置。

-phänomenologische Zeit 現象學的時間：

在內在時間和客觀時間形成之前，意向活動在意指對象的同時，也會對意識流動本身有所感覺。胡塞爾將這種感覺稱作「時間感覺」或「現象學時間」、

「前經驗的時間」等：「這條河流並不是我用鐘錶或瞬時計來規定的客觀時間的河流，不是我在與地球和太陽的關聯中所確定的世界時間的河流。因爲這些都已被現象學還原所掃除。我們寧可將這條河流稱之爲前經驗的或現象學的時間，它提供了對客觀時間謂詞之再現的原初代表，用類似的話來說就是：時間感覺」①。它也相當於胡塞爾所說的確切意義上的「內時間意識」。由於現象學對於胡塞爾來說是意識現象學，而「所有能思（cogitationes）的必然形式」是「現象學的時間」②，因此，對現象學時間的分析在胡塞爾那裡占有核心位置。

【注釋】 ① E. Husserl: *Zeitb.* Hua X (Den Haag 1966) [478].　② *Aufs. u. Vort. (1911-1921),* Hua XXV (Dordrecht u. a. 1987) 222.

Zeitanalyse＊＊時間分析：

「時間分析」在胡塞爾現象學中意味著「一個完全封閉的問題領域」①，時間分析的課題是由「內時間意識」構成的②。內時間意識是指那個在客觀時間中伴隨著所有對象經驗的、關於這樣一種意向活動的意識，在這種意向活動中，在客觀時間中的對象作爲意向相關項的內涵而被經驗到③。「內時間意識的原綜合」④，「不應被看作是主動的和分立的綜合」⑤，它爲所有其他的在意識中進行的綜合奠定了發生性的基礎，也就是說，爲所有意識的構造成就奠定了發生性的基礎⑥。在這個原綜合中進行著兩方面的構造：(1) 意識流或體驗流的內在時間所具有的那種「必然地包含著一個純粹自我之所有體驗的形式」在這個原綜合中構造起自身⑦；(2) 在感性感知中可經驗之物的客觀時間在這個原綜合中構造起自身。對這個構造的意向分析澄清是透過對原印象、滯留和前攝的描述指明而進行的，它們是時間意識的不可再繼續還原的原樣式，再回憶、前回憶（對未來之物的假設、預測）這樣一些較高層次的意識權能性（「我能」）便奠基於這些原樣式中⑧。這種指明在方法上之所以可能，乃是因爲在現象學懸擱的進行中，客觀時間的視域被加了括號，那些與關於這個視域的意識相聯繫的成見，即在當下之物、過去之物、未來之物的存在意義方面的成見被判爲無效⑨。如果這樣一種意識的時間性，即那種意識流的內在時間在其中構造起自身的意識之時間性也被探

問，那麼對內時間意識的分析便需要得到澈底的深化，即需要對內在時間也加括號[10]。胡塞爾在其「關於內時間意識現象學的講座」[11]中，已經指明了無綿延的[12]「絕對主體性」[13]的「時間構造流」[14]，但他同時說明：「我們還缺乏指稱所有這些東西的名稱」[15]。在他的後期，胡塞爾將那種進行著最終構造的主體性的時間形式理解爲流動的─穩定的「生動當下」，並且試圖透過重新進行的時間分析來最終規定，超越論現象學在它對絕對主體性的陳述中能夠達到何種**絕然的**明見性[16]。胡塞爾本人沒有能夠再對這些對於理解他的現象學來說具有本質意義的分析進行加工和發表[17]。

【注釋】① E. Husserl: *Ideen* I, Hua III (Den Haag 1950) 197. ②同上書，196f.；*Zeitb.* Hua X (Den Haag 1966) 4ff.; *Analysen* Hua XI (Den Haag 1966) 314ff., 322ff. ③ *CM* Hua I (Den Haag ²1963) 81, 99. ④ *Ideen* I ... 同上書，292. ⑤同上。 ⑥ *CM* ... 同上書，79ff.、114. ⑦ *Ideen* I ... 同上書，200. ⑧ *Zeitb* ... 同上書，35ff. ⑨同上書，4ff. ⑩ *Ideen* I ... 同上書，198；*Zeitb* ... 同上書，73ff.、339ff. ⑪首先由海德格發表於 *Jahrbuch für Philosophie und phänomenologische Forschung* Bd. IX, 1928；然後以考證版的形式，並附加了補充文字，由 R. Boehm 發表於 Husseliana Band X (Den Haag 1966）。關於這些文字的產生史可以參閱 R. Boehm 爲這個版本所寫的〈前言〉。 ⑫ *Zeitb* ... 同上書，113. ⑬同上書，74. ⑭同上。 ⑮同上書，75. ⑯同上書，339ff.；*CM* ... 同上書，62.；*Erste Philos.* II, Hua VIII (Den Haag 1959) 80. ⑰這些手稿現在集中在魯汶（比利時）胡塞爾文庫中，手稿編號爲 C。在撰寫此條目時，它們已經準備在《胡塞爾全集》中發表。

【文獻】 G. Eigler: *Metaphysische Voraussetzungen in Husserls Zeitanalyse* (1961). G. Brand: *Welt, Ich und Zeit. Nach unveröffentlichten Manuskripten Edmund Husserls* (Den Haag 1955). K. Held: *Lebendige Gegenwart. Die Frage nach der Seinsweise des transzendentalen Ich bei E. Husserl, entwickelt am Leitfaden der Zeitproblematik* (Den Haag 1966). (K. Held)

Zeithorizont** 時間視域：（英）temporal horizon

「時間視域」在胡塞爾現象學中是指各種時間性當下化（再─回憶和先─回憶）的權能性之活動空間[1]。這種權能性在「內時間意識」或「生動當下」的

被動的和連續的原綜合中透過連續的滯留性（以及與此相應的前攝性）蘊含構造起自身。在對一個現前對象的現時「興趣」入睡的同時，這種蘊含使這個對象在過去中的一個不可動搖的同一、個體時間點上②「積澱下來」③。這種積澱的基礎在於，在過去的客體中曾經貫穿著、並且還以滯留的方式繼續貫穿著一個現前的領域連同其滯留性的和前攝性的「環境」（「暈」），並且，這種積澱之所以可能，這乃是因爲，從它這方面來說，過去的客體可以透過意識而以回憶的方式被再喚起④。

【注釋】 ① E. Husserl: *CM* Hua I (Den Haag ²1963) 82. ；參閱：*Ideen* I, Hua III (Den Haag 1950) 200. ② *Zeitb.* Hua X (Den Haag 1966) 64ff. ③ *F. u. tr. Logik* (1929) 279f. ④ *Zeitb* ... 同上書，107ff.；*Analysen* Hua XI (Den Haag 1966) 365ff. (K. Held)

Zeitigung (Zeitigen) * 時間化：（英）to constitute as temporal （日）時間化

「時間化」這一概念被胡塞爾用來標識主體性所具有的一種原初性的超越論能力或成就（Leistung）①，但這種能力或成就並不僅僅是指對意識對象的構造②，而且首先意味著「對統一性的獲取」③，這種統一性是指經驗著世界的自我生活的統一形式。在這個意義上，胡塞爾強調，「絕對者無非就是絕對的時間化」，自我所能發現的直接流動的原初性就已經是一種「時間化」構造的產物：它意味著「原存在者」（Urseiendes）④或「原基地」（Urboden）⑤。

在胡塞爾對「時間化」概念的規定中，至少包含著在對象極和自我極兩個方面的含義，換言之，在胡塞爾那裡可以區分出在意向活動和意向相關項兩個方向上的「時間化」。首先，時間化意味著「存在者在時間樣式中的構造」⑥，這也就是指時間對象和對象類型的構造過程。「時間化」在這裡無非就是指在時間中進行的對象化。一個統一的對象一旦被構造出來，一旦被時間化，它便成爲一個原初的統一性，或者說，一個原初的基質（Substrat），並因此而獨立於任何自我的主動性；它可以完全被動地被再造（被回憶、被想像）出來。其次，「時間

化」在胡塞爾那裡也可以是指自我的自身構造過程。這個意義上的「時間化」是自我的「自身時間化」（Selbstzeitigung），它是一個不間斷的過程，即自我的不間斷的繼續追求（Weiterstreben）。但須注意的是，自我的自身時間化構造不同於它對對象的時間化構造，自我的「自身時間化」並不意味著自我被創造出來，而只表明這樣一個狀態，即：自我只能在一定的自身時間化階段上得到指明，這大都是在對已被當下化之物的補加反思中，當然也可以在當下的時間化進行中，或是在對將被時間化之物的預先期待中。

此外，胡塞爾還認為，「存在之物以任何方式和在任何階段上進行的所有構造都是一種時間化，這種時間化在構造系統中賦予存在者的任何特殊意義以其時間形式」⑦，因此在這個最寬泛的意義上，觀念之物也具有「時間化」的特徵，即：「全時的」（allzeitlich）特徵⑧。

【注釋】 ① E. Husserl: Ms. C5, 1. ②胡塞爾認為：「任何一種類型的和在任何一個階段上對存在者的構造都是時間化」〔*Krisis*, Hua VI (Den Haag ²1962) 172〕。 ③ Ms. C 3 III, 23. ④ Ms. C 13 III. ⑤ Ms. E III 9, 4a. ⑥ Ms. C 1, 6. ⑦ *Krisis,* Hua VI (Den Haag ²1962) 172. ⑧對此也可以進一步參閱「全時性」條目。

【文獻】 K. Held: *Lebendige Gegenwart. Die Frage nach der Seinsweise des transzendentalen Ich bei E. Husserl, entwickelt am Leitfaden der Zeitproblematik* (Den Haag 1966). K. Wiegerling: *Husserls Begriff der Potentialität. Eine Untersuchung über Sinn und Greuze der transzendentalen Phänomenologie als universaler Methode* (Bonn 1984) III. Teil.

【相關詞】 Zeit 時間，zeitlich 時間的，zeitigen 時間化。

Zeitmodus * 時間樣式：（日）時間樣態

「時間樣式」在胡塞爾的術語中被用來指稱對象所具有的時間性突出形態。例如：個體對象的時間樣式是「時間性」（Zeitlichkeit），觀念對象的時間樣式是「全時性」（Allzeitlichkeit）或「超時性」（Überzeitlichkeit）①。

【注釋】 ① E. Husserl: *EU* (Hamburg ⁴1972) 313.

Zuschauer 旁觀者：（英）onlooker（日）旁観者

-uninteressierter Zuschaue/transzendentaler、unbeteiligter Zuschau-er＊＊ 無興趣的旁觀者／超越論的旁觀者、不參與的旁觀者：

（英）non-participant onlooker（日）無關心な旁観者

在胡塞爾的現象學中，「無興趣的旁觀者」被用來指稱現象學方法的主體。自然觀點中的主體是在多重的興趣中與他周圍的世界發生關係[①]。即使是這個主體所進行的那種從對象本身回溯到它對意識的被給予方式之上的自然反思也伴隨著這些興趣[②]。這些興趣的基礎首先在於對對象的存在與不存在的興趣，它們在現象學的懸擱中遭到排斥。隨之，在所有反思中都發生的「自我分裂」，即反思著的自我與被反思的自我的分裂[③]便在於，反思著的自我成爲它的純粹意識生活的無興趣的旁觀者[④]；這個旁觀者將所有那些爲被反思的自我（自然觀點中的自我）所始終感興趣的執態都排斥出去[⑤]。由此，純粹意識及其相關者成爲無興趣旁觀者的課題，在這種課題化中，無興趣旁觀者獲得了一個「最終的經驗立足點和認識立足點」[⑥]。

無興趣的旁觀者首先是現象學—心理學的自身經驗的主體[⑦]。正如純粹意識在超越論還原中經歷了意義變化一樣——它表明自身是超越論主體性——無興趣的旁觀者也經歷了意義變化。他就是在超越論現象學中進行著自身認識和自身沉思的超越論主體性的本我本身[⑧]。

【注釋】 [l] E. Husserl: *Erste Philos.* II, Hua VIII (Den Haag 1959) 99f. ②同上書，91. ③同上。 ④ *CM* Hua I (Den Haag ²1963) 15. ⑤ *Erste Philos.* II ... 同上書，92、97；參閱：*CM* ... 同上書，73. ⑥ *CM* ... 同上書，15. ⑦ *Phän. Psych.* Hua IX (Den Haag 1962) 294；參閱：*Krisis* Hua VI (Den Haag ²1962). ⑧ *Krisis* ... 同上書，261；參閱：*F. u . tr. Logik* (1929) 242. (U. Claesges)

Zuwendung＊ 朝向：（英）advertence（日）配意

在胡塞爾的意向發生分析中，「朝向」是指自我對一個對象的清醒的指向：「朝向的進行就是被我們稱作**自我之清醒**（Wachheit）的東西……清醒就是指將

目光指向某物。被喚醒意味著經受一種有效的刺激；一個背景變得「生動」起來，意向對象從那裡出發或多或少地切近自我，這個或那個對象有效地將自我吸引到它自身那裡。只要自我朝向對象，它就在對象之旁」①。在這個意義上的「朝向」意味著一種素樸的「自我**行為**」的實際進行，意味著對一個對象的擁有②，它已屬於意識主動性的範疇③。在奠基性的（fundierend）行為（客體化的行為，如感知行為、想像行為等等）中，這種「朝向」同時也就是指對這個對象之存在的「執態」④，意味著「現時性」⑤。但在被奠基的行為（非客體化的行為，例如感情行為、意願行為等等）中，它仍然有別於對對象的「關注」或「注意」，有別於對對象的「把握」⑥。例如，對一個對象之價值的「朝向」，並不意味著對這個對象本身的把握或關注⑦。

【注釋】① E. Husserl: *EU* (Hamburg ⁴1972) 83.　②參閱：*Ideen* I, Hua III (Den Haag ³1976) § 28.　③參閱：*EU* ... 同上書，73f.　④ *Ph. B. Er.* Hua XXIII (Den Haag 1980) 463, Anm. 3.　⑤ *Ideen* I ... 同上書，§ 35.　⑥同上書，37.　⑦同上。

Zweifel * 懷疑：（英）doubt（法）doute（日）懷疑、疑惑

除了「懷疑」概念所具有的日常意義和傳統哲學意義（如笛卡兒的普遍懷疑）之外，胡塞爾還在特殊的意義上使用「懷疑」概念：它被用來指稱一種「信仰樣式」①，一種處在「肯定」和「否定」之間的存在信仰。胡塞爾的意向分析表明②：「懷疑」作為一種意識現象所具有的特徵就在於，對相同的材料組成，即對相同的感性素材，有兩個相互交疊的感知立義發生衝突，例如：懷疑一個事物究竟是A 還是 B，如此等等③。與「懷疑」相對應的意向相關項是「可疑存在」④。

【注釋】①參閱「變式」、「信仰樣式」與「確然性樣式」條目。　②參閱：E. Husserl: *Analysen* Hua XI (Den Haag 1966) 33f. 以及 *EU* (Hamburg ⁴1972) 99f.　③參閱：同上。　④ *Ideen* I, Hua III (Den Haag ³1976) 240f.

參考引用著作原文、譯文
（附簡稱）

一、胡塞爾原著

(1) *Husserliana*《胡塞爾全集》——**Edmund Husserl: Gesammelte Werke, Den Haag Matinus Nijhoff bzw. Dordrecht u. a. Kluwer Academic Publishers:**

CM Hua I（簡稱）

Band I: *Cartesianische Meditationen and Pariser Vorträge.* Hrsg. von St. Strasser, 1950.

中譯本：張憲譯。繁體版：《笛卡兒的沉思》，桂冠出版社，臺北，1995 年。

Idee d. Phän. Hua II（簡稱）

Band II: *Die Idee der Phänomenologie* (Fünf Vorlesungen). Hrsg. von W. Biemel, 1950.

中譯本：倪梁康譯。簡體版：《現象學的觀念》，上海譯文出版社，上海，1986 年；繁體版：《現象學觀念》，南方出版社，臺北，1987 年。

Ideen I. Hua III（簡稱）

Band III/1: *Ideen zu einer reinen Phänomenologie, und phänomenologischen Philosophie.* (*Ideen* I)

Erstes Buch: *Allgemeine Einführung in die reine Phänomenologie.* Text der 1. -3. Auflage. Neu hrsg. von K. Schuhmann, 1976.

中譯本：李幼蒸譯。簡體版：《純粹現象學通論》，商務印書館，北京，1995 年；繁體版：《純粹現象學通論》，聯經出版公司，臺北，1995 年。

Ideen 1/2. Hua III/2（簡稱）

Band III/2: Dass. Ergänzende Texte (1912-1929).

Neu hrsg. von K. Schuhmann, 1976.

Ideen II, Hua IV（簡稱）

Band IV: *Ideen zu einer reinen Phänomenologie und phänomenologischen Philosophie.*

Zweites Buch: *Phänomenologische Untersuchung zur Konstitution.* Hrsg. von M. Biemel, 1953.

Ideen III, Hua V（簡稱）

Band V: *Ideen zu einer reinen Phänomenologie und phänomenologischen Philosophie.*

Drittes Buch: *Die Phänomenologie und die Fundamente der Wissenschaften.* Hrsg. von M. Biemel, 1953.

Krisis Hua VI（簡稱）

Band VI: *Die Krisis der europäischen Wissenschaften und die transzendentale Phänomenologie. Eine Einführung in die phänomenologische Philosophie.* Hrsg. von W. Biemel, 1954.

中譯本：張慶熊譯。簡體版：《歐洲科學的危機和超驗現象學》（第一、二部分），上海譯文出版社，上海，1987 年；繁體版：《歐洲科學的危機和超驗現象學》（第一、二部分），臺北，1994 年。

Erste Philos. I, Hua VII（簡稱）

Band VII: *Erste Philosophie* (1923/24). Erster Teil: *Kritische Ideengeschichte.* Hrsg. von R. Boehm, 1956.

Erste Philos. II, Hua VIII（簡稱）

Band VIII: *Erste Philosophie* (1924/25). Zweiter Teil: *Theorie der phänomenologischen Reduktion.* Hrsg. von R. Boehm, 1959.

Phän. Psych. Hua IX（簡稱）

Band IX: *Phänomenologische Psychologie.* (Vorlesungen Sommersemester 1925). Hrsg. von W. Biemel, 1962.

Zeilb. Hua X（簡稱）

Band X: *Zur Phänomenologie des inneren Zeitbewußtseins* (1893-1917) (Die Seitenzahlen beziehen sich auf die in Hua III/1 wiedergegebene Paginierung der Erstauflage 1928.) Hrsg. von R. Boehm, 1966.

中譯本：倪梁康譯。簡體版：《內時間意識現象學》，商務印書館，北京，2009 年；繁體版：《內時間意識現象學》，五南圖書出版股份有限公司，臺北，2021 年。

Analysen Hua XI（簡稱）

Band XI: *Analysen zur passiven Synthesis.* (Aus Vorlesungs und Forschungsmanuskripten 1918-1926.) Hrsg. von M. Fleischer, 1966.

Philos. Arithm. Hua XII（簡稱）

Band XII: *Philosophic der Arithmetik.* (Mit ergänzenden Texten 1890-1901) Hrsg. von L. Eley, 1970.

Intersub. I. Hua XIII（簡稱）

Band XIII: *Zur Phänomenologie der Intersubjektivität.* (Texte aus dem Nachlaß. Erster Teil: 1905-1920.) Hrsg. von I. Kern, 1973.

Intersub. II, Hua XIV（簡稱）

Band XIV: *Zur Phänomenologie der Intersubjektivität.* (Texte aus dem Nachlaß. Erster Teil: 1905-1920.) Hrsg. von I. Kern, 1973.

Intersub. III. Hua XV（簡稱）

Band XV: *Zur Phänomenologie der Intersubjektivität.* (Texte aus dem Nachlaß. Erster Teil: 1905-1920.) Hrsg. von I. Kern, 1973.

Ding u. Raum Hua XVI（簡稱）

Band XVI: *Ding und Raum.* (Vorlesungen 1907.) Hrsg. von U. Claesges, 1973.

Logik Hua XVII（簡稱）

Band XVII: *Formale und transzendentale Logik. Versuch einer Kritik der logischen Vernunft.* Hrsg. von P. Janssen, 1974.

LU I（簡稱）

Band XVIII: *Logische Untersuchungen.* Erster Band: *Prolegomena zur reinen Logik.* Hrsg. von E. Holenstein, 1975.

〔Die Seitenzahlen beziehen sich auf die in Hua XVIII wiedergegebene Paginierung der ersten (A) und zweiten (B) Auflage.〕

中譯本：倪梁康譯。簡體版：《邏輯研究》，第一卷，上海譯文出版社，上海，1994年；繁體版：《邏輯研究》，第一卷，時報出版公司，臺北，1994年。

LU II/1（簡稱）

Band XIX, 1: *Logische Untersuchungen.* Zweiter Band: *Untersuchungen zur Phänomenologie und Theorie der Erkenntnis.* Erster Teil. Hrsg. von U. Panzer, 1984.

〔Die Seitenzahlen beziehen sich auf die in Hua XIX/1 wiedergegebene Paginierung der ersten (A) und zweiten (B) Auflage.〕

中譯本：倪梁康譯。簡體版：《邏輯研究》，第二卷 / 第一部分，上海譯文出版社，上海，1998年；繁體版：《邏輯研究》，第二卷 / 第一部分，時報出版公司，臺北，1999年。

LU II/2（簡稱）

Band XIX, 2: *Logische Untersuchungen.* Zweiter Band: *Untersuchungen zur Phänomenologie und Theorie der Erkenntnis.* Zweiter Teil. Hrsg. von U. Panzer, 1984.

〔Die Seitenzahlen beziehen sich auf die in Hua XIX/2 wiedergegebene Paginierung der ersten (A) und zweiten (B) Auflage.〕

中譯本：倪梁康譯。簡體版：《邏輯研究》，第二卷 / 第二部分，上海譯文出版社，上海，1999年；繁體版：《邏輯研究》，第二卷 / 第二部分，時報出版公司，臺北，1999年。

Arith. u. Geom. Hua XXI（簡稱）

Band XXI: *Studien zur Arithmetik und Geometrie* (1886-1901). Hrsg. von I. Strohmeyer, 1983.

Aufs. u. Rez. Hua XXII（簡稱）

Band XXII: *Aufsätze und Rezensionen* (1890-1910). Hrsg. von B. Rang, 1979.

Ph. B. Er. Hua XXIII（簡稱）

Band XXIII: *Phantasie, Bildbewußtsein, Erinnerung. Zur Phänomenologie der anschaulichen Vergegenwärtigungen.* Texte aus dem Nachlaß (1898-1925). Hrsg. von E.

Marbach, 1980.

Logik u. Erkennt. Hua XXIV（簡稱）

Band XXIV: *Einleitung in die Logik und Erkenntnistheorie.* Vorlesung 1906/07. Hrsg. von U. Melle, 1984.

Aufs. u. Vort. I, Hua XXV（簡稱）

Band XXV: *Aufsätze und Vorträge* (1911-1921). Hrsg. von Th. Nenon und H. R. Sepp, 1986.

Bedeutungsl. Hua XXVI（簡稱）

Band XXVI: *Vorlesungen über Bedeutungslehre.* Sommersemester 1908. Hsrg. von U. Panzer, 1986.

Aufs. u. Vort. II, Hua XXVII（簡稱）

Band XXVII: *Aufsätze und Vorträge* (1922-1937). Hrsg. von Th. Nenon und H. R. Sepp, 1989.

Ethik Hua XXVIII（簡稱）

Band XXVIII: *Vorlesungen über Ethik und Wertlehre* (1908-1914). Hrsg. von U. Melle, 1988.

Krisis (E) Hua XXIX（簡稱）

Band XXIX: *Die Krisis der europäischen Wissenschaften und die transzendentale Phänomenologie.* Ergänzungsband: Text aus dem Nachlaß 1934-1937. Hrsg. von R. N. Smid, 1993.

Logik u. Wiss. Hua XXX（簡稱）

Logik und allgemeine Wissenschaftstheorie. Vorlesungen 1917/18. Mit ergänzenden Texten aus der ersten Fassung von 1910/11. Hrsg. von U. Panzer. 1996 (zitiert als Hua XXX).

Husserliana-Dokumente. Band I:

K. Schuhmann: *Husserl-Chronik. Denk- und Lebensweg Edmund Husserls,* 1977.

Husserliana-Dokumente. Band II:

E. Fink: *VI. Cartesianische Meditation.*

2/1: *Die Idee einer transzendentalen Methodenlehre.* Hrsg. von H. Ebeling, J. Holl & G. van Kerckhoven 1988.

2/2: *Ergänzungsband.* Hrsg. von G. van Kerckhoven 1988.

Husserliana-Dokumente. Band III:

Brief I-X（簡稱）

E. Husserl: *Briefwechsel.* Hrsg. von K. Schuhmann, 10 Bände, 1994.

(2) 胡塞爾的其他著述、信件：

EU Erfahrung und Urteil. Untersuchung zur Genealogie der Logik; redigiert und hrsg. von L. Landgrebe, mit Nachwort und Register von L. Eley, PhB 280, 6. Auflage, Hamburg 1985.

"Persönliche Aufzeichnungen", hrsg. von W. Biemel, in: *Philosophy and Phenomenological Research* XVI, No. 3 (1956) p.293-302.

Texte zur Phänomenologie des inneren Zeitbewußtseins (1893-1917), hrsg. und eingeleitet von R. Bernet. PhB 362, Hamburg 1985.

Phänomenologische Methode. Ausgewählte Texte Husserls I, hrsg. von K. Held, Stuttgart 1985；

中譯本：倪梁康譯。《現象學的方法》，上海譯文出版社，上海，1994 年。

Phänomenologie der Lebenswelt. Ausgewählte Texte Husserls II. hrsg. von K. Held, Stuttgart 1986.

中譯本：倪梁康、張廷國譯。《生活世界的現象學》，上海譯文出版社，上海，2005 年。

Edmund Husserl. Gesammelte Schriften, in 9 Bände, hrsg. von E. Ströker Hamburg 1992.

《胡塞爾文選》，兩卷本，倪梁康主編，上海三聯書店，上海，1997 年。

Briefe an R. Ingarden

Briefe an Roman Ingarden. Mit Ergänzungen und Erinnerungen, hrsg. v. R. Ingarden, Den Haag 1968.

Br. a. H. v. Hoffmannsthal: Husserls Brief an Hugo von Hofmannsthal, in: R. Hirsch, "Edmund Husserl und Hugo von Hofmannsthal. Eine Begegnung und ein Berief "; in: *Sprache und Politik. Festgabe für Dolf Sternberger*, hrsg. von C. J. Friedrich, Heidelberg 1968, pp. 108-115.

Biref an D. Cairns: Husserls Brief an Dorion Cairns, in: *Edmund Husserl 1859-1959*, hrsg. von H. L. Van Breda/J. Taminiaux, Den Haag 1959, pp. 283-285.

(3) 尚未發表的胡塞爾手稿：

Ms.**A** I 36, IV 2, IV 10, IV 12, IV 15, V 5, V 7, V 20, V 21, V22, VI 2, VI 8 1, VI 14. VI 15, VI 20, VII 9, VII 11, VII 21, VII 25 6. VII 31, VII 51;

B II 2, B II 19;

C 1, 3 III 2 I, 5, 7 I, 11 I, 11 III 13 III, 13 I, 16 V. 16VI, 16 VII, 17 I, 17 IV;

D 5;

E III 2, III 4, III 9, III 10. III 61;

F I 19, I 24, I 28;

K III 11；

M III 3 III 1 II, III 3 III 1 III, III 3 IV 1 II.

二、參考文獻

Adorno, Th. W., *Die Transzendenz des Dinglichen und Noematischen in Husserls Phänomeno-logie* (Frankfurt a. M. 1973).

——, *Zur Metakritik der Erkenntnistheorie. Studien über Husserl und die phänomenolo-gischen Anatomoie* (Frankfurt a. M. 1990).

Aguirre, A., *Genetische Phänomenologie und Reduktion. Zur Letztbegründung der Wissenschaft aus der radikalen Skepsis im Denken E. Husserls*(Den Haag 1970).

——, *Die Phänomenologie Husserls im Licht ihrer gegenwärtigen Interpretation und Kritik* (Darmstadt 1982).

Allen. J., "Husserl's philosophical anthropology", in: *Philosophy today* 21 (1977), p. 347-355.

Almeide. G. A. de, *Sinn und Inhalt in der genetischen Phänomenologie E. Husserls*(Den Haag 1972).

Apel, K.-O., "Ist Intentionalität fundamentaler als sprachliche Bedeutung? Transzendentalpragmatische Argumente gegen die Rückkehr zum semantischen Intentionalismus der Bewußtseinsphilosophie", in: *Intentionalität und Verstehen* (Frankfurt a. M. 1990), p. 13-54.

Arlt, A., "Transzendentalphilosophie und Psychologie. Zum Begriff der 'Phänomenologischen Psychologie' bei Husserl", in: *Perspektiven der Philosophie* 10 (1984), p. 161-179.

Asemissen. H. U., *Strukturanalytische Probleme der Wahrnehmung in der Phänomenologie Husserls* (Köln 1957).

Attig, T. W., *Cartesianism, certainty an the 'Cogito' in Husserl's "Cartesian meditations"* (London 1981).

Avé-Lallemant, E., "Die Phänomenologische Bewegung-Ursprung, Anfänge und Ausblick", in: H. R. Sepp(Hrsg.), *Husserl und die Phänomenologische Bewegung-Zeugnisse in Text und Bild* (Freiburg 1988), pp. 61-75.

Bachelard, S., *La logique de H. Etude sur la ⟪Logique formelie et logique trancendentale⟫* (Paris 1957).

Becker, O., "Von der Hinfälligkeit des Schönen und der Abenteuerlichkeit des Künstlers. Eine ontologische Untersuchung im ästhetischen Phänomenbereich", in: *Festschrift. Edmund Husserl zuin 70. Geburtstag gewidmet. Ergänzungsband zum Jahrbuch für Philosophie und phänomenologische Forschung* (Halle a. d. S. 1929), pp. 27-52.

——, "Die Philosophie Edmund Husserls (Anläßlich seines 70. Geburtstags dargestellt)", in: *Kant-Studien* 35 (1930), pp. 118-150.

Bello, A. A., "Phenomenological Archaeology as a Tool for Analyzing the Human World", in: H. Kojima (Hrsg.), *Phänomenologie der Praxis im Dialog zwischen Japan und dem*

Westen (Würzburg 1989), pp. 105-117.

Belussi, F., *Die modaltheoretischen Grundlagen der Husserlschen Phänomenologie* (Freiburg/ München 1990).

Berger, G., "Husserl und Hume", in: H. Noack (Hrsg.), *Husserl* (Darmstadt 1963), pp. 210-222.

Bernet, R. /Kern, I. /Marbach, E., *Edmund Husserl: Darstellung seines Denkens* (*Hamburg* 1989).

Bernet, R., "Bedeutung und intentionales Bewußtsein, Husserls Begriff des Bedeutungsphänomens", in: *Phänomenologische Forschungen* 8 (1979), pp. 31-64.

——, "Perception as a Teleological Process of Cognition", in: *Analecta Husserliana* IX (1979), pp. 119-132.

——, "Einleitung", in: E. Husserl, *Texte zur Phänomenologie des inneren Zeitbewußtseins* (*1893-1917*), herausgegeben und eingeleitet von R. Bernet, (Hamburg 1985). pp. XI-LXXIII.

——, "Husserls Begriff des Noema", in: S. IJsseling (Hrsg.), *Husserl-Ausgabe und Husserl-Forschung* (Dordrecht u. a. 1990), pp. 61-80.

Biemel, W. (Hrsg.), *Die Welt des Menschen-Die Welt der Philosophie. Festschrift für Jan Patocka* (Den Haag 1976).

——, "Zur Bedeutung von Doxa und Episteme im Umkreis der Krisis-Thematik", in: E. Ströker (Hrsg.): *Lebenswelt und Wissenschaft in der Philosophie Edmund Husserls* (Frankfurt a. M. 1979), pp. 10-22.

——, "Refelxionen zur Lebenswelt-Thematik", in: ders. (Hrsg.), *Phänomenologie heute. Festschrift für L. Landgrebe* (Den Haag 1972), pp. 49-77.

Boehm, R., "Einleitung des Herausgebers", in: Hua Band X: *Zur Phänomenologie des inneren Zeitbewußtseins* (1893-1917), pp. XIII-XLIII.

——, *Vom Gesichtspunkt der Phänomenologie. Husserl-Studien* (Den Haag 1968).

——, "Zur Phänomenologie der Gemeinschaft. E. Husserls Grundgedanken", in: T. Würtenberger (Hrsg.), *Phänomenologie, Rechtsphilosophie. Jurispondenz. Festschrift für G. Husserl zum 75. Geburtstag* (Frankfurt a. M. 1969), pp. 1-26.

——, "Intentionalität und Transzendenz. Zur Konstitution der materiellen Natur", in: *Analecta Husserliana* Bd. 1 (Dordrecht 1971), pp. 91-99.

——, "Der Bedeutungswandel von Husserls Grundbegriffen seit seinem Tode", in: *Phänomenologische Forschungen* 24/25 (1991), pp. 92-115.

Boer, T. de, "Die Begriffe 'absolut' und 'relativ' bei Husserl", in: *Zeitschrift für philosophische Forschung* 27 (1973), pp. 514-533.

Bort, K., *Personalität und Selbstbewußtsein. Grundlagen einer Phänomenologie der*

Bezogenheit, Tübingen 1993.

Brand. G., *Welt, Ich und Zeit. Nach unveröffentlichten Manuskripten E. Husserls (Den* Haag 1969).

——, "Horizont, Welt, Geschichte", in: *Phänomenologische Forschungen* 5 (1977), pp.14-89.

——, "Die Normalität des und der Anderen und die Anormalität einer Erfahrungsgemeinschaft bei E. Husserl", in: W. M. Sprondel/R. Grathoff: *Schütz und die Idee des Alltags in den Sozialwissenschaften* (Stuttgart 1979), pp. 108-124.

Brentano, F., *Psychologie vom empirischen Standpunkt* I, II (Hamburg ³1955).

——, *Deskriptive Psychologie* (Hamburg 1982).

——, *Grundzüge der Ästhetik* (Bern 1959).

Broekman, J. M., *Phänomenologie und Egologie. Faktisches und transzendentales Ego bei Edmund Husserl* (Den Haag 1963).

Bröcker. W., "Husserls Lehre von der Zeit", in: *Philosophia naturalis* 4 (1957), pp. 374-379.

Brough, J. B., "Husserl on Memory", in; *The Monist* 59 (1975), pp. 40-62.

Buckley, R. P., *Husserl, Heidegger and the Crisis of Philosophical Responsibility (Den* Haag 1992).

Cairn. D., *Guide for Translating Husserl* (The Hague 1973).

Carnap. R., *Der logische Aufbau der Welt* (Hamburg 1961).

Celms, Th., *Der phänomenologische Idealismus Husserls und andere Schriftcn 1928-1943*, herausgegeben von J. Rozenvalds (Frankfurt a. M. u. a. 1993).

Cha, I. S., *Eine Untersuchung über den Gegenstandsbegriff in der Phänomenologie Edmund Husserls* (Dissertation, Freiburg i. Br. 1968).

張燦輝（Cheung, Ch.-F.）：《海德格與胡塞爾現象學》，臺北，1996 年。Deutsch: *Der anfängliche Boden der Phänomenologie - Heideggers Auseinandersetzung mit der Phänomenologie Husserls in seinen Marburger Vorlesungen* (Frankfurt a. M. u. a. 1983).

Cho, K. K., "Anonymes Subjekt und phänomenologische Bcschreibung", in: *Phänomenologische Forschungen* 12 (1982), pp. 21-56.

——, (Hrsg.) *Philosophy and Science in phenomenological Perspective* (Den Haag 1984).

Claesges, U., *Edmund Husserls Theorie der Raumkonstitution* (Den Haag 1964).

——, "Zweideutigkeit in Husserls Lebenswelt-Begriff", in: U. Claesges/K. Held (Hrsg.), *Perspektiven transzendentalphänomenologischer Forschung* (Den Haag 1972), pp. 85-101.

Courtine, J.-F., "Intersubjektivität und Analogie", in: *Phänomenologische Forschungen* 24/25 (1991). pp. 232-264.

Derrida, J., *Edmund Husserl, L'origine de la géométrie. Traduction et introduction par Jacques Derrida* (Paris 1962, ²1974). English: *Edmund Husserl's origin of geometry. An introduction* (N. Y. 1978). Deutsch: *Husserls Weg in die Geschichte am Leitfaden der Geometrie* (München 1987).

——, *La voix et le phénomène. Introduction au problème du signe dans la phénomènologie de Husserl* (Paris 1967).

Diemer. A., *E. Husserl. Versuch einer systematischen Darstellung seiner Phänomenologie* (Meisenheim a. G. ²1965).

Dilthey, W., *Der Aufbau der geschichtlichen Welt in den Geisteswissenschaften. Gesammelte Schriften* Band VII (Stuttgart 1992).

——, "Ideen über eine beschreibende und zergliedernde Psychologie", in: *Gesammelte Schriften* Band V (Stuttgart 1957), pp. 139-240.

Drefus. H., "The Perceptual Noema: Gurwitsch's Crucial Contribution", in: L. E. Embree (ed.), *Life-World and Consciousness. Essays for Aron Gurwitsch* (Evanston 1972), pp. 135-170.

Drüe, H., *Edmund Husserls System der phänomenologischen Psychologie* (Berlin 1963).

Eley, L., *Die Krise des Apriori in der transzendentalen Phänomenologie Edmund Husserls*(Den Haag 1962).

——, *Metakritik der formalen Logik. Sinnliche Gewissheit als Horizont der Aussagenlogik und elementaren Prädikatenlogik* (Den Haag 1969).

——, *Transzendentale Phänomenologie und Systemtheorie der Gesellschaft* (Freiburg 1972).

——, "Phänomenologie und Sprachphilosophie", Nachwort zu Husserl: *Erfahrung und Urteil. Untersuchung zur Genealogie der Logik*; redigiert und hrsg. von L. Landgrebe, mit Nachwort und Register von L. Eley (Hamburg 1985), pp. 479-518.

Elliston, F. A., "Husserls Phenomenology of Empathy", in: F. Elliston/P. McCormick (ed.): *Husserl: Expositions and Appraisals* (Notre Dame/London 1977), pp. 213-231.

Farber, M., "On the meaning of radical reflection", in: H. L. Van Breda/J. Taminiaux (Hrsg.), *Edmund Husserl 1859-1959* (Den Haag 1959) pp. 154-166.

——, "First philosophy and the problem of the world", in: *Philosophy and phenomenology* 23 (1962-1963), pp. 315-334.

Fein, H., *Genesis und Geltung in E. Husserls Phänomenologie* (Frankfurt a. M. 1970).

Fellmann, F., *Gelebte Philosophie in Deutschland. Denkformen der Lebensweltphänomenologie und der kritischen Theorie* (Freiburg/München 1983).

Fink, E. , "Finks Beilage zum Problem des 'Unbewußten'", in: E. Husserl, *Krisis* Hua VI (Den Haag ²1962) Beil. XXI, p. 473f.

——, *Sein, Wahrheit, Welt. Vor-Fragen zum Problem des Phänomen-Begriffs* (Den Haag 1958).

——, *Studien zur Phänomenologie. 1930-1939* (Den Haag 1966).

——, "Welt und Geschichte", in: H. L. Van Breda/J. Taminiaux (Hrsg.), *Husserl et la Pensée Moderne/Husserl und das Denken der Neuzeit* (Den Haag 1959), pp. 143-159.

——, "Reflexion zu Husserls phänomenologischer Reduktion", in: *Tijdschrift voor Filosofie* 33 (1971). pp. 540-558.

——, "Operative Begriffe in Husserls Phänomenologie", in: *Zeitschrift für philosophische Forschung* 11 (1957) pp. 321-337, auch in: *Nähe und Distanz. Phänomenologische Vorträge und Aufsätze* (Freiburg/München 1976), pp. 180-204.

——, *Nähe und Distanz. Phänomenologische Vorträge und Aufsätze* (Freiburg/München 1976).

Frank, M., "Fragmente einer Geschichte der Selbstbewußtseins-Theorie von Kant bis Sartre", in: ders. (Hrsg.), *Selbstbewußtseinstheorie von Fichte bis Sartre* (Frankfurt a. M. 1991), pp. 413-599.

——, *Selbstbewußtsein und Selbsterkenntnis. Essays zur analytischen Philosophie der Subjektivität* (Stuttgurt 1991).

Frege, G., *Die Grundlagen der Arithmetik* (Breslau 1884).

——, "Über Sinn und Bedeutung", in: *Zeitschrift für Philosophie und philosophische Kritik* 100 (1892), pp. 25-50.

——, *Die Grundgesetze der Arithmetik, begriffsschriftlich abgeleitet* I. Band (Jena 1893).

Funke, G., *Phänomenologie-Metaphysik oder Methode?* (Bonn 1972).

——, "Geschichte als Phänomen", in: *Zeitschrift für philosophische Forschung* 11 (1956), pp. 188-234.

——, "Transzendentale Phänomenologie als erste Philosophie", in: *Studium generate* 11 (1958), pp. 564-582, 632-646.

——, "Bewußtseinswissenschaft. Evidenz und Reflexion als Implikate der Verifikation", in: *Kant-Studien* 61 (1970), pp. 433-466.

——, "Kritik der Vernunft und ethisches Phänomen", in: *Phänomenologische Forschungen* 9 (1980), pp. 33-89.

Gadamer, H.-G., *Hermeneutik I. Grundzüge einer philosophischen Hermeneutik* (Tübingen 1986).

——, "Die phänomenologische Bewegung", in: *Philosophische Rundschau* 11 (1963), pp. 1-45.

Geyer. H. G., *Die methodische Konsequenz der Phänomenologie E. Husserls* (Dissertation, Frankfurt a. M. 1957).

Gralhoff. R., "Metaphorik und Apriori lebensweltlicher Forschung. Intersubjektivität, Typik und Normalität", in: H. Kojima (Hrsg.), *Phänomenologie der Praxis im Dialog zwischen Japan und dem. Westen* (Würzburg 1989), pp. 53-72.

Gui Hyun Shin: *Die Struktur des inneren Zeitbewußtseins. Eine Studie über den Begriff der Protention in den veröffentlichten Schriften Husserls* (Bern/Frankfurt 1978).

Gurwitsch, A., *Bewußtseinsfeld* (Berlin 1975).

——, "Phänomenologie der Thematik und des reinen Ich. Studien über Beziehungen von Gestalttheorie und Phänomenologie", in: *Psychologische Forschungen* 12 (1929), pp. 279-381.

——, "Beitrag zur phänomenologischen Theorie der Wahrnehmung", in: *Zeitschrift für philosophische Forschung* 13 (1959), pp. 419-437.

——, "Der Begriff des Bewußtsein bei Kant und Husserl", in: *Kant-Studien* 55 (1964), pp. 410-427.

——, "Husserl's theory of intentionality of consciousness in historical perspective", in: *Gurwitsch, Phenomenology and the theory of science* (Evanston 1974), pp. 210-240.

Janssen, P., *Geschichte und Lebenswelt. Ein Beitrag zur Diskussion von Husserls Spätwerk* (Den Haag 1970).

——, "Einleitung des Herausgebers", in: E. Husserl, Hua Band XXIII: *Formale und transzendentale Logik. Versuch einer Kritik der logischen Vernunft* (Den Haag 1974), pp. XVIII-XLV.

——, *Edmund Husserl-Einführung in seine Phänomenologie* (Freiburg/München 1976).

Hart, J. G., *The Person and the Common Life. Studies in a Husserlian Social Ethics* (Dordrecht u. a. 1992).

Habermas, J., *Technik und Wissenschaft als Ideologie*(Frankfurt a. M. 1968).

——, *Erkenntnis und Interesse* (Frankfurt a. M. 1971).

——, *Nachmetaphysisches Denken* (Frankfurt a. M. 1988).

Haddock, G. E. R., *Edmund Husserls Philosophie der Logik und Mathematik im Lichte der gegenwärtigen Logik und Grundlagenforschung* (Dissertation, Bonn 1973).

Hartmann, K., "Abstraction and existence in Husserl's phenomenological Reduction", in: *J. Brit. Soc. Phen.* 2 (1971), pp. 10-18.

Hedwig, K., "Husserl und die Analogie", in: *Zeitschrift für philosophische Forschung* 36 (1982), pp. 77-86.

——, "Zur Phänomenologie des Leibes bei Husserl", in: Concordia 3 (1983), pp. 87-99.

Heffernan G., *Isagoge in die phänomenologische Apophantik. Eine Einführung in die phänomenologische Urteilslogik durch die Auslegung des Textes der "Formalen und transzendentalen Logik" von Edmund Husserl* (Dordrecht u.a. 1989).

Heidegger, M., *Sein und Zeit* (Tübingen 1927).

——, *Zur Sache des Denkens* (Tübingen [2]1976).

——, *Prolegomena zur Geschichte des Zeitbegriffs*, GW 20 (Frankfurt a. M. [2]1988).

——, *Beiträge zur Philosophie. (Vom Ereignis)*, GW 65 (Frankfurt a. M. [2]1988).

Held, K., *Lehendige Gegenwart. Die Frage nach der Seinsweise des transzen-dentalen Ich bei E. Husserl, entwickelt am Leitfaden der Zeitproblematik* (Den Haag 1966).

——, "Nachwort", in: L. Robberechts, *Edmund Husserl. Eine Einführung in seine Phänomenologie*, aus dem Französischen von Klaus u. Margret Held. Mit einem Nachwort von Klaus Held (Hamburg 1967), pp. 126-158.

——, "Das Problem der Intersubjektivität und die Idee einer phänomenologischen Transzendentalphilosophie", in: U. Claesges/K. Held (Hrsg.), *Perspektiven transzendenta lphänomenologischer Forschung* (Den Haag 1972), pp. 2-84.

——, "Husserls Rückgang auf das phainómenon und die geschichtliche Stellung der Phänomenologie", in: *Phänomenologische Forschungen* 10 (1980), pp. 89-145.

——, "Einleitung", in: K. Held (Hrsg.), *Phänomenologische Methode. Ausgewähltc Texte Husserls I* (Stuttgart 1985).

——, "Einleitung", in: K. Held (Hrsg.), *Phänomenologie der Lebenswelt Ausgewählte Texte Husserls II* (Stuttgart 1986).

——, "Husserl und die Griechen", in: *Phänomenologische Forschungen* 22 (1989), pp. 137-176.

——, "Husserls These von der Europäisierung der Menschheit", in: C. Jamme/O. Pöggeler (Hrsg.), *Phänomenologie in Widerstreit* (Frankfurt a. M. 1989), pp. 13-39.

——, "Heimwelt, Fremdwelt, die eine Welt", in: *Phänomenologische Forschungen* 24/25 (1991), pp. 305-337.

——, "Intercultural Understanding and the Role of Europe", in: *The Monist* 78 (1995), pp. 5-17.

——，〈世代生成的時間經驗〉（Genarative Zeiterfahrung），載於：《中國現象學與哲學評論‧第一輯：現象學的基本問題》，上海，1994 年，第 457-470 頁。

——, "Abschied vom Cartesianismus. Die Phänomenologie Edmund Husserls", in: *Neue Zürcher Zeitung* 30/31, März 1996, Nr.76.

Hemmendinger. D., *Husserl's phenomenological program. A study of evidence and analysis* (London 1979).

Herrmann, F. -W. v., *Husserl und die Meditationen des Descartes* (Frankfurt a. M. 1971).

——, *Der Begriff der Phänomenologie bei Heidegger und bei Husserl* (Frankfurt a. M. 1981).

Hoche, H.-U., *Nichtempirische Erkenntnis. Analytische und synthetische Urteile apriori bei Kant und Husserl* (Meisenheim a. G. 1964).

Holenstein, E., *Phänomenologie der Assoziation. Zur Struktur und Funktion eines Grundprinzips der passiven Genesis bei E. Husserl* (Den Haag 1972).

——, "Jakobson und Husserl. Ein Beitrag zur Genealogie des Strukturalismus", in: *Tijdschrift voor Filosofie* 35 (1973), 560-607.

——, *Menschliches Selbstverständnis. Ichbewußtsein, Intersubjektive Verantwortung, interkulturelle Verständigung* (Frankfurt a. M. 1985).

Hohl, H., *Lebenswelt und Geschichte. Grundzüge der Spätphilosophie Edmund Husserls* (Freiburg/München 1962).

Hong, S. -H., *Phänomenologie der Erinnerung* (Würzburg 1993).

Hopkins, B. C., *Intentionality in Husserl and Heidegger. The Problem of the Original Method and Phenomenon of Phenomenology* (Dordrecht u. a. 1993).

Hoyos-Vásquez, G., "Zum Teleologiebegriff in der Phänomenologie Husserls", in: U. Claesges/K. Ueld (Hrsg.), *Perspektiven transzendental phänomenologischer Forschung* (Den Haag 1972). pp. 61-84.

Höres, W., *Rationalität und Gegebenheit in Husserls Phänomenologie* (Dissertation, Frankfurt a. M. 1951).

Hülsmann H., *Zur Theorie der Sprache bei Edmund Husserl* (München 1964).

Husserl, M., "Skizze eines Lebensbildes von E. Husserl" (mit Einleitung und Anmerkungen von K. Schuhmann), in: *Husserl Studies* 5 (1988), pp. 110-125.

Hutcheson. P., "Solipsistic and Intersubjective Phenomenology", in: *Human Studies* 4 (1981), pp. 165-178.

IJsseling. S. (Hrsg.), *Husserl-Ausgabe und Husserl-Forschung* (Dordrecht u. a.).

Ingarden, R., "Kritische Bemerkungen von Prof. Dr. R. Ingarden", in: *CM* Hua I (Den Haag [2]1963) Beilage, pp. 203-218.

——, "Über den transzendentalen Idealismus bei E. Husserl", in: Van Breda. H. L./ Taminiaux, J. (Hrsg.), *Husserl et la Pensée Moderne/Husserl und das Denken der Neuzeit* (Den Haag 1959), pp. 190-204.

——, "Die vier Begriffe der Transzendenz und das Problem des Idealismus bei Husserl", in: *Analecta Husserliana* 1 (1971), pp. 36-74.

Jamme, Ch./Pöggeler, O. (Hrsg.), *Phänomenologie im Widerstreit. Zum 50. Todestag Edmund Husserls* (Frankfurt a. M. 1989).

Kant, I., *Kritik der reinen Vernunft* (1781, [2]1787).

Kerckhoven, G. van, "Geschichte als geschichtete Sinnbildung und als Phänomen des Versinnbildlichens", in: *Dilthey-Jahrbuch für Philosophie und Geschichte der Geisteswissenschaften* 6 (1989), pp. 351-365.

Kern, I., "Die drei Wege zur transzendental phänomenologischen Reduktion in der Philosophie Edmund Husserls", in: *Tijdschrift voor Filosofie* 24 (1962), pp. 303-349.

——, *Husserl und Kant. Eine Untersuchung über Husserls Verhältnis zu Kant und zum*

Neukantianismus (Den Haag 1964).

——, "Einleitung des Herausgebers", in: Hua Band XIII, Band XIV, Band XV: *Zur Phänomenologie der Intersubjektivität. Texte aus dem Nachlaß*. Erster Teil: 1905-1920; Zweiter Teil：1921-1928; Dritter Teil: 1929-1935 (Den Haag 1973).

——, *Idee und Methode der Philosophie. Leitgedanken für eine Theorie der Vernunft* (Berlin 1975).

——, "Selbstbewußtsein und Ich bei Husserl", in: *Husserl-Symposion Mainz 1988. Akademie der Wissenschaften und der Literatur* (Stuttgart 1989). pp. 51-63.

——, "Zwei Prinzipien der Bewusstseinseinheit: Erlebtsein und Zusammenhang der Erlebnisse", in: *Facta Philosophica* 2, 2000, pp. 51-74.

木田元（Kita Gen）/ 野家啟一 / 村田純一 / 鷲田清一（編輯委員），《現象學事典》，東京，1994 年。

Klein. J., *"Denken" und "Sprechen" nach Aspekten der theoretischen Semiotik unter besonderer Berücksichtigung der Phänomenologie E. Husserls* (Dissertation, Stuttgart 1983).

Klein, T. E., *The world as horizon. Husserl's constitutional theory of the objective world* (London 1977).

Köppel, M., *Zur Analyse von Husserls Welt-Begriff* (Dissertation, Zürich 1977).

Kolakowski, L., *Husserl and the search for certitude* (London 1975).

Kozlowski, R., *Die Aporien der Intersubjektivität* (Würzburg 1991).

Kuster, F. , *Wege der Verantwortung. Husserls Phänomenologie als Gang durch die Faktizität* (Dordrecht u. a. 1996).

Landsberg. P. -L-,《Husserl et l'idée de la philosophie》, in: *Revue internationale de philosophie* I/2 (1939), pp. 317-325.

Landgrebe, L., "Von der Unmittelbarkeit der Erfahrung", in: H. L. Van Breda/J. Taminiaux (Hrsg.): *Edmund Husserl 1859-1959* (Den Haag 1959), pp. 238-259.

——, *Der Weg der Phänomenologie. Das Problem einer ursprünglicher Erfahrung* (Gütersloh [2] 1967).

——, "Ist Husserls Phänomenologie eine Transzendentalphilosophie？", in: H. Noack (Hrsg.), *Husserl* (Darmstadt 1963), pp. 316-324.

——, "Reflexionen zu Husserls Konstitutionslehre", in: *Tijdschrift voor Filosofie* 36 (1974) pp. 466-482.

——, "Die Phänomenologie als transzendentale Theorie der Geschichte", in: *Phänomenologische Forschungen* 3 (1976), pp. 17-47.

——, *Faktizität und Individuation. Stuclien zu den Grundfragen der Phänomenologie* (Hamburg 1982).

Lauer, Q., "The subjectivity of objectivity", in: H. L. Van Breda/J. Taminiaux (Hrsg.), *Edmund Husserl 1859-1959* (Den Haag 1959) , pp. 167-174.

Lee. N., *Edmund Husserls Phänomenologie der Instinkte* (Dordrecht u. a. 1993).

——, "Der Begriff der Primordialität in Husserls Fünftcr Cartesianischer Meditation", in: H. Hüni/P. Trawnz (Hrsg.): *Die erscheinende Welt Festschrift für Klaus Held* (Berlin 2002), S. 675-696.

Lembeck, K. -H., *Gegenstand Geschichte. Geschichtswissenschaftstheorie in Husserls Phänomenologie* (Dordrecht u. a. 1988).

Lévinas, E., *Die Spur des Anderen. Untersuchungen zur Phänomenologie und Sozialphilosophie.* Übers, hrsg. u. eingeleitet von W. N. Krewani (Freiburg/München 1983).

Lingis. A., "The Perception of Others", in: *Philosophical Forum* 5 (1974), pp. 460-474.

——, "Hyletic Data", in: *Analecta Husserliana* II (1972), pp. 96-101.

Lohmar, D., *Phänomenologie der Mathematik. Elemente einer phänomenologischen Aufklärung der mathematischen Erkenntnis nach Husserl* (Dordrecht u. a. 1989).

——, "Zu der Entstehung und den Ausgangsmaterialien von Edmund Husserls Werk *Erfahrung und Urteil*", in: *Husserl Studies* 13 (1996), pp. 31-71.

Lübbe, H., "Husserl und die europäische Krisis", in: *Kant-Studien* 48 (1957), pp. 225-237.

Luhmann, N., *Die neuzeitlichen Wissenschaften und die Phänomenologie* (Wien 1996).

Mach, E., *Populärwissenschaftliche Vorlesungen* (Leipzig 1896, [4]1910).

Marbach. E., *Das Problem des Ich in der Phänomenologie Edmund Husserls* (Den Haag 1974).

——, "Einleitung des Herausgebers", in: Hua Band XXIII: *Phantasie, Bildbewußtsein, Erinnerung. Zur Phänomenologie der anschaulichen Vergegenwärtigungen. Texte aus dem Nachlaß 1898-1925* (Den Haag 1980), pp. XXV-LXXXII.

——, *Mental Representation and Consciousness. Towards a Phenomenology Theory of Representation and Reference* (Dordrecht u. a. 1993).

Marx. W., "Vernunft und Lebenswelt. Bemerkungen zu Husserls 'Wissenschaft von der Lebenswelt' ", in: ders., *Vernunft und Welt. Zwischen Tradition und anderem Anfang* (Den Haag 1970), pp. 45-62.

McCarthy, T. A., *Husserl's phenomenology an theory of logic* (London 1976).

McIntyre. R., "Husserl and Frege", in: *The Journal of Philosophy* LXXXIV/10(1987), pp. 528-535.

Meist. K. R., "Monadologische Intersubjektivität. Zum Konstitutionsproblem von Welt und Geschichte bei Husserl", in: *Zeitschrift für philosophische Forschung* 34 (1980), pp. 561-589.

Meister. J. J., *Wesen und Bewußtsein. Untersuchung zum Begriff des Wesens und der Wesensschau bei Edmund Husserl* (Dissertation, München 1967).

Melle, U., *Das Wahrnehmungsproblem und seine Verwandlung in phänomenologischer Einstellung. Untersuchungen zu den phänomenologischen Wahrnehmungstheorien von Husserl, Gurwitsch und Merleau-Ponty* (Den Haag 1983).

——, "Einleitung des Herausgebers", in: Hua Band XXVIII: *Vorlesungen über Ethik und Wertlehre 1908-1914* (Dordrecht u. a. 1988), pp. XIII-XLIX.

——, "Objektivierende und nicht-objektivierende Akte", in: S. IJsseling (Hrsg.), *Husserl-Ausgabe und Husserl-Forschung* (Dordrecht u. a. 1990). pp. 35-50.

Mensch, J. R., *The Question of Being in Husserls "Logical Investigations"* (Dordrecht u. a. 1981).

Merleau-Ponty. M. , *Phénoménologie de la perception* (Paris 1945).

——, *Le Visible et l'Invisible* (Gallimard 1964). Deutsch (von R. Giuliani/B. Waldenfels): *Das Sichtbare und das Unsichtbare* (München ²1994).

——, *L'Oeil et l'Esprit.* Deutsch (von K. Held): Wuppertaler Arbeitsmanuskripte.

Mertens, K., *Zwischen Letztbegründung und Skepsis. Kritische Untersuchungen zum Selbstverständnis der transzendentalen Phänomenologie Edmund Husserls* (Freiburg/München 1996).

Metzger, A., *Phänomenologie und Metaphysik. Das Problem des Relativismus und seiner Überwindung* (Pfullingen 1966).

Meyn, H. L., *Husserl's transcendental logic and the problem of its justification* (London 1977).

Misch, G., *Lebensphilosophie und Phänomenologie. Ein Auseinandersetzung der Diltheyschen Richtung mil Heidegger und Husserl* (Darmstadt 1967).

Mohanty, J. N., "Husserl and Frege. A new Look at their Relationship", in: *Research in Phenomenology* IV (1974), pp. 51-62.

——, "Phänomenologische Rationalität und die Überwindung des Relativismus", in: *Phänomenologische Forschungen* 19(1986), pp. 53-74.

——, "The 'Object' in Husserl's Phenomenology", in: *Philosophy and Phenomenological Research* XIV (1953-1954), pp. 343-353.

——, " 'Life-World' and 'A Priori' in Husserl's later Thought", in: *Analecta Husserliana* III (1974) pp. 46-65.

Müller, S., *System und Erfahrung. Metaphysische Aspekte am Problem des Gegebenen bei E. Husserl* (Dissertation, München 1971).

倪梁康（Ni, L. -K.）：*Seinsglaube in der Phänomenologie Edmund Husserls.* (Dordrecht u. a. 1999).

——, "Urbewußtsein und Reflexion bei Husserl", in: *Husserl-Studies*, Nr. 15 (1998), pp. 77-99.

——，簡體版：《現象學及其效應——胡塞爾與當代德國哲學》，北京，1994 年；繁體版：《現象學及其效應——胡塞爾與當代德國哲學》，五南圖書出版股份有限公司，臺北，2021 年。

——，〈何謂現象學精神〉，載於：《中國現象學與哲學評論·第一輯：現象學的基本問題》，上海，1995 年，第 1-6 頁。

——，〈現象學的意向分析與主體自識、互識和共識之可能〉，載於：《中國現象學與哲學評論·第一輯：現象學的基本問題》，上海，1995 年，第 44-108 頁。

——，倪梁康（主編），《面對實事本身——現象學經典文選》，北京：東方出版社，2000 年。

倪梁康：《自識與反思——近現代西方哲學的基本問題》，北京：商務印書館，2006 年。

Noack, H. (Hrsg.), *Husserl* (Darmstadt 1963).

Nuki, Sh., "Das Problem des Todes bei Husserl. Ein Aspekt zum Problem des Zusammenhangs zwischen Intersubjektivität und Zeitlichkeit", in: H. Kojima (Hrsg.) *Phänomenologie der Praxis im Dialog zwischen Japan und dem* Westen (Würzburg 1989), pp. 155-169.

Orth, E. W., *Bedeutung, Sinn, Gegenstand. Studien zur Sprachphilosophie E. Husserls u. R. Hönigswalds* (Bonn 1967).

——, "Das Problem der Generalisierung bei Dilthey und Husserl als Frage nach Gegenwart und Zeitlichkeit", in: *Dilthey-Jahrbuch für Philosophie und Geschichte der Geisteswissenschaften* 6 (1989), pp. 327-350.

——, "Beschreibung in der Phänomenologie Edmund Husserl", in: *Phänomenologische Forschungen* 24/25 (1991), pp. 8-45.

——, "Interkulturalität und Inter-Intentionalität. Zu Husserls Ethos der Erneuerung in seinen japanischen Kaizo-Artikeln", in: *Zeitschrift für philosophische Forschung* 47 (1993), pp. 334-351.

Panzer, U., "Einleitung der Herausgeberin", in: *Logische Untersuchungen* II/1, Hua XIX/1 (The Hague u. a. 1984), pp. XIX- LXV.

Passweg, S., *Phänomenologie und Ontologie. Husserl, Scheler, Heidegger* (Zürich 1939).

Patzig. G., "Kritische Bemerkungen zu Husserls Thesen über das Verhältnis von Wahrheit und Evidenz, in: *Neue Hefte für Philosophie* 1 (1971), pp. 12-32.

Pazanin, A., *Wissenschaft und Geschichte in der Phänomenologie Edmund Husserls* (Den Haag 1972).

Pfafferot, G., "Die Bedeutung des Begriffs Selbstbesinnung bei Dilthey und Husserl", in: E. W. Orth(Hrsg.), *Dilthey und die Philosophie der Gegenwart* (Freiburg/München 1985) S. 351-380.

Picker, E., "Die Bedeutung der Mathematik für die Philosophie E. Husserls", in: *Philosophia naturalis* 7 (1961/62), pp. 266-355.

Pieper, H. -J., *Anschauung als operativer Begriff: eine Untersuchung zur Grundlage der transzendentalen Phänomenologie E. Husserls* (Hamburg 1993).

Pöggeler, O., "Die Krisis des phänomenologischen Philosophiebegriffs (1929)"，in: C. Jamme/O. Pöggeler (Hrsg.), *Phänomenologie im Widerstreit. Zum 50. Todestag Edmund Husserls* (Frankfurt a. M. 1989), pp. 255-276.

Ponsetto, A., *Die Tradition in der Phänomenologie Husserls. Ihre Bedeutung für die Entwicklung der Philosophiegeschichte* (Meisenheim a. G. 1978).

Popper, Sir K. R., *The Poverty of Historicism* (London ²1960).

Prauss, G., "Zum Verhältnis innerer und äußerer Erfahrung bei Husserl", in: *Zeitschrift für philosophische Forschung* 31 (1977), pp. 79-84.

Rainer, H., "Sinn und Recht der phänomenologischen Methode", in: H. L. Van Breda/J. Taminiaux (Hrsg.), *Edmund Husserl 1859-1959* (Den Haag 1959), pp. 134-147.

Rang, B., *Kausalität und Motivation. Untersuchung zum Verhältnis von Perspektivität und Objektivität in der Phänomenologie Edmund Husserls* (Den Haag 1973).

——, "Repräsentation und Selbstgegebenheit. Die Aporie der Phänomenologie in den Frühschriften Husserls"; in: *Phänomenologische Forschungen* 1 (1975), pp. 105-137.

——, "Die bodenlose Wissenschaft. Husserls Kritik von Objektivismus und Technizismus in Mathematik und Naturwissenschaft", in: *Phänomenologische Forschungen* 22 (1989), pp. 88-136.

——, *Husserls Phänomenologie der materiellen Natur* (Frankfurt a. M. 1990).

Reinach, A., *Was ist Phänomenologie* (München 1951).

Ricoeur, P., *Husserl. An analysis of his phenomenology* (Evanston 1967).

——, "Husserl und der Sinn der Geschichte", in: H. Noack (Hrsg.), *Husserl* (Darmstadt 1973), pp. 231-276.

——，〈《純粹現象學和現象學哲學的觀念》第一卷法譯本譯者導言〉，載於：E.胡塞爾：《純粹現象學通論》，李幼蒸譯，1994 年，北京，商務印書館，第 468-491 頁。

Rombach, H., "Das Phänomen Phänomen", in: *Phänomenologische Forschungen* 9 (1980), pp. 7-32.

Römpp, G., "Der Andere als Zukunft und Gegenwart: Zur Interpretation der Erfahrung fremder Personalität in temporalen Begriffen bei Levinas und Husserl", in: *Husserl Studies* 6 (1989), pp. 129-154.

——, *Husserls Phänomenologie der Intersubjektivität. Und ihre Bedeutung für eine Theorie intersubjektiver Objektivität und die Konzeption einer phänomenologischen* (Dordrecht u. a. 1991).

Rosen, K., *Evidenz in Husserls deskritischer Transzendentalphilosophie* (Meisenheim a. G. 1977).

Roth, A., *Edmund Husserls Ethische Untersuchungen. Dargestellt anhand seiner Vorlesungsmanuskripte* (Den Haag I960).

Sallis, J., "Spacing Imagination. Husserl and the Phenomenology of Imagination", in: P. J. H. Van Tongeren et al. (ed.), *Eros and Erls. Contributions to a Hermeneutical Philosophy. Liber amicoruni for Adriaan Peperzak* (Dordrecht u. a. 1992), pp. 201-215.

Sartre, J. -P., 《Conscience de soi et connaissance de soi》, in: *Bulletin de la Société de Philosophie* XLII (1948). Deutsch (von M. Fleischer/H. Schöneberg): *Bewußtsein und Selbsterkenntnis* (Hamburg 1973).

Scheier. M., *Schriften aus dem Nachlaß 1 : Zur Ethik und Erkenntnislehre* (^{2}1957).

——, "Idealismus-Realismus", in: *Philosophische Anzeigen* 2 (1927/28).

——, *Formalismus in der Ethik und die materiale Wertethik* (Bern ^{4}1954).

——, *Die Stellung des Menschen im Kosmos* (Berlin ^{7}1966).

Schmidt. H., "Der Horizontbegriff Husserls in Anwendung auf die ästhetische Erfahrung", in: *Zeitschrift für philosophische Forschung* 21 (1967), pp. 499-511.

Schmit, R., *Husserls Philosophie der Mathematik. Platonistische und konstruktivistische Momente in Husserl Mathematikbegriff* (Bonn 1981).

Schuhmann, K., *Die Fundamentalbetrachtung der Phänomenologie. Zum Weltproblem in der Philosophie Edmund Husserls* (Den Haag 1971).

——, " 'Phänomenologie' - Eine begriffsgeschichtliche Reflexion". in: *Husserls Studies* 1 (1984), pp. 31-68.

——, *Husserls Staatsphilosophie* (Freiburg/München 1988).

——, "Intentionalität und intentionaler Gegenstand beim frühen Husserl", in: *Phänomenologische Forschungen* 24/25 (1991), pp. 46-75.

——, "Malvine Husserls 'Skizze eines Lebensbildes von E. Husserl'", in: *Husserl Studies* 5 (1988), pp. 105-125.

Schultz. W., *Philosophie in der veränderten Welt* (Pfullingen 1972), pp. 258-290.

Schütz, A., "Husserl's importance for the social sciences", in；H. L. Van Breda/J. Taminiaux (Hrsg.), *Edmund Husserl 1859-1959* (Den Haag 1959), pp. 86-98.

——, "Type and eidos in Husserl's late Philosophy", in: *Philosophy and Phenomenological Research* XX (1959 - I960), pp. 147-165.

——, "Das Problem der transzendentalen Intersubjektivität bei Husserl", in: *Philosophische Rundschau* 5 (1957) S. 82-104. Englisch: "The problem of transcendental intersubjectivity in Husserl", in: *Collected Papers* III (Den Haag 1966), pp. 51-91.

Seebohm. Th., *Die Bedingungen der Möglichkeit der Transzendentalphilosophie. Edmund*

Husserls transzendentalphänomenologischer Ansatz , *dargestellt im Anschluß an seiner Kant-Kritik* (Bonn 1962).

——, "Wertfreies Urteilen über fremde Kulturen im Rahmen einer transzendental-phänomenologischen Axiologie", in: *Phänomenologische Forschungen* 4 (1977), pp. 52-85.

——, "The Other in the Field of Consciousness", in: L. Embree (ed.): *Essays in Memory of Aron Gurwitsch* (Washington 1984), pp. 283-303.

——, "Apodiktizität, Recht und Grenze", in: *Husserl-Symposion Mainz 1988. Akademie der Wissenschaften und der Literatur* (Stuttgart 1989) pp. 65-99.

Sepp. H. R. (Hrsg.), *Husserl und die Phänomenologische Bewegung-Zeugnisse in Text und Bild* (Freiburg 1988).

——, "Husserl über Erneuerung. Ethik im Schnittfeld von Wissenschaft und Sozialität", in: H. -M. Gerlach/H. R. Sepp (Hrsg.): *Husserl in Halle. Spurensuche im Anfang der Phänomenologie* (Frankfurt a. M. u. a. 1994), pp. 109-130.

——, "Intentionalität und Schein", in: J. Bloss/W. Strózewski, /J. Zumr (Hrsg.), *Intentionalität, Werte, Kunst* (Praha 1995), pp. 54-58.

——, "Bildbewußtsein und Seinsglaube", in: *Recherches Husserliennes* 6 (1996), pp. 117-137.

Sinha. D., "Der Begriff der Person in der Phänomenologie Husserls", in: *Zeitschrift für philosophische Forschung* 18 (1964), pp. 597-613.

Sinn, D., *Die transzendentale Intersubjektivität mit ihren Seinshorizonten bei E. Husserl* (Heidelberg 1958).

Smith, Q. P., "Husserl and the inner structure of feeling-acts", in: *Research in phenomenology* 6 (1976), pp. 84-104.

Soffer. G., *Husserl and the Question of Relativism* (Dordrecht u. a. 1991).

Sokolowski, R., *The Formation of Husserl's Concept of constitution* (The Hague 1964).

——, "Husserl's interpretation of the history of philosophy", in: *Franciscan Studies* 24 (1964) pp. 261 -280.

——, "Intentinal Analysis and the Noema", in: *Dialectica* 38 (1984) pp. 113-129.

——, "Husserl and Frege", in: *The Journal of Philosophy* LXXXIV/10 (1987), pp. 521 -528.

Sommer, M., *Lebenswelt und Zeitbewußtsein* (Frankfurt a. M. 1990).

——, *Evidenz im Augenblick. Eine Phänomenologie der reinen Empfindung* (Frankfurt a. M. ²1996).

——, "Abschattung", in: *Zeitschrift für philosophische Forschung* 50 (1996), pp. 271-285.

Spahn. Ch.. *Phänomenologische Handlungstheorie. Edmund Husserls Untersuchungen zur Ethik* (Würzburg 1996).

Spiegelberg, H., *The phenomenological Movement. A historical Introduction.* 1. 2 (Den Haag 1969, ³1982).

Stack, G. J., "Husserls concept of persons", in: *Idealistic studies* 4 (1974), pp. 267-275.

Stein, E., *Zum Problem der Einfühlung* (Halle 1917, München 1980); Englisch: *On the Problem of Empathy* (Washington 1989).

Strasser, St., "Das Gottesproblem in der Spätphilosophie Edmund Husserls", in: *Philosophisches Jahrbuch* 67 (1959), pp. 130-142.

——, "Intuition und Dialektik in der Philosophie Edmund Husserls", in: H. L. Van Breda/J. Taminiaux (Hrsg.): *Edmund Husserl 1859-1959* (Den Haag 1959), pp. 148-153.

——, "Der Begriff der Welt in der phänomenologischen Philosophie", in: *Phänomenologische Forschungen* 3 (1976), pp. 151-179.

——, "Monadologie und Teleologie in der Philosophie Edmund Husserls", in: *Phänomenologische Forschungen* 22 (1989), pp. 217-235.

——, *Welt in Widerspruch. Gedanken zu einer Phänomenologie als ethische Fundamental philosophie* (Dordrecht u. a. 1992).

Ströker. E. (Hrsg.), *Lebenswelt und Wissenschaft in der Philosophie Edmund Husserls* (Frankfurt a. M. 1979).

——, "Phänomenologie und Psychologie. Die Frage ihrer Beziehung bei Husserl", in: *Zeitschrift für philosophische Forschung.* 37 (1983), pp.3-19.

——, "Intentionalität und Konstitution. Wandlungen des Intentionalitätskonzepts in der Philosophie Husserls", in: *Dialectica* 38 (1984). pp. 191-208.

Szilasi, W., "Nachwort" zu E. Husserl: *Philosophie als strenge Wissenschaft* (Frankfurt a. M. 1965), pp. 87-101.

——, *Einführung in die Phänomenologie Edmund Husserls* (Tübingen 1959). Theunissen, M., *Der Andere. Studien zur Sozialontologie der Gegenwart* (Berlin 1965).

Tietjen, H., *Fichte und Husserl. Letztbegründung, Subjektivität und praktische Vernunft im transzendentalen Idealismus* (Frankfurt a. M. 1980).

涂紀亮（Tu, J. -L.）：〈胡塞爾的意向性理論〉，載於《中國現象學與哲學評論。第一輯：現象學的基本問題》，上海，1995 年，第 1-19 頁。

Tugendhat, E., *Der Wahrheitsbegriff bei Husserl und Heidegger* (Berlin 1967).

Uygur, N., "Die Phänomenologie Husserls und die 'Gemeinschaft'", in: *Kant-Studien* 50 (1958/59) pp. 439-460.

Valine, J. J., "The Problem of Intersubjectivity in Transcendental and Mundane Phenomenology", in: *The Annals of Phenomenological Sociology* 2 (1977), pp. 63-86.

Van Breda, H. L./Taminiaux, J. (Hrsg.), *Husserl et la Pensée Moderne/Husserl und das Denken der Neuzeit* (*Den* Haag 1959).

——, (Hrsg.), *Edmund Husserl 1859-1959* (Den Haag 1959).

Vásquez, G. H., *Intentionalität als Verantwortung. Geschichtsteleologie und Teleologie der Intentionalität bei Husserl* (Den Haag 1976).

Volonte, P., *Edmund Husserls Phänomenologie der Imagination* (Dissertation, Freiburg i. B. 1995).

Waldenfels, B., *Das Zwischenbereich des Dialoges. Sozialphilosophische Untersuchungen in Anschluß an Edmund Husserl* (Den Haag 1971).

——, *Im Netz der Lebenswelt* (Frankfurt a. M. 1985).

——, "Erfahrung des Fremden in Husserls Phänomenologie", in: *Phänomenologische Forschungen* 22 (1989), pp. 39-62.

汪文聖（Wang, W. -Sh.）：《胡塞爾與海德格》，臺北，1995 年。Deutsch: *Das Dasein und das Ur-Ich. Heideggers Position hinsichtlich des Problems des Ur-Ich bei Husserl* (Frankfurt a. M. 1994).

Welter, R., *Der Begriff der Lebenswelt. Theorien vortheoretischer Erfahrungswelt* (München 1986).

Welton. D., "Intentionality and language in Husserl's phenomenology", in: *Rev. of metaphysics* 27. (1973-74), pp. 260-279.

——, "Husserl's genetic phenomenology of perception", in: *Research in phenomenology* 12 (1982). pp. 59-83.

Wiegerling, K., *Husserls Begriff der Potentialität. Eine Untersuchung über Sinn und Grenze der transzendentalen Phänomenologie als universaler Methode* (Bonn 1984).

Wiesing, L., "Phänomenologie des Bildes nach Husserl und Sartre", in: *Phänomenologische Forschungen* 30 (1996), pp. 255-281.

Willard. D., *Logic and the objectivity of knowledge. A study in Husserls early philosophy* (Athens 1984).

Wuchterl, K., *Bausteine zu einer Geschichte der Philosophie des 20. Jahrhunderts* (Bern u. a. 1995).

Wüstenberg, K., *Kritische Analysen zu den Grundproblemen der transzendentalen Phänomenologie Husserls. Unter besonderer Berücksichtigung der Philosophie Descartes* (Leiden 1985).

熊偉（Xiong, W.）：（主編）《現象學與海德格》，臺北，1994 年。

Yamaguchi. I., *Passive Synthesis und Intersubjektivität bei Husserl* (Dordrecht u. a. 1982).

葉秀山（Ye, X. -Sh.）：《思・史・詩》，北京，1988 年。

Zahavi, D., *Husserl und die transzendentale Intersubjektivität. Eine Antwort auf die sprachpragmatische Kritik* (Dordrecht u. a. 1996).

Zeltner. H., "Das Ich und die Anderen. Husserls Beitrag zur Grundlegung der

Sozialphilosophie", in: *Zeitschrift für philosophische Forschung* 13 (1959), pp. 288-315.

張慶熊（Zhang, Q. -X.）：〈胡塞爾論時間意識〉，載於《中國現象學與哲學評論·第一輯：現象學的基本問題》，上海，1995 年，第 20-43 頁。

——，《熊十力的唯識論與胡塞爾的現象學》，上海，1996 年。

中國現象學專業委員會（編）：《中國現象學與哲學評論》，1-16 輯，上海譯文出版社，上海，1995-2015 年。

中──德──英──韓概念對照表

二畫

人格　Person　person　인격
人類　Menschheit　humanness　인류
人類主義、人類學主義　Anthropologismus　anthropologism　인류주의 , 인류학주의
人類學　Anthropologie　anthropology　인류학
人屬　Menschentum　인류

三畫

上帝　Gott　God　신
大全　All　All, universe　전 (체)
大全共同體　Allgemeinschaft　universal community　전 (체) 공동체
大全意識　Allbewuβtsein　전 (체) 의식
工作哲學　Arbeitsphilosophie　philosophy of work　작업철학 / 연구철학
已知的（已知性）　bekannt (Bekanntheit)　acquainted　기지의 (기지성)

四畫

不正常性　Anormalität　비정상성
不設定　Nichtsetzen　비정립
中止判斷　Urteilsenthaltung　abstention from judgment　판단중지
中立化 / 中立意識　Neutralisierung/neutrales Bewuβtsein　중립화 / 중립적의식

中立性　Neutralität　중립성

中立性變異　Neutralitätsmodifikation　중립성변양

內、內的　inner　internal　내적

內在　Immanenz　immanence　내재

內在感知與超越感知　immanente und transzendente　Wahrnehmung　내재적지각과초재적지각

內容　Inhalt　content　내용

內視域　Innenhorizont (Innen-Horizont)　내부지평

內視域與外視域　innerer und äußerer　Horizont　내부지평과외부지평

內想象與外想象　innere und äußerer　Phantasie　내적상상과외적상상

內意識　inneres　Bewußtsein　내적인의식

內感知與外感知　innere und äußere Wahrnehmung　외적지각과내적지각

內實存（非實存、總實存）　Inexistenz　내존 / 내재존재

分析　Analyse (Analysis) analyse　분석

切身的（切身性）　leibhaft (Leibhaftigkeit) in person　신체가있는（신체성）

反思　Reflexion　reflection　반성

心、心靈　Seele　psyche　영혼

心理主義　Psychologismus　psychologism　심리주의 / 심리학주의

心理現象與物理現象　psychisches und physisches　Phänomen　심리적현상과물리적현상

心理學　Psychologie　psychology　심리학

心境、境域　Disposition　배치 / 성향

文化　Kultur　culture　문화

方法　Methode　method　방법

方法反思　Methoden reflexion　방법에대한반성

五畫

世代性　Generativität　generality　세대성

世界　Welt　world　세계

世界視域　Welthorizont　세계지평

世界意識　Weltbewußtsein　세계의식

世間的（世界的）　mundan (weltlich)　세간적 / 세속적（세계적）

主動性　Aktivität　active　능동성

主體主義（主觀主義）　Subjektivismus　subjectivism　주관주의

主體性　subjektivität　subjectivity　주관 / 주체성

他人　Anderer (der Andere)　someone others　타자

他我　alter ego (Alterego)　other ego　타아

代現、展現　Repräsentation　representation　대리 / 재현

充盈　Fülle　fullness　충만함

充實　Erfüllung　fullfilling　충족

凸現　Abhebung　standing out　부각

功能（起作用）　Funktion (fungieren)　function　기능（기능하다）

加括號　Einklammerung (einklammern)　parenthesizing　괄호안에넣다 , 괄호를치다

去異己化　Ent-Fremdung　소외

句法（句法的）　Syntax (syntaktisch)　syntax　통사론（통사적）/ 구문론（구문적）

外直觀與內直觀　äußere und innere　Anschauung　외적직관과내적직관

外視域　Außenhorizont (Außen-Horizont)　outside horizon　외적지평

失實（失望）　Enttäuschung　undeceiving　실망

平行 / 平行性　Parallelismus (Parallelität)　평행의 / 평행성

幼稚性、素樸性　Naivität　naively　소박성

未知的（未知性）　unbekannt (Unbekanntheit)　unacquainted　미지의（미지성）

本己的　eigen　own　자기의

本己還原　Eigenheitsreduktion

本我　Ego　ego　자아

本我論　Egologie　egology　자아론

本眞的和非本眞的被代現者　eigentlicher und uneigentlicher　Repräsentant

本眞的與非本眞的同感　eigentliche und uneigentliche Einfühlung　본래적 타자경험（타자지각）과비본래적타자경험（타자지각）

本眞表象與非本眞表象　eigentliche und uneigentliche Vorstellung　본래적 표상과비본래적표상

本眞顯現與非本眞顯現　eigentliche und uneigentliche Erscheinung　본래 적현출과비본래적현출

本能　Instinkt　본능

本欲　Trieb　drive, impulse　충동

本質　Wesen　essence　본질

本質直觀　Wesensschau (Ideation)　seeing (of) an essence　본질직관

本質科學　Wesenswissenschaft　본질학

本質現象學　eidetische Phänomenologie　형상적현상학

本質普遍性　Wesensallgemeinheit　eidetic universality　본질보편성

本質學　Eidetik　eidetics　형상학

本質還原　eidetische Reduktion　형상적환원（Ideation = 이념화）

本質變更　eidetische Variation　본질변양

本質觀視　Wesenserschauung　seeing an essence　본질직관

本體論　Ontologie　ontology　존재론

正常性　Normalität　정상성

生活世界　Lebenswelt　life-world　生活世界

生活形式　Lebensform　life-form　생활형식

目光　Blick　regard　시선

目的論　Teleologie　목적론

立形　Morphe　형태 / 형상

立場性（立場）　Positionalität (Position)　정립성（정립）

立場性意識　positionales Bewuβtsein　정립적의식

立義　Auffassung　apprehension, construing　파악

立義內容－立義（模式）　Auffassungsinhalt-Auffassung (Schema)　파악내 용－파악（도식）

立義形式　Auffassungsform form of apprehension　파악형식
立義意義　Auffassungssinn apprehensional sense　파악의미
立義質性　Auffassungsqualität quality of apprehension　파악질
立義質料　Auffassungsmaterie material of apprehension　파악질료

六畫

交互主體性　Intersubjektivität intersubjestivity　상호주관성
交互主體的經驗　intersubjektive Erfahrung　상호주관적경험
先天　Apriori（a priori）　Apriori（a priori）　선험 , 아프리오리의
全時性　Allzeitlichkeit all-temporality　전（체）시간성 : 항상성
共同體　Gemeinschaft community　공동체
共同體化　Vergemeinschaftung communalization　공동체화
共形變異　konforme Modifikation
共現　Appräsentation
共當下擁有　Mitgegenwärtigung making corpresent　공현전
再現　Re-präsentation re-presentation　재현 / 재현전
再造　Reproduktion reproduction　재생 / 재생산
再構、再構造　Rekonstruktion　재구성
印象　Impression impress　인상
印象性感覺與再造性感覺　impressionale und reproduktive Empfindung
　인상적감각과재생적감각
合含義之物　Bedeutungsmäßiges significational　의미있는것
合含義的本質　bedeutungsmäßiges Wesen　의미있는본질
合理的　Rational　합리적인
同現　Kompräsenz
同感　Einfühlung empathy　감정이입 / 타자경험
同質性　Homogeneität　동질성
名稱　name name　이름

名稱論　Nomologie

回憶　Erinnerung　memory　기억

因果性　Kausalität　인과성

在先被給予性　Vorgegebenheit　prior givenness　선－소여성

好奇　Neugier　호기심

如在　Sosein　being thus, thusness　그러함 / 상재

存在　Sein　being　존재

存在信仰　Seinsglaube　belief　존재믿음

存在特徵 / 存在樣式　Seinscharakter / Seinsmodalität　characteristic of being / modality of being　존재성격 / 존재양상

有含義的　bedeutsam　significant　의미있는

有效性　Geltung (Gültigkeit)　acceptance, acceptedness　타당성

此在　Dasein factually existing　현존재

此物、這個　Dies(-)da　this(-)there　여기 , 이것

死亡　Tod　death　죽음

考古學　Archäologie　archaeology　고고학

自我　Ich　Ego　자아

自我極　Ichpol　자아극

自我趨向　Ichtendenz　자아경향성

自身－　selbst-　self-　스스로 , 자신

自身思義　Selbstbesinnung　자기반성

自身時間化　Selbstzeitigung　자기시간화

自身被給予性　Selbstgegebenheit　itself-givenness　자기소여

自身意識　Selbstbewuβtsein　자기의식

自身感知　Selbstwahrnehmung　자기지각

自身經驗　Selbsterfahrung　self-experience　자기경험

自身圖像　Selbstbild　자기이미지 / 자기상

自然　Natur　nature　자연

自然創立的國家與人爲創立的國家　natürlich und künstlich gestifteter Staat　자연적으로건립된국가와인위적으로건립된국가

自發性　Spontaneität　자발성

行爲（意識行爲）　Akt　act　작용（의식작용）

行爲引動／行爲進行　Aktregung/Aktvollzug　act-impulse/performing of an act　작용수행

行爲心理學　Aktpsychologie　작용심리학

行爲特徵　Aktcharakter　act charactristic　작용성격

行爲連結　Aktverbindung　작용연결

行爲質性　Aktqualität　act-quality　작용질

行爲質料　Aktmaterie　act-material　작용질료

似、如似　als-ob　흡사／마치

七畫

你　Du　너

判爲無效　Außergeltungsetzung　depriving of acceptance　타당성중지

判斷　Urleil　judgment　판단

判斷內容　Urteisinhalt　judgmentcontent　판단내용

努斯　Nus

否定　Negieren (Negation) to negate　부정

含有實事的　sachhaltig with a material content

含義　Bedeutung　signification　의미

含義充實　Bedeutungserfüllung　의미충족

含義給予的（含義賦予的）　bedeutungxverleihend (bedeutungsgebend)　의미를준다（의미부여의）

含義意向　Bedeutungsintention　signification-intention　의미지향

含義學說　Bedeutungslehre　의미론

形上學　Metaphysik　metaphysics　형이상학

形式　Form　form　형식

形式化　Formalisierung　형식화

形式本體論與質料本體論　formale und materiale　Ontologie　형식적존재
　　론과내용적존재론
形式邏輯學與超越論邏輯學　formale und transzendentale　Logik　형식논리
　　학과초월론적논리학
形態學（地貌學）　Morphologie　형태학
我們　Wir　우리
把握　Erfassento　grasp　파악하다
改造（更新）　Erneuerung　개조 / 갱신 / 새로이함
材料　Material　질료 / 재료
材料　Stoff　stuff　질료
身體　Leib　organism　신체

八畫

並存　Koexistenz　coexistence　공존
事物　Ding　thing　사물 , 물
事實　Faktum　fact　사실
事實　Tatsache　matter of fact　사실
事態　Sachverbalt　predicatively formed affair-complex　사태 / 사태연관
使之為眞　Wahrachen
其他存在　Anderssein　다름
典範、原圖像　Urbild　prototype　근원상 / 근원이미지
命題　These (Thesis) thesis　명제 / 정립물
命題學（判斷學）　Apophantik　apophantics　판단론
宗教　Religion　religion　종교
定句（定理、語句）　Satz　proposition, sentence, positum, theorem　명제 /
　　정립물
抽象　Abstraktion　abstraction　추상
明白性　Klarheit　clarity　명석성 : 명료성

明見性、明證性　Evidenz　evidence　명증성

明見的感知與非明見的感知　evidente und nicht-evidente　Wahrnehmung
　명증적감정과비－명증적감정

明察　Einsicht (einsehen)　insight　통찰

注意力　Aufmerksamkeit　attention　주의

直覺　Intuition　intuition　직관

直觀　Anschauung　intuition　직관

直觀化　Veranschaulichung　intuitional illustration　직관화

直觀行爲與符號行爲　intuitiver und signitiver　Akt　직관적작용과기호적
　작용

知性　Verstand　understanding　지성

知識　Episteme　인식

知識　Wissen　knowledge　지식

知覺　Perzeption　percption　지각

社會行爲　sozialer　Akte　사회적작용

空泛意向　Leerintention　빈지향

空間　Raum　space　공간

表述、表達　Ausdruck　expression　표현

表象　Vorstellung　objectivation　표상

非本原的　nicht-originär　비원본적

非現時性　Inaktualität　non-actionality　비현행성

非評價　Inaxiose

非評價的　anaxiotisch

九畫

信仰　Glaube　belief　믿음

信仰（存在信仰）　belief　믿음（존재믿음）

信仰內容　Glaubensinhalt　믿음내용

信仰特徵　Glaubenscharakter　beliefcharacteristic　믿음성격

信仰意向　Glaubensintention　믿음지향

信仰樣式　Glaubensmodalität (Glaubensmodus)　doxic modality　믿음양상

信仰確然性　Glaubensgewiβheit　certainty of believing　믿음확실성

信仰質性　Glaubensqualität　믿음질

信仰變異　Glaubensmodifikation　modification of belief　믿음변양

信念樣式　doxische Modalität　정립적양상

信號　Anzeichen indicative　sign　표지

前示（先示）　Vordeutung/Vorzeichnung/Vorweisung　premilinary indication　선해석 / 선소묘 / 선지시

前回憶　Vorerinnerung　anticipation　선－기억

前自我　Vor-Ich　선－자아

前期待　Vorerwartung　선－기대

前項　Vordergung　foreground　앞면 / 전면

前像　Vorbild　pattern　모범

前攝　Protention　protention　예지

前攝的期待　protentionale Erwartung　예지적기대

客體　Objekt object　대상 / 객체 / 객관

客體化　Objektivierung (Obvektivation)　objectivation　대상화 / 객관화

客體化行爲與非客體化行爲　objektivierender und incht objektivierender Akt　대상화 / 객관화작용과비대상화 / 비객관화작용

客體主義　Objektivismus　objektivism　객관주의

客觀的　objektiv　objective, objectively　객관적

後像　Nachbild　copy, after-image　모상

思、我思　Cogito　코기토 / 나는생각한다 : 생각함

思、思維　Denken (denken)　thinking, to think　생각 / 사유 : 생각

思義　Besinnung　sense-investication　반성 / 숙고

思維觀點　Denkeinstellung　attitude to thinking　사유태도

指示　Anzeige　indication　표지

指向　Richten to　address to　향하다

指向（狀態） Gerichtetsein auf … directedness to （어떤상태를）향하다

指明、依託 Verweisen / Hinweisen to refer 지시

映射 Abbildung depiction 모사

映射、射映 Abschattung adumbration, shadowing 음영

活的當下 lebendige Gegenwart living present 살아있는현재 / 생생한현재

流入 einströmen 흘러들다 / 유입되다

流形 / 流形論 Mannigfaltigkeit/Mannigfalitgkeitslehre multiplicity/theory of multiplicity 다양체（다양성）/ 다양체이론

流動 strömen flowing 흐르다

相合 Deckung coincidence 합치

相同性 Gleichheit perfect, likeniss 동일성

相似性 Ähnlichkeit similarity 유사성

相似性聯想 Ähnlichkeitsassoziation 유사성연상

相容的含義意向與不相容的含義意向 verträgliche und unverträgliche Bedeutungsintention 일치하는의미지향과일치하지않는의미지향

相對主義 Relativismus relativism, relativeness 상대주의

相應性、相即性、全等性、全適性 Adäquation adequation 충전

相應明見性與非相應明見性 adäquate und inadäquate Evidenz 상응적인 명증과비－상응적인명증 , 충전적명증과비충전적명증

相應的感知與非相應的感知 adäquate und inadäquate Wahrnehmung 충전적지각과비충전적지각

科學 Wissenschaft science 학문

背理性、悖謬性 Absurdität absurdity 불합리

背景 Hintergrund background 배경

迭複 Iteration reiteration 반복

述謂（作用） Prädikation (prädizieren) predication, to predicate 술어화

十畫

個別的、單個的　einzeln　single　단일의

個體的　individuell　individual　개체적 / 개별적

個體直觀與普遍直觀　individuelle und allgemeine Anschauung intuition of individuals and universal intuition　개별적인직관과보편적인직관

個體感知與普遍感知　individuelle und allgemeine Wahrnehmung　개별적 인지각과보편적인지각

倫理學　Ethik　ethic　윤리학

原－　ur-　primal, proto-　근원－ , 기본－ , 원－

原本的 / 本原的　original/originär　original/originari, originally/originarily 원본적

原印象　Urimpression　originary impression　근원인상

原自我　Ur-Ich　근원자아

原初的（起源，原初性）　ursprünglich (Ursprung, Ursprünglichkeit) origin 본래적（근원 , 근원성）

原眞的　primordial (primordinal）　원초적

原眞領域　Primordialsphäre (Primordinalsphäre）　원초적영역

原眞還原　primordiale Reduktion　원초적환원

原素（感性原素）　Hyle (sensuelle Hyle, hyletische Daten)　hyle　질료 / 휠 레（감각적휠레 , 휠레적자료）

原造性　Produktivität　생산성

原創造　Urstiftung　primal instituting　근원설립

原意識　Urbewuβtsein　근원의식

原構造　Urkonstitution　근원구조 / 근원구성

原綜合　Ursynthese　근원종합

原霧　Urnebel

哲學　Philosophie　philosophy　철학

哲學（科學）的文化　philosophische (wissenschaftliche) Kultur　철학적 （학문적）문화

哲學史　Philosophiegeschichte (Geschichte der Philsosphie)　철학사

埃多斯　Eidos　eidos　형상

埃多斯科學　eidetische Wissenschaft　형상적학문

家鄉世界　Heimwelt　고향세계

射中　Erzielen　attainment　성취한다

展示　Darstellung　presentation　서술

展顯　Explikation　explication　설명

差異、差　Differenz　differentia　차이

恐懼　Angst　불안

旁觀者　Zuschauer　onlooker　관찰자

時段　Phase　국면 / 위상

時間　Zeit　time　시간

時間分析　Zeitanalyse　시간분석

時間化　Zeitigung (Zeitigen)　to constitute as temporal　시간화

時間視域　Zeithorizont　temporal horizon　시간지평

時間意識　Zeitbewußtsein　time consciousness　시간의식

時間樣式　Zeitmodus　시간양태

根據規律（基本規律）　Grundgesetz　fundamental law　근본법칙

浮現地擁有　Vorschwebend　habend

眞理　Wahrheit　truth　진리

純化　Reingung　순수화

純粹心靈的交互主體性與超越論的交互主體性　rein-seelische und
　　transzendentale Intersubjektivitat　순수영혼적상호주관성과초월론적상
　　호주관성

純粹自我與經驗自我　reines und empirisches Ich　순수자아와경험적자아

純粹的（純粹性）　rein (Reinheit)　pure　순수한（순수성）

純粹現象學　reine Phänomenologie　순수현상학

純粹描述心理學　rein deskriptive Psychologie　순수기술심리학

純粹邏輯學與規範邏輯學　reine und normative Logik　순수논리학과규범
　　적논리학

素材　Datum　datum　자료 / 소여

素樸生活　Dahinleben　living along　단적인삶

素樸再造　schlichte Reproduktion　단적재생산

素樸的（素樸性）　schlicht (Schlichtheit)　simply, unqualified　소박한 / 단
　적인

缺失　Privation　결여

能力、成就　Leistung　production　수행 : 능력 , 성과

能視域　Könnenshorizont　가능지평

追求　Strebento　endeavor　추구하다

十一畫

動態的　dynamisch　동적 / 역학적

動機引發　Motivation (Motivierung)　motivation/motivating　동기주기 / 동
　기화

動覺　Kinästhese　운동감각

區分 / 區別　Unterscheidung/Unterschied　distinction　그분 / 구별

唯我論還原　solipsistische Reduktion　유아론적환원 / 독아론적환원

問題　Frage　question　질문 / 물음

啟用　Beleben (Belebung)　활성화하다

國家　Staat　국가

執政官　Archon

執態　Stellungnahme　taking a position　태도취함

基本考察　Fundamentalbetrachtung　fundamental considerations　근본고찰

基地　Boden　basis　토대

基質　Substrat　substrate　기체

常項　Invariant　unvaryingness　불변체

情感　Gemüt　emotion　마음 / 감정

排斥　ausschalten　to suspend, to disconnect, to exclude　배제하다

排除　ausschliessen to shut out　배제하다

接受性　Rezeptivität　수용성

清楚性　Deutlichkeit　distinct, distinctness　판명성

清醒的自我　waches Ich　깨어있는자아

猜測　Anmutung deeeming possible　추측

現在　Jetzt　now, present　지금

現前　Präsenz　presence　현재

現時性　Aktualität　actuality, presentness　현실성 / 현행성

現象　Phänomen　phenomen　현상

現象主義　Phänomenologismus　phenomenalism　현상주의

現象學　Phänomenologie　phenomenology　현상학

現象學反思　phänomenologische Reflexion　현상학적반성

現象學－心理學的還原　phänomenologisch-psychologische Reduktion　현상학적－심리학적환원

現象學的　phänomenologisch　phenomenological　현상학적

現象學的心理學　phänomenologische Psychologie　현상학적심리학

現象學的方法　phänomenologische Methode　현상학적방법

現象學的自我　phänomenologisches Ich　현상학적자아

現象學的感知　phänomenologische Wahrnehmung　현상학적지각

現象學的構造　phänomenologische Konstitution　현상학적구성

現象學還原　phänomenologische Reduktion　현상학적환원

現實性（現實的）　Wirklichkeit (wirklich)　actuality　현실성（현실적인）

理性　Vernunft reason　이성

理性主義　Rationalismus　합리론 / 이성주의

理想、觀念　Ideal　ideal　이상

理想化、理念化　Idealisierung　이념화

理解　Verstehen to understand　이해

理論　Theorie　theory　이론

異己世界　Fremdwelt　낯선세계

異己自我　Fremdich (fremdes Ich)　타아

異己者、異己之物　Fremdes　others　타자 / 타인

異己感知　Fremdwahrnehmung　타자지각

異己經驗　Fremderfahrung　experience of some one else, experience of something other　타자경험

異質性　Heterogeneität　이질성

符號　Zeichensign　기호

符號行爲　Signifikation (signitiver Akt)　signification　기호작용

符號形式　signifikative Form　기호형식

符號意識　Zeichenbeswuβtsein　signconsciousness　기호의식

第一性內容與反思性內容　primärer Inhalt und reflxiver Inhalt　일차적내용과반성적내용

第一哲學與第二哲學　die Erste und die Zweite Philosophie　제일철학과제이철학

終極創造　Endstiftung　최종정립

統握　Apprehension　apprehension　통현전

統覺　Apperzeption　apperception　통각 : 텅각

習性　Habitualität　habituality　습성 / 습관성

習性　Habitus　habitus　습관성 / 아비투스

習慣　Gewohnheit　습관

脫－當下化　Ent-Gegenwärtigung　탈－현재화

被代現者　Repräsentant　대체자 (대체물) / 대리자 (대리물)

被給予性　Gegebenheit　givenniss　소여성 (소여된것들 , 소여)

規律根據　Gesetzgrund　법률근거

設定（設定的）　Setzung (setzend)　position　정립

設定性行爲與不設定的行爲　setzender und nichtsetzender Akt　설립적인작용과비－설립적인작용

設定性感知與單純的感知　setzende und bloβe Wahrnehmung　정립적지각과한갓된지각

責任　Verantwortung　responsibility　책임

陳述　Aussage statement　진술

十二畫

剩餘　Residuum　잔여

單子　Monade　단자 , 모나드

單子共同體　Monadengemeinschaft　단자공통체

單子論　Monadologie (Monadenlehre)　단자론

單束的、多束的　einstrahlig/mehrstrahlig

單純的　bloß mere　한갓된

單純表象　bloße Vorstellung　한갓된표상

單純理解　bloßes Verstehen　한갓된이해

單純符號行爲　bloße Signifikation　한갓된기호작용

單純想象　bloße Phantasie　한갓된상상

奠基 / 奠基關係　Fundierung/Fundierungsverhältnis　founding, relationships of founding, foundation　정초 / 정초관계

幾何學　Geometrie　geometry　기하학

描述　Beschreiben (Beschreibung)　description　기술

描述的　deskriptiv　descreiptive, descriptional　기술적

揣測　Vermutung uncertain presumption　추정

普遍、一般　Allgemeines　something universal, the universal　보편적인 , 일반적인

普遍表象　allgemeine Vorstellung objectivation of a universal　보편적인표상

朝向　Zuwendung　advertence　주목

期待　Erwartung　expectation　기대

期待意向　Erwartungs intention　기대지향

無含義的　bedeutungslos　without (a) signification　의미없는

無前設性 / 無成見性　Voraussetzungslosigkeit/Vorurteilslosigkeit　무전제성 / 선입관없음

無意識　Unbewußtes　unconscious　무의식

無態　Stellungsfreiheit

無興趣的旁觀者　uninteressierter　Zuschauer　무관심한관찰자

發生性　Genesis/geneses　발생

發生現象學　genetische Phänomenologie　발생적현상학

結對 / 結對聯想　Paarung/Paarungs association　pariring　짝짓기 / 짝짓기
　연상

結構　Struktur　structure　구조

絕然的（本質可靠的）　apodiktisch　apodictic　필증적

絕對者、絕對之物　Absolutes　절대자 , 절대적인것

絕對經驗　absolute Erfahrung　절대적경험

視域　Horizont　horizon　지평

評價的　axiotisch　평가의

象徵的（象徵）　symbolisch (Symbol)　symbol　상징의（상징）

超越的（超越）　transzendent (Transzendenz)　transcendence, transcendent
　초재적 / 초월적

超越論心理主義　transzendentaler　Psychologismus　초월론적심리학주의

超越論心理學　transzendentale　Psychologie　초월론적심리학

超越論主體性　transzendentale　Subjektivität　초월론적주관

超越論本我　transzendentales　Ego　초월론적자아

超越論的、超越論的（超越論）　transzendental (das Transzendentale)
　transcendental　초월적인 ,（초월론적인）

超越論的旁觀者、不參與的旁觀者　transzandentaler, unbeteiligter
　Zuschauer non-participant onlooker　초월적인방관자 , 관계없는방관자

超越論的興趣　tranzendentales　Interesse　초월론적관심

超越論的謎　transzendentales　Rätsel　초월론적수수께끼

超越論經驗　transzendentale　Erfahrung　초월론적경험

超越論還原　transzendentale　Reduktion transcendental reduction　초월론적
　환원

超感性的　übersinnlich　초감성적

順延　Sukzession　연속 / 계기

十三畫

傳統性　Traditionalität　traditionariness　전통성

塊片　Stück　piece　부분

想像　Imagination　상상

想象　Phantasie　phantasy　상상

想象材料　Phantasma　phantasma　상상자료

想像性變異　imaginative Modifikation　상상적양상

想象表象　Phantasievorstellung　상상표상

意向　Intention　intention　지향

意向分析　Intentionanalyse　지향분석

意向本質　intentionales Wesen　지향적본질

意向性　Intentionalität　Intentionality　지향성

意向的　intentional　intentional, intentionally　지향적

意向活動　Noesis　noesis　노에시스

意向相關項　Noema　noema　노에마

意向體驗　intentionales Erlebnis　지향적체험

意見、信念　Doxa　doxa　도크사 / 억념

意見、意指　Meinung　meaning　사념 / 의견 : 의견

意念的、意項的　ideell

意指　bedeuten (Bedeuten) to　signify, signifying　의미하다

意指　Intendieren (intendieren) to　intend to　지향하다

意指　Vermeinen　supposition　사념

意指行爲與充實行爲　intendierender und erfüllender　Akt　지향사는작용과
　충족하는작용

意義　Sinn　sense　의미

意義給予（意義賦予）　Sinngebung (Sinnverleihung)　sense-bestowing　의
　미를주다 (의미부여)

意識　Bewußtstein　consiousness　의식

意願 / 意欲　Wille/Wollen　will　의지 / 의지함

愛的共同體　Liebesgemeinschaft　사랑의공동체

感受　Gefühl　feeling　감정

感性　Sinnlichkeit　감성

感性的想象材料　sinnliche　Phantasma　감성적상상자료

感性質性　Sinnesqualität　감각질

感知　Wahrnehmung　perception　지각

感知表象　Wahrnehmungsvorstellung　지각표상

感知信仰　Wahrnehmungsglaube perceptual belief　지각의믿음

感知趨向　Wahrnehmungstendenz　지각경향

感覺　Empfindung　sensation　감각

感覺態　Empfindnis　feeling, sentiment

暈　Hof　halo, fringe　장 / 마당

概念　Begriff　concept　개념

當下　Gegenwart　present　현재

當下化　Vergegenwärtigungre　presentation　재현 / 현전화 / 재현전

當下具有　Gegenwärtigung (Gegenwärtighaben)　making present, presentation　현전 / 현재화

經驗　Erfahrung　experiencing　경험

經驗主義　Empirismus　empiricism　경험주의

置於局外　Außer-Aktion-sentzen　작용중지

解釋、說明　Erklären　explaination　해명

逼迫　Aufdrängen to thrust　강요하다

道德中值　Adiaphora

預設　Präsumption (Präsumtion)　가정

預感　Ahnen/Ahnung　예감

圖像化　Verbildlichung　pictorialize　이미지화

圖像主體　Bildsujet　이미지주체

圖像事物　Bildding　이미지사물

圖像表象　Bildvorstellung　image-objectication　이미지표상

圖像客體　Bildobjekt　picture-object　이미지객체

圖像意識　Bildbewußtsein　image consciousness　이미지의식

十四畫

實在　Realität　reality　실재

實在的　real　real　실재의

實存　Existenz　existence　실존

實事　Sache　matter　사태

實項內容與意向內容　reeller und intentionaler Inhalt　내실적내용과지향
적내용

實項的　reell　reell　내실적

實質　Essenz　essence　본질

實踐論　Praktik　theory of practice, practice　실천론

對世界之否定 / 對世界之毀滅　Weltnegation/Weltvernichtung　세계부정 /
세계파괴

對象　Gegenstand　object　대상

對象化　Gegenständlichung　objectification　대상화

對象性　Gegenständlichkeit　objectivity　대상성

對象性立義與理解性立義　gegenständliche und verstehene Auffassung　대
상적파악과이해하는파악

對象性關係　gegenständliche Beziehung　대상적관계

對象極　Gegenständspol　대상극

彰顯的　patent　명시적 / 드러난

構形、立形　Formung

構造　Donstitution　constitution　구성

滯留　Retention　파지

睡眠　Schlaf　잠

瞄向　Abzielen　aiming　겨냥하다

種　Art　sort　종

種類（種類的、特殊的）　Spezies (speziell, spezifisch)　species, specifically
종

稱謂行爲與論題行爲　nominaler und propositionaler Akt　명목적인작용과
명제적인작용

精神　Geist　mind　정신

精確的（精確性）　exakt (Exaktheit)　exacttude　정밀한（정밀성）

綜合　Synthese (Synthesis)　synthesis　종합

製作　Erzeugung　to produce　산출하다

認之爲眞　Für-wahr-halten　참으로간주함

認同／同一（性）　Identifizierung/Identität　identitying/identity　동일인식／동일성

認識　Erkenntnis　cognition　인식

認識論　Erkenntnis theorie　인식론

語言　Sprache　language　언어

領域　Feld　field　영역

十五畫

價值　Axiose

價值　Wert　value　가치

價值認知　Wertnehmen　가치평가

價值論　Axiologie　가치론

價值學　Wertlehre　가치론

廣延　Ausdehnung　연장

數學　Mathematik　mathematics　수학

樣式　Modalität (Modus/Modi)　양태／양상

歐洲化　Europäisierung　유럽화

潛能性　Potentialität　잠재성

潛隱的　latent　잠재적인／감춰진

確然性　Gewißheit　certainty　확실성

確然性樣式　Gewißheits modus　확실성양태

範疇　Kategorie　category　범주

範疇形式　kategoriale Form　범주적형식

範疇直觀　kategoriale　Anschauung　범주적직관
課題　Thema　theme　주제 , 테마
論證　Begründen (Begründung) to ground　정초 / 근거지움
賦予靈魂　Beseelen (beseelen)　혼을불어넣다
質性　Qualität　quality　질
質性屬　Qualitätsgattung　질의유 (형)
質性變異　qualitative　Modifikation　질적변양
質料　Materie　질료
質料的　material　질료적

十六畫

整體化　Generalisierung　generalization　일반화 / 보편화
整體的　generell　universal, universally　일반적
歷史　Geschichte　story, history　역사
歷史主義　Historismus　historism　역사주의
歷史主義　Historizismus　historism　역상주의
歷史性　Geschichtlichkeit　역사성
歷史性　Historizität　역사상
歷程　Belauf　flow
積澱　Sedimentierung　침전
興趣　Interesse　관심
靜態現象學　statische　Phänomenologie　정적현상학

十七畫

擬－　quasi-quasi-　유사
擬－執態　quasi-Stellungnahm　유사태도취함
擬－設定　quasi-Setzung　유사－설립

擱置　Dahingestellthaben

環境世界　Umwelt　surrounding world　주변세계

環境意向　Umgebungsintention　주변지향

總命題　Generalthesis　general positing　일반정립

聯想　Assoziation　association　연상

臨界值　Limes　한계

謎　Rätsel　enigma　수수께끼

趨向　Tendenz　tendency　경향

還原　Reduktion　reduction　환원

隱匿的、隱匿性　anonym (Anonymität)　익명의,（익명성）

隱德來希　Entelechie　엔텔레케이아,엔텔레키

點　Punkt　점

十八畫

斷然明見性與絕然明見性　assertorische und apodiktische Evidenz　실연적 명증과필증적명증

斷然的（事實可靠的）　assertorisch　실연적

軀體　Körper　body　신체／물체

雙重的自我　doppeltes Ich　이중적자아

十九畫

懷疑　Zweifel　doubt　회의

關注　Achten　to heed　주의

關注　Beachten　to heed　주목:관찰

關係　Beziehung　relation　관계

關係把握　Beziehungserfassung　관계파악

類比　Analogie　analogue　유비

類型　Typus　type　유형

嚴格的（嚴格性）　streng (Strengheit)　strict, strictly　엄밀한（엄밀성）

二十畫

懸擱　Epoche　판단중지

觸發　Affektion affecting　촉발

釋義　Deuten (deuten)　to interpret, to construe　해석

二十一畫

屬　Gattung　genus　유

權能性　Vermöglichkeit　facultative possibility　（능력）가능성

二十三畫

變化　Abwandlung　variation　변화

變式　Modalisierung　양상화

變更　Variation　variation　변양

變異　Alteration

變異　Modifikation (modifizieren)　modification

變異了的充實　modifizierte Erfüllung　변양된충족

變異了的行爲與未變異的行爲　modifizierter und unmodifizierter Akt　변양된작용과변양되지않은작용

變項　Variant

邏各斯　Logos　logos　로고스

邏輯系譜學　Genealogie der Logik　Genealogy of Logic　논리학의계보학

邏輯學　Logik　logic　논리학

顯現、顯現者　Erscheinung　apparance　현출／현상

顯現／體驗　Erscheinen/Erleben　to appear/to live　현출하다／체험하다

顯象　Apparenz　apparency

顯象、假象　Schein　illusion　가상

驚異　Thaumázein

體現　Präsentation　현전／현전화

體驗　Erlebnis　mental process　체험

體驗／顯現　Erleben/Erscheinen　to live/to appear　체험하다／현출하다

體驗流　Erlebnisstrom　stream of mental process　체험흐름

二十五畫

觀念（理念）　Idee　idea　이념／이상

觀念主義、唯心主義　Idealismus　관념론 , 유심론

觀念的（意念的）　ideell　ideal　이념적

觀念的、理想的　ideal　ideal　이상적

觀念直觀（觀念化的抽象）　Ideation (ideierende Abstraltion)　이념화（이념화하는추상）

觀視　Erschauen (Erschauung) to see　통찰한다

觀點、態度　Einstellung　attitude　태도

德——中概念對照表

Abbildung　映像

Abhebung　凸現

Abschattung　映射、射映

Absolutes　絕對者、絕對之物

Abstraktion　抽象

Absurdität　背理性、悖謬性

Abwandlung　變化

Abzielen　瞄向

Achten　關注

Adäquation　相即性、相應性

Adiaphora　道德中值

Affektion　觸發

Ahnen/Ahnung　預感

Ähnlichkeit　相似性

Ähnlichkeitsassoziation　相似性聯想

Akl（意識）行為

— (qualitativ) einförmiger und (qualitativ) mehrförmiger Akt　（質性方面）單形的行為和（質性方面）多形的行為

— intendierender und erfüllender Akt　意指行為與充實行為

— intuitiver und signitiver Akt　直觀行為與符號行為

— modifizierter und unmodifizierter Akt　變異了的行為與未變異的行為

— nominaler und propositionaler Akt　稱謂行為與論題行為

— objektivierender und incht objektivierender Akt　客體化行為與非客體化行為

— setzender und nichtsetzender Akt　設定性行為與不設定的行為

— sozialer Akte　社會行為

Aktcharakter　行為特徵

Aktivität　主動性

Aktmaterie　行為質料

Aktpsychologie　行為心理學

Aktqualität　行為質性

Aktregung/Aktvollzug　行為引動／行為進行

Aktualität 現時性

Aktverbindung　行為連結

All　大全

Allbewußtsein　大全意識

Allgemeines　普遍、一般

Allgemeinschaft　大全共同體

Allzeitlichkeit　全時性

als-ob　似、如似

Alteration　變異

alter ego(Alterego)　他我

Analogie　類比

Analyse (Analysis)　分析

anaxiotisch　非評價的

Anderer (der Andere)　他人

Anderssein　其他存在

Angst　恐懼

Anmutung　猜測

anonym (Anonymität)　隱匿的、隱匿性

Anormalität　不正常性

Anschauung　直觀

— äußere und innere Anschauung　外直觀與內直觀

— individuelle und allgemeine Anschauung　個體直觀與普遍直觀

— kategoriale Anschauung　範疇直觀

Anthropologic 人類學

Anthropologismus 人類主義、人類學主義

Anzeichen 信號

Anzeige 指示

Apodiktisch 絕然的（本質可靠的）

Apophantik 命題學（判斷學）

Apparenz 顯象

Apperzeption 統覺

Appräsentation 共現

Apprehension 統握

Apriori (a priori) 先天

Arbeitsphilosophie 工作哲學

Archäologie 考古學

Archon 執政官

Art 種

assertorisch 斷然的（事實可靠的）

Assoziation 聯想

Aufdrängen 逼迫

Auffassung 立義

　─ gegenständliche und verstehene Auffassung 對象性立義與理解性立義

Auffassungsform 立義形式

Auffassungsinhalt 立義內容

Auffassungsinhalt-Auffassung (Schema) 立義內容─立義（模式）

Auffassungsmaterie 立義質料

Auffassungsqualität 立義質性

Auffassungssinn 立義意義

Aufmerken 注意

Aufmerksamkeit 注意力

Ausdehnung 廣延

Ausdruck 表述、表達

Aussage　陳述

ausschalten　排斥

ausschliessen　排除

Außenhorizont (Außen-Horizont)　外視域

Außer-Aktion-setzen　置於局外

Außergeltungsetzung　判爲無效

Axiologie　價值論

Axiose　價值

axiotisch　評價的

Beachten　關注

bedeuten(Bedeuten)　意指

bedeutsam　有含義的

Bedeutung　含義

Bedeutungserfüllung　含義充實

Bedeutungsintention　含義意向

　— verträgliche und unverträgliche Bedeutungsintention　相容的含義意向與
　不相容的含義意向

Bedeutungslehre　含義學說

Bedeutungslos　無含義的

Bedeutungsmäßiges　合含義之物

bedeutungxverleihend (bedeutungsgebend)　含義給予的（含義賦予的）

Begriff　概念

Begründen (Begründung)　論證

bekannt (Bekanntheit)　已知的（已知性）

Belauf 歷程

Beleben (Belebung)　啟用

belief　（存在）信仰

Bemerken　留意

Beschreiben (Beschreibung)　描述

Beseelen　賦予靈魂、賦靈

Besinnung　思義

Bewußtstein　意識

　— inneres Bewußtsein　內意識

　— positionales Bewußtsein　立場性意識

Beziehung　關係

　— gegenständliche Beziehung　對象性關係

Beziehungserfassung　關係把握

Bildbewußtsein　圖像意識

Bildding　圖像事物

Bildobjekt　圖像客體

Bildsujet　圖像主體

Bildvorstellung　圖像表象

Blick　目光

bloß　單純的

Boden　基地

Cogito　思、我思

Dahingestellthaben　擱置

Dahinleben　素樸生活

Darstellung　展示

Dasein　此在

Datum　素材

Deckung　相合

Denkeinstellung 思維觀點

Denken (denken)　思、思維

deskriptiv　描述的

Deuten(deuten)　釋義

Deutlichkeit　清楚性

Dies(-)da　此物、這個
Differenz　差異、差
Ding　事物
Disposition　心境、境域
Doxa　意見、信念
Du　你
dynamisch　動態的

Ego　本我
　　— transzendentales Ego 超越論本我
Egologie　本我論
Eidetik　本質學
Eidos　埃多斯
eigen　本己的
Eigenheitsreduktion　本己還原
Einfühlung　同感
　　— eigentliche und uneigentliche Einfühlung　本眞的與非本眞的同感
Einklammerung (einklammern)　加括號
Einordnung in...　編排到……之中
Einsicht (einsehen)　明察
Einstellung　觀點、態度
　　— natürliche, naturalistische, personalistische und phänomenologische
　　Einstellung　自然的、自然主義的、人格主義的和現象學的觀點
einstrahlig/mehrstrahlig　單束的、多束的
einströmen　流入
einzeln　個別的、單個的
Empfindnis　感覺態
Empfindung　感覺
　　— impressionale und reproduktive Empfindung　印象性感覺與再造性感覺
Empirismus　經驗主義

Endstiftung　終極創造

Entelechie　隱德來希

Ent-Fremdung　去異己化

Enl-Gegenwärtigung　脫一當下化

Enttäuschung　失實（失望）

Episteme　知識

Epoché　懸擱

Erfahrung　經驗

　— absolute Erfahrung　絕對經驗

　— intersubjektive Erfahrung　交互主體的經驗

　— transzendentale Erfahrung　超越論經驗

Erfassento　把握

Erfüllung　充實

　— modifizierte Erfüllung　變異了的充實

Erinnerung　回憶

　— primäre und sekundäre Erinnerung　第一性回憶與第二性回憶

Erkenntnis　認識

Erkenntnistheorie　認識論

Erklären　解釋、說明

Erleben/Erscheinen　體驗／顯現

Erlebnis　體驗

　— intentionales Erlebnis　意向體驗

Erlebnisstrom　體驗流

Erneuerung　改造（更新）

Erschauen (Erschauung)　觀視

Erscheinung　顯現、顯現者

　— eigentliche und uneigentliche Erscheinung　本真顯現與非本真顯現

Erwartung　期待

　— protentionale Erwartung　前攝的期待

Erwartungs intention　期待意向

Erzeugung　製作

Erzielen　射中

Essenz　實質

Ethik　倫理學

Europäisierung　歐洲化

Evidenz　明見性、明證性

　— adäquate und inadäquate Evidenz　相應明見性與非相應明見性

　— assertorische und apodiktische Evidenz　斷然明見性與絕然明見性

exakt (Exaktheit)　精確的（精確性）

Existenz　實存

Explikation　展顯

Faktum　事實

Feld　領域

　— intersubjektives transzendentales Feld　交互主體的超越論領域

Form　形式

　— kategoriale Form　範疇形式

　— signifikative Form　符號形式

Formalisierung　形式化

Formung　構形、立形

Frage　問題

Fremderfahrung　異己經驗

Fremdes　異己者、異己之物

Fremdich (fremdes Ich)　異己自我

Fremdwahrnehmung　異己感知

Fremdwelt　異己世界

Fülle　充盈

Fundamentalbetrachtung　基本考察

Fundierung/Fundierungsverhältnis　奠基／奠基關係

Funktion (fungieren)　功能（起作用）

Für-wahr-halten　認之爲眞

Gattung　屬

Gefühl　感受

Gegebenheit　被給予性

Gegenstand　對象

Gegenständlichkeit　對象性

Gegenstandspol　對象極

Gegenwart　當下

　— lebendige Gegenwart　活的當下

Gegenwärtigung (Gegenwärtighaben)　當下具有

Geist　精神

Geltung (Gültigkeit)　有效性

Gemeinschaft　共同體

Gemüt　情感

Gencralisierung　整體化

Generalthesis　總命題

Generativität　世代性

generell　整體的

Genesis/Gencses　發生、發生性

Geometrie　幾何學

Gerichtetsein auf...　指向（狀態）

Geschichte　歷史

Geschichtlichkeit　歷史性

Gesetzgrund　規律根據

Gewißheit　確然性

Gewißheits modus　確然性樣式

Gewohnheit　習慣

Glaube　信仰

Glaubenscharakter　信仰特徵

Glaubensgewißheit　信仰確然性

Glaubensinhalt　信仰內容

Glaubensintention　信仰意向

Glaubensmodalität (Glaubensmodus)　信仰樣式

Glaubensmodifikation　信仰變異

Glaubensqualität　信仰質性

Gleichheit　相同性

Gott　上帝

Grundgesetz　根據規律（基本規律）

Habitualität　習性

Habitus　習性

Heimwelt　家鄉世界

Heterogeneität　異質性

Hintergrund　背景

Historismus　歷史主義

Historizismus　歷史主義

Historizität　歷史性

Hof　暈

Homogeneität　同質性

Horizont　視域

　　— innerer und äußerer Horizont　內視域與外視域

Hyle (sensuelle Hyle, hyletische Daten)　（感性）原素

Ich　自我

　　— doppeltes Ich　雙重的自我

　　— phänomenologisches Ich　現象學的自我

　　— reines und empirisches Ich　純粹自我與經驗自我

　　— waches Ich　清醒的自我

Ichpol　自我極

Ichtendenz　自我趨向

ideal　觀念的、理想的

Ideal　理想、觀念

Idealbegriff　觀念概念

Idealisierung　理想化、理念化

Idealismus　觀念主義、唯心主義

Ideation (ideierende Abstraltion)　觀念直觀（觀念化的抽象）

Idee　觀念（理念）

ideell　觀念的（意念的、意項的）

Identifizierung/Identität　認同／同一（性）

Imagination　想像

Immanenz　內在

Impression　印象

Inaktualität　非現時性

Inaxiose　非評價

individuell　個體的

Inexistenz　內實存（非實存、總實存）

Inhalt　內容

　── primärer Inhalt und reflxiver Inhalt　第一性內容與反思性內容

　── reeller und intentionaler Inhalt　實項內容與意向內容

Innenhorizont (Innen-Horizont)　內視域

inner　內、內的

Instink　本能

Intendieren (intendieren)　意指

Intention　意向

intentional　意向的

Intentionalität　意向性

Intentionanalyse　意向分析

Interesse　興趣

　── tranzendentales Interesse　超越論的興趣

Intersubjektivität 交互主體性
　― rein-seelische und transzendentale Intersubjektivitat 純粹心靈的交互主
體性與超越論的交互主體性
Intuition 直覺
Invariant 常項
Iteration 迭複

Jetzt 現在

Kategoric 範疇
Kausalität 因果性
Kinästhese 動覺
Klarheit 明白性
Koexistenz 並存
Kompräsenz 同現
Könnenshorizont 能視域
Konstitution 構造
　― phänomenologische Konstitution 現象學的構造
Konstruktion/konstruktiv 建構／建構性的
Körper 軀體
Kullur 文化
　― philosophische (wissenschaftliche) Kultur 哲學（科學）的文化

latent 潛隱的
Lebensform 生活形式
Lebenswelt 生活世界
Leerintention 空泛意向
Leib 身體
leibhaft (Leibhaftigkeit) 切身的（切身性）
Leistung 能力、成就

Liebesgemeinschaft　愛的共同體

Limes　臨界值

Logik　邏輯學

　　── formale und transzendentale Logik　形式邏輯學與超越論邏輯學

　　── Genealogie der Logik　邏輯系譜學

　　── reine und normative Logik　純粹邏輯學與規範邏輯學

Logos　邏各斯

Mannigfaltigkeit/Mannigfalitgkeitslehre　流形、雜多／流形論、雜多性學說

Material　材料

material　質料的

Materie　質料

Mathematik　數學

Meinung　意見、意指

Menschentum　人屬

Menschheit　人類

Metaphysik　形上學

Methode　方法

　　── phänomenologische Methode　現象學的方法

Methoden reflexion　方法反思

Mitgegenwärtigung　共當下擁有

Modalisierung　變式

Modalität (Modus/Modi)　樣式

　　── doxische Modalität　信念樣式

Modifikation (modifizieren)　變異

　　── konforme Modifikation　共形變異

　　── imaginative Modifikation　想像性變異

　　── qualitative Modifikation　質性變異

　　── temporale (zeitliche) Modifikation　時間變異

Monade　單子

Monadengemeinschaft　單子共同體

Monadologie (Monadenlehre)　單子論

Morphé　立形

Morphologic　形態學（地貌學）

Motivation (Motivierung)　動機引發

mundan (weltlich)　世間的（世界的）

Nachbild　後像

Naivität　幼稚性、素樸性

Name　名稱

Natur　自然

Negieren　否定

Neugier　好奇

Neutralisierung/neutrales

　Bewußtsein　中立化／中立意識

Neutralität　中立性

Neutralitätsmodifikation　中立性變異

nicht-originär　非本原的

Nichtsetzen　不設定

Noema　意向相關項

Noesis　意向活動

Nomologie　名稱論

Normalität　正常性

Nus　努斯

Objekt　客體

　— inneres Objekt　內客體

objektiv　客觀的

Objektivierung (Obvektivation)　客體化

Objektivismus　客體主義

Ontologie　本體論

　── formale und materiale Ontologie　形式本體論與質料本體論

original/originär　原本的／本原的

Paarung/Paarungsassoziation　結對／結對聯想

Parallelismus (Parallelität)　平行／平行性

Passivität　被動性

patent　彰顯的

Person　人格

Perzeption　知覺

Phänomen　現象

　── psychisches und physisches Phänomen　心理現象與物理現象

Phänomenologie　現象學

　── eidetische Phänomenologie　本質現象學

　── genetische Phänomenologie　發生現象學

　── reine Phänomenologie　純粹現象學

　── statische Phänomenologie　靜態現象學

phänomenologisch　現象學的

Phänomenologismus　現象主義

Phansis/Phanseologie　顯狀／顯狀學

Phantasie　想象

　── bloße Phantasie　單純想象

　── innere und äußerer Phantasie　內想象與外想象

Phantasievorstellung　想象表象

Phantasma　想象材料

　── sinnliche Phantasma　感性的想象材料

Phase　時段

Philosophie　哲學

　── die Erste und die Zweite Philosophie　第一哲學與第二哲學

Philosophiegeschichte (Geschichte der Philsosphie)　哲學史

Positionalität (Position)　立場性（立場）

posotiv/Positivismus　實證的／實證主義

Potentialität　潛能性

Prädikation (prädizieren)　述謂（作用）

Praktik　實踐論

Präsentation　體現

Präsenz　現前

Präsumption (Präsumtion)　預設

Primordialität/primordial (primordinal)　原真性／原真的

Primordialsphäre (Primordinalsphäre)　原真領域

Privation　缺失

Produktivität　原造性

Protention　前攝

Psychologie　心理學

　— phänomenologische Psychologie　現象學的心理學

　— rein deskriptive Psychologie　純粹描述心理學

　— transzendentale Psychologie　超越論心理學

Psychologismus　心理主義

Punkt　點

Qualität　質性

Qualitätsgattung　質性屬

quasi-　擬一

quasi-Setzung　擬一設定

quasi-Stellungnahm　擬一執態

Rational　合理的

Rationalismus　理性主義

Rätsei　謎

　— transzendentales Rätsel　超越論的謎

Raum　空間

real　實在的

Realität　實在

Reduktion　還原

　　─ eidetische Reduktion (Ideation)　本質還原

　　─ phänomenologische Reduktion　現象學還原

　　─ phänomenologisch- psychologische Reduktion　現象學─心理學的還原

　　─ primordiale Reduktion　原真還原

　　─ solipsistische Reduktion　唯我論還原

　　─ transzendentale Reduktion　超越論還原

reell　實項的

Reflexion reflection　反思

　　─ objektivierende Reflexion　客體化反思

　　─ phänomenologische Reflexion　現象學反思

rein (Reinheit)　純粹的（純粹性）

Reingung　純化

Rekonstruktion　再構、再構造

Relativismus　相對主義

Religion　宗教

Repräsentant　被代現者

　　─ eigentlicher und uneigentlicher Repräsentant　本真的和非本真的被代現者

Repräsentation　代現、展現

Re-präsentation　再現

Reproduktion　再造

　　─ schlichte Reproduktion　素樸再造

Residuum　剩餘

Retention　滯留

Rezeptivität　接受性

Richten　指向

Sache　實事

sachhaltig　含有實事的

Sachverhalt　事態

Satz　定句（定理、語句）

Schein　顯像、假象

Schlaf　睡眠

schlicht (Schlichtheit)　素樸的（素樸性）

Sedimentierung　積澱

Seele　心、心靈

Sein　存在

Seinscharakter/Seinsmodalität　存在特徵／存在樣式

Seinsglaube (Seinbewußstein)　存在信仰（存在意識）

Selbst　自己

selbst-　自身一

Selbstbesinnung　自身思義

Selbstbewußtsein　自身意識

Selbstbild　自身圖像

Selbsterfahrung　自身經驗

Selbstgegebenheit　自身被給予性

Selbstwahrnehmung　自身感知

Selbstzeitigung　自身時間化

Setzung (setzend)　設定（設定的）

Signifikation (signitiver Akt)　符號行為

　— bloße Signifikation　單純符號行為

Sinn　意義

Sinnesqualität　感性質性

Sinngebung (Sinnverleihung)　意義給予（意義賦予）

Sinnlichkeit　感性

Sosein　如在

Spezies (speziell, spezifisch)　種類（種類的、特殊的）

Spontaneität　自發性

Sprache　語言

Staat　國家

　─ natürlich und künstlich gestifteter Staat　自然創立的國家與人爲創立的
　國家

Stellungnahme　執態

Stellungsfreiheit　無態

Stoff　材料

Streben　追求

streng (Strengheit)　嚴格的（嚴格性）

strömen　流動

Struktur　結構

Stück　塊片

Subjektivismus　主體主義（主觀主義）

Subjektivität　主體性

　─ transzendentale Subjektivität　超越論主體性

Substanz　實體

Substrat　基質

Sukzession　順延

symbolisch (Symbol)　象徵的（象徵）

syntax (syntaktisch)　句法（句法的）

Synthese (Synthesis)　綜合

Tatsache　事實

Teleologie　目的論

Tendenz　趨向

Thaumázein　驚異

Thema　課題

Theorie　理論

These　命題

Tod　死亡

Traditionalität　傳統性

transient　瞬變的

transzendent (Transzendenz)　超越的（超越）

transzendental (das Transzendentale)　超越論的（先驗論）

Trieb　本欲

Typus　類型

überhaupt　一般、完全

übersinnlich　超感性的

Umgebungsintention　環境意向

Umwelt　環境世界

unbekannt (Unbekanntheit)　未知的（未知性）

Unbewußtes　無意識

Unterscheidung/Unterschied　區分／區別

ur-　原一

Urbewußtsein　原意識

Urbild　典範、原圖像

Ur-Ich　原自我

Urimpression　原印象

Urkonstitution　原構造

Urnebel　原霧

ursprünglich (Ursprung, Ursprünglichkeit)　原初的（起源，原初性）

Urstiftung　原創造

Ursynthese　原綜合

Urteil　判斷

Urteilsenthaltung　中止判斷

Urteisinhalt　判斷內容

Variant　變項

Variation　變更

　─ eidetische Variation　本質變更

Veranschaulichung　直觀化

Verantwortung　責任

Verbildlichung　圖像化

Vergegenständlichung/Gegenständlichung　對象化

Vergegenwärtigungre　當下化

Vergemeinschaftung　共同體化

Vermeinen　意指

Vermöglichkeit　權能性

Vermutung　揣測

Vernunft　理性

Verstand　知性

Verstehen　理解

　─ bloßes Verstehen　單純理解

Verweisen/Hinweisen　指明、依託

Voraussetzungslosigkeit/Vorurteilslosigkeit　無前設性／無成見性

Vorbild　前像

Vordergung　前項

Vordeutung/Vorzeichnung/Vorweisung　前示（先示）

Vorerinnerung　前回憶

Vorerwartung　前期待

Vorgegebenheit　在先被給予性

Vor-Ich　前自我

Vorschwebend habend　浮現地擁有

Vorstellung　表象

　─ allgemeine Vorstellung　普遍表象

　─ bloße Vorstellung　單純表象

　─ eigentliche und uneigentliche Vorstellung　本眞表象與非本眞表象

wahrachen　使之爲眞

Wahrheit　眞理

Wahrnehmung　感知

— adäquate und inadäquate (evidente und nicht-evidente) Wahrnehmung　相應的（明見的）感知與非相應的（非明見的）感知

— immanente und transzendente Wahrnehmung　內在感知與超越感知

— individuelle und allgemeine Wahrnehmung　個體感知與普遍感知

— innereundäußere Wahrnehmung　內感知與外感知

— phänomenologische Wahrnehmung　現象學的感知

— setzende und bloße Wahrnehmung　設定性感知與單純的感知

Wahrnehmungsglaube　感知信仰

Wahrnehmungstendenz　感知趨向

Wahrnehmungsvorstellung　感知表象

Welt　世界

Weltbewußtsein　世界意識

Welthorizont　世界視域

Weltnegation/Weltvernichtung　對世界之否定／對世界之毀滅

Wert　價值

Wertlehre　價值學

Wertnehmen　價值認知

Wesen　本質

— bedeutungsmäßiges Wesen　合含義的本質

— intentionales Wesen　意向本質

Wesensallgemeinheit　本質普遍性

Wesenserschauung　本質觀視

Wesensschau　本質直觀

Wesenswissenschaft (eidetische Wissenschaft)　本質科學（埃多斯科學）

Wille/Wollen　意願／意欲

Wir　我們

Wirklichkeit (wirklich)　現實性（現實的）

Wissen　知識

Wissenschaft　科學

Zeichen　符號

Zeichenbeswußtsein　符號意識

Zeit/Zeitbewußtsein　時間／時間意識

　— phänomenologische Zeit　現象學的時間

Zeitanalyse　時間分析

Zeithorizont　時間視域

Zeitigung (Zeitigen)　時間化

Zeitmodus　時間樣式

Zuschauer　旁觀者

　— uninteressierter Zuschaue/transzendentaler, unbeteiligter Zuschauer　無興

趣的旁觀者／超越論的旁觀者、不參與的旁觀者

Zuwendung　朝向

Zweifel　懷疑

人名索引
（僅含在正文中出現的人名）

國家圖書館出版品預行編目資料

胡塞爾現象學概念通釋／倪梁康著. ──初
版.──臺北市：五南圖書出版股份有限公
司, 2022.06
面；　公分
ISBN 978-626-317-643-0（平裝）

1.CST: 胡塞爾(Husserl, Edmund, 1859-1938)
2.CST: 學術思想　3.CST: 現象學

147.71　　　　　　　　　　111002047

1B1K

胡塞爾現象學概念通釋

作　　　者 ─ 倪梁康

發 行 人 ─ 楊榮川

總 經 理 ─ 楊士清

總 編 輯 ─ 楊秀麗

主　　　編 ─ 蔡宗沂

特約編輯 ─ 石曉蓉

封面設計 ─ 王麗娟

出 版 者 ─ 五南圖書出版股份有限公司

地　　　址：106台北市大安區和平東路二段339號4樓

電　　　話：(02)2705-5066　　傳　　真：(02)2706-6100

網　　　址：https://www.wunan.com.tw

電子郵件：wunan@wunan.com.tw

劃撥帳號：01068953

戶　　　名：五南圖書出版股份有限公司

法律顧問　林勝安律師事務所　林勝安律師

出版日期　2022年6月初版一刷

定　　　價　新臺幣720元

本書的簡體字版專有出版權為商務印書館有限公司所有，
繁體字版經由商務印書館有限公司授權五南圖書出版股份
有限公司出版發行。

經典永恆・名著常在

五十週年的獻禮──經典名著文庫

五南，五十年了，半個世紀，人生旅程的一大半，走過來了。

思索著，邁向百年的未來歷程，能為知識界、文化學術界作些什麼？

在速食文化的生態下，有什麼值得讓人雋永品味的？

歷代經典・當今名著，經過時間的洗禮，千錘百鍊，流傳至今，光芒耀人；

不僅使我們能領悟前人的智慧，同時也增深加廣我們思考的深度與視野。

我們決心投入巨資，有計畫的系統梳選，成立「經典名著文庫」，

希望收入古今中外思想性的、充滿睿智與獨見的經典、名著。

這是一項理想性的、永續性的巨大出版工程。

不在意讀者的眾寡，只考慮它的學術價值，力求完整展現先哲思想的軌跡；

為知識界開啟一片智慧之窗，營造一座百花綻放的世界文明公園，

任君遨遊、取菁吸蜜、嘉惠學子！